V&R

ANNEMARIE DÜHRSSEN

PSYCHOTHERAPIE BEI KINDERN UND JUGENDLICHEN

Ein Lehrbuch
für Familien- und Kindertherapie

7. Auflage

Verlag für Medizinische Psychologie im Verlag
Vandenhoeck & Ruprecht in Göttingen

CIP-Kurztitelaufnahme der Deutschen Bibliothek

Dührssen, Annemarie:

Psychotherapie bei Kindern und Jugendlichen : e. Lehrbuch für Familien- u. Kindertherapie / Annemarie Dührssen. – 7. Aufl. – Göttingen : Verlag für Med. Psychologie im Verl. Vandenhoeck u. Ruprecht, 1989.

ISBN 3-525-45652-2

7. Auflage 1989

Gesamtherstellung: Hubert & Co., Göttingen

INHALT

A. ZUR EINFÜHRUNG

I. Zielsetzung und Aufbau dieses Buches

Man sagt, daß die meisten Autoren die Einführung zu ihren Büchern erst schreiben können, wenn die gesamte Arbeit ihrem Ende zugeht. Mir jedenfalls ist es so ergangen. Planung und Aufbau dieses Buches haben sich mir unter den Händen gewandelt. Ursprünglich hatte ich lediglich die Absicht, in Ergänzung zu meiner Publikation über „Psychogene Erkrankungen bei Kindern und Jugendlichen“ eine Darstellung der zugehörigen therapeutischen Möglichkeiten und Verfahren zu schaffen. Eine kurze Abhandlung über Form und Inhalt der biographischen Anamnese sollte vorangehen. Es zeigte sich jedoch rasch, daß jene Tatbestände, die ich bei der Abhandlung psychogener Krankheitsbilder beschrieben hatte, zur Vorbereitung für das jetzige Unternehmen nicht ausreichten. Dies im wesentlichen deshalb, weil die entwicklungsgeschichtliche Betrachtung neurotischer Strukturen und die Diskussion von Symptombildern, so wie ich es dort versucht habe, noch keinen Überblick darüber geben, wie sich die erworbene Neurosenstruktur später in Lebensläufen und *Lebensformen* manifestiert. So fand ich mich vor der Tatsache, daß ich weder der Darstellung von therapeutischen Möglichkeiten, noch den Problemen der Anamnese auf vernünftige Weise gerecht werden konnte, wenn ich nicht zuvor eine Übersicht über jenen fundamentalen Kenntnisbestand zusammenstellte, ohne den jedes Gespräch über Anamnese oder Therapie im luftleeren Raum hängenbleibt. Können wir doch die Lage eines Kindes nicht verstehen, solange wir nicht einen Überblick über die gesamte *Familienkonstellation* besitzen und zu dieser wiederum haben wir keinen Zugang, wenn wir nicht gelernt haben, das Problem der einzelnen erwachsenen Familienmitglieder zu beurteilen. Außerdem können wir die Entwicklung eines Jugendlichen nicht in das Erwachsenenleben hinein begleiten, solange wir nicht über die möglichen späteren Fehlsteuerungen und Fehlentwicklungen im Bilde sind.

Natürlich bin ich mir bewußt, daß ich mit diesem Hinweis auf die hier notwendigen Kenntnisse den ersten Schritt auf ein fast unübersehbares Feld getan habe. Bedeutet das doch eigentlich nicht mehr und nicht weniger, als daß wir für unsere Zwecke eine Art Enzyklopädie des Lebens zusammenstellen müßten. Wir hätten das Bilderbuch menschlichen Lebens aufzuschlagen, wir müßten ihm eine Ordnung aufprägen und wir müßten zugleich versuchen, im Verlauf unserer Darstellungen neurotische und nichtneurotische Lebensprobleme voneinander zu sondern.

Wie wichtig, aber auch wie schwierig ein solches Unterfangen ist, zeigt uns bereits die nicht geringe Zahl der Fragebögen, die mit viel Überlegung und Nachdenklichkeit ausgearbeitet wurden, damit dem Anfänger das Erheben einer Anamnese erleichtert werde. Allen Fragebögen haftet jedoch ein unüberwindlicher Nachteil an: Einmal kann man die Vielfalt der Tatbestände, über die sich der Fragende orientieren muß, doch nicht in ein Frageschema einfangen. Zum Zweiten ist es ausgeschlossen, die notwendige *Bewertung der Befunde* in einem solchen Fragebogen zu erläutern. Können doch die gleichen sachlichen Fakten in ihrer emotionalen Bedeutung einen völlig anderen Stellenwert bekommen, je nachdem, wie die übrige Lebenskonstellation des befragten Menschen aussieht.

Ich habe mich also dazu entschließen müssen, den drei großen Abschnitten dieses Buches über den Umgang mit den Eltern, über die Therapie bei Kindern und die Behandlung von Jugendlichen ein umfangreiches Kapitel voranzustellen, das über Lebensentwicklungen und Lebensbilder bei erwachsenen Menschen Auskunft gibt. Dieser große Abschnitt dient einem dreifachen Zweck: Einmal soll er ein erstes Koordinatensystem für den Lernenden schaffen, der die Lebenssituation eines erwachsenen Menschen und einer Familie verstehen möchte. Zum anderen finden wir hier eine Fülle von Informationen, die der Therapeut bevorzugt im Gespräch mit Jugendlichen benötigt, da der therapeutische Umgang mit Jugendlichen zu einem nicht geringen Teil in allgemeiner Information und Weltorientierung besteht. Schließlich bereitet uns dieser Abschnitt noch auf jene Seite unserer therapeutischen Bemühungen vor, die die Gespräche mit den Eltern zum Gegenstand hat.

Ich habe aus diesem Grund den Rahmen des ersten Abschnittes verhältnismäßig weit gesteckt. Ich spreche dort nicht nur über die gängigen Probleme, die das Berufsleben, Besitzverhältnisse, Partnerwahl und Familienleben mit sich bringen. Darüber hinaus habe ich mich noch veranlaßt gesehen, meine Aufmerksamkeit weltanschaulichen Problemen (politischen und religiösen) zu widmen. Außerdem erschien es mir unerläßlich, den Einflüssen des kulturellen Raumes, in dem unsere Patienten leben, einige Seiten der Darstellung einzuräumen. Dabei ist klar, daß ich das eigentliche Ziel meiner Ausführungen verfehlen würde, wenn ich nicht einführend die wichtigsten Daten und Kriterien zusammenstellte, die das Wesen einer neurotischen Persönlichkeitsveränderung ausmachen. Andernfalls würde es meinen Lesern wohl kaum gelingen, in den zusammengestellten Kapiteln den Anteil spezifisch neurotischer Schwierigkeiten an allgemeinen Lebensproblemen richtig herauszufinden.

Eine solche Planung bringt es nun leider mit sich, daß von den verschiedenen großen Kapiteln dieser Arbeit eigentlich jedes einzelne Gegenstand eines besonderen Buches sein könnte. Zwanglos ließe sich zu jedem Thema noch weiteres umfangreiches Material zusammenstellen, ohne daß man das Gefühl haben müßte, Überflüssiges zu sagen. Trotzdem habe ich mich nicht entschließen können, die verschiedenen Abschnitte aus ihrer Verbundenheit herauszulösen und gesondert zu publizieren, nur damit ich noch vollständiger sein könnte. Ich glaube, daß in unserem gegenwärtigen Schrifttum dringend eine Arbeit fehlt, in der eine erste übersichtliche Orientierung über die verschiedenen Seiten der Problematik gesammelt vorliegt. Wer praktisch mit der Betreuung von Kindern und Jugendlichen zu tun hat, steht vor dem gesamten Komplex dessen, was Gegenstand dieses Buches geworden ist. Es ist leichter, sich von einem begrenzten, aber übersichtlichen Orientierungswerk aus in weitere Einzelheiten vorzuarbeiten, als gleich zu Anfang von der Fülle der Details überflutet zu sein.

Ich habe in meinem Bemühen, ein erstes Werk der Übersicht zu schaffen, dessen Umfang nicht jedes vernünftige Maß überschreitet, sogar ein anfänglich vorhandenes Kapitel wieder eingeschmolzen. In Ergänzung zu dem Abschnitt über die Lebensprobleme der Eltern hatte ich anfangs noch ein gesondertes Kapitel über die Probleme des Kindes selbst zusammengestellt. Hier hatte ich die wichtigsten Daten geordnet, die wir wissen müssen, wenn wir die aktuelle Lebenssituation eines Kindes von ihm selbst her gesehen verstehen wollen. Das heißt, ich hatte die Einzelheiten über die Beziehung des Kindes zu seinen Eltern, seine Lage in der Geschwisterreihe, die Auseinandersetzung mit der erweiterten Familie sowie die Probleme der Schule und der sozialen Gruppe dargestellt. Diese systematische Abhandlung habe ich jedoch wieder gestrichen und habe sie weitgehend in jene Kapitel hineinverwoben, die sich mit den Möglichkeiten befassen, im Gespräch mit den Eltern das Milieu des Kindes umzugestalten.

Der Abschnitt über das therapeutische Gespräch mit den Eltern enthält demzufolge nicht nur jene Themen, die die Reaktion der Eltern auf das Kind umfassen. Er enthält gleichzeitig wichtige Teile aus jenem Fragenkomplex, der die Lebenssituation des Kindes betrifft und den wir berücksichtigen müssen, wenn wir Einfluß auf schädigende Faktoren nehmen wollen. Im Endergebnis schien es mir tatsächlich zweckmäßiger, diese systematisierte Übersicht soweit möglich mit der Darstellung unserer therapeutischen Chancen zu verknüpfen.

Daß wir mit dem Abschnitt über therapeutische Gespräche mit den Eltern einer großen praktischen Notwendigkeit Rechnung tragen, ist klar. Es gibt keine dem Kind gewidmete psychiatrische Institution, in der nicht die Beratung der Eltern einen großen, um nicht zu sagen den größten Raum einnimmt. Wenige Institutionen haben das Personal und die Mittel zur Verfügung, um allein mit Hilfe der direkten Betreuung der Patienten selbst zum therapeutischen Ziel zu kommen. Fast immer ist das Gespräch mit den Eltern eines der wichtigsten Hilfsmittel, das zur Verfügung steht. Trotzdem ist es nicht ganz selbstverständlich, daß ich in diesem Buch Anweisungen über den Umgang mit Eltern aufgenommen habe. In dem späteren Abschnitt „Zur Theorie und Praxis der Kinderanalyse“ habe ich kurz ausgeführt, daß es durchaus Analytiker gibt, die sich vom Einfluß auf die Eltern nur wenig oder gar nichts versprechen. Ich brauche auf dieses spezielle Problem nicht schon jetzt genauer einzugehen. Die späteren Ausführungen werden meine eigene Ansicht zu diesem Thema noch genug erläutern.

Was meine Ausführungen zur Kindertherapie angeht, so habe ich mir leider sehr wesentliche Beschränkungen auferlegen müssen. Ich habe darauf verzichten müssen, langfristige Behandlungen in ihrem Ablauf detailliert zu schildern. Wie den meisten Autoren, die zur Technik der Kinderanalyse geschrieben haben, erschien es auch mir zunächst zweckmäßig, die Einzelheiten der Therapie mit Hilfe von illustrierenden therapeutischen Episoden zu verdeutlichen. Anderenfalls hätte man den Gewinn einer einzelnen vollständigen Beschreibung insofern sehr hoch bezahlt, als man eben doch nur die Probleme *eines* Kindes und einer Familie dargestellt hätte. Damit würde sich aber für meine Leser doch wohl das Blickfeld zu sehr verengen.

Bei den Fallschilderungen, die jugendliche Patienten betreffen, habe ich dafür, wenigstens in einem Fall der hierfür technisch geeignet erschien, auch eine Längsschnittbeschreibung eingefügt.

Im übrigen erscheint es mir noch wichtig, daß ich gleich zu Beginn noch einige Streitfragen erörtere, die in der Debatte um die Psychotherapie von Kindern seit längerem eine gewisse Rolle spielen. Mindestens möchte ich meinen eigenen Standpunkt zu zwei oder drei Grundsatzfragen herausstellen. Diese Fragen gipfeln im wesentlichen in den drei schlagwortartigen Formulierungen: „Psychotherapie oder Psychoanalyse?“ „Beratung oder Behandlung?“, schließlich „Directive or non-directive“.

II. Psychotherapie oder Psychoanalyse?

Die historische Entwicklung in der Medizin hat es mit sich gebracht, daß man bei der psychotherapeutischen Betreuung von Kindern zeitweilig geneigt war, Beratung von sogenannter Behandlung zu unterscheiden. Diese Tendenz konnte sich allein dadurch entwickeln, daß das seelische Krankheitsgeschehen des Kindes in seinen Vorläufern allgemeinere, quasi normale psychologische Fragestellungen aufwirft, die dann (scheinbar) andere Formen der Betreuung — evtl. also eine Beratung — möglich machen. In einen ähnlichen Zusammenhang gehört die Auseinandersetzung zwischen Psychotherapie und Psychoanalyse. Es scheint sich im internationalen Schrifttum allmählich die Gewohnheit einzubürgern, daß man die „eigentliche“ psychoanalytische Behandlung von der angeblich andersgearteten einfacheren Psychotherapie abhebt. Dieser Standpunkt ist tatsächlich weit verbreitet. Die These, mit der er sich rechtfertigt, lautet, daß bei der sogenannten „eigentlichen“ Psychoanalyse die *unbewußten Reaktionen* des Kindes sehr viel intensiver bearbeitet werden als bei der allgemeinen Psychotherapie. Außerdem sollen bei der Psychoanalyse die Interpretationen der unbewußten Mechanismen das wichtigste Instrument der therapeutischen Methode sein. Die Bearbeitung und Interpretation von „Übertragungsreaktionen“

soll ebenfalls bevorzugt zum therapeutischen Arsenal der Psychoanalyse gehören und in der allgemeinen Psychotherapie einen geringeren Platz einnehmen. Ferner denkt man daran, daß die Psychoanalyse des Kindes häufigere Behandlungsstunden und längere Behandlungsdauer erfordert. Jenen Umgang mit Kindern, der sich auf weitmaschiger angesetzte Stunden beschränkt, belegt man dann möglicherweise nur auf Grund dieses formalen Faktums mit dem Namen Psychotherapie.

Es scheint mir, wie gesagt, wichtig, daß ich meinen eigenen Standpunkt zu diesen Fragen gleich zu Beginn des Buches erläutere. Ich kann mich nämlich mit einer so gearteten Unterscheidung nur sehr schwer befreunden. In gewisser Weise halte ich sie sogar für *gefährlich*. Allzuleicht schleicht sich dabei die Vorstellung ein, daß die Psychotherapie im Gegensatz zur Psychoanalyse die einfachere und unkompliziertere Behandlungsform sei. Man denkt dann vielleicht sogar, daß die Psychotherapie geringere Fachkenntnisse verlange als die Psychoanalyse und daß sich der Psychotherapeut die sorgfältige Kenntnis unbewußter Vorgänge ersparen dürfe, weil deren Handhabung dem Psychoanalytiker überlassen bleibe. In Wahrheit ist ja gerade das Gegenteil der Fall! Grundsätzlich und immer basiert der psychotherapeutische Umgang mit einem Kind oder mit einem Erwachsenen auf gründlicher Kenntnis der unbewußten Vorgänge und ihrer psychoanalytischen Handhabung. Es ist *völlig ausgeschlossen*, ohne eine solche gründliche Kenntnis jene Abwandlungen der therapeutischen Methode wirksam vorzunehmen, die vielleicht völlig auf die Interpretation unbewußter Vorgänge oder Übertragungsreaktionen verzichtet. Noch weniger geht dies, wenn wir weitmaschiger angesetzte Konsultationen verabreden und uns mit einer geringen Zahl von Behandlungsstunden begnügen.

Ich bin ganz unbedingt der Ansicht, daß die vermeintlichen Unterschiede bei sogenannter Psychoanalyse und sogenannter Psychotherapie ganz überwiegend *formaler* Natur sind und immer und durchaus auf den *gleichen Fachkenntnissen* aufruhen. Ich betone dies, weil es gegenwärtig nicht wenige Amateuranalytiker gibt, die sich eine gründliche Ausbildung ersparen und die sich dann unter Umständen nicht Psychoanalytiker, sondern Psychotherapeuten nennen. Ganz schlimm wird es, wenn diese Menschen dann vielleicht nicht einmal mehr von Therapie sprechen, sondern von Beratung und damit dem schwersten aller Irrtümer Tor und Tür öffnen, nämlich der Vorstellung, daß Psychotherapie oder Beratung einfachere Maßnahmen seien, sofern man sie mit Psychoanalyse vergleicht. Wenn man die Dinge ernsthaft und aufrichtig betrachtet, dann ist ja in Wahrheit wirklich gerade das Gegenteil der Fall! So ist es mir ein besonderes und dringendes Anliegen, daß dieses Buch mit dazu beitragen möchte, daß in Zukunft diese gefährlichen Irrtümer vermieden werden. Was in den folgenden Kapiteln über den therapeutischen Umgang mit Eltern, Kindern und Jugendlichen beschrieben wird, ist allemal und auf jeden Fall *analytische Psychotherapie*. Die einzelnen Verhaltensweisen und Verfahren mögen sich formal unterscheiden. Der *Kenntnisbestand*, der sie trägt, ist jedoch der gleiche und durch nichts zu ersetzen. Die Gefahr, daß man glauben könnte, Psychotherapie sei die einfachere und allgemeinere Methode, die vielleicht ohne gründliche psychoanalytische Kenntnisse und Ausbildung durchführbar sei, halte ich für so groß, daß ich tatsächlich dafür plädieren möchte, daß man die Unterscheidung zwischen Psychotherapie und Psychoanalyse lieber fallen läßt und beide Begriffe durch das Wort analytische Psychotherapie ersetzt.

Für mein eigenes Vorgehen habe ich es daher auch für richtiger gehalten, daß ich jeweils nur die einzelnen Abwandlungen im therapeutischen Verfahren zucharakterisieren suchte, ohne ihnen einen neuen Namen zu geben. So wird der Gedanke hinfällig, daß man bei Psychotherapie oder Psychoanalyse, bei Beratungen oder Behandlungen mit anderen Kenntnissen oder inneren Voraussetzungen arbeiten könne.

Noch ein Wort zu dem vieldiskutierten Thema des directive or non-directive, das heißt dem richtunggebenden oder dem nicht-richtunggebenden Verhalten im therapeutischen Gespräch. Es ist hier natürlich nicht der Ort zu einer ausgedehnten theoretischen Diskussion. Jedoch soll soviel festgehalten werden: Die grundsätzliche Haltung eines Therapeuten seinem Patienten gegenüber sollte anteilnehmend darauf ausgerichtet sein, wie viele spontane Möglichkeiten gewissermaßen von selbst zur Entfaltung kommen, wenn nur genügend Wärme und Resonanz geboten werden. Es ist also tatsächlich wichtig, daß sich ein Analytiker überprüft, wie rasch, wie nachdrücklich und wie oft er selbst das Wort ergreift, um Empfehlungen, Direktiven, Ermunterungen oder gar Interpretationen auszusprechen. Niemand sollte sich über das Maß der eigenen Aktivität und Initiative, das er in einer Therapie entfaltet, täuschen. Andererseits ist es ausgeschlossen, sich *nur* darauf zu verlassen, daß die spontanen Entwicklungskräfte des Patienten schon das Ihrige zur Gesundung beitragen würden, sofern man sie nur gewähren ließe und zur Entfaltung brächte. Ausgeschlossen ist es auch, daß sich der Therapeut Fachkenntnisse erspart, weil er auf die eigenständigen Kräfte seines Patienten vertraut. Schließlich gibt es Kranke, die Selbstmord begehen wollen und deshalb die ärztliche Hilfe nicht mehr suchen oder für sinnlos halten. Man muß sich aktiv um sie bemühen. Es gibt Organkranke, die den Psychiater primär nicht suchen würden, weil sie von den Zusammenhängen ihrer Krankheit nichts ahnen. Man muß ihnen die Chancen einer auf das Psychische gerichteten Therapie erläutern. Außerdem gibt es Unerfahrene, die den Rat und das Urteil des Erfahreneren von sich aus suchen und benötigen. Ihnen allen wird der Therapeut nicht gerecht, wenn er nicht mit Hilfe von Kenntnissen und Überblick sein eigenes Urteil findet und es zum Nutzen des Patienten verwendet.

Wir werden uns bemühen, mit den folgenden Kapiteln ein Bild davon zu entwerfen, welch umfangreichen Wissensbestand der Psychotherapeut benötigt, um wirklich wirksam Hilfe bringen zu können.

B. LEBENSPROBLEME ERWACHSENER MENSCHEN

I. Das Wesen einer neurotischen Persönlichkeitsveränderung

1. Vorbemerkung

Um der inneren Dynamik einer neurotischen Persönlichkeitsveränderung auf die Spur zu kommen, ist man bislang im wesentlichen zwei Wege gegangen: Einmal bemühte man sich um den psychischen Entwicklungsprozeß, der vom ersten Lebenstage eines Kindes an seine seelische Struktur formt und prägt. Man beschreibt also die seelische Verfassung eines Menschen unter *genetischen* Gesichtspunkten und diskutiert die wichtigen Erlebnisse und Erfahrungen, die zur neurotischen Charakterbildung geführt haben. Man fügt meist gleichzeitig die zugehörige Erörterung typischer neurotischer Charakterstrukturen an und befaßt sich mit der spezifischen Dynamik sogenannter schizoider, depressiver, zwangsneurotischer und hysterischer Charaktere.

Abgesehen von dieser Form der Betrachtung richtet sich dann die Aufmerksamkeit bevorzugt auf die *aktuelle Manifestation* neurotischer Störungen in der gegebenen Lebenssituation eines erwachsenen Menschen oder eines Kindes. Man sagt mit Recht, daß sich Querschnitts- und Längsschnittsbetrachtung gegenseitig zu ergänzen hätten. In dem einen Fall berührt sich die psychoanalytische Forschung mit der *Entwicklungspsychologie*, im zweiten nimmt sie Verbindungen zur *Soziologie auf*.

Dem entwicklungspsychologischen Gesichtspunkt habe ich nun in meinem Buch über *„Psychogene Erkrankungen bei Kindern und Jugendlichen"* viel Aufmerksamkeit gewidmet. Was dort schon beschrieben wurde, soll hier nicht noch einmal wiederholt werden. Unser Interesse gilt jetzt der Manifestation neurotischer Störungen im Lebensablauf erwachsener Menschen. So benötigen wir lediglich eine kurze vorbereitende Skizze, die die wichtigsten neurotischen Dynamismen beschreibt.

Im Bereich der Sozialpsychologie wird gelegentlich (und nicht ganz mit Unrecht) darauf hingewiesen, daß der Erwerb neurotischer Störungen auf das engste mit den *Lernvorgängen* des Menschen verknüpft sei. Natürlich ist hier das emotionale und vorintellektuelle Lernen gemeint, das der bewußten und „verständigen" Auseinandersetzung mit der Welt vorausläuft. Die Beschreibung neurosenpsychologischer Vorgänge in Anlehnung an die Terminologie, die man sonst für den psychischen Prozeß des „Lernens" verwendet, ist zur Zeit jedoch nicht sehr gebräuchlich. Man hält im allgemeinen daran fest, daß man die Diskussion neurotischer Störungen um die Vorgänge im Bereich der *Impuls-* und *Triebwelt* des Menschen zentriert. Dies hat wichtige praktische Gründe. Die Beschreibung neurotischer Störungen mit Hilfe der Terminologie des Lernens bringt uns zwar gewisse Vorteile für das beobachtende Verständnis. Zum Beispiel läßt sich mit ihrer Hilfe gut darstellen, wie das spätere Weltbild eines Neurotikers von erworbenen Gefühlsassoziationen (meist ängstlichen und beunruhigenden) gefärbt wird. Oder man kann beschreiben, wie der konflikthafte Erwerb von Erfahrungen dazu führt, daß das Kind oder der Erwachsene allmählich bestimmte Wahrnehmungen vermeidet (Die „unwillkürliche Aufmerksamkeitsentziehung" von Leibniz). Schließlich kann man auch verfolgen, wie ein Einzelindividuum den Umgang mit seinen eigenen Impulsen und Antrieben lernt, indem es das erfahrungsgemäß Unmögliche allmählich aufgibt, jedoch das erfahrungsgemäß Mögliche wiederholt.

Andererseits hat diese Beschreibungsform wichtige Nachteile: Unsere Aufmerksamkeit zentriert sich dann nämlich nicht mehr, wie sie sollte, um die *pathogenetisch bedeutsame* Komponente des Geschehens. Wie die Beobachtung gelehrt hat, müssen wir uns in der Neurosenpsychologie bevorzugt um die Dynamik aufgestauter und unvollkommen verarbeiteter Impulse und Triebe kümmern. Ist es doch der chronische emotionale Dauerreiz, der vom unterschwellig ablaufenden Aktionsbedarf des Menschen ausgeht, den wir insbesondere auch bei psychogenen Organveränderungen kausal verantwortlich machen müssen. Diesen wichtigen pathogenetischen Vorgängen werden wir nicht gerecht, wenn wir die Begriffswelt der Triebdynamik und Motivationspsychologie verlassen, um uns überwiegend in der Nomenklatur des Lernens zu bewegen.

Die jetzt geplante Beschreibung neurotischer Reaktionsweisen möchte ich allerdings noch etwas ausführlicher vorbereiten. Müssen wir uns doch wohl mit einer Reihe von Gesetzmäßigkeiten des menschlichen Lebens auseinandergesetzt haben, ohne deren Kenntnis wir kaum zu einem wirklichen Verständnis spezifisch neurotischer Probleme und zugehöriger therapeutischer Methodik vordringen werden.

2. *Allgemeine Regeln des menschlichen Seelenlebens*

Der Erwerb neurotischer Fehlreaktionen legt auf jeden Fall den allgemeinen seelischen Reifungsprozeß eines Menschen in entscheidender Weise lahm. Um dies zu verstehen, sollten wir zuvor ein wenig darüber nachgedacht haben, was wir denn überhaupt unter dem Begriff seelischer Entwicklung und Reife zu verstehen pflegen oder verstehen wollen.

Es ist wohl klar, daß sich die innere und äußere Lebensführung eines Menschen unter dem Einfluß sehr unterschiedlicher Kräfte gestaltet. Das alltägliche arbeitende Leben ist im allgemeinen zunächst einmal von dem Bestreben nach allgemeiner Existenzsicherung ausgefüllt. Freilich ist die Bemühung um den Erhalt der Existenz nicht immer mit dem eigentlichen Sinn oder Inhalt unseres

Lebens identisch. Lebhafte Wünsche, geheime Hoffnungen und Pläne, Beunruhigungen oder Ängste bewegen den Menschen ebensosehr wie das Bedürfnis nach geistiger Auseinandersetzung mit der Welt.

Jede bewußtere Natur, deren Wesenskern nicht hoffnungslos verdorben wurde, entwickelt zudem ein Gefühl der Verantwortlichkeit sich selbst und anderen gegenüber. Reife und Integrität der eigenen Person werden zur inneren Aufgabe und Verpflichtung, und mit dieser Verpflichtung verknüpft sich für den Menschen unaufhebbar die Frage nach dem Sinn des Lebens, die Auseinandersetzung mit Tod und Einsamkeit, mit ethischer Grundhaltung und allgemeinen Werteinstellungen.

Die verantwortliche Stellungnahme des Menschen zu sich selbst ist sicherlich der Grundbestand unserer geistigen Existenz. Nicht ein Problem der Neurosenpsychologie könnten wir abhandeln, wenn wir dies vergessen würden. Dies ist insofern wichtig, als wir es hier mit einem seelischen Geschehen zu tun haben, das unter rein biologischen Aspekten keineswegs eine Selbstverständlichkeit ist.

Biologisch betrachtet, wären wir als Lebewesen unbedingt auch dann existenzfähig, wenn diese bewußte Einstellung zum eigenen inneren Wert völlig fehlen würde. Wir könnten die Veränderungen unseres Seelenlebens gleichmütig als Veränderungen betrachten, ohne daß wir unsere innere Entwicklung mit Wertbeurteilungen begleiteten. Tatsächlich empfinden wir jedoch die Änderungen, denen unser Seelenleben im Verlauf der Jahre unterliegt (die Entwicklung der geistigen Urteilskraft, die Wandlungen des Gefühlslebens, die Folgen unserer inneren Entscheidungen) nicht einfach so, als vollzöge sich lediglich der Übergang von einem alten Zustand in einen andersartigen neuen. Im Gegenteil! Wir haben subjektiv durchaus das Gefühl, daß wir als Person *Reifungsschritte* durchleben. Diesen Reifungsprozeß erleben wir zugleich als eine verantwortliche Aufgabe, die ebensowohl gelingen wie mißglücken kann.

Die Aufgaben nun, die der Mensch im Verlauf seines Lebens bewältigen muß, damit er eine ausgereifte, harmonische und souveräne Lebensform entwickeln kann, sind immer vielschichtig. Wir wollen sie für das Verständnis unserer späteren Darstellung etwas genauer charakterisieren: Zunächst einmal entspringen sie der *vorgegebenen Lebensordnung*, in die der einzelne hineingeboren wird. Zum anderen gilt es, jene Probleme zu bestehen, die die *Natur des Menschen selbst* mit ihren widerstreitenden Empfindungen schafft.

Die Auseinandersetzung mit den schicksalsmäßig festgelegten Gegebenheiten des äußeren Lebens ist im wesentlichen davon bestimmt, daß die umgebende Welt zu einem Teil beeinflußbar und veränderlich ist, daß sie sich jedoch andererseits in mancher Hinsicht der formenden Kontrolle entzieht. Jedwede individuelle Lebensentwicklung verlangt den Erwerb jener notwendigen Kenntnisse, die uns einmal die Beeinflussung und Veränderung der Umwelt gestatten, und die uns zugleich das Urteil darüber vermitteln, wo die Grenzen unseres Gestaltungsdranges liegen. Die Aufgabe, im Verlauf der Lebensplanung das Mögliche zu tun und das Unveränderliche zu ertragen, wird jedem Menschen in einer nicht abreißenden Kette von Einzelentscheidungen immer erneut gestellt.

Die Anforderungen, die das äußere Leben an uns stellt, sind gewiß nicht klein. Die Konflikte freilich, die sich auf der inneren Bühne unseres Seelenlebens abspielen, stehen den äußeren Schwierigkeiten in nichts nach: Wir alle wissen, daß in jedem einzelnen Menschen Wünsche und Impulse lebendig sind, die in sich selbst eine fast unaufhebbare Gegensätzlichkeit tragen. Niemand kann ein Leben von farbiger Abwechslung führen und gleichzeitig die Freuden der Stetigkeit, Ruhe und Dauerhaftigkeit genießen. Niemand kann eine leitende Tätigkeit erstreben, in der er starke Dominanzwünsche unterbringt, wenn er gleichzeitig seine Einsamkeitsgefühle und Anlehnungsbedürfnisse bei den Untergebenen befriedigen will. Die *innere Antinomik* menschlicher Triebdynamik bringt es mit sich, daß von jedem einzelnen Menschen unabwendbar und unaufhörlich Verzichtsleistungen vollbracht werden müssen, damit er wenigstens dem einen Teil seines Wünschens, Planens und Hoffens Rechnung tragen kann. Jeder Mensch lernt irgendwann einmal jene Problematik in sich kennen, die aus der Existenz unvereinbarer Gefühle und Wünsche entspringt. Je tiefer ein Mensch erlebt, je intensiver er seinen inneren Impulsen ausgeliefert ist, um so schwieriger wird es für ihn, diese intrapsychische Antinomik zu bewältigen. Eine Bereitschaft zur inneren Entscheidung ist dazu nötig, die nicht jedem zur Verfügung steht. Freilich sprechen wir von wirklich autonomer Reife und Integrität der Person erst dann, wenn gerade diese Befähigung und Bereitschaft zur *verantwortlichen inneren Entscheidung* erworben wurde.

Dabei dürfen wir nicht vergessen, daß gerade diese inneren Entscheidungen stark vom menschlichen Werterleben beeinflußt werden. Geht es für den Menschen doch nicht nur darum, daß er sich mit intensiven aber unvereinbaren Bedürfnissen und Antrieben auseinanderzusetzen hat. Es kommt hinzu, daß wir in uns eine Rangordnung bewertender Einstellungen aufrichten, die den verschiedenen Impulsen, Wünschen, Plänen und Zielvorstellungen einen bestimmten Stellenwert innerhalb unserer inneren Wertskala zuerteilt. Das innere Gleichgewicht eines Menschen hängt sehr weitgehend davon ab, wie er sich mit dieser inneren Wertskala auseinandergesetzt hat.

Wir müssen bei diesen Überlegungen wohl sehr sorgfältig differenzieren. Menschliches Werterleben ist ein sehr vielschichtiger seelischer Vorgang. Soweit wir bis heute wissen, entspringen unsere Werthaltungen zu einem Teil aus angeborenen Erlebniskonstanten. Zum anderen Teil sind sie offenbar das Resultat erworbener Einstellungen, die das umgebende Kollektiv oder die umgebende Gruppe mit ihren Wertnormen vermittelt hat. Es wird immer sehr schwer zu sagen sein, aus welchen Quellen in einem individuellen Leben die vorgefundenen Werthaltungen stammen. Das „Ichideal“, das ein Mensch aufrichtet, die „Leitlinie“, an der er sich orientiert, ist letzten Endes immer die Summe jener Wertvorstellungen, zu denen sich ein Mensch entweder bewußt bekennt oder von denen er unbewußt gelenkt wird.

Es erscheint mir wichtig, daß ich bereits in diesem vorbereitenden Abschnitt einiges von der emotionalen Problematik beschreibe, die bewältigt sein will, bevor sich ein Mensch zu einem harmonischen Lebensgefühl durchgerungen hat. Wir werden sogleich verstehen, daß es sich unter anderem auch um Probleme handelt, die uns im neurosenpsychologischen Bereich immer wieder als besonders konfliktbesetzt begegnen.

Da wäre zum Beispiel als erstes die eigentümliche Zwiespältigkeit zu bedenken, die sich daraus ergibt, daß der Mensch einerseits intensiv nach *innerer Unabhängigkeit* strebt, während er sich doch gleichzeitig lebhaft von der Anerkennung und dem *Zuspruch durch das Kollektiv* abhängig fühlt.

Hier sind sehr subtile Gefühlsprobleme im Spiele. Jede Form von Gemeinschaftserleben und zwischenmenschlichem Kontakt entspringt der Tatsache, daß uns die Einstellung des anderen, sein Urteil, sein Gefühl in irgendeiner Form wichtig sind. Diese Bedeutung, die das fremde Urteil für den einzelnen besitzt, geht sehr weit. Wie oft ist es nicht das schöne und bequeme Haus selbst, das seinem Besitzer Freude bringt, sondern die Tatsache, daß der Nachbar es sieht und bewundert. Die angenehme Berufstätigkeit wird nicht um ihrer selbst willen gesucht, sondern sie soll respektiert und anerkannt sein.

Es gibt wohl keinen Menschen, der sich innerlich voll von der Einstellung seiner Umwelt zu ihm distanzieren könnte. Dies wäre auch kaum erstrebenswert. Die Bedeutung, die wir den Erlebnisweisen unserer Umwelt zumessen, ist die Grundlage jedweden menschlichen Kontaktes überhaupt. Und dennoch bedeutet es sicherlich für alle Menschen einen sehr wesentlichen Reifungsschritt, wenn allmählich eine gewisse innere Unabhängigkeit von fremdem Urteil erworben wurde. Es ist gut für den einzelnen, wenn er sich von fremdem Urteil nur dann beeinflussen läßt, wenn der andere es wirklich verdient, daß man ihm eine solche Bedeutung einräumt. Ein Mensch, der sich mehr an seinem eigenen Qualitätsgefühl orientiert als an dem der Umgebung, hat einen wichtigen Schritt getan, um sein Leben in innerer Freiheit zu gestalten, unmittelbar verbunden mit den Menschen, die er liebt, und jenen Plänen hingegeben, die er verwirklichen will.

Diese Antinomie zwischen dem Streben nach innerer Freiheit und der Abhängigkeit von fremden Gefühlseinstellungen zieht sich wie ein roter Faden durch viele menschliche Lebensläufe. Es gibt sehr verschiedene Lebenslösungen, die der einzelne finden kann, je nachdem, ob er sich mehr zu einer individualistischen Lebensführung entschließt oder ob er die Gemeinsamkeit mit dem Kollektiv betont. Man sagt nicht mit Unrecht, daß sich ganze Kulturen dadurch unterscheiden können, daß sie entweder ein individualistisches Lebensideal pflegen oder daß sie die „Gruppenfähigkeit" eines Menschen besonders positiv beurteilen. Gerade hier sind Wertakzente im Spiel, die wir in ihrer psychologischen Bedeutung nicht vernachlässigen sollten.

Der Konfliktstoff, der in der soeben skizzierten Problematik verborgen liegt, erfährt in allen *Liebesverbindungen* des Menschen eine starke Zuspitzung. Der allgemeinen Antinomik menschlichen Erlebens in diesem Bereich haben wir ein eigenes verhältnismäßig umfangreiches Kapitel gewidmet. Ich brauche den späteren Ausführungen nicht vorzugreifen. Doch ist es vielleicht gut, wenn ich die Gelegenheit benutze, um noch einige weitere Gefühlsnuancen zu beschreiben, die die menschliche Natur in ihrer Reaktion auf sehr erstrebte (vielleicht triebhaft erstrebte) Güter bietet:

Der überwiegende Teil aller Menschen setzt sich wohl irgendwann einmal in seinem Leben mit intensiven Bedürfnissen auseinander, die auf *Macht* und *Besitz* gerichtet sind. Es gibt kein Gesellschaftssystem, in dem nicht Macht und Reichtum mit Prestige- und Vorrangstellung ausgestattet sind. Der Mächtige hat immer ein hohes Maß äußerer Freiheit und Unabhängigkeit erreicht, ebenso der Wohlhabende. Das Streben nach Macht und Reichtum ist und bleibt eine starke spontane Tendenz der menschlichen Natur, die mit erheblichen Affektbeträgen ausgestattet wird.

Die Problematik, die sich aus diesen Strebungen für die menschliche Natur ergibt, liegt nun zu einem Teil darin, daß diese inneren Tendenzen leicht mit Bedürfnissen anderer Art in Konflikt geraten. Tatsächlich wird eine mächtige und einflußreiche Lebensposition oft nur dadurch erkämpft, daß konkurrierende oder gar feindselige Auseinandersetzungen mit anderen Menschen erfolgreich bestanden wurden. Macht durch Gewalttat oder Reichtum durch die Ausbeutung anderer sind keine seltene Erscheinung unseres sozialen Lebens. Beides steht jedoch in tiefem Gegensatz zu den zarteren Möglichkeiten der menschlichen Natur und verträgt sich nicht mit den Bedürfnissen nach Liebe, Freundschaft und positivem gegenseitigen Kontakt. So ergibt es sich, daß politischer Einfluß, große Wohlhabenheit, hohes soziales Niveau von verschiedenen Menschen mit verschiedenen Augen betrachtet werden. Und nicht nur das! Der einzelne Mensch kann im Verlauf seines Lebens bemerken, daß sich in ihm eine neue Rangordnung der wertenden Beurteilung entwickelt. Daß er allmählich kritisch sieht, was ihm früher wichtig erschien, und daß ihm wichtig wird, was ihn früher gleichgültig ließ. Muß man doch bedenken, daß das Streben nach Macht innerlich kaum von dem Bedürfnis nach Ruhm und der Abhängigkeit von äußerer Anerkennung abzutrennen ist. So bleibt in eigentümlicher Antinomie oft gerade dem die innere Freiheit versagt, der im Leben den höchsten Grad äußerer Unabhängigkeit erreicht hat.

Eines scheint mir sicher: Menschliches Wertgefühl erwartet von der eigenen Natur, daß Macht und Reichtum, sofern sie erworben wurden, mit Geist, Kultur und Bildung vertieft und verfeinert werden. Korruption und Grausamkeit als Basis einer mächtigen Lebensposition werden immer zu innerer Beunruhigung führen. Ein ausgereiftes Lebensgefühl läßt sich nur dann erwerben, wenn zwischen diesen widerstreitenden Seiten der menschlichen Natur ein tragfähiges Gleichgewicht hergestellt wurde.

Wir wollen also folgendes festhalten: Der seelische Reifungsprozeß des Menschen, der seiner inneren Verantwortung unterliegt, hat immer und auf jeden Fall zur Voraussetzung, daß in *freier Entscheidung* eine Einstellung zu den widerstreitenden Impulsen der eigenen Natur gefunden wurde. Innere Unabhängigkeit entwickelt sich zudem, wenn der Mensch in die Lage gekommen ist, den eigenen inneren *Werthaltungen* ausreichend Rechnung zu tragen. Die kenntnisreiche Auseinandersetzung mit der *umgebenden Welt* muß weiterhin dazu beitragen, daß der Mensch seine inneren Wünsche richtig auf die äußere Lebensordnung abstimmt.

Wir werden in Kürze verstehen, in welcher Weise neurotische Reaktionsformen diesen Reifungsprozeß der menschlichen Natur behindern und verzerren können. Der nächste Abschnitt soll uns Auskunft über die wichtigsten neurotischen Reaktionsformen geben, und zum Abschluß dieser Darstellung werden wir noch einmal auf die hier dargelegten Ausführungen zurückkommen.

3. Spezifische neurotische Reaktionsformen

Nun darf man sich freilich nicht darüber täuschen, daß der Versuch, die innere Dynamik einer neurotischen Fehlentwicklung im beschreibenden Wort zu erläutern, immer ein sehr gewagtes Unternehmen bleiben wird. In gewisser Weise hat ein solcher Plan sogar etwas Absurdes an sich. Schließlich kann auch die geschickteste Wortwahl kaum den subtilen Vorgängen menschlichen Seelenlebens gerecht werden. Ich möchte deshalb jenen Lesern, die sich vielleicht mit allzu großer Unbekümmertheit dem Studium dieses Kapitels widmen wollen, einen kleinen Vergleich aus der Organmedizin zur Warnung voranstellen:

Jeder Kinderarzt weiß, daß er sehr umfassende ärztliche Erfahrung benötigt, wenn er zum Beispiel ein Masernexanthem von einem Scharlachexanthem unterscheiden will. Kein medizinischer Lehrer gibt sich der Illusion hin, daß er einem Anfänger nur mit Hilfe verbaler Beschreibungen eine wirkliche Vorstellung jener Kriterien vermitteln könnte, auf die sich die diagnostische Unterscheidung in Wahrheit stützt. Natürlich versucht man es trotzdem und beschreibt die Anordnung und Verteilung der Flecken am Körper, ihre Färbung, ihre Größe, die Dauer ihrer Existenz usw. Aber man weiß bei solchen Versuchen doch immer, daß es keinem jungen Arzt jemals gelingen wird, lediglich auf Grund einer solchen Belehrung Masern und Scharlach voneinander zu unterscheiden. Nicht einmal das Hilfsmittel einer fotografischen Abbildung kann den Lernenden wirklich ausreichend mit jenen Merkmalen vertraut machen, die er für ein richtiges Urteil kennen muß. Und schließlich weiß der erfahrene Pädiater sogar, daß auch langjährige Übung und Schulung der direkten Beobachtung am Krankenbett (mit Überprüfung der gestellten Diagnose im Verlauf der Krankheit) nicht immer garantieren, daß in jedem Einzelfall das Urteil mit voller Treffsicherheit gefunden werden kann.

Niemand wird nun ernsthaft annehmen, daß die Beobachtung und Beurteilung seelischer Vorgänge einfacher sei als die Beobachtung und Beurteilung einiger roter Flecken auf der Haut. Ich wäre zufrieden, wenn sich meine Leser bei der Lektüre des folgenden Kapitels immer wieder einmal daran erinnern würden, daß auch bei der Auseinandersetzung mit psychiatrischen Problemen die konkrete Erfahrung nicht durch literarische Kenntnisse ersetzt werden kann.

Wir wollen nun für unsere kommenden Erläuterungen davon ausgehen, daß Freud ursprünglich den Vorgang der „Verdrängung" in den Mittelpunkt der Diskussion gerückt hat. Seine Beobachtungen lehrten ihn, daß er es hier mit einem wichtigen pathogenetisch wirksamen Geschehen zu tun hatte. Später hat er diese Auffassung korrigiert und den Begriff der Verdrängung durch den allgemeineren Ausdruck der *„Abwehrmechanismen"* ersetzt. Er gewann dadurch eine verbesserte Möglichkeit, die verschiedenen Formen der Abwehrreaktion gegen tabuierte Triebe zu beschreiben. Der Verdrängungsvorgang wurde damit ein Sonderfall unter verschiedenartigen Abwehrmechanismen. Im Verlauf der psychoanalytischen Forschung wurden zahlreiche dieser Abwehrmechanismen differenziert beobachtet und beschrieben. Zudem gelang es dem großen Sprachgenie von Freud und seinen Mitarbeitern, eine Reihe von weiteren neurotischen Reaktionsformen mit Hilfe von neuen Wortprägungen zu beschreiben. Zum Teil gelang es auch, jene Worte zu benutzen, in denen sich der reiche psychologische, aber vorwissenschaftliche Kenntnisbestand der Menschheit niedergeschlagen hatte.

Eine Verdrängungsreaktion ist also ein Geschehen, das die Trieb- und Impulswelt des Menschen betrifft. Allgemein sagt man mit Recht, daß ein behinderter Impuls entweder im Verzicht aufgegeben werden kann oder aber es tritt eine Ersatzaktion an seine Stelle. Verzicht oder Selbstbeherrschung werden geübt, obgleich die eigentliche Intention erhalten bleibt. Dies wären die wichtigsten „bewußten" Formen der Auseinandersetzung, die dem Menschen zur Verfügung stehen, sofern er seine spontanen Wünsche, Triebe und Impulse nicht in die Tat umsetzen kann.

Freud beschrieb nun unter dem Begriff der Verdrängung eine andersartige Form der Impulsabwehr. Er beobachtete, daß es unter bestimmten Bedingungen dazu kommen kann, daß der abgewehrte Impuls so weitgehend aus dem bewußten Erleben abgedrängt wird, daß seine Existenz nicht mehr bemerkt wird. Ein wichtiges Charakteristikum dieses Verdrängens ist es, daß der abgeschaltete Impuls (oder Gedanke) nicht mehr aktiv ins Bewußtsein heraufgerufen werden kann. Gleichzeitig kündigen eine Reihe von anderen psychischen Erscheinungen an, daß die *innere Dynamik* des verdrängten Impulses *erhalten* geblieben ist. Verdrängte und damit „unbewußte" Impulse unterscheiden sich, wie Freud fand, von jenen Vorgängen, die er dann „vorbewußt" nannte. Bei vorbewußten Vorgängen handelt es sich um latente Bereitschaften, die ebenfalls nicht dauernd wach und reflektiert in unserem Bewußtsein leben, die jedoch in bestimmter Form, sofern wir wollen, ins Bewußtsein gerufen werden können.

Der Vorgang des Verdrängens hebt sich also, wie wir sehen, einmal von *Selbstbeherrschung* und *Verzicht* ab und stellt eine Sonderform der Auseinandersetzung des Menschen mit seiner Triebwelt dar. Auf der anderen Seite müssen wir das Verdrängen (sofern wir bewußtes und unbewußtes Erlebnismaterial im Sinn haben) unbedingt von einfachem *Vergessen* unterscheiden. Müdigkeit, Krankheit oder Alter rauben uns manchen Teil unseres Erinnerungsschatzes. Nicht immer sind wir in der Lage, das einmal Gewußte frei wiederzubeleben, selbst wenn wir mit so starken Erinnerungsspuren in uns rechnen dürfen, daß uns zu gegebener Zeit das Vergessene doch wieder zur Verfügung steht. Den Unterschied zwischen einfachem Vergessen und Verdrängen finden wir darin, daß bei der Verdrängung dynamische Gegenimpulse am Werke sind, die sich auf den abgewehrten Impuls richten. Vergeßlichkeit in der Ermüdung oder in toxischen Fieberzuständen oder ähnlichem ist sicherlich ganz etwas anderes.

Der Psychoanalytiker hat sehr verschiedene Aspekte des gleichen seelischen Geschehens im Sinn, wenn er zu gegebener Zeit jeweils entweder von „Verdrängung“ oder von „Gehemmtheit“ oder aber von „Lücke“ spricht. Bei der Verdrängung steht die Dynamik der Impulsabwehr im Mittelpunkt. Das Wort Gehemmtheit beschreibt mehr den seelischen Zustand aufgehobener Aktionsfähigkeit. Mit dem Wort Lücke hingegen zielen wir auf die Ausfälle im inneren Erleben ab, ohne schon gleichzeitig an die vorhandene potentielle Aktionsbereitschaft zu denken.

Nun bemüht man sich natürlich um einen gewissen Überblick über Verdrängungsvorgänge in den verschiedenen *selbständigen Bereichen* unserer *Impulswelt.* Zu diesem Zweck ordnet man gern folgendermaßen an: Wir sprechen einmal von feinsten Störungen in der allgemeinen Zuwendung zur Welt (sogenannte *intentionale* Störungen), die eine veränderte (verminderte) emotionale Beziehung zur Umgebung mit sich bringen. Der sogenannte „Aufforderungscharakter“ der Umwelt geht verloren, die innere Aufmerksamkeitsspannung ist herabgesetzt, die bewegende gefühlshafte Beteiligung an sinnlichen Wahrnehmungen zeigt sich eingeschränkt.

Wir kümmern uns dann um jene Behinderungen, die allgemeine *Handlungs-* und *Gestaltungswünsche* erfahren können und um die nahe verwandten Bedürfnisse nach *Macht* und *Geltung.* Wir beobachten, wie Aktionslust und Geltungsdrang mit den *Zuneigungsgefühlen* zum anderen in Konflikt kommen können und wir beobachten gleichzeitig die vielfältigen Situationen, in denen alle Zärtlichkeitswünsche, Liebes- und Anlehnungsbedürfnisse enttäuscht und behindert werden. Jeder der erwähnten Impulse kann unter entsprechenden Bedingungen abgewehrt, „verdrängt“ werden und damit den Menschen im Zustand einer Gehemmtheit hinterlassen. Das subjektive Erleben zeigt dann Lücken an Stelle von expansiven Bereitschaften.

Die stark konfliktgeladene Problematik *sexuellen Erlebens* ist in der psychoanalytischen Literatur weitläufig diskutiert worden. Ebenso die neurotischen Veränderungen *oraler* Impulse (Besitzwünsche) mit all ihren nahen Beziehungen zu aktiver Aggression einerseits und liebevollem zwischenmenschlichem Kontakt andererseits.

Wie gesagt, kann jeder der bezeichneten Impulse der Verdrängung zum Opfer fallen und im aktuellen Erleben des Betreffenden eine Lücke hinterlassen. Vielleicht sollten wir bei der Erwähnung dieser Vorgänge für einen Augenblick noch etwas mehr ins Detail gehen. Mit einer mehr oder weniger summarischen Feststellung sagt man zwar, daß unserer Triebdynamik heftige konflikthafte Spannungen innewohnen. Wir tun aber gut, gleich im Beginn unserer Überlegungen zu unterscheiden, daß sich unsere Wünsche nach handelnder evtl. aggressiver Expansion in ihrer Konflikthaftigkeit deutlich von den sogenannten oralen Bedürfnissen unterscheiden und ebensosehr von Sehnsüchten nach Kontakt, Liebe und Zuneigung.

Das Schicksal dieser verschiedenen Impulsrichtungen unterscheidet sich schon deshalb ganz wesentlich voneinander, weil alle drei in verschiedener Weise von der *Bereitwilligkeit der Umwelt* zur Korrespondenz oder *aktiven Unterstützung* abhängig sind. Diese Feststellung gilt ganz bevorzugt für die Kleinkindperiode. *Aktionslust* oder allgemeiner Antriebsüberschuß können in mancherlei Hinsicht von der Umwelt behindert werden, jedoch finden sie bald in sich selbst Befriedigung, sofern man sie nur gewähren läßt. Orale Wünsche hingegen sind beim jungen Kind extrem von der zugewandten Bereitwilligkeit der Umgebung abhängig. Entwicklungsabhängig zeigt sich nur ein typischer Wandel dieser Situation, den wir in der Fachsprache als den Übergang von der sogenannten „passiven" Oralität in die „aktive" Oralität bezeichnen. Das passive Erwarten in den frühesten Lebensperioden wird allmählich von der Möglichkeit zu aktivem Zugreifen abgelöst. Wir bezeichnen es im allgemeinen auch als einen normalen Entwicklungsschritt, daß das aktive Zugreifen allmählich den Vorrang vor passivem Erwarten bekommt. Ja, wir beschreiben es sogar als ein ausgesprochen neurotisches Phänomen, wenn ein Erwachsener in passivem Erwarten verharrt, anstatt sich zu eigener Aktivität zu entschließen. Wir dürfen zwar nicht verkennen, daß die Sehnsucht, beschenkt zu werden ein ebenso ursprünglicher Wunsch im Menschen ist und bleibt, wie das Bedürfnis nach aktiver Eroberung. Beide Impulsrichtungen sind an sich eigenständig, sie können sich jedoch in gewissen Grenzen gegenseitig ersetzen. Enttäuschte Erwartung kann durch den Entschluß zu eigener Aktivität kompensiert werden. Gebremste aktive Oralität mündet unter Umständen in extrem passives Schmarotzertum ein.

Dieses Wechselspiel zwischen aktiver und passiver Oralität ist etwas sehr typisches. In der Therapie kann es ein Teil unserer Bemühung sein, wenn wir erstreben, daß sich bei dem Patienten passive Erwartungen in aktive Betätigung umsetzen.

Ganz anders steht es nun mit all jenen Wünschen und Gefühlen, die sich in Sehnsucht nach Liebe und Gemeinsamkeit auf den anderen Menschen richten. In diesen Bereichen menschlichen Fühlens bleibt die Abhängigkeit von der Resonanz der Umgebung in ganz anderer Weise erhalten. Das Kind ist dem Mangel an Liebe hoffnungslos ausgeliefert. Aber auch der erwachsene Mensch kann hier nicht sehr viel mit aktiver Planung oder zielgerichteter Handlung kompensieren. Bei ihm hängt im Grunde alles davon ab, daß er selbst in der Lage ist, gemütreich und kontaktbereit zu reagieren. Und dies kann nicht mit zielvoller Planung erreicht werden. Im besten Fall kann der Erwachsene den Menschenkreis ein wenig erweitern, in dem ihm vielleicht eine Partnerbeziehung begegnet, die seinen eigenen inneren Wünschen und Möglichkeiten entspricht. Zwischenmenschlicher Kontakt basiert jedoch immer auf einem wohlintegrierten Selbstgefühl, das nur mit einer Arbeit nach innen, nicht durch Expansion nach außen erworben wird.

Dieser kleine Exkurs in die ersten Anfänge einer Beschreibung menschlicher Bedürfnisse und Impulse mag als pars pro toto stehen. Es leuchtet wohl ein, daß die seelische Wirklichkeit, die wir mit bestimmten Kennworten zu beschreiben suchen, immer um ein Vielfältiges komplizierter und differenzierter ist, als daß Worte ihr voll gerecht werden können.

Wir sagten schon, daß Freud allmählich dazu gelangt ist, den Verdrängungsvorgang nur als Sonderfall zahlreicher Abwehrreaktionen aufzufassen. Die „Verkehrung eines Impulses in sein Gegenteil" wurde zum Beispiel als eine andere Möglichkeit genannt. „Isolierung" und „Ich-Einschränkung" sind weitere.

Man kann natürlich darüber streiten, ob diese mehr charakterologischen Beschreibungen nicht aufdifferenziert werden könnten oder müßten, so daß sich ergäbe, daß auch hinter der „Ich-Einschränkung" ausgedehnte Verdrängungsvorgänge stehen und daß ein Impuls nur dann in sein Gegenteil verkehrt werden kann, wenn erst einmal der originäre erste Antrieb verdrängt worden ist. Wie dem auch sei. Extreme Ich-Einschränkung und Isolierung, ein Rückzug von der Umwelt, können den Neurotiker charakterisieren.

Eine andere, wenn man so will, expansive Möglichkeit wird mit den neurotischen *„Ersatzbefriedigungen"* ergriffen. Ersatzhandlungen oder Ersatzbefriedigungen stehen dem Menschen natürlich normalerweise auch dann offen, wenn er sich aus irgendwelchen Gründen gezwungen sieht, auf eine bestimmte Intention zu verzichten. Wir finden die *neurotische* Ersatzbefriedigung dann, wenn die Auseinandersetzung mit Triebansprüchen im Verlauf von Verdrängungsleistungen vollzogen wurde. Bei den neurotischen Ersatzbefriedigungen bleibt das Befriedigungserlebnis auf jeden Fall unvollkommen. Schließlich bleibt ja der verdrängte Impuls mit seiner inneren Dynamik erhalten und ist unverändert mit intensiven, wenn auch unbewußten Affektbeträgen ausgestattet.

Als einen Sonderfall von neurotischer Ersatzbefriedigung könnte man auch jenen Vorgang auffassen, der mit dem Wort *„Sublimierung"* belegt wurde. Unter Sublimierung verstand Freud die Verschiebung eines (sexuellen) Triebzieles auf ein neues Ziel, das in der Wertskala menschlichen Erlebens einen „höheren" Rang besitzt als das verdrängte. Es handelt sich also um eine wichtige neue Qualität, die die Sublimierungen von allgemeinen Ersatzbefriedigungen unterscheidet.

Eine gewisse Verwandtschaft mit Ersatzbefriedigungen und Sublimierungen besitzen auch jene inneren Vorgänge, die wir unter dem Wort *„Überkompensation"* (oder auch nur Kompensationsmechanismen) zusammenfassen. Insuffizienzerlebnisse oder „Minderwertigkeitskomplexe" sollen durch reaktive Leistungen, vielleicht durch reaktive Forschheit und Draufgängertum beschwichtigt werden. Die betonte Leistungslinie der Ehrgeizigen gehört etwa in diesen Zusammenhang. Dabei hat es gute psychologische Gründe, wenn wir eine Überkompensation von einer Ersatzbefriedigung unterscheiden. Bei der Überkompensation steht im Zentrum des seelischen Geschehens eine tiefe Unsicherheit im Selbstwertgefühl und nicht nur die Unzufriedenheit, weil ein bestimmter Impuls gehemmt und behindert wurde.

Das Gegenstück zu kompensatorisch betonter *Leistungslinie* wäre das oben bereits erwähnte neurotische Verharren in *Passivität.* Solche Lebensentwicklungen kommen immer dann zustande, wenn bei einem Kind einmal die spontane Aktivität gebrochen wurde und die Umwelt gleichzeitig ein positives Interesse an seiner gezüchteten Unselbständigkeit hatte.

Menschen, denen die aktuelle Lebensbewältigung infolge ihrer neurotischen Reaktionsformen mißlang, sind fast immer mit sogenannten *illusionären Erwartungshaltungen* ausgestattet. Sie gaukeln sich phantastische und irreale Möglichkeiten vor und werden durch ihre illusionäre Phantasiewelt zusätzlich noch gehindert, aktiv eine realitätsangepaßte Planung zu versuchen.

Im akuten Zusammenprall mit den Problemen der Umwelt, für die der Neurotiker keine ausgereiften Bewältigungsmöglichkeiten entwickeln konnte, werden leicht Verhaltensformen produziert, die einem unreiferen Stadium des menschlichen Lebensganges zugehören. Man spricht dann von sogenannter *„Regression“* des Patienten und meint damit den Rückgriff auf infantilere Stufen der Entwicklung angesichts der aktuell bestehenden Unfähigkeit zu ausgereiftem Verhalten.

Die Auseinandersetzung eines Neurotikers mit seiner Umwelt erschwert sich weiterhin sehr durch jene Reaktionen, die man unter dem Begriff der *„Projektion“* kennengelernt hat. Hier handelt es sich um folgendes: Neurotisch veränderte Menschen neigen dazu, die in ihnen selbst latent bleibenden dynamischen Vorgänge in die Umwelt hinein zu verlagern. Von der Außenwelt werden auf diesem Wege Verhaltensweisen und Reaktionen erwartet, die dort nicht existieren. Der Neurotiker reagiert dann auf diese „projizierten“, jedoch nicht vorhandenen Vorgänge seinerseits wieder mit irrationalen, gewissermaßen „unvernünftigen“ Verhaltensweisen, die seiner Umgebung natürlich unverständlich und uneinfühlbar bleiben müssen. Wenn man so will, handelt es sich beim Vorgang der Projektion um die neurotische Abwandlung jener Normalerscheinung, die der Volksmund unter dem Etikett „man schließt von sich auf andere“ gut beschreibt. Auch der Neurotiker schließt von sich auf andere, jedoch auf Grund eines verwickelten und außerdem unterschwellig ablaufenden seelischen Geschehens. Sowohl die eigenen Impulse, wie die Schlußfolgerung, daß diese latenten Reaktionen in der Umgebung lebendig seien, bleiben unbewußt.

Wir sehen, daß vieles am neurotischen Verhalten und Reagieren irrational oder auch unvernünftig ist. Es handelte sich um einen wichtigen psychologischen Fund, als man begriff, daß der Neurotiker in weiten Grenzen mit Hilfe von *„Rationalisierungen“* sein neurotisches Reagieren logisch zu begründen und zu rechtfertigen sucht. Rationalisierungen münden oft in eine neurotisch aufgebaute *Ideologie* ein.

Rationalisierungen benötigt der Neurotiker ganz besonders, wenn er sich gegen die Erkenntnis wehrt, daß seine eigene unbewußte Dynamik seinen Schicksalsaufbau tiefgreifend beeinflußt hat. Bei der Beobachtung längerer Lebensläufe rückt ein Vorgang in den Mittelpunkt des Interesses, der unter dem Kennwort *„neurotisches Arrangement"* bekannt geworden ist. Seine Bedeutung kann für einen neurotischen Lebensaufbau nicht hoch genug veranschlagt werden. Es handelt sich darum, daß der betreffende Neurotiker aus inneren Gründen immer wieder Lebenssituationen schafft, die er selbst zwar als zufällige Schicksalseinbrüche beurteilt, während in Wahrheit die in ihm lebende latente Dynamik wesentlich am Zustandekommen der vermeintlich zufälligen Konstellation beteiligt war. Biographische Beispiele für diesen Vorgang werden uns in den späteren Kapiteln des öfteren begegnen. In den Rahmen des neurotischen Arrangements gehört auch der sogenannte *„Wiederholungszwang"*. Der Neurotiker, der sich soeben aus einer vermeintlich zufälligen Schicksalskomplikation freigekämpft hat, sieht sich wenige Zeit später in ähnlicher Lebenslage. Frauen haben immer wieder Beziehungen mit verheirateten Männern oder suchen immer erneut den wesentlich jüngeren oder wesentlich älteren Partner. Männer verbinden sich im Wiederholungszwang mit der älteren Frau oder arrangieren Berufskonstellationen, in denen sie regelmäßig ausgenutzt werden und ähnliches.

Die Abwehr und Verdrängung aufgestauter Impulse gelingt im übrigen nur selten vollständig. Anschauliche bildhafte Beschreibung seelischer Vorgänge hat dazu geführt, daß man gern von der „Dichte" der Verdrängungs-„Decke" spricht, um das Ausmaß der beobachteten Störung sinnfällig zu machen. Wir bleiben im gleichen Bild, wenn wir von sogenannten *„Durchbruchsreaktionen"* sprechen und damit die plötzliche Entladung der verdrängten aufgestauten Energien meinen. Die Vorstellung, daß sich nach einer solchen Durchbruchsreaktion die Verdrängungsdecke wieder schließt, ist für bildhaft erlebende Menschen prägnant. Jeder versteht sofort, daß wir sagen wollten, der Abwehrvorgang der Verdrängung ist dem Ansturm der latenten Impulse kurzfristig nicht mehr gewachsen gewesen, hat dann jedoch rasch wieder die Oberhand gewonnen. Hat ein Impuls sich durchgesetzt, obgleich er unerwünscht war und abgewehrt werden sollte, dann können Neurotiker versuchen, ihn noch nachträglich unschädlich zu machen. Das *„Ungeschehenmachen"* bedeutet die Intention, mit Hilfe einer Gegenhandlung den betätigten Impuls zu annullieren.

Neurotische Durchbruchsreaktionen haben eine nahe Verwandtschaft zu jenen Eigentümlichkeiten, die man „neurotische *Haltungen*" zu nennen pflegt. Hier meinen wir jene feinen dauernden Signale im Reagieren und Verhalten, die ankündigen, daß sich die betreffende Person (wenn auch unbewußt) mit Impulsen auseinandersetzt, die den wacherlebten Zielvorstellungen fremd sind. Es geht gewissermaßen um mikroskopisch kleine „Durchbrüche", die zwar mit geringeren manifesten Affektbeträgen ausgestattet sind, dafür jedoch fast ununterbrochen auftauchen. Wir beobachten also etwa Neidhaltungen bei bewußter Bescheidenheit, Vorwurfshaltungen bei bewußter Sanftmut, haltungsmäßige Ermunterung zur Sexualität (häufig bei hysterisch veränderten Frauen) trotz starker bewußter Abwehr jeden sexuellen Kontaktes, haltungsmäßige Abhängigkeit und Kontaktsuche bei demonstrativ gelebtem Einzelgängertum usw.

Die Konsequenzen, die sich für die Lebensentwicklung eines Menschen aus all den bisher beschriebenen neurotischen Reaktionsformen ergeben, sind gravierend. Im Interesse begrifflicher Klarheit unterscheiden wir gerne jene Schäden, die die *Personenbezogenheit* eines Menschen erlitt von den Störungen der *Objektbezogenheit.* Mängel in der Objektbezogenheit bedeuten allemal, daß *Arbeitsmethodik* und *Kenntnisbestand* unvollkommen bleiben und daß infolge dieser neurotischen Schwierigkeiten die soziale Lebensentwicklung und Berufsplanung des Betreffenden empfindlich beeinträchtigt wurden.

Die *Erlebnisinhalte* neurotisch veränderter Menschen, die seine persönlichen Beziehungen stören, stammen ganz bevorzugt aus den frühen Auseinandersetzungen des Betreffenden mit seiner *engeren Familie.* Also mit Vater, Mutter oder mit Geschwistern. Ein Mensch kann sein Leben hindurch im Kampf mit den Elternimagines liegen oder er kann sogenannte *„Vater- oder Mutterübertragungen“* auf die entsprechenden Beziehungspersonen seiner Umwelt machen. Hierunter versteht man die innere Tendenz eines Menschen, von bestimmten Personen der Umgebung väterliche oder mütterliche Eigenschaften und Verhaltensweisen zu erwarten. Dies in doppelter Hinsicht. Einmal in der Form, daß den neuen Menschen in der Erwachsenenwelt Eigenschaften beigelegt werden, die früher einmal die eigenen Eltern hatten und die den jetzigen Personen nicht eigen sind. Die andere Seite der Elternübertragung besteht darin, daß überhaupt und grundsätzlich väterliche oder mütterliche Verhaltensweisen (also Schutz, Betreuung und Fürsorge) von den entsprechenden Beziehungspersonen erwartet werden.

Eine besondere Variante unter noch anderen möglichen inneren Auseinandersetzungen mit Vater- und Mutterfiguren fand sich in der berühmt gewordenen unverarbeiteten *Ödipussituation.* Für den Jungen geht die Entwicklung zur männlichen Lebensform über das Wechselspiel von Identifikation und Konkurrenz mit dem Vater hinweg. Seine spätere Beziehung zum anderen Geschlecht wird vom positiven Kontakt zur Mutter entscheidend beeinflußt. Für das Mädchen gilt sinngemäß verändert das gleiche.

Für Jungen und Mädchen kann außerdem die Auseinandersetzung mit stark abgewehrten sexuellen Impulsen typische Folgen im Erleben der eigenen Geschlechtsrolle haben. Die Identifikation des Mädchens mit männlicher Lebensführung (ausgetragen auf der sexuellen Ebene) ist unter dem Stichwort „Penisneid“ bekannt geworden. Der „Kastrationskomplex“ des Jungen hat ängstliche Vorstellungen über mögliche körperliche Bedrohungen und Verletzungen zum Inhalt.

Ödipuskomplex, Penisneid, Kastrationskomplex sind als Begriffe in der älteren psychoanalytischen Literatur insofern stark betont worden, als man den sexuellen Impulsen die kardinale pathogenetische Bedeutung zumaß. Erst allmählich setzte sich die Vorstellung durch, daß neben den sexuellen auch die aggressiven Triebe eine eigenständige Bedeutung haben könnten. Wir sind der Auffassung, daß das vielschichtige menschliche Trieb- und Impulsgeschehen in sich zwar vielfältig verschränkt ist, daß es jedoch (unabhängig von sexuellen Störungen) in jedem einzelnen Bereich zu *selbständigen,* pathogenetisch wirksamen neurotischen Behinderungen kommen kann.

Im übrigen wollen wir es mit den bisherigen Erläuterungen genug sein lassen. Alle hier diskutierten Begriffe werden uns in den späteren Kapiteln wieder begegnen und uns das Verständnis neurotischer Lebenskonstellationen sehr erleichtern. Vielleicht ist es gut, wenn ich hier noch in Kürze auf jene Irrtümer aufmerksam mache, denen der ungeschulte Beobachter am ehesten erliegt, wenn er zu einem differentialdiagnostischen Urteil über Verdrängungsvorgänge und neurotische Reaktionsbildungen gelangen will. Zu den größten Schwierigkeiten gehört es zunächst einmal, daß man abschätzen lernt, inwieweit man es bei einem Menschen entweder mit einer originären Impulsschwäche zu tun hat (vielleicht auch mit einer einfachen Unkenntnis des Möglichen) oder ob man tatsächlich mit einer neurotischen Impulsverdrängung rechnen muß. Dies Urteil wird besonders kompliziert, wenn die ursprüngliche Impulsverdrängung gleichzeitig eine Betonung der entgegengesetzten Erlebnisweisen zur Folge hatte. Zum Beispiel, wenn verdrängte Feindseligkeitsreaktionen durch betont liebevolles Entgegenkommen verdeckt werden. Aber noch mehr! Die drei großen Feinde menschlicher Reife und innerer Entwicklung sind allemal *Korruption, beschränkter Verstand* und *neurotisches Reagieren.* Für den Ungeübten ist es nicht immer leicht, sie voneinander zu unterscheiden. Im äußeren Verhalten eines Menschen können sich Korruption und neurotisches Reagieren zum Verwechseln ähnlich sehen. Auch kann es passieren, daß einfach begrenzte Intelligenz Verhaltensweisen produziert, die dem klarer entwickelten Geist nicht mehr „einfühlbar" sind, so daß er sie unter Umständen für neurotisch hält. Es ist klar, daß man bei einer Verwechslung der wirklichen Sachverhalte in die schwerwiegendsten Irrtümer verfällt. Hat man es unter Umständen in ein- und demselben Menschen sowohl mit Korruption wie mit neurotischen Fehlhaltungen zu tun (kommt vielleicht auch noch die Dummheit hinzu), dann kann das psychiatrische Urteil vor fast unüberwindlichen Schwierigkeiten stehen. Dies bedenken wir immer, wenn wir jetzt zum Abschluß noch einmal zum Ausgangspunkt unserer Überlegungen zurückkehren und die *charakteristischen Eigenschaften* einer *neurotischen Reifungsstörung* zusamenstellen:

Wir gehen zu diesem Zweck von der Tatsache aus, daß der gesund entwickelte Mensch eine sehr erhebliche und weitreichende Plastizität besitzt, sofern er Befriedigungserlebnisse in den verschiedenen Bereichen seines Wünschens und Planens miteinander austauschen muß. Hat er in dem einen Sektor zu verzichten, so kann ihm aus anderer Quelle vollgültiger Ersatz und Trost zufließen. Menschen mit gesund entwickelter Aktivität haben weiterhin eine große Befähigung, in neuen Lebenssituationen die angebotenen Chancen zu erkennen und zu ergreifen. Dies einerseits, weil sie ausreichend über die mögliche Formbarkeit der Umwelt Bescheid wissen. Zum anderen, weil sie nicht durch neurotische Gehemmtheiten daran gehindert sind, von diesen ihren Kenntnissen Gebrauch zu machen. Insbesondere läßt sich der gesunde Mensch nicht schon vorweg durch die neurotische Erwartung möglicher Mißerfolge entmutigen. Er hat auch nicht den Grundsatz (der einen bestimmten Neurotiker charakterisiert), daß sich das Mögliche nur deshalb nicht lohne, weil es der geträumten Erwartung doch nicht voll entspricht. Der gesunde Mensch ist aktiv, wo er es sein kann und bescheidet sich, wenn es nicht anders geht. Der gesunde und harmonisch entwickelte Mensch hat zudem mit zunehmender Reife gelernt, daß ihm eine Reihe von inneren Entscheidungen abverlangt werden, wenn er die Vielzahl seiner widerstreitenden Bedürfnisse nicht gleichzeitig befriedigen kann. Er hat weiterhin in sich eine klargefügte Wertskala entwickelt, an der er sich bei diesen seinen Entscheidungen innerlich ausrichtet.

All dies bedeutet, daß der gesunde Mensch eine sehr erhebliche Tragfähigkeit besitzt und daß er Schicksalsbelastungen oder Verzichte hinnehmen kann, ohne zu erkranken, zu verzweifeln oder sich zu korrumpieren. Es bedeutet zugleich, daß er im zwischenmenschlichen Kontakt eine versöhnliche und tolerante Grundhaltung erworben hat, die ihm das Zusammenleben mit seiner Umwelt erleichtert.

Wir verstehen jetzt leicht, wie diese Eigenschaften einer ausgereiften und harmonischen Lebensentwicklung in der neurotischen Persönlichkeitsstruktur gebrochen und behindert sind: Der neurotischen Ersatzbefriedigung bleibt immer das wahre Befriedigungserlebnis versagt, da der ungelebte Impuls weiter unter der Oberfläche wühlt. Die Möglichkeiten des Lebens werden nicht ausreichend erfaßt, einmal, weil das Weltbild von neurotischen Fehlurteilen durchsetzt ist, zum anderen, weil neurotische Ängste es verhindern, daß die möglichen Handlungen wirklich gewagt werden. Die Unzufriedenheit mit dem Gebotenen färbt das Lebensgefühl des Neurotikers, weil neurotische und illusionäre Erwartungen weit über die Grenzen der Realität hinausgehen. Dem Reifungsprozeß der menschlichen Natur werden durch den Erwerb neurotischer Reaktionen fast unzerreißbare Fesseln angelegt. Die versöhnliche Auseinandersetzung mit der inneren und äußeren Antinomik des Erlebens mißglückt, weil es niemals zu verantwortlichen, wachen, inneren Entscheidungen kommt. So bleibt die aufgebaute Wertwelt brüchig und das Verhalten des Neurotikers ist immer von anderen Determinanten bestimmt als von den Idealen, die er bewußt vertritt. Zwiespältigkeit im Verhalten, Zwiespältigkeit im Erleben bleiben das Hauptcharakteristikum des Neurotikers, der immer in seinem Bemühen um die Integration der eigenen Person auf infantiler Stufe festgehalten wird. Verdrängte, und daher aufgebauschte infantile Triebansprüche setzen sich in der allgemeinen Lebensplanung durch, so daß in ständiger gegenseitiger Wechselwirkung der Lebensaufbau und die Auseinandersetzung mit sich selbst unter dem Druck unbewußter Getriebenheiten vollzogen wird.

Die folgenden Kapitel werden uns nun hierüber im einzelnen Auskunft geben.

II. Berufsprobleme

1. Allgemeine Fragestellungen

Wir wollen jetzt versuchen, die seelischen Fehlreaktionen, die wir soeben kennengelernt haben, im Berufsleben der Menschen wiederzufinden. Freilich läßt sich die Vielfalt der Erscheinungen nicht so ohne weiteres in eine Ordnung gliedern. Müssen wir doch bedenken, daß Fachkenntnisse und Arbeitsleistung im Arbeitsleben ebenso wichtig sind, wie die zugehörige Einkommenssituation. Daneben taucht die Vielzahl zwischenmenschlicher Probleme auf, die jede Berufsentwicklung mit sich bringt. Außerdem haben alle Berufsfragen für Männer und Frauen unterschiedliche, unter Umständen gegensätzliche Aspekte. Wenn es unser Ziel ist, der inneren Einstellung eines Menschen zu seiner Arbeitssituation Rechnung zu tragen, dann müssen wir natürlich auch die Unterschiede im Erleben von Mann und Frau berücksichtigen.

Man gewinnt für die gesamte Berufsthematik vielleicht die beste Übersicht, wenn man sie in folgende Unterabschnitte gliedert:

a) Fachkenntnisse, Arbeitsleistung und Arbeitsmethodik
b) Zwischenmenschliche Auseinandersetzungen
c) Ehrgeizreaktionen
d) Das erarbeitete Geld
e) Die soziale Bewertung des Berufes
f) Neurotische Berufswahl
g) Berufsprobleme bei der Frau.

Mit Hilfe dieser Einteilung werden wir am ehesten typische neurotische Schwierigkeiten im Zusammenhang mit biographischen Berufskonstellationen abhandeln können. Dabei wird es gut sein, wenn wir uns vor diesen detaillierten Ausführungen einen Augenblick überlegen, mit welchen gewissermaßen „normalen" Hoffnungen, Erwartungen und Problemen wir uns alle in unserer Berufssituation auseinandersetzen müssen.

Das naive Ideal, das wohl jeder Mensch im geheimen in bezug auf sein Berufsleben entwickelt, kann vielleicht so beschrieben werden: Eine sachlich geliebte, gut bewältigte, sozial anerkannte Arbeit sollte mit hohen regelmäßigen Einkünften entlohnt werden und sich innerhalb eines angenehmen Mitarbeiterkreises vollziehen. Für verheiratete Frauen, die die Berufstätigkeit nicht missen wollen, kommt noch hinzu, daß ihre Arbeit ihnen so viel Zeit lassen solle, daß sie nebenher ohne Schwierigkeiten die Familie versorgen können.

Es gibt nicht viele Menschen, denen das Leben eine so erfreuliche Berufssituation schenkt. Fast immer hat der einzelne Kompromisse zu schließen, bei denen bestimmte Vorzüge gegen irgendwelche Nachteile eingetauscht werden müssen.

So kann es zum Beispiel sein, daß ein Mensch die sachlich besonders bevorzugte Arbeit auch dann wählt, wenn die zu erwartenden Einkünfte nur gering sein werden. Der freischaffende Künstler oder auch der Wissenschaftler sieht sich nicht selten vor der Tatsache, daß seine Berufsplanung mit aller Wahrscheinlichkeit erhebliche wirtschaftliche Opfer verlangen wird. Umgekehrt kann jemand einen Beruf erwählen, der ihn sachlich nicht besonders interessiert, der ihm jedoch große wirtschaftliche Chancen bietet. Der erreichte Wohlstand kann über die Unbefriedigung in sachlicher Hinsicht hinweghelfen. Es kann auch vorkommen, daß für die Befriedigung von starkem sozialem Ehrgeiz eine langwierige Berufsentwicklung, drückende Abhängigkeitsverhältnisse und begrenzte Einkünfte in Kauf genommen werden. Wiederum anders ist die Konstellation, wenn ein Mensch unsichere und schwankende Einkünfte dafür hinnimmt, daß er selbständig, frei und ohne Vorgesetzte arbeitet. Ein anderer hingegen gibt sich mit verhältnismäßig geringen Einkünften zufrieden, nur weil er in einem Mitarbeiterkreis lebt, in dem man ihn freundlich und gut behandelt. Noch anders sieht die Lebensentscheidung aus, wenn langweilige Arbeit und abhängige Stellung deshalb ertragen werden, weil der Betreffende ohne belastende Verantwortung leben kann, die er nur ungern übernehmen würde.

All dies sind Lebensentscheidungen über den Austausch von Befriedigung und Verzicht, die wohl jeder erwachsene Mensch irgendwann einmal in irgendeiner Form zu bewältigen hat. Junge Menschen setzten sich mit diesen Verzichtsnotwendigkeiten des täglichen Lebens zunächst nur mit einem gewissen Unmut und Ärger auseinander, vielleicht auch mit lebhaftem Protest. Vom älteren und gereifteren Menschen erwarten wir immerhin, daß er zu solchen Entscheidungen in der Lage ist und daher seine Kräfte nicht in unaufhörlichem und fruchtlosem Widerspruch gegen das Unvermeidliche verschwendet.

In der Erinnerung an das vergangene Kapitel wird uns zwanglos deutlich, daß der Neurotiker bevorzugt behindert sein muß, diese normalen Entscheidungen eines reifenden Lebens zu vollziehen. Illusionäre Erwartungshaltungen führen ihn dazu, immer auf das Unmögliche zu hoffen, während gleichzeitig die Behinderung seiner expansiven Impulse ihn außerstande setzt, seine Umwelt im Rahmen des Möglichen zu formen und die auftauchenden Chancen zu ergreifen.

Unser Berufsleben erwartet vom einzelnen Menschen die Fähigkeit, sich durchzusetzen und angebotene Möglichkeiten zu ergreifen, ebensosehr aber ein ausreichend langfristiges Ertragen von komplizierten Lebenslagen. Beides ist, wie wir gesehen hatten, für den Neurotiker ganz besonders schwierig. Allzu häufigen Wechsel des Arbeitsplatzes beobachten wir bevorzugt bei solchen Menschen, die durch „geringen Spannungsbogen“, neurotische Ungeduld und Willkürtendenzen im Arbeitsverhalten gekennzeichnet sind.

Berufskrisen, die im neurotischen Arrangement von einem Menschen immer erneut selbst provoziert werden, werden uns in den nächsten Abschnitten unter verschiedenen Aspekten begegnen. Es wird uns ebenfalls beschäftigen, wie eine neurotische Berufswahl angesichts der späteren Berufsumstände zu starken Enttäuschungen führen kann. Ungeachtet dieser spezielleren psychologischen Einzelheiten sollten wir aber immer die inneren und äußeren Bedingungen betrachten, die zur Berufswahl und Berufsentwicklung geführt haben. Jede aktuelle Berufssituation, die wir beobachten, hat ihre *Vorgeschichte* — ganz unabhängig von neurotischen Determinanten. Wir müssen wissen, ob ein Berufsplan ursprünglich im Einklang mit den eigenen Wünschen und den Erwartungen der Familie aufgebaut wurde, oder ob die Entwicklung bereits früh von Protest, Kampf oder Verzicht bestimmt gewesen ist.

2. *Fachkenntnisse, Arbeitsleistung und Arbeitsmethodik*

Im Verlauf der Berufs*ausbildung* stehen für den einzelnen zunächst einmal die zugehörigen Lernleistungen im Mittelpunkt. Die übrigen Berufsumstände des Lehrlings oder des Studenten sind passager, so intensiv sie auch das Erleben bewegen können. Es gibt eine Reihe von typischen neurotischen Krisenpunkten, die die Lernleistung eines Menschen erschweren oder die Verwaltung des erworbenen Kenntnisbestandes behindern:

Im vorigen Kapitel hatten wir schon mitgeteilt, daß die Objektbeziehung eines Menschen emotionale Störungen erleiden kann. Dies kann entweder bedeuten, daß die Gefühlsbeziehung zur dinglichen Umwelt „leer“, verarmt und flach geworden ist. Dann wird der *Materialumgang* unvollkommen. Das gleiche passiert, wenn Indifferenz und Apathie einer spontanen Produktivität im Wege stehen. Oder es kann auch Ängstlichkeit und Beunruhigung an die Stelle positiver Interessehaltung getreten sein. Dies bedeutet allemal, daß Erregung und innere Spannung eine nie versiegende Quelle für *Fehlleistungen* abgeben. Gleichzeitig bringt dieser Zustand eine starke Beeinträchtigung der *Lernfähigkeit* mit sich. Neuer Wissenstoff wird nicht aufgenommen, neue Fertigkeiten nicht erworben und Befriedigungserlebnisse bleiben aus. Damit ist aber auch die Stetigkeit im Arbeitsvollzug gestört und mangelnde Ausdauer oder Sprunghaftigkeit sind die Folge.

Leider ist es in diesem Zusammenhang vollkommen ausgeschlossen, daß wir auch nur entfernt einen Überblick über die verschiedenen Fertigkeiten und Kenntnisse geben, die unser vielschichtiges Berufsleben verlangt. Motorisches Ungeschick in handwerklichen Berufen (das sich aus dem erwähnten unvollkommenen Materialumgang ergibt) kann den Beobachter ebensogut beschäftigen wie eine neurotische Rechenstörung, die einen Kaufmann oder eine Verkäuferin behindert. Sofern nicht motorische Übung, sondern reine Gedächtnisleistung beim Kenntniserwerb im Spiel ist, begegnen wir ebenfalls typischen Fehlern der Arbeitstechnik. Es wird zum Beispiel das Bekanntheitserlebnis angesichts eines geschriebenen Textes verwechselt mit der freien Verfügbarkeit wirklich gut erarbeiteten Wissensstoffes. Oder es glaubt jemand, er brauchte „Logik" und Kombinationsgabe, wo er nur auswendig zu lernen hat bzw. umgekehrt, er versucht auswendig zu lernen, wo von ihm Kombinationsleistungen erwartet werden. Diese Probleme werden uns im Kapitel über therapeutische Lernhilfen noch einmal ausführlicher beschäftigen.

Abgesehen von den Mängeln im direkten Materialumgang und den Störungen im Erwerb von neuen Kenntnissen können sich Arbeitsstörungen aus der *fehlerhaften Einschätzung eigenen Könnens* ergeben. Dauernde Überschätzung des eigenen Talentes oder des eigenen Kenntnisstandes führt den Betreffenden an Aufgaben heran, die er nicht bewältigen kann. Umgekehrt begrenzt eine dauernde Unterschätzung der eigenen Möglichkeiten den Aktionsradius unnötig.

Arbeitsplätze, die ein großes Organisationstalent verlangen, können einen Neurotiker mit an sich guter Intelligenz in unüberwindliche Schwierigkeiten stürzen, weil dieser aus neurotischen Gründen *nicht richtig disponiert.* Im allgemeinen stehen neurotische Willkürhaltungen hinter den Mängeln allgemeiner Arbeitsplanung. Getrieben von plötzlich auftauchenden, der Arbeit nicht zugehörigen Tendenzen ist der Betreffende meist außerstande, das anfallende Arbeitsquantum in seinem inneren Zusammenhang richtig anzuordnen. Er ist auch nicht treffsicher im Abschätzen der Arbeitszeit, die er für die einzelnen Aufgaben benötigt. Unpünktlichkeiten, Terminverschiebungen, nicht eingehaltene Versprechungen, unabgeschlossene Arbeiten sind die Konsequenz, die das reibungslose Zusammenarbeiten mit anderen Arbeitsgruppen unmöglich macht.

Es ist klar, daß ein Mensch, der seine eigenen Arbeitsvollzüge zeitlich nicht richtig abschätzen kann, auch kaum in der Lage sein wird, den Arbeitsprozeß von Untergebenen richtig zu beurteilen. Er weiß also nie, welches Tempo er von Mitarbeitern verlangen kann und verschätzt sich fast immer nach oben oder nach unten in bezug auf das Mögliche.

Zur Illustration der bisherigen Ausführungen geben wir ein kleines Beispiel, wie in einem Schicksalsablauf Störung der Arbeitsmethodik, illusionäre Erwartung und neurotisches Arrangement bestimmend für eine Kette von Berufskrisen wurde.

Ein Patient, Ingenieur von Beruf, wurde von der Natur mit einem reichen, originellen Talent beschenkt. Großer Einfallsreichtum ist sein eigen. Er produziert eine Fülle von Ideen, die bei sorgfältiger Bearbeitung in der Praxis Verwendung finden könnten. Eine neurotische Unruhe, die aus anderen Quellen stammt, macht diesen Mann jedoch unfähig, jene mühselige Kleinarbeit zu leisten, die in jedem Arbeitsgebiet notwendig wird, wenn eine erste Idee wirklich für die Praxis brauchbar werden soll. Der Patient täuscht sich über diese Tatsache. In unbewußter Abwehr gegen das Eingeständnis der eigenen Unfähigkeit spricht er über seine Gedanken, bevor sie eine ausgereifte Realisierungsmöglichkeit haben. Er überläßt dann den Kollegen, denen er sich mitteilte und die keine Arbeitsstörung haben, den methodischen Ausbau. Gleichzeitig lebt in ihm die neurotische Phantasie, daß die anderen zwar die notwendige Kleinarbeit für ihn leisten würden, ihn jedoch trotzdem als den Urheber und wahren Erfinder in den Mittelpunkt stellen würden. Die anderen haben jedoch ein sicheres Urteil darüber, daß eine *Unfähigkeit* (und nicht sprühende Großzügigkeit) den Patienten so mitteilsam machte. Sie beanspruchen realistisch, in dem Ausmaß gewürdigt zu werden, wie sie an dem Gesamtplan beteiligt waren. In bitterem Ressentiment beklagt sich der Patient über den geistigen Diebstahl der anderen, während er selbst in Wahrheit immer erneut die gleichen Situationen arrangierte, um sich die Auseinandersetzung mit der eigenen Insuffizienz zu ersparen.

Wir sehen schon an diesem Beispiel, daß jede Form der Arbeitsstörung unweigerlich die persönlichen und menschlichen Beziehungen beeinflußt, die in jeder Berufskonstellation eine Rolle spielen.

3. *Zwischenmenschliche Auseinandersetzungen*

Für die Beurteilung zwischenmenschlicher Probleme im Berufsleben beachten wir folgendes:

Es gibt eine ganze Reihe von Berufen, in denen der Umgang mit Menschen einen Teil der Berufsarbeit selbst ausmacht. Sei es nun, daß es sich um Berufe mit ausgesprochenem Publikumsverkehr handelt (alle verschiedenen Varianten der Ämter des öffentlichen Dienstes) oder um Berufe, die sogenannte Dienstleistungen enthalten (also Kellner, Servierberufe, Friseur, Krankenschwester, Verkäuferin usw.). Sei es auch, daß ein privater Handwerker mit selbständigem Betrieb nicht nur sein Fach, sondern auch das sogenannte Kundengespräch beherrschen muß.

Daneben unterscheiden wir in den verschiedenen Berufen, welche Form der Arbeitsgemeinschaft die jeweilige Berufstätigkeit mit sich bringt. Es ist ein Unterschied, ob Arbeiten gewissermaßen einzelgängerisch ausgeführt werden können, oder ob nur eine *Arbeitsgruppe* das Arbeitsziel zur Vollendung bringt. Man tut sicherlich gut daran, wenn man bei den zwischenmenschlichen Problemen im Berufsleben nicht nur die Auseinandersetzung mit einzelnen Menschen beobachtet. Man sollte seine Aufmerksamkeit auch immer den vielleicht verborgenen Gruppenkonstellationen zuwenden.

Weiterhin ist bekannt, daß fast jeder Beruf sowohl Vorgesetzten- wie Untergebenenverhältnisse bietet, meist gekoppelt mit Konkurrenzauseinandersetzungen auf kollegialer Ebene.

Neurotische Schüchternheiten im Publikumsverkehr sind gewissermaßen „banale“ Erscheinungen, die auch dem Laien als neurotisches Phänomen schon bekannt sind. Kompliziertere Schwierigkeiten können in den Berufen mit sogenannten Dienstleistungen auftauchen. Ein Junge wird zum Beispiel Friseur, weil ihn eine gewisse Form neurotischer Servilität zunächst in diesen Beruf führt. Die Krise kommt, wenn heftige Aggressionen gegen jene Menschen durchbrechen, die er von Berufs wegen bedienen soll.

Typische neurotische Schwierigkeiten können wir auch bei jenen Menschen beobachten, die im *Akkord* arbeiten und die sich dauernd übernehmen, weil sie die Vorwürfe der übrigen Arbeitskollegen fürchten. Die ermüdete Schneiderin, deren Kräfte für ein bestimmtes Tempo nicht mehr ausreichen, leidet unter Umständen unter den Vorwürfen ihrer Kolleginnen mehr als unter der Minderung des Einkommens, mit dem sie zu rechnen hätte.

Oder ein anderes Beispiel: Ein Arbeiter am Fließband hat dort einen besonders ungünstigen Platz zugewiesen bekommen. Es wäre nicht schwer, nach Ablauf einiger Zeit um turnusmäßigen Wechsel dieses Platzes zu bitten und dies durchzusetzen. Niemand würde einem unbekümmerten Kollegen diese Bitte übelnehmen. Der Neurotiker jedoch wagt nicht, für seine Rechte einzutreten, verharrt an seinem Platz und wird laufend vom naiven Egoismus seiner Umwelt ausgenutzt.

In bezug auf alle zwischenmenschlichen Auseinandersetzungen im Berufsleben hat man daran zu denken, daß jeder einzelne aus seiner früheren Familiensituation individuelle Probleme mitgebracht haben kann, die sein Verhalten auch späterhin färben. Dies wird in Vorgesetzten- und Untergebenensituationen besonders deutlich, natürlich auch bei den Fragen von Konkurrenz und Wettbewerb. Nehmen wir auch hier einige Beispiele:

Eine Frau, die einen gravierenden Schwesternkonflikt mit einer jüngeren Schwester hatte durchstehen müssen, wird unter Umständen in eine Existenzkrise geraten, wenn eine jüngere Kollegin an ihr vorbei eine Lebenssituation erreicht, der ihr eigenes intensives Wünschen gegolten hatte. Hier kann es genügen, daß zufälliges Schicksal die andere Kollegin begünstigte. Es kann aber auch sein, daß die neurotischen Reaktionen der Patientin selbst diese Entwicklung in Gang setzten.

Eine Frau mit latenter Schwesternproblematik kann nämlich immer wieder den „Schwesternfiguren" in ihrem Berufskreis die Lebenschance zuschieben, weil die Verdrängung der eigenen aktiven Wünsche und eine erworbene neurotische Helferhaltung sie dazu veranlassen. Die Betreffende wird immer dann erkranken, wenn wirklich die andere und nicht sie selbst den bevorzugten Platz bekommt.

Ein Mann, der als Kind verzärtelter Nachkömmling nach erwachsenen Geschwistern gewesen ist, kann eine infantile Erwartungshaltung erworben haben, daß ihm Unfähigkeiten, kleine Streiche, Unregelmäßigkeiten und ähnliches von den immer nachsichtigen Eltern schon entschuldigt werden würden. Bis zu seinem 40. Lebensjahr schafft er sich Berufssituationen, in denen er eifriger Adjutant älterer Männer wird, von diesen väterlich protegiert und gestützt. Mit dem Übergang in jene Altersstufe, in der die Adjutantensituation nicht mehr angemessen ist, gerät er in eine entscheidende Existenzkrise. Männer, die ihn väterlich protegieren könnten, scheiden dem Alter nach aus dem Berufsleben aus. Die Konkurrenzsituation mit gleichaltrigen Kollegen tritt beherrschend in den Vordergrund. Die selbständige Führung und das Anweisen von Untergebenen und Mitarbeitern wird zum Problem.

Oder es war die umgekehrte Geschwistersituation im Spiel: Ein ältester Sohn, früh berechtigt, die jüngeren Geschwister zu regieren und zu erziehen, war zudem frühzeitig und nicht altersgemäß im Geschäft des Vaters respektiert und anerkannt. Er verliert jedoch eines Tages den schützenden Hintergrund seines Zuhause und kommt in Lebenssituationen, die ihm Einordnung, Rücksichtnahme und das Akzeptieren von Vorschriften abverlangen. Dies ist er nicht gewöhnt. Mit heftigen Affektdurchbrüchen, Willkürhaltungen und unangemessenen Ansprüchen erschwert er sich und seiner Umgebung das Leben.

Wir sehen, daß jedem erwachsenen Menschen in seinem Berufsleben sehr verschiedene Reaktionen in ausreichender Plastizität zur Verfügung stehen müssen. Das Durchsetzen gegen Konkurrenten, die Einordnung in eine kollegiale Gruppe, das Hinnehmen von Vorschriften, das Zurückweisen von tyrannischen Reglementierungen durch Vorgesetzte, das gelassene Erteilen von Anordnungen muß in vielfältigen Varianten geübt und entwickelt werden. Es gibt zahllose individuelle Unterschiede in der Bevorzugung und Eignung für bestimmte Lebenslagen. Dem einen liegt die Assistententätigkeit mehr und er ist froh, nicht allzuviel Verantwortung auf den Schultern zu haben. Den anderen drängen Aktionslust und guter sachlicher Überblick, Initiative und Verantwortung zu ergreifen. Passen die vorliegenden Persönlichkeitsmerkmale besonders schlecht in die aktuellen Berufsanforderungen hinein, dann sind Spannungen und Schwierigkeiten unvermeidlich.

Für den Beobachter ist übrigens nicht immer nur die akute, offen zutage liegende Berufskrise wichtig. Es kann auch sein, daß bei einem Menschen eine gut kompensierte neurotische Reaktionsform glänzend in die Ansprüche einer sehr speziellen Berufssituation *hineingepaßt* ist. Etwa die oben skizzierte Situation des (neurotischen) Adjutanten. In solchen Fällen wird man sich darüber klar sein müssen, daß man mit einer Berufskrise immer in dem Augenblick zu rechnen hat, in dem die neurotisch ausbalanzierte Situation von außen her verändert wird.

Alles in allem ist es verhältnismäßig häufig Gegenstand der wissenschaftlichen Debatten gewesen, daß ein Mensch seine Vater- oder Mutterkonflikte auf die entsprechenden Figuren seines Berufslebens überträgt. Etwas seltener finden wir im neurosenpsychologischen Schrifttum Hinweise darauf, in welchem Ausmaß *Gruppenkonstellationen* im Beruf zu kritischen Situationen führen können. Es ist jedoch ein Versäumnis, wenn man diese Seite des menschlichen Erlebens nur oberflächlich untersucht. Kann es doch für die Erlebnissituation eines einzelnen Menschen wichtig werden, daß in seinem Arbeitsbereich nicht nur die Vorgesetzten- und Untergebenenverhältnisse kompliziert gelagert sind, sondern daß diese ihn *gleichzeitig* in Gegensatz zu bestimmten Gruppenkonstellationen stellen. Oder es kann auch vorkommen, daß der Mitarbeiter eines größeren Betriebes durch seine Stellung zu *zwei verschiedenen Gruppen* der arbeitenden Gemeinschaft gehört und daß die Ziele und Normen dieser beiden Gruppen miteinander in Konkurrenz treten.

Hierzu einige Beispiele:

In einer größeren Fabrik wird eine Gruppe von Arbeitskollegen von einem Vorarbeiter überwacht, ob sie die vorgeschriebene Stückzahl in angemessener Zeit abliefern. Es ergibt sich, daß dieser Vorarbeiter ausfällt und die Betriebsleitung ein Mitglied der Arbeitsgruppe für den Posten des Vorarbeiters vorschlägt. Dieser Mann, der bisher mit seinen Arbeitskollegen einen stillen und gewissermaßen passiven Widerstand geleistet hatte, wenn es galt, die vorgeschriebene Stückzahl durch erhöhtes Arbeitstempo zu vermehren, war unter seinen Kollegen ein guter und beliebter Kamerad gewesen. Er hing an der Solidarität der früheren Gruppe. Die neue Position als Vorarbeiter löste ihn aus der alten Gruppengemeinschaft heraus, ohne ihm mit Sicherheit eine neue Gruppenzugehörigkeit zu bieten. Die Gemeinschaft zwischen den verschiedenen Vorarbeitern der Fabrik war keineswegs so eng oder persönlich, wie es die Gruppengemeinschaft der früheren Arbeitsgruppe gewesen war. Die Vorarbeiter hatten die in vielen Fabriken und Arbeitsorganisationen typische Mittelstellung zwischen Arbeiterschaft und Betriebsleitung. Diese ist insofern nie ganz einfach zu bewältigen, als weder die eine, noch die andere Gruppe den Vorarbeiter als wirklich zugehörig betrachtet. Der persönliche freundschaftliche Kontakt wird für diese Menschen sehr viel geringer, die Isolierung größer. Es vertieft sich das Erlebnis, angefeindet zu sein.

Ein Mensch, der in eine solche Arbeitssituation gerät, hat immer die Wahl zu treffen, ob er den Vorarbeiterposten ablehnen will (was wirtschaftliche Einbuße bedeuten würde) oder ob er auf die frühere Gruppenzusammengehörigkeit verzichten soll und versuchen, in der neuen Gruppe Fuß zu fassen. Neurotische Schwierigkeiten werden sich in solchen Lebenssituationen etwa dann ergeben, wenn ein Mensch (früher vielleicht einmal das einzige abgelehnte Kind unter vielen Geschwistern) ganz besonders stark darauf angewiesen ist, von der Gruppengemeinschaft bestätigt zu werden. Dann wird der Verlust der Gruppenbestätigung schwer oder gar nicht vertragen. Unter Umständen wird jedoch das aggressive Vorgehen gegen die Gruppe gleichzeitig doch auch gesucht, weil die entsprechenden unbewußten aggressiven Tendenzen bereitliegen. Bei solchen Menschen entwickelt sich ein starkes neurotisches Schwanken, bei dem einerseits die Bestätigung durch die Geschwistergruppe gesucht wird, gleichzeitig aber auch die Bestätigung der Elterngruppe (Betriebsleitung) wichtig ist. Dabei wird dann sowohl der einen wie der anderen Gruppe ein dauernder neurotischer Wechsel zwischen Aggressivität und Anlehnungsbedürfnis geboten.

Es kann aber auch vorkommen, daß ein Neurotiker das Gruppenkollektiv benutzt, um dort jene aggressiven Regungen unterzubringen, die er gradlinig für die eigene Person nicht leben kann. Er möchte seine eigenen Gehemmtheiten dadurch kompensieren, daß er gewissermaßen zum „Michael Kohlhaas" seiner Kollegen wird und für diese Verbesserungen der Arbeitssituation erkämpft, während er selber leer ausgeht.

So wird zum Beispiel ein 45jähriger Werkmeister in seinem Betrieb als Querulant verschrieen und schließlich entlassen, weil er eine Serie von gleichsinnigen Vorgängen provoziert: Selbst übereifrig bei der Arbeit und bescheiden in Gehaltsansprüchen ist er unaufhörlich bei Gewerkschaft und Betriebsrat, um andere Kollegen als besonders gute Arbeiter herauszustreichen und für sie Vergünstigungen zu erkämpfen. Zweimal passiert es ihm, daß er mit Nachdruck und großem Pathos eine solche Vergünstigung für einen Kollegen auch durchsetzt, während sich nach dieser mit viel Aufwand durchgefochtenen Episode bald herausstellt, daß die betreffenden Protektionskinder den Betrieb um erhebliche Mengen von Buntmetall bestohlen haben. Der Mann hatte als Neurotiker nicht bemerkt, daß die Arbeitskollegen, für die er sich so einsetzte und die sich seine neurotische Struktur zunutze machten, zwar ganz gute Arbeiter, aber im allgemeinen sehr unzuverlässige Menschen waren.

Nun noch ein ganz anderes Beispiel, das Probleme der Gruppenzugehörigkeit bei einem jungen Lehrling illustrieren soll:

In einem Zeichenbüro für Maschinenbau gibt es mehrere Arbeitsgruppen, jeweils zu Viert, die gemeinsam bestimmte Aufgaben bewältigen sollen. Es besteht lebhafte, teils freundschaftliche, teils aggressive Konkurrenz zwischen den verschiedenen kleinen Gruppen. Jede ist bestrebt, ihre Entwürfe besser, geschickter, rascher zu erledigen als die andere. Ein Lehrling hat längere Zeit einer Gruppe angehört und dort eine bestimmte Rolle innerhalb der Gemeinschaft erworben. Im Verlauf seiner Ausbildung wird er zu einer anderen Arbeitsgruppe versetzt. Er hat nun einen neuen Vorgesetzten, neue Kollegen und ein neues Arbeitsgebiet. Der Zufall will es, daß sein jetziger Vorgesetzter und sein früherer Vorgesetzter heftige Konkurrenten, gewissermaßen „Feinde" sind. Es kommt hinzu, daß der frühere Vorgesetzte noch der Ausbildungsleiter des Jungen geblieben ist, daß der Lehrling also mit dem Übergang in die Konkurrenzgruppe vor der Wahl steht, entweder seinem derzeitigen Vorgesetzten (und seinen derzeitigen Kollegen) zu mißfallen oder aber (zum Ärger seines Ausbildungsleiters) der neuen Gruppe zu besseren Leistungen zu verhelfen.

Eine solche Lebenssituation ist sicherlich schon objektiv für nichtneurotische Menschen schwierig zu bewältigen. Für einen Jungen, der ein ausgesprochenes Vaterproblem zu lösen hat, kann sich unter dieser Konstellation eine schwere Krise anbahnen.

Wir haben die Beispiele über Gruppenprobleme etwas ausführlicher gehalten, als die davor erörterten Themen, weil sie vielleicht eher der beobachtenden Aufmerksamkeit entgehen. Die Verschränkung von Kollegialität und Konkurrenz ist in Gruppensituationen immer noch etwas komplizierter gelagert, als wenn es nur um die Auseinandersetzung mit einem einzelnen Menschen geht.

Manchem Leser wird dabei aufgefallen sein, daß wir in diesem Kapitel zunächst darauf verzichtet haben, jene besonderen Probleme zu besprechen, die eine Konkurrenzauseinandersetzung immer dann bekommt, wenn intensive (neurotische oder nichtneurotische) Ehrgeizhaltungen im Spiel sind. Dies soll jetzt nachgeholt werden.

4. *Ehrgeizreaktionen*

Das Ehrgeizerleben eines einzelnen hat seinen Stellenwert freilich nicht nur im Bereich zwischenmenschlicher Auseinandersetzungen. Es ist mindestens ebensosehr mit dem sachlichen Leistungsvollzug verknüpft. Mit dem Wort Ehrgeiz umschreiben wir einen sehr vielschichtigen seelischen Vorgang. Man sollte sich hüten, unter diesem Etikett sehr verschiedenartige Erlebnisweisen in Bausch und Bogen gemeinsam abzuhandeln, ohne vorher psychologisch ausreichend differenziert auf sie einzugehen. Dies wäre für eine Therapie immer sehr ungünstig. Grundsätzlich sollte man bei der Beurteilung von neurotischem Ehrgeiz allermindestens Dreierlei unterscheiden:

a) Den neurotischen Perfektionismus
b) Neurotische Dominationswünsche (das heißt Ehrgeiz im Sinne von Regieren- und Anordnenwollen)
c) Neurotische Geltungssucht (das heißt Wünsche, die speziell auf Bewunderung, Anerkennung und Bestätigung gerichtet sind).

Ohne Frage haben diese verschiedenartigen Erlebnisweisen vieles miteinander gemeinsam. Insbesondere ist für sie alle charakteristisch, daß der Ehrgeizige mit seinem Rang innerhalb des Kollektivs beschäftigt ist, gleichgültig zunächst, welche besondere Form von Prestige er sucht und wie er seine Vorrangstellung erwerben will. Die subtileren Unterschiede, die wir erfassen müssen, seien kurz genannt:

Der neurotische *Perfektionismus* ist dadurch ausgezeichnet, daß der betreffende Mensch von einem intensiven und glühenden Bemühen erfüllt ist, die Aufgaben, die ihm gestellt wurden, so gut wie nur irgend möglich zu vollenden. Die bessere (möglichst die beste) Leistung soll ihn von seiner Umgebung unterscheiden. Wir haben es in solchen Fällen also immer mit einer stark sachbezogenen Leistungswilligkeit zu tun, die mit einer hohen Bereitschaft zum Arbeitseinsatz verschwistert ist. Dabei darf man den neurotischen Perfektionismus nicht mit dem Anspruchsniveau hoher Talente verwechseln, die im Gefühl der eigenen Möglichkeiten ein Leistungsoptimum erstreben. Die neurotische Reaktion erkennen wir meist daran, daß sich der Betreffende auch von höchst qualifiziertem Arbeitsergebnis nicht zufriedengestellt zeigt. Beunruhigt und zweifelnd stellt er den Wert seiner eigenen Leistung in Frage und kann weder durch Zuspruch, noch durch Vernunft von seinen nie schweigenden Skrupeln befreit werden.

Beim sogenannten Perfektionismus steht also die Sachbezogenheit im Mittelpunkt des Erlebens. Deutlich davon unterschieden sind neurotische *Dominationswünsche,* bei denen die zwischenmenschliche Auseinandersetzung eine besondere Note erhält. Neurotiker dieser Art sind innerlich an die Notwendigkeit fixiert, daß sie eine regierende (und nicht eine abhängige) Posititon einnehmen. Diese Tendenz ist in sich selbst natürlich noch nicht neurotisch. An zwei Merkmalen erfassen wir im wesentlichen, ob die Dominationswünsche eines Menschen stark von neurotischen Reaktionen getragen sind: Beim Neurotiker beobachten wir häufig, daß er nicht in der Lage ist, jene Vereinsamung in Kauf zu nehmen, die nun einmal unaufhebbar mit der dominierenden Vorgesetztensituation verkoppelt ist. Obgleich sein ganzes manifestes Streben darauf gerichtet ist, in irgendeiner Form die Rolle des Vorgesetzten zu erhalten, erträgt er weder die Einsamkeit, noch die Verantwortung, die mit einer solchen Position verknüpft sind. Schwankungen in seinem Verhalten kommen dadurch zustande, daß er von Anlehnungsbedürfnis überfallen wird in Augenblicken, in denen man von ihm selbst Selbstsicherheit, Selbständigkeit des Urteils und innere Unabhängigkeit erwartet.

Als zweites Problem kann hinzukommen, daß der Betreffende unter dem Druck seiner neurotischen Dominationswünsche nicht genügend berücksichtigt hat, daß eine Vorgesetztenposition nur dann befriedigend ausgefüllt werden kann, wenn die entsprechenden Fachkenntnisse mitgebracht werden. Die häufigsten Entartungen der soeben geschilderten Ehrgeizform sind (bei Gewalttätigkeit und Mangel an Verantwortungsbewußtsein) die Tyrannei und (bei Mangel an Fachkenntnissen) die Hochstapelei. Wie immer, unterscheidet sich auch hier die neurotische Reaktion von einfacher Korruption dadurch, daß die inneren Unklarheiten die Folge von Verdrängungsreaktionen sind und nicht einfach dadurch entstehen, daß sich ein Mensch wider besseres Wissen über sein mahnendes Gewissen hinwegsetzt.

Geltungsehrgeiz ist mehr auf Bewunderung und Anerkennung ausgerichtet. Er zeigt weniger die Tendenz, zu herrschen und zu regieren. Die neurotische Reaktion ist dadurch ausgezeichnet, daß der Betreffende in seinem subjektiven Erleben Bewunderung und Liebe miteinander verwechselt. Er sucht eigentlich Liebesbeziehungen und tiefgehende Gemütsverbindungen, erstrebt jedoch mit Hinblick auf seine neurotische Kontaktschwäche stattdessen Geltung und Bewunderung. Dieses Selbstmißverständnis führt dazu, daß der Betreffende (mehr noch als jeder andere) auf der Höhe jedes nur denkbaren Erfolges unruhig wird. Er entwickelt unter Umständen erst mit *erreichtem* Ziel seine neurotische Symptomatik. Angesichts des erreichten Erfolges und der meist sich einstellenden Neidreaktionen der Umgebung wird ihm klar, daß er diese selbst heraufbeschworene Gefühlskonstellation nicht verträgt.

Dies ist das Schicksal von Geltungsehrgeiz, der mit perfektionistischen Reaktionen verschwistert ist. Es kann aber auch vorkommen, daß ein Mensch nicht bereit ist, das Streben nach Bewunderung und Anerkennung durch ein Höchstmaß an sachlicher Leistung zu verwirklichen. Solche Menschen spielen sich dann in allen nur denkbaren Situationen in den Vordergrund, ohne daß die Qualität ihrer Person dies rechtfertigte. Hier entstehen ebenfalls nahe Verbindungen zu dem, was man Hochstapelei zu nennen pflegt.

Eine spezielle Variante dieser Verhaltensweisen finden wir außerdem dann, wenn bei einem neurotisch Geltungssüchtigen ein besonderes Mißverhältnis zwischen seinen Zielen und dem vorhandenen Talent vorliegt. Manche Menschen müssen ja im Verlauf ihres Lebens zu der Einsicht kommen, daß sie in gewissen Hinsichten eine Begabungsgrenze ihrer Natur zu akzeptieren haben. Der Neurotiker ist unter Umständen nicht in der Lage, eine solche Situation anzuerkennen. Er täuscht sich aus neurotischen Gründen über die Grenzen seiner eigenen Möglichkeiten hinweg und eifert unaufhörlich einem Ziel nach, das er mit Hinblick auf seine natürliche Veranlagung kaum erreichen kann. Die Rivalität mit jedwedem besseren Talent wird zum beherrschenden Lebensproblem.

Es wäre allerdings ein großer Fehler, wenn wir in unseren Überlegungen das Thema von Konkurrenz und Rivalität überwiegend unter dem Gesichtspunkt ehrgeiziger Reaktionen betrachten wollten. Unabhängig von allen Rangfragen innerhalb der Arbeitsgemeinschaft werden Fragen nach Lohn- und Gehaltserhöhung akut, sofern eine „höhere" Position erstrebt wird. Wir haben also immer zu bedenken, daß Wünsche nach beruflichem Aufstieg oft ökonomisch begründet sind und unter Umständen mit Ehrgeiz nichts zu tun haben. Dies führt uns zum Thema des nächsten Abschnittes:

5. Das erarbeitete Geld

Wir fassen uns hier allerdings kurz. Ein selbständiges Kapitel wird sich ausführlich mit den Besonderheiten menschlicher Besitzwünsche befassen und gleichzeitig über typische biographische Konstellationen Auskunft geben. Wir wollen lediglich jene Gesichtspunkte aufführen, die die Bewertung eines Berufes mit Hinblick auf das erarbeitete Geld beeinflussen:

Abgesehen nämlich von der Höhe des Einkommens wird wichtig, ob der Betreffende mit *regelmäßigen Einkünften* rechnen kann, oder ob die unregelmäßigen Einnahmen das Charakteristische des ausgeübten Berufes sind (etwa der Vertreter oder der freischaffende Künstler). Monatliche Einkünfte in fester Höhe schaffen ein anderes Lebensgefühl als Einnahmen, die von Fall zu Fall erhofft werden können. Bekannt ist, daß gute Alters- und Krankheitsversorgung unter Umständen den Nachteil niedriger Einkünfte wettmachen. Schließlich sollte man nicht unterschätzen, um wievieles leichter eine aktuell ungünstige Gehaltssituation ertragen wird, wenn der Beruf wirtschaftliche Aufstiegsmöglichkeiten bietet.

Wie immer, beachten wir bei der Frage nach Höhe und Sicherheit des Einkommens die *ursprünglichen Lebenserwartungen* und Einstellungen eines Menschen. Das Einkommen eines kleinen Angestellten kann für einen Mann, der in sehr wohlhabendem Milieu großgeworden ist, einen erheblichen Verzicht bedeuten. Sein Kollege, der das dürftige Leben eines Landarbeiterkindes kennengelernt hat, empfindet dieses Einkommen vielleicht als ein großes Glück.

Typische neurotische Schwierigkeiten, die die Erwerbsseite des Berufslebens betreffen, seien kurz genannt: Es kann vorkommen, daß ein Mensch aus neurotischer Gehemmtheit heraus nicht wagt, für seine Arbeitsleistung eine angemessene Entlohnung zu fordern, so daß er immer unter Tarif bezahlt wird, unbezahlte Überstunden macht und Gehaltsverbesserungen nie oder immer zu spät verlangt. Umgekehrt kann es aber auch die neurotische überschießende Drängelei um eine verbesserte Geldsituation geben. Hier finden sich die betreffenden Neurotiker bald immer auf gleiche Weise in Schwierigkeiten: Sie erwerben sich zwar mit ihrer Drängelei eine verbesserte Geldsituation, verscherzen sich jedoch Wertschätzung und Anerkennung. Die Unmutsreaktionen der Vorgesetzten vertragen sie aber mit Hinblick auf ihre neurotischen Unsicherheiten ebenfalls nicht. Gegebenenfalls schätzen sie auch nicht richtig ab, wie sehr sie in Gefahr sind, bei nächster Gelegenheit ihren Arbeitsplatz zu verlieren, weil man sich ihrer nicht erwehren kann oder weil sie mehr forderten, als sie dem Arbeitgeber wert waren. Der neurotisch Schüchterne ist demnach in Gefahr, auch dann ausgenutzt und ausgebeutet zu werden, wenn es Mittel gäbe, um sich durchzusetzen. Der neurotische Querulant wird das Opfer seiner eigenen Maßlosigkeit.

6. Die soziale Bewertung des Berufes

Im übrigen darf bei unseren Erörterungen nicht übersehen werden, daß die innere Auseinandersetzung eines Menschen mit seinem Beruf entscheidenden Einflüssen aus dem sozialen Feld unterliegt. Die individuelle Wertschätzung eines Berufes hängt bis zu einem gewissen Grade davon ab, welches *Prestige* dieser Beruf in den Augen des Kollektivs genießt. Wir registrieren bei den entsprechenden Beobachtungen deutliche Rangunterschiede für die verschiedenen Berufsgruppen. Soziologische Untersuchungen haben gezeigt, daß hier die aktuellen

Gegebenheiten fast immer mit den Nachwirkungen vergangener historischer Epochen verflochten sind.

Im allgemeinen sagt man, daß saubere, leichte und gut entlohnte Arbeit angesehen ist und daß hoher Bildungsstand bevorzugt respektiert wird.

Allein schon unter den Handwerkern können wir die verschiedensten Formen gegenseitiger Wertschätzung registrieren: Etwa die zunehmende Beliebtheit und Anerkennung, die den technischen Berufen gelten im Gegensatz zu der etwas kritischen Beurteilung dienender Berufe beim Mann (etwa Kellner, Friseur, Verkäufer und ähnliches). Oder wir finden die eigentümliche Form gehobenen Selbstgefühls, wie sie die Schornsteinfeger bieten. Diese entwickeln sowohl durch die Tätigkeit, die sie ausüben, wie auch durch die spätere Monopolstellung der Meister ein Selbstbewußtsein, das unter den Handwerkern sprichwörtlich ist.

Eine besondere Beachtung verdienen in diesem Zusammenhang übrigens auch jene Berufe, für die es einerseits die akademische, andererseits die Fachschulvorbildung gibt (etwa die Ingenieurberufe). Aus dieser Art der Vorbildung ergeben sich später sehr eigentümliche Konfliktkonstellationen. Der Akademiker hat im Berufsleben oft die bessere theoretische Vorbildung, jedoch fehlt ihm praktisches Können. Umgekehrt stehen dem Fachschul-Ingenieur bei großer fachlicher Praxis bestimmte theoretische Kenntnisse nicht zur Verfügung. Da der Akademiker im allgemeinen besser bezahlt wird, obgleich er vielleicht die gleiche Tätigkeit ausübt wie der Nichtakademiker, ergeben sich wirtschaftliche Unterschiede der Lebenssituation, die durch Prestige- und Rangfragen in ihrer Bedeutung noch verschärft werden. Die gleiche Problematik finden wir nicht nur bei Ingenieuren, sondern auch im Lehrerberuf mit akademischer oder mit Fachschulvorbildung oder ähnlich beim Verwaltungsbeamten, der juristisches Studium oder lediglich einen Verwaltungslehrgang hinter sich hat.

Unter geschichtlichen Gesichtspunkten müssen wir beachten, daß es im Kulturbild unseres Landes Berufsgruppen gibt, die einen akuten und heftigen *Verlust an sozialer Wertschätzung* erleben mußten. Alle Berufe zum Beispiel, die mit den großen politischen Organisationen des Dritten Reiches verknüpft waren, hatten diesen plötzlichen Prestigeverlust durchzustehen. Andere Berufe haben ein wechselvolles Auf und Ab in der sozialen Wertschätzung erlebt, je nachdem, wie die politische Konstellation es gerade ergab. Berufssoldaten und Offiziere haben in den vergangenen 50 Jahren mehr als einmal ihre Funktion im Staatsganzen gewechselt und haben dementsprechend alle Abschattierungen von glorifizierender Verehrung und schmähender Verachtung erfahren.

Berufsheer und Offizierskorps sind dabei wohl die charakteristischsten Vertreter jener Berufsgruppen, bei denen das „*Standesbewußtsein*“ seine Nahrung aus dem Gefühl der Staatsdienerschaft bezieht. Wir bedenken in diesem Zusammenhang, daß Deutschlands geschichtliche Entwicklung Epochen enthielt, in denen ein typischer Zusammenschluß von Berufsgruppen (den Ständen) weitreichenden politischen Einfluß erzeugte. Die Begriffe „Standesehre“ oder „Standesbewußtsein“, die in unserem Kulturkreis noch immer eine wichtige Rolle spielen, stammen ursprünglich aus der sozialen Bewertung des ausgeübten Berufes. Das Prestige dieser Berufe entstand durch den politischen Einfluß der zugehörigen Gruppe. Sei es nun, daß es sich um Zünfte und Gilden in den mittelalterlichen Städten handelte, die Einfluß auf das politische Leben nahmen, sei es, daß sich das Beamtentum an den staatspolitischen Geschäften beteiligte.

In einem späteren Kapitel werden uns Standesprobleme in ihrem Zusammenhang mit sogenannten Klassengegensätzen noch einmal kurz beschäftigen. In diesem Zusammenhang halten wir fest, daß die Berufsentwicklung eines einzelnen einen unvermuteten Knick aufweisen kann, weil der ausgeübte Beruf einem plötzlichen Prestigeverlust unterlag.

Hat man eine Familiengruppe zu beurteilen, so wird man sich immer fragen, wie die erwachsenen Mitglieder, evtl. die Ehepartner gegenseitig ihre Berufstätigkeit bewerten und anerkennen. Bei objektiv scheinbar ausgeglichener beruflicher Situation mit befriedigendem Einkommen kann trotzdem ein verborgener Familienkonflikt darin wurzeln, daß eine Ehefrau von ihrem Mann mehr und anderes in der Berufsentwicklung erwartet hat, als dieser leistete. Sei es, daß eine Frau von ihrem Mann, der Handwerker ist, erhoffte, er werde auf der Abendschule noch Fachschul-Ingenieur werden. Sei es, daß sie gar von ihm ein Hochschulstudium erwartete, während er es mit der Fachschulausbildung bewenden ließ.

Eine eigentümliche Zwiespältigkeit kann sich auch durch die unterschiedliche Bewertung akademischer Berufe (mit ihrem meist geringen Einkommen) im Gegensatz zu den besser bezahlten kaufmännischen ergeben. Im kaufmännischen Bereich kann mit geringerer Bildung doch sehr viel rascher und mehr Geld verdient werden, wenn nur kaufmännisches Geschick und Härte im Durchsetzungsvermögen in guter wirtschaftlicher Konjunktur eingesetzt werden. Vermischen sich kaufmännisches und akademisches Milieu auf irgendeine Weise, dann beobachten wir fast immer eigentümliche Zwiespältigkeiten und Unsicherheiten über das Prestige, das dem einen oder dem anderen zuerkannt werden soll. Dies sehen wir sowohl, wenn Eheleute aus verschiedenartigem Milieu zusammenfinden, wie auch, wenn Kinder (etwa aus kaufmännisch reichem Milieu) in die akademische Laufbahn streben. Hier muß das höhere geistige Niveau eingetauscht werden gegen die relative wirtschaftliche Beschränkung. Das Prestige eines Berufes wird aber doch sehr oft zum Motor der Berufswahl selbst. Dies führt uns zu dem Problem des nächsten Kapitels.

7. Neurotische Berufswahl

Man sagt, daß der einzelne im deutschen Kulturkreis auch heute noch von seiner Berufstätigkeit erwarte, daß sie ihn ausfülle und ihm Freude mache. Man meint auch, daß sich diese Einstellung etwa von der Haltung des Amerikaners unterscheide, für den Berufstätigkeit überwiegend zum Gelderwerb dient. Daß Beruf in Deutschland auch heute noch etwas mit dem Wort „Berufung“ zu tun hat, ist wohl unbestritten. Die Berufswahl wird immer in der Erwartung getroffen, daß die Tätigkeit später einmal einen befriedigenden Charakter besitzen solle. Trotzdem ist die Berufswahl eines jungen Menschen häufig genug lediglich das Ergebnis zufälliger Faktoren. Es kann die Identifikation mit der Arbeit einer bewunderten Persönlichkeit eine Rolle spielen. Oder es wird die zufällige Chance genützt, daß gerade ein bestimmter Lehrplatz zur Verfügung steht.

Unabhängig von spezifisch neurotischen Problemen berücksichtigen wir eine Reihe von typischen biographischen Konstellationen, die (ohne bereits selbst neurotisch zu sein) doch die spätere Lebensentwicklung ungünstig beeinflussen, vielleicht sogar neurotisieren können. Folgende Gesichtspunkte sollte man bei einer ersten anamnestischen Konsultation im Sinn haben:

1. Der Beruf wurde sehr *gegen den eigenen Willen* gewählt, nur auf Druck der Eltern (ein künstlerischer Beruf als zu unsicher verboten, ein akademisches Studium nicht bezahlt, die Übernahme des väterlichen Geschäftes wird verlangt oder ähnliches).
2. Der Beruf wurde *gegen den Willen der Eltern* durchgesetzt und erweist sich später als eine Enttäuschung.
3. Begabung und Interessen hätten einen „höheren" Beruf gewählt. Die *finanziellen Mittel* der Eltern reichten nicht dazu aus.
4. Ein plötzlicher *Schicksalseinbruch* in der Familie der Eltern macht die schon angebahnte Berufsentwicklung hinfällig.

Hierzu zwei konkrete Beispiele:

Ein Junge erlernt die Bäckerlehre in der Erwartung, einmal das väterliche Geschäft zu übernehmen. Dieser Lebensplan wird durch den Wirtschaftsbankrott des Vaters zunichte. Der Sohn, der mit der Erwartung auf Selbständigkeit, Wohlhabenheit und Unabhängigkeit ins Leben hineingegangen war, übt nun einen Beruf aus, der ihm besondere Abhängigkeit, unbequeme Arbeitszeiten und geringe Bezahlung bietet.

Oder es gehörte in einer Familie zur Tradition, daß die Kinder eine akademische Ausbildung erhielten. Der plötzliche Tod des Vaters macht es unmöglich, daß der jüngste begabte Sohn die gleichen Chancen erhält wie seine älteren Brüder. Er als einziger muß ohne das Abitur einen ungeliebten Beruf ergreifen.

Spezifisch neurotische Probleme, die bei der Berufswahl bestimmend gewirkt haben, finden wir in verschiedenen Sektoren:

Zunächst einmal kann es vorkommen, daß bestimmte neurotische Reaktionsformen für einen geplanten Beruf besonders *nützlich* sind, da sie in diesem Beruf gebraucht werden. So kann jede Art von Ingenieurstätigkeit ein nicht kleines Maß von *zwanghafter Persönlichkeitsveränderung* gut vertragen. Der hohe Anspruch an Genauigkeit und Korrektheit dieses Berufszweiges wird besonders leicht von Menschen mit zwangsneurotischer Struktur erfüllt. Ein Gleiches gilt freilich noch für manchen anderen Beruf. So können auch die Menschen, die die Beamtenlaufbahn erwählt haben, in ihrer Persönlichkeitsstruktur Zwanghaftigkeiten ausgeprägterer Art aufweisen und gegebenenfalls gut verwenden. Auch bestimmte Sparten der juristischen Berufe bieten die gleiche Problematik.

Sogenannte *neurotische Helferhaltung* läßt sich in jenen Berufen finden, die besondere pflegerische Leistungen verlangen. Kindergärtnerinnen, Krankenschwestern, Sozialfürsorgerinnen, evtl. auch Lehrer und Ärzte können mit einer neurotischen Überbereitwilligkeit zur Hilfeleistung ausgestattet sein (bei Verdrängung aller Tendenzen zur Selbstbehauptung). Sie können an dieser Reaktionsform dann zwar kränkeln, üben jedoch eine Tätigkeit aus, die mit ihrer inneren Verfassung korrespondiert.

Eine *hysterische Persönlichkeitsveränderung* begünstigt aus naheliegenden Gründen die Entwicklung im Schauspielberuf und sonst verwandten Berufszweigen.

Neurotische Scheingeistigkeit mit einer besonderen Betonung des Ästhetischen und einer ebenso ausgeprägten Hilflosigkeit im emotionalen Bereich führt Menschen gelegentlich dazu, sich das Studium der Kunstgeschichte zu wählen. Hier ergibt sich dann allerdings später nicht selten eine Berufskrise, weil die realen Berufsumstände (die meist die Lehrtätigkeit verlangen) in besonderem Gegensatz zu den ursprünglichen Lebenswünschen stehen.

Ein gewisses Maß *neurotischer Verwahrlosung* kann gelegentlich in Berufen eingebaut werden, die mit Journalismus, Reportertum oder ähnlichem etwas zu tun haben. Unstete Lebensweise, ungeregelte Arbeitszeit, häufiger Wechsel der Lebenssituation begünstigen neurotische Wegläufertendenzen.

Im übrigen bleibt natürlich wichtig, daß man bei den soeben angestellten Überlegungen nicht über das Ziel hinausschießt. Es wäre mehr als töricht, wollte sich jemand nach dem bisher Gesagten das Bild machen, daß die soeben erwähnten Berufsgruppen *immer* mit Hinblick auf neurotische Voraussetzungen gewählt seien.

Ein gleiches gilt für den *anderen Typ* neurotischer Berufswahl, bei der sich die betreffenden Menschen in der faktischen Arbeitssituation der gewählten Berufsgruppe stark *verschätzt* haben, weil sie sich in eine Funktion hineinphantasierten, die dieser Beruf nicht bietet. Dies passiert besonders leicht dann, wenn ein junger Mensch aktuelle Versagungen, die er verarbeiten muß, durch verborgene Wunschphantasien zu kompensieren sucht und ihm nun ein bestimmter Beruf (berechtigt oder unberechtigt) geeignet erscheint, diese Wunschphantasien zu befriedigen:

Jugendliche Neurotiker, in denen ein unbefriedigter Expansionsdrang mit starken oralen (neurotischen) Bedürfnissen gekoppelt ist, phantasieren nicht selten den Wunsch, Schiffskoch zu werden. Wegläuferphantasien und eine erträumte orale Befriedigung vereinigen sich hier zu einem bestimmten Berufsbild, das dann freilich in der späteren Realität wenig von dem Erträumten bietet.

Die mißglückte Auseinandersetzung eines Jugendlichen mit der Autorität (evtl. mit Lehrern) kann dazu führen, daß der Betreffende sein neurotisches Unterlegenheitsgefühl durch eine Berufsphantasie zu beschwichtigen sucht. Er plant dann etwa, Lehrer zu werden, weil ihm dies als eine Berufssituation erscheint, in der zwanglos und ohne Kraftanstrengung regiert, angeordnet und befohlen werden könne. Versucht ein solcher Jugendlicher tatsächlich, mit seinen neurotischen Prämissen diese Laufbahn einzuschlagen, dann erfolgt die Berufskrise allemal dann, wenn er entdeckt, daß der Lehrerberuf alles andere eher bietet als zwanglose Möglichkeiten zum regieren und dominieren. Vom Lehrer werden in weitestem Umfang Anteilnahme, Verständnis, Toleranz bis zur Selbstverleugnung und nie versiegende Spannkraft gefordert und dies kann ein Jugendlicher mit den genannten inneren Voraussetzungen nicht erfüllen.

Die Rolle als Rechtsanwalt oder als Richter wird aus neurotischen Gründen von jenen Jugendlichen phantasiert, die eine unverarbeitete Benachteiligungsproblematik in sich tragen. Das individuelle Problem wird dabei meist in gesellschaftskritischem Stil ausgeweitet, ohne daß seine eigentliche persönliche Bedeutung erkannt wird. Die verborgene Phantasie, die gegebenenfalls vom Arzt freigelegt werden kann, gilt der Hoffnung, daß wenigstens mit Hilfe von Gerechtigkeit das „eigene Recht" erkämpft werden könnte, wenn man schon nicht auf Liebe, Güte und Geschenk zu hoffen hat.

Beispiele dieser Art ließen sich unschwer vermehren. Es soll uns jedoch genügen, wenn wir mit dem bisher Gesagten wenigstens das Grundsätzliche dieser psychischen Problematik aufgezeigt haben. Wir schließen jetzt dieses Kapitel mit einigen Hinweisen auf typische Konfliktkonstellationen bei weiblichen Berufsentwicklungen ab.

8. Berufsprobleme bei der Frau

Viel diskutiertes Thema unserer Gegenwart ist die Arbeitssituation der verheirateten Frau, die neben ihrer Berufsarbeit gleichzeitig noch Mann und Kinder zu versorgen hat. Im Gegensatz zum Mann steht die Frau häufig vor der nicht leichten Entscheidung, ob sie Berufsleben oder Familienleben wählen solle, oder ob sie gegebenenfalls beides vereinigen kann und muß. Rund ein Drittel der verheirateten Frauen sollen zur Zeit in Deutschland gleichzeitig berufstätig sein. Durch diese Doppelbelastung entsteht natürlich eine starke Überbeanspruchung der Frauen, die durch einen hohen Prozentsatz von Frühinvalidität ihren Arbeitseinsatz teuer bezahlen müssen.

Das Schrifttum zu diesem Thema ist reichhaltig. Auffallend ist, daß wir hier mehr als bei anderen Fragen eine eigentümliche Vermengung mit affektiven Voreingenommenheiten, Idealen oder Ideologien finden. Allzu häufig hört man besonders von Ärzten, die Mütter zu beraten haben, die Meinung vertreten, daß viele familiäre oder kindliche Probleme bereits dann gelöst wären, wenn „die Frauen sich nur entschließen wollten, sich endlich um ihre Kinder zu kümmern und nicht die Luxusreise an die Riviera erstrebten".

Eine solche Idee entspricht im Augenblick wohl kaum der realen sozialen Wirklichkeit unseres Landes. In einem großen Prozentsatz der Fälle sind es zweifelsohne wirtschaftliche Notwendigkeiten, die die verheiratete Frau zwingen, ebenfalls Geld zu verdienen. Innerhalb dieser Gruppe gibt es sicherlich eine große Zahl von Frauen, die lieber heute als morgen aufhören würden zu arbeiten. Daneben freilich beobachten wir die Tatsachen, daß die Hausfrauenarbeit als solche von bestimmten Frauen nicht geschätzt wird und diese immer wieder äußern, daß ihnen ihre Berufstätigkeit größere Befriedigung böte.

Die Frauen, die in den Beruf drängen, bringen zur Begründung ihrer Wünsche immer wieder das gleiche vor: Die begrenzte Arbeitszeit, das Gefühl, wirklich etwas erledigt und getan zu haben und die Möglichkeit, den Rest des Tages für sich selbst verwenden zu dürfen, unterscheiden die Berufstätigkeit stark von der Hausfrauenarbeit. Diese wird in der Regel von den übrigen Familienmitgliedern als selbstverständlich hingenommen, erfährt so gut wie nie ein Wort der Anerkennung (höchstens eine Kritik, wenn nicht alles gut gelungen ist) und findet praktisch nie ein Ende.

Gleichzeitig klagen diese Frauen sehr häufig über die starke *Vereinsamung*, der sie in ihrem Tagesablauf ausgeliefert sind. Man sollte dieser Seite der Gefühlsproblematik sehr sorgfältige Beachtung schenken. Lebensführung und Arbeitssituation der verheirateten Frau hat sich im vergangenen Jahrhundert entscheidend verändert. Zwar hat die Technik große Erleichterungen für die Haushaltsführung gebracht, doch wurde der Lebenskreis der Frau gleichzeitig in bezug auf nachbarlichen Kontakt oder den Umgang mit Dienstpersonal stark eingeschränkt. Gerade für die Frau bürgerlicher Kreise sind hier umwälzende Veränderungen eingetreten. Von ihr wird im allgemeinen erwartet, daß sie als Einzelperson mit ihrer einzelnen Arbeitskraft einen Lebensstil aufrechterhält, der früher einmal auf die Existenz von Dienstpersonal zugeschnitten war. Sicher ist, daß die verheiratete Frau der Großstadt häufig tagsüber keinen anderen Gesprächspartner hat als ihre Kinder. Dies ist, historisch gesehen, eine absolute Neuigkeit, denn es hat, soviel ich weiß, noch nie eine Geschichtsepoche gegeben, in der Frauen ihre Kinder allein, ohne nachbarliche oder freundschaftliche Hilfe zu betreuen gehabt hätten. Soweit ich sehe, ist diese Vereinsamung der Frau in ihrer hausfraulichen Tätigkeit ein wesentlicher Anlaß dafür, daß es Frauen gibt, die auch ohne wirtschaftliche Notwendigkeit in die Berufstätigkeit drängen.

Freilich lehrt die Erfahrung, daß solche Kompromißlösungen zwischen Beruf und Familie selten wirklich gelingen. Entweder ist die Gesundheit der Frau der gezahlte Preis oder das Wohlbehagen der Familie. Es ist schwer abzuschätzen, in welchem statistischen Ausmaß verheiratete Frauen aus *neurotischen Gründen* das Berufsleben ihrer Ehe vorziehen. Noch weniger können wir genau abschätzen, wieviele Frauen unseres Kulturkreises dadurch zu einer grundsätzlichen Fehlplanung ihres Lebens kommen, daß sie in unmöglicher Form Beruf und Familie zu vereinigen suchen. Sicher ist jedoch, daß viele Frauen mit vorrückendem Alter besondere, im Berufsleben verankerte Krisen erleben und nun die Beschränkung auf die Hausfrauentätigkeit doch der Berufstätigkeit vorziehen.

Eine große Zahl von weiblichen Berufen ist nämlich so zugeschnitten, daß sie in besonderem Maße das junge, leistungsfähige und gutaussehende Mädchen bevorzugen. Es gibt eine große Zahl von weiblichen Berufen, in denen die Bereitwilligkeit zu pflegen oder zu bedienen verlangt wird. Gleichzeitig sind körperliche Spannkraft und liebenswürdiges Wesen Voraussetzung. Friseuse, Verkäuferin, Stewardeß sind alles Berufe, in denen diese Eigenschaften gefordert werden. Dementsprechend handelt es sich hier um Berufe, die das Altern schwierig machen, da nicht immer die gewonnene Erfahrung den Verlust dieser Eigenschaften ausreichend aufwiegt.

Eine ähnliche Rolle spielt das Altersproblem in jenen Berufen, die von der Frau eine Art von „Assistententätigkeit“ verlangen. Auch diese Berufe kommen manchen Seiten der weiblichen Natur entgegen, sofern in ihnen die Bereitschaft erwartet wird, Anordnungen entgegenzunehmen und Zuarbeit zu leisten. Nicht umsonst ist die Sekretärin zu einem fast durchgängig weiblichen Beruf geworden, obgleich diese Arbeit ja in früheren Geschichtsepochen durchaus ein Berufszweig für Männer gewesen ist. Auch in diesen Berufen stellen sich typische Alterskrisen ein. Das Entgegennehmen und Ausführen von Anordnungen, das Zuarbeiten für einen „Chef“ wird für die Frau in höheren Altersstufen allmählich unerfreulich. Was sie in jungen Jahren bereitwillig und vielleicht gern getan hat, ist ihr später doch lästig. Die junge Sekretärin, die junge technische Assistentin, die junge kaufmännische Angestellte läßt sich ohne große Schwierigkeiten von gleichaltrigen oder älteren Vorgesetzten dirigieren. Wird sie älter und bekommt sie vielleicht sogar einen Chef, der jünger ist als sie selbst, dann setzen die Schwierigkeiten ein. Diese Schwierigkeiten würden zwar auch einem Mann in ähnlicher Lage zustoßen, nur haben wir eben zu bedenken, daß gerade die erwähnten Berufszweige betont Anpassung und Dienstwilligkeit verlangen.

Natürlich gibt es auch für Frauen Berufe, in denen Lebenserfahrung und Wissen der Gewinn der höheren Altersstufe ist. Auch Frauen können in leitende Positionen aufsteigen und die Rolle einer Vorgesetzten übernehmen. Hier liegen die Probleme dann wiederum anders. Eine Frau, die leiten, dirigieren und anordnen will, darf nicht von Anlehnungsbedürfnissen überfallen werden, wenn der Betrieb, in dem sie arbeitet, nicht empfindlich gestört werden soll. Zweifellos muß eine Frau innerlich noch sehr viel unabhängiger sein als ein Mann in gleicher Position, da sie auf jeden Fall mit größeren Schwierigkeiten in der Auseinandersetzung mit gleichgestellten oder untergebenen Männern zu rechnen hat. Hat eine Frau jedoch eine überbetonte Identifikation mit der männlichen Rolle entwickelt (bei Verdrängung aller Anlehnungsbedürfnisse und Hingabebereitschaften), dann darf man sicher sein, daß sie eine unangenehme Vorgesetzte ist, die zu plötzlichen Affektdurchbrüchen und heimlichen Intrigen neigt.

Abgesehen von diesen variablen Gefühlsproblemen einer weiblichen Berufsentwicklung sei schließlich noch der zeitbedingte Vorgang erwähnt, daß die Berufstätigkeit der Frau als solche Gegenstand heftigster ideologischer Auseinandersetzungen gewesen ist. Noch heute können wir erleben, daß ein Gruppenkollektiv zu diesem Thema zugespitzte bejahende oder abwertende Haltungen einnimmt. Auch dies kann typische Schwierigkeiten für eine berufstätige Frau mit sich bringen, die Männer nicht in gleicher Weise zu verarbeiten haben: Entwickelte sich eine Frau nämlich in einer sozialen Gruppe, in der ihre Berufstätigkeit grundsätzlich als etwas „nicht der Frau gemäßes" angesehen wurde, dann hat sie unbedingt eine ganz andere Position als jene Frauen, deren Eltern die Berufsausbildung ihrer Tochter für etwas Selbstverständliches und Begrüßenswertes hielten. Die gegebenenfalls notwendige Entscheidung zwischen Familie und Beruf wird unter so verschiedenen Umständen innerlich immer eine andere Lösung erfahren. In der praktischen Tätigkeit wird uns dieses Thema auf Schritt und Tritt begegnen. Im Umgang mit Müttern und Kindern tun wir gut daran, psychologisch so genau wie möglich zu differenzieren, damit unser Rat und unsere Hilfe nicht an der gegebenen Wirklichkeit vorbeigehen.

III. Besitzverhältnisse

Es gibt keinen menschlichen Schicksalsablauf, in dem nicht sowohl die Berufsplanung wie auch das Familienleben entscheidend von der vorliegenden Besitzkonstellation beeinflußt worden wären. Gelderwerb als Mittel zur Existenzsicherung hatte uns schon kurz beschäftigt. Die Verflechtung der Besitzproblematik mit allen Seiten zwischenmenschlicher Auseinandersetzungen spielt ebenfalls eine große Rolle. Jeder Mensch bietet typische Reaktionen, die sein Besitzerleben charakterisieren. Sie wollen beachtet sein, wenn man die inneren und äußeren Probleme der Betreffenden verstehen will. Es genügt auch für die Beurteilung des ökonomischen Status einer Familie unter keinen Umständen, wenn man lediglich dem Gleichgewicht von Einnahmen und Ausgaben nachgeht. Das vollständige Bild haben wir erst, wenn wir sorgfältig die subtileren Erlebnisweisen dieser Menschengruppe verstanden haben. Für die Aufteilung dieses Kapitels tun wir daher gut, wenn wir drei Abschnitte voneinander abheben:

1. Allgemeine Reaktionsformen des Menschen in bezug auf Eigentum.
2. Zugehörige neurotische Erlebnisweisen.
3. Biographische Besitzkonstellationen.

Mit Hilfe einer solchen Gliederung wird es uns wohl am ehesten gelingen, die wechselseitige Verflechtung affektiver Einstellungen und biographischer Konstellationen, die für unseren Kulturkreis charakteristisch sind, zu verstehen.

1. Allgemeine Reaktionsformen des Menschen in bezug auf Eigentum

Bereits der vorwissenschaftliche Kenntnisbestand unserer Sprache stellt uns verschiedene Worte zur Verfügung, die die vielfältigen Varianten des menschlichen Besitzerlebens bezeichnen. Mit gutem Nutzen können wir die verschiedenen Ausdrücke zusammenstellen, die wir besitzen und ihre psychologische Bedeutung betrachten. Unsere Sprache unterscheidet unter anderem:

Erwerben
Bitten
Fordern
Erobern
Rauben
Stehlen

Behalten
Verteidigen
Sammeln

Geben
Abgeben
Teilen
Unterstützen
Schenken

Einteilen
Verwalten
„Vermögen"

Genießen
Versorgtwerden
Beschenktwerden
Unterstütztwerden
Schuldenmachen

Eine solche Liste kann natürlich unschwer erweitert werden. Sie zeigt uns, wie sich unser Besitzerleben in vielerlei Abschattierungen mit allgemeiner Aktionslust und Tätigkeit verknüpft, mit Freundschaft und Liebe ebenso sehr wie mit Konkurrenz oder gar Feindseligkeit.

Die erste Wortgruppe, die ich aufgeführt habe, beschreibt jene menschlichen Reaktionsformen, die im psychoanalytischen Fachjargon auch gern als die „aktive Oralität" bezeichnet werden. Das heißt also jene Seiten des Besitzerlebens, die sich mit Handlungsbereitschaft und Unternehmungslust verbinden. Damit jedoch nicht genug. Der eigentliche Sinn dieser Begriffe erschließt sich uns erst, wenn wir folgendes bedenken: Worte wie Erwerben, Bitten oder Rauben erhalten ihre wahre Bedeutung nur durch die Tatsache, daß in menschlichen Gesellschaften Eigentum in irgendeiner Form ein *Recht* ist oder sein kann. Für den Menschen ist es charakteristisch, daß er dem einzelnen ein Recht auf Eigentum zugesteht und daß ihm eine Regelung dieser Rechtsverhältnisse erstrebenswert erscheint. In jeder noch so primitiven menschlichen Gemeinschaft wird der Umgang mit Eigentum durch geschriebene oder ungeschriebene Gesetze geregelt. So gewinnt jede Form der sogenannten aktiven Oralität ihre Bedeutung nur auf dem Hintergrund von gegenseitigen Rechtsabmachungen. Der Respekt vor einer aufgestellten Gesellschaftsordnung charakterisiert die legalen Verhaltensweisen. Das Wort Erwerben bezeichnet dabei wohl den affektiv neutralsten zwischenmenschlichen Umgang mit Geld, bei dem entweder im Tausch oder durch Kauf, oder auch für Arbeitsleistung Eigentum erworben wird. Kein Recht, aber eine Freundschaftsleistung wird mit einer Bitte gesucht. Wenn wir von Erobern, Rauben oder gar Stehlen sprechen, denken wir daran, daß ein fremder Rechtsanspruch verletzt wurde.

Gegen die Gefahr der Ausbeutung, gegen Forderung und Raub setzt sich die menschliche Natur mit Entschiedenheit zur Wehr. Die zweite Wortgruppe beschreibt uns dies: Behalten, Verteidigen und Sammeln sind jene Reaktionsformen, die dem Menschen das Anhäufen von Eigentum ermöglichen. Eigene Rechtsansprüche werden gegen die aktiven Übergriffe der Umwelt verteidigt oder durchgesetzt.

Eine Zwischenüberlegung ist an dieser Stelle wichtig: Wir sagten schon, daß die menschliche Natur eigentümliche und sehr subtile Unterschiede zeigt in der Art, wie sie ihre eigenen Reaktionen *bewertet.* Der Eroberer, selbst der Raubritter und Pirat, der fremdes Eigentum und Recht gewalttätig verletzt, hat doch immer noch eine gewisse Chance, in den Augen seiner Umwelt zum idealisierten Heros aufzusteigen. Nicht so der Dieb, schon gar nicht der sammelnde Geizhals. Verachtung gilt dem einen, Spott und Kritik dem anderen. Dies hat seine guten Gründe. Die menschliche Natur neigt dazu, Kraft, Expansion und Aktivität zu bejahen und Kühnheit sogar dann zu idealisieren, wenn sie mit Rechtsbruch verschwistert war. Ängstlichkeit und Vorsicht werden kritisch betrachtet. Unter diesem Gesichtspunkt erscheint der Räuber immer noch besser als der Geizhals. Dies wohl auch deshalb, weil das ängstliche Anhäufen von Eigentum zur schenkenden Seite des menschlichen Erlebens im Gegensatz steht.

Die dritte Rubrik hatte uns die hierhergehörigen Worte genannt: Geben, Teilen, Unterstützen, Schenken bedeuten allemal, daß jemand in liebevollem Kontakt zu seiner Umwelt steht und daß er den freundschaftlichen Gefühlen, die ihn erfüllen, Ausdruck geben kann und möchte. Die Doppelgesichtigkeit der menschlichen Natur begegnet uns hier aufs Neue. Die uralte innere Konkurrenz zwischen Hilfsbereitschaft einerseits und Eroberungslust andererseits hat für die Menschheit seit Jahrtausenden Probleme geschaffen, deren Tragweite nicht leicht überschätzt werden kann. Auch in neurosenpsychologischer Hinsicht entstehen hier die widerspruchsvollsten Konflikte. Erobern und Rauben, Sammeln und Anhäufen sind Aktionsbereitschaften, die ebenso intensiv erlebt und gesucht werden wie ihre Gegenspieler: Schenken, Helfen und Teilen. Menschliches Werterleben spricht der liebevollen Seite unserer Natur den höheren Rang zu. Echt antinomische innere Schwierigkeiten harren damit ihrer Lösung.

Nun wollen wir aber nicht vergessen, daß das Besitzerleben neben seiner Verflechtung mit zwischenmenschlichen Problemen auch seine *eigenständigen Seiten* hat. Armut, die die Befriedigung der vitalsten Bedürfnisse nicht gestattet, ist eine schwere Qual. Wohlhabenheit vermittelt allemal Behagen. Die neurotische Unfähigkeit, Besitz und Eigentum zu genießen, wird uns später begegnen. Der gesunde Mensch fühlt sich wohl, soweit ihm sein Eigentum Schutz gegen Existenzkrisen vermittelt, noch mehr, wenn er sich an Schönheit und guter Qualität erfreuen und beleben kann.

Eine gesonderte Betrachtung verdienen dann jene Fähigkeiten des Menschen, die ihm sachgerechte Planung und *Verwaltung* seiner Geldmittel ermöglichen. Geglückte oder mißlungene Besitzplanung hängt natürlich in weitem Ausmaß von den bisher besprochenen Eigentümlichkeiten der menschlichen Natur ab. Auch hier gibt es spezielle neurosenpsychologische Gesichtspunkte, die später betrachtet werden sollen.

Abschließend wenden wir uns noch jener Seite menschlichen Erlebens zu, die im psychoanalytischen Fachjargon im Gegensatz zur aktiven Oralität die „passive Oralität" genannt wird. Wir hatten im einleitenden Kapitel bereits davon gesprochen. Wir haben noch in der Erinnerung, daß das kleine Kind, das anfänglich mit seinen oralen Wünschen passiv auf die fürsorgliche Bereitwilligkeit der Umwelt angewiesen ist, allmählich in jene Altersstufen hineinwächst, in denen das passive Erwarten vom aktiven Nehmen abgelöst wird. Diese Feststellung besagte natürlich nicht, daß die Erwartungen auf Pflege, Unterstützung und Geschenk völlig untergehen. Ein Leben hindurch bleibt es ein Teil der menschlichen Natur, daß in mehr oder minder starkem Ausmaß Unterstützung, Versorgung und Hilfeleistung erhofft wird. Sehnsüchte dieser Art sind meist sehr eng mit Hoffnungen auf Freundschaft und Liebe verknüpft. In jedem einzelnen Individuum sind die Anteile passiven und aktiven Besitzerlebens sicherlich sehr verschiedenartig gemischt. Für neurosenpsyochologische Fragestellungen ist die Klärung dieser psychischen Sachverhalte von allererster Bedeutung.

2. *Neurotische Erlebnisweisen*

In dem Kapitel über die typischen Kennzeichen einer neurotischen Persönlichkeitsveränderung hatten wir eine Reihe von Begriffen kennengelernt, mit deren Hilfe wir bestimmte seelische Reaktionsformen beschreiben können. Verdrängung, primäre Gehemmtheit, Durchbruchsreaktionen, neurotische illusionäre Erwartungen, Verschiebung von Triebzielen, Sublimierung und manches andere mehr sind genannt worden. Von diesem kurzen Abschnitt dürfen wir keine vollständige Übersicht erwarten, die zugleich subtilen differentialdiagnostischen Problemen Genüge tut.

In bezug auf die besprochene sogenannte „aktive Oralität" präsentieren sich uns zunächst folgende wichtige Erlebnis- und Verhaltensweisen: Wir finden im

Gefolge primärer Verdrängung die übertriebene neurotische Anspruchslosigkeit und Bescheidenheit. Im Gegensatz dazu steht das maßstablose aggressive Fordern. Dies kann im sogenannten Durchbruch auftreten. Es kann aber auch eine dauerhaft bestehende Überkompensation sein. Daneben gibt es noch ein Verhalten, das man das „Ausweichen in die Oralität" nennt. Dann treten übertriebene Ansprüche in Augenblicken auf, in denen der betreffende Neurotiker eigentlich zu anderen Aktivitäten gedrängt ist. Er wagt diese nicht und versucht nun, als Regression oder Ersatzbefriedigung auf der Ebene der Oralität das zu leben, woran er sich in anderen Bereichen gehindert sieht.

Praktisch von großer Wichtigkeit sind dann jene neurotischen Reaktiosformen, die den Betreffenden unfähig machen, im geeigneten Augenblick richtig abzuschätzen, ob er seine Besitzwünsche entweder in der Form einer Bitte oder aber als Forderung vorbringen müßte. Es gibt Neurotiker, die nicht bemerken, daß sie bei einer bestimmten Auseinandersetzung auf das freundschaftliche Entgegenkommen ihres Partners rechnen können. So preschen sie sehr zum Erstaunen ihrer Umwelt im ungeeigneten Moment mit einer aggressiv getönten Forderung vor. Oder es wird umgekehrt von den Patienten nicht ausreichend erfühlt, daß sie sich in einer gleichgültigen bis feindlichen Umwelt befinden. Diese wäre zwar bereit, einer stabil angemeldeten Forderung nachzugeben, lehnt jedoch eine freundschaftlich bescheidene Bitte mit Indifferenz ab.

Dann hat uns in diesen Zusammenhängen noch das Thema der neurotischen „Projektionen" zu beschäftigen. Die in der Tiefe der eigenen Brust lauernden verdrängten Impulse von Gier und Eroberungslust werden leicht der Umwelt zugeschrieben. Fehlreaktionen kommen zustande als Antwort auf den Schattenkampf mit den eigenen Projektionen an Stelle einer realen Auseinandersetzung mit der gegebenen Wirklichkeit.

Auch in bezug auf die sogenannte „retentive" Seite des menschlichen Besitzerlebens registrieren wir im charakterologischen Erscheinungsbild zwei extreme Gegensätze: Einmal beobachten wir eine Unfähigkeit, fremde Ansprüche abzuweisen und sich selbst gegen Ausbeutung und Ausplünderung zu schützen. Dies ist die sogenannte primäre retentive Gehemmtheit. Das andere Extrem ist überwiegend das Resultat kompensatorischer Abwehrmechanismen, nämlich das übertrieben geizige Anhäufen und *Sammeln* von Eigentum mit einer dauernden Abwehr fremder Bitten oder auch der eigenen Genußwünsche. Neurotischer Geiz motiviert sich fast immer durch extreme Verlustängste, die ihre individuelle Vorgeschichte haben. Aber auch Kontaktunfähigkeit oder Kontaktabwehr werden nur selten in der Entstehungsgeschichte neurotischer Geizhaltungen vermißt.

Die neurotischen Reaktionsformen, die in den Bereich der „passiven Oralität" hineingehören, haben folgende Erscheinungsbilder: *Aufgeblähte Wünsche* nach passiver Versorgung können die Stelle von eigenständiger aktiver Eroberung des Existenznotwendigen eingenommen haben. Sie können aber auch die Restzustände einschneidender früher Mangelerlebnisse sein. Dann sind sie in der Latenz erhalten geblieben, obgleich das reale Oberflächenverhalten des betreffenden Neurotikers durchaus lebensangepaßte Züge bietet. In diesem letzteren Falle werden sie der Beobachtung nur dann zugänglich, wenn in plötzlichen akuten Existenzkrisen das kompensatorisch aufgebaute Verhaltensschema nicht mehr trägt. In solchen Fällen kann ein Mensch, der der Umwelt an sich als aktiv und zielstrebig bekannt ist, plötzlich in Phasen schwerster Apathie und Initiativelosigkeit verfallen.

Eine andere wichtige Problematik sei noch erwähnt, die häufig im Spiel ist, wenn ein Mensch durch neurotische Erwartungen in bezug auf Geschenke und Versorgung auffällt. Hier können nämlich unter Umständen neurotische Verwirrungen im Spiel sein, die zu einer *Verwechslung von Liebe und Geschenk* geführt haben. Starke Unsicherheiten im eigenen Selbstwertgefühl und erhebliche Kontaktstörungen veranlassen den betreffenden Neurotiker dazu, daß er nur dann an die Zuneigung seines Partners glauben kann, wenn dieser sie durch unaufhörliche Geschenke immer wieder erneut bekräftigt.

Das Gegenspiel zu aufgebauschten neurotischen Erwartungshaltungen in bezug auf Geschenk und Versorgung ist dann die extreme Geschenkabwehr und die Unfähigkeit, auch in Augenblicken der Not von Freunden eine Unterstützung anzunehmen. Wir sprechen davon etwas später.

Alle neurotischen Verhaltensweisen, die wir soeben erwähnt haben, können von dem betreffenden Patienten natürlich *rationalisiert* werden. Das heißt sie werden mit scheinbar vernünftigen Begründungen verteidigt. Häufig geschieht dies mit Hilfe allgemein gültiger Wertsysteme oder Weltanschauungen. Neurotische Bescheidenheit oder neurotische Helferhaltung können mit Hinblick auf ein christliches Lebensideal rationalisiert werden. Neurotische Überaggressivität und Gier wird von den bekannten Michael-Kohlhaas-Typen so rationalisiert, daß sie ja nichts für sich, jedoch alles für ihre Kameraden oder die allgemeine Menschheit erkämpften. Die Brüchigkeit neurotischer Reaktionen tritt dann immer sehr rasch ans Tageslicht. Für die verteidigte Menschheit kommt nur Not und Unheil heraus. Der neurotisch Bescheidene ist niemals ein Mensch mit wahrer versöhnlicher innerer Zufriedenheit, sondern ein zwiespältiger Charakter, bei dem sich im plötzlichen Durchbruch oder in der Krankheitssymptomatik der aufgestaute Impuls seinen Weg sucht.

In unmittelbarer Abhängigkeit von allen bisher geschilderten Reaktionsformen steht die Fähigkeit eines Menschen zu sachgerechter *Besitzplanung*, ein Thema, das wir kurz für sich selbst abhandeln wollen. Wir unterscheiden gern folgendermaßen:

Ein neurotisch veränderter Mensch kann mit Hinblick auf seine emotionale Verwirrung über Gelddinge völlig den Überblick über seine Besitzverhältnisse verlieren. Er verwendet die zur Verfügung stehenden Mittel planlos, willkürlich und völlig *ungeordnet*. Plötzliche Sparsamkeit im Anschluß an eine ebenso plötzlich durchbrechende Verschwendungsperiode fallen auf. Sinnlose Einkäufe neben ebenso sinnlosen weitgespannten Vorauskalkulationen gefährden die Existenz.

Günstiger für die allgemeine Lebensentwicklung, jedoch ebenfalls neurotisch, kann die zwar geordnete, aber zu ängstliche und *zu begrenzte* Besitzplanung sein. Hier kommt es im allgemeinen zu einer kargen genußlosen Lebensführung ohne Lebensfreude. In viel zu ängstlichem Sicherungsbedürfnis werden große Sparrücklagen angehäuft. Diese sind jedoch nie in der Lage, die neurotische Ängstlichkeit wirklich zu beschwichtigen. Es werden auch dann Existenzkrisen gefürchtet, wenn keinerlei Gewitterzeichen am Horizont vorhanden sind.

Schließlich gibt es jenen Typ des Neurotikers, der grundsätzlich *über seine Verhältnisse* leben muß. Dies ist eine sehr eigentümliche Reaktionsform. Menschen dieser Art können sich verhältnismäßig plastisch auf sehr verschiedene Formen des Lebensstandards einstellen, aber sie brauchen grundsätzlich immer etwas mehr als sie gerade haben. Bei einem Monatseinkommen von 200 Mark benötigen sie 250 Mark. Gibt man ihnen 250 Mark, brauchen sie 280 Mark. Bei einem Einkommen von 1000 Mark können sie nicht unter 1200 Mark auskommen usw. Bei genauerer Betrachtung zeigt sich, daß Menschen dieser Art außerstande sind, die ihnen von ihrer Lebenssituation her gesetzte Grenze zu akzeptieren. Es bleibt ihnen vergleichsweise unwichtig, wie hoch oder wie niedrig ihr Lebensstandard objektiv ist. Ihr innerer Protest (aus welchen Quellen er auch immer kommen möge) zwingt sie dazu, ihre Ansprüche immer gerade ein Stück weit über den vorgezeichneten Lebensstandard hinauszustellen. Es bedarf wohl kaum einer Erwähnung, daß eine so geartete Reaktion das Zusammenleben zweier Menschen in einer Familie auf das schwerste erschüttern kann.

Wenn das Besitzerleben eines Menschen durch das dauernde (unbewußte) Protestieren gegen eine gesetzte Grenze charakterisiert ist, kommt es leicht zu *Schulden* und zu kaum auflösbaren Verstrickungen in wirtschaftliche Verbindlichkeiten. Schulden machen kann unter gegebenen Umständen eine neurotische Reaktion mit vielschichtigen Hintergründen sein. Neurotisches Schuldenmachen kündigt meistens an, daß sich eine verdrängte orale Gier, die nicht richtig gelebt werden konnte, auf einem Umweg durchsetzt. Eine sehr verwickelte neurotische Reaktion präsentiert sich uns, wenn jemand Schulden macht, um zu schenken. Hier liegt unter anderem das „Ungeschehenmachen" einer Triebbefriedigung vor. Der orale Anspruch, der durchgebrochen ist, wird zurückgewiesen und in jene Kanäle geleitet, die mit dem ursprünglichen Impuls nichts mehr zu tun haben.

Das Gegenstück neurotischer Verschuldung sei noch kurz erwähnt: Es gibt Neurotiker, die außerstande sind, auch dann, wenn eine vernünftige Lebensplanung es erforderte, *Kredite aufzunehmen.* Sie geraten in schwere Beunruhigung, wenn sie von guten Freunden, die ihnen gerne Geld vorstrecken würden, eine geringe Summe annehmen sollen, etwa um für sich einen Fortbildungskurs zu bezahlen. Die Tatsache, daß der absolvierte Kurs verbesserte Lebensmöglichkeiten vermitteln würde und unbedingt die Chance, das Geld zurückzuzahlen, fällt bei dieser Abwehr nicht ins Gewicht. Neurotische Lebensangst hindert die Auseinandersetzung mit einem kleinen Risiko. Das grobe Mißverhältnis zwischen möglicher Chance und realem Risiko kündigt die neurotische Reaktion an.

Vielleicht ist es nützlich, wenn wir zum Abschluß dieses Kapitels noch den Versuch unternehmen, wenigstens an einem Beispiel etwas detaillierter zu beschreiben, wie vielgestaltig die innere Motivation bei einem äußerlich scheinbar gleichartigen Verhalten sein kann. Das „neurotische Geschenk“ soll uns für diesen Zweck dienen.

Im allgemeinen dürfen wir ein Geschenk wohl überwiegend als einen Ausdruck der Freundlichkeit und der Zuwendung ansehen. Das begleitende Gefühl bietet alle Abschattierungen von tiefempfundener Liebe bis zur konventionellen Nüchternheit bei der Erfüllung einer vielleicht sogar lästigen Verpflichtung. Die wichtigsten neurotischen Motivationen, die wir sogleich diskutieren wollen, sind folgende:

Das Geschenk als Ausdruck eines neurotischen Werbungsaktes.

Das Geschenk zur Befriedigung von projizierten (nicht existierenden) Erwartungen der Umwelt.

Geschenke als Folge retentiver Gehemmtheit (Bitten können nicht abgeschlagen werden).

Die Befriedigung von Macht- und Dominationswünschen im Geschenk.

Geschenke als Surrogat für Liebe bei grundsätzlicher neurotischer Kontaktabwehr.

Von einem neurotischen Werbungsakt im Geschenk sprechen wir immer dann, wenn eine tiefsitzende Unsicherheit im Selbstgefühl die Betreffenden zu Geschenken veranlaßt. Es wird die Hoffnung gehegt, daß die Umwelt dann geneigter sein werde, die schenkende Person zu akzeptieren und ihre Mängel zu übersehen. Geschenke dieser Art werden häufig in unpassenden Augenblicken und übereifrig angeboten. Sie sind selten erwartet und meist zu kostbar. Fast nie erreichen sie ihr eigentliches Ziel, nämlich die bessere Einordnung des Schenkenden in seine Umwelt.

Sehr häufig ist die innere Gefühlslage dieser Menschen auch dadurch gekennzeichnet, daß sie außerdem von sogenannten neurotischen *Verpflichtungsgefühlen* erfüllt sind. Menschen dieser Art erleben etwa folgendes: Sie treten in ein Zimmer und begegnen neuen Menschen. Jetzt entsteht in ihnen eine Art von vager amorpher Spannung. Sie stellen sich vor, daß sie zu irgendetwas verpflichtet sein könnten, vielleicht zu einer Dienstleistung, zum bereitwilligen Eingehen auf die Gefühlslage der anderen, vielleicht auch zu Geschenken. Im Verlauf neurotischer Projektionen können sich diese meist sehr vagen Verpflichtungsgefühle dann verdichten. Der Umwelt werden Erwartungen zugeschrieben, die sie nicht hat. Ansprüche und Wünsche werden erfüllt, die nicht existieren. In prägnanter

Konstellation wird das Geschenk dem anderen gegeben, weil der Schenkende selbst unbewußt auf eine Gabe hofft.

Nicht ganz so kompliziert liegt die psychische Verfassung, wenn jemand mit seinem Geschenk zwar eine reale Bitte erfüllt, jedoch mit dieser Erfüllung seine eigenen vitalsten Bedürfnisse schädigt. Die Unfähigkeit, eine (evtl. unangemessene) Bitte abzuschlagen, weil eine sogenannte retentive Gehemmtheit vorliegt, liegt psychologisch gesehen kaum so verwickelt, wie die vorher geschilderte Tendenz, imaginäre, nicht existierende Ansprüche zu befriedigen.

Von völlig anderer Eigenart ist dann jenes neurotische Schenken, dem eigentlich ein *Machtanspruch* oder Dominationswunsch innewohnt. Menschen, die so schenken, vollziehen etwas sehr Merkwürdiges. Sie haben eigentümliche Gefühlslücken in bezug auf das, was der beschenkte Partner erlebt. Der Neurotiker, der werbend schenkt, ist ja einfühlsam in bezug auf das, was dem anderen Freude machen könnte. Jener Neurotiker, den Dominationswünsche zum Schenken veranlassen, zeigt sich überwiegend damit beschäftigt, seine eigenen latenten oder manifesten Ideen über Erfreulich und Unerfreulich zu entwickeln. Selten lauscht er dem, dem er vorgeblich eine Freude bereiten möchte, wirklich den vorhandenen Wunsch ab.

Eltern dieser Art beschenken ihre Kinder mit Spielzeug, das diese sich nie gewünscht haben. Sie arrangieren „Vergnügen", die nur in ihren Augen erfreulich sind und zeigen sich enttäuscht, wenn das Kind keine Freude bekundet. Meist folgt dann der Vorwurf dem Geschenk auf dem Fuße nach.

Unter Partnern finden wir das gleiche: Eine Frau bekommt Kleidung, die ihr nicht steht und die sie nicht tragen würde. Gleichzeitig leidet sogar vielleicht die alltägliche Versorgung Not. Ein Mann wird mit täglichen kleinen Scheinaufmerksamkeiten überschüttet, die ihn mehr einengen als freuen usw.

Es kann sich also im Geschenk ein Machtanspruch, vielleicht sogar eine aggressive Haltung bekunden. Diese letztere beobachten wir besonders in jenen Fällen, in denen das Geschenk als *Surrogat* und nicht als Ausdruck der Liebe steht.

Ein solches Verhalten kennen wir ja in den normalen zwischenmenschlichen Beziehungen auch. Es passiert gar nicht ganz selten, daß jemand aus einer Gemeinsamkeit oder Partnerschaft herausstrebt, jedoch den anderen nicht wirklich verletzen möchte. So versucht er, die fremde Trauer oder auch sein eigenes Unbehagen durch Geschenke zu beschwichtigen. Die formal und äußerlich ähnlich aussehende neurotische Reaktion liegt dann vor, wenn mit Hilfe des Geschenkes eine sehr tiefsitzende neurotische Kontaktabwehr verdeckt werden soll.

Ein Mann ist zum Beispiel neurotisch daran fixiert, daß er vor sich selbst den emotional völlig Unabhängigen spielt, der keines Menschen Zuneigung und Liebe braucht. Er läßt Frau und Kinder fühlen, daß er sie zwar gern in seiner Nähe hat, daß er jedoch ebenso gut ohne sie existieren könnte. Er verhält sich wie ein fürsorglicher Familienvater. Er kauft seiner Frau jede Bequemlichkeit für den Haushalt und macht ihr mehr Geschenke als ein durchschnittlicher Ehemann. Emotional läßt er sie jedoch allein, und wenn sie Anstalten macht, sich gefühlsmäßig an einen anderen Partner zu binden, reagiert er mit völliger Indifferenz.

Tatsächlich wird mit solchen Geschenken, die die vorhandene innere Indifferenz verdecken sollen, ein bestimmtes Maß an Feindseligkeit und Abwehr gelebt, das von dem beschenkten Partner meist sehr deutlich empfunden und registriert wird.

Gerade an diesem letzteren Beispiel wird uns wohl deutlich, auf welche Vielfältigkeit der inneren Motivation wir gefaßt sein müssen, wenn wir ein bestimmtes Verhalten in seiner psychologischen Bedeutung voll verstehen wollen. Ohne Schwierigkeiten könnten wir eine ähnliche Beschreibung zusammenstellen, die dem Annehmen oder dem Erwarten von Geschehen gilt. Auch der Beschenkte hat seine eigene Psychologie. Ebenso der, der sich außerstande zeigt, Geschenke anzunehmen. Die Geschenkabwehr kann ebenso verschiedenartig determiniert sein wie die Geschenkwilligkeit und Geschenkerwartung.

So kann sich jemand aus neurotischen Gründen außerstande sehen, ein Geschenk anzunehmen, weil das Annehmen von Hilfestellung als Schwäche und Unterlegenheit erlebt wird. Sein latenter (verdrängter) Machtanspruch bricht in der Geschenkabwehr durch. Ebensogut können Geschenke abgewiesen werden, weil die daraus resultierenden vermeintlichen Verpflichtungen, die das Geschenk mit sich bringen könnte, gefürchtet werden. Oder es ist eine permanente Mißtrauenshaltung im Spiel. Dem Gefühl an Zuneigung und Freundlichkeit, das das Geschenk begleitet, wird nicht geglaubt. Der Kontakt, der mit dem Geschenk verbunden sein könnte, wird von vornherein abgeriegelt, um der vorausgesehenen Enttäuschung vorzubeugen.

Nun wollen wir diesen Abschnitt nicht mit noch weiteren Einzelheiten ausdehnen. Benötigen wir doch neben diesen neurosenpsychologischen Detailkenntnissen unbedingt auch einen gewissen Überblick über die wichtigsten Besitzkonstellationen, die in unserem Kulturkreis das Leben eines Menschen prägen können.

3. Biographische Besitzkonstellationen

Wir unterscheiden bei diesen Überlegungen zunächst einmal grundsätzlich, ob ein Einzelner oder eine Familiengruppe aus eigener Kraft die notwendigen wirtschaftlichen Existenzmittel beschaffen kann oder ob das Leben nur mit Hilfe von öffentlicher oder privater Unterstützung zu sichern ist.

Im positiven Fall haben wir Einkünfte der verschiedensten Form, sei es als Lohn, Gehalt oder als Kapitalerträge. Neben solchen regelmäßigen oder auch unregelmäßigen Einkünften kümmern wir uns dann um die jeweilige Existenz von Vermögen und die Art seiner Verwaltung. Alle objektiven Zahlen, die wir in diesem Zusammenhang erfragen, bekommen ihre Bedeutung freilich erst durch die zugehörigen regelmäßigen *Verpflichtungen* und *Ausgaben* und durch das Wechselspiel zwischen inneren Erwartungen und realen Möglichkeiten.

Wir geben zunächst einen kurzen Überblick über die wichtigsten Ausgaben, die im Familienleben unserer Tage eine Rolle spielen:

In der Regel haben Menschen unseres Kulturkreises für vier lebenswichtige Hauptposten wirtschaftliche Mittel aufzubringen, nämlich für Wohnung, Kleidung, Verpflegung und Ausbildung (eigene und der Kinder). Neben diesen lebensnotwendigen Posten stehen dann die Ausgaben für zusätzliches „Vergnügen", Hobbys, Reisen, zusätzliche Behaglichkeit usw. Von den Ausgaben für das tägliche Leben werden nach Möglichkeit jene Gelder abgezweigt, die als Sicherung gegen Krisenfälle, Sicherung für das Alter, also als Sparrücklagen in kleinerem oder größerem Umfang angesetzt werden.

Bei sehr begrenztem Einkommen wird häufig vom Leben selbst diktiert, wie hoch die Aufwendungen für die verschiedenartigen Bedürfnisse sein können. Daneben ist es jedoch sehr weitgehend Geschmacksache, ob ein Mensch dürftig wohnen, stattdessen gut essen will oder ob er am Essen spart und gut angezogen geht. Manchem wird seine Kleidung gleichgültig, wenn er nur ein behagliches Zuhause vorfindet. Andere leben in der Gegenwart eingeschränkt und eher kärglich, um für ein ruhiges Alter vorzusorgen.

Wir ersparen uns hier eine detailliertere Schilderung von möglichen Familienkonflikten, die in erheblichen Differenzen über die mögliche Verteilung von vorhandenen Geldmitteln wurzeln. Gegensätze in spontanen Bedürfnissen und Neigungen spielen hier sicherlich keine kleine Rolle. Der Einbruch neurotischer Reaktionsformen schafft zusätzliche Verwicklungen in ungezählter Variabilität.

Sofern wir in einer Familie von einem vorhandenen *Vermögen* hören, müssen wir wissen, ob dieser vorhandene Besitz ein ererbtes Mitbringsel ist oder ob er durch eigene, vielleicht harte Arbeit erworben wurde. Das Lebensgefühl zweier vermögender Menschen unterscheidet sich im allgemeinen ganz grundlegend, sofern dem einen sein Besitz als selbstverständliche Mitgift auf den Lebensweg mitgegeben wurde, während der andere dieses Vermögen ganz seiner eigenen Tüchtigkeit verdankt und die wirtschaftliche Ausgangslage bei ihm nur dürftig war.

Für diese Fälle sollte der Beobachter im übrigen einiges über das „Anlegen" von Kapital wissen, damit er sich ein ungefähres Bild von gegebenenfalls vorliegenden neurotischen Reaktionsformen machen kann. Kapital, das nicht in Fabrikbetrieben aktiv gemacht wird, kann sehr verschiedenartig angelegt werden. Man kann Geld in sogenannte Sachwerte umzusetzen, die evtl. stark an Wert verlieren oder gewinnen, je nachdem ob die Sachwerte, die gekauft wurden, eines Tages auf dem Wirtschaftsmarkt anders beurteilt werden als zuvor. Geld kann in Hausbesitz umgewandelt werden, aus dem dann regelmäßige Mieteinnahmen resultieren. Es kann in Wertpapieren an der Börse existieren und es kann in festen kleinverzinslichen Sparguthaben angesammelt sein.

Der erfahrene Kaufmann empfiehlt im allgemeinen eine sogenannte „Risikoverteilung", wenn größere Summen zu verwalten sind. Jedoch haben die starken Schwankungen unserer Wirtschaftsstruktur in den vergangenen 50 Jahren wohl gezeigt, daß es kaum eine wirklich sichere Vermögensanlage gibt. Papiere können inflationistisch entwertet werden, Hausbesitz kann durch Bomben zerstört sein, Sachwerte haben vielleicht nur eine befristete Konjunktur, Sparkonten zeigen sich als blockiert usw.

Typische *neurotische Reaktionen* beim Verwalten von Vermögen finden wir analog allen sonstigen neurotischen Besitzreaktionen überhaupt. *Sammelnde Verlustängste* können hindern, daß der Betreffende den Schritt zu einem selbständigen Gewerbe oder eigener Existenz wagt oder daß er sich eine Ausbildung bezahlt, die ihn später erhalten könnte. *Mangelnde Fachkenntnis* und illusionäre Erwartungshaltungen verführen unter Umständen zu riskanten und verlustreichen Börsenspekulationen usw.

Mit einer ganz anderen Lebenssituation haben wir es natürlich zu tun, wenn überhaupt keine eigenen Einkünfte bestehen oder keine ausreichende, die das Existenzminimum gestatten. Arbeitslosigkeit oder Krankheit gehören zu den häufigsten Ursachen. Bei verwitweten Frauen kann das Fehlen einer Ausbildung im Spiel sein. Die Situation eines studierenden Stipendiaten ist wieder etwas ganz anderes. Wir gehen auch hier nicht allzusehr ins psychologische Detail. Zu klären bleibt immer, ob ein Unglücksfall, eigenes Verschulden oder neurotische Reaktionsformen die Ursache der vorgefundenen ungünstigen Besitzlage sind. Weiß man dies, kann man meist auch die Frage beantworten, ob die Zukunft möglicherweise eine Verbesserung bringen könnte.

Nun gliedert sich unsere Bevölkerung nicht nur in einen arbeitenden und damit verdienenden Teil und einen unterstützten. Wir haben die dritte große Gruppe jener Menschen, die aus irgendeinem Grund einen legalen Anspruch auf regelmäßige *Rente* oder *Pension* haben. Altersrente, Invalidenrente oder Pension sind das Ergebnis früher geleisteter Zahlungen. Diese Menschengruppe lebt zur Zeit auf schmaler Basis, jedoch gesichert. In psychologischer Hinsicht dürfen wir jedoch nicht übersehen, daß eine bestimmte Gruppe von Rentenempfängern zur Zeit eine Art Ausnahmestellung einnimmt. Es ist dies die große Gruppe der Kriegshinterbliebenen, die Jahre hindurch nicht nur um ihre Rente haben kämpfen müssen, sondern die auch auf einem Existenzminimum festgehalten werden. Verbitterung und Unzufriedenheit ist in diesen Familien häufig. Ein gleiches gilt von den Vätern, die selbst Kriegsversehrte sind und nur bedingt imstande, einen auskömmlichen Lebensunterhalt zu erarbeiten. Schwarzarbeit bei berenteten Männern und Frauen, „Onkelehe“ bei der Kriegerwitwe sind Erscheinungen unserer Zeit.

Soweit in Kürze die realen Konstellationen, die die Besitzanlage einer Familie kennzeichnen können. Allerdings ist unsere Darstellung noch unvollständig. Abgesehen von gegenwärtigem Einkommen oder Vermögen kann es im Erleben eines Menschen eine recht erhebliche Rolle spielen, daß er vielleicht die Aussicht auf eine *Erbschaft* hat. Daneben steht möglicherweise die akute Gefahr, daß stark belastende *Versorgungspflichten* das ausbalanzierte Familienbudget bedrohen.

Erbschaften wie Versorgungspflichten hängen meistens mit dem erweiterten Familienkreis zusammen. Wir bedenken folgendes: Lebensgefühl und Schicksalsablauf eines Menschen entwickelt sich sicherlich ganz anders, je nachdem ob er von Anfang an damit rechnen muß, daß seine eigenen Eltern einmal seine Arbeitskraft in Anspruch nehmen werden oder ob er ein Leben hindurch mit

Stützung und Hilfeleistung durch die ältere Generation rechnen kann. Zwei Familiengruppen mit gleicher Zahl von Kindern und gleicher Einkommenssituation haben ein anderes Schicksal, wenn in der einen die Großelterngeneration noch mitversorgt werden muß, während die andere Familie sogar regelmäßig mit kleinen Geschenken oder Unterstützungen rechnen kann.

Schwerste Probleme entwickeln sich natürlich besonders dann, wenn die Angehörigen, die versorgt werden müssen, einmal sehr konflikthafte Beziehungspersonen waren oder noch sind. Sei es, daß Vater oder Mutter gerade von dem Kind versorgt werden müssen, das unter allen Geschwistern am meisten abgelehnt wurde. Sei es (meist noch problematischer), daß ein Geschwister Unterstützung braucht, das in der Kindheit stark beneidet wurde und das eine stark ambivalent erlebte Beziehungsperson geblieben ist. Zweifellos gibt es Lebensläufe, in denen ein eigenes Familienleben nur deshalb nicht aufgebaut werden konnte, weil vorliegende Versorgungspflichten für Eltern oder Geschwister dies hinderten.

Besonders kompliziert wird das Familienproblem, wenn der verdienende (oder auch nichtverdienende) Elternteil schon Schwierigkeiten hat, seine eigenen Angehörigen durchzubringen und nun trotzdem gegen den Willen des Ehepartners seinen sonstigen Verpflichtungen nachkommen will. Die nicht verdienende Ehefrau steckt gegebenenfalls heimlich von ihrem Wirtschaftsgeld den eigenen Eltern eine Unterstützung zu. Der verdienende Ehemann gibt sehr zum Ärger seiner Frau einen Teil seines Einkommens an die Schwester ab, weil diese unfähig ist, zu arbeiten. In Grenzfällen können die Menschen, die in solcher Lebenslage sind, vor schwierigsten inneren echt antinomischen Entscheiden stehen.

Ist eine Erbschaft in Aussicht, dann verläuft das Leben der Betreffenden, rein äußerlich gesehen, natürlich um ein Vielfaches einfacher. Unter neurosenpsychologischen Gesichtspunkten muß jedoch berücksichtigt werden, daß solche Aussichten möglicherweise den Kristallisationspunkt für *neurotische Bequemlichkeitshaltungen* und *illusionäre Erwartungen* abgeben. Der jugendliche Neurotiker, bei dem Arbeitsstörung und Bequemlichkeitshaltung die Berufsfindung erschweren, ist in ernster Gefahr, wenn er sich als zukünftiger Hausbesitzer träumt, weil er das Testament seiner Großeltern kennt. Nicht weniger das junge Mädchen, dem gesagt wird, es brauche als einzige Tochter nichts zu lernen, weil es mit Vermögen rechnen könne. Im übrigen geht es wohl nur selten ohne offene oder verborgene Feindseligkeiten und Ressentiments ab, wenn mehrere Familienmitglieder die Teilung einer Erbschaft vorzunehmen haben. Die größten Gefühlskomplikationen können sich jedoch dann entwickeln, wenn gegenwärtig affektive Krisen zwischen den noch lebenden vermögenden Angehörigen und den einmal Erbberechtigten bestehen. Die Verschränkung wirtschaftlicher Abhängigkeiten zwischen den verschiedenen Generationen einer Familie ist ein weiteres Thema, das uns in vielen Familienbiographien begegnet.

IV. Partnerwahl

Zahlreiche typische Konfliktkonstellationen im Familienleben haben ihre Wurzel in der ursprünglichen Partnerwahl der beiden Eheleute. Wir sollten aber nicht den Fehler machen, daß wir Familiengründung und Partnerwahl miteinander identisch setzen. Der psychologische und soziale Stellenwert einer Ehe unterscheidet sich sehr von allgemeinen Liebesverbindungen, die nicht zu einer Ehe führen. Wir werden uns bei unseren Überlegungen leichter zurechtfinden, wenn wir dieser Tatsache Rechnung tragen und zwei getrennte Kapitel zusammenstellen.

Dabei ist das Thema *neurotischer* Partnerbeziehungen sicherlich nur ein Teil der zahlreichen Gefühlskomplikationen, die zwischen den Geschlechtern entstehen können. Die Gliederung, die ich hier gewählt habe, soll hauptsächlich die Beratung und den Umgang mit Jugendlichen erleichtern. Die subtile Frage, wie und zu welchem Zeitpunkt man jugendlichen Patienten bestimmte Einsichten und Kenntnisse vermittelt, wird ja gegenstandslos, wenn der Therapeut selbst keine klare Übersicht besitzt. Folgende Themen heben sich im Gespräch mit Eltern und Jugendlichen immer wieder voneinander ab:

1. Die Antinomik zwischen Liebe, Zärtlichkeit, Sexualität und Ästhetik.
2. Gegenseitige allgemeine Gefühlserwartungen zwischen den Geschlechtern.
3. Der Wechsel der Gefühlsbedürfnisse in den verschiedenen Altersstufen.
4. Typische neurotische Partnerbeziehungen.
5. Spezielle Sexualproblematik.

Wenn wir für dieses Kapitel das Problem der Partnerwahl so auffassen, daß die Partnerbeziehung eine sexuelle Gemeinschaft miteinschließt, dann müssen wir uns zur Einführung dem erstgenannten Thema zuwenden.

1. Die Antinomik von Liebe, Zärtlichkeit, Sexualität und Ästhetik

Die unendliche Variabilität all jener Gefühlsmöglichkeiten, die der Mensch Liebe nennt, entsteht nicht zuletzt dadurch, daß die gemüthafte Beziehung zweier Menschen durch drängende Impulse nach körperlicher Intimität und Sexualität verändert wird. Die Anziehungskraft körperlicher Schönheit gesellt sich als weitere Gefühlsqualität hinzu. In jedem Menschen lebt wohl die Sehnsucht, daß sich Gemüt, Zärtlichkeit, Schönheitserleben und sexuelle Zufriedenheit in einer Liebesverbindung vereinigen möchten. Nun haben wir kaum eines der bisherigen Kapitel abschließen können, ohne zu beschreiben, in welcher Form die in Frage stehenden Impulse, Wünsche oder Pläne eines Menschen wertend beurteilt werden. Die Wertnormen des Kollektivs und das eigene innere Ideal stehen in ständiger wechselseitiger Beziehung. So auch hier.

Und es ist nicht schwer, die innere Wertung zu beschreiben, die der Mensch allgemein seinen verschiedenartigen Gefühlsreaktionen zuerkennt. Dem verinnerlichten Gefühl liebevoller, zärtlicher Gemeinsamkeit wird in gewisser Weise ein „höherer" Rang vor den übrigen Impulsen zugeschrieben. Dies geschieht, obgleich die akute Heftigkeit sexueller Erregung unter Umständen die stilleren und verinnerlichten Gefühle hinwegschwemmen kann und obgleich die intensivere Faszination durch Schönheit alle empfindenden Menschen mit Macht gefangen hält. Die eigentliche Schwierigkeit für die Menschheit liegt darin, daß die von allen so ersehnte Verbindung zwischen Gemüt, Ästhetik und sexuellen Bedürfnissen kein selbstverständlicher naturgegebener Vorgang ist. Eher im Gegenteil! Sexuelle Bedürfnisse tauchen sowohl beim Mann wie bei der Frau in Jugend- und Kinderjahren zunächst einmal auf, ohne daß sie sich überhaupt besonders an ein Partnerschaftserleben knüpfen. Gemütsbedürfnisse hingegen finden schon früh ihren Ausdruck in liebevoller Zärtlichkeit. Zärtlichkeit und Sexualität koppeln sich. Das eine kann aus dem anderen hervorgehen. Jedoch ist beides nicht identisch und kann sich sogar in typischer Weise voneinander dissoziieren. Auch die ästhetische Beeindruckbarkeit eines Kindes verknüpft sich zunächst nicht mit sexuellen Regungen. Erst in der späteren Entwicklung ergibt sich, besonders für den Mann, daß seine sexuelle Erregung stark von dem optisch-ästhetischen Reiz abhängig ist, der von einer Frau ausgeht.

Jede einzelne dieser Tatsachen birgt ihre besonderen Probleme. Es kommt hinzu, daß die verwandten Gefühlsreaktionen bei Mann und Frau so entscheidende Unterschiede aufweisen, daß bereits hier schwerwiegende Mißverständnisse zwischen den Geschlechtern entstehen können. Aber nicht nur Mißverständnisse. Die unterschiedlichen Erlebnisformen bei Mann und Frau schaffen normalerweise Gefühlsprobleme, die immer und zu jeder Zeit von jedem einzelnen neu bewältigt werden müssen.

Wir gehen zunächst einmal auf diese Unterschiede im Erleben der beiden Geschlechter ein:

Eine erste Eigentümlichkeit im Erleben des Mannes (insbesondere beim jungen Mann) finden wir darin, daß die sexuelle Erregung, die vom Reiz körperlicher Schönheit ausgelöst wurde, eine sehr viel intensivere Heftigkeit des Erlebens besitzen kann als die etwas stilleren Reaktionen verinnerlichter Gefühlsverbindung. Die Intensität des Augenblicks täuscht dann jene Menschen, die mit sich selbst noch unerfahren sind, leicht darüber hinweg, daß die Heftigkeit im gegenwärtigen Erleben kein Indikator für die Tiefe und Dauerhaftigkeit der Gefühle ist. Fast jeder Mann macht im Verlauf seines Lebens mit sich selbst die Erfahrung, daß es sogar eher umgekehrt liegt. Die intensive Anziehungskraft, die von einer sehr schönen oder reizvollen Frau ausgegangen ist, verliert im Verlauf einiger Zeit an Gefühlsstärke. Diese Tatsache charakterisiert ja überhaupt eine nicht kleine Zahl von Gefühlseindrücken des Menschen, sowohl im positiven wie im negativen Sinn. Wir „gewöhnen" uns an die überwältigende Schönheit einer Gebirgslandschaft oder an großartige Bauten ebenso sehr wie an schöne Menschengesichter. Wir gewöhnen uns aber auch umgekehrt an Unbehagen und abstoßendes Äußere.

So kommt es, daß akute Gefühle, die für die Ewigkeit gemacht schienen, nach einiger Zeit verblassen können und nicht wieder zum Leben zu erwecken sind. Ein weiteres kommt für den Mann hinzu: Besonders in jungen Jahren und bei sonst vorliegender starker sexueller Bedürftigkeit gilt wohl für die überwiegende Zahl der Männer, daß sich rein sexuelle Wünsche von tieferliegenden Gefühlsbedürfnissen *abspalten* können. Mehr noch! Gelegentlich tritt das intensive Bedürfnis auf, Sexualität zu befriedigen, *ohne* daß der zugehörige Gefühlsballast verantwortlicher intimer Verpflichtungen mit eingeschlossen ist. Diese Problematik haben zweifellos sehr viele Männer mit sich auszumachen. Von jedem einzelnen wird sie je nach innerer Struktur und kulturell vorgegebener Wertwelt verschiedenartig gelöst und beantwortet. Man braucht wohl keinen Augenblick daran zu zweifeln, daß diese inneren Reaktionen für den Mann selbst nicht ohne Schwierigkeiten sind. Ihre Existenz als solche kann man kaum hinwegdiskutieren. Ohne diese Bedürfnisse hätte sich kaum in allen Jahrtausenden der Menschheitsgeschichte die soziale Einrichtung der Prostitution in ihren verschiedenartigen Varianten entwickelt und erhalten. Es würde sich auch nicht das Faktum ergeben, daß Männer trotz positiver und tiefgehender Gefühlsbeziehungen zu einer Partnerin, mit der sie vielleicht sogar verheiratet sind, nebenher sexuelle Bedürfnisse erleben können, die auf einen anderen Menschen gerichtet sind. Immerhin muß man bedenken, daß es schon ganz allgemein fast unmöglich ist, von intensiven ästhetischen Erlebniseindrücken zu abstrahieren. Noch schwieriger wird es für den Mann, sich gegebenenfalls dem zugehörig auftauchenden sexuellen Impuls zu entziehen.

In der Auseinandersetzung zwischen den Geschlechtern verdichten sich die Schwierigkeiten nun überwiegend dadurch, daß die Gefühle der Frau denen des Mannes verwandt sind, jedoch in wichtigen Bereichen anders strukturiert.

Zwar ist wohl sicher, daß Frauen grundsätzlich ähnliche sexuelle Bedürfnisse kennen wie der Mann. Ebenso sicher scheint mir aber auch die noch nicht ausreichend gewürdigte und diskutierte Tatsache zu sein, daß die sexuellen Wünsche der Frau ein Stück weit schwächer sind als die des Mannes. Möglicherweise stoße ich mit dieser Behauptung bei manchem auf heftigen Widerspruch. Verfügen wir in diesem Feld doch kaum über verwertbare und vergleichbare allgemeine Kenntnisse. Nimmt man jedoch die Beobachtungen von Kinsey zum Anhaltspunkt, so zeigt sich, daß die Angaben der Frauen über spontane Onanie in Abstinenzperioden einen Zahlenwert bringen, der etwa um ein Drittel niedriger liegt als die gleichsinnigen Mitteilungen für Männer. Ob es sich hier um eine angeborene Konstante oder ein sozial erworbenes Reagieren handelt, wollen wir nicht diskutieren. Wir vertagen auch das Thema, das die verschiedenen Verlaufskurven sexueller Bedürftigkeit bei Mann und Frau in den verschiedenen Altersstufen behandelt. Zunächst halten wir fest, daß allem Anschein nach die spontanen sexuellen Bedürfnisse bei Frauen (auf große Zahlen gesehen) etwas niedriger liegen als beim Mann. Wir fügen hinzu, daß wir viel Anlaß haben zu der Annahme, daß stattdessen die *Zärtlichkeitsbedürf-*

nisse der Frau *intensiver* sind als die des Mannes. Natürlich besitzen wir hierüber eigentlich überhaupt keine irgendwie in Zahlen vorliegende Kenntnis. Eines scheint mir jedoch sicher: Keinesfalls geht bei der Frau das Zärtlichkeitserleben so rasch in sexuelle Erregung über wie beim Mann. Ein gleiches gilt für ästhetische Eindrücke. Mädchen und Frauen sind zwar selbstverständlich auch an dem sogenannten „guten Aussehen" ihres Partners interessiert, jedoch reagieren sie auf rein optische Eindrücke nicht entfernt so leicht mit sexuellen Bedürfnissen wie der Mann. Im übrigen mag wichtig sein, daß für Frauen, wenn überhaupt, Größe und Bewegungstyp beim Mann die eigentliche sexuelle Erregung eher stimulieren als formale Körperbildung. Aus dem gesagten folgt nun zwanglos die wohlbekannte Tatsache, daß Frauen im großen und ganzen seltener den Impuls empfinden, sexuelle Bedürfnisse rein um der Sexualität willen zu befriedigen und sie von tieferen Emotionen abzutrennen. Was mindestens für den jungen Mann häufig und in weiten Grenzen „normal" ist, kommt bei der Frau seltener vor. Als psychologisches Phänomen bei der Frau erweckt es in dem Beobachter mit Recht den Verdacht, daß es sich um eine neurotische Reaktion handeln könnte.

In gewisser Weise befassen sich unsere bisherigen Erörterungen freilich mit Binsenweisheiten. Wichtig werden diese Kenntnisse für uns in jenen Augenblicken, in denen es im Gespräch mit Jugendlichen darum geht, die typischen Fehldeutungen aufzulösen, die junge Menschen meist in der *Interpretation des anderen Geschlechts* entwickeln. Ich will daher die wichtigsten gegenseitigen Mißverständnisse zwischen den Geschlechtern noch einmal kurz zusammenfassen, soweit sie in der psychiatrischen Tätigkeit bevorzugt unsere Aufmerksamkeit verlangen:

Der Mann, insbesondere der junge Mann, unterliegt wohl am häufigsten dem typischen Irrtum, daß er das Erleben der Frau sexuell interpretiert, wenn diese sich werbend, auffordernd oder auch zärtlich verhält. Er weiß nicht, daß das junge Mädchen, das sich ermunternd und sehr kokett gibt, meist nicht viel anderes erreichen will, als die bewundernde Zuwendung des Mannes. Die Tatsache, daß Mädchen oder Frauen sehr viel Aktivität entfalten können, um Männer zu beeindrucken, bedeutet noch nicht, daß spezifisch sexuelle Wünsche die Triebkräfte solchen Verhaltens sind. Eher im Gegenteil. Ich möchte mich sogar zu der Behauptung versteigern, daß gerade jene Mädchen, die die meiste kokette Aufmunterung in ihr Verhalten legen, am wenigsten davon wissen, was für Gefühlsregungen sie im Mann stimulieren. Es ist bevorzugt der frigide Typ der Frau, der den Mann offen provoziert. Die sexuell erlebnisfähige Frau spielt nicht so leicht mit dem Feuer. Je jünger ein Mann ist, umso weniger kann er natürlich um diese Tatsache wissen, weil er ja zunächst verständlicherweise sein eigenes Erleben in die Frau hineinprojiziert. Wirklich verwirrend wird die Situation für den Mann allerdings dann, wenn er mit Frauen zusammentrifft, die nicht nur aufmunternd und provokatorisch, sondern auch sexuell nachgiebig sind, ohne daß sie in Wahrheit ihre eigenen sexuellen Bedürfnisse befriedigen wollen. Im neurotischen Extremfall sind dies jene Frauen, die ihre innere Unsicherheit und Unruhe nur in jenen Augenblicken beschwichtigt fühlen, in denen sich der sexuell erregte Mann ihnen zuwendet und um sie wirbt. Sie provozieren dieses Verhalten, weil es ihnen für einen Augenblick das Bewußtsein gibt, eine geliebte und umworbene Frau zu sein, nicht weil ein sexueller Wunsch befriedigt werden wollte. Leider sind es nicht immer nur solche oder ähnliche neurotische Schwierigkeiten, die das weibliche Verhalten für den Mann unverständlich machen. Es kommt hinzu, daß Männer (analog ihrer eigenen Reaktionsform) auch die Zärtlichkeitswünsche der Frauen häufiger sexuell interpretieren, als dies richtig wäre. Sie verstehen dann leicht als sexuelle Aufforderung, was von der Frau nur als Ausdruck herzlicher Zutunlichkeit gemeint war. Diese Mißverständnisse schaffen zwischen zwei Partnern nach dem Coitus vielleicht noch häufiger Schwierigkeiten als davor. Für den Mann ist es charakteristisch, daß er nach dem Coitus eher ein Bedürfnis nach physischer Distanz hat und daß die Erregung in ihm sehr rasch abklingt. Frauen hingegen haben nach dem Sexualverkehr noch eine ganze Weile das Bedürfnis nach körperlicher Intimität und Nähe. Der Mann, der in diesem Augenblick keine neue sexuelle Stimulation wünscht, weist die Zärtlichkeitsäußerungen seiner Partnerin zurück, ohne dies eigentlich unfreundlich zu meinen. Oft aber, weil er glaubt, die Frau wolle ihn erneut zu sexueller Aktivität ermuntern, was wiederum die Frau verwunderlich findet.

Frauen unterliegen ja den korrespondierenden Irrtümern, indem sie ihrerseits zunächst naiv vom eigenen Erleben auf den Mann schließen. Das junge und unerfahrene Mädchen weiß im allgemeinen nicht ausreichend darüber Bescheid, welche Intensität die sexuellen Bedürfnisse beim Mann besitzen. Für sie ist der rasche Übergang von Zärtlichkeit zur Sexualität eher befremdend. Dies besonders im Beginn einer Liebesbeziehung, wenn das Mädchen zwar zärtlichen Wünschen Ausdruck geben möchte, der Sexualität aber noch zögernd oder sogar ablehnend gegenübersteht. Später, in intimeren Beziehungen, wird dieses Problem für Frauen jedoch noch ernster, wenn sie nicht darüber Bescheid wissen, daß der Erregungsabfall nach dem Sexualverkehr bei Mann und Frau so sehr verschieden ist. Wird sie in diesen Augenblicken mit ihren Zärtlichkeitswünschen zurückgewiesen, fühlt sie sich unter Umständen tief gekränkt. Sie ahnt nicht, daß ihr Mann sie nicht kränken wollte, sondern nur in einer anderen körperlichen Verfassung war.

Vielleicht sollte ich an dieser Stelle folgenden Hinweis einflechten: Die gesamte psychoanalytische Literatur hat sich ausführlich damit beschäftigt, wie unterschiedliches Sexualerleben bei zwei Partnern zu Dissonanzen und Disharmonien führen kann. Ich glaube jedoch, es ist gut, wenn man bei diesem Thema immer im Auge behält, daß Zärtlichkeit und Sexualität nicht identisch sind. Fehlende Korrespondenz in der sexuellen Bedürftigkeit kann sicherlich bei zwei Partnern große Schwierigkeiten schaffen. Viele meiner Beobachtungen drängen mich freilich zu der Annahme, daß Unterschiede im zärtlichen Verhalten, die nicht ausgeglichen werden können, für das Zusammenleben zweier Menschen noch zerstörerischere Folgen haben.

Im allgemeinen entwickeln Frauen ein gewisses Verständnis für die körperlichen Reaktionen und den Erregungsablauf beim Mann, wenn die sonstige Gefühlslage zwischen den beiden harmonisch und befriedigend ist. Weit schwieriger wird es für die Frau, wenn sie sich mit den übrigen bereits erwähnten Reaktionen im Mann auseinandersetzen soll: Die „naive Einfühlung" versagt bei der Frau, wenn sie sich vorstellen soll, daß Männer Sexualität von Gemütsbedürfnissen abspalten können, gelegentlich sogar abspalten wollen. Verheiratete Frauen können die Bedeutung einer sexuellen Eskapade der Männer unter diesem Aspekt häufig nicht richtig einordnen. Ist eine Frau selbst einmal Objekt einer überwiegend sexuellen Zuwendung geworden, dann hat sie das oft nicht rechtzeitig bemerkt. Sie hat den Ausdruck intensiver sexueller Bedürftigkeit mißdeutet und Gefühle vermutet, die nur bei ihr selbst, aber nicht bei ihrem Partner vorhanden waren. Da Frauen selbst von sexuellen Bedürfnissen meist nicht so weit getrieben werden, daß sie ihnen mit einem ähnlichen Verhalten Ausdruck verleihen, wie Männer es tun, mißdeuten sie erregtes leidenschaftliches Reagieren in bezug auf die dahinterstehende Gefühlsqualität. Frauen mißdeuten aber auch vom eigenen Erleben her die *Dauerhaftigkeit* eines Gefühls, das ihnen mit sehr akuter Intensität angeboten wird.

Hier erwachsen ganz besonders für sehr schöne und reizvolle Frauen große Schwierigkeiten. Schöne Frauen haben ja in ihrem Leben eine nicht abreißende Kette von Erfahrungen über die heftigen sexuellen Wünsche, die sie in Männern auslösen. Korrespondierend machen sie gleichzeitig die Erfahrung, daß längere Intimität die anfänglich so heftigen sexuellen Bedürfnisse des Mannes in ruhigere Bahnen leitet. Nicht selten erleben sie auch, daß die anfänglich ästhetisch-sexuelle Faszination des Mannes völlig verschwindet. In diesem Erlebnisbereich finden wir die Wurzeln für eine Fülle von Fehlinterpretationen, die Frauen über Männer produzieren können.

In gewissen Grenzen entwickeln auch gefühlsmäßig einigermaßen sichere hübsche Frauen ein leises Mißtrauen darüber, daß nur äußerliche, formale und nicht innere Gründe den Mann an sie fesseln. Bei neurotisch gefühlsgestörten Frauen kann dieses Mißtrauen dem Mann gegenüber jedoch über jedes Maß hinausschießen. Der Mann wird dann als grundsätzlich unzuverlässig, als „rein sexuell" verstanden und in neurotischem Nihilismus wird jede seiner Annäherungen so interpretiert, als gelte sie nur dem körperlichen Reiz und nicht der persönlichen Beziehung. Für schöne, aber sonst gefühlsunsichere Frauen erhält dieser Nihilismus seine eigentliche verletzende Schärfe erst dadurch, daß gerade diese Frauen in ungebührlichem Maß von dem äußeren Eindruck abhängig sind, den sie auf den Mann machen. So können sie weder die Bewunderung noch die Indifferenz des Mannes ertragen. Meist bauen sie auch ein Leben auf, in dem innerlich und unbemerkt oder gar unbewußt immer mit rasch geknüpften neuen Partnerschaften gerechnet wird. Dies bedeutet allemal ein rasches fluchtartiges Zurückziehen aus einer Partnerverbindung in dem Augenblick, in dem die ersten Gefühlskrisen auftauchen. Die Gefühlsprobleme werden nicht mit dem

Partner ausgetragen und bereinigt. Stattdessen werden kurzschlußartig die alten Bindungen zerrissen und neue eingegangen, freilich immer mit der gleichen neurotischen Prämisse.

Bevor man bei solchen Frauen die Aufarbeitung ihrer inneren Probleme versucht, ist es meist sehr hilfreich, wenn man ihnen einiges über die subjektiven Schwierigkeiten der Männer auseinandersetzt. Um so leichter können sie die versöhnliche Einsicht erwerben, daß verbitterte und enttäuschte Kritik dem Mann nicht gerecht wird, weil für diese das ausgereifte Abwägen und Durchleben auseinanderstrebender Bedürfnisse in mancher Hinsicht schwieriger ist als für die Frau.

So wichtig nun freilich alle bisher erörterten Gefühlsprobleme zwischen den Geschlechtern sein mögen, wir sollten sie in ihrer Bedeutung für langfristiges Zusammenleben zweier Menschen nicht überschätzen. Entscheidendere Gefühlskrisen können aus affektiven Komplikationen stammen, die mit dem bisher Besprochenen nichts oder nur wenig zu tun haben. Der nächste Abschnitt soll uns hierüber einiges mitteilen.

2. Gegenseitige Gefühlserwartungen zwischen den Geschlechtern

Freilich ist es nicht ganz einfach, jene Gründe aufzuspüren, die (abgesehen von den körperlichen Wünschen nach Zärtlichkeit und Sexualität) zwei Menschen veranlassen, die gegenseitige Nähe zu suchen. Eine Vielzahl von Gefühlen ist hier im Spiel. Unsere Volksweisheit sagt wohl mit ebensoviel Recht „gleich und gleich gesellt sich gern", wie „Gegensätze ziehen sich an". Gemeinsamkeit des Lebensschicksals, der Idealwelt, der Tätigkeit, der Lebensgewohnheiten schaffen starke Gefühle von Vertrautheit und Zusammengehörigkeit. Damit konkurriert der Reiz neuartiger Erlebnisse. Erfahrenere Menschenkenntnis sagt vielleicht nicht ganz mit Unrecht, daß Gefühlsbeziehungen um so mehr Chancen auf Dauerhaftigkeit haben, je größer die Gemeinsamkeiten des Gefühls und der Lebensgewohnheiten sind. Im anderen Fall hat ja immer mindestens der eine der Partner größere Anpassungsleistungen zu vollbringen und in dieser Hinsicht sind der menschlichen Natur zweifellos Grenzen gesetzt.

Neben diesen sehr allgemeinen Gefühlsreaktionen können jedoch noch spezifischere gegenseitige Erwartungen und Einstellungen dazu führen, daß zwei Menschen gern zusammenkommen und sich miteinander wohlfühlen. Die wichtigsten Gefühlskonstellationen, die uns in ihren neurotischen Verzerrungen immer wieder begegnen, wollen wir kurz skizzieren:

In jeder Partnerbeziehung beschäftigt den Beobachter neu die Frage, welcher der beiden Menschen beim anderen *Anlehnung* sucht. Die Bereitschaft, sich anzupassen und das Bedürfnis, sich anzulehnen, sind dabei übrigens etwas Verschiedenes. Die gegenseitigen Erwartungshaltungen in bezug auf *Dominanz* und *Führung* finden wir in den verschiedensten Varianten. Beobachten wir, daß die Impulse des einen in der Regel bei gemeinsamen Entscheidungen den Ausschlag geben, dann bedeutet dies noch nicht, daß hier auf beiden Seiten einem naiven Bedürfnis Rechnung getragen wird. In günstigen Situationen ist dies freilich der Fall. Der eine erlebt in der Anpassung eine gewisse Befriedigung und findet es vielleicht angenehm, daß ihm Verantwortung und Entscheidung abgenommen werden. Der dominierende Teil erlebt keinen Zweifel an der Richtigkeit seiner Entschlüsse und wäre deshalb kaum in der Lage, den eigenen Impuls zugunsten des anderen zurückzustellen. In einem späteren Kapitel wird uns die neurotische Seite des Dominanzproblems beschäftigen. Dort werden wir hören, daß möglicherweise der dominierende Partner in Wahrheit mit dieser Situation unzufrieden ist, während der nachgiebige seinerseits nur aus neurotischen Gründen auf die Revolte verzichtet.

Häufig findet sich das Thema der Dominanz und Anpassung verkoppelt mit Hoffnungen auf *Fürsorge* und *Schutz*. Man sollte auch hier beides nicht miteinander verwechseln. Nur im günstigsten Fall sind sie in einer Partnerverbindung miteinander gekoppelt. Dann übernimmt der fürsorglich schützende Teil in Augenblicken der Entscheidung auch die Führung. Solche Gefühlskonstellationen kommen nicht selten zustande, wenn die Verbindung unter den Vorzeichen einer „Vater- oder Mutterübertragung" geschlossen wurde.

Bei den typischen *„Vater-Tochter-Beziehungen"* handelt es sich meist darum, daß sich ein sehr junges Mädchen mit einem wesentlich älteren Mann verbindet. Sie erwartet dann von ihrem Partner mehr oder weniger väterliche Eigenschaften, also Führung, Schutz, Versorgung, evtl. auch Autorität, während der Mann umgekehrt von den kindlichen Reaktionen seiner Frau besonders angezogen ist. Analog sprechen wir von der *„Mutter-Sohn-Beziehung"*, in der sich ein wesentlich jüngerer Mann eine ältere Partnerin gesucht hat, weil er ihre Fürsorglichkeit suchte und ihr gern die Führung überließ. Die Frau hingegen übernahm die mütterliche Rolle, weil ihr diese Seite des Empfindens besonders nahelag.

Fallen jedoch aus so gearteten Beziehungen die wärmeren Gefühlstöne aus, dann tritt an die Stelle der väterlichen oder mütterlichen Autorität die Tyrannei. Der schwächere Partner entwickelt Unterwürfigkeit und Passivität an Stelle von Vertrauen.

Sehr häufig erhalten Partnerbeziehungen außerdem ihr eigentliches Gepräge dadurch, daß *sozialer Ehrgeiz* oder *wirtschaftliche Interessen* im Spiel sind. Sowohl für ein Mädchen wie für einen Mann kann eine Partnerbeziehung allein deshalb viel bedeuten, weil mit ihr eine neue soziale Welt erschlossen wird. Es kann aber auch vorkommen, daß zwei Menschen sich in ihrem gemeinsamen sozialen Ehrgeiz gefunden haben. Sie verstehen sich deshalb besonders gut, weil ihre innere Lebenstendenz die gleichen Ziele hat. Dies gilt natürlich nicht nur für Wünsche nach gesellschaftlichem Aufstieg, sondern auch für rein wirtschaftliche Interessen. Die Besitzlage des Partners kann als solche viel bedeuten. Die Gemeinsamkeit kann aber auch nur in der gleichartigen inneren Einstellung zu finden sein.

Stammen zwei Menschen aus sehr verschiedenen sozialen und wirtschaftlichen Welten, dann erlebt der eine einen „Aufstieg", während sich der andere gegebenenfalls mit einer sozial „niedriger" gearteten Welt auseinandersetzen muß. Hier wollen wir festhalten, daß es in passageren Partnerbeziehungen für einen Mann mit einem sozial, wirtschaftlich und bildungsmäßig niedriger gestellten Mädchen weit weniger innere Schwierigkeiten gibt, als wenn umgekehrt eine Frau dem Manne zuliebe aus dem gewohnten Lebenskreis herabsteigen muß. In diesem Fall sind wirtschaftliche Fragen oder Probleme allgemeiner sozialer Rangordnung noch nicht einmal von so großer Bedeutung wie die Unterschiede der Bildung. Ist der Mann in einer Partnerbeziehung ungebildeter als die Frau, dann hat man in der Regel mit den allerschwersten Gefühlskrisen zu rechnen. Dies ganz besonders dann, wenn bei der Frau eine neurotische Tendenz im Spiel war, nur mit jenen Männern in eine intimere Verbindung zu treten, die ihr nicht gewachsen sind, so daß weder sie selbst noch ihr Partner auf die Dauer mit dieser Konstellation zufrieden sein können.

Dies Thema gehört freilich bereits in den Bereich all jener Fragen, die sich mit dem Schicksal neurotischer Partnerbeziehungen befassen. Bevor wir dies darstellen können, müssen wir uns noch einen Augenblick mit jenen Gefühlskrisen befassen, die zwei Menschen sowieso und normalerweise miteinander erleben können, weil das fortschreitende Alter und die fortschreitende innere Entwicklung neue Bedürfnisse erweckt und vergangene erlöschen läßt.

3. Der Wechsel der Gefühlsbedürfnisse in den verschiedenen Altersstufen

Ich habe dabei allerdings nicht das allgemeine Abwechslungsbedürfnis der Menschen im Sinn, das immer und überall in einer gewissen Konkurrenz zu der Bindung an liebgewordene Gewohnheiten und vertraute Lebensumstände steht. Ich denke vielmehr daran, daß in verschiedenen Entwicklungsperioden des Menschen bestimmte Gefühlseinstellungen typisch sind, die sich normalerweise mit fortschreitendem Alter verändern und deren Wandel dann in langfristigen Partnerverbindungen die entsprechenden Gefühlskrisen heraufbeschwört.

Es gehört zur Charakteristik jüngerer Jahre, daß Anlehnungsbedürfnisse und Lernbereitschaft die Lebensform bestimmen. In der Berufsentwicklung machen sie Arbeitssituationen möglich, die Lehrlings- oder Assistentencharakter tragen. Das Arbeitsverhältnis eines Assistenten zu seinem Chef wird sicherlich nicht nur deshalb möglich, weil der eine über das größere Fachwissen verfügt als der andere. Das Anlehnungsbedürfnis des jüngeren dem älteren gegenüber prägt die persönliche Beziehung auch. Je älter ein Mann wird, um so mehr verblaßt diese Bereitschaft und um so weniger fühlt er sich geneigt, Anregungen, Direktiven oder Aufträge von anderen zu empfangen, um sie auszuführen. Er wünscht, selbständiger zu handeln oder sogar die Direktive für andere zu übernehmen. In jungen Jahren ist der innere Konflikt zwischen Anlehnungsbedürfnis und Oppositionshaltung normal, in vorgerücktem Alter hat er sich im allgemeinen zugunsten der selbständigen Lebensführung aufgelöst.

Mir scheint, wir sollten diesen Vorgang auch in seiner Bedeutung für Partnerbeziehungen würdigen. Soeben war uns das Stichwort einer Vater- und Mutterübertragung als Motiv zur Partnerwahl begegnet. Die Mutterübertragung des Mannes äußert sich häufig genug darin, daß er sich in jungen Jahren eine ältere, vielleicht sogar eine wesentlich ältere Partnerin sucht. Die neurosenpsychologische Beurteilung einer solchen Gefühlskonstellation ist dabei außerordentlich schwierig. Viele meiner Beobachtungen drängen mich zu der Auffassung, daß es für junge Männer (insbesondere für sensible und bewegtere Naturen) ein Übergangsstadium gibt, in dem sie mit der gleichaltrigen oder jüngeren Frau nicht sehr viel anzufangen wissen. Sie sehen sich auch noch nicht recht in der Lage, die vollverbindliche Verantwortlichkeit für ein anderes Leben zu übernehmen. Vom jungen Mann, der seine eigene Stellung in der Welt noch in vieler Hinsicht strukturieren muß, wird häufig das stabilere Selbstvertrauen einer älteren Frau gesucht und von ihr Anregung oder sogar Belehrung erwartet. Viele große Dichter haben uns in ihren Autobiographien solche Gefühlsverbindungen geschildert. Frau v. Stein bei Goethe, Frau Boye bei Nils Lyne oder die Judith von Gottfried Kellers Grünem Heinrich. Ich glaube nicht, daß man diese Gefühlseinstellungen von vornherein neurotisch nennen dürfte. Ich halte sie im Gegenteil für etwas sehr häufiges und ein in weiten Grenzen „normales“, wenn auch passageres *Durchgangsstadium* für den jungen Mann.

Manchmal führen solche Liebesverbindungen in naiver Verkennung der eigenen zukünftigen Entwicklung auch zur Ehe. Dies beschwört eine Ehekrise in dem Augenblick herauf, in dem der Mann mit zunehmender Klarheit über den eigenen möglichen Lebensstil Wünsche nach Führung und Verantwortung erlebt. Er ist dann aus der Anfangsverbindung herausgewachsen, die ihm zwar sicher Anregung, Belebung und Zuneigung vermittelt hat, die jedoch nicht geeignet war und nicht geeignet sein konnte, seine Bedürfnisse nach Überlegenheit und Dominanz zu befriedigen.

In diesem Entwicklungsstadium wird vom Mann die gleichaltrige oder etwas jüngere Partnerin gesucht und gewählt. Doch auch diese Gefühlseinstellung bleibt nicht unbedingt konstant. Mit fortscheitender Altersentwicklung jenseits der Vierzig, evtl. noch jenseits der Fünfzig stellt sich bei vielen Männern eine bevorzugte Hinwendung zu der sehr viel jüngeren Frau ein. Wir sind in gewissen Grenzen gewohnt, diese Reaktionsweisen beim Mann mit Hinblick auf den nachlassenden körperlichen Reiz seiner alternden Partnerin zu betrachten. Dies ist jedoch sicherlich nur die halbe Wahrheit. Die konfliktreiche Auseinandersetzung des Mannes mit seinem eigenen Alter und der nachlassenden sexuellen Potenz spielt hier mindestens eine ebensogroße Rolle. Unabhängig davon ist die Tendenz des alternden Mannes, eine Art Vaterrolle der sehr viel jüngeren Frau gegenüber einzunehmen, von starkem Gewicht. Auch diese Gefühlsveränderungen kann man kaum neurotisch nennen.

Für das psychiatrische Urteil entsteht freilich aus folgendem eine sehr eigentümliche Schwierigkeit: Die soeben beschriebenen Gefühlsverläufe bei Männern sollten, wie wir sagten, in weiten Grenzen normale Entwicklungsstadien sein. Es ist jedoch wichtig zu wissen, daß die korrespondierenden inneren Einstellungen bei der Frau oft *ganz anders* beurteilt werden müssen:

Bei der Frau nämlich, die eine Verbindung mit einem wesentlich jüngeren Mann eingeht, erhebt sich unbedingt und sofort der dringende Verdacht, daß bei ihr eine neurotische Reaktionsform im Spiel war. Eine Frau, die den jüngeren Mann wählt, dem sie nach Alterssituation, zugehöriger Weltkenntnis, Reife und Lebenserfahrung überlegen sein muß, ist mit Wahrscheinlichkeit neurotischer als ihr Partner. Vermutlich bringt sie in einer solchen Beziehung ihre Dominationswünsche unter und weicht zugleich ihren neurotischen Ängsten aus, die sie in der Auseinandersetzung mit dem überlegenen Mann entwickelt. Auf lange Sicht kommen solche Frauen allemal mit ihren Anlehnungsbedürfnissen doch in Konflikt, da ihnen die Möglichkeiten zur Lebensbewältigung, die der jüngere Mann zur Verfügung hat, niemals genügen.

Eine wichtige Einschränkung müssen wir freilich bei der Beurteilung von Liebesbeziehungen zwischen älterer Frau und jüngerem Mann machen: Wir haben in solchen Fällen um so mehr Grund zu der Annahme einer neurotischen Persönlichkeitsveränderung bei der Frau, je jünger sie ist. Das heißt also, daß eine 27Jährige, die sich mit einem 20- oder 22jährigen Partner verbindet, mit großer Wahrscheinlichkeit neurotischer ist als eine 37Jährige, die einen 30jährigen Mann wählt. Im Lebensjahrzehnt zwischen 40 und 50 können wir für die Frauen vielleicht sogar sagen, daß die soeben diskutierten neurotischen Probleme überhaupt nicht mehr im Spiel sind. Eher im Gegenteil. Wir werden sogleich darauf zurückkommen, warum in dieser Altersstufe für die Frau der etwas jüngere Partner normalerweise eher geeignet ist, ihre Wünsche und Bedürfnisse zu befriedigen.

Für weibliche Lebensentwicklungen gibt es nämlich analoge Lebensstadien, die ihrerseits die bevorzugte Einstellung auf bestimmte Partnerverbindungen mit sich bringen. Für das sehr junge Mädchen von 16 oder 17 Jahren ist ein gleichaltriger oder gar ein jüngerer Partner nicht immer eine ausreichend befriedigende Beziehungsperson. Verbindet sich ein junges Mädchen mit einem älteren Mann, kann man dies nicht unbedingt neurotisch nennen. Auch die Verbindung mit sehr wesentlich älteren Männern, die dann das Etikett der typischen Vaterübertragung bekommen, können passager als etwas „Normales" angesehen werden. Allerdings darf man sicher sein, daß die junge Frau, ähnlich wie der junge Mann, allmählich in eine Lebensform hineinwächst, in der Anlehnungsbedürfnisse zurücktreten und Selbständigkeitsimpulse an die Oberfläche kommen. Die Rolle als „Kind-Frau" büßt ihre befriedigenden Seiten ein und wird als Belastung empfunden. Eine spezifisch sexuelle Problematik tritt dann als Komplikation noch hinzu.

Und in diesem Zusammenhang wird die Kenntnis weiterer Unterschiede in der Entwicklung von Mann und Frau wichtig: Für den Mann gilt unbestritten, daß seine sexuellen Bedürfnisse in jungen Jahren ihren Gipfel haben und daß sich mit fortschreitendem Alter ein allmähliches Nachlassen der sexuellen Potenz einstellt. Es ist ein schwerwiegender Irrtum, wenn man annimmt, daß bei der Frau die Kurve sexueller Bedürftigkeit ähnlich verläuft. Viele psychiatrische Befunde sprechen dafür, daß die Angaben von Kinsey in bezug auf das sexuelle Erleben der Frauen in weiten Grenzen richtige Sachverhalte treffen. Demnach sind die sexuellen Bedürfnisse bei jungen Mädchen vergleichsweise gering. Sie entwickeln sich erst allmählich zu einer gewissen Intensität, um ihren Gipfel etwa in der zweiten Hälfte der 30, Anfang der 40 zu haben. Ob es sich bei diesem Phänomen um eine angeborene Naturkonstante handelt oder um eine kulturell oder sozial erworbene Reaktionsform, soll hier undiskutiert bleiben. Die Tatsache selbst scheint mir außer Zweifel. Viele Frauen durchleben den soeben geschilderten Verlauf ihrer sexuellen Bedürfnisse und dies bedeutet, daß die Verlaufskurven sexueller Bedürfnisse bei Mann und Frau nicht sehr gut miteinander korrespondieren, sofern wir die übrige günstige Abstimmung gegenseitiger Gefühlsbedürfnisse im Sinn haben. Wichtige Konsequenzen für die Liebesverbindung zwischen zwei Menschen müssen in diesem Zusammenhang bedacht werden:

Wie schon erwähnt, folgt das junge Mädchen dem gleichaltrigen oder etwas älteren Mann in seinen sexuellen Wünschen nur zum geringeren Teil deshalb, weil es eigene sexuelle Bedürfnisse befriedigen will. Die Befriedigung, die das Mädchen sucht und findet, liegt sehr viel mehr im Bereich der Zärtlichkeit und in dem Gefühl, begehrt und bewundert zu sein. Soweit ich sehen kann, ist diese geringere sexuelle Bedürftigkeit der sehr jungen Frau zu einem Teil der Grund dafür, daß die Beziehung zu wesentlich älteren, evtl. 50jährigen Männern eine Weile tragfähig bleibt. In Anbetracht seiner eigenen Gefühlsverfassung entbehrt das junge Mädchen im sexuellen Bereich zunächst nichts. Mit allmählich zunehmender sexueller Reaktionsfähigkeit der Frau und weiter abnehmender sexueller Potenz ihres zu alten Partners treten dann zu den übrigen zahlreichen Gefühlsschwierigkeiten noch jene Komplikationen hinzu, die aus der schlechten Korrespondenz sexueller Bedürfnisse entspringen.

Aber noch mehr! Auch für jene Frauen, die den sonst altersgemäßen Partner haben, tauchen in der zweiten Hälfte der Dreißig Probleme auf: Der Mann, der für sie in bezug auf allgemeine Gefühlsbedürfnisse, Lebenskenntnis, Welterfahrung, Überlegenheit usw. altersentsprechend wäre, ist der Mann in der zweiten Hälfte der Vierzig, evtl. Anfang Fünfzig. Dieser Mann ist dann jedoch nicht immer auch noch in sexueller Hinsicht ein ausreichend befriedigender Partner. Seine nachlassende Potenz steht der zunehmenden Bedürftigkeit der Frau gegenüber. Am ehesten würde für Frauen dieser Altersstufe der gleichaltrige Mann sowohl ihre sexuellen Bedürfnisse, wie auch ihre sonstigen Gefühlswünsche befriedigen können. Für den gleichaltrigen Mann (also den 35- bis 36jährigen) ist jedoch diese Frau rein äußerlich meist nicht anziehend genug. Er befindet sich gerade in jener Periode, in der er überwiegend die jüngere Partnerin sucht und besitzen will. Der Mann, den bei der älteren Frau Selbständigkeit, Lebenserfahrung und sexuelle Bereitschaft anziehen, ist meist noch einige Jahre jünger. Tatsächlich beobachten wir in der Auseinandersetzung zwischen den Geschlechtern gelegentlich intensive, gefühlsbewegte und leidenschaftliche sexuelle Partnerbeziehungen, die diese spezielle Gefühlskonstellation zum Hintergrund haben. Natürlich haben sie mit Hinblick auf die zu erwartende Entwicklung beider Beteiligten kaum Aussicht auf Bestand. Die Frau sieht sich eines Tages vor der Tatsache, daß ihre körperliche Anziehungskraft dem sehr viel jüngeren Mann gegenüber nicht mehr ausreicht und sie erlebt zugleich, daß der junge Mann für sie selbst hinsichtlich allgemein menschlicher Gemeinsamkeiten nicht genügend bietet.

Diese Altersproblematik der Frau ist viel diskutiert worden. Daß der Verlust der jugendlichen Anziehungskraft in den sogenannten „kritischen Jahren" schwer zu verarbeiten ist, ist keine Neuigkeit. Allerdings möchte ich glauben, daß das subjektive Leid, das der alternde Mann zu verarbeiten hat, den Schwierigkeiten bei der Frau nicht nachsteht. Vielleicht hat sogar die Altersproblematik des Mannes noch ernstere Gefühlsklippen. Dies aus folgendem Grund: Soweit ich sehen kann, hat eine Frau immer und nicht nur, wenn sie älter wird, die Möglichkeit, fehlende körperliche Anziehungskraft durch gefühlsmäßige Bindungen zu ersetzen und durch ihre Bereitschaft zu pflegerischen und fürsorgerischen Verhaltensweisen. Diese Möglichkeit steht ihr in jungen Jahren offen und sie bleibt auch in den höheren Altersstufen erhalten. Die menschliche Seite der Partnerbeziehung kommt dann mehr zum Tragen. Für den Mann liegt das etwas anders. Der häufigste Ausweg, den der alternde Mann benutzt, um eine junge Frau an sich zu fesseln, liegt in der Vermittlung von sozialem Rang, Ansehen und wirtschaftlicher Unterstützung. In diesen Fällen bleiben immer die allgemeinen Diskrepanzen zwischen dem älteren Mann und der sehr jungen Frau zu groß, als daß ein wirkliches Partnerschaftsgefühl aufkommen könnte. Sofern es sich nicht um eine sehr ausgeprägte Vater-Tochter-Beziehung handelt, spielt in mehr oder weniger verhüllter Form das wirtschaftliche Interesse der Frau in eine solche Beziehung mit hinein.

Ich bin keinen Augenblick darüber im Zweifel, daß es für einen Mann immer ein krisenhaftes Erleben ist, wenn er sich Zuneigung, Liebe oder Sexualität auf die eine oder andere Weise kaufen muß. Und diese Gefühlskrise geht tiefer, als wenn eine Frau es unternimmt, die Gefühlshaftigkeit der gegenseitigen Beziehung tiefer auszugestalten und auf die körperliche Partnerschaft allmählich zu verzichten. Der Zweifel am eigenen Selbstwert geht für den alternden Mann in diesen Fällen bei weitem tiefer, als es gleichsinnig für die Frau der Fall ist.

Nach dem bisher Gesagten verstehen wir also, daß es in der Beziehung zwischen Mann und Frau bestimmte entwicklungsgebundene Gefühlskrisen geben kann, die nicht mit neurotischen Problemen verwechselt werden dürfen.

Die verschiedenartige körperliche und seelische Entwicklung bei Mann und Frau bringt es mit sich, daß wir in den für die Dauer geschlossenen Verbindungen nicht immer in allen Altersstufen auf ausgeglichene und günstige gegenseitige Gefühlskorrespondenzen hoffen können. Wichtig ist für uns dabei, wie gesagt, die Erkenntnis, daß die hier auftauchenden möglichen Konflikte zwischen zwei Menschen nicht mit neurotischen Problemen verwechselt werden dürfen. Dieses spezielle Thema beschäftigt uns in dem jetzt kommenden Kapitel.

4. Typische neurotische Partnerbeziehungen

Es ist uns keine Neuigkeit mehr, daß jeder Mensch aus seiner Kindheit eine Fülle von erworbenen inneren Einstellungen in das Erwachsenenleben mit hineinnimmt. Jeder Bereich menschlichen Fühlens und Handelns hat eine lange lebensgeschichtliche Entwicklung hinter sich. Auch die Partnerwahl eines Menschen wird in diesem Sinne geformt und beeinflußt. Man sagt in sehr allgemeiner Formulierung, daß Mann und Frau in ihren späteren Partnern jene Züge suchen, die sie bei den *eigenen Eltern* kennengelernt haben und die ihnen vertraut geworden sind. Gibt es doch keine menschliche Entwicklung, in der nicht Vorerlebnisse aus Kindheit und Jugend wirksam wären. Auch der Gesunde sucht und liebt das Bekannte und Vertraute seiner Kinderjahre.

In der *neurotischen Verzerrung* sehen wir den erwachsenen Menschen auf der Suche nach jenen problematischen Gefühlskonstellationen, die seine Kindheit kennzeichneten. Neben dieser neurotischen Wiederholung des Früherlebten finden wir aber auch den oppositionellen Abwehrkampf und die bewußte Gegeneinstellung gegen das erlebte Elternbild. In der Fachsprache sagen wir dann, daß die krisenreiche Auseinandersetzung mit einem oder beiden Eltern zu einer *„antithetischen Idealbildung"* geführt habe, die sich später in der Partnerwahl so auswirkt, daß bewußt ein Menschentyp gesucht wird, dessen Eigenschaften dem früheren Elternbild entgegengesetzt sind.

Die junge Frau, die einen vagabundierenden, unsteten, zwar einfallsreichen, aber auch haltlosen Vater gehabt hat, sucht sich einen streng konservativen und bürgerlichen Mann unter dem Motto: „Ich wollte in der Ehe nicht so leiden, wie meine Mutter gelitten hat." Der Mann, der eine verschwenderische und unwirtschaftliche Mutter gehabt hat, sucht sich eine kleinbürgerliche sehr sparsame Hausfrau, die ihm das Hauswesen in Ordnung hält.

Für den Beobachter wäre die Diagnostik einfach, wenn neurotische Partnerverbindungen immer entweder nach dem einen oder nach dem anderen Muster zustande gekommen wären. Also entweder in der Suche oder in der Abwehr der Elternbilder. In Wahrheit durchmischen sich beide Züge nicht selten. Oft habe ich Frauen sagen hören: „Ich wollte unbedingt einen Mann haben, der nicht so tyrannisch ist wie mein Vater und nun habe ich mir, ohne es zu merken, genau den gleichen Typ eingehandelt." Oder ein Mann heiratet eine Frau, von der er hoffte, sie werde großzügiger sein als seine Mutter. Nach einigen Jahren entdeckt er jedoch, daß er sich ständig mit der gleichen kleinlichen Nörgelei auseinandersetzen muß, die ihm seine Mutter die Kindheit hindurch zugemutet hatte. In solchen Fällen hat der betreffende Mensch trotz seines gegensätzlichen Ideals nicht bemerkt, daß die Gefühlseinstellungen des gewählten Partners dem verwandt waren, was er von früh an kennengelernt hatte. Seine eigenen korrespondierenden Gefühlsreaktionen waren auf Gewohntes und Bekanntes gestoßen und er war dem Sog eingeschliffener Reaktionsweisen gefolgt.

Für jede Beurteilung neurotischer Partnerbeziehungen empfiehlt es sich, daß man folgenden sehr wesentlichen Unterschied in der Gefühlskonstellation der zwei Menschen aufzuspüren sucht: Es gibt Partnerbeziehungen, die ihren Beginn bestimmten neurotischen Grundeinstellungen beider Beteiligten verdanken und die im Verlauf der Entwicklung dann durch eben diese neurotischen Haltungen empfindlich *gestört* werden. Solche Beziehungen können dann eines Tages vielleicht sogar zur Auflösung kommen. Im Gegensatz hierzu stehen jene Partnerverbindungen, die zwar ebenfalls unter neurotischen Vorzeichen geschlossen wurden, bei denen später die Beziehung jedoch gerade mit Hinblick auf die gut ineinander passenden neurotischen Strukturen *zusammenhält.* Wir sehen dann zwei Menschen, die ihre Verbindung aufrechterhalten, obgleich sie sich offenkundig gegenseitig die gröbsten Schwierigkeiten bereiten. Sie agieren miteinander die berühmte *Folie à deux,* die Neurose zu Zweit, die sie vielleicht ein Leben hindurch nicht zur Lösung bringen können.

Im folgenden möchte ich nun meinen Lesern ein Bild von den typischsten Gefühlskonstellationen neurotischer Art vermitteln, die sich in der Praxis zu wiederholen pflegen. Es wäre dabei nicht sehr sinnvoll, wenn ich für die folgenden Beispiele auch immer die zugehörige biographische Vorgeschichte noch mit hinzufügen würde. Dies würde sicherlich zu weit führen. Wir machen uns nur noch grundsätzlich klar, daß zu der Auseinandersetzung mit den Elternfiguren noch die Vorerlebnisse mit den Geschwistern (älteren oder jüngeren Brüdern oder Schwestern) hinzukommen, daß Stiefeltern oder andere Verwandte vielfältigen Einfluß geübt haben können und daß die innere Ausrichtung auf den späteren Partner auch an anderen Personen der Kindheit erworben sein kann.

Hier also einige Beispiele:

Ein junges Mädchen ist in gefühlskarger Atmosphäre großgeworden, in der *Gemüt wenig, Leistung* alles galt. So hat sie Gefühlsbedürfnisse in weiten Grenzen verdrängt. In bezug auf Zuneigung, Liebe und wirkliche Gemeinsamkeit hat sie resigniert, jedoch die Vorstellung entwickelt, daß sie als Partnerin für einen Mann nur dann in Frage käme, wenn sie einen überdurchschnittlichen Einsatz an Fleiß und Arbeit böte. Dem entspricht der Charakter des Mannes, den sie gewählt hat: Er ist anspruchsvoll und gefühlsmäßig indifferent. Die Krise zwischen diesen beiden Menschen entwickelt sich, weil die Frau nicht von Natur, sondern aus neurotischen Gründen gefühlskarg und leistungsbesessen ist, so daß schließlich ihre verdrängten Bedürfnisse aus der Latenz zum Leben drängen. Die zu Beginn der Beziehung nicht bewußten Erwartungen in bezug auf Verständnis, Rücksichtnahme, vielleicht auch Fürsorge werden bei der Frau ständig enttäuscht. Zugleich ist ihr in Anbetracht ihrer neurotischen Vorgeschichte eine bewußte Verarbeitung dieser Enttäuschungserlebnisse nicht möglich.

Das Gegenstück zu dieser Entwicklungslinie, in der die Frau übertriebene Leistungswilligkeit anbietet und sich zunächst mit Gefühlskargheit zufrieden gibt, wäre jene andere Patientin, für die eine Liebesbeziehung nur denkbar ist, wenn sie vom Mann in betonter Weise „oralen", also *wirtschaftlichen Schutz* und *Fürsorge* erfährt. Sie bemerkt nicht, daß eine solche Konstellation fast immer von der Frau ein Stück weit die Preisgabe ihrer eigenen Selbständigkeitsbedürfnisse bedeutet. Die verdrängte eigenständige Aktivität läßt sie gerade die schützenden Lebensumstände suchen, um dann in Unruhe zu geraten, wenn ihre eigene latente Aktionslust zur Oberfläche drängt. Partnerbeziehungen vom Typ der *neurotischen Vaterübertragung* laufen häufig nach diesem Muster ab.

Für eine andere Frau ist es auf eigentümliche Weise zur Liebesbedingung geworden, daß Gewalttätigkeit und *Dramatisierung* der Verbindung das gemeinsame Erleben ausmacht. Immer erneut sucht und findet diese Frau den brutalen Partner, der sie quält. Hat sie ihn nach einer Weile wieder verlassen, weil ihr Brutalität und Roheit doch nicht tragbar schienen, dann bindet sie sich unweigerlich im „Wiederholungszwang" ein nächstes Mal an einen neuen Mann, dessen Struktur und Verhalten in ihre eigene pathologische Konstellation hineinpaßt.

Umgekehrt verhält sich jene Frau, für die *Abhängigkeit* und *Unterlegenheit des Mannes* jene Bedingung ist, die ihr allein eine Partnerschaft möglich macht. Ihre neurotischen Ängste hindern sie, einen Mann zu suchen, der Kraft und Stärke entwickelt. Frauen dieser Art können zwei- oder dreimal Ehen mit wesentlich jüngeren Partnern schließen und die Scheidung erfolgt allemal, weil die Frau rasch mit Ungeduld, Kritik und Abwehr auf jene Eigenschaften reagiert, die sie ursprünglich in die Verbindung hineingeführt haben. Die neurotische Ausgangskonstellation hat die beiden Menschen zusammengeführt, die gleichen Reaktionsformen stören die Verbindung dann bei längerer Dauer.

Eine andere Frau hat *Unverbindlichkeit* und *Distanz* als (ihr selbst meist unbemerkte) Vorbedingung für jeden Versuch einer Liebesbeziehung. Ihre eigenen latenten Wegläufertendenzen machen es ihr unmöglich, mit einem Mann eine Beziehung aufzunehmen, von dem sie erwarten darf, daß er ein dauerhafter Partner sein könnte. Solche Frauen suchen besonders häufig Verbindungen mit verheirateten Männern. Sie entwickeln auch Fernlieben mit Männern, die nicht mit ihnen am gleichen Ort wohnen und die als fliegende Holländer gelegentlich einmal auftauchen, um wieder zu verschwinden. Sofern es sich bei solchen Verbindungen wirklich um neurotische Konstellationen handelt, muß man die wahre Gefahr, die ihnen innewohnt, kennen: Ist den Frauen selbst nicht bewußt, daß sie im Grunde Distanz und Unverbindlichkeit suchen, dann können sie in tiefgehendem Selbstmißverständnis auf eine Legalisierung und Stabilisierung ihrer Verbindung drängen. Erreichen sie dies auch, heiraten sie möglicherweise den ursprünglich verheirateten und dann geschiedenen Mann, dann stellen sie bald mit Schrecken fest, daß die von ihnen selbst bewußt erstrebte, nun offizielle Verbindung nicht ertragen wird. Die leidenschaftliche Gefühlsaufwallung, die diese Frauen vielleicht im Anfang ihrer Liebe erlebt hatten, war nur möglich, weil die dauerhafte Gemeinsamkeit nicht als „Gefahr" am Horizont drohte.

Vom Mann her gesehen gibt es natürlich überall die analogen Gefühlskonstellationen. Er kann sich aus neurotischen Gründen die überaktive, überselbständige *„phallische" Frau* wählen, ohne zu bemerken, daß seine eigenen verdrängten Expansionswünsche im Hintergrund ihre zerstörerische Dynamik entfalten, wenn dieser Typ Frau im täglichen Miteinander ertragen werden soll.

Er kann auch (selbst sehr narzistisch mit ausgedehnter Verdrängung aller Gemütsbedürfnisse) einen extremen *ästhetischen Kult* mit seinen Partnerinnen treiben, um möglicherweise zu erkranken, wenn die fehlende Gemütswärme ihn in Entbehrungen führt, die nicht mehr tragbar erscheinen. Umgekehrt kann ein Mann als Konsequenz seiner *„Mutterübertragung"* von der Frau die schützende, führende und fürsorgliche Rolle erwarten. Der Preis, den er in solchen Verbindungen zu zahlen hat, ist im allgemeinen ein Verzicht auf Dominanz und Führung, der natürlich nicht immer durchgehalten werden kann.

Weiterhin kann sich ein Mann eine „masochistische" Partnerin gesucht haben, die sich jede *Demütigung* gefallen läßt und die von ihm täglich tyrannisiert und gequält wird. Das mangelnde Selbstbewußtsein dieser Frau und ihre Unfähigkeit, sich im Leben an irgendeiner Stelle durchzusetzen, produziert in ihm dann ein Gefühl der Vereinsamung, weil nur ein selbständiger Mensch wirklich ein Partner sein kann.

Gerade bei solchen, wie man sagt, „sadomasochistischen" Partnerverbindungen finden wir allerdings am häufigsten jene oben zitierte „Folie à deux", in der die betreffenden Partner so gut mit ihren neurotischen Gefühlsreaktionen *korrespondieren*, daß unaufhörlich verborgene Befriedigungserlebnisse entstehen, die von keinem anderen Menschen geboten werden können. Diese verborgenen neurotischen Befriedigungen sind es dann, die die beiden Partner fast untrennbar aneinander ketten, oft genug obgleich dramatischer Konfliktstoff offen zutage liegt.

So kann es zum Beispiel für einen Mann zur neurotischen Liebesbedingung gehören, daß er die Frau, mit der er es zu tun hat, immer wieder laut herabwürdigt, kritisiert und als minderwertig hinstellt. Es handelt sich bei ihm um einen neurotischen Abwehrmechanismus gegen ein als übermächtig erlebtes Frauen- und Mutterbild. Er hat eine Partnerin gefunden, für die es ihrerseits eine neurotische („masochistische") Befriedigungssituation darstellt, wenn man sie gewalttätig herabwürdigt, beschimpft und ihr Selbstgefühl verletzt und kränkt. Gezänk und lauter Streit erfüllen den Alltag dieser beiden Menschen. Keiner der Außenstehenden begreift, warum die beiden trotz unverhohlener Klage über die Unzulänglichkeit des anderen doch miteinander verbunden bleiben. Der Schlüssel zu diesem scheinbar unverständlichen Geheimnis liegt in der Existenz gut ineinanderpassender neurotischer Reaktionen, bei denen es dem Mann unmöglich ist, mit einer geachteten Partnerin zusammenzuleben und der Frau unvorstellbar, daß sie selbst geachtet wird.

Für einen anderen Mann gehört es zu unabweisbar intensiven Gefühlsbedürfnissen, daß die Frau, mit der er lebt, *Enttäuschungen,* die er ihr bereitet, hinnimmt oder sogar sucht. Eine ganze Kette von Partnerverbindungen war in seinem Leben im Vollzug des „Wiederholungszwanges" unter folgender Bedingung geschlossen und wieder gelöst worden: Mit einem ungewöhnlichen Angebot an Fürsorglichkeit und Zuneigung stimulierte dieser Mann im Beginn der Beziehung in der Frau zunächst die Erwartung, daß sie einem Mann begegnet sei, der (anders als andere) Dauerhaftigkeit, Tiefe des Gefühls, Schutz und Anteilnahme versprach. Dieses Angebot an Gefühl, das er machte, wurde von ihm immer gerade bis zu dem Augenblick durchgehalten, in dem die Frau wirklich vertrauensvoll an die bekundeten Bereitschaften zu glauben begann. In diesem Moment jedoch zog er sich allemal abrupt, heftig und unerwartet zurück. Reagierte die Partnerin nun ihrerseits mit einer Drosselung des Gefühls, so fing er wiederum an, zu werben, anzubieten und Hoffnungen zu erwecken. Dies, wie zuvor, nur bis zu jenem Augenblick, wo er Vertrauen und Erwartungen in dem anderen spürte, um nun sofort und mit Entschiedenheit den Kontakt abreißen zu lassen. Zahllose seiner Liebesverbindungen waren an dieser Reaktionsform gescheitert. Erst als er eine Frau fand, die ihrerseits aus neurotischen Gründen Zurückweisungserlebnisse suchte, entwickelte sich zwischen den beiden eine Konstellation von eigentümlicher Dauerhaftigkeit. Da die Frau in ihrer Kindheit von ihrem Vater nichts anderes erlebt hatte als plötzliche, heftige und durchbruchsartige Gefühlszuwendungen mit abrupten Kontaktabrissen und Enttäuschungen, fügten sich ihre Erwartungen und neurotischen Reaktionsformen so passend in die des Mannes, daß beide trotz der heftigen Enttäuschungserlebnisse, die sie miteinander durchzumachen hatten, doch über viele Jahre hinweg zusammenblieben.

Im übrigen wollen wir bei der Aufzählung von typischen Gefühlskonstellationen das berühmte *„homosexuelle Triangel"* nicht vergessen. Diese Dreiecksverbindungen sind ja bekanntlich nicht nach dem Muster gestaltet, daß die Beziehung zwischen zwei Menschen durch einen Dritten gestört und aufgelöst wird. Im neurotischen Triangel existieren zwischen drei Partnern intensive Gefühlsverbindungen, die eine eigentümliche Balance schaffen. Latente oder sogar manifeste homosexuelle Bereitschaften zwischen den beiden Männern binden diese aneinander und sie teilen sich gewissermaßen in die Frau, weil sie sowieso die voll verbindliche Auseinandersetzung mit der Frau abwehren. Die Frau ihrerseits korrespondiert mit diesen halbverbindlichen Einstellungen ihrer Partner, indem sie sowohl mit dem einen wie mit dem anderen eine intime Beziehung unterhält, jedoch ihrerseits im Grunde auf keinen innerlich voll eingestellt ist. Unter den Dreiecksbeziehungen mit dieser Gefühlsstruktur sind im übrigen die Konstellationen „zwei Männer und eine Frau" etwas bekannter geworden als die wohl kaum seltenere Konstellation „zwei Frauen und ein Mann".

Natürlich haben wir mit dieser skizzenhaften Darstellung typischer neurotischer Partnerkonstellationen das gesamte Thema nicht wirklich ausgeschöpft. Es ist klar, daß die Beziehung zwischen zwei Menschen durch eine Fülle weiterer spezifisch neurotischer Verhaltensweisen gestört und irritiert werden kann, ohne daß diese neurotischen Verhaltensweisen bereits in unseren bisherigen Ausführungen Erwähnung gefunden hätten. Wir müssen uns leider auch zu diesem Thema mit einigen kurzen Hinweisen begnügen.

Stärkste Gefühlskrisen werden zwischen zwei Menschen allemal dann heraufbeschworen, wenn der eine mit Hilfe neurotischer *Projektionen* dem anderen Gefühle und Reaktionen zuschreibt, die dieser nicht besitzt. Es ist klar, daß jede neurotische Erwartung den Partner, der nichts von ihr weiß, stark verwirren muß, da er es nur mit den ihm unverständlichen Verhaltensweisen des anderen zu tun hat. Durchbruchsreaktionen unvermuteter Art spielen die gleiche Rolle. Die Bedeutung komplizierter neurotischer Motivationen hinter einem bestimmten Verhalten verstehen wir vielleicht mit Rückgriff auf frühere Kapitel, wenn wir uns an die Ausführungen über neurotisches Schenken erinnern. Ein neurotischer Werbungsakt zwischen zwei Partnern kann nach folgendem Muster ablaufen: Frauen mit starker Unsicherheit im Selbstwertgefühl neigen dazu, den Mann, den sie lieben, mit einem haltungsmäßigen Angebot an Bereitwilligkeit sehr lange zu ermuntern. Sie glauben nicht daran, daß ein Mann sich ihnen spontan um ihrer selbst willen zuwenden könnte, wenn sie selbst in der Reserve bleiben. So kommt es, daß der Mann in naiver Verkennung der Sachlage der Ermunterung der Frau nachgibt. Die Frau ist es ursprünglich gewesen, die den Mann eingeladen hat, die Beziehung mit ihr einzugehen. Dies jedoch rächt sich im subjektiven Erleben der Frau sehr bald. Unklar lebt in ihr die Einsicht, daß sie im Grunde doch begehrt, bewundert und erobert sein wollte und daß sie in der von ihr aktiv hergestellten Beziehung gerade dieses Verhalten des Mannes sehr vermißt. Nicht ganz mit Unrecht fühlt sie, daß sie dem Mann vielleicht nicht so viel bedeutet, wie er ihr. So zieht sie sich (für den Partner unvermutet und unverständlich) plötzlich, abrupt und brüsk zurück. Ehe sie darauf wartet, daß der Mann sie verläßt, will sie es selber tun. Ihre neurotische Unsicherheit treibt sie jedoch bei der nächsten Verbindung wieder zu der gleichen einladenden Ermunterung dem Mann gegenüber, da sie auf spontane Zuneigung doch nicht hofft.

Es würde, wie gesagt, viel zu weit führen, wenn wir die Vielfalt neurotischer Verhaltensweisen zwischen zwei Menschen im einzelnen beschreiben würden. Müssen wir doch, wenigstens in Kürze, die spezifischeren Komplikationen beschreiben, die speziell im sexuellen Erleben zwischen zwei Menschen auftauchen können.

5. Spezielle Sexualproblematik

In der ärztlichen Praxis geschieht es nicht selten, daß zwei Eheleute wegen isolierter sexueller Schwierigkeiten um Rat fragen. Selten wissen die Beteiligten dabei, daß ein vielschichtiges Gefühlsproblem die mitgeteilte Symptomatik unterhält. Leider muß man wohl sagen, daß die Mehrzahl der Ärzte außerstande ist, zu unterscheiden, ob sie es einfach mit der Folge von Unkenntnis und Unerfahrenheit zu tun haben, oder ob sie sich sehr spezifisch um die affektive Konstellation zwischen den beiden Partnern zu kümmern hätten. Häufig wissen sie nicht einmal, nach welchen physischen Phänomenen sie zusätzlich zu forschen hätten, um den richtigen Überblick zu erhalten. Wir skizzieren daher die wichtigsten grundlegenden Kenntnisse, die für das ärztliche Urteil vonnöten sind:

Bei der Frau finden wir als die häufigsten Komplikationen in sexueller Hinsicht die sogenannte *Frigidität* und den *Vaginismus.* Beim Mann werden *Ejaculatio praecox* genannt, sowie *Impotenz* oder *partielle Potenzschwäche.* Eine etwas seltenere Störung ist beim Mann jener eigentümliche (und subjektiv sehr quälende) Erregungsablauf, den man als *impotentia satisfactionis* zu bezeichnen pflegt. Hier handelt es sich darum, daß die biologischen Funktionen rein äußerlich mit Erektion und Ejakulation ablaufen, ohne daß sie von sexuellen Empfindungen begleitet wären, geschweige denn daß es zu einem befriedigenden Orgasmuserleben kommt. Bei beiden Geschlechtern gibt es dann noch sogenannte *Perversionen.* Den Begriff der Perversion sollte man nicht zu weit fassen. Bei vielen Menschen steigert sich die sexuelle Erregung durch Erlebniseindrücke oder auch durch Phantasien, die nicht von dem heterosexuellen Partner ausgehen. Von einer Perversion sollte man jedoch erst dann sprechen, wenn die sexuelle Erregung oder gar der Orgasmus selbst unabdingbar an bestimmte Erlebnisse *fixiert* ist und auf anderem Weg nicht oder nur unvollkommen ausgelöst werden kann.

Jede der genannten Störungen bietet ihre individuellen Probleme. Die Frigidität der Frau verlangt als erstes eine Reihe von differentialdiagnostischen Unterscheidungen. Dieser Begriff ist nämlich zu einem Sammeltopf sehr verschiedenartiger biologischer und psychologischer Phänomene geworden. Es scheint, daß besonders psychoanalytische Publikationen viel zu der stillschweigenden Hypothese beigetragen haben, daß man immer dann bei einer Frau von Frigidität sprechen müsse, wenn beim Sexualakt der Orgasmus ausbleibt. Diese Hypothese ist jedoch sicher falsch. Ein kurzer biologisch-psychologischer Exkurs soll das erläutern:

Es ist bekannt (Kinsey hat nochmals darauf hingewiesen), daß Frauen bei der Onanie in der Regel nur wenige Minuten brauchen, bis der Orgasmus eintritt, während diese Zeitspanne in der heterosexuellen Beziehung für die Frau (auch für die voll orgasmusfähige Frau) bei weitem größer ist. Sofern man den Sexualakt des Menschen zu den wenigen echten Instinktvorgängen rechnet, müßte man sich demnach mit der Tatsache auseinandersetzen, daß (wenigstens mit Hinblick auf den Orgasmus) der heterosexuelle Partner und dessen Verhalten für die Frau nicht das mögliche Reizoptimum bietet.

Analoge Vorgänge sind im Bereich des instinktiven Verhaltens der Tiere keine Seltenheit. Lorenz hat den Begriff der „supranormalen Auslösemechanismen" geprägt, als er Entsprechendes beobachtete. In seiner Anwendung auf die Humanpsychologie spricht er mit einem gewissen Humor davon, daß etwa das „Pin-up-girl" eine Summation von Reizen in sich vereinige, die die „normale" oder durchschnittliche Frau dem Mann nicht bietet. Und er spricht auch davon, daß unsere Kochkunst unaufhörlich damit beschäftigt sei, diese supranormalen Auslösemechanismen herzustellen, ohne daß uns diese Reizauslöser biologisch wirklich nützten.

Wie dem auch immer sei, sicher ist wohl, daß das Sexualverhalten des Mannes zunächst darauf eingestellt sein muß, daß bei ihm selbst das Reizoptimum eintritt und daß ein solches Verhalten nicht unbedingt ein gleiches Reizoptimum für die Frau schafft. Außerdem müssen wir uns daran erinnern, daß die primäre sexuelle Bedürftigkeit der Frauen — sofern man ihre spontane Onanie in Abstinenzperioden betrachtet — etwa um ein Drittel niedriger liegt als die spontane sexuelle Bedürftigkeit der Männer.

Aus dem Gesagten folgt, daß wir das Ausbleiben des Orgasmus bei der Frau nicht mit der Existenz einer Frigidität identisch setzen dürfen. Dies muß man insofern wissen, als es inzwischen nicht wenige Frauen gibt, die den seltenen Orgasmus bei sich als eine persönliche Insuffizienz empfinden und die unter dieser Insuffizienz bei weitem mehr leiden als unter der Frigidität als solcher. Außerdem gibt es auch bei den Männern diesbezügliche Fehlvorstellungen. Sie sind beunruhigt oder auch enttäuscht und wollen, daß auch die Frau „etwas davon habe", wie es dann formuliert wird. Diese Männer beklagen sich nicht darüber, daß ihre Frauen unbeteiligt oder abweisend beim Sexualakt seien, sondern sie haben eine theoretische Vorstellung davon, unter welchen Bedingungen der Sexualakt allein für die Frau befriedigend sein könne. Ich habe gar nicht so wenige Ehepaare gesprochen, die sich die Freude am sexuellen Beieinandersein völlig verdorben hatten, weil für sie der Orgasmus der Frau eine Art von „Leistungsproblem" geworden war.

Wir kümmern uns dabei im Augenblick nur um das Erleben jener Frauen, die ihrem Partner innerlich zugewandt sind und ihn gern haben. Man kann von einer Frau nicht erwarten, daß sie mit jedem Mann sexuell erlebnisfähig ist. Primitivität und Ungeschick auf seiten des Mannes sind natürlich auch von der Frau nicht zu kompensieren.

Diese Situationen, die wir bisher beschrieben haben, haben mit Frigidität nichts zu tun. Bei der Frigidität unterstellen wir, daß eine halbbewußte oder unbewußte Abwehr gegen den Mann im Spiele sei. Von einer neurotischen Frigidität dürfen wir allerdings dann nicht sprechen, wenn eine *reaktive Sexualabwehr* bei der Frau vorliegt, die lediglich in einer Schwangerschaftsfurcht ihren Ursprung hat. Dieses Problem hat man oft genug mit jenen Frauen zu besprechen, die bereits mehrere rasch aufeinanderfolgende Schwangerschaften durchgemacht haben und die sich nicht in der Lage sehen, ein nächstes Kind zu bekommen, obgleich sie mit ihrem Partner zu keiner sachgemäßen Vereinbarung über Schwangerschaftsverhütung gelangen können. Oder diese Frauen haben sich bereits mehrfach dem Verlangen ihres Mannes gefügt und einen Abort durchführen lassen und sehen der Wiederholung dieser Maßnahme mit Grauen entgegen. Vielleicht wurden schwangerschaftsverhütende Maßnahmen aus konfessionellen Gründen abgelehnt. Oder der Mann lehnte die Verwendung eines Schutzmittels ab, weil ihm dies die eigentliche sexuelle Befriedigung raube, chemische Mittel wurden von der Frau schon benutzt und haben ebenso wie die Befolgung der Knaus-Oginowschen Regel schon zum Mißerfolg geführt.

Diese reaktive Sexualabwehr bei an sich voll erlebnisfähigen Frauen ist natürlich etwas ganz anderes als die echte Frigidität, bei der wir im übrigen phänomenologisch zwei sehr verschiedene Formen voneinander trennen: Es gibt eine Form der Frigidität, die hauptsächlich durch das Fehlen eigener sexueller Empfindungen charakterisiert ist. Diese Frauen stehen dem Empfinden und Reagieren ihrer Männer zwar meist sehr verständnislos gegenüber, sie bieten auch keine richtige Korrespondenz der Zärtlichkeit, aber sie sehen sich doch auch nicht eigentlich gehindert, den Sexualakt zuzulassen. Sehr viel schwierigere und kompliziertere Situationen stellen sich bei jener Form der Frigidität ein, bei der die Frau im Beginn eine heftige Erregungssteigerung erlebt, während dann der Orgasmus ausbleibt. Diese Frauen fühlen sich im allgemeinen sehr bald von den sexuellen Wünschen ihres Mannes gequält und kommen über kurz oder lang zu heftigster Abwehr. Sofern nicht auf der Seite des Mannes großes sexuelles Ungeschick im Spiel war (oder auch eine Ejaculatio praecox), muß man bei der Frau allemal mit starken neurotischen Abwehrimpulsen rechnen. Sehr häufig finden wir diese Zustände bei jenen Frauen, bei denen verdrängte Selbständigkeitsimpulse oder Aktionsbedürfnisse im Spiel sind, die die Bereitwilligkeit zur Hingabe durchkreuzen.

Noch anders liegt die Situation bei jenen Frauen, die auf jede Form des körperlichen Kontaktes mit dem Mann mit Angst oder gar mit Ekel reagieren. Diese Frauen sind nicht einmal mehr imstande, in ihrer Unbeteiligtheit doch noch nachgebend zu sein. Im Gespräch mit ihnen muß man berücksichtigen, daß sie meist keinerlei erlebnishafte Vorstellung von dem haben, was eine sexuelle Erregung sein soll, so daß sie sich auch in die Gefühlslage eines Mannes kaum hineinversetzen können.

Ich hoffe, es ist mit dem Bisherigen deutlich geworden, wie nötig der beratende Arzt bestimmte Kenntnisse braucht, wenn er mit seinen klärenden Rückfragen bereits die erste Hilfestellung für seine Patientin gibt. In einem Teil der Fälle reichen wirklich formale Beratung, vielleicht Trost und Zuspruch. Bei der tief verankerten neurotischen Frigidität wird man ohne analytische Therapie nicht auskommen. Dies letztere gilt unbedingt auch für den Vaginismus der Frau. Bei diesen Frauen sind im allgemeinen die Abwehrhaltungen gegen den Mann sehr tief verankert und schaffen die ernstesten Komplikationen, da ja der Frau nicht einmal ein passageres Dulden des Sexualaktes möglich ist.

Bei den Sexualstörungen der Männer ist es in der Regel nur die Ejaculatio praecox, die unter bestimmten Bedingungen durch einfache Beratung und Aufklärung beseitigt werden kann. Sowohl die Impotenz wie der Sexualvorgang ohne Sexualerregung zeigen sich nur der analytischen Therapie zugänglich.

Die Ejaculatio praecox kommt in einem Teil der Fälle nach einem verhältnismäßig einfachen psychischen Schema zustande. Sofern die zugehörige Persönlichkeitsstruktur des Mannes nicht allzu schwere Veränderungen aufweist, kann man in einer Kurzformel folgendes sagen: Männer, die diese Störung aufweisen, sind mit ihren eigenen Körperreaktionen so wenig vertraut, daß sie die ersten Signale sexueller Erregung nicht bemerken. Sie warten meist über die angemessene Zeit hinaus, bis sie sich bei ihrer Partnerin zu einer entsprechenden sexuellen Annäherung entschließen. Dies tun sie dann schließlich bereits im Zustand sexueller Übererregung und Überreizung, so daß es zur vorzeitigen Ejaculation kommt. Bekannt ist ja das weitgehend physiologische Phänomen, daß nach langer Abstinenzperiode beim Mann unter Umständen eine Praecox auftritt, die dann, wenn der Sexualakt kurz danach noch einmal wiederholt wird, beim zweitenmal in normaler Form abläuft. Es folgt daraus, daß man unter Umständen jenen Männern, die mit einer gewissen allgemeinen Sexualscheu oder Ängstlichkeit ihre Partnerbeziehungen beginnen, einfach diesen Tatbestand mitteilt. Man fordert sie auf, sich selbst ein wenig besser zu beobachten und den Umgang mit der Partnerin so zu gestalten, daß die sexuelle Vereinigung nicht erst viel zu spät versucht wird. Eine solche Ermunterung fruchtet natürlich gar nicht, wenn es sich um Männer handelt, bei denen sehr ausgedehnte und tief eingeschliffene neurotische Ängste vor der Frau im Spiel sind, so daß sie mit einer einfach gehaltenen Ermunterung und Beschreibung des Vorganges nichts anfangen können. Hier bleibt der Differentialdiagnose des Psychiaters die Entscheidung vorbehalten, wie tief die Persönlichkeitsveränderung des Patienten geht, der die Praecox als ein Symptom mitteilt.

Das Problem der Impotenz beim Mann liegt im allgemeinen ebenso kompliziert wie das Problem des Vaginismus bei der Frau. Wie wollen es hier nicht näher diskutieren. Was den Sexualvorgang beim Mann angeht, der ohne Orgasmus und Befriedigungserlebnis zum Abschluß kommt, so kann man seine psychologische Seite in eine Kurzformel fassen. Leider kann man nicht, wie bei der Ejaculatio praecox, aus dieser Kurzformel auch in einzelnen Fällen wirksame Ratschläge ableiten. Männer mit dieser Sexualstörung interpretieren die Frau in der Regel als ein sehr anspruchsvolles Wesen und sie interpretieren die Erwartungen der Frau gleichzeitig in sehr spezifischer Weise sexuell. Der Sexualvorgang wird für den Mann damit zu einer gefügig erfüllten *Verpflichtung*, bei der dann aus neurotischer Angst der vermeintlich vorliegende Anspruch zwar erfüllt wird, während sich die Abwehr gegen die Frau in der Abschaltung der sexuellen Erregung durchsetzt. Es ist wohl klar, daß eine so verwickelte psychologische Konstellation kaum mit direktem Rat oder direkter Ermunterung aufgelöst werden kann.

Widmen wir noch ein kurzes Wort dem Problem der Perversionen. Die Fülle der Erscheinungen macht eine systematisierte Abhandlung freilich unmöglich. Wir bezeichnen als Perversion, wenn der sexuelle Impuls auf das gleiche Geschlecht gerichtet ist oder wenn er sehr kleinen Kindern gilt. Wir bezeichnen jede Form fetischistischer Neigung als Perversion und wir beobachten, daß Tiere als Ersatzobjekt für die sexuelle Erregung fungieren können. Demnach braucht manche Perversion keinen zweiten Menschen. Andere Perversionen wiederum erwarten, daß der Partner zu einem bestimmten Verhalten bereit ist. Hier darf die sadomasochistische Perversion wohl als das häufigste Phänomen gelten. Partner, die durch die Befriedigung beiderseitiger perverser Neigungen aneinander gebunden sind, können meist ebenso schwer miteinander wie ohne einander leben. Sind sie verheiratet, hat man sie als Eltern von erkrankten Kindern zu beraten, so gewinnt man ein Bild über die schweren affektiven Verwicklungen, die die Familienatmosphäre beherrschen müssen.

Perverses Erleben und Verhalten wird dem Arzt nur selten und meist erst sehr spät mitgeteilt. Am sorgfältigsten freilich werden jene Reaktionen verborgen, die sich während des Sexualaktes lediglich in der Phantasie abspielen. Häufig hat der Partner von den sexuellen Phantasien des anderen keine Ahnung. Bei rein äußerlich quasi normal vollzogenem Sexualakt kommt der eine der beiden nur dann zur sexuellen Auslösung, wenn er sich aktiv bestimmte Phantasien heraufruft.

Häufig sind Schlagephantasien als besondere Variante der sadomasochistischen Perversion. Die Produktion obszöner Phantasien oder die Tendenz, während der sexuellen Vereinigung in Vulgärausdrücken zu denken oder zu sprechen, ist ebenfalls nicht selten. Frauen berichten gelegentlich, daß sie nur dann zum Orgasmus kommen, wenn sie sich vorstellen, daß ihr Mann mit einer anderen Frau Sexualverkehr hat und sie diesem Sexualakt zuschauen. Oder sie phantasieren sich, daß sie gleichzeitig mit mehreren Partnern Verkehr haben. Männer haben analoge Phantasien. Diese Patienten verbergen ihre innere Situation meist mit viel Beschämung auch vor dem Arzt. Um so größer ist dann die Erleichterung, wenn der Berater richtig erahnt, welche Schwierigkeiten seinen Patienten quälen und wenn es ihm gelingt, ihn zum Sprechen zu bringen.

Es bleibt jedoch bei dieser speziellen Variante der Sexualstörungen immer zu bedenken, daß wir die passagere und flüchtige Erscheinung sorgfältig von der Fixierung an den abwegigen Vorgang unterscheiden sollten, selbst wenn die Inhalte der Phantasien das eine und das andere Mal identisch sind. Unbedingt aber muß man wissen, daß alle soeben geschilderten Phänomene bereits in sehr jugendlichem Alter zu beobachten sind. Schwere sadomasochistische Perversionen manifestieren sich bereits im Alter von 14 oder 15 Jahren, vielleicht noch früher. Ganz zu schweigen von den ersten auftauchenden homosexuellen Problemen oder pathologischen Onanie-Phantasien. Kommt man mit jungen Menschen über dieses Thema ins Gespräch, dann hat man den ersten wichtigen therapeutischen Schritt schon damit getan, daß man dem Betreffenden mitteilt, daß er mit seiner Problematik nicht der einzige in der Welt ist und daß es ärztliche Möglichkeiten gibt, hier hilfreich einzugreifen.

Weitere spezifische Sexualprobleme, die im Umgang mit Jugendlichen eine Rolle spielen, wollen wir nicht unerwähnt lassen. Männliche Jugendliche quälen sich (wie wohl weitläufig bekannt ist) häufig unnötigerweise mit Onanie-Schuldgefühlen und den von der Umwelt gezüchteten Vorstellungen, daß Krankheiten, insbesondere Geisteskrankheiten, die Folge masturbatorischer Betätigung sein könnten. Eng zugehörig ist die ebenfalls nicht ganz seltene Vorstellung, daß frühe sexuelle Betätigung einen bleibenden Substanzverlust mit sich brächte. Substanzverlustängste junger Menschen in der Vorstellung, daß nur eine bestimmte Zahl von Sexualakten für den Mann möglich sei, sind nicht selten Gegenstand beruhigender und tröstender Gespräche, die der Psychiater zu führen hat. Ein weiteres Problem in der Einstellung junger Männer zum eigenen Geschlecht findet sich in den (gelegentlich grüblerisch den Tag ausfüllenden) Besorgnissen, daß das eigene Genitale zu klein geraten sein könnte und nicht ausreiche, um die Erwartungen einer Frau zu befriedigen. Auch hier kann der Arzt schon allein dadurch viel helfen, daß er solche grübelnden Besorgnisse errät und formuliert, bevor sie spontan ausgesprochen wurden und er den betreffenden Patienten darüber tröstet, daß die Befriedigung der Frau nicht unbedingt von der Stärke des Genitale abhängig sei.

Die korrespondierenden Probleme des Mädchens, das sich mit der eigenen weiblichen Körperbildung auseinandersetzt, liegen natürlich anders. Der Junge zweifelt gegebenenfalls an seiner eigenen sexuellen Potenz und Leistungsfähigkeit. Für das Mädchen ist das analoge Problem sehr viel mehr mit den sekundären Geschlechtsmerkmalen und seiner körperlichen Anziehungskraft verknüpft. Grübelnde Phantasien des Mädchens beziehen sich sehr viel seltener auf ihre genitale Bildung, sondern in der überwiegenden Zahl der Fälle auf die Bildung der Brust. Typisch bei der „Magersuchtsproblematik“ ist die Abwehr gegen volle weibliche Formen. Typisch kann aber andererseits auch die Unzufriedenheit des Mädchens mit ihrer Figur sein, die ihr vielleicht nicht weiblich genug entwickelt erscheint.

Es ist klar, daß diese grüblerischen und selbstquälerischen Auseinandersetzungen junger Menschen mit der eigenen Geschlechtsrolle die ersten Signale für spätere Komplikationen in allen Liebesverbindungen sind. Sie können leicht auch noch in die später geschlossene Ehe hineinspielen, obgleich natürlich die Schwierigkeiten und Probleme einer Ehe noch ganz andere Fragen aufwerfen, als wir unter dem Aspekt dieses Kapitels diskutieren konnten. Die noch ausstehenden Teile dieser Problematik sollen uns im folgenden Abschnitt beschäftigen.

V. Familienleben

Das Phänomen der Familie beschäftigt die Soziologen und die Psychiater in gleicher Weise. Meine Leser sollen in diesem Kapitel eine gewisse Übersicht über jene neurosenpsychologischen Fragestellungen finden, denen man nachspüren muß, wenn man die affektive Konstellation einer Familiengruppe verstehen will. Es ist für den Psychiater jedoch sehr nützlich, wenn er sich zuvor, wenigstens im rohen Überblick, mit jenen Grundpositionen vertraut macht, die die Familiensoziologie herausgearbeitet hat. Demzufolge wird dieses Kapitel in zwei Teile zerfallen. Ich werde unterscheiden:

1. Einige Auffassungen der Soziologie über die Familie.
2. Die Familienkonstellation unter psychiatrischen Aspekten.

1. Einige Auffassungen der Soziologie über die Familie

Die Soziologen haben zum Problem der Familie eine recht umfangreiche Literatur geschaffen. Im deutschsprachigen Raum begegnen wir den Namen Bally, René König, Schelsky u.a. Die meisten Autoren unterscheiden bei ihren Untersuchungen zunächst einmal die Familie in ihrer Bedeutung für die gesamte Gesellschaft, also als ein *generelles soziales Phänomen.* Davon abgetrennt werden jene Regeln und Vorgänge, die das *individuelle Leben* einer familiären Gruppe charakterisieren. Zunächst einmal geht man davon aus, daß bei einer Familien*gründung* ein „rechtlich geregelter zweigeschlechtlicher Lebensverband" geschaffen werde. Die Ehe sei eine Grundeinrichtung der menschlichen Gesellschaft. Es gehöre zu ihren wichtigsten Eigenschaften, daß die Einstellung und Anteilnahme des umgebenden Kollektivs an diesem Lebensverband eine zentrale Rolle spielt. Für die Institution der Ehe sei es charakteristisch, daß mit ihr unter öffentlicher Anerkennung der Gemeinschaft eine bestimmte rechtliche Regelung für das Zusammenleben zweier Partner gewählt wird. Insofern hebt sich also die Ehe vom Zusammenleben zweier Menschen im Rahmen einer losen Liebesverbindung (aus der durchaus Kinder hervorgegangen sein können) deutlich ab.

Die Anteilnahme der umgebenden sozialen Gruppe am Eheleben zweier Menschen verstärkt sich meist noch dadurch, daß schon die *Wahl* des Ehepartners von den bestehenden Familienverbänden der beiden Beteiligten mit starkem Interesse begleitet wurde. In mehr oder minder starkem Ausmaß pflegen die bereits existierenden Familien ihren Einfluß (unter Umständen ihren juristischen Einfluß) auf die neue Familiengründung auszuüben.

Zweifellos haben die Soziologen recht, wenn sie die Wichtigkeit dieser Vorgänge in vollem Ausmaß würdigen. Mehr als sich die Beteiligten vielleicht im einzelnen immer klarmachen, spielt in ihrem Erleben das Bewußtsein eine Rolle, daß ihre Gemeinschaft gesellschaftlich anerkannt wurde.

Die Soziologie befaßt sich im Rahmen ihrer Untersuchungen natürlich ausgedehnt mit den verschiedenartigen Erscheinungsbildern des Familienlebens in Vergangenheit und Gegenwart. Im allgemeinen unterscheidet man gern zwischen sogenannten Großfamilien und Kleinfamilien. Man beschreibt in diesem Zusammenhang, welche Familienmitglieder (insbesondere welche Generationen) in den verschiedenen Gesellschaftssystemen zu einer Familie rechtlich oder in tatsächlichem Zusammenleben gerechnet werden. Man beschreibt, in welchem Ausmaß eine Familie gleichzeitig eine *Arbeitsgruppe* ist mit der zugehörigen Verteilung von Pflichten, Rechten und Verantwortung. Man untersucht dann weiterhin, wie in den verschiedenen Gesellschaftsordnungen Mann und Frau zueinander finden können. Das heißt, man beobachtet die Form von Verlobung, Werbung, evtl. Kauf mit den zugehörigen Formen der aufgestellten Eheverträge, den bestehenden Scheidungsmöglichkeiten usw. In der Regel befaßt man sich dann auch sorgfältig mit der rechtlichen Stellung, die die Frau vor oder nach der Eheschließung genießt. Ebenso mit der Stellung der geschiedenen, nicht wieder verheirateten Frau.

Unter historisch-politischen Gesichtspunkten interessiert man sich dann etwa noch für den politischen Einfluß aristokratischer oder industrieller Großfamilien und hebt von deren Leben wiederum die ganz andersartige innere Struktur ländlicher oder bäuerlicher Großfamilien ab.

Für unseren gegenwärtigen Kulturkreis wird nun sehr gern formuliert, daß wir uns im Augenblick vor der „Zweigenerationenfamilie auf Zeit“ sehen. Damit ist folgendes gemeint: Der häufigste Familientypus, den wir heutzutage im europäischen Raum vorfinden, ist so strukturiert, daß zwei Eltern mit ihren Kindern eine Familiengruppe bilden. Von diesem Familienverband erwarten von vornherein alle, daß er sich eines Tages von allein auflösen werde. Die Auflösung erfolgt entweder mit der beruflichen Verselbständigung der Kinder oder mit deren eigener Familiengründung. Man erwartet also nicht (wie es in anderen Gesellschaftssystemen üblich war oder ist), daß etwa die Söhne in ihrer ursprünglichen Familie bleiben und mit den Eltern gemeinsam eine Großfamilie bilden, die durch die hinzukommenden Schwiegertöchter als Familiengruppe erweitert wird. Im Gegenteil, man hat weitgehend die Vorstellung, daß das verlängerte Zusammenleben verschiedener Generationen eher ungünstig auf die Beteiligten wirke und zu unnötigen Komplikationen Anlaß gäbe.

Im gleichen Zusammenhang wird von den Soziologen darauf hingewiesen, daß wir in unserem Kulturkreis eine zunehmende „Individualisierung der Ehe“ zu verzeichnen haben. Das heißt, wir finden eine immer stärkere Tendenz der einzelnen Beteiligten vor, sich in Familiengründung und späterem eigenen Familienleben unabhängig von den früheren Familienverbänden zu machen. Den eigenen Eltern wird also immer weniger Einfluß auf die stattfindende Partnerwahl zugebilligt. Es wird in bezug auf diese Vorgänge sicherlich mit Recht gesagt, daß diese zunehmende Individualisierung des Familienlebens auch eine deutliche Verlagerung in der emotionalen Beziehung der Partner mit sich gebracht habe. Die Vorstellung, daß eine Ehe gleichzeitig in weiten Grenzen eine Arbeitsgemeinschaft sein könne oder sein muß (oder daß sie nur ein Teil einer breiteren sozialen Gruppe mit starken Bindungen und Verpflichtungen sei), tritt hinter einer Betonung der intimen Gefühlsgemeinschaft zwischen den Partnern stark zurück. Man sagt auch (etwa Bally), daß wir es heute mit einer Art von romantischem Ideal in bezug auf Eheschließung und Eheleben zu tun hätten. Dieses Ideal sei von der Vorstellung beherrscht, daß der Inhalt einer ehelichen Gemeinschaft lediglich in der eingegangenen Gefühlsverbindung zu suchen wäre. Nach Ansicht aller Beobachter hat demnach die Ehe ihre Bedeutung als

Arbeitsgemeinschaft von umfangreichem sozialem Wert weitgehend verloren. Sofern beide Ehepartner arbeiten, ist es selten, daß sie gemeinsam und aufeinander angewiesen tätig sind. Überwiegend ist der Arbeitsplatz von Mann und Frau aus der Familie hinausverlegt, was übrigens zur Folge hat, daß die Gemeinsamkeit der beiden im äußeren Tagesablauf eine starke Beeinträchtigung erfährt.

Viele Überlegungen gelten in letzter Zeit weiterhin der Frage, in welchem Ausmaß die Familie als Institution „stabil" geblieben sei. Das heißt, ob sie noch funktionstüchtig ist oder ob sie Auflösungserscheinungen aufweise. Insbesondere beschäftigt den Soziologen dabei ebensosehr wie den Psychiater die Frage, inwieweit die Familie die Aufgabe der *Kindererziehung* gegenwärtig noch adäquat bewältige. Diese letztere Frage wird in unserem Jahrhundert ja schon deshalb mit so besonderem Ernst gestellt, weil man erkannt hat, in welchem Ausmaß das Erwachsenenleben eines Menschen von seinen Früherfahrungen vorgeprägt wird. Mit dem Schutz der Familienatmosphäre will man unter anderem die Entwicklung späterer psychischer Fehlentwicklungen, Erkrankungen oder Verwahrlosungserscheinungen im Rahmen des Möglichen verhüten.

Bei dieser Frage nach der Kinderbetreuung präsentieren sich uns natürlich sofort alle jene Probleme, die für die Eltern von heutzutage (im Gegensatz zu den Eltern vergangener Zeiten) durch die *allgemeine Schulbildung* und die sich immer mehr *verlängernde Lehrzeit* entstehen. Wir sehen uns vor der Tatsache, daß Kinder im Rahmen des jetzigen Gesellschaftssystems nur noch ganz selten von den Eltern als eine zukünftige Hilfe bei der eigenen Arbeitsleistung und Existenzsicherung betrachtet werden können. Kinder benötigen stattdessen ein zunehmendes Maß an Pflege, Kraft und ökonomischem Einsatz von der älteren Generation. Es zeigt sich uns weiter die Schwierigkeit, die besonders in der *städtischen Wohnsituation* entsteht und die die Betreuung von Kindern (insbesondere von Kleinkindern) ganz besonders schwierig macht. Es präsentieren sich uns schließlich, besonders in Deutschland, die Probleme, die aus der Berufstätigkeit der Frau erwachsen und der Tatsache, daß zur Zeit auch die verheiratete Frau, die Kinder hat, häufig genug zur Berufstätigkeit gezwungen ist. H. Schelsky hat speziell diesem Problem in seinem Buch über die Soziologie der Familie einen gesonderten Abschnitt gewidmet und darauf hingewiesen, daß die Mitarbeit der Ehefrau in Deutschland überwiegend deshalb notwendig wurde, weil das Arbeitseinkommen des Mannes nicht ausreichte. Durch diese Doppelarbeit der Frau ist im allgemeinen eine ganz erhebliche Überbelastung der Mütter zustande gekommen. Schelsky weist sicher sehr mit Recht darauf hin, daß die derzeitige gesellschaftliche Stellung der Frau in Familie und Beruf in Wahrheit eine Ausbeutung der Frau darstelle und keineswegs jenes Ziel gewesen sei, das seinerzeit durch die sogenannte Frauenemanzipation angestrebt wurde.

All diese soeben kurz gestreiften Problemstellungen gehören, wie gesagt, in den Interessenbereich der Soziologie. Für einen Beobachter, der aktuell unter neurosenpsychologischen Gesichtspunkten eine bestimmte Familiensituation zu beurteilen hat, werden sie als Fragestellung immer gegenwärtig sein müssen, damit sich seine spezielleren Überlegungen nicht beziehungslos verlieren.

Hat man es jedoch im Augenblick mit einer Familie zu tun, in der ein Kind mit psychisch bedingten Krankheitszeichen auffällig wurde, dann zentrieren sich Interesse und Aufmerksamkeit in besonderer Weise. Im folgenden seien einige Anweisungen gegeben, nach welchen Tatbeständen man im wesentlichen zu suchen hat, wenn man sich einen gewissen Überblick über das *intime Gefühlsleben* einer Familie verschaffen will, insbesondere wenn man nach speziellen neurotischen Konfliktkonstellationen sucht.

2. Die Familienkonstellation unter psychiatrischem Aspekt

Wir tun im allgemeinen gut daran, wenn wir die Probleme einer Familiengruppe, die wir beurteilen sollen, unter zwei getrennten Gesichtspunkten betrachten. Man gewinnt ein gutes Bild, wenn man auf der einen Seite den *sozialen Status* der Familie, die *Arbeitsverteilung* der Familienmitglieder und die allgemeine Organisation des Alltages ins Auge faßt und wenn man daneben gesondert das *affektive Klima* der Familie zu verstehen sucht. Es ist dabei klar, daß wir in diesem Zusammenhang die umfangreichen Angaben der vorhergehenden Kapitel über Gefühlsprobleme und Lebenssituationen erwachsener Menschen mitverwenden können und müssen. Alles, was bisher über Partnerwahl, Berufsleben und über die ökonomische Planung eines Menschen gesagt wurde, spielt im Zusammenleben einer Familiengruppe eine wesentliche Rolle. Ich werde mir also bei den jetzt aufgeführten Gesichtspunkten die Wiederholung der schon diskutierten Einzelfragen ersparen können.

Auch in bezug auf die mehr formalen Daten über den sozialen Status der Familie kann ich mich wohl kurz fassen: Hierher würden alle Fakten gehören, die die Berufe der Familienmitglieder betreffen, ihre Einkommenssituation, die Wohnverhältnisse usw.; Arbeitslosigkeit und Krankheitsfälle in der Familie müssen natürlich mitberücksichtigt werden.

Der Arbeits- und Pflichtenverteilung in der Familie gilt unser nächstes Interesse. Noch immer schwebt uns heute ein gewisses Ideal über die günstigste Familienorganisation vor. Wir wünschen uns für den Mann Berufstätigkeit und Gelderwerb, während die Frau die häuslichen Pflichten übernimmt. Diese Familienorganisation ist allerdings nur allzu oft verschoben. Häufig arbeiten beide Eheleute. Gelegentlich lebt eine Großmutter mit im Familienverband, die dann zu einem erheblichen Teil die häuslichen Aufgaben und die Kindererziehung übernommen hat. Es kommt auch vor, daß der Mann arbeitslos, krank oder invalide ist und nur die Frau berufstätig. In diesem Fall hat man sich darum zu kümmern, inwieweit der Mann in der Lage ist, die Frau wirksam von häuslichen Arbeiten zu entlasten. Meist ergibt sich allerdings bei einer solchen Familiensituation, daß die Frau trotz der Arbeitslosigkeit des Mannes zusätzlich noch mit einer Fülle von häuslichen Pflichten belastet ist.

Wir sehen schon, daß wir mit der Abklärung dieser äußeren sozialen Faktoren noch nicht viel über das affektive Klima der Familie erfahren haben. Bevor wir jedoch weitere Überlegungen anstellen, sollten wir uns klarmachen, daß wir immer zwei Gruppen von Familientypen zu unterscheiden haben: Einmal jene Familie, in der die leiblichen Eltern mit ihren eigenen Kindern zusammenleben und höchstens noch das eine oder andere Mitglied der weiteren Familie mit in das Gemeinschaftsleben aufgenommen haben. Zum anderen die verschiedenen Formen der *Teil-* und *Ersatzfamilien,* die in unserem gegenwärtigen Kulturkreis so häufig sind. Also Adoptiv- und Pflegefamilien, Stieffamilien, die uneheliche, verwitwete oder geschiedene Mutter allein mit ihren Kindern oder in Wohngemeinschaft mit der zugehörigen Großmutter usw. Wir beziehen uns im folgenden zunächst hauptsächlich auf jene Familien, in denen die leiblichen Eltern mit ihren eigenen Kindern zusammenleben. Die Probleme der Teil- und Ersatzfamilien werden wir erst später im Rahmen der therapeutischen Kapitel abhandeln.

Wenn wir uns um das affektive Klima einer Familie bemühen, dann versuchen wir natürlich, über die Zufriedenheit der verschiedenen Familienmitglieder mit ihrer gegebenen Lebenslage ins Bild zu kommen. Wir fragen also nach der Einstellung der Beteiligten zu ihrer Arbeitssituation und wir interessieren uns dafür, inwieweit die vorliegenden Besitzverhältnisse den inneren Wünschen und Erwartungen der Eltern entsprechen. Wir fragen weiter nach der affektiven Einstellung der Eheleute zueinander und zu ihren Kindern und wir kümmern uns schließlich um die emotionalen Einflüsse, die von der erweiterten Familie ausgehen.

Die tiefgehende Verbitterung eines Mannes über eine *enttäuschende Berufsentwicklung* kann das Leben seiner Familie stark beeinträchtigen. Auch die Mutter kann mit ihrer Arbeitssituation unzufrieden sein. Die häufigsten Klagen der Mütter hören wir darüber, daß sie entweder durch die wirtschaftlich notwendige Berufsarbeit überbürdet sind, so daß sie ihren familiären Pflichten nicht mehr gerecht werden können. Umgekehrt wird gesagt, daß die Beschränkung auf den häuslichen Wirkungskreis mit der nicht abreißenden Kette gleichförmiger Arbeiten unbefriedigend sei.

Geldprobleme zwischen Eheleuten erwachsen meist aus zu großen Unterschieden im Besitzerleben. Hier muß man immer daran denken, daß es überwiegend auf die innere Einstellung der Beteiligten ankommt und nicht so sehr auf die Art der Absprachen, mit deren Hilfe die Ehepartner ihre Geldplanung regeln. Es gibt sehr verschiedene Vereinbarungen, die alle in sich selbst eine tragbare Basis schaffen können, wenn nur beide Beteiligten damit einverstanden sind. Es kommt vor, daß der Mann der Alleinverdienende ist, jedoch den gesamten Verdienst seiner Frau zur Verwaltung überläßt. Ebenso kann es sein, daß die Frau allein die regelmäßigen Einkünfte hat und der Mann trotzdem die

Geldplanung in Händen hält. Mindestens ebenso häufig finden wir die Vereinbarung, daß der Mann größere stehende Ausgaben wie Miete, Gas, elektrisches Licht usw. bestreitet und daß er daneben seiner Frau ein festes, verabredetes Wirtschaftsgeld zuteilt. Jede dieser Vereinbarungen ist, wie gesagt, in sich selbst nicht auffällig. Schwierigkeiten ergeben sich nur, wenn diese jeweiligen Regelungen auf der Basis neurotischer Nachgiebigkeiten zustande gekommen sind, oder wenn größere Unterschiede im Umgang mit Geld überhaupt vorliegen. Schließlich natürlich auch, wenn die Auffassungen darüber, wie das Geld eingeteilt werden solle, sehr verschieden sind.

Wenn zum Beispiel die Frau am Pfennig sparen muß und der Mann im Monat 40 Mark für Zigaretten ausgibt, entstehen erhebliche Schwierigkeiten. Umgekehrt wird die Ehesituation gespannt, wenn der Ehemann sehr genau plant und jede Anschaffung für die Familie vorauskalkuliert, während die Frau heimliche Schulden macht und sich vielleicht sogar in Abzahlungsgeschäfte einläßt, die der Ehemann gar nicht erfahren hat. Wenn der Ehemann mit Selbstverständlichkeit ein bestimmtes Taschengeld für sich beansprucht, während die Frau ihrerseits niemals eine feste Summe zur Verfügung hat, darf man in gleicher Weise mit Unstimmigkeiten in der Familie rechnen. Dies besonders dann, wenn beide Ehepartner Geld verdienen, die Ehefrau vielleicht sogar die größeren Einnahmen hat und sich trotzdem nicht mit ihren Wünschen wirksam durchsetzen kann.

Wenn der Ehemann sehr unregelmäßige Einkünfte hat (etwa als Vertreter oder freischaffender Journalist), dann finden wir oft, daß die Frau unter dieser Unregelmäßigkeit der Einkünfte sehr viel mehr leidet als der Mann selbst. Dies hauptsächlich deshalb, weil der Mann ihr nicht selten seinen ganzen Verdienst abgibt, dann aber erwartet, daß das Alltagsleben mit seinen täglichen Ausgaben reibungslos von der Ehefrau bewältigt wird, obgleich diese niemals weiß, mit welchen Summen sie rechnen kann.

Im einzelnen müssen wir uns dann immer darum kümmern, ob zwei Ehepartner, die gegenwärtig in einer Familie miteinander leben, sich gegenseitig die *Hoffnungen* und *Erwartungen* (neurotisch oder nicht neurotisch), die sie im Beginn der Ehe gehegt haben, ausreichend erfüllen können. Es können sich Schwierigkeiten in der gegenseitigen Anpassung ergeben haben, in der Verteilung von Dominanz und Nachgiebigkeit, sozialer Ehrgeiz kann sich enttäuscht sehen, oder einer der Ehepartner ist von Ratlosigkeit im neuen sozialen Milieu überfallen. Sexuelle Schwierigkeiten können unerwartet aufgetaucht sein, oder aber eine anfänglich befriedigende Gefühlslage wurde vom allgemeinen Wandel der inneren Wünsche und Bedürfnisse betroffen.

Bei all diesen Überlegungen dürfen wir allerdings nie vergessen, daß jeder Familienverband, den wir beobachten, etwas Gewordenes ist und daß jede einzelne Familie ihre *Geschichte* hat. Wir müssen die Fäden in die Vergangenheit zurückverfolgen, wenn wir die Gegenwart einer Familie richtig verstehen wollen. Insofern ist die Frage nach dem *Anlaß* oder dem Motiv zur Eheschließung von besonderer Bedeutung. In diesen Fragenkomplex gehören natürlich alle jene Probleme hinein, die wir bereits früher in dem Kapitel über Partnerwahl abgehandelt haben. Wir haben uns hier wie dort um Wünsche nach wirtschaftlicher Versorgung oder nach sozialem Aufstieg zu kümmern, um das Vorliegen einer stark ästhetisch bestimmten Faszination, um die Bedürfnisse nach haushälterischer Versorgung auf seiten des Mannes oder Wunsch nach dem sozialen Status der Ehe auf seiten der Frau usw. Wir hätten hier auch alle jene spezifisch neurotischen Konfliktkonstellationen mit einzubeziehen, die das Gefühlsleben zwischen zwei Menschen beeinflussen können.

Zusätzlich wichtig wird dann aber immer noch die Frage, wer von den beiden Partnern der *treibende Teil* zur Ehe gewesen ist. Es kommt zum Beispiel gar nicht so selten vor, daß die Frau mit der Eheschließung zwar subjektiv einen resignativen Akt beging, daß sie aber dennoch diejenige war, die seinerzeit auf die Ehe gedrängt hat. Dies wäre zum Beispiel bei einer Schwangerschaft der Fall, die von einem nicht geliebten oder sogar abgelehnten Mann stammt. Es kommt aber auch vor, daß sich eine Frau aus (neurotischen) Gründen die Tatsache verschleiert hat, daß sie im Grunde selbst es gewesen ist, die stark auf die Ehe hingedrängt hat. Erst später bemerkt sie, welche Konsequenzen eine solche Ausgangslage für ihre Ehesituation mit sich bringt. In aufkommenden Gefühlskrisen zwischen zwei Partnern sind nämlich die gegenseitigen Positionen ganz verschieden gestaltet, je nachdem, wer von den Betreffenden sich sagen muß, daß schließlich er es gewesen ist, der die Ehe gesucht oder gar gegen den Widerstand des anderen durchgesetzt hat.

Wenn wir den verschiedenen (neurotischen oder nicht neurotischen) Motivationen zur Ehe etwas genauer auf die Spur kommen wollen, können wir uns am besten an der *Kindheits-* und *Lebensgeschichte beider Ehepartner* selbst orientieren.

Um das Empfinden, Reagieren und Verhalten eines erwachsenen Menschen in seiner selbst gegründeten Familie richtig verstehen zu können, sind die Kenntnisse über seine eigene Vorgeschichte absolut unerläßlich. Ein mutterloses junges Mädchen, das überfrüh eine Ehe schließt, um die unerquicklichen Auseinandersetzungen mit der Stiefmutter zu beenden, hat sicherlich einen anderen Start in die Ehe hinein als eine junge Frau, die den liebevollen Rückhalt der eigenen Familie im Hintergrund weiß. Ein Junge, der als uneheliches Kind großgezogen wurde, wird als erwachsener Mann an seine eigene spätere Familie andere Erwartungen stellen und unter Umständen tiefere Affektschwankungen zeigen als jemand, der bis in die Festigung seiner Berufssituation hinein die Unterstützung beider Eltern genießen konnte.

Auch die Frage nach dem *sozialen Herkommen* spielt eine große Rolle. Hier orientiert man sich am besten, indem man von beiden Ehepartnern die Berufe der jeweiligen Väter feststellt. Man kann dann vergleichen, ob die Ausbildung selbst oder nur die soziale Bewertung des Berufes große Unterschiede zeigt. Immer wieder wird uns die Tatsache begegnen, daß zwei Menschen, die aus sehr verschiedenen sozialen Gruppen stammen, vor größeren Schwierigkeiten im Zusammenleben stehen als jene, die im gleichen sozialen Raum aufgewachsen sind.

Auch das *Alter* der Beteiligten *bei der Eheschließung* ist aufschlußreich, insbesondere auch das Altersverhältnis beider Partner. Das Altersverhältnis gibt uns Anhaltspunkte über eine möglicherweise vorliegende Vater- oder Mutterübertragung. Die zu jung oder die zu spät geschlossene Ehe bietet ihrerseits spezielle Probleme.

Daß uns außerdem die Frage nach *früheren Ehen* beschäftigen muß, ist klar. Schließlich ist es ein Unterschied, ob sehr junge Menschen ein erstes Mal ein Zusammenleben versuchen, oder ob einer der Partner schon früher eine andere Ehesituation kennengelernt hat. Hier treten dann jene Probleme hinzu, die durch die Existenz von Kindern aus den früheren Ehen geschaffen werden. Unter Umständen waren überhaupt nur diese Kinder der Anlaß, daß die neue Ehe geschlossen wurde, damit ihre Versorgung sichergestellt würde.

Mit einer so ausgerichteten Orientierung über Gegenwart und Vergangenheit eines Familienverbandes haben wir sicherlich schon viel von den affektiven Problemen erfaßt, die für die erstrebte Beurteilung von Wichtigkeit sind. Selten ausreichend bedacht, aber vielleicht noch wichtiger als alles bisher Besprochene, ist die schwierige Lage, wieviel zwei Eheleute voneinander über ihre innere Lage, ihre Zufriedenheit oder ihre geheimen Enttäuschungen wirklich wissen. Eine der erschütterndsten Tatsachen menschlicher Lebensschwierigkeiten sehe ich immer wieder darin, daß zwei Menschen, die so intim in einer Ehe zusammenleben, oft nur sehr wenig vom Erleben des anderen ahnen. Nach meinen Erfahrungen ist es keine Seltenheit, daß einer der Ehepartner im Gespräch mitteilt, wie tief unglücklich er sich in der gegenwärtigen Ehesituation fühlt, daß er vielleicht sogar täglich an Trennung denkt, während man einige Zeit später vom anderen hört, daß dieser die gegebene Ehesituation sehr befriedigend findet. Er hat keine Vorstellung davon, daß der Mensch, mit dem er zusammenlebt, täglich an Trennung denkt.

Im übrigen ist klar, daß das affektive Klima einer Familie weitgehend davon bestimmt wird, wie die soeben diskutierten offenen oder verborgenen Gefühlsprobleme im gegenseitigen Umgang ausgetragen werden. Die *Verhaltensweisen,* die die Auseinandersetzung der Familienmitglieder beherrschen, sind mindestens ebenso wichtig wie die treibende Affektlage. Gefühlskrisen können auf sehr verschiedene Weise zum Ausdruck kommen. Wir finden geräuschvolle Szenen ohne tragischen Hintergrund, sorgfältig vergiftete Freundlichkeiten oder maliziöse Ironie an Stelle von gradlinigen Ärgerreaktionen. Wir finden kalte Unbeteiligtheit oder grobe Gewalttätigkeit, wir finden plötzliche Affektdurchbrüche mit rascher Bereitschaft aller Beteiligten zur Versöhnung. Es ist unmöglich, hierzu im einzelnen eine vollständige Aufzählung aller vorkommenden und möglichen Verhaltensweisen zu geben.

Wie ersichtlich, haben wir uns bei den bisherigen Ausführungen hauptsächlich mit den Gefühlsproblemen zwischen den Eltern befaßt. Die Gefühlsbeziehungen zwischen *Eltern und Kindern* stehen in ihrer Wichtigkeit den bisher diskutierten Problemen natürlich in nichts nach. Da sich aber die Gefühlsprobleme zwischen

Eltern und Kind bei allen therapeutischen Maßnahmen so stark in den Vordergrund drängen, wollen wir die Diskussion dieses Themas in ihren Einzelheiten auf später *vertagen.*

Wir bekümmern uns vorerst noch einmal etwas genauer um jene Einflüsse, die den einzelnen, aber auch eine Familiengruppe, durch die Konstellationen im umgebenden sozialen Raum treffen. Wichtige Einflüsse gehen unbedingt von der *weiteren Familie* aus. Einflüsse, die gerade in den Familien, in denen sich neurotische Kinder entwickeln, von typischer und weitreichender Bedeutung sind. Es scheint sich nämlich zu ergeben, daß es für eine Kinderentwicklung ganz besonders ungünstig ist, wenn die Eltern noch in beruflicher oder emotionaler (infantiler) Abhängigkeit von der Großelterngeneration stehen. Die Erziehung der Kinder wird dadurch besonders wechselvoll, daß die Eltern (in Anbetracht ihrer eigenen infantilen Abhängigkeit) keine gradlinige Form der Betreuung für ihr Kind entwickeln können.

Wir kommen bei der Beurteilung einer kindlichen Lebenssituation niemals daran vorbei, daß wir uns zunächst um seine engste Familiengruppe kümmern, um uns dann über die Bedeutung der übrigen Familienmitglieder zu orientieren. Darüber hinaus ist dann allemal der nächste Schritt die Beurteilung des sozialen und kulturellen Raumes, in dem die Familie lebt.

VI. Der erweiterte soziale Raum

Tatsächlich lebt ja kein Einzelindividuum und keine Familiengruppe für sich selbst isoliert, sondern nur in engster Verbundenheit mit dem umgebenden Kollektiv. Die Einflüsse der zeitgenössischen Kultur prägen die individuelle Lebensführung. Im Bemühen um das Verständnis von Kulturen und Gesellschaftsordnungen wurden in der vergangenen Geschichtsperiode neue Wissenschaften geboren. Soziologie und Sozialpsychologie haben eine Reihe von Grundregeln herausgearbeitet, die unser gesellschaftliches Leben beherrschen. Einige dieser Grundregeln wollen wir zur Vorbereitung des jetzt folgenden Kapitels miterwähnen.

Man sagt, daß die wesentlichsten Formen sozialer Verbindung zwischen den Menschen in der *Gruppenbildung* einerseits und im loseren *Verkehr* andererseits zu suchen seien. Das Gruppenerlebnis ist ein besonderes psychologisches Phänomen, dem mit Recht viel Aufmerksamkeit geschenkt wurde und dem auch wir uns noch genauer zuwenden werden. Gleichgültig jedoch, ob eine Gruppenbildung zwischen den Menschen zustande kommt oder ob die gegenseitige Kontaktnahme nur die Merkmale losen gegenseitigen Verkehrs aufweist, immer zeigt das soziale Leben der Menschen eine bestimmte Eigentümlichkeit:

Wie alles menschliche Empfinden, sind auch jene Gefühlserlebnisse, die einmal den Motor für soziale Kontakte abgegeben haben, dem Wandel unterworfen. Die Veränderlichkeit von Gefühl, Impuls oder Leistungsfähigkeit beeinträchtigt jedoch das lebhafte Trachten des Menschen nach Dauerhaftigkeit und Bestand. In dieser inneren Schwierigkeit versucht sich die Menschheit seit Jahrtausenden in verwandter Form zu helfen. Jene Erlebnisweisen, die einmal aus spontanen Grundbedürfnissen heraus entstanden sind, erhalten allmählich in *Sitten* und *Gebräuchen* eine selbständige Bedeutung für die Reglementierung des Alltags. Schließlich finden wir die Tatsache vor, daß eines Tages Abmachungen und Verträge geschlossen werden, so daß *juristische Verbindlichkeiten* an die Stelle der spontanen Erlebnisreaktion treten. Die juristischen Gebilde, die sich auf diesem Wege herauskristallisieren, schaffen in allen Erlebnisbereichen, die je der menschlichen Natur möglich gewesen sind, komplizierte soziologische Einrichtungen. Der individuelle Wunsch nach gegengeschlechtlicher Partnerschaft, die eine intime Gefühlsverbindung, sexuelle Gemeinschaft, Arbeitsteilung und gemeinsame Betreuung der Kinder einschließen soll, führt zu dem sozialen Gebilde der *Ehe,* die in einem juristischen Vertrag ihre mündlich oder schriftlich festgelegte gesellschaftliche Form erhält. Gruppenleben, Arbeitsteilung, gemeinsame Verteidigung gegen den Feind führen zur *Staatenbildung.* Der gegenseitige Austausch von Eigentum zum Ziel allgemeiner Erleichterung des Lebens führt zu *Tauschhandel* und damit zu den kompliziertesten Einrichtungen des Wirtschaftslebens. Gemeinsames künstlerisches Erleben, wissenschaftliche Pläne und Interessen führen zu Arbeitszirkeln, Vereinen, Schulen und manchem anderen mehr. Das originäre religiöse Erleben des Menschen führt aus der einfachen Gemeinschaft gleichgestimmter Empfindungen zu den denkbar verwickeltsten *Kirchenorganisationen.* Politische Zielsetzung größerer Gruppen findet ihre juristische Ordnung in *Parteien* oder verwandten politischen Großgemeinschaften.

So bewegt sich der Mensch in einem dauernden Wechselspiel zwischen den geplanten Neugestaltungen des Augenblicks und den Einflüssen früherer Geschichtsepochen, deren Bedeutung Jahrhunderte überdauern kann.

Im übrigen hat den Soziologen bei der Betrachtung gesellschaftlicher Gebilde immer wieder die Tatsache gefesselt, daß die Struktur von Gemeinschaften sehr weitgehend von Rangordnungen beherrscht wird, das heißt also, daß unser gesellschaftliches Leben geschichtet ist. Der „Status“ eines Einzelindividuums oder einer Gruppe (das heißt seine Wertschätzung oder sein Prestige) spielt sowohl in den festgelegten juristischen Einrichtungen einer Gesellschaft eine Rolle, wie in den allgemeinen zwischenmenschlichen Auseinandersetzungen. So verstehen wir leicht, daß die verschiedenartigen sozialen Ordnungen oder Sozialsysteme, die die Geschichte hervorgebracht hat, nicht immer für alle Menschengruppen ein gleichmäßig befriedigendes Maß der Selbstentfaltung mit sich gebracht haben. Nicht einmal ein ausreichendes Maß subjektiver Wertschätzung wird für alle Menschen in den verschiedenen Kulturkreisen garantiert. Nehmen wir einmal allein die enormen Unterschiede in der affektiven Bewertung, die die beiden Geschlechter in verschiedenen Kulturkreisen erhalten. Welche Unterschiede weiterhin in der Bewertung des Alters, seines Ranges, seiner Würde oder seiner

Schwäche. Welche Verschiedenartigkeit bot die Geschichte in der Bewertung von Stand, Klasse, Nationalität, Religion und vielem anderen mehr.

Sozialpsychologie und Soziologie zentrieren ihr Interesse natürlich verschieden. Die Sozialpsychologie beobachtet allgemeine Kommunikationsprozesse, sie untersucht die Vorgänge menschlichen Lernens. Mit ihrem Sonderzweig, der Wissenssoziologie, geht sie der Frage nach, in welchem Ausmaß emotionale Einflüsse unsere sachlichen Kenntnisse lenken, behindern oder fördern können. Das Problem der Gruppenbildung beschäftigt freilich den Sozialpsychologen in gleicher Weise wie den Soziologen. Der letztere ist dabei mehr an *historischen Gruppenbildungen* interessiert, sofern bedeutende geschichtliche Einflüsse von diesen Gruppen ausgegangen sind. Tatsächlich können wir die Rolle eines einzelnen in seiner Gruppe, das heißt seine Funktion und seine Prestige innerhalb der Gemeinschaft, in ihrer Bedeutung nicht hoch genug veranschlagen.

Für unsere folgenden Überlegungen ist dabei eine sorgfältige Unterscheidung wichtig: Wir beobachten auf der einen Seite, ob ein Mensch im Verlauf seiner Entwicklung *episodenhafte Gruppenerlebnisse* hat, die sein Leben beeinflussen. Andererseits registrieren wir, ob er das Mitglied größerer historischer Gruppen ist, deren Existenz eine gewisse geschichtliche Bedeutung hat. In jedem Fall unterscheiden wir dann, ob die Gruppenzugehörigkeit überwiegend das Ergebnis eigener Entscheidung und *freier Wahl* gewesen ist, oder ob der betreffende Mensch in eine Gruppenzugehörigkeit *hineingeboren* wurde, die seine gesamte Lebensordnung bestimmte.

Die allgemeinen inneren und äußeren *Gründe*, die wir für die Entstehung einer Gruppenkonstellation verantwortlich machen können, sind sehr verschieden. Die Menschen werden zusammengeführt und zusammengehalten durch die Gemeinsamkeiten des Gefühls, der Wertwelt, der Weltanschauung, durch sachliche Interessen, politische Ziele, nationale Gemeinsamkeiten, Arbeitsvorgänge und vieles andere mehr. Rein formal finden wir immer die verschiedenartigsten Übergänge von losem oder auch festerem Zusammenhalt (mit keinem anderen Band als dem des gemeinsamen Erlebens) bis zu strenger, evtl. langjährig tradierter juristischer Festlegung jener Grundsätze und Ziele, zu denen sich das Gruppenmitglied bekennt. Kleinere Gruppen (zum Beispiel die Gruppenbildung bei Jugendlichen) zeigen dem Beobachter bestimmte Gesetzmäßigkeiten, die die spontane Entstehung, evtl. den spontanen Zerfall dieser Gruppen beherrschen. Genauere Betrachtung dieser Regeln würde uns jedoch zu weit führen.

Zum besseren Verständnis individueller Lebensläufe und familiärer Konstellationen brauchen wir im Augenblick die Kenntnis der wichtigsten gesellschaftlichen Gruppierungen, die über längere historische Perioden hinweg in unserem Kollektiv ihren Einfluß bemerkbar machten. Wir lassen bei dieser Betrachtung die mehr biologischen Faktoren (also Geschlechtszugehörigkeit und Alter) außer Betracht und beziehen uns im übrigen natürlich auf den deutschen Kulturkreis. Dies bedeutet, daß wir uns mit unseren Betrachtungen mehr oder weniger innerhalb eines Staatsganzen bewegen, also ein soziales Gebilde im Auge haben, in dem die Regelung der Machtverhältnisse und weite Teile der Rechtsprechung (also politisches und soziales Leben) gemeinsam sind.

Soziale Gruppierungen von geschichtlicher Bedeutung sind etwa folgende: *Nationale* Gruppierungen, die besonders in Grenzlandbereichen typische Eigenarten entwickeln. *Konfessionelle* Gruppen, die in Deutschland, das ein zwiereligiöses Land ist, in ihrem affektiven Leben eng mit politischen Problemen verknüpft sind. Das *Flüchtlingsproblem* der Gegenwart hat in unserem Kulturkreis ebenfalls bestimmte Gruppenbildungen geschaffen. Und bedeutende geschichtliche Triebkräfte führten schließlich zu jenen sozialen Gruppierungen, die man in der Geschichte und der Soziologie als *Stände* einerseits und als *Klassen* andererseits beschreibt.

Wir gehen dem Problem dieser sozialen Gruppierungen im Augenblick etwas genauer nach:

Unser gegenwärtiges gesellschaftliches Leben ist noch immer deutlich durch die Nachwirkungen früherer Sozialsysteme beeinflußt. Die Ausläufer des früheren *Feudalsystems* beschäftigen uns noch heute. Insbesondere setzt sich der Soziologe wie auch der Psychiater mit der historisch sehr alten Existenz von politisch einflußreichen *Großfamilien* auseinander.

Das alte Feudalsystem war ja im wesentlichen ein System der Adelsherrschaft, das eine charakteristische Koppelung von Bodeneigentum und Machtorganisation aufwies. Bestimmte Familien gehörten über Jahrhunderte hinweg sowohl zur besitzenden, wie zur regierenden Schicht ihres Landes. Ihre Mitglieder waren Träger einer selbstbewußten Familientradition mit starkem *Eliteanspruch* im Hintergrund, mit charakteristischer idealer Wertwelt einerseits und ebenso charakteristischen Entartungserscheinungen andererseits. Was die Wertwelt dieser Familiengruppen anging, so war sie im wesentlichen durch ein Ideal von Mut und Tapferkeit gekennzeichnet. Verantwortungsbewußtsein und sogenannte „Gefolgschaftstreue“ gehörten dazu. Aus diesen Familien rekrutierten sich nicht nur die höheren Offiziere der jeweiligen Wehrmacht, sondern auch die meisten höheren Staatsbeamten. Für diese Staatsdienerschaft wurde ein festgefügter hierarchischer Aufbau entwickelt, ein kompliziertes System von Orden und Ehrenzeichen sorgte dafür, daß das Erlebnis der Rangunterschiede für die Gemeinschaft sichtbar wurde und blieb, daß Würde und Verdienst ebenfalls sichtbar etikettiert wurden. Negativ gesehen, brachte dieses Sozialsystem eine starke Tendenz mit sich, die Lasten des Existenzkampfes auf die Untergebenen abzuschütteln. Die Ausbeutung der unfreien oder halbfreien Bauern war ein geschichtliches Phänomen. Ungebildete Arroganz, „Krautjunkertum“ wurde von zeitgenössischen Sozialkritikern angegriffen.

Nachwirkungen und Reste dieser historisch sehr alten Sozialordnung sind noch heute vielgestaltig. Für die Gegenwart ist wohl als wichtigstes Charakteristikum zu verzeichnen, daß diese Menschengruppe durch die ungeheuren politischen Umwälzungen der letzten 50 Jahre ihre soziale und politische Vorrangstellung *verloren* hat. Der geheime Eliteanspruch mit den zugehörigen Wertvorstellungen blieb jedoch, ebenso wie die Entartungserscheinungen, nicht selten erhalten.

Ebenso wie das alte Feudalsystem in seiner rechtlichen (juristisch festgelegten) Bedeutung aufgehoben, jedoch ebenfalls auch heute noch wirksam, ist die von uns bereits erwähnte *ständische Gliederung* im Bereich des sogenannten Bürgertums.

Das ständische Leben war eine Folgeerscheinung jener Geschichtsprozesse, die einstmals die berufliche Gruppenbildung und berufliche Organisationen in den „Standesorganisationen“ zu einflußreichen sozialen Gebilden machte. Die Entwicklung der Stände hängt, wie man sagt, mit der Entwicklung mittelalterlicher Städte zusammen. Die großen Zunftorganisationen entwickelten eigene Rechtsprechung, starkes Standesbewußtsein und entfalteten in ihrer Beteiligung an Stadtverwaltung und Politik einflußreiches politisches Leben. Standesschranken waren dabei nach Brauch, Sitte und Gesetz festgelegt. Genossenschaftstendenzen standen offenbar als Triebkräfte hinter diesen sich formenden sozialen Gebilden. Der bürgerliche Stand grenzte sich damit nach oben und nach unten zu den großen Adelsfamilien einerseits und den unfreien oder halbfreien Bauern andererseits ab. Zudem zeigte er sich in sich selbst bereits stark geschichtet, da die verschiedenen Zunftorganisationen mit wechselndem Prestige ausgestattet waren. Die härtesten juristischen Schranken waren auf jeden Fall dem Stand der halbfreien oder unfreien Bauern gezogen.

Die vergangenen 150 Jahre haben in unserer Geschichte eine allmähliche, schließlich (mindestens juristisch) komplette *Aufhebung* dieser verschiedenartigen Standesgrenzen gebracht. Mit der Aufhebung der Leibeigenschaft Anfang des 19. Jahrhunderts fielen jene Schranken, die große Teile der Bevölkerung zu einem Elendsdasein verurteilt hatten. Die inzwischen eingetretene Veränderung der gesellschaftlichen Struktur ist groß. Heute spricht der Soziologe gern davon, daß wir in einer „arbeitsteiligen“ Gesellschaftsordnung leben, und daß Klassen- und Standesunterschiede eher *veraltete* Begriffe seien.

Übrig geblieben ist von den schon so lange zurückliegenden rechtlichen Trennungsschranken jedoch mehrerlei: Die *familiären* Gruppierungen als Ausläufer des alten Feudalsystems hatte ich schon erwähnt. Auch im Bereich des Bürgertums entwickelten sich historisch bedeutungsvolle Familientraditionen. In den großen Städten (etwa den freien Hansestädten) haben wir es noch heute mit den Nachkommen der alten Patrizierfamilien zu tun, bei denen politischer Einfluß, kaufmännische Tätigkeit und kultivierte Lebensführung über längere historische Epochen hinweg der Stolz der Familie waren.

Sogenanntes *Standesbewußtsein* als Ausdruck einer stark wert- und gefühlsbetonten Bindung zu einer bestimmten sozialen Gruppe spielt im affektiven Leben vieler Menschen noch heute eine große Rolle. Entsprechend der historischen Entwicklung ist Standesbewußtsein und Standesehre im allgemeinen eng mit der affektiven Bewertung einer bestimmten *Berufstätigkeit* verknüpft. Standesehre entwickelten alle jene Menschen, die ihr Leben dem Staatsdienst widmeten, das Heer der kleinen, mittleren und gehobenen Beamten in Politik, Rechtsprechung und Verwaltung. Ebenso entwickelte die große soziale Gruppe der freien Handwerkerschaft ein Gefühl von Standesehre und Selbstbewußtsein, übrigens bei gleichzeitig vorhandenen starken Unterschieden in der individuellen Bewertung des einzelnen Handwerks. Im Bereich des Bürgertums war dann zusätzlich noch neben dem Handwerker der Unternehmer, Händler und freie Gewerbetreibende getreten, der seinerseits ein entsprechendes Selbstbewußtsein und charakteristisches Wert- oder Gruppengefühl entwickelte.

Standesbewußtsein und Standesehre sind nicht die einzigen Folgen früherer Sozialsysteme, die den Soziologen noch heute zu beschäftigen haben. Die Existenz alter *traditioneller Rangordnungen* hat noch immer wesentlichen Einfluß auf das Berufsleben großer Menschengruppen. Als Reste früherer historischer

Kräfte sind auch in unserer Zeit Vorgesetzten- und Untergebenenverhältnisse in stark hierarchischem Aufbau geregelt. Wir, die wir an diese Eigentümlichkeit unseres Berufs- und Gesellschaftslebens sehr gewöhnt sind, bemerken die sinnfällige Betonung von Rangordnungen kaum mehr mit besonderer Reflektion. Dem Ausländer jedoch fällt immer wieder auf, wie sehr die Berufsorganisationen von Angestellten und Beamten hierarchische Rangordnung in Titel und Anrede hineinträgt. Unterstaatssekretär, Oberpostdirektor, Unterarzt, Oberarzt, Oberschulrat, Oberlehrer, Unteroffizier, Oberst . . ., die Attribute „Unter" und „Ober" scheinen aus der deutschen Titulatur und Rangordnung kaum mehr hinwegzudenken. Das Berufsheer als große Berufsorganisation der Staatsdienerschaft hat hier zweifellos Modell gestanden.

In unserem gegenwärtigen sozialen Leben begegnen wir zur Zeit sowohl den stark konservativen Kräften, die dieses System von Rangordnung und Autoritätsunterschied wieder herstellen oder gar intensivieren möchten. Wir beobachten aber auch die entgegengesetzten Strömungen mit dem Bemühen, eine Lockerung dieser Autoritätsordnungen zu erreichen, damit das Individuum mehr als sein Titel gewertet werden möchte. Immerhin wollen wir festhalten, daß die Lockerung der Standesgrenzen auf jeden Fall *juristisch* zu einem vollständigen *Abschluß* gekommen ist. Dies in enger Verflechtung mit einem weiteren historischen Prozeß, der ebenfalls stark gruppenbildenden Charakter hatte und der uns jetzt beschäftigen soll. Man sagt, daß im Verlauf des vergangenen Jahrhunderts das *Klassenprinzip* neben das Standesprinzip getreten sei. Schwer zu umgrenzende Gemeinsamkeiten waren die Triebkräfte jener gesellschaftlichen Prozesse, die zu Begriffen wie Klassenbewußtsein oder Klassenkampf geführt haben. Überwiegend waren es Gemeinsamkeiten der Vermögenslage, die diese Menschengruppen zusammenführten, sodann aber auch Gemeinsamkeiten in ihrer allgemeinen sozialen Situation, die in bezug auf Abhängigkeitsverhältnisse und soziales Prestige besonders ungünstig waren. Da es sich zeigte, daß das Überspringen von Standesgrenzen bei wirtschaftlichem Erfolg eines Tages mindestens rechtlich möglich geworden war, führte die allgemeine Schulbildung und die Entwicklung der Technik allmählich zu der Tatsache, daß breite Volksgruppen eine Verbesserung ihrer Lebenssituation erkämpfen wollten. „Klassenkampf" und das Streben nach der sogenannten klassenlosen Gesellschaft wurde ein charakteristisches Zeichen des sozialen und politischen Lebens im 19. Jahrhundert. Das politische Leben wurde durch diese Geschichtsprozesse aufs tiefste beeinflußt. Wertwelt, politisches Urteil und Ideologiebildung dieser Menschengruppen werden uns im nächsten Kapitel beschäftigen.

Wichtige Folgeerscheinungen des (erfolgreichen) Klassenkampfes müssen wir in der Tatsache sehen, daß für breite Volksschichten ein *sozialer Aufstieg* in den Generationen möglich wurde. Einen auch nur annähernd genauen Überblick über den zahlenmäßigen Anteil sozial aufgestiegener Gesellschaftsgruppen im Gesellschaftsganzen besitzen wir zur Zeit nicht. Die *individuelle affektive Be-*

deutung, die der soziale Aufstieg in den Generationen besitzt, kennen wir etwas besser. Wir behandeln dieses Thema später.

Abgesehen von den soeben beschriebenen Zugehörigkeiten zu Stand oder Klasse haben wir dann bereits *konfessionelle Gruppen* als wichtige gesellschaftliche Konstellationen erwähnt. Konfessionelle Gruppen in kirchlichen Großorganisationen oder in Splittersekten, freie oder bündlerisch (geheimbündlerisch) organisierte weltanschauliche Gruppen (etwa die Logen) haben immer und zu allen Zeiten bedeutende Einflüsse ausgeübt und sich auch fast immer stark am politischen Leben beteiligt. Das charakteristische Gruppenerlebnis, das sich bei der Zugehörigkeit zu einer konfessionellen Gruppe ergibt, ist natürlich immer eng mit weltanschaulichen Problemen, mit Idealbildung und ethischen Wertnormen verknüpft. Diese Erlebnisweisen können sich jedoch für die gleiche konfessionelle Gruppe sehr verändern, je nachdem wie die begleitenden Faktoren der Gruppensituation ausgebildet sind. So gestaltet sich zum Beispiel das Erlebnis katholischer oder evangelischer Glaubenszugehörigkeit doch recht anders, je nachdem, ob der betreffende Mensch in einem rein katholischen, einem rein evangelischen oder in einem *zwiereligiösen* Land aufwächst. Zwiereligiöse Länder haben immer eine Betonung religiöser Intoleranz und affektiver Spannungen, die im weltanschaulichen Bereich ausgetragen werden. Deutschland ist ein zwiereligiöses Land, in dem Glaubenskämpfe zu erbitterten kriegerischen Auseinandersetzungen geführt haben. Glaubensprobleme waren lange historische Strecken hindurch mit zufälligen politischen Gegebenheiten verknüpft (cuius regio eius religio) und noch heute ist unser politisches Leben stark von religiösen Gruppenbildungen beeinflußt.

Konfessionelle Gruppensituationen erhalten dann weiterhin ein besonderes Gesicht dadurch, daß eine bestimmte Gruppe eine *Minorität* darstellen kann. Katholisch zu sein in einem Bereich, in dem der Betreffende zu einer katholischen Minorität gehört, ist etwas völlig anderes als die gleiche Glaubenszugehörigkeit in einem Landstrich, der zwar ebenfalls zwiereligiös ist, wo jedoch die katholische Gruppe die zahlenmäßig kräftigere, vielleicht politisch wirksamere ist.

Ein Sonderproblem religiöser Gruppenbildung haben wir dann noch zu beachten, wenn ein Kind oder ein Erwachsener nicht zu der Glaubensgemeinschaft einer der Großreligionen gehört, sondern in das Leben einer *kleineren Sekte* hineingezogen wird. In allen sektenartigen religiösen Gruppen wird das Gruppenerlebnis im allgemeinen durch einen geheimen Eliteanspruch charakterisiert, der das Gefühl der Isolierung kompensieren soll. Das Thema der neurotischen Religiosität beschäftigt uns allerdings in einem Sonderkapitel.

Ähnlich wie konfessionelle Gruppen sind übrigens auch *nationale Gruppen* durch die Tendenzen zu politischem Einfluß, durch Minoritäts- oder Majoritätssituationen besonders geprägt. Dies letztere ganz besonders in *Grenzlandbereichen.* Deutschland ist ein Land mit vielen Grenzen und in jedem Grenzbezirk haben typische historische Entwicklungen den dort lebenden Menschengruppen ihren Stempel aufgeprägt. Allen Grenzlandbereichen ist gemeinsam, daß wir in ihnen mit den Folgen wechselhafter Geschichtsentwicklung zu rechnen haben. Fast immer registrieren wir besondere Gruppierungen, die durch den Wandel in der Regelung der Machtverhältnisse entstanden sind. In Grenzlandbereichen ist es die Regel, daß sich bestimmte Gruppen durch Sprache, Blutsverwandtschaft oder ähnliches herauskristallisieren und sich von anderen Gruppen abheben. Es kommt vor, daß eine kleine Minorität politische Schlüsselstellungen in der Hand hat und sich demnach als Minorität, jedoch eindeutig als die „Herrenschicht" fühlt. Etwa bei der „Kolonisation des Ostens". Oder wir sehen umgekehrt, daß kleine nationale oder konfessionelle Minoritäten von der politischen Übermacht der größeren Gruppe unterdrückt werden und demzufolge reaktiv ein betontes Zusammengehörigkeitsgefühl entwickeln. Kämpferische Abwehrstellung und Ressentimenthaltung bei der verachteten Minorität, revolutionierende Tendenzen bei der unterdrückten Majorität, Überlegenheitsgefühle angemessener oder unangemessener Art bei der regierenden, jedoch zahlenmäßig kleinen „Herrenschicht" sind wesentliche Varianten affektiver Grundhaltung, die wir beobachten.

Wie wir sehen, sind alle Gruppenbildungen, die wir bisher betrachtet hatten, stark von den Problemen sozialen Prestiges und politischer Rangordnung beeinflußt gewesen. In enger Wechselwirkung mit den bisher beschriebenen gruppenbildenden Kräften stehen noch ganz andere soziologische Probleme. Die Frage, ob ein Mensch in Dorf, Kleinstadt oder Großstadt, in einer Industriearbeitersiedlung oder auf einer Nordseeinsel großgeworden ist, wirft Probleme sowohl psychologischer wie soziologischer Natur auf. Lebensordnung und Lebensführung, die sich aus dieser gewissermaßen *geographischen Gruppierung* des menschlichen Lebens ergeben, sind sehr verschieden. Verändert ein Mensch seinen Lebensraum, indem er zum Beispiel vom Dorf in die Stadt oder gar umgekehrt das städtische Leben mit dem dörflichen vertauscht, dann steht er vor großen affektiven Aufgaben, bis ihm die Orientierung in der neuen Welt gelungen ist. Wird ein solcher Wechsel durch eine Ehe herbeigeführt, dann ist das Leben der Familie meist langfristig durch die Abstimmung gegenseitiger Lebensgewohnheiten der Ehepartner bestimmt.

Die Umschichtung der Bevölkerung, die mit sogenannter Landflucht und allgemeiner Industrialisierung eingetreten ist, kann hier nur kurz erwähnt werden. Als wichtigstes historisches Phänomen von weitreichender Bedeutung will ich jetzt noch folgendes diskutieren: In Geschichte und Soziologie spricht man von dem sogenannten *Wechsel* der *Eliten*. Geschichtlich gesehen finden wir sowohl langfristige, allmähliche soziale Umschichtungen (wir hatten zum Beispiel vom allmählichen Anwachsen kaufmännischer und handwerklicher Gruppen und dem politischen Einfluß des aufkommenden Bürgertums gesprochen), wie auch plötzliche Veränderungen des historischen Gefüges, die im allgemeinen die Folge von Revolutionen oder Kriegen oder beidem zusammen sind.

In Deutschland ist es sicherlich ein beherrschendes Zeichen der gegenwärtigen Gesellschaftsordnung, daß wir innerhalb der letzten 40 Jahre eine *mehrfache* plötzliche und gewaltsame Umschichtung im sozialen Gefüge erlebt haben. Es gibt kaum eine gesellschaftliche Gruppe, die nicht unvermutet einschneidende Veränderungen ihrer faktischen politischen Einordnung, der gewohnten Vermögenslage und der affektiven Bewertung der eigenen Gruppe durch das Kollektiv erlebt hätte. Adelsfamilien und Monarchie haben in Deutschland mit dem Ende des ersten Weltkrieges ihren traditionellen Einfluß und ihre Vorrangstellung eingebüßt. Das sehr wohlhabende und auch selbstbewußte Bürgertum, in dem breite Schichten voller Kultur und Bildung lebten, verarmte gleichzeitig. Das Kleinbürgertum wurde fast noch härter getroffen, es wurde um Ersparnis und Arbeitsplatz gebracht. Aus ihm heraus rekrutierte sich sehr weitgehend jene Clique, die im „tausendjährigen Reich" eine plötzliche, gewalttätig ausgenutzte politische Vorrangstellung eroberte, diese Vorrangstellung jedoch nur zu einer kulturellen und politischen Katastrophe für ganz Deutschland benutzte. Eine nicht kleine Zahl von Einzelfamilien erwarb freilich gerade in dieser Periode Arbeitsplatz, politischen Einfluß und hervorgehobene Position, um sie nach kurzer Zeit unter affektiv sehr niederdrückenden Bedingungen plötzlich wieder zu verlieren.

In spezifischer Weise wurde auch die Gruppe der *Intellektuellen* durch die soeben erwähnten Geschichtsprozesse betroffen. Der wirtschaftliche Hintergrund war dieser Menschengruppe natürlich ebenso entzogen worden wie den breiten Schichten des Adels, Bürgertums und Kleinbürgertums. Schließlich rekrutierten sich die Intellektuellen ja aus diesen Bevölkerungsschichten. Die heftige affektive Abwertung, die diese Menschengruppe im „Dritten Reich" erlebt hat, wirkt noch heute in deutlich spürbarer Form ungünstig im geistigen Leben Deutschlands nach. Geringes soziales Prestige, ungünstige ökonomische Stellung, ungünstige Arbeitsbedingungen beim Studium und ein Ressentiment gegen den Akademiker beeinträchtigen das Leben in den akademisch gebildeten Familien nicht unerheblich.

Abschließend möchte ich noch einmal auf folgendes mit einigem Nachdruck hinweisen: Die bisherige Skizze, die die historischen Gruppenbildungen in Deutschland beschrieb, hatte keinen anderen Sinn, als unseren Lesern eine gewisse Kenntnis wichtiger Gruppenkonstellationen zu vermitteln. Die psychologisch bedeutungsvolle Frage, die uns allein interessieren kann, liegt jedoch darin, ob sich das Einzelindividuum mit seiner Gruppensituation gegebenenfalls *identifiziert* oder aber ob es in *affektivem Zwiespalt* mit dieser Gruppenordnung lebt. Eine bei der Geburt mitgegebene Lebensordnung kann Gegenstand heftiger innerer Kämpfe werden. Die Auseinandersetzung mit Gruppenwerten und Gruppennormen kann ebenso schwierig sein, wie die Auseinandersetzung mit dem sozialen Prestige (oder der Abwertung), das mit der Gruppensituation verbunden ist. Aktiver Wechsel einer Gruppe (Wechsel der Nationalität, des Glaubensbekenntnisses, der Arbeitssituation usw.) müssen immer daraufhin untersucht werden, inwieweit es dem einzelnen Individuum gelungen ist, sich *anzupassen*, aber auch sich zu *identifizieren*. Äußere Anpassung und innere Identifikation sind sicherlich ganz etwas Verschiedenes.

VII. Ideal und Ideologie

1. Vorbemerkung

Kollektivnormen und Gruppenideale können also, wie wir gesehen haben, des Leben des einzelnen lenken und prägen. Wir wenden uns jetzt dem Problem ideologiehaften Denkens zu, das in diesem Rahmen immer einen wichtigen Teil unseres gesellschaftlich orientierten, geistigen Lebens ausmacht. Die Behandlung dieses Themas verlangt eine gewisse Ausführlichkeit sowohl in theoretischer Hinsicht wie auch in der Auseinandersetzung mit der geschichtlichen Existenz bedeutungsvoller ideologischer Systeme.

Dies ist zunächst einmal schon deshalb nötig, weil wir kein Einzelschicksal und keine Familiengruppe richtig beurteilen können, solange wir nicht den weltanschaulichen Überzeugungen nachgegangen sind, die die betreffenden Menschen vertreten oder von deren Einflüssen ihr Leben geprägt wurde. Außerdem benötigen wir zu diesem Thema unbedingt ein gewisses Mindestmaß historischer und theoretischer Kenntnisse, damit wir den Ansprüchen, die die Therapie von Jugendlichen an uns stellt, gerecht werden können. Wir werden bei dem starken theoretisch-weltanschaulichen Ringen junger Menschen niemals hilfreich Assistenz leisten, wenn wir uns nicht in diesem Bereich einige Fachkenntnisse erarbeitet haben.

Schließlich aber (last not least) entwickelt sich gerade im Sprachgebrauch der Psychotherapie eine gewisse Tendenz, den Begriff der Ideologie so einzuengen, daß er als Kennwort für ein bestimmtes *neurosenpsychologisches Phänomen* benutzt wird. Diese Entwicklung ist sicherlich kein Zufall. Andererseits stiftet sie aber auch nicht wenig Verwirrung, da wir bislang noch zu keiner wirklich klaren Umschreibung der Begriffe vorgedrungen sind. Wir wollen das nächste Kapitel so zusammenstellen, daß wir die vorhandenen Verbindungslinien zwischen Neurosenpsychologie und der wissenssoziologischen Auseinandersetzung mit Ideologien deutlich werden lassen.

2. Der Begriff der Ideologie

Als erstes müssen wir betonen, daß der Begriff „Ideologie“ in den Jahrhunderten seiner Existenz vielfältige *Bedeutungsschwankungen* durchgemacht hat. Leider müssen wir sogar konstatieren, daß die Auseinandersetzung mit diesem Begriff bis heute noch zu keinem allgemein verbindlichen Abschluß gekommen ist. Besonders aufallend ist dabei die Tatsache, daß wir es nicht nur mit rein formalen Unterschieden zu tun haben, die sich bei der Auslegung und Umschreibung dieses Begriffes einstellen. Wir haben es daneben gleichzeitig mit starken Unterschieden der affektiven *Bewertung* des Begriffes zu tun. Es gibt auf der einen Seite Menschengruppen, die die Ausarbeitung einer eigenen Ideologie unter eindeutig positiven Aspekten betrachten. Andererseits finden wir wissenschaftliche Auseinandersetzungen mit jener Seite des Ideologiebegriffes, der meist recht kritisch angesehen wird. Leider können wir diesem eigentümlichen Phänomen in der wissenschaftlichen Entwicklung nicht soviel Aufmerksamkeit widmen, wie es vielleicht notwendig wäre. Für unsere speziellen Zwecke müssen wir uns doch beschränken. Mit den folgenden Ausführungen werde ich mich sehr weitgehend auf die Positionen von Karl Mannheim beziehen, die er in seinem Werk „Ideologie und Utopie" dargelegt hat. Mit Hilfe dieser Ausführungen werden wir sicherlich am ehesten verstehen, wo die *Verbindungslinien* zwischen unserer Wissenschaft und *einer* bestimmten *Variante des Ideologiebegriffes* zu finden sind.

Ursprünglich stammt das Wort Ideologie aus dem Bereich der Politik. Es wurde von Napoleon geprägt, als er sich mit den Angriffen einer bestimmten philosophischen Schule seines Landes auseinanderzusetzen hatte. Diese philosophische Schule hatte es zum Ziel, die Geisteswissenschaften anthropologisch und psychologisch auf eine wissenschaftliche Grundlage zu stellen. Unter anderem stand sie in entschlossenem Gegensatz zu jeder metaphysischen Spekulation. Napoleon wurde von ihr lebhaft wegen seiner imperialistischen Bestrebungen angegriffen, er wiederum nannte sie in verächtlicher Abwehr „Ideologen". Napoleon wollte damit ausdrücken, daß die Theorien dieser wissenschaftlichen Gruppe angesichts der notwendigen realpolitischen Praxis zum Scheitern verurteilt seien und demzufolge keine ernsthafte Betrachtung verdienten.

Karl Mannheim weist bei seiner Einführung in den gesamten Fragenkomplex auf die wichtige Tatsache hin, daß der Begriff der Ideologie, genau betrachtet, im Verlauf einer Auseinandersetzung zwischen *Wissenschaft* und *Politik* entstanden ist. Die späteren sorgfältigen Studien der Soziologen und Politiker, die diesem Begriff gegolten haben, entdeckten demzufolge auch, daß sich mit der Auseinandersetzung um diesen Begriff gleichzeitig die Auseinandersetzung mit einer neuen Seite des *menschlichen Denkens* anbahnte.

Wir fügen hier folgendes ein: Jede Form wissenschaftlicher Beobachtung und Urteilsbildung strebt danach, die Wirklichkeit in größtmöglichem Umfang richtig zu erfassen und in ihren Kausalzusammenhängen zu verstehen. Logik und Erkenntniskritik befassen sich mit den Möglichkeiten und Grenzen der menschlichen Beobachtungsfähigkeit und mit den Gesetzen menschlichen Denkens. Je mehr sich die Wissenschaftler nun bemühten, das menschliche Denken auf seine Voraussetzungen hin zu untersuchen, um so deutlicher wurde ihnen allmählich die Tatsache, daß das sachliche Urteil eines Menschen stark durch die Existenz *geheimer Motivationen* beeinflußt, evtl. verbogen oder verfälscht wird. Die Wissenssoziologie hat sich mit dieser Seite menschlicher Denk- und

Urteilsvollzüge stark beschäftigt. Es liegt wohl auf der Hand, daß sich in diesem Bereich auch die vielfältigen Verbindungslinien zwischen Wissenssoziologie und Neurosenpsychologie einstellen müssen.

Es ist nun sicherlich kein Zufall, daß Karl Mannheim mit einer gewissen Betonung den Vorschlag machte, man solle die wissenschaftliche Untersuchung des motivgelenkten Denkens zunächst einmal im Rahmen einer *wertfreien* Betrachtung unternehmen. Dies sei die erste Voraussetzung einer wahren Empirie. Daß diese an sich wohl selbstverständliche wissenschaftliche Grundhaltung gewissermaßen ausdrücklich als notwendig proklamiert werden mußte, liegt daran, daß diese wert- und affektfreie Einstellung weder früher noch heute in unserem Sprachgebrauch voll zum Ausdruck kommt. Der verächtliche Beigeschmack, den Napoleon seiner Wortprägung gegeben hat, blieb als Attribut in mancherlei Hinsicht erhalten. Wir verstehen dies, wenn wir den weiteren Funden der Wissenssoziologie noch etwas genauer nachgehen:

Im Bereich des politischen Lebens, in dem der Begriff der Ideologie ja nun einmal geboren war, entdeckte man nämlich, daß die Existenz unbemerkter oder auch halbbewußter Motivationen, die die Beobachtung und Urteilsbildung des einzelnen beeinflußten, auf gar keinen Fall „harmlose“ und affektiv neutrale innere Strebungen waren. Auch politisches Planen und Handeln rechtfertigt sich ja durch eine vorauslaufende Beobachtung und Beurteilung der Wirklichkeit, aus der sich die proklamierten Zielsetzungen dann ableiten. Die wissenschaftlichen Untersuchungen über den Ideologiebegriff oder über ideologiehaftes Denken fanden nun unter anderem ihren Platz innerhalb der ablaufenden kämpferischen Auseinandersetzung zwischen verschiedenen politischen Richtungen oder Systemen. Damit büßten sie zu einem Teil ihre affektfreie wissenschaftliche Grundposition ein. Sofern man nämlich politisches Denken und Handeln oder politische Urteilsbildung auf ihre Voraussetzungen hin untersuchte, mußte man konstatieren, daß die geheimen Motivationen, die das Denken beeinflußt haben, oft genug als zweckgerichtete, quasi selbstsüchtige *Interessen* aufzufassen waren. Man fand, daß hinter der Urteilsbildung mancher Menschen im Grunde ein persönliches Interesse stand und eine starke Tendenz, daß es möglich sein sollte, ein bestimmtes selbstsüchtiges Verhalten als sachlich richtig zu rechtfertigen.

Man formulierte demzufolge etwa so, daß der Politiker, der in diesem Sinne eine Ideologie produzierte, in Wahrheit geheime persönliche Ziele verfolgte, für deren Verwirklichung er eine Rechtfertigung oder Begründung benötigt. Diese Begründung produziert er nun nicht einfach mit Hilfe grober korrupter Lüge oder Gewalttätigkeit, sondern mit Hilfe einer ihm selbst nicht voll deutlichen, jedoch tief verankerten Störung seiner klaren Beobachtung und Urteilsbildung. Wörtlich sagt Karl Mannheim in diesem Zusammenhang: „Als Ideologien legt man gegnerische Ansichten erst aus, wenn man sie nicht einfach als erlogen erlebt, sondern in der ganzen Haltung des anderen eine Unwahrhaftigkeit wittert, die man als Funktion seiner sozialen Lagerung deutet.“

Wir behalten nun im Sinn, daß sich unsere Diskussion des Ideologiebegriffes nur auf *eine einzelne* seiner vielfältigen Varianten bezieht. Und ich wiederhole, daß es große politische Gruppen gibt, die die Ausarbeitung einer Ideologie als positives Arbeitsziel erstreben. Immerhin können wir unter den bisher beschriebenen Aspekten ein typisches Moment in den gegenseitigen Debatten politischer Gegner ganz gut verstehen. Sofern sich die Diskussionspartner in diesem Sinn gegenseitig ideologiehaftes Denken „vorwerfen", sprechen sie sich im Grunde gegenseitig die Befähigung zu einer wirklichkeitsgerechten Urteilsbildung ab. Wenn man annimmt, daß die Existenz geheimer Interessen das sachlich richtige Urteil des anderen verfälscht, dann kann man sich natürlich kaum mehr diskutierend auf den Vergleich vermuteter Kausalzusammenhänge und konkreter Fakten einlassen. Man behandelt demnach die Arbeitshypothesen oder Mitteilungen des Gesprächspartners nicht mehr mit Hinblick auf das Mitgeteilte selbst, sondern auf dem Umweg über die psychologische Verfassung des anderen.

Das Eigentümliche an dieser gegenseitigen Auseinandersetzung ist dabei, daß die jeweiligen Träger der Ideologie unbedingt von der Überzeugung beherrscht sind, daß sie selbst die Wirklichkeit richtig verstanden und beurteilt hätten. Ja, mehr noch! Die Betreffenden halten ihre eigene Urteilsbildung im allgemeinen nicht nur für richtig, sondern sie messen ihr eigenes Verhalten sehr ausgeprägt an *idealistischen Wertmaßstäben.* Diese subjektive Bewertung der politischen Urteilsbildung und Zielsetzung kontrastiert nun eigentümlich mit dem Urteil des Gegners, der das proklamierte Ideal als Produkt von selbstsüchtigen Interessen *„entlarvt".*

Wir sehen also, daß uns die Untersuchung ideologiehaften Denkens in einen sehr doppeltgesichtigen Bereich menschlichen Erlebens führt, in einen „Grenzbezirk zwischen Irrtum und Lüge", um nochmals mit Karl Mannheim zu sprechen, der dem Beobachter die wichtigsten Probleme aufgibt. Wir werden unsere spätere Diskussion von geschichtlich bedeutungsvollen Ideologien unserer Zeit so abhandeln, daß diese eigentümliche Doppelgesichtigkeit der Denk- und Urteilsvollzüge nach Möglichkeit zum Ausdruck kommt. Dies immer eingedenk der Tatsache, daß wir uns bei unserer Diskussion des Ideologiebegriffes nur mit einer seiner zahlreichen Varianten beschäftigt haben.

Zuvor möchte ich jedoch noch jene Verbindungslinien etwas genauer diskutieren, die zu spezielleren neurosenpsychologischen Phänomenen hinüberführen: Verborgene halbbewußte Motivationen als Triebfeder hinter Urteilsbildung und Verhalten sind ja gerade dem Psychoanalytiker ein vertrautes Geschehen. In diesem Zusammenhang sollte man aber um keinen Preis vergessen, daß *neurotische* Motivationen im strengen Sinn *verdrängte* Erlebnisvorgänge sind. Das bedeutet, daß sie auch bei Bemühung und aufrichtiger innerer Anstrengung nicht dem bewußten Erleben zugänglich gemacht werden können. Dieses Kriterium gilt für jene interessehaften Motivationen, von denen der Wissenssoziologe spricht, *nicht.* Neurotische (also verdrängte) Motivationen wären demnach im strengen Sinn bestenfalls ein *Sonderfall* unter all jenen lenkenden Motivationen, die die Urteilsbildung überhaupt beeinflussen können. Dies sollte man unbedingt im Auge behalten, sofern man darüber nachdenkt, warum der Begriff der Ideologie im neurosenpsychologischen Sprachjargon eine zunehmende Bedeutung erhält.

Es wäre nämlich angenehm, wenn diese Unterscheidung im gegenwärtigen Sprachgebrauch der Wissenschaftler immer berücksichtigt würde. Leider sind wir davon noch weit entfernt. Im psychotherapeutischen Fachjargon neigt man dazu, häufig auch dann von einer neurotischen Ideologie zu sprechen (bzw. von Ideologie überhaupt), wenn ein Patient bestimmte Kollektivnormen vertritt und mit Hilfe dieser kollektiven Idealwelt gleichzeitig seine neurotischen Verhaltensweisen rechtfertigt oder (wie wir auch sagen) rationalisiert. Wir sehen, daß hier ein ganz neues psychisches Phänomen auftaucht. Es werden nicht die verdrängten Motivationen als Motor einer Ideologiebildung betrachtet, sondern man beschäftigt sich mit den *Rationalisierungen* des anderweitig erworbenen neurotischen Verhaltens. Diese Rationalisierung geschieht mit Hilfe von Idealbildern oder Wertnormen, die im Kollektiv vorgefunden werden. Es ist klar, daß wir es hier mit sehr verschiedenen psychischen Vorgängen zu tun haben und es wäre schön, wenn man sie nicht verwechselte.

Leider ist der allgemeine Sprachgebrauch unter den Wissenschaftlern verhältnismäßig lax und unbestimmt. Da man dazu neigt, schon dann von Ideologie zu sprechen, wenn ein Patient Kollektivnormen zur Rationalisierung seines neurotischen Verhaltens benutzt, müssen sich natürlich sehr verschiedenartige Erscheinungsformen menschlichen Fühlens das Etikett „Ideologie“ gefallen lassen. Kollektivnormen der Standesehre, religiöse Werthaltungen, rassische Vorurteile, politisches „Herrenmenschentum“ werden nicht selten unter dem Stichwort Ideologie diskutiert, sofern ihre Verflechtung mit neurosenpsychologischen Problemen zur Debatte steht. An der Tatsache dieser wissenschaftlichen Begriffsentwicklung (mindestens im deutschsprachigen Raum) kommen wir nicht vorbei, mag sie auch noch in einem sehr fluktuierenden Stadium stecken. Ich selbst kann sie nicht recht begrüßen. Die Ausweitung von Begriffen trägt selten zu größerer wissenschaftlicher Klarheit bei. Im Arbeitsbereich der Psychotherapie birgt diese begriffliche Erweiterung sogar noch eine gewisse Gefahr. Die *Verwechslung von Ideal und Ideologie* ist das Risiko, vor dem wir stehen, sofern wir unsere Begriffe nicht sorgfältig klären. Einem Neurotiker kann es passieren, daß er bestimmte Ideale mißbraucht, um seine neurotischen Behinderungen zu rechtfertigen. Diskutieren wir dieses Phänomen, dann können ungeschickte Formulierungen zahlreiche Mißverständnisse wachrufen. Unter anderem kommt es zu dem Irrtum, daß der Psychoanalytiker, der den Abbau einer „neurotischen Ideologie“ erstreben muß, damit auch die Existenz von Idealbildern ablehnt und verwirft. Man beachtet dann nicht genügend, daß die Ideale eines Menschen dem Wert nach ja auf jeden Fall erhalten bleiben, selbst wenn sie ihre spezifische emotionale Bedeutung im Zusammhang mit neurotischen Reaktionen bekommen haben.

Dieses Thema wird uns noch einmal bei den engverwandten Problemen neurotischer Religiosität beschäftigen. Auf jeden Fall müssen wir diese nicht ungefährlichen Mißverständnisse ganz besonders deshalb beachten, weil es sich auch im psychotherapeutischen Sprachgebrauch eingebürgert hat, dem Begriff der neurotischen Ideologie einen gewissen negativ-kritischen Beigeschmack zu geben. Die neurotische Ideologie wird als etwas betrachtet, das der Ausreifung und Entwicklung eines harmonischen Persönlichkeitsgefüges entgegensteht und dem in prognostischer Hinsicht eine besonders negative Bedeutung zukommt.

Wir vergessen also nicht, daß auch im Bereich der Politik eine Verfälschung des subjektiven Urteils aus *echt idealistischen* Gründen vorkommen kann. Der wissenschaftliche Betrachter nennt die realitätsfremden hoffnungsvollen Idealisten freilich lieber Romantiker. Die politische Planung, die sich unter Umständen aus so weltfremdem Urteil ableitet, bezeichnet man gegebenenfalls als utopisch.

Wir werden in der von uns geplanten Darstellung geschichtlicher politischer Ideologien sogleich sehen, wie sich hier Idealbilder und selbstsüchtige Interessen miteinander vermischen können.

3. Politische Ideologien unserer Zeit

Im Verlauf dieses Abschnittes werde ich mich den drei großen ideologischen Systemen zuwenden, die zur Zeit für den deutschen Kulturkreis teils aktuell, teils in spezifischen Nachwirkungen eine Rolle spielen: Dem Kapitalismus, dem Marxismus und dem Nationalsozialismus. Ich sage schon vorweg, daß ich gerade in bezug auf den Nationalsozialismus noch gesondert darlegen werde, wie sich das ideologiehafte Denken im Bereich sogenannter Naturwissenschaften, besonders aber auch im Bereich der Psychiatrie eingenistet hat. Meine Darlegungen bleiben dabei an jenen Tatbeständen ausgerichtet, die wir im vorigen Kapitel mit Hinblick auf das ideologiehafte Denken diskutiert haben.

Ich beginne zunächst mit den beiden großen politischen Ideologien, die im vergangenen Jahrhundert ganz bevorzugt die politischen Auseinandersetzungen bestimmt haben, dem Marxismus und dem Kapitalismus.

Man könnte die *positiven Grundpositionen,* die auf der Seite sogenannter Kapitalisten vertreten werden, etwa mit folgenden Worten umschreiben:

Individuelle Initiative und Verantwortlichkeit sollen gepflegt und unterstützt werden. Größerer Fleiß, größeres Talent und größere Verantwortungsfreude sollen sich belohnt sehen. Man erstrebt eine größtmögliche Befreiung von staatlichen Reglementierungen. Die Unabhängigkeit des Individuums ist ein kostbarer Wert. Auch zugunsten des Kollektivs sollen ihm keine einschneidenden Beschränkungen der Selbstbestimmung auferlegt werden.

Die *entlarvende Kritik,* die dann der Marxist in bezug auf diese kapitalistische Ideologie glaubt vornehmen zu müssen, spitzt sich etwa so zu:

Um weiter ungestört in Wohlstand und Behagen leben zu können, behauptet der Kapitalist fälschlicherweise, daß sein Vermögen und sein sozialer Wohlstand lediglich durch die eigene Arbeit und durch die praktizierte Sparsamkeit erworben sei. Er leugnet (tendenzgerichtet), daß der Arbeiter in der industriellen Wirtschaft faktisch ausgebeutet wird und bezeichnet stattdessen den Unternehmer als den Wohltäter des Arbeiters, der von ihm Arbeitsplatz, Geld, Ernährung und Bekleidung zur Verfügung gestellt bekäme. Im Lichte dieser Kritik erscheint der Kapitalist weiterhin als ein Mensch, der die Existenz des Proletariats und die proletarische Lebensführung für das Ergebnis von Faulheit, Begabungsmangel oder Leichtfertigkeit erklärt, nur um seine eigenen ausbeuterischen Tendenzen weiterhin im Rahmen eines politischen Programmes verfolgen zu können. Er erklärt zugleich die Existenz von Klassengegensätzen als eine Art von unabweisbarem Naturgesetz, das weder zu ändern noch zu mildern wäre, so daß jeder Protest gegen solche „Naturgesetze" nichts sei als die anarchistische Widersetzlichkeit aller Nichtstuer.

Die gleiche Form der Beschreibung läßt sich umgekehrt für die marxistisch-sozialistische Gedankenwelt entwickeln. Hier wäre das Thema etwa folgendermaßen zu behandeln:

Die *Idealwelt,* die den positiven Enthusiasmus dieser politischer Gruppe getragen hat und trägt, hat folgendes Gesicht: Gleiche Chance für die soziale Entwicklung und gleicher Wohlstand für alle! Unabhängig von sozial und geburtlich vorgegebenen Privilegien sollen alle Mitglieder der Gesellschaft die Möglichkeit zu beruflicher Verbesserung und wirtschaftlicher Sicherung haben. Gewalttätige Ausbeutung der sozial schwächeren Gruppe soll mit allen Mitteln verhindert werden. Gerechtigkeit in ökonomischer wie politischer Hinsicht durch die Beteiligung der Arbeiter an dem Gewinn ihrer Tätigkeit ist zu erstreben. Die Sicherung durch das Kollektiv ist der wesentliche Schutz gegen die Ausbeutung einzelner.

Dieses klassenkämpferische Idealbild wird nun wiederum von den *Kritikern* als eine tendenzgerichtete Ideologie beurteilt. Die Quintessenz solcher Kritik zeigt die angeblich vorhandenen Kehrseiten:

Aus tendenzgerichteten Motiven (etwa um eine politisch wirksame Parole zu haben oder um seinerseits gewalttätig zu Macht und Reichtum zu kommen) soll der Marxist die Existenz von Vermögen lediglich aus Ausbeutung und Gewalttat in mehr oder weniger verhüllter Form ableiten. Die historische Wirklichkeit werde verzerrt: In übertriebener Zuspitzung werde das alte Feudalsystem und die Entstehung von Grundbesitz lediglich als das Ergebnis von Raub und Überfall beschrieben. Ebenso wird die industrielle oder händlerische Aneignung des Mehrwertes als das Ergebnis verhüllter Korruption und verhüllter Gewalttat aufgefaßt. Individuelle Unternehmungslust, Verantwortungsbereitschaft, Einsatzfreudigkeit und Verstand werden in ihren Qualitäten geleugnet und die besitzende Klasse als eine Gruppe von Privilegierten beschrieben, die ihre Privilegien nicht abgeben will und stattdessen die Lasten des Existenzkampfes auf die wirklich arbeitende Klasse abschütteln möchte. Demzufolge wird auch der sogenannte Mehrwert lediglich als das Ergebnis der Arbeit des Proletariats aufgefaßt, so daß konsequenterweise Einkommen grundsätzlich nur Arbeitseinkommen sein dürfte, da jede andere Form einer Ausbeutung der Arbeitenden gleichzusetzen wäre.

Anhand des soeben skizzierten Modelles gegnerischer Grundpositionen verstehen wir den Sinn unserer früheren Ausführungen wohl noch besser: Man sieht, in welchen Grenzbezirk zwischen Irrtum und Lüge wir hineingeführt werden und wie wir im Bereich der Ideologiebildungen mit allen Übergängen von Korruption einerseits, mangelhaftem Verständnis der Wirklichkeit andererseits und echtem idealistischem Enthusiasmus zum Dritten zu tun haben. Wir sehen zugleich, daß bei den Interpretationen der gegnerischen Auffassung, sofern sie in der oben skizzierten Form geschehen, tatsächlich keine *sachlichen Diskussionen* (etwa von vorgeschlagenen Sozialsystemen) versucht werden. Man diskutiert nicht an erster Stelle die Möglichkeiten oder die zu erwartenden Folgen von Planwirtschaft und Vergesellschaftung der Produktionsmittel, sondern man bezieht sich in der Debatte primär und im wesentlichen auf die vermuteten tendenzgerichteten Interessen, die die eigentlichen politisch-gesellschaftlichen oder ökonomischen Ziele ausmachen und die zu den sachlichen Irrtümern in der Urteilsbildung geführt haben.

Im übrigen muß man für den derzeitigen deutschen Kulturkreis wohl noch hinzufügen, daß dieser soeben skizzierte überspitzte Gegensatz zwischen Kapitalisten und Arbeitern in gewisser Weise *veraltet* ist. Der „Klassenkampf" des 19. Jahrhunderts hat zwar wesentliche Impulse aus diesen politischen Parolen bezogen, ist jedoch zur Zeit in andere Formen übergegangen und dies macht sich auch in den gegnerischen politischen Debatten entsprechend bemerkbar. Insbesondere werfen sich politische Gegner zur Zeit gerne verkappte *imperialistische Tendenzen* vor, ein Thema, das die politischen Debatten unserer Zeit färbt.

Wir behalten im Sinn, daß unter den bisher diskutierten Gesichtspunkten die Übertreibung und Verzerrung von Gegebenheiten ein wichtiger Bestandteil ideologischer geistiger Systeme ist. Ebenso wie die Vernachlässigung bestimmter Faktoren, deren ausreichend sorgfältige Beachtung das Gesamtbild verändert hätte.

Wir sehen zugleich, wie utopische Planung und romantischer Idealismus neben die echte politische Korruption treten können und wir gewinnen ein Verständnis dafür, daß in allen politischen Gruppierungen unserer Zeit Menschen mit sehr verschiedenartiger innerer Struktur zusammenfinden können.

Kapitalismus und Marxismus waren dabei die politischen Modellbeispiele, an denen sich historisch die Kenntnis ideologiehaften Denkens überhaupt entwickelt hatte. Ihren Einfluß auf das geistig politische Leben der Gegenwart üben sie zur Zeit innerhalb der großen politischen Gruppierungen aus und kommen noch immer in den politischen Debatten ans Licht. Die eigentlichen Triebkräfte der gesellschaftlichen Entwicklung gehen jedoch, wie wir sagten, mit diesen Parolen nicht mehr wirklich parallel.

In ganz anderem Sinne werden nun die Reste und Ausläufer des *Nationalsozialismus* für unsere gegenwärtige Gesellschaftsstruktur von Bedeutung. Der Nationalsozialismus hat als politische Ideologie zur Zeit überhaupt keine Wirklichkeit mehr. Stattdessen beobachten wir an einer Unzahl von *Einzelschicksalen* den Einbruch dieser politischen Periode. Insbesondere haben wir es jetzt schon mit einer großen Gruppe von Familien zu tun, in denen die Eltern zu jener Generation gehörten, die als 15- bis 18jährige den Zusammenbruch des Dritten Reiches erlebten, nachdem sie zuvor als Kinder und Jugendliche stark den Einflüssen dieser politischen Ideologien ausgesetzt waren. Die psychologische Bedeutung dieser Vorgänge scheint mir von so tiefgehendem Ernst, daß ich der politischen Ideologie des Nationalsozialismus in ihren sehr vielfältigen Übergriffen auf das Privatleben größere Ausführlichkeit widmen möchte.

Die Nationalsozialisten nannten sich selbst eine Arbeiterpartei und sprachen konsequenterweise von der Arbeiter-Revolution, die ihnen die politische Macht errungen hatte. Richtig war an dieser Behauptung allerdings wohl nur, daß sich der Nationalsozialismus das Pathos jener verhältnismäßig primitiven Parolen zunutze machte, die dem Entrechteten die Wiederherstellung sozialer Gerechtigkeit versprachen. Im Gegensatz zu den großen (wohl auch sehr grausamen) Revolutionen aus vergangenen Geschichtsepochen, wie etwa die französische Revolution oder die Revolution in Rußland 1917, war der Personenkreis, der den Aufstand trug, nicht das Heer der wirklich Unterdrückten und Ausgebeuteten. In den Reihen der nationalsozialistischen Bewegung stand nicht das Proletariat zahlenmäßig an erster Stelle, sondern ganz offenkundig das Kleinbürgertum. Es handelte sich also nicht um eine Menschengruppe, die immer zu einer entrechteten Klasse gehört hatte, sondern es handelte sich um Menschen, die bereits einmal in kleinem Umfang zu Existenzsicherung und Behagen gekommen waren und die dies total durch Inflation, Arbeitslosigkeit und mehrfache Wirtschaftskrisen eingebüßt hatten. Auf die wichtige Bedeutung dieser Tatsache kommen wir sogleich noch zurück.

Die politisch-ideologischen Parolen, die der Nationalsozialismus seinen Anhängern anbot, sind rasch umrissen. Zunächst ergab sich aus der (teils begründeten, teils unbegründeten) Hoffnungslosigkeit, im internationalen Raum Verständnis oder gar Unterstützung zu finden, eine Überspitzung der nationalen Idee. Angesichts der tatsächlich fast verzweifelten Stellung im internationalen Feld war die Ausrichtung auf eine internationale Verbrüderung im Sinne des Kommunismus kaum aktuell oder verlockend. Der nationale Gedanke wurde daher nicht nur mit Pseudoheroismus kultiviert, sondern zugleich mit der rassischen Problematik verknüpft. Die außenpolitische Taktik war dabei bekanntlich auf die Wiederbeschaffung von „Lebensraum" ausgerichtet mit stark imperialistisch-kriegerischer Tönung dieser Tendenzen. Verkündet wurde das Ziel, „autark" leben zu wollen, um von den Feindseligkeiten im internationalen Feld unabhängig zu werden, innenpolitisch kombiniert mit dem Plan, durch staatliche Großprogramme der Arbeitsbeschaffung die Arbeitslosigkeit aufzuheben

Jeder einzelne dieser Programmpunkte war getragen von einer Fülle von wirtschaftspolitischen und außenpolitischen Irrtümern oder Verkennungen der tatsächlichen Lage. Mit ihren Übertreibungen und Verzerrungen der Wirklichkeit und dem gerade eben noch vorhandenen Gehalt an richtigem Urteil hatten all diese Programmpunkte und Parolen jedoch gerade jene Zugkraft, die eine politische Parole eben braucht, um wirksam zu sein.

Die *Idealwelt,* die immerhin von einem Teil des Personenkreises mit subjektiver Überzeugungsgewißheit kultiviert und vorgetragen wurde, wurzelte in den oben geschilderten Thesen: Die Befreiung von Arbeitslosigkeit, Elend und Not wurde angekündigt. Soziale Gerechtigkeit und allgemeiner Wohlstand sollten errungen werden. Das Ziel, die verlorene nationale Würde wieder herzustellen, wurde von allen überzeugten Patrioten nachhaltig erstrebt. Das Erleben von Gemeinschaft, Treue und Kameradschaft in völkischem und nationalem Enthusiasmus richtete dabei gleichzeitig das einzelne Individuum auf ein bestimmtes Ideal von Überlegenheit und Souveränität hin aus.

Die *verborgenen Triebkräfte* hinter diesen pathetisch-heroisch vorgetragenen Idealen sahen freilich ganz anders aus. Wir kommen ihnen auf die Spur, wenn wir uns noch einmal darauf zurückbesinnen, welcher Personenkreis in welcher geschichtlichen Situation der eigentliche Träger dieser Bewegung gewesen ist.

Wir müssen jetzt bedenken, daß bereits 1918 in Deutschland eine radikale Umschichtung der sozial Bevorrechtigten stattgefunden hatte. Adel und Großbürgertum hatten in weitem Umfang ihre Privilegien verloren. Im allgemeinen Chaos wirtschaftlicher und sozialer Umwälzungen dieser Epoche, die eine Revolution immerhin mit einem verlorenen Krieg verknüpfte, gab es keine Ausbeutung durch Gewalttat auf dem Hintergrund feudalistischer Privilegien. Wenn überhaupt eine Menschengruppe für den Existenzkampf besser ausgerüstet war als andere und in diesem Sinne privilegiert, dann waren es die Bevorzugten des Geistes und der *Bildung.* In dem Augenblick, in dem Ausbildung und Fachwissen die soziologische Funktion des Vermögens übernahm, wurden für eine kurze Frist die Kenntnisreichen und Begabten diejenigen, die ihre Existenz besser zu schützen wußten als andere. So war es nur logisch und konsequent, wenn sich Massenneid und Massenressentiment mit Leichtigkeit auf diese Gruppe scheinbar Bevorrechtigter lenken ließ. Einen unterdrückenden Adel gab es nicht mehr, die großbürgerlichen Familien hatten überwiegend im Verlauf der Inflation ihr Vermögen eingebüßt. So wurde in geschichtlich bis dahin wohl unbekannter Weise die *geistige Elite* des Landes zur Zielscheibe des bereitliegenden aufgestauten Ressentiments der Massen.

Ich halte diesen teils psychologischen, teils historischen Vorgang tatsächlich für einen wichtigen Schlüsselfaktor zum Verständnis des gesamten politisch-psychologischen Phänomens, das der Nationalsozialismus in Deutschland darstellte. Einer der wichtigsten Faktoren jedenfalls, der die ungeheure kulturelle Katastrophe heraufbeschwor, die mit dieser politischen Epoche eingeleitet wurde.

Als ideologische Parole galt ja konsequenterweise, daß die „Intellektuellen" angeblich bei der Gestaltung der politischen Nachkriegsperiode völlig versagt hätten und daß ihre Mißkreditierung und Entwertung die gerechte Folge ihrer Unzulänglichkeit sei. Das Ressentiment gegenüber dem qualifizierten Talent und das Unbehagen über die eigene Unzulänglichkeit mußte jedoch beschwichtigt und getröstet werden. Dies ließ sich mit dem proklamierten *Eliteanspruch* der *bevorzugten Rasse* leicht bewerkstelligen. Die politische Monopolstellung einer kleinbürgerlichen Menschengruppe, die sich für das Naturgeschenk der Rasse überlegen fühlen wollte, weil sie sich in der Konkurrenz mit Fachwissen, Bildung und Kenntnis nicht behauptet hätte, war schließlich das Endergebnis der gesamten historischen Entwicklung.

In engster Verknüpfung mit der allgemeinen Mißkreditierung der Intellektuellen steht nun unbedingt die spezielle Form des nationalsozialistischen Antisemitismus. Es erscheint mir sicher, daß man das Phänomen des speziell nationalsozialistischen Antisemitismus nicht mit dem „Prügelknabenthema" allein ausreichend erklären kann. Ich glaube auch nicht, daß es genügt zu sagen, der Nationalsozialismus habe ein Opfer gebraucht, auf das der Menschenhaß gelenkt werden konnte. Natürlich ist diese These nicht falsch, denn wer ein Massenressentiment zum Motor einer politischen Bewegung braucht, muß ebenfalls ein wirksames Objekt des Hasses finden. Aber wir hätten mit einer solchen Formulierung nur einen Teil der Wahrheit erfaßt. Man würde den gesamten Vorgang in seiner menschlichen und kulturellen Tragik nur unvollkommen verstehen, wenn man lediglich diese Seite ins Auge faßt. Die Verfolgung der Juden ist eng mit der allgemeinen Abwertung der geistig gebildeten Schicht des Landes verknüpft gewesen. War doch die Betonung des rassischen Privilegs im Gegensatz zu Kenntnis, Bildung und Verstand einer der wesentlichsten Faktoren im Rahmen der nationalsozialistischen Ideologie. Leistung, Fachwissen und Kenntnisstand waren immer zweitrangig, wenn nur Gefolgschaftstreue ausreichend garantiert erschien.

Der fanatisierte Sadismus, den der Nationalsozialismus produziert hat, erklärt sich zu einem wesentlichen Teil aus diesen Vorgängen. Handelte es sich doch nicht um die naive und spontane Revolte einer unterdrückten Klasse gegen die wirklichen Ausbeuter. Treibend war stattdessen das dumpfe Ressentiment der politisch einflußreichen aber nur „halbgebildeten" Menschengruppe, die sich im Konkurrenzkampf mit wirklicher Bildung und Leistung unterlegen fühlen mußte. Die Verfolgung der Juden entsprang zu einem wesentlichen Teil der (natürlich nie formulierten) Einsicht, daß es sich bei ihnen um eine Menschengruppe handelte, die gerade hinsichtlich des Talentes mit Vorzügen ausgestattet war. Es ist klar, daß eine politische Praktik, die mit Gewalttat gegen Kultur und Bildung vorgeht, dies immer nur mit starken Schuldgefühlen tun kann. Die Abwehr dieser Schuldgefühle bringt aber allemal eine Steigerung der Grausamkeit mit sich, sofern sie nicht zum Gegenstand einer innerlich aufrichtigen Auseinandersetzung gemacht werden.

Ebenso offenkundig ist, daß das dumpf gespürte Unterlegenheitsgefühl beschwichtigt werden sollte, wenn es darum ging, eine vermeintlich besonders wertvolle Rasse zu konservieren oder aber andererseits „minderwertiges Erbgut" auszumerzen. Wie sich diese Seite der nationalsozialistischen Ideologie in den Wissenschaften auswirkte, werden wir sogleich etwas weiter unten verstehen. Gerade die Wissenschaften wurden ja in dieser Epoche in weitem Umfang mißbraucht, um den Aufstand der Halbgebildeten gegen die geistige Elite des Landes zu rechtfertigen.

Im Augenblick wollen wir uns noch mit einigen geschichtlichen Konsequenzen befassen, die sich nicht nur für das allgemein politische, sondern auch für das intim persönliche Leben des Volkes und zahlreicher Familien ergeben hatte. Im Hinblick auf das sogenannte „Führerprinzip“ wurde die ideale politische Gruppe so ausgeformt, daß man das Vertrauen und die Zuneigung der Gruppenmitglieder als den eigentlichen Wert erlebte. Die Erwartung von Treue rangierte vor der Bewertung sachlich richtigen Urteils. Es entwickelte sich demzufolge eine eigentümlich *bündlerische Gemeinschaft* der Männer. Sachliches Gespräch, kritisches Urteil, Diskussion und Partnerschaft auf der Basis gemeinsamer Interessen spielte immer eine zweitrangige Rolle. Der Akzent lag voll und ganz auf der *Emotionalität,* und wenn neben der gemeinsamen Anhänglichkeit überhaupt etwas wichtig war, dann der gemeinsame *Kampf.*

Aus diesem psychologisch-soziologischen Phänomen der nationalsozialistischen Männerbünde läßt sich das Verständnis für weiteres ableiten. Zum einen verstehen wir die überheftige und mörderische Abwehr der männlichen Homosexualität. Latente, aber stark abgewehrte homosexuelle Bereitschaften unter den Gruppenmitgliedern konnten ja ein Stück weit dadurch befriedigt werden, daß die Gefühlsgemeinschaft der Beteiligten als etwas „Normales“ hingestellt wurde. Die politische Ideologie ging schließlich dahin, daß diese Gefühlsgemeinschaft der wichtigste Teil der gesamten Gruppenexistenz sei. Die Brüchigkeit dieser Konstellation offenbarte sich jedoch in der extremistischen und inhumanen Behandlung homosexueller Fehlentwicklungen.

Die ideologischen Prinzipien über Führer- und Gefolgschaftstreue beeinflußten konsequenterweise auch die innere Einstellung zur Frau und damit das Familienleben. Aus der bündlerischen Gemeinschaft der Männer war die Frau nämlich als Partnerin in gewisser Weise ausgeschlossen. Die arbeitspolitische Tendenz, die Frau (angesichts der starken Arbeitslosigkeit) aus der beruflichen Konkurrenz mit den Männern herauszudrängen, war nur zu einem Teil ökonomisch begründet. Die „deutsche Frau und Mutter“ erhielt im Rahmen der nationalsozialistischen Ideologie ihren Wert nicht in der Gemeinschaft mit dem Mann. Sie war nicht Partnerin und Person, sondern wurde stattdessen zur „Hüterin des Erbgutes“ proklamiert. Ihre Würde und ihren Wert erwarb sie sich erst dadurch, daß sie ihrem Führer eine ausreichende Zahl kleiner Siegfriede und Gerlinden geboren hatte. Zweifellos haben wir es auch heute noch mit einer Zahl von Familien zu tun, in denen die Mutter ihre Kinder weit mehr unter dem Einfluß dieser politischen Ideologien bekommen hat, als mit Hinblick auf eigene spontane Wünsche. Das Leben solcher Familien hat natürlich durch die spätere politische Entwicklung ein ganz entscheidendes Gepräge bekommen.

Da nun die nationalsozialistische Ideologie so weitgehend auf der Fehlbewertung rassischer Möglichkeiten aufgebaut war, verwundert es uns nicht, daß starke Versuche unternommen wurden, mit Hilfe der *Wissenschaften* eine *Rechtfertigung* für jene Fehlurteile zu erlangen, die durch tiefverwurzelte emotionale Motivationen zustande gekommen waren.

In kaum abzuschätzendem Ausmaß wurde das wissenschaftliche Leben des Landes in dieser politischen Epoche beeinflußt. Rassenlehre, Erbbiologie und Konstitutionslehre wurden in der nationalsozialistischen Ära aus den genannten Gründen stark gefördert. Der Preis für diese Förderung war hoch. Wurde doch an die Wissenschaft der Anspruch herangetragen, daß die benutzten ideologischen Parolen von ihr als richtig erwiesen werden möchten. Es sollte bewiesen werden, daß es konstitutions- und rassegebundene Persönlichkeitswerte und Talente gäbe. Die politische Ideologie betonte die wissenschaftliche These, daß rassische Merkmale nicht nur physiologisch-anatomischer Art seien, sondern zugleich mit bestimmten Grundqualitäten der menschlichen Persönlichkeit verknüpft wären. Die geradezu unglaublich anmutende Verzerrung des sachlich richtigen wissenschaftlichen Urteils aus ideologischen Gründen, die seinerzeit um sich griff, läßt sich kaum besser als am Problem von Konstitution und Rasse verfolgen. Wenn sich zum Beispiel die Juden in psychischer Hinsicht tatsächlich durch angeborene rassische Unterschiede von anderen Menschengruppen unterscheiden, dann ja sicherlich nur dadurch, daß bei ihnen der Prozentsatz an hochentwickelten Begabungen größer, aber nicht kleiner ist als bei anderen Rassen. Es mutet geradezu grotesk an, daß die oben geschilderte ressentimenterfüllte Auseinandersetzung der Nationalsozialisten mit Talent und Bildung ausgerechnet die Konstitutions- und Erblehre benötigte, um den eigenen Eliteanspruch zu rechtfertigen und zu beweisen.

Die zugehörigen Wissenschaften kamen demzufolge im Dritten Reich auch niemals über immer unbewiesene Arbeitshypothesen hinaus. Dies wurde im Bereich der Psychiatrie besonders deutlich, in der es zu den bekannten Auswüchsen kam, daß unter dem Stichwort „Ausmerzung unwerten Lebens" die ausgedehnte Euthanasierung der Geisteskranken gefordert und gelegentlich sogar praktiziert wurde. Noch heute haben wir mit einer weitgehenden allgemeinen Abwertung des psychisch Kranken überhaupt in der Ärzteschaft zu rechnen, und dieses Phänomen ist zweifellos in beträchtlichem Umfang durch die politischen Einflüsse im Dritten Reich auf das wissenschaftliche Leben zu erklären.

Wir müssen uns also auf jeden Fall vor Augen halten, daß das historisch-psychologische Phänomen der nationalsozialistischen Epoche bei weitem komplizierter in das nationale Leben eingegriffen hat, als dies wohl bei den anderen politischen Ideologien der Fall gewesen ist. Übrig bleibt bei genauer „entlarvender" Betrachtung, daß die geheimen, lenkenden Interessen, die die Ideologiebildung beeinflußten, überwiegend mit Wünschen nach Macht und Reichtum verknüpft gewesen sind.

Dies müssen wir im Rahmen der Neurosenpsychologie insofern besonders berücksichtigen, als es ja vorkommen kann, daß ein Einzelindividuum seine speziellen neurotischen Probleme mit Hilfe einer politischen Ideologie lösen will. In diesen Fällen handelt es sich fast immer darum, daß der Betreffende seine eigenen expansiven, vielleicht aggressiven Impulse im individuellen Leben nicht gestalten kann und nun versucht, sie im *Kollektiv auszuleben.* Die zugehörige Rationalisierung des neurotischen Verhaltens kommt dann aus dem bereitliegenden politischen Sprachjargon. Das weltanschauliche Moment wird dann gegebenenfalls überbetont und vor die sachliche Diskussion, etwa der Wirtschaftspolitik, gestellt. Man sagt dann gelegentlich, daß die politische Überzeugung für den Betreffenden zu einer Art Religion werde. Man denkt dann wohl daran, daß Politik und Religion in den verschiedensten kulturgeschichtlichen Epochen der Menschheit eng miteinander verknüpft gewesen sind. Im folgenden Kapitel wollen wir nun die rein weltanschauliche Seite religiösen Erlebens in ihrer Beziehung zu neurotischen Reaktionen etwas genauer betrachten.

VIII. Neurotische Religiosität

1. Religiöses Erleben, Religionen, Kirchenorganisationen

Dem Problem der neurotischen Religiosität können wir uns nun kaum erfolgreich nähern, wenn wir uns nicht zuvor mit dem menschlichen Erleben bei „normaler", oder besser bei ursprünglicher Religiosität auseinandergesetzt haben. Freilich stellt sich beim Studium der Religionsgeschichte, besonders aber beim Studium der vergleichenden Religionswissenschaften rasch heraus, daß gar nicht so leicht herauszufinden ist, welche Vorstellung vom Wesen ursprünglichen religiösen Erlebens wohl mit der Auffassung der meisten Forscher oder Kirchenpolitiker übereinstimmen könnte. Und mit der unterschiedlichen Auffassung über das, was man an menschlichen Grundhaltungen oder Erlebnisweisen als „echt religiös" bezeichnen soll, gehen auch sehr verschiedenartige Definitionen über das „Wesen" der Religion Hand in Hand.

Am häufigsten begegnet man wohl der Ansicht, daß das eigentliche Wesen des Religiösen in der Auseinandersetzung des Menschen mit Gott zu suchen und zu sehen sei. Das Wort selbst (Religion) wird im allgemeinen von Religio gleich Bindung abgeleitet und diese „Bindung" wird wiederum als die Beziehung, Verbundenheit oder Auseinandersetzung des einzelnen mit Gott oder dem Göttlichen verstanden.

Die Annahme eines metaphysisch Unerforschlichen ist bei dieser Vorstellung vom Religiösen mit einbegriffen und — was wohl noch bei weitem wichtiger ist — zugleich die Vorstellung, daß dieser metaphysisch verstandene Urgrund *sinnvoll* sei. Im Erlebnis, daß dem kosmischen Ganzen ein positiver Sinn zuzuschreiben sei, wird die Existenz dieses Ganzen aus den tiefsten Schichten des menschlichen Fühlens heraus bejaht. Die wesentlichsten religiösen Empfindungen und Gefühle, die wir kennen, leiten sich aus dieser bejahenden Haltung ab: Ehrfurcht, Andacht, Ergriffenheit und (je nachdem, wie persönlich oder unpersönlich die spezielle Gottesvorstellung ist) Gottvertrauen oder Weltfrömmigkeit.

Diese ersten Überlegungen geben uns wohl einen gewissen Anhaltspunkt dafür, was wir als ursprüngliches religiöses Erleben des Menschen verstehen wollen. Probleme der Religionsbildung oder gar Kirchenschöpfung sind damit natürlich noch nicht einmal gestreift. Zum besseren Verständnis unserer besonderen psychiatrischen Fragestellungen soll daher noch eine kurze allgemeine Überlegung aus der vergleichenden Religionswissenschaft eingeschoben werden.

Von Glasenapp, sicher einer der besten Kenner im Bereich der vergleichenden Religionswissenschaften, benutzt in seinem Buch „Die fünf großen Religionen" eine bestimmte Gliederung für die Beurteilung einer Religion, die man kennen sollte. Von Glasenapp unterscheidet:

1. Die zugrunde liegende Ethik,
2. die Weltinterpretation mit den zugehörig vorhandenen (evtl. auch nicht vorhandenen) Gottesvorstellungen,
3. die vorgeschriebenen und geübten Kulthandlungen,
4. die Reglementierung des täglichen Lebens.

Mit diesem inneren Koordinatensystem im Hintergrund kann man sich zweifellos leichter als sonst ein Verständnis für die verschiedenen Religionsbildungen erarbeiten. Haben wir Neigung, in Zahlen zu denken, um einen Überblick über die Lage der Religionen in unserer Welt zu gewinnen, dann hören wir folgendes: Die religiöse Menschheit der Gegenwart bekennt sich im wesentlichen zu fünf großen Religionen. Jede Religionsstatistik, die versucht, die Anhänger der verschiedenen Religionen zahlenmäßig zu erfassen, ist dabei wegen sehr verschiedenartiger historischer und soziologischer Gründe weitgehend auf Schätzungen angewiesen. Diese Schätzungen müssen schon deshalb oft sehr ungenau sein, weil es Religionen gibt, die ihren Angehörigen nicht verbieten, gleichzeitig Anhänger einer anderen Religion zu sein. In einer Tabelle, die v. Glasenapp angegeben hat und die auf Schätzungen vor dem zweiten Weltkrieg beruht, finden wir, daß etwa die chinesischen Universisten 18,6 % der Menschheit zu Bekennern haben, die römisch-katholische Kirche 17 %, Mohamedaner und Hindus je 13 %, Protestanten 10,5 % usw.

Versenkt man sich mit Hinblick auf die soeben angegebene Gliederung im einzelnen in das Studium dieser verschiedenartigen Religionen, so wird folgendes deutlich:

Zunächst tritt die sehr eindrucksvolle und man möchte sagen befriedigende Tatsache vors Auge, daß die zugrunde liegende *Ethik* der jeweiligen Religionen sehr verwandte Züge besitzt und im wesentlichen dem allgemein menschlichen Werterleben entspricht. In allen Religionen wird Stehlen, Lügen, Morden und der Ehebruch als sündhaft angesehen. Alle Religionen beziehen sich offensichtlich in ihrer Ethik und in ihren ethischen Idealvorstellungen auf die liebevolle Seite der menschlichen Natur. Überall wird Aufrichtigkeit, Rücksichtnahme und Toleranz dem anderen Menschen gegenüber als ein hoher und kostbarer Wert angesehen. So dürfen wir in diesem Zusammenhang vielleicht noch hinzufügen, daß mit Hinblick auf die Religionsstatistik und die oben erwähnten großen Religionen festgestellt werden konnte, daß sich neun Zehntel der gesamten

Menschheit zu einer der sogenannten „ethischen Hochreligionen" bekennt, das heißt, daß von neun Zehnteln der Menschheit eine reine, primitive Naturreligion als überwunden erlebt wird.

So verwandt nun bei den verschiedenen Religionen die zugrunde liegende und als Wert empfundene Ethik ist, so extrem verschiedenartig präsentiert sich uns das Bild der jeweiligen *Weltinterpretationen.* Wir folgen in kurzer Skizze den Ausführungen, die uns v. Glasenapp zu diesem Thema gegeben hat: v. Glasenapp unterscheidet einmal die „Religionen des ewigen Weltgesetzes" (Hinduismus, Buddhismus und chinesische Universisten) und daneben Religionen der geschichtlichen Gottesoffenbarung (Zoroastrier, Juden, Christen, Mohamedaner). Die eine Hälfte der Religionen, nämlich die Religionen des ewigen Weltgesetzes, haben die Vorstellung entwickelt, daß das Universum von einem allgemeinen ewigen Gesetz beherrscht werde und daß dieser waltenden Gesetzlichkeit gegenüber auch die vermutete, geglaubte und angebetete Gottheit nur eine dienende Rolle spiele. Bei diesen Religionen steht also das Weltgesetz über der Gottheit. Im Gegensatz dazu haben die Religionen der „geschichtlichen Gottesoffenbarung" die Vorstellung, daß im Verlauf einer einmaligen Offenbarung, in der sich ein allmächtiger göttlicher Wille oder eine allmächtige göttliche Figur kundtat, die einzige wahre Mitteilung über das Wesen der Welt ergangen sei. In diesen Religionen wird eine göttliche Figur von allmächtigem Willen gedacht und geglaubt und eine Unterordnung dieser Gottheit unter ein allgemeines Weltgesetz wird nicht angenommen.

Allen Religionen gemeinsam ist wiederum die Tatsache, daß sie anthropomorph sind, das heißt, daß ihre Gottesvorstellung dem Wesen des Menschen nachgebildet wurde. Sei es nun, daß eine Vielheit von Göttern angenommen wird, sei es, daß die Gläubigen einen einzigen Gott verehren. Gemeinsam ist weiterhin, daß in fast allen Religionen Unter- und Nebenfiguren der Gottheit eine Rolle spielen. Eine Vielzahl der „überirdischen Nothelfer" wird ebenfalls von allen Religionen mit Ausnahme des Protestantismus angenommen. Jedoch ist der Dämonenglaube, der sich im Christentum in den Teufelsglauben abgewandelt hat, auch im Protestantismus erhalten geblieben.

Weltinterpretation und Gottesvorstellungen variieren in den verschiedenen Religionen sehr erheblich. Fast noch größer sind die Unterschiede in bezug auf die geübten *Kulthandlungen* oder gar die Anweisungen, die die verschiedenen Religionen geben, um das tägliche Leben zu regulieren und zu reglementieren. Es kann nicht unsere Aufgabe sein, hier in der Beschreibung ins Detail zu gehen. Ein wichtiger Unterschied zwischen einigen der westlichen und östlichen Religionen sollte uns allerdings noch beschäftigen. Ein Unterschied, der sich teils aus der zugrunde liegenden Welt- und Gottesvorstellung der Religionen ergibt, zum anderen Teil aus den Vorschriften, die dem Alltagsleben ihr Gepräge geben.

Der Unterschied, den ich im Sinn habe, trennt im wesentlichen die Religionen des „ewigen Weltgesetzes" einerseits von den Religionen der „geschichtlichen

Gottesoffenbarung" andererseits. Wir finden nämlich eine eigenartige Verschiebung und andersartige Verteilung der *religiösen Toleranz* bzw. religiösen Intoleranz in den verschiedenen Glaubensgruppen. Der Hinduismus zum Beispiel ist extrem tolerant in bezug auf andersartige Glaubensformen. Diese ergibt sich aus der Eigenart seiner Religionsvorstellung, die wir hier leider nicht in Breite behandeln können. Dieser Glaubenstoleranz gegenüber steht eindrucksvoll eine geradezu extreme Intoleranz in bezug auf die soziale Lebensordnung. Das Kastenwesen der Hindus, das tief in den religiösen Überzeugungen dieser Menschen wurzelt, schafft eine Schroffheit der Gegensätze im alltäglichen menschlichen Leben, die dem Europäer sehr fremdartig vorkommt. Umgekehrt hat etwa das Christentum (insbesondere das katholische Christentum) die Vorstellung entwickelt, daß neben ihm keine andere Religion richtig und gültig sein könne. Aus dieser Überzeugung ergeben sich natürlich erhebliche Intoleranzen in bezug auf die Glaubensvorstellungen, während andererseits das Aufrichten sozialer Schranken oder die Entwicklung sozialer Rangordnungen durchaus dem christlichen Religions- und Werterleben widerspricht.

So wie dem Europäer die unübersteigbare Kluft sozialer Gegensätze im Osten eigentümlich, ja ablehnenswert erscheint, ergibt sich umgekehrt, daß etwa ein gebildeter Brahmane die Intoleranz christlicher Glaubensvorstellungen sonderbar findet. Die Frage, wie sich eine solche verschiedenartige Verteilung von Toleranz und Intoleranz in den Religionen auf das Verhalten und Erleben der Menschheit auswirkt, wäre kulturgeschichtlich von größter Wichtigkeit. Freilich ist sie nur schwer zu beantworten. Geschichtsschreibung und vergleichende Religionswissenschaft behaupten, daß das Christentum im Hinblick auf seine religiöse Intoleranz und die damit verknüpfte aggressive Feindseligkeit eher mehr geleistet haben soll als andere Großreligionen (insbesondere zum Beispiel mehr als der Islam). Jedoch ist mit einer solchen Behauptung immer noch die Frage unentschieden, ob diese historische Tatsache durch das Wesen der Religion zu erklären ist oder durch das Wesen der Menschen, die dieser Religion angehörten.

Fast jede Religion — wie sehr sie sich auch ihrem Inhalt nach von einer anderen unterscheiden möge — bringt verwandte Erscheinungen geistigen religiösen Erlebens ans Licht. Der Mystiker in ekstatischer Versenkung und der Asket im Bemühen um den totalen Verzicht auf weltliche Bedürfnisse treten vor unser Auge. Schwarmgeisterei und ekstatisches Gruppenleben, Prophetentum und Wanderprediger, die Verschmelzung religiöser Riten mit orgiastischen sexuellen Handlungen wollen beachtet werden. Das Mönchsleben in den verschiedenen Varianten ist Teil fast aller großen Religionen. Es hat fast immer wesentlichen Anteil an der Gestaltung der großen verwaltenden Kirchenorganisationen, die aus den kleineren gefühlsbestimmten Glaubensgemeinschaften hervorgehen. Von der Religionssoziologie wird beschrieben, wie sich im Mönchsleben oft genug beim individuellen Verzicht auf Macht und Reichtum die kollektive Gestaltung von politischem Einfluß in kirchlichen Großorganisationen mit ausgeprägt politischen Zielen durchsetzt.

Kirchenschöpfung und politisches Leben haben in allen Jahrhunderten und in allen Kulturen eine enge Verflechtung gezeigt. Nüchterne Kirchenpolitik mit dem Eliteanspruch der herrschenden Priesterkaste fehlt bei diesen sozialen Erscheinungen nie und immer läßt sich das zugehörige Wechselspiel zwischen seelsorgerischer Bemühung einerseits und machtpolitischem Streben andererseits beobachten.

All diese geschilderten kulturgeschichtlichen und sozialen Phänomene geben natürlich der *Religionspsychologie* eine Fülle von Fragen auf. Wie wir gesehen hatten, entwickeln sich ethische Wertvorstellungen und metaphysische Weltinterpretationen durchaus unabhängig voneinander. Zeigen sich die ethischen Ideale bei den verschiedenartigen Religionen miteinander verwandt, so bieten hingegen die Weltinterpretationen die größten Unterschiede. Es ist eine häufige, jedoch fundamental irrige Vorstellung, wenn man annimmt, daß ethische Grundhaltungen sich nur mit Hinblick auf metaphysische Ängste oder Hoffnungen entwickeln könnten. Ebenso wie es natürlich ein großes Mißverständnis der menschlichen Natur gewesen ist, wenn man angenommen hat, daß die Orientierung eines Menschen an wertenden Gesichtspunkten nur eine Anpassung an die herrschenden Wertvorstellungen der Umgebung darstelle. Die Wertnormen, nach denen ein Mensch sich richtet, haben immer zwei Wurzeln: Einmal die angeborenen Erlebniskonstanten seiner Natur, zum anderen die Erlebniseinflüsse, denen seine innere Entwicklung unterliegt.

Übrig bleibt freilich die unbestreitbare richtige Tatsache, daß die menschliche Natur dazu neigt, sowohl die speziellen Inhalte der Ethik, wie auch die besonderen Inhalte der Weltinterpretation mit magischen Erlebniselementen zu verknüpfen. Dieser Vorgang wird zum Beispiel von Hellpach in seinen Schriften über Religionspsychologie das „Mag-Ethos“ genannt.

Die Neigung des Menschen, falsche (willkürliche) Kausalverknüpfungen zu unterstellen und seine gleichzeitige Fähigkeit, die eigenen Phantasiegebilde in die Welt hineinzuprojizieren, gilt als die wesentlichste Wurzel dessen, was man das magische Erleben des Menschen nennt. Kindliches Erleben ist verglichen mit dem Erwachsenenerleben durch ein bei weitem stärkeres Vorherrschen magischer Elemente charakterisiert. Mit Recht sagt man wohl in der Religionspsychologie, daß diese Erlebnisweisen einen wesentlichen Anteil an der Bildung spezieller religiöser Weltvorstellungen haben. Das Vorherrschen magischer Erlebniselemente in einer Kultur veranlaßt uns übrigens gern, im völkerkundlichen Sinn von Jugend oder von Primitivität des betreffenden Volkes zu sprechen (etwa mit Hinblick auf die Existenz magischer Erlebnisweisen beim Kleinkind) und wir sind ebenso geneigt, den Wert oder den Hochstand einer Religion daran zu messen, in welchem Ausmaß magischer Dämonen- und Geisterglaube in den betreffenden religiösen Vorstellungen erhalten geblieben ist oder zurückgedrängt wurde.

Dies alles erläutert natürlich noch nicht, warum in den verschiedenen Religionen unter Umständen bestimmte Glaubensvorstellungen mit einer so starken gefühlsmäßigen Überzeugungsgewißheit ausgestattet werden. Wollten wir hier den Überlegungen der Religionspsychologen folgen, hätten wir viel weiter auszuholen, als es der Plan des vorliegenden Buches verträgt. Für den Interessierten bietet sich ja das einschlägige Schrifttum an. Im Auge behalten wollen wir die

Tatsache, daß das immanente Werterleben des Menschen sich eigenständig entwickeln kann und unabhängig von metaphysischen Weltinterpretationen, daß jedoch enge wechselseitige Abhängigkeiten und Beeinflussungen vorliegen.

Kulthandlungen, sowie die *Reglementierung des Alltags*, die uns als wichtige Bestandteile verschiedener Religionsbildungen genannt worden waren, haben dabei offenbar eine bestimmte Bedeutung für das menschliche Erleben, das uns im engeren Sinn zu beschäftigen hat. Hier versucht der Mensch allemal, die uns allen gestellte Aufgabe der verantwortlichen Integration unserer Persönlichkeit, die Auseinandersetzung zwischen animalischem und geistigem Erleben und die erstrebte Verankerung der Wertnormen im alltäglichen Verhalten in Verbindung und Einklang mit metaphysischen Erlebnissen zu bringen. Für alle Menschen bedeutet es Trost und Erleichterung, wenn sie ihr tägliches Leben auf ein überpersönliches Ganzes ausrichten können und wenn sie sich in Übereinstimmung wissen mit Werten, die nicht nur ihrem engsten Lebenskreis zugehören. Die ordnenden und regelnden Kräfte, die dadurch in das durchschnittliche Leben Eingang finden, können Stütze und Halt bieten. Kulthandlungen oder Alltagsriten geben darüber hinaus Erlebnismöglichkeiten von tiefem Gefühlsgehalt, die der Mensch vielleicht nicht entbehren kann. Daß sich darüber hinaus in Kulthandlungen und religiösem Ritus noch andere Erlebnisweisen entwickeln können, hatten wir schon gesehen, als wir auf die Phänomene sehr ekstatischer Gruppenbildungen hingewiesen hatten, oder auf die Verschmelzung religiöser Riten mit sexuellen Handlungen und ähnlichem.

Es liegt auf der Hand, daß gerade in diesen religionsgeschichtlichen Phänomenen viele Möglichkeiten gegeben sind, um bei einzelnen Menschen manches an neurotischem Erleben und Reagieren aufzusaugen. Daß sie in sich selbst bereits neurotisch wären, möchten wir freilich bestreiten. Jedoch haben wir in diesem Kapitel nicht im einzelnen vor, typische neurotische Lebensbilder zu zeichnen, wie sie sich im religiösen oder im kirchlichen Leben finden lassen.

Dieses Sonderthema entspricht nicht den Bedürfnissen unseres Buches. Für unsere Zwecke ist es eine vordringliche Aufgabe, wenn wir uns überlegen, welche speziellen *Krisenpunkte* eine Religion aufweisen kann, an denen sich im allgemeinen menschlichen Leben neurotisches Erleben und Reagieren verdichten kann.

2. *Religion und Neurose*

Für alle Religionen mag wohl gemeinsam sein, daß Menschen ihre eigene neurotische Unfähigkeit zur Lebensbewältigung und die Last dieses inneren Dramas in die Verantwortlichkeit der zugehörigen Kirche zu legen versuchen. Solche Gläubigen sind sicherlich in keiner Kirchengemeinschaft geschätzt. Aber abgesehen von diesem sehr allgemeinen Vorgang sind ganz gewiß die Krisenpunkte für neurotische Reaktionsformen in den verschiedenen Religionen sehr verschieden.

Beim Hinduismus möchte man zum Beispiel annehmen, daß neurotische Probleme am ehesten aus dem schroffen Kastenwesen entspringen können, das dieser Religionsform eigentümlich ist. Die Religion des Laotse wird vielleicht jene Neurotiker anziehen, deren Bedürfnis nach mystischer Versenkung auf neurotischer Lebensangst aufbaut. Bei der jetzt so häufig in Europa zu findenden Koketterie mit sogenannter „östlicher Weisheit" scheint mir dieses Phänomen mit im Spiel zu sein.

Die religiöse Situation im europäischen Raum, die uns im wesentlichen angeht, verlangt von uns eine spezielle Auseinandersetzung mit dem Christentum. Wir müssen herauszufinden versuchen, in welchen Bereichen wir spezifischen religiösen Schwierigkeiten begegnen werden, sofern in einem Menschen eine neurotische Fehlentwicklung abgelaufen ist. Soweit ich sehe, hilft uns hier folgende Gliederung zu einer gewissen Übersicht:

1. Die Verwechslung von Ethik und Religiosität
2. Die mißglückte Auseinandersetzung zwischen Glauben und Wissen
3. Die Antinomik von Demut und Aggression, sowie von Bedürfnislosigkeit und Lebensgenuß
4. Die Reglementierung der Sexualität.

In bezug auf die neurotische Verwechslung von *Ethik* und *Religiosität* sei folgendes gesagt: Wir erinnern uns noch einmal daran zurück, daß ethische Grundhaltungen zu allgemein menschlichen Erlebnisweisen gehören, die sich durchaus *unabhängig* von speziellen Religionsvorstellungen entwickeln können. Wir erinnern uns weiter an die Feststellung, daß in den sehr verschiedenartigen Religionsschöpfungen der Menschheit die zugrunde liegende Ethik verwandt ist, so verschiedenartig auch die sonstigen Religionsvorstellungen und metaphysischen Weltinterpretationen sein mögen. Obgleich dies so ist, kommt es immer wieder bei einzelnen Gläubigen zu der Vorstellung, daß Ethik und ethisches Verhalten nur in Verbindung mit Religionszugehörigkeit zu denken sei und nur durch religiöse Einordnung eines einzelnen Menschen aufrechterhalten werden könne. Die Fehlvorstellung ist wohl nur in der selteneren Zahl der Fälle einfach eine Unvollkommenheit im Durchdenken der Problematik. Ebenso selten bietet sie sich als eine einfach korrupte Diffamierung des andersgläubigen Gegners an, sofern sich eine Religionsgemeinschaft oder eine kirchliche Gruppe an der Politik beteiligt. In der überwiegenden Zahl der Fälle ist diese innere Verwirrung in bezug auf Ethik und Religiosität ein exquisit *neurotisches Phänomen*. Wir finden diesen Vorgang bei solchen Menschen, die den inneren Ansturm animalischer Impulse in Anbetracht intensiver Verdrängungsreaktionen in sich selbst so fürchten müssen, daß sie eine harmonische, verantwortliche und ethisch orientierte Integration ihrer eigenen inneren Erlebniswelt nicht anders für möglich halten, als in der Ausrichtung auf Strafe und Belohnung, die aus dem Jenseits kommt. Diese innere Störung geht dann meist sogar so weit, daß die betreffenden Personen eine selbstverantwortliche Weltorientierung nicht nur bei sich selbst für unmöglich halten, sondern daß sie diese Befähigung gleich der ganzen Menschheit absprechen. Wir haben es dann mit dem neurotischen Phänomen der sogenannten „Projektion" zu tun. Jeder Mensch, der aus neurotischen Gründen in sich selbst ethisches Verhalten nur als Folge von Belohnung und Strafe denken kann, vermutet (oder wünscht) die gleiche Form innerer Qual bei seiner Umgebung. Der Neurotiker dieser Art tritt mit seinem Gott in eine Art Vertragsverhältnis. Er erhofft Belohnung oder Strafe, jenseitige oder diesseitige paradiesische Freuden als „Gerechtigkeit" für gute Werke und projiziert damit meistens seine eigene Vatervorstellung in die sich ihm anbietende Glaubensform hinein.

In engerem inneren Zusammenhang mit diesen Schwierigkeiten kann dann das nächste neurosenpsychologisch bedeutsame Problem akut werden, nämlich die Frage, wie die Auseinandersetzung zwischen *Wissen* und *Glauben* vollzogen wird. Vergleichende Religionswissenschaftler weisen darauf hin, daß das Christentum die Religion ist, die von ihren Anhängern eine besondere Befähigung zur Gläubigkeit erwartet und in der eine besondere Haltung des Glaubens als hoher Wert erlebt wird. Dieser Erwartung kann die menschliche Natur immer dann durchaus störungsfrei entsprechen, wenn Probleme des Jenseits, der Metaphysik in Frage stehen. Da der Kern der Religion ein metaphysischer, jenseitiger ist, brauchen wir hier nicht für eine Gefährdung und Störung des menschlichen Erlebens zu fürchten. Schwierigkeiten ergeben sich erst, wenn die gläubige Grundhaltung von den beteiligten Menschen auch für wissenschaftlich überprüfbare Phänomene gefordert wird. Das heißt, wenn von kirchlicher Seite eine Erläuterung kosmischer oder irdischer Vorgänge vorgenommen wird, die wissenschaftlich überprüfbare Kausalzusammenhänge zum Gegenstand hat. Wenn von der Kirche Glauben gefordert wird in bezug auf Vorgänge, bei denen ein Wissen möglich ist und wenn der geforderte Glaube im Gegensatz zum sachlich Richtigen steht, dann entwickelt sich im allgemeinen eine scharfe, krisenhafte innerseelische Spannung. Die menschliche Natur verträgt eine solche Auforderung niemals, ohne bis in ihren tiefsten Kern hinein gestört zu werden. Entwicklungen in dieser Richtung haben meist historische Revolten in Gang gesetzt. Natürlich muß hier zweierlei unterschieden werden: Glaubensvorstellungen können *an Stelle* von besserem Wissen stehen. Sie werden deshalb beibehalten, weil man es nicht anders weiß und weil Tradition oder Autorität dahinterstehen. Hier haben wir es lediglich mit einem Phänomen zu tun, das die wissenschaftliche Entwicklung und Kenntnis des Lebens zwar nicht fördert, von dem jedoch auch nicht gesagt werden kann, daß es die menschliche Seele in spezifischer Weise schädigt. In dem Augenblick jedoch, in dem eine Kirchenorganisation oder ein einzelner Gläubiger von sich selbst verlangt, daß er wider besseres Wissen und entgegen der geprüften Kenntnisse der Wissenschaft eine gläubige Meinung beibehält, in diesem Augenblick ergeben sich bei jedem selbstverantwortlich empfindenden Menschen die größten Schwierigkeiten.

Für den unneurotischen europäischen Erwachsenen der Gegenwart, der in christlichen Glaubensvorstellungen erzogen worden ist, erwachsen aus dieser Quelle allerdings kaum ernsthafte Schwierigkeiten. Er nimmt die Glaubensvorstellungen seiner Kindheit als etwas ihm heimatlich Vertrautes in das Erwachsenenleben mit hinein und er wird nur selten vor eine Auseinandersetzung mit dem gestellt, was man das sacrificium intellectus genannt hat.

Ein bei weitem wichtigeres neurosenpsychologisches Problem unserer Tage liegt in etwas anderem: Ein Mensch kann aus inneren neurotischen Gründen darüber in Verwirrung geraten sein, daß Glauben und Wissen *zwei getrennte Erlebnisbereiche* betrifft. Er ist ursprünglich in seiner gläubigen Einstellung stark erschüttert, wagt jedoch nicht, sich diese Erschütterung aufrichtig einzugestehen. So versucht er, die Wissenschaft zu Hilfe zu rufen, damit sie seine wankende Gläubigkeit stütze. Er spekuliert sich unter Umständen „Gottesbeweise“, die sich allemal in der gleichen Zirkelwirkung erschöpfen. Denn wissenschaftlich bewiesen kann schließlich nur werden, was diesseitig und dem *Experiment zugänglich* ist. Alles übrige ist im Bereich der Wissenschaft niemals etwas anderes als eine Arbeitshypothese oder eine Theorie. Der Gedanke, daß eine Gottesvorstellung im wissenschaftlichen Experiment überprüft oder gar als „Arbeitshypothese“ aufgestellt werden könne, ist in gewisser Weise in sich selbst schon eine Blasphemie.

Wir bedenken bei solchen Überlegungen allerdings unbedingt, daß dies nur für unsere heutige Zeit gilt, in der die Naturwissenschaften einen bestimmten Stil angenommen haben und nicht etwa für jene mittelalterlichen Epochen, in denen die Wissenschaft sowieso viel Spekulatives enthielt und die Überprüfung an der Empirie noch keine allgemeine Forderung gewesen ist.

Fast noch häufiger als dieser Versuch, eine erschütterte Gläubigkeit mit Scheinwissenschaft zu stützen, scheint mir allerdings der *umgekehrte* Vorgang zu sein. Im geistigen Leben der Gegenwart scheint es mir keine ganz seltene Erscheinung zu sein, daß ein Mensch aus den Ergebnissen seiner wissenschaftlichen Arbeit eine *Sinndeutung des Lebens* ziehen will. Die wissenschaftliche Bemühung ist dann in neurotischem Selbstmißverständnis im Grunde die Suche nach gläubiger Sinnerfüllung des Lebens. Dieses neurotische Phänomen finden wir besonders häufig dann, wenn ein Mensch in seiner wissenschaftlichen Bemühung mehr verdrängten Ehrgeiz erlebt, als er selbst von sich weiß. Es kommt dann dazu, daß die innere Befriedigung, die aus der sachlichen Erkenntnis wohl erwachsen könnte, durch den unbefriedigt bleibenden Ehrgeiz (falls etwa das Forschungsergebnis nicht sensationell genug ist) fundamental gestört wird. Der Dienst an der Wissenschaft bringt normaler- und harmonischerweise mit dem Fortschreiten von Erkenntnis zu Erkenntnis zugleich die einsichtsvolle Beschränkung im Hinblick auf das Wissensmögliche. Es entwickelt sich ein Lebensgrundgefühl von Dankbarkeit und Lebensbejahung, das durchaus einen religiösen Charakter haben kann. Wird jedoch dieses Lebensgrundgefühl durch unabgesättigte Ehrgeizhaltungen und Erwartungen getrübt, dann gibt es kein befriedigtes Sichbescheiden mehr. Wissenschaftliche Ergebnisse (eigene oder fremde) werden mißbraucht, um ein pseudowissenschaftliches Prophetentum zu rechtfertigen, um eine Sinndeutung von Diesseits und Jenseits zu unternehmen, eine Sinndeutung, die weit außerhalb jeder wissenschaftlichen Kompetenz liegt.

Der dritte Problemkreis, mit dem wir uns befassen wollten, führt uns zu sehr viel spezifischeren neurosenpsychologischen Reaktionsformen, die im Rahmen christlich-religiösen Erlebens von Bedeutung werden. Es geht um die Entwicklung und Integration der eigenen *Impuls-* und *Antriebswelt* mit Hinblick auf bestimmte christliche Wertideale.

Bei einer Erörterung dieser besonderen neurosenpsychologischen Probleme sollte wohl am Anfang jeder Debatte eine Formulierung stehen, die ich einer gesprächsweisen Äußerung von Margarete Seiff verdanke, nämlich: „Verdrängen ist keine Tugend." Mit dieser Formulierung ist gewissermaßen schlagworthaft das wichtigste Problem der vielfältigen in Frage stehenden Schwierigkeiten erfaßt. Ein Mensch erlebt in der Auseinandersetzung mit seinem eigenen Ich, seinen Bedürfnissen, Wünschen und Trieben allemal eine bestimmte Wertorientierung, die von ihm unter Umständen Selbstbeherrschung und Verzicht verlangt. Er bleibt damit immer im allgemeinen Bereich menschlichen Ringens um innere Ordnung und Klarheit des Persönlichkeitsgefüges. Unterliegt er jedoch jenem neurotischen Prozeß, der ihm die klare Erlebnisfähigkeit seines eigenen Selbst geraubt hat, so wird er (anstatt eine klare Entscheidung zu vollbringen) das Opfer von Verdrängungsvorgängen. Es ist leicht zu sehen, daß das Resultat eines solchen Verdrängungsvorganges weder als ethisch hochstehend (also als Tugend) betrachtet werden kann, noch kann das Ergebnis unter ärztlichen Gesichtspunkten befriedigen. Eine neurotische Auseinandersetzung mit der andrängenden animalischen Impulswelt bedeutet, daß Verdrängen an Stelle von Befriedigung, Selbstbeherrschung oder Verzicht tritt. Und dies wiederum hat zur Folge, daß ein wirkliches seelisches Gleichgewicht nicht erarbeitet wurde, sondern daß sich das Verdrängte auf dem Umweg über neurotische Durchbrüche meist in sehr viel heftigerer Form durchsetzt, als es je in seiner ursprünglichen Qualität gewesen ist.

Für einen Neurotiker, der in der inneren Auseinandersetzung mit sich selbst fehlgegangen ist, kann nun die christliche Religion insofern eine gewisse Gefahr werden, als christliche Ideale benutzt werden, um das neurotische Verhalten, das das Produkt von Verdrängungsvorgängen ist, zu *rationalisieren.*

Hier müssen wir wohl etwas weiter ausholen: Wir sind der Meinung, daß die christliche Religion eine versöhnliche Religion ist und daß ihr Wert für die Menschheit nicht zuletzt in dieser Grundhaltung liegt. Es ist jedoch wohl kein Zweifel, daß in der Bibel (und konsequenterweise auch in der Religions- und Kirchengeschichte) eine Fülle von Äußerungen vorkommen, die manchem, der seine eigenen aggressiven und feindseligen Tendenzen bemänteln will, zum Vorwand dienen können. Viele Kritiker des Christentums, insbesondere natürlich nichtchristliche Menschen, haben diese Widersprüchlichkeit aufgewiesen und haben sie für befremdend erklärt. Doch wäre es wohl unrecht, wenn man diese Widersprüchlichkeit als ein hervorstechendes Charakteristikum allein des

Christentums darstellen wollte. Alle Religionen, die ja, wie wir gezeigt hatten, verwandte ethische Grundhaltungen besitzen und Zuneigung, Liebe und Respekt vor dem anderen entwickeln möchten, bieten ebenfalls gemeinsam die jetzt zur Debatte stehende Auffälligkeit. Sie enthalten alle eine Fülle von Empfehlungen zu sittlicher Lebensführung im Sinne von Demut, Nachgiebigkeit, Versöhnlichkeit und machen alle miteinander sehr rasch Einschränkungen, wenn es um die Durchsetzung der eigenen Überzeugung geht. Ausbrüche von religiösem Fanatismus kennzeichnen jede Religion. Das Christentum steht allerdings mit dieser immanenten Problematik hinter anderen Religionen nicht zurück.

So ergibt sich aus der Diskrepanz von Demutsforderungen einerseits und der Stimulation zu aggressiver Welteroberung andererseits eine Schwierigkeit für die menschliche Natur, die rasch zum Angelpunkt neurotischer Reaktionen werden kann. Die neurotische Demutshaltung ist dann allemal gefolgt oder begleitet von hochschießenden aggressiven Durchbrüchen und es können sich gerade hier (mit Hinblick auf die geschilderte Problematik der Religion selbst) neurotische Reaktionen weltanschaulich fixieren. Dies passiert dann immer bei all jenen Menschen, die nicht ernsthaft verstanden haben, daß das Christentum eine Religion der Versöhnung und der Liebe ist.

Das düstere Puritanertum in der evangelischen Kirche, „rigoristisches" Verhalten, wie die katholische Kirche es nennt, haben, wie es scheint, viel mit dieser neurotischen Fehlentwicklung zu tun, bei der die betreffenden Menschen zwar Demut, Nachgiebigkeit und Bedürfnislosigkeit (zusätzlich eine Verachtung des Weltlichen) forderten, jedoch gleichzeitig ihren verdrängten Aggressionen ein Betätigungsfeld schufen. Jeder Andersdenkende wird unnachsichtig verurteilt, abgewertet, vielleicht sogar politisch verfolgt, während scheinheilige Lebensführung zur Kompensation zur Schau getragen wird. Der psychologische Vorgang ist hier allemal der gleiche: Ein Mensch hat es aus neurotischen Gründen verlernt, seine eigenen aktiven Impulse gradlinig durchzusetzen und er rationalisiert diese neurotische Unfähigkeit mit betonter Demutshaltung. Die verdrängten Aggressionen bekommen daneben einen gewissermaßen „legalen", „frommen" Abflußkanal, so daß sich die innere Spannung mildert.

Die soeben bezeichnete antinomische Situation zwischen sogenannter christlicher Demut und (verkleidet) sich durchsetzender Aggressivität hat natürlich eine nahe Beziehung zu den psychologisch verwandten Problemen des Besitzerlebens. „Geben ist seliger als Nehmen" ist ein Grundsatz christlicher Lebensführung. Der neurotisch bedürfnislose Mensch kann seine neurotischen Erlebnisweisen ebensogut rationalisieren und zu einem weltanschaulichen Wert erheben wie der neurotisch demütige. Freilich meine ich, daß wir hier Bedeutungsakzente unterscheiden müssen: Für die Integration der menschlichen Persönlichkeit scheint Pseudodemut bei verdrängter Aggression in mancher Hinsicht ein ernsthafteres Problem zu sein als scheinbare Gebefreudigkeit oder Bedürfnislosigkeit bei verdrängter Gier. Die verkappte Aggressivität, die hinter scheinheiliger Frömmelei steht, ist nicht nur unerfreulicher, sondern auch zerstörerischer als eine Abwehr von Lebensgenuß in Unkenntnis der eigenen vitalen Bedürfnisse. Erst in dem

Augenblick, in dem Besitzwünsche ihre charakteristische Koppelung mit feindseligen Auseinandersetzungen der Umwelt gegenüber erfahren (also Erobern, Rauben, evtl. gewalttätiges Sichaneignen), erst in diesem Augenblick verschärft sich die Problematik wieder. Der Asket kann noch echte Güte erleben, für den frömmelnden Rigoristen ist Güte jedoch sicherlich ein verschlossener Erlebnisbereich.

Um die hier in Frage stehenden neurosenpsychologischen Vorgänge noch etwas deutlicher zu machen, will ich noch folgendes einfügen: Für den christlich katholischen Gläubigen ist die sogenannte Skrupulosität eine Erlebnisform, die dem katholischen Priester als auffällig bekannt ist. Sehr häufig sind solche Erlebnisweisen die Folge davon, daß die innere Auseinandersetzung des Menschen mit sich selbst durch Verdrängungsreaktionen gestört wurde. Die sich einstellende seelische Qual kann in Beichte und religiöser Unterweisung nicht gelöst werden. Dies schon deshalb nicht, weil das, was ich ein „neurotisches Lippenbekenntnis" nennen möchte, die echte religiöse Auseinandersetzung stört. Der in diesem Sinn neurotisch Gläubige beichtet skrupulös immer wieder Sünden von vergleichsweise belangloser Art, weil er den Druck neurotischer Schuldgefühle zu beschwichtigen hat. Aber er kann nicht beichten, was ihn wirklich bedrängt, da sein Problem nicht die Bewußtseinsschwelle überschreitet. So bleibt ihm auch die Erleichterung von Reue und Vergebung versagt.

In enger innerer psychologischer Verbindung mit der Integration von Aktionslust, Aggressivität und Besitzesfreude steht dann die Auseinandersetzung des Menschen mit seinen sexuellen Bedürfnissen. Bei der Erörterung dieses Themas müssen wir jedoch etwas anders zentrieren. Wir sagten eingangs, daß, abgesehen von Ethik und Weltinterpretation, auch das alltägliche Leben der Gläubigen innerhalb der verschiedenen Religionen Gegenstand von Glaubensvorstellungen und entsprechenden Regulierungen wird.

Wir hatten schon von dem Kastenwesen der Hindus gehört, das aus religiösen Vorstellungen entspringt. Bekanntlich gibt es auch Religionen, in denen ausgedehnte Vorschriften in bezug auf die Zubereitung der Speisen, Termine der Nahrungsaufnahme usw. durchaus zur geglaubten Offenbarung gehören. Ehegesetze, Reglementierung des Geldwesens, Ordnung des sozialen Ranges oder ähnliches lassen sich in den eigentümlichsten Varianten in den verschiedenen Religionen finden. Das Christentum enthält allerdings nicht sehr viel von so gearteten Alltagsvorschriften. Fastenvorschriften, Vorschriften zur Speisebereitung oder ähnliches treten hinsichtlich ihrer affektiven Bedeutung im Christentum stark zurück und werden nur in begrenztem Ausmaß für eine ethische Verpflichtung gehalten.

Das umfassende Ethos der christlichen Kirche ist im wesentlichen in den zehn Geboten niedergelegt. Mit einer Einschränkung: Von der christlichen Kirche (nicht einmal so sehr vom Neuen Testament) wird das sexuelle Erleben des Menschen mit vergleichsweise strengen Vorschriften belegt. Jegliche Sexualbetätigung vor und außerhalb der Ehe wird abgelehnt, ja verboten. Das heißt also, daß sowohl vorehelicher Sexualverkehr, wie die Onanie in der Wertbeurteilung der Kirche als sündhaft angesehen wird.

Diese Tatsache stellt nun bestimmte Patienten (zugehörig die betreuenden Ärzte) vor ganz besondere Schwierigkeiten. Überhaupt ergibt sich gerade für diesen Erlebnisbereich eine besondere Verschränkung mit medizinischen Fragestellungen, auf die wir in diesem Kapitel notwendigerweise eingehen müssen:

Die Verknüpfung der Sexualproblematik des Menschen mit ethisch erlebten Glaubensvorstellungen wäre im großen und ganzen solange keine besondere ärztliche Problematik, als es sich lediglich um das Sexualverhalten erwachsener Menschen handelt. Für den erwachsenen Menschen ist die Ehe eine soziale Möglichkeit und befristete sexuelle Abstinenz kann gelingen, sofern die originären Triebansprüche nicht erheblich über dem Durchschnitt liegen. Die eigentlich ärztliche Komplikation der Problematik ergibt sich aus der Tatsache, daß wir bei Kindern und Jugendlichen die Existenz sexueller Bedürfnisse als ein durchaus normales biologisches Phänomen ansehen müssen. Ganz besonders mit Hinblick auf das heutzutage so häufig diskutierte Phänomen der biologischen Akzelleration und der Vorverlegung naturgegebener Reifungsschritte in jüngere Altersstufen hinein bekommt die kindliche Sexualität einen besonderen Akzent. Da wir zur Zeit neben dieser *biologischen Vorverlegung* körperlicher Reifungsschritte gleichzeitig eine *Verspätung* der *sozialen Unabhängigkeit* (verspätet mit Hinblick auf frühere Kulturperioden) finden, ergibt sich gerade für junge Menschen eine aus doppelten Gründen verlängerte Abstinenzperiode, sofern lediglich die Ehe die kirchlich erlaubte Lebenssituation ist, in der sexuelle Impulse gelebt werden dürfen.

Der Arzt aber hat auf jeden Fall damit zu rechnen, daß für Kinder und junge Menschen eine sehr angstvolle Auseinandersetzung mit ihren eigenen normalen biologischen Bedürfnissen gesundheitsschädigend wirkt. Diese besonders schwierige Situation, die der Arzt in der Betreuung seiner Patienten zu bewältigen hat, ist im Bereich der Psychiatrie mehrfach Gegenstand der Diskussion geworden. Schon vor ca. 50 Jahren hat Kraepelin in seinem Buch „Einhundert Jahre Psychiatrie" darauf hingewiesen, daß von Ärzten noch nie und in keinem Fall gesundheitsschädigende Folgen der Onanie beobachtet worden sind. Umgekehrt sei es jedoch eine bekannte psychiatrische Tatsache, daß Onanie, sofern sie im Zusammenhang mit krankhaften psychischen Phänomenen auftritt, ihrerseits die *Folge* der psychischen Krankheit sei. Bekannt ist unter anderem auch das Phänomen mangelhaft versorgter, heimgeschädigter Säuglinge und Kleinkinder, bei denen gehäuft Onanieren als Folge der unvollkommenen Versorgung zu beobachten ist.

Kraepelin selbst weist übrigens im gleichen Zusammenhang darauf hin, daß aus der allgemeinen Volksmeinung kaum die Vorstellung ausgemerzt werden könne, daß das Onanieren zu geistigen Erkrankungen oder sonstigen schweren Gesundheitsstörungen führen könne. Gerade bei Kindern und Jugendlichen findet man demzufolge gar nicht selten, daß sich diese inadäquaten Ängste vor Gesundheitsschäden mit skrupulösen religiösen Vorstellungen verknüpfen. Häufig wird dann von den Betreffenden die Ansicht vorgetragen, daß die christliche Kirche die Sexualbetätigung außerhalb der Ehe (auch in der Form der Onanie) nicht nur mit Hinblick auf bestimmte ethische Vorstellungen ablehne, sondern daß sie dies ebenfalls zum Schutze der Gesundheit ihrer Gläubigen tue. In solchen Fällen ergibt es sich dann gelegentlich, daß Patienten, die entdecken, daß sie einem erheblichen naturwissenschaftlichen Irrtum unterlagen, diese Entdeckung plötzlich mit einer religions- oder kirchenfeindlichen Reaktion begleiten. Sie glauben sich von der Kirche getäuscht, auch wenn dieser spezielle Gedanke nicht durch die Kirche an sie herangetragen wurde.

Im übrigen haben wir es im allgemeinen mit zwei sehr entgegengesetzten Phänomenen zu tun, wenn bei neurotisch veränderten Menschen die sexuellen Bedürfnisse mit kirchlichen Wertnormen in Konflikt geraten:

Einmal kann überstraffe Kindererziehung wirklich auf kirchliche Vorschriften bezogen worden sein und zu einer zeitweiligen jedoch neurotischen Anpassung geführt haben. Der Erwerb dieser neurotischen Ängste bereitet dann freilich meist schon die spätere Revolte vor. Wenn die ursprüngliche Identifikation mit christlicher Sexualethik von rigoristischen Überspannungen begleitet war, pflegt sich allmählich aufbegehrende Kritik einzustellen. Es wird dann von den betreffenden Patienten gefragt, ob es wohl wirklich im Sinne der göttlichen Weltordnung liegen könne, daß kleine Kinder und junge Menschen mit Hinblick auf bestimmte Wertnormen gequält und beunruhigt würden. Es wird (wohl mit Recht) gefragt, ob sich in einem Kind die Vorstellung eines gütigen und versöhnlichen Gottes entwickeln könne, wenn es sich von dessen Forderungen dauernd gequält und geängstigt fühlen müsse. Da die biologisch so früh einsetzenden sexuellen Impulse mit Hinblick auf die immer später liegende Möglichkeit einer Ehe eine Abstinenzperiode verlangen, die über die Tragfähigkeit der menschlichen Natur *hinausgeht,* wird vielleicht ebenfalls nicht ganz mit Unrecht gefragt, ob diese Vorgänge (die ja jenseits menschlicher Kontrolle liegen) nicht als Hinweis betrachtet werden müßten, daß bestimmte Seiten der christlichen Sexualethik doch auch von christlich-kirchlicher Seite noch einmal zu überprüfen wären.

Ganz anders liegt nun der umgekehrte Vorgang, der sich ebenfalls bei der Auseinandersetzung eines Menschen mit seiner Sexualität ergeben kann! Wir registrieren dann, daß die Sexualängste eines Menschen aus ganz *anderen Quellen* stammen, als aus der rigoristischen Überspannung christlicher Sexualethik. Dennoch werden diese anderweitig erworbenen, neurotischen Ängste mit Hinblick auf extremistisch interpretierte Kirchenvorschriften *rationalisiert.* Diese Neurotiker projizieren eine übertriebene Scheinethik in die kirchlichen Ansprüche hinein und richten sich nach Einschränkungen und Reglementierungen, die von der Kirche gar nicht verlangt werden. Dieser Vorgang steht dann in sehr nahem Zusammenhang mit jenen Reaktionsformen, die wir im vorigen Kapitel als Ideologiebildung beschrieben hatten. Geheime neurotische Motive sind die Triebkräfte, die zur Fehlinterpretation des wirklichen kirchlichen Lebens führen, damit das neurotisch getriebene Verhalten auf diesem Wege gerechtfertigt werden kann.

Auch hier stellt sich dann das bereits bekannte Phänomen ein, daß diese Neurotiker ihre animalischen Bedürfnisse mit ganz besonderer Angst fürchten.

Sie entwickeln die Vorstellung, daß eine Integration ihrer sexuellen Impulse der völligen „Triebenthemmung“ gleichzusetzen wäre. Sie fürchten demzufolge auch, daß „Triebenthemmung“ allemal die Konsequenz einer größeren Toleranz im sexuellen Bereich sein müsse. So verfolgen sie dann nicht nur bei sich, sondern bevorzugt bei anderen Menschen alle vermeintlichen „Verstöße“ gegen ihre private Sexualmoral.

Fassen wir jetzt noch einmal im Rückblick kurz zusammen:

Wir halten fest, daß sich unbefangene spontane Religiosität unmittelbar durch ihre harmonische Äußerungsform ankündigt. Die Bejahung eines sinnvollen Weltganzen, das Erlebnis von Andacht und Ehrfurcht zeichnen sie aus. Werterleben und ethische Idealvorstellungen sind zwar eigenständige Erlebnisbereiche, finden sich jedoch in den verschiedenen Religionen mit bestimmten metaphysischen Vorstellungen verknüpft. Ursprüngliche Religiosität bringt ein erfüllendes Befriedigungserlebnis, das frei von Skrupulosität, frei von Intoleranz, frei von rigoristischer Aggressivität ist.

Neurotische Lebensläufe können sich im Rahmen aller Glaubensgemeinschaften entwickeln. Wir haben sie hier nicht im einzelnen behandelt. Krisenpunkte in der christlichen Religion, die den Ansatz für neurotische Reaktionen bieten könnten, hatten wir in mehrerem gesehen: Zum einen in der Verwechslung von Ethik und Religiosität, zum zweiten in dem sich möglicherweise ergebenden Zwiespalt zwischen Glauben und Wissen, zum dritten in der Fehlbewältigung innerer Antinomien, sofern animalische Bedürfnisse im Spiel sind und an Stelle einer Idealwelt eine religiöse Ideologie aufgebaut wird. An Stelle von Verzicht tritt die Verdrängung, an Stelle einer Tugend finden wir eine neurotische Reaktion. Für alle neurotischen Reaktionsformen zeigt sich charakteristisch, daß der betreffende Mensch durch sein ethisches Verhalten keine wirkliche Zufriedenheit findet. Trotz der Ausrichtung auf eine metaphysische Ethik bleibt er unruheerfüllt. Meist bietet er neben der demütigen Fassade schwere Durchbrüche von Aggressivität und Feindseligkeit, von Fanatismen und Intoleranz.

Und je mehr nun das Erleben eines bestimmten Menschen (oder einer Menschengruppe) durch neurotische Scheinreligiosität charakterisiert wird, um so eher ist die Entwicklung von *Sektierertum* vorbereitet. Man begeht wohl kaum einen allzu schweren fachlichen Irrtum, wenn man die Vermutung ausspricht, daß in allen sektiererhaften Glaubensgemeinschaften der Prozentsatz von neurotisch fehlentwickelten Menschen höher liegt als in den religiösen Großgemeinschaften. Die Kriterien, die eine Sekte von einer kirchlichen Großgemeinschaft unterscheiden, sind mannigfaltig. Psychologisch-psychiatrische Bedeutung erlangen allemal die gleichen Vorgänge: Zunächst finden wir eine stärkere *Intoleranz* in der Grundhaltung. Dies sowohl anderen Glaubensgruppen gegenüber, wie in bezug auf sogenannte ethische Verstöße. Diese Intoleranz ist mit einem bei weitem stärkeren Eingreifen in das individuelle Leben der Gläubigen gekoppelt. Die Glaubensgruppe überwacht das Leben des einzelnen genauer und macht unter Umständen dessen ethische Verstöße zum Gruppenproblem. Eine stärkere Ablehnung sogenannter weltlicher Freuden ist nicht selten. Ein geheimer *Eliteanspruch* als Ausgleich für die gegebene soziale Isolierung ist fast allen sektenhaften Gruppen gemeinsam und für den einzelnen wird die Auseinandersetzung mit seiner besonderen religiösen Zugehörigkeit ein bei weitem vielschichtigeres und intensiveres Problem, als es dies bei der Zugehörigkeit zu einer Großkirche wäre.

Als Sonderproblem für den europäischen Raum scheint mir noch erwähnenswert, daß es eine Reihe von Sekten, aber auch größeren Kirchenorganisationen gibt, die in ihren Glaubensvorstellungen eine sehr starke Auseinandersetzung mit dem nahen *Weltuntergang* oder dem nahen Weltende haben. Wächst ein Kind in einer Glaubensgemeinschaft auf, in der diese Katastrophenvorstellung eine beherrschende Rolle spielt, dann darf man nicht übersehen, daß dies zu einem sehr wesentlichen Motor neurotischer Lebensängste werden kann.

IX. Neurotisches Philosophieren

In einem vergleichsweise nahen Zusammenhang mit neurotischer Religiosität einerseits und neurotischer Ideologiebildung andererseits steht das Problem des neurotischen Philosophierens. Wir wollen diesen Fragenkomplex hier nur so weit ins Auge fassen, wie er für den alltäglichen Gebrauch des ärztlichen Praktikers von Wichtigkeit ist:

Folgendes muß offensichtlich unterschieden werden: Rechnet man zur Philosophie — wie man zweifellos sollte — die Logik und Erkenntniskritik, das heißt also die Erforschung der Denkgesetze und die Erkenntnistheorie, dann hat man jenen Bereich der Philosophie im Auge, der das Fundament jeder Wissenschaft schlechthin umschließt.

Dies ist jedoch nach dem gängigen Sprachgebrauch keineswegs der einzige Gegenstand philosophischer Bemühung. Im allgemeinen rechnet man (leider nicht immer streng geschieden) ebenfalls zur Philosophie, wenn bestimmte Menschen ihre eigenen subjektiven Ansichten über „Sinn“, „Wesen“, „Gehalt“ des Lebens, der Welt, der Menschheitsgeschichte usw. in ein gewisses System bringen. Diese Seite der Philosophie ist häufig genug mit einem Übergriff in die Metaphysik verknüpft und hat mit empirischer Wissenschaft nichts mehr zu tun. Philosophen dieser Art wollen nicht durch Beobachtung der Wirklichkeit Wahrheiten *entdecken,* sondern sie wollen stattdessen subjektiv Empfundenes und Erlebtes als Wahrheit *verkünden.* Diese Tatsache bringt es mit sich, daß eine Geschichte der Philosophie fast immer mit dem gleichen Recht eine Geschichte der Philosophen sein könnte. Die *Wirksamkeit* einer solchen Philosophie (ihre Richtigkeit ist ja niemals an der Empirie zu überprüfen) hängt immer davon ab, inwieweit das Lebensproblem des speziellen Philosophen und sein individueller Lösungsversuch den Gefühlsproblemen seiner Zeit und seiner Mitbürger entsprach.

Das Selbstmißverständnis, das darin liegt, daß jemand mehr verkünden als wirklich wissen will, ist als psychologisches Problem bei Philosophen oft besprochen worden. Einfache Unklarheit des Denkens ist wohl eine seiner häufigsten Wurzeln. Wirklich klare Köpfe haben sich nie darüber getäuscht, daß ihre subjektiven Ansichten (evtl. Konstruktionen) nicht mit wirklicher Wissenschaft verwechselt werden dürfen. Kaum eine Wissenschaft (weder die Geschichte, noch die Soziologie, nicht einmal die Naturwissenschaften und schon gar nicht die Psychiatrie) ist davon verschont geblieben, daß es Menschen gegeben hat, die ihren eigenen Wunsch nach prophetenhafter Betätigung an die Wirklichkeit herangetragen haben.

Im Hintergrund solchen Verhaltens finden wir nicht selten neurotische Motivationen. Sei es, daß Macht- und Dominationswünsche nicht ausreichend gelebt werden konnten, oder daß rein fachliches wissenschaftliches Erkennen aus neurotischen Gründen keine ausreichende Befriedigung bot. Unbefriedigter fachlicher oder politischer Ehrgeiz setzen sich dann in dieses Prophetentum um. Es kann auch sein, daß die Auseinandersetzung mit metaphysischen Fragen mißlang und zu keinem verinnerlichten, sehr persönlichen und befriedigenden Erleben führte. Manche Menschen neigen dazu, diese eigene mißglückte Auseinandersetzung mit der Welt dann in die Öffentlichkeit zu tragen, um durch die Reaktion des Kollektivs die eigene quälende Unruhe etwas zu beschwichtigen. Diese Menschen sind übrigens leicht auch jener Auseinandersetzung zum Opfer gefallen, die wir schon bei der neurotischen Religiosität kennengelernt haben, nämlich dem Zwiespalt zwischen Glauben und Wissen. Man darf wohl sogar sagen, daß dieses Problem im Bereich des Philosophierens noch verschärfter auftritt als im Bereich der Religiosität. Der Philosoph, der eine Antwort auf metaphysische Fragen geben will, setzt sich ursprünglich meist mit einem starken Mißbehagen gegen blinde Gläubigkeit auseinander. Der prophetenhafte Philosoph beschwichtigt dieses Mißbehagen jedoch nur durch eine Verschleierung des Problems. Entweder, weil er die Grenzen seiner Erkenntnismöglichkeit nicht erträgt, oder aber, weil er so tyrannische Seiten in seiner Persönlichkeitsstruktur besitzt, daß ihm dieses Ventil zur Lebensnotwendigkeit wird.

Es ist eine Aufgabe für sich, diesen neurosenpsychologischen Konflikten in den Biographien großer Philosophen nachzuspüren. In der Praxis des Alltags begegnen uns wohl freilich mehr die Philosophen von Kleinformat, die sich, um mit Freud zu sprechen, zwar in der Dunkelheit fürchten, aber darum um nichts besser sehen, nur weil sie singen.

Nun noch ein kurzes Wort über jene Form der Lebensbewältigung, die man im Fachjargon unter dem Kennwort „neurotischer Ästhetizismus" diskutiert. Er beherrscht als Leitlinie nicht wenige Schicksalsabläufe.

X. Neurotischer Ästhetizismus

Bringen wir das Wesen des neurotischen Ästhetizismus auf eine psychologische Kurzformel, dann dürfen wir sagen, daß wir im Kern immer eine überbetonte Bindung an formale Ästhetik finden, die zum Ersatz wurde für einen tiefgehenden und hoffnungslosen Verzicht auf wirkliche Gemütsverbindung. Es muß betont werden, daß der *neurotische* Ästhetizismus durch die starke Akzentuierung des *Formalistischen* charakterisiert ist.

Nun darf nicht die fehlerhafte Vorstellung aufkommen, daß tiefbewegtes Schönheitserleben als solches neurotisch sei. Es muß in vollem Sinn des Wortes verstanden werden, daß der neurotische Ästhetizismus die Folge einer tiefen Störung jeglicher gemüthafter Vertrauensbeziehung zur Umwelt ist. *Echtes* künstlerisches Erleben verbindet ja die Schwingungen des Gemütes mit der Reaktion auf formale Schönheit. Neurotischer Ästhetizismus *trennt* beides voneinander. Menschen dieser Art neigen dazu, sich selbst und ihre gegenständliche Umgebung zu stilisieren. Es tritt die schöngeistige Salonatmosphäre an die Stelle von ursprünglicher Behaglichkeit, Exzentrizität und Extravaganz an Stelle von Lebensfülle und Gemütlichkeit.

Betont soll außerdem noch sein, daß dieses psychologische Phänomen auf keinen Fall mit neurotischer Problematik im Rahmen künstlerischen Schaffens überhaupt verwechselt werden darf. In diese Bereiche hinein kann sich unsere Darstellung kaum versteigen. Für die Behandlung der Alltagsproblematik, die hier in Frage steht, gilt die Tatsache, daß die Entwicklung eines Kindes unter einem bestimmten Vorzeichen verläuft, sofern die Atmosphäre seines Elternhauses durch den neurotischen Verzicht auf gemüthaften Gefühlskontakt gekennzeichnet ist und an seine Stelle die starke Betonung ästhetischer Werte trat. Wird doch die Lebensgestaltung solcher Menschen weitreichend beeinflußt. Nicht nur Partnerwahl und die Stilisierung des Heimes, sondern auch die breite Formung allgemeiner Geselligkeit erhalten dadurch ihr Gepräge. Eine Mutter, die mit einer so gearteten Lebensproblematik behaftet ist, findet unter Umständen das Schwergewicht ihrer inneren Welt in sogenannten schöngeistigen Tees, prätentiösen Zirkeln oder auch in einer entsprechenden Phantasiewelt. Diese mag dann zum Leitbild der Kindererziehung werden und später unter Umständen sogar die Berufswahl dieser Kinder lenken.

C. BIOGRAPHISCHE ANAMNESE, PROGNOSE UND THERAPEUTISCHE PLANUNG

I. Die biographische Anamnese

Mit dem Abschluß des vergangenen Kapitels können wir nun zu jenem Teil unserer Ausführungen übergehen, der der praktischen therapeutischen Tätigkeit gewidmet sein soll. Unsere ärztliche Bemühung beginnt, wie immer in der Medizin, mit einer ersten Konsultation, und im Verlauf dieser Konsultation wird im allgemeinen die Anamnese erhoben. Freilich haben wir kaum irgendwo sonst in der ärztlichen Praxis eine vergleichbare Situation, in der das diagnostische Sammeln der Befunde ebenso eng mit den ersten therapeutischen Schritten verknüpft ist, wie bei der Psychotherapie von Kindern und Jugendlichen. Die Form unserer Gesprächsführung, der Inhalt unserer Fragen und die ersten Äußerungen einer Stellungnahme üben immer und in jedem Falle starke Einflüsse auf Eltern und Kind aus. Insofern muß die *Form der Gesprächsführung* im Verlauf der ersten Konsultation genau so sehr Gegenstand unserer bewußten Überlegung sein wie die Tatbestände, um deren Kenntnis wir uns bemühen. Doch darüber sprechen wir später. Zunächst einige Worte zur *Zielsetzung* einer biographischen Anamnese:

Die biographische Anamnese soll uns ein Bild von der Persönlichkeit des Kindes verschaffen, insbesondere wollen wir die psychodynamische Vorgeschichte seiner aktuellen Probleme kennenlernen. Die Anamnese soll uns zugleich eine Art von *Familiendiagnose* vermitteln. In der Kindertherapie wandelt sich das Problem des individuellen Patienten letzten Endes immer zu einem Familienproblem. Die Tatbestände, die wir erheben, sollen uns schließlich die Gesichtspunkte für die therapeutische Planung liefern. Wir wollen unsere Befunde so verwerten und beurteilen, daß wir eine Aussage über die Prognose machen können.

In der Praxis verschmilzt diese Aufgabe, vor die wir uns beim Erheben der Anamnese gestellt sehen, meist mit noch weiteren diagnostischen Bemühungen. Zum einen muß (falls dies nicht schon zuvor sorgfältig geschehen ist) die mögliche Existenz einer *Organerkrankung* ausgeschlossen werden. Zum anderen bedient man sich gern einer Reihe von *psychodiagnostischen* Hilfsmitteln, die uns die Beurteilung der emotionalen Verfassung des Kindes erleichtern.

Im Bereich der sogenannten Psychodiagnostik sind in den vergangenen Jahren zahlreiche gut durchdachte Testverfahren ausgearbeitet worden. Sie wollen entweder den Entwicklungs- und Intelligenzstand des Kindes prüfen, oder sie wollen als sogenannte projektive Tests ein Hilfsmittel sein, wenn es um das Verständnis und die Beurteilung der emotionalen Konflikte des Kindes geht. Die große Vielzahl der vorliegenden Tests zeigt freilich, daß keines der Verfahren für sich allein in der Lage ist, das notwendige Beobachtungsmaterial zur vollen Zufriedenheit der Untersucher zutage zu fördern. Es kann nicht unser Ziel und unsere Aufgabe sein, in diesem Zusammenhang auf Methode, Möglichkeiten und Grenzen psychologischer Tests einzugehen. Schließlich liegt eine umfangreiche und zum Teil ausgezeichnete Literatur zu diesem Thema vor und wir müssen auf die einschlägigen Publikationen verweisen.

Ein Gleiches gilt für die möglicherweise notwendig werdende Diagnostik von Organkrankheiten. Kinderärztliche und kinderpsychiatrische Literatur über körperlich bedingte Krankheitszustände, die die Psyche gleichzeitig mitbetreffen, ist reichhaltig. Wir können sie nicht ersetzen, sondern müssen uns unbedingt auf das Anliegen dieses Buches beschränken und bei der Erforschung der biographisch-psychologischen Faktoren verbleiben. Es sei nur darauf hingewiesen, daß wir es in der Kinderpsychiatrie, wie überall in der Medizin, in differentialdiagnostischer Hinsicht nicht immer leicht haben. Das ärztliche Urteil wäre einfach, wenn wir immer auf eine klare Alternative zwischen primär-organischen und primär-psychisch bedingten Krankheitsbildern hoffen könnten. Stattdessen haben wir es oft mit den verschiedensten Mischungsverhältnissen und wechselseitigen Beeinflussungen zwischen Organkrankheiten und psychischen Reaktionen zu tun. Die geklagte Auffälligkeit kann entweder direkt die Folge einer organischen Hirnerkrankung sein (etwa einer Meningitis oder Encephalitis), bei der die psychischen Funktionen des Kindes mit affiziert sind. Es kann auch vorkommen, daß eine Organfunktionsstörung vorliegt, bei der das allgemeine Kräftereservoir des Kindes erschöpft wurde (etwa eine Anaemie), den Eltern fällt jedoch zunächst die Leistungsstörung, die Ermüdbarkeit und die mangelnde Konzentrationsfähigkeit auf. Chronische körperliche Krankheiten haben wiederum ganz andere sekundäre psychische Folgen. Etwa wenn das Kind durch eine langwierig verlaufende Tuberkulose oder eine chronische Knochenerkrankung lange ans Bett gefesselt ist und daher in seiner geistig-seelischen Entfaltung behindert. Ebenso kombinieren sich Entwicklungsverzögerungen und Schwachbegabungen mit einer neurotischen Fehlentwicklung, und das Abschätzen der beteiligten Faktoren ist nicht immer leicht.

Wie gesagt, können wir uns im Rahmen dieses Buches nicht im einzelnen um diese Seiten der ärztlichen Diagnostik kümmern. Wir wollen jedoch betonen, daß man das Urteil über die fragliche Psychogenese eines Krankheitszustandes auf keinen Fall *per exklusionem* finden darf. Es genügt nicht, daß man das Fehlen pathologischer Organbefunde festgestellt hat, um nun bereits zu folgern, daß es sich bei dem Patienten um ein psychogenes Krankheitsbild handeln müsse. Wir brauchen ein schlüssiges Bild über die psychodynamischen Vorgänge, die zur aktuellen Krise geführt haben, und wir müssen den inneren Zusammenhang zwischen den aktuellen Erlebnisweisen des Kindes und seinen früheren Erfahrungen herstellen können.

Das *Kenntnismaterial,* das wir zu diesem Zweck benötigen, ist (sofern es die Familienlage und die Problematik der erwachsenen Familienmitglieder betrifft) in den früheren Kapiteln dargestellt worden. Die Konfliktkonstellationen, in denen das Kind selbst sich befinden kann, wollten wir in den späteren Abschnitten darstellen, in denen wir über die Möglichkeiten sprechen, im Umgang mit den Eltern die Lebenslage des Kindes günstig zu beeinflussen. Was wir über die Entwicklungsbiologie und Entwicklungspsychologie des Kindes wissen müssen (insbesondere soweit es die Triebdynamik des Kindes betrifft), habe ich bereits in einer gesonderten Publikation dargestellt. Auch diese Kenntnisse können wir für ein befriedigendes psychiatrisches Urteil nicht entbehren. Es ist also klar, daß wir über einen sehr umfangreichen Wissensschatz verfügen müssen, wenn wir den Anforderungen einer biographischen Anamnese wirklich gerecht werden wollen.

Kein Anamnesenschema kann die detaillierten Kenntnisse, die wir brauchen, wirklich vollständig einfangen und kein Fragebogen kann uns bei dem schwierigsten Teil der diagnostischen Arbeit behilflich sein, nämlich bei der Auswahl des Wichtigen aus der Fülle des Materials. Die *Bewertung der Befunde* ist sicher die größte Kunst in der Medizin und die eigentliche Schwierigkeit für den Anfänger.

An Stelle eines Fragebogens sollte also immer der ausgearbeitete schriftliche Bericht treten. Freilich setzt diese Ablösung vom Fragebogen ein eigenes Urteil voraus und die geistige Leistung, die der schriftliche Bericht nach der erhobenen biographischen Anamnese erfordert, ist groß. Die Kunst, geistige Klarheit mit Anschaulichkeit der Darstellung zu verbinden, will lange geübt sein.

Ich gebe im folgenden einige Empfehlungen über die *Anordnung des Materials,* denn wir haben ja die Absicht, die von uns gesammelten Befunde möglichst übersichtlich anzuordnen:

Im allgemeinen empfiehlt es sich, den gesammelten Stoff in vier bis fünf größere Abschnitte zu gliedern. Am zweckmäßigsten beginnt man wohl immer mit der *Symptomatik des Kindes,* wobei man gut daran tut, die *spontan mitgeteilte* und die *zusätzlich erfragte* voneinander zu trennen. Es ist außerdem praktisch, an dieser Stelle gleich typische Verhaltensweisen des Kindes, Vorlieben, Abneigungen und Reaktionsformen allgemeinerer Art mit hinzuzufügen, insbesondere auch jene Reaktionsweisen, die uns die Trieb- und Impulsentwicklung des Kindes deutlich werden lassen. Also etwa das Maß seiner Selbständigkeit oder Durchsetzungskraft, Gefügigkeitshaltungen, Zeichen starker emotionaler Abhängigkeit, Kontaktstörungen, überschießende oder sehr blasse Wunschwelt, Umgang mit Taschengeld, sexuelle Probleme usw.

An diesen Abschnitt sollte sich eine Beschreibung der *gegenwärtigen Lebenssituation* des Kindes in seiner Familie anschließen. Hierher gehören einmal die formalen Angaben über Wohnungssituation, Zahl der Familienmitglieder, Einkommen der Eltern, Arbeitsverteilung in der Familie usw. Daneben eine Schilderung der wichtigsten aktuellen Gefühlsprobleme, die die beteiligten Familienmitglieder möglicherweise miteinander austragen.

Die Gegenwartssituation der in Frage stehenden Familie wird für den Beobachter freilich meist erst dann wirklich transparent, wenn er die *Vorgeschichte von Vater und Mutter* genau genug erfahren hat. In diesem Zusammenhang hätten wir also all jene Angaben einzufügen, die über das Kindheitsschicksal von Vater und Mutter Auskunft geben, über ihre soziale Herkunft, ihre Berufsentwicklung, die Vorgeschichte ihrer Ehe, weltanschauliche Probleme, Erwartungen und Ansprüche ans Leben u. ä.

Mit diesen Daten haben wir dann meist schon ein recht gutes Bild von der Familie, aber auch von der Vorgeschichte des Kindes. Jedoch sollte seine *eigene Entwicklungsgeschichte* doch noch einmal gesondert abgehandelt werden. Wir müssen über frühere Erkrankungen Bescheid wissen, über Stillzeit, Sprechen- und Laufenlernen, über die Entwicklung der Sauberkeitsfunktionen, den Ablauf der Trotzphase, möglicherweise über seine Reaktion auf die Geburt von Geschwistern, auf Schicksalseinbrüche, die die Familie getroffen haben oder auf spezifischere Familienprobleme, etwa Scheidung der Eltern, Auseinandersetzung mit einem Stiefvater und ähnliches.

Nach Möglichkeit sollte auch die *Schulentwicklung* und gegenwärtige Schulsituation an hervorgehobener Stelle mitgeteilt werden.

Ergibt sich im Verlauf der Anamnese ein besonderer Anhaltspunkt für die spezifische Lebenskonstellation, in der die Symptomatik aufgetreten ist, so empfiehlt sich unbedingt ein herausgehobener Hinweis auf die sogenannte *auslösende Schicksalssituation*. Umgekehrt sollte auf den schleichenden und allmählichen Beginn der Symptomatik hingewiesen werden, sofern ein akuter Beginn nicht zu verzeichnen ist. Im Urteil über die sogenannte auslösende Schicksalssituation gewinnen wir meist sehr wichtige Anhaltspunkte für unsere therapeutischen Chancen.

In welcher Weise man nun diese verschiedenen Abschnitte der biographischen Anamnese beim Bericht aneinanderreihen will, ist sehr häufig Geschmackssache, manchmal auch von den Fakten selbst diktiert. Ist die aktuelle Familienkrise ganz entscheidend durch die Vorgeschichte der Eltern bestimmt, so beginnt man natürlich am klügsten mit den Vorläufern des Geschehens, um dann die gegenwärtige Zuspitzung zu beschreiben. Ist der zentrale Konflikt durch einen aktuellen Schicksalseinbruch bedingt, so wird man eher hier den Anfang machen. Ist das Kind noch sehr jung und seine Vorgeschichte demgemäß kurz, so möchte man die genetischen Daten seiner Entwicklungsgeschichte oft gleich im Zusammenhang mit der Symptomatik und deren Entwicklung darstellen. Liegt das Schwergewicht der Probleme ganz im Bereich der Schule und der sozialen

Gruppe, dann wird man die Darstellung hier zentrieren und anderes zurücktreten lassen. Für den Anfänger freilich ist es doch wohl empfehlenswert, sich im Beginn an das hier gebotene Nacheinander der einzelnen Abschnitte zu halten, da es im Beginn immer leichter ist, sich an einem festen Koordinatensystem zu orientieren, bis man zur freieren eigenen Leistung übergeht. Ich hoffe auch, daß die biographischen Skizzen, die in den kommenden Kapiteln mitgeteilt werden, eine gewisse anschauliche Hilfestellung geben können.

Jeder Kinderpsychiater erleichtert sich dann seine Arbeit sehr beträchtlich, wenn er die biographische Anamnese mit einer *Zusammenfassung* abschließt, bei der er zusammengerafft jene Faktoren herausarbeitet, die für die Lebensdaten des Kindes von bevorzugter Wichtigkeit sind und die das *prognostische Urteil* formen. Die Prognose und das Urteil über unsere therapeutischen Chancen hängen ja ganz gewiß nicht nur von der Verfassung des Kindes selbst ab. Die *Familienprognose* ist besonders dann der entscheidende Faktor, wenn es sich noch um ein jüngeres Kind handelt, bei dem der Erfolg unserer Bemühungen weitgehend von der Hilfestellung der Eltern abhängt.

Bevor ich zur detaillierteren Diskussion prognostischer Gesichtspunkte übergehe, sei ein *Modellbeispiel* für eine biographische Anamnese eingefügt:

Hanni, jetzt 6 Jahre alt, wird von ihrer 32jährigen Mutter vorgestellt. Die Überweisung erfolgte hauptsächlich durch den Zahnarzt. Das Kind lutscht ausgedehnt Tag und Nacht am Daumen, so daß für seine Zahnstellung gefürchtet wird. Die Mutter hat auch gelegentliches Zähneknirschen beobachtet und seit einiger Zeit tritt ein Anflug von Stottern auf. Auf Befragen berichtet die Mutter weiter, daß der Schlaf im allgemeinen recht unruhig sei und daß das Kind gelegentlich nachts aufschreckt. Es hat auch schon von Angstträumen berichtet, zum Beispiel von Stangen, die hinter ihm herkämen.

Hanni ist sehr sensibel und empfindlich. Sie kann sich unter anderen Kindern schlecht behaupten und hat besondere Schwierigkeiten in der Spielgemeinschaft der Straße, in der sehr ruppige Kinder sein sollen. Die Mutter hat Hanni deshalb nicht viel auf die Straße gelassen, hat jedoch beobachtet, daß die Konflikte mit dem $2^1/_2$ Jahre jüngeren Bruder dadurch nur verschärft wurden. Hannis Bruder ist lebhafter und aktiver und Hanni hat sich bis vor kurzem viel von ihm gefallen lassen, hat jedoch oft Eifersucht bekundet. Sie beklagt sich, daß der Bruder alles dürfe.

Wenn andere Kinder zu Besuch kommen, hütet Hanni ihre Spielsachen sehr und rückt nichts zum Spielen heraus. Fremden gegenüber ist sie sehr schüchtern. Es fällt aber auf, daß sie manchmal auch in Gegenwart von anderen ihr Lieblingsspiel agiert und sich als „Prinzessin" demonstriert. Hanni spielt sehr gern Prinzessin, das heißt, sie verkleidet sich immer neu und anders, bewegt sich dann wie auf der Bühne, singt oder sagt etwas auf. Da sie ein sehr niedliches kleines Mädchen ist, wird sie dafür häufig bewundert.

Zur Genese: Schwangerschaft und Geburt waren normal, das Kind wurde $^1/_2$ Jahr gestillt. Es begann verhältnismäßig spät zu sprechen, erst nach dem zweiten Jahr längere Sätze. Hanni lief mit 11 Monaten. Die Sauberkeitserziehung wurde mit 8 Monaten begonnen, mit 2 Jahren war das Kind sauber. Eine ausgesprochene Trotzphase hat die Mutter nicht beobachtet. Hanni war immer still und zurückhaltend und hat sich, wie geschildert, vom Bruder immer viel gefallen lassen.

Als Hanni 11 Monate alt war, wurde ein erster Bruder geboren, der nach 10 Monaten plötzlich aus ungeklärter Ursache starb. Beide Eltern wurden vom Tod dieses Kindes hart getroffen und besonders der Vater scheint den Tod des ersten Jungen nicht verwunden zu haben. Auch die darauffolgende Geburt des zweiten Bruders hat ihn nicht getröstet. Die Eltern sind mit ihren Kindern seither sehr ängstlich und über jede kleinste Erkrankung stark beunruhigt.

Gegenwärtige Familiensituation: Hanni lebt zur Zeit mit ihren beiden Eltern und dem 4¹/₂jährigen Bruder zusammen in einer Zweieinhalb-Zimmerwohnung. Der Vater verdient als sogenannter Handwerkerhelfer ca. 100,— DM in der Woche. Hannis Mutter ist nicht berufstätig. Die Familie hat verhältnismäßig wenig gesellschaftlichen Umgang. Hannis Mutter stammt nicht aus Berlin und hat auch ihre Angehörigen nicht hier. Zu den Eltern von Hannis Vater bestehen nur sehr kühle und lose Beziehungen.

Hannis *Vater* ist jetzt 34 Jahre alt. Er leidet an rezidivierenden Magenschmerzen, ein Ulcus ist mehrfach festgestellt worden. Jetzt wurde er selbst zur psychotherapeutischen Behandlung überwiesen und hat diese auch begonnen. Herr K. hatte eine sehr schlechte Kindheit. Sein Vater trank, war oft arbeitslos und zog zudem den 6 Jahre älteren Bruder immer sehr vor. Herr K. blieb (wie es scheint in Anbetracht dieser ungünstigen häuslichen Verhältnisse) in der Schule zweimal sitzen, so daß er nur mit unvollkommen beendeter Schulbildung abgehen konnte und auch nicht, wie er wollte, eine kaufmännische Lehre beenden. Er begann eine Schlosserlehre, konnte aber diese ebenfalls nicht zu Ende führen, da er vorher eingezogen wurde. Seine Berufsentwicklung entspricht demzufolge in keiner Weise seinen eigentlichen Talenten oder Wünschen. Frau K. schildert ihren Mann als sehr gutmütig, eher depressiv und viel zu nachgiebig. Er sei seinen Kindern gegenüber ein besonders liebevoller Vater, aber ihm fehle der Mut und die Durchsetzungskraft, um wenigstens noch einiges von der versäumten Berufsentwicklung nachzuholen. Er hat seiner Frau in der Verlobungszeit nichts von dem zweimaligen Sitzenbleiben gesagt, weil er sich so sehr dafür schämte. Kürzlich hat jedoch sein eigener Vater Frau K. hierüber eine Mitteilung gemacht, und diese Mitteilung war für beide Eheleute eine „schwere Erschütterung".

Hierüber wird gleich noch etwas genauer zu berichten sein.

Hannis *Mutter:* Frau K. ist 32 Jahre alt, eine sehr kräftige, pyknisch untersetzte Frau, die nicht eigentlich hübsch zu nennen ist, die aber durch ihr gelegentlich aufleuchtendes, sehr herzliches Lächeln gewinnt. Neben der Herzlichkeit spricht eine gewisse Resolutheit aus ihrem Wesen, und sie sagt auf eine entsprechende Frage, daß es ihr schwerfalle, mit den Kindern zärtlich zu sein und zu „schmusen". Frau K. bezeugt bei diesem Thema allerdings doch Verständnis dafür, daß ihre Kleine vielleicht etwas entbehren könnte. Frau K. ist in einem Geschäftshaushalt aufgewachsen und hat von ihrer Mutter, wie sie sagt, selbst wenig Wärme zu spüren bekommen. Frau K. fügt jedoch spontan und offenbar in richtiger Erkenntnis der Situation sofort hinzu, daß die Wesensart der Mutter wohl durch deren eigenes Schicksal zu erklären sei. Sie wäre 6jährig Waise geworden (Vaterwaise) und dann von der Mutter in ein Waisenhaus gegeben, weil nur die anderen Geschwister bei der Mutter bleiben konnten. Frau K.s Mutter hat dieses Heimleben wohl nie ganz verwunden und ist demzufolge eine kühle und reservierte Frau geworden, die, wie gesagt, ihren Kindern selbst wenig Herzlichkeit vermitteln konnte.

Frau K. hat eine kaufmännische Lehre absolviert, wurde dann Buchhalterin und ist ausgesprochen gern berufstätig gewesen. Ihr Gesicht leuchtet auf, als sie davon spricht, wieviel Freude es ihr gemacht habe, übertragene Arbeit gut, flink und gewissenhaft zu erledigen. Sie hat sich im Berufsleben immer sehr bewährt und scheint, verglichen mit ihrem Mann, die Resolutere und Aktivere zu sein.

Über ihre Ehe äußert sich Frau K. mit offenkundiger Überzeugung zufrieden. Allerdings erzählt sie, daß sie es doch manchmal etwas bedrückt, daß die unvollkommene Ausbildung ihres Mannes ein weiteres berufliches Fortkommen verhindere. Sie meint, ihr Mann sei seinem Talent nach nicht richtig eingesetzt und fügt hinzu, daß sie ihm während der Verlobungszeit vorgeschlagen habe, doch noch einmal ganz neu mit einer Berufsausbildung zu beginnen. Frau K. hatte gemeint, daß ihr Mann sich so besonders gut für den Lehrerberuf eignen würde und Frau K.s Eltern hätten dieses neue Studium auch bereitwillig finanziert. Herr K. hat seinerzeit diesen Vorschlag abgelehnt, aber das wahre Motiv für diese Ablehnung offenbar nicht preisgegeben, nämlich daß er in der Schule zweimal sitzengeblieben ist. Frau K., die dies bei dem Talent ihres Mannes nicht im geringsten vermutet hatte, war bei der kürzlich erfolgten Eröffnung durch den Schwiegervater tatsächlich sehr betroffen. Da sie selbst Leistungsprobleme recht ernst nimmt, war sie wohl auch in ihrem Ehrgeiz gekränkt. Frau K. meint jedoch auf jeden Fall, daß sie ihren Mann auch geheiratet hätte, wenn ihr die genaueren Umstände der Schulentwicklung bekannt gewesen wären und sie würde ihn auch heute wieder heiraten, obgleich sie sich wirtschaftlich mehr einzuschränken hat, als sie ursprünglich vielleicht erwartete. Frau K. fügt noch hinzu, daß ihr Mann deshalb so viel Schuldgefühle habe, weil sie seinerzeit, als er sich um sie bewarb, noch einen anderen Bewerber hatte, der ihr eine wirtschaftlich ganz andere Position hätte bieten können. Sie habe sich jedoch aus Zuneigung für ihren Mann entschieden.

Die Eheleute zogen nach der Hochzeit nach Berlin, wo der Mann die Arbeit fand, die er jetzt noch innehat. Sie bekamen auch eine eigene Wohnung. Hannis

Geburt war durchaus erwünscht. Die nächste Schwangerschaft, die 2 Monate nach Hannis Geburt eintrat, wurde freilich als zu früh empfunden, doch soll Hannis Vater gerade diesen nachgeborenen Sohn mit ganz besonderer Liebe empfangen haben. Sein Tod hat, wie geschildert, beide Eltern sehr erschüttert. Man darf aus mancherlei Mitteilungen tiefverwurzelte neurotische Schuldgefühle besonders beim Vater vermuten. Sowohl mit Hanni, wie mit dem danach geborenen, jetzt 4½jährigen Bruder wurde sehr ängstlich umgegangen, wobei neben diese Ängstlichkeit noch ein recht spürbarer Mangel im zärtlichen Umgang trat. In jüngster Zeit haben die depressiven Verstimmungen des Vaters und sein Magengeschwür recht beträchtlich auf der Familie gelastet. Die Kinder wurden häufiger abgewiesen als früher. Frau K. selbst erzählt, daß sie nicht ohne Gereiztheit und Schärfe gewesen sei, wenn es gegolten habe, den Konflikt zwischen Hanni und ihrem Bruder zu steuern. Sie habe von Hanni doch oft verlangt, daß sie dem Bruder gegenüber nachgiebig sei, damit wenigstens unter den Kindern Frieden und Ruhe herrsche.

Zusammenfassung: Die 6jährige Hanni wird vom Zahnarzt wegen Daumenlutschens überwiesen, als Begleitsymptom besteht ein Anflug von Stottern und eine Schlafstörung. Der Beginn der Symptomatik kann schwer angegeben werden. Es handelt sich offenbar nicht um die Beantwortung eines aktuellen Traumas. Als Hanni 10 Monate alt war, wurde ein Bruder geboren, dessen früher Tod die Eltern stark betroffen hat und sie zu stark ängstlichem Umgang mit den Kindern veranlaßte. Hanni hat jetzt mit dem danach geborenen 2½ Jahre jüngeren Bruder einen deutlichen unverarbeiteten Ambivalenzkonflikt. Zudem scheint sie ein Stück Zärtlichkeit bei der Mutter zu vermissen. Das Daumenlutschen und das narzistische Rollenspiel als Prinzessin sind vermutlich sehr weitgehend als Ersatzbefriedigungen aufzufassen. Es ist dabei nicht ganz sicher abzuschätzen, inwieweit Hanni bereits von den gegenwärtigen Gefühlskonflikten ihrer Eltern beeinflußt ist. Da beide Eltern zugänglich sind und der Vater selbst schon eine Behandlung begonnen hat, steht zu hoffen, daß die Behandlung des Kindes zu einem günstigen Abschluß geführt werden kann. Ausführlichere Gespräche mit der Mutter werden notwendig sein.

Mit Absicht habe ich bei diesem Beispiel eine verhältnismäßig einfach gelagerte Situation geschildert, die uns in bezug auf unsere therapeutischen Möglichkeiten nicht vor unüberwindliche Hindernisse stellt. Auch läßt sich bei einem sehr jungen Kind das biographische Material leichter ordnen. Hanni hatte zudem keine sehr häufigen einschneidenden Veränderungen ihrer Lebenssituation durchgemacht, deren Schilderung viel Raum beansprucht hätte. Wir werden bei den späteren kasuistischen Beispielen bald sehen, daß Lebensschicksale nicht immer so einfach und übersichtlich zu beschreiben sind. Meist haben wir eine große Vielfalt verschiedenartiger Faktoren gegeneinander abzuwägen, wenn wir uns ein Bild über die Prognose und die mögliche therapeutische Planung machen wollen. Hierzu wollen wir nun noch im einzelnen Stellung nehmen.

II. Die Prognose

Ich sagte schon, daß unser prognostisches Urteil sich nicht nur an der Verfassung des Kindes selbst orientiert, sondern daß wir eine Art von Familienprognose stellen müssen. Bei diesem notwendigen Urteil über die Eltern und die sonstigen erwachsenen Familienangehörigen orientieren wir uns zunächst einmal an dem Maß an *Verständigkeit* und gemüthafter Ansprechbarkeit, das die Beteiligten bieten. Hier sind die Unterschiede im Persönlichkeitsbild der einzelnen Menschen freilich sehr groß. Wir müssen sie als Konstanten hinnehmen. Gemütvolle und verständige Eltern werden auch in großen Krisen, die die Familie betroffen haben, eher in der Lage sein, uns zu helfen und das Kind abzuschirmen, als unvernünftige und kalte Naturen. Wichtiger als alles andere sonst ist für unser Urteil allerdings, daß wir ein Bild von dem körperlichen und psychischen *Kräftereservoir* der Eltern gewinnen. Sind Vater oder Mutter oder gar beide durch Krankheit, Existenzkampf oder emotionale Spannungen in ihrer allgemeinen Verfassung so ausgepumpt, daß man von ihnen keine Zusatzleistungen mehr erwarten kann, dann werden unsere therapeutischen Chancen sehr viel geringer sein, als wenn ein voll gesunder Mensch in wirtschaftlich geordneten Verhältnissen sein Kind vorstellt. Alter und Gesundheit der Eltern beeinflussen die Prognose erheblich. Das gleiche gilt natürlich für die wirtschaftliche Situation und die gegebenen Wohnverhältnisse. In jedem Fall müssen wir für unsere Prognose die *realen Zukunftschancen* der Familie nach Möglichkeit abschätzen. Wenn wir darauf hoffen können, daß Vater oder Mutter bald wieder gesunden werden, sofern sie krank sind, dann sind wir hoffnungsvoller, als wenn wir mit chronischem Siechtum oder gar dem Tod eines der Eltern rechnen müssen. Spricht die Sachlage für chronische Arbeitslosigkeit des Vaters, dann wird unsere Prognose anders aussehen, als wenn wir erfahren, daß die Familie in absehbarer Zeit wieder mit geregeltem Einkommen rechnen kann. Besteht bei aktuell sehr ungünstigen Wohnverhältnissen eine Chance, daß eine eigene Wohnung gefunden werden kann, oder daß konfliktreiche Familienmitglieder aus der Wohnung ausscheiden, dann müssen wir selbstverständlich diese mögliche Entwicklung in unser Urteil mit einbeziehen. Oft sind wir natürlich gar nicht in der Lage, die Zufälligkeiten der kommenden Lebensentwicklung richtig vorauszuberechnen, aber wir dürfen andererseits unsere Aufmerksamkeit hier auch nicht stumpf werden lassen.

Nahe zugehörig sind dann auch alle jene typischen Konfliktkonstellationen, die sich aus den Problemen der *Teil-* und *Ersatzfamilien* ergeben. Wenn eine uneheliche Mutter selbst arbeiten muß, um den nötigen Lebensunterhalt zu verdienen, dann können wir diese ungünstige Situation nur hinnehmen und versuchen, das Beste aus ihr zu machen. Wir können sie jedoch kaum beeinflussen. Wir werden unter Umständen bei Scheidungsfamilien mit dauerndem und unkorrigierbar ungünstigem Einfluß des geschiedenen Elternteils rechnen müssen, der dem Kind endlose Prozesse um Verkehrsregelung und Sorgerecht zumutet.

In einer Stieffamilie müssen wir vielleicht mit bleibenden Spannungen rechnen oder wir können auf Kompensationsmöglichkeiten hoffen.

Gerade bei unserem Urteil über diese Seite der Familienkonstellation haben wir es bereits sehr oft mit besonderen *neurotischen Gefühlsproblemen* der Eltern zu tun, die an den vorliegenden Schwierigkeiten Anteil haben. Hier suchen wir dann nach Anhaltspunkten, um die *emotionalen Entwicklungsmöglichkeiten* der Eltern abzuschätzen. Wir finden sie im Verlauf unseres Gesprächs mit den Eltern über ihre eigene Vorgeschichte, insbesondere bieten uns die Reaktionsformen der Eltern bei dieser Gelegenheit mancherlei Hinweis auf ihre eigene potentielle Plastizität. Für jene Familiensituationen, in denen die Eltern nicht mit Arbeit überbürdet sind oder durch Krankheit beeinträchtigt, gibt es nach meinen Erfahrungen einige Anhaltspunkte, die uns helfen können, die Schwierigkeit der Konstellation abzuschätzen:

Erstens entstehen in jenen Familien, in denen die Eltern selbst noch in starker emotionaler und praktischer *Abhängigkeit von den eigenen Eltern* (also Großeltern des Kindes) sind, Spannungssituationen, die oft sowohl emotional wie praktisch schwer zu beeinflussen sind. Sodann müssen wir in den Familien, in denen tief eingeschliffene *ideologische* Fixierungen das affektive Klima beherrschen, ebenfalls mit zugespitzten Schwierigkeiten rechnen. Außerdem scheint eine sozial angespannte Vorgeschichte der Eltern, die sich mit Mühe einen *sozialen Aufstieg* erkämpft haben, spezifische Probleme in der Kinderbetreuung zu schaffen. Für diese subtileren neurosenpsychologischen Unterscheidungen werden wir im folgenden eine Reihe von illustrierenden Beispielen bringen, mit deren Hilfe wir die Bewertung der Befunde üben wollen. Im aktuellen Zusammenhang sei noch hinzugefügt, daß der Psychiater vor einer fast ausweglosen Situation steht, wenn die Eltern, die ihn um Rat fragen oder die zu ihm geschickt wurden, selbst *verwahrlost* oder korrupt sind, so daß sie weder in der Therapie, noch im häuslichen Umgang mit dem Kind eine stabile Situation schaffen.

Ich sagte schon, daß dieses Urteil über die Eltern, das wir gewinnen müssen, für uns um so wichtiger wird, je jünger das Kind ist. Umgekehrt gewinnt das *Urteil über das Kind* an Gewicht, je älter das Kind ist. Wird das Kind nämlich älter, so entwickelt sich zunehmend die Möglichkeit, das Kind auch bei sehr schwieriger häuslicher Konstellation unabhängig von den Eltern zu betreuen. Tragfähigkeit und Tragwilligkeit von Kindern ist im allgemeinen sehr groß. Sofern auch nur die geringste Chance besteht, in der entsprechenden Altersstufe die Eltern zur Berufsausbildung der Patienten zu bewegen, dann hat man etwa vom 12. bis 13. Lebensjahr ab gewisse Möglichkeiten, das Kind an den Eltern vorbei innerlich zu verselbständigen. Diese Möglichkeiten existieren natürlich bei den 3- oder 4jährigen noch nicht. Im Urteil über das Kind selbst hilft uns nun die mitgeteilte Symptomatik meist verhältnismäßig wenig. Vom Symptom her können wir nicht abschätzen, ob es sich um einen schweren oder leichteren Zustand handelt. Allerdings kalkulieren wir mit ein, daß es bestimmte Symptome gibt, die im Circulus vitiosus eine Verschlechterung der Lebenslage für das Kind schaffen und andere, die hier mehr indifferent zu beurteilen sind. Schizoide Abschaltungen und *Autismus* haben im allgemeinen zur Folge, daß sich auch die Umwelt noch ein Stück weit mehr zurückzieht, so daß das Kind in zunehmende Isolierung gerät. Bei älteren Schulkindern oder Jugendlichen kann *depressive Initiativelosigkeit* die Berufsplanung lahmlegen. Ein gleiches gilt übrigens für *oppositionelle Ressentimenthaltungen*, die den Patienten aus der sozialen Gemeinschaft herausstellen. Im allgemeinen jedoch kommt es für unser Urteil darauf an abzuschätzen, wie tief die neurotischen Impulshemmungen und Reaktionsbildungen eingeschliffen sind, wie sehr sie vielleicht durch *Rationalisierung* sekundär verankert werden oder gar in ein weltanschauliches System eingebaut. Dies alles läßt sich natürlich kaum ausreichend mit Hilfe von Testen ermitteln. Längere Beobachtung im Verlauf von Spiel und Gespräch sind hierzu notwendig. Für ältere Schulkinder und ganz besonders für Jugendliche gewinnt dann das Urteil über die möglicherweise vorliegende *neurotische Arbeitsmethodik* ein besonderes Gewicht. Verborgene Kenntnislücken, die sich im Gefolge von neurotischer Arbeitsmethodik entwickelt haben, können die Berufsentwicklung eines Patienten ganz entscheidend beeinträchtigen. Anteile von *Willkür* und *Verwahrlosung* im Persönlichkeitsbild des Patienten trüben schließlich die Prognose für eine erfolgreiche Therapie im allgemeinen sehr erheblich. Es ist sicherlich leichter, neurotische Reaktionsbildungen aufzulösen oder den zugehörigen Rationalisierungen den Boden zu entziehen, als die Schwierigkeiten auszugleichen, die durch unstete Mitarbeit des Patienten geschaffen werden. Wir werden im Abschnitt über unsere therapeutischen Bemühungen hierzu einige illustrierende Erläuterungen hinzufügen. Im Augenblick wollen wir noch unser Versprechen einlösen und eine Anzahl biographischer Skizzen mit den zugehörigen Überlegungen über die prognostische Bedeutung der Befunde bringen.

Ich beginne zunächst mit Beispielen, in denen die *soziale Vorgeschichte* der Mutter einen wesentlichen Schlüssel zum Verständnis der aktuellen Familienkonstellation gab. Dabei werde ich drei verschiedene Familienbilder skizzieren und in abschließender epikritischer Diskussion erläutern, wie verschiedenartig unter Umständen scheinbar ähnliche Befunde bewertet werden müssen. Weitere Beispiele werde ich dann in gleicher Form zu spezifischen Problemen anordnen, die häufig bei der Beurteilung einer Familiengruppe von Wichtigkeit werden. Ich werde Familienkonstellationen schildern, in denen ein starkes *Dominanzerleben* bei *der Mutter* das Gefühlsklima färbte. Daneben werde ich solche Situationen schildern, in denen nicht Dominanz, sondern *Ehrgeiz* der Mutter die kindliche Entwicklung beeinflußte. Hieran anschließend kommen einige Beispiele für die Problematik, die aus der *Berufstätigkeit der Mutter* entstehen kann. Dann werde ich über ausgeprägte *ideologische Fixierungen* von Eltern berichten und schließlich noch einige Familienkonstellationen schildern, in denen die *Partnerwahl der Eltern* sehr neurotisch determiniert gewesen ist.

Probleme in der sozialen Vorgeschichte der Mutter

Die 11jährige Monika wird von ihrer 34jährigen Mutter vorgestellt, weil sie seit mindestens 5 Jahren rezidivierend an schweren Nabelkoliken leidet und kürzlich deshalb längerer Krankenhausaufenthalt notwendig wurde. Die Überweisung erfolgt durch das Krankenhaus, da primär organische Ursachen für die auftretenden Koliken nicht gefunden werden konnten.

Aus der Biographie der Mutter ist das folgende Detail wichtig: Frau R. hat eine besonders auffällige Kindheitsentwicklung hinter sich dadurch, daß sie aus einer geschiedenen Ehe stammt und bereits 5jährig einen Stiefvater bekam. Ihr leiblicher Vater, der zur Zeit noch lebt, war früher sehr wohlhabend, ein Großkaufmann mit Villa und Auto, der sich von Frau R.s Mutter trennte, angeblich weil diese ihm geistig nicht gewachsen war. Frau R.s Mutter ist ursprünglich Hausangestellte gewesen. Der Stiefvater, den Frau R. dann bekam, war ein Portier, ein „typischer Arbeiter", und das soziale Milieu, in dem die beiden Eheleute lebten, war entsprechend. Frau R. wechselte nun während ihrer Kindheit alle 1/2 Jahr den Wohnort und lebte teils bei dem wohlhabenden leiblichen Vater in dessen Villa, fühlte sich dort jedoch extrem allein gelassen und den Dienstboten ausgeliefert. Die andere Zeit ihres Kinderlebens verbrachte sie im sozialen Milieu ihrer Mutter. Das heutige Auftreten von Frau R. macht durchaus den Eindruck einer weltgewandten, gebildeten und gesellschaftlich erfahrenen Frau. Man hat den Eindruck, daß sie ihrer Intelligenz nach der väterlichen Familie näher steht als der eigenen Mutter. Frau R. lebt jedoch zur Zeit mit ihrer eigenen Mutter in Wohngemeinschaft, da ihr Mann gefallen ist und sie als berufstätige Frau eine Betreuerin für ihr Kind braucht.

Die Beziehung zwischen Mutter und Großmutter, mit denen das Kind zusammenlebt, hat in der vergangenen Zeit einen sehr einschneidenden Wandel durchgemacht. Für einige Jahre war Frau R. die einzige Ernährerin ihrer Familie. Sie verdiente für sich, ihre beiden Kinder und die Mutter den Lebensunterhalt. Frau R.s Mutter, die selbst keine Einkünfte hatte, war auf die Unterstützung durch ihre Tochter angewiesen und für beide Teile brachte die Wohngemeinschaft gewisse Vorteile. Dann bekam Frau R.s Mutter eine Rente, die ihr eine gewisse wirtschaftliche Unabhängigkeit sicherte. Seit dieser Zeit kam es zu zunehmenden affektiven Spannungen zwischen den beiden Frauen, insbesondere zu lebhaften Auseinandersetzungen um Geld. Ein Hauptstachel in den Gefühlsschwierigkeiten zwischen diesen beiden Menschen bestand zunächst darin, daß Frau R. ihre Mutter nicht in ihren eigenen geselligen Kreis einführen konnte und wollte. Die soziale Diskrepanz war so groß, daß die Großmutter selbst eine solche Gemeinschaft ablehnte, jedoch andererseits ihrer Tochter den geselligen Umgang, den sie pflegte, sehr verargte. Das Ressentiment der Großmutter setzte sich in einer veränderten Wirtschaftsführung durch. Mit größter Verstimmung bemerkte Frau R., daß ihre Mutter, die früher sehr sparsam gewirtschaftet hatte, nun, seit sie ihre eigene Rente bekam, bei weitem mehr ausgab als zur Verfügung stand. Sie verlangte und erwartete von ihrer Tochter immer neue und zusätzliche Geldmittel, die ihrerseits jedoch nicht mehr geben konnte, als ihr eigenes Gehalt ausmachte.

Auf weitere Details wollen wir verzichten und gleich den Ausschnitt aus einer anderen Krankengeschichte danebenstellen.

Frau M., jetzt 36 Jahre alt, bringt ihre 8jährige Tochter wegen Stotterns. Frau M. ist mit einem gleichaltrigen Gärtner verheiratet, ausgebildete Säuglingspflegerin. Sie bewohnt zur Zeit mit ihrem Mann und ihren zwei Kindern (das jüngste Kind ist 5 Jahre alt) eine Dreizimmerwohnung. Der Mann verdient ca. 75.— Mark in der Woche. Die wirtschaftlichen Verhältnisse werden von Frau M. als sehr beengt empfunden.

Die Vorgeschichte von Frau M. ist folgende: Noch vor ihrer Geburt starb ihr Vater und ihre Mutter mußte sie und den 3 Jahre älteren Bruder auf das Kümmerlichste durchbringen. Frau M.s Mutter stammte aus einfachsten Verhältnissen, war Tochter von Tagelöhnern auf dem Land. Frau M.s Vater stammte aus einer wohlhabenderen Kaufmannsfamilie, die sich jedoch nur selten durch gelegentliche Einladungen der Kinder um die beiden kümmerte. Als Frau M. 1½ Jahre alt war, heiratete ihre Mutter einen Straßenbahnschaffner, der ihr Stiefvater wurde und zu dem sie ein besonders herzliches Verhältnis bekam. Angeblich wurde diese Ehe sogar ihretwegen geschlossen, weil der Stiefvater sich so sehr in das kleine Mädchen vernarrt hatte. Als charakteristische Kindheitserinnerung bewahrt Frau M. das Ressentiment, das sie und ihren Bruder in nächtelangen Gesprächen über die Familie des leiblichen Vaters beschäftigt hat. Die Besuche dorthin führten in eine völlig andere soziale Welt, Wohlhabenheit, ein gewisser Lebensstil, Bildung. Frau M. entwickelte bald das Streben, aus den sozialen Verhältnissen ihrer eigenen Eltern herauszukommen. Sie bekam eine Schulbildung, die nicht dem entsprach, was sie wollte. Sie durfte das Abitur nicht machen, bekam stattdessen die Berufsausbildung als Säuglingsschwester, die sie sich allerdings ebenfalls ertrotzen mußte. Die Eltern hatten sie als Hausangestellte arbeiten lassen wollen. Frau M. heiratete 28jährig ihren jetzigen Mann, der, wie gesagt, Gärtner war. Die warmherzigen und pflegerischen Seiten dieses Mannes hatten sie wohl angezogen. Was sie nicht richtig einkalkuliert hatte, war folgendes: Der Mann war Spätling und von einer zu alten, schon über 40jährigen Mutter geboren. Gleich nach seiner Geburt wurde die Mutter mit einer Lähmung unklarer Genese ans Bett gefesselt. Seine Kindheit war extrem einsam und trostlos. Er wurde still, scheu und verschlossen. Offensichtlich ein depressiver und etwas wortkarg in sich gekehrter Mann. Mit den beweglicheren Seiten seiner Frau korrespondierte er nicht. Er war fleißig, jedoch ohne eigentliche Entwicklungswünsche, seit langem bei einem sehr reichen Kaufmann angestellt. Bei diesem Arbeitgeber erlebte nun seine Frau und seine Kinder den enormen Unterschied zu ihrer eigenen Lebensführung. Da die Familie zudem in einem Westberliner Bezirk wohnte und das Kind ebenfalls in eine Westberliner Schule ging, in der es sehr wohlhabende Freundinnen fand, wurden Mutter und Kind unaufhörlich mit den hieraus resultierenden Affekten konfrontiert, ohne daß der Vater Pläne und Möglichkeiten für einen sozialen Aufstieg hätte entwickeln können.

Auch von dieser Krankengeschichte soll nur dies herausgehoben und in einer späteren Diskussion verwandt werden. Bei einem dritten Beispiel liegen die Dinge folgendermaßen:

Frau K., jetzt 30 Jahre alt, bringt ihre 8jährige Tochter, die angeblich neurotische Angstreaktionen bietet. Es ergibt sich bald, daß das Kind zwar eine Reihe von neurotischen Auffälligkeiten zeigt, daß jedoch die in Frage stehenden Angstreaktionen durchaus normale Ängste sind. Die Mutter, die mit einer schweren depressiven Verstimmung erkrankt ist, versucht das Kind seit längerem zu einem gemeinsamen Selbstmord zu überreden.

Das Detail aus der Vorgeschichte dieser Frau, das wir hier zum Vergleich betrachten wollen, ist folgendes: Frau K. ist zweites Kind von sehr jungen Eltern, die beide 19jährig wegen einer ersten Schwangerschaft hatten heiraten müssen. Die Ehe dieser beiden Menschen war an sich beabsichtigt, wenn auch noch nicht so früh. Der Vater von Frau K. war Sohn eines wohlhabenden Bäckermeisters, der eine eigene Konditorei besaß. Er wie sein Bruder sollten selbständige Geschäftsleute werden. Der ältere Bruder hatte bereits eine Filiale des Vaters übernommen. Ein Jahr vor der Geburt von Frau K. starb nun der Vater ihres Vaters, also der Bäckermeister. Es setzte in der Familie ein heftiger Erbschaftsstreit ein, in dessen Verlauf der noch nicht mündige Vater von Frau K. von seiner eigenen Mutter schwer betrogen wurde. Das Geschäft wurde verkauft, er wurde nicht ausreichend ausgezahlt, der wesentlichste Teil des Geldes ging bei der Inflation verloren und der Vater von Frau K., der durch eine alte Poliomyelitis beinbehindert war, mußte entgegen aller früheren Lebenserwartung als angestellter Bäcker in einer Brotfabrik arbeiten. Verständlicherweise hat dieser Mann das Ressentiment über sein verfehltes Leben nie ganz verloren. Sein Verdienst war und blieb gering, seine körperliche Leistungsfähigkeit war sehr beeinträchtigt, die Entwicklungsmöglichkeiten für beide Kinder in Anbetracht der engen wirtschaftlichen Lage natürlich kümmerlich. Getrieben von noch weiteren Problemen in der Familie entwickelte Frau K. bald den Wunsch, Tänzerin zu werden, oder Sportlehrerin. Sie mußte diesen Kinderwunsch begraben und rasch in die Fabrik. Sehr jung, noch 16jährig, schloß sie sich an ihren 13 Jahre älteren späteren Ehemann an und erhoffte sich von dieser Ehe einen sozialen Aufstieg. Gemessen an ihren ursprünglichen Lebensverhältnissen hatte Frau K. tatsächlich in ein gehobeneres soziales Milieu hineingeheiratet. 10 Jahre später, als sie mit ihrer Tochter kam, mußte sie sich jedoch mit folgendem auseinandersetzen: Ihr Ehemann, bei dem sie zunehmend den Altersunterschied als unangenehm erlebte, hatte in den Nachkriegsjahren nicht wieder recht Fuß fassen können und mußte froh sein, in einer relativ beschränkten Arbeitssituation ein bescheidenes Auskommen zu finden. Dessen jüngerer Bruder jedoch betrieb ein sehr gutgehendes Lebensmittelgeschäft, das ausgesprochen günstige Entwicklungsmöglichkeiten bot. Der Bruder hatte seine Frau verloren, war

Witwer mit einem Kind und verliebte sich in Frau K. Er schlug ihr vor, sich scheiden zu lassen und ihn zu heiraten. Er bot ihr damit all jene wirtschaftlichen Möglichkeiten, die die jetzige Ehe Frau K. nicht bieten konnte. Das Resultat war die Erkrankung der Mutter und gleichzeitig die Erkrankung des Kindes.

Unterziehen wir jetzt noch einmal diese drei Ausschnitte aus Krankengeschichten einer epikritischen Betrachtung, so können wir folgendes feststellen: In jedem der drei Fälle hat die Mutter in ihrer Kindheit das Schwanken zwischen zwei sozialen Welten erlebt. Neben anderen (von uns nicht erwähnten) Faktoren hat dieses Schwanken zwischen zwei Lebensformen ein Gefühlsproblem geschaffen, das jetzt auch die Entwicklung ihrer Kinder, die als Patienten gebracht werden, bedroht. In jedem der einzelnen Fälle wird die Aufgabe des Therapeuten darin bestehen müssen, der Mutter bei dieser Problematik behilflich zu sein, sie teils auszusöhnen mit ihren tieferliegenden und vielleicht nicht mehr zu verwirklichenden Wünschen, teils ihr Wege zu eröffnen, um die Realität soweit zu formen, wie es möglich ist.

Eine kurze Überlegung zeigt uns, daß dies bei der ersten Mutter natürlich am leichtesten gehen wird. Ihre Berufsentwicklung steht im Einklang mit ihren sozialen Wünschen. Eine räumliche Trennung von der eigenen Mutter, also Großmutter des Kindes, ist von beiden Teilen gewünscht und durchaus durchführbar. Eine harmonischere Verständigung mit der Großmutter kann mit einem gewissen Optimismus erhofft werden.

Schwieriger liegt das schon im zweiten Fall. Die gegebene Lebenssituation der Mutter ist unaufhebbar. Zugleich ist ihre Vorgeschichte in gewisser Weise härter bzw. das Ressentiment, das in ihr entstanden ist, tiefer. Sie hat den leiblichen Vater verloren und damit die Möglichkeiten, sich in dessen Lebensrahmen entwickeln zu können. Frau R. hatte den Vater nur durch die Scheidung verloren und von ihm immerhin soviel Fürsorge erfahren, daß ihre soziale Entwicklung nicht gefährdet war. Man würde also bei Frau M. mit direkten Empfehlungen einer Verhaltenskorrektur sehr vorsichtig sein müssen, jedoch an relativ ausgedehnten Überlegungen nicht vorbeikommen, wie diese objektiv bewegliche, intelligente und interessierte Frau ihre Bedürfnisse nach Bildung und Anregung etwas besser befriedigen könne. Wenn man bei Frau R. hoffen konnte, mit einer kleinen äußeren Empfehlung (nämlich Wohnungswechsel) und einer weitmaschigen Beratung auszukommen, würde man bei Frau M. eine frequentere Behandlung des Kindes empfehlen müssen und häufigere Besprechungen mit der Mutter für zweckmäßig halten.

Noch sehr viel problematischer liegen die Dinge im Fall von Frau K., die in einer akuten schweren Lebenskrise steckt, und vor der in den nächsten Wochen oder Monaten eine Entscheidung liegt, die auch sehr stabile Menschen erschüttern kann. Die Schwierigkeit dieser Entscheidung hatte in Anbetracht der neurotischen Grundstruktur der Frau eine schwere psychische Erkrankung mit sich gebracht. Ohne eine sorgfältige und ausgedehnte analytische Therapie sowohl von Mutter wie von Tochter würde man in diesem Fall nicht viel Erfolg erwarten dürfen.

Es ist wohl klar, daß das Schwanken der Eltern zwischen verschiedenen sozialen Welten, ihr Wunsch nach sozialem Aufstieg oder die Enttäuschungen über unerfüllte Erwartungen (die vielleicht in die Ehe gesetzt wurden) immer auch das Schicksal der Kinder tiefgreifend beeinflußt. Das Gefühlsklima in den Familien bekommt jedoch eine andere Färbung, als wir sie bislang beschrieben haben, wenn die Aufstiegswünsche der *Mutter*, ihr Ehrgeiz und ihr Streben nach einer bestimmten sozialen Position gleichzeitig zu einem starken *Dominanzgefühl* dem Ehemann gegenüber geführt haben. Ich schildere jetzt Familienbilder, in denen die Lage der Kinder ganz speziell durch diese Gefühlslage der Mutter charakterisiert und beeinflußt wurde.

Dominanz- und Ehrgeizerleben bei der Mutter

Peter, 12 Jahre alt, wird wegen Einkotens vorgestellt. Er ist nachgeborener Sohn nach 3 Schwestern, die jetzt schon im Alter zwischen 18 und 21 Jahren stehen. Die Mutter ist eine äußerst vitale 47jährige Frau, die berufstätig ist und mehrfach betont, daß sie berufstätig sein müsse, weil ihr Mann so wenig verdiente. Sie betont weiter, daß ihr Mann nur unregelmäßige Einkünfte habe und immer periodenweise arbeitslos sei.

Man gewinnt bald den Eindruck, daß Mutter und Schwestern nicht selten ihren Gesprächsstoff darin finden, daß der Vater ein so unvollkommener Versorger der Familie sei. Der Vater ist Bademeister von Beruf und hat nur Saisonarbeit. Dies ist jedoch — wie sich allmählich herausstellt — keineswegs das einzige Problem. Die eigentliche Last, die auf dem Vater liegt, ist folgende: Vor einigen Jahren, in der Hungerperiode nach 1945, hat er einen Versicherungsbetrug begangen. Nach seinen Angaben hat er damals eine Basedowsche Erkrankung durchgemacht, litt an extremem Heißhunger, wurde mit den Lebensmittelkarten nicht satt und beging den genannten Betrug, der entdeckt wurde und ihm eine Gefängnisstrafe einbrachte. Diese Gefängnisstrafe schloß ihn für spätere Zeiten aus dem öffentlichen Dienst aus, so daß er bei den städtischen Badeanstalten nirgends mehr angestellt werden konnte. Er bekam immer nur Gelegenheit zu Aushilfsarbeiten, litt enorm unter dieser Lebensentwicklung und dies um so mehr, als seine Familie nicht mit entsprechenden Sticheleien und Vorwürfen sparte. Für den Jungen fiel der Vater als Identifikationsfigur fort und sein sowieso schwerer Stand gegen die drei älteren Schwestern und die erdrückend vitale Mutter wurde dadurch noch schwieriger, daß er dem Vater sehr ähnlich sah und ihm bei jeder kleinsten Schwierigkeit und bei jedem Schulversagen mitgeteilt wurde, er käme „ganz nach dem Vater".

Ein anderes Beispiel mit abgewandelter Konstellation: Eine 27jährige, sehr nett und warmherzig wirkende junge Frau bringt ihren 5jährigen Jungen wegen Pavor nocturnus. Auch sie ist im Augenblick die Verdienende in der Familie. Ihr Mann besucht die Technische Hochschule und steht kurz vor dem Abschluß des Examens. Frau B. ist stolz auf ihre Tüchtigkeit. Dem Mann und dem Jungen gegenüber empfindet sie sichtlich warm und herzlich. Mit subjektiver Überzeugungsgewißheit meint sie, daß sie ihren Beruf gern und sofort aufgeben würde, wenn ihr Mann das Examen bestanden habe und verdienen werde. Der Ehemann hat bereits jetzt noch vor dem abgeschlossenen Examen eine sehr gute Stellung in Aussicht und in Kürze soll sich die Wirtschaftslage der Familie verbessern. Dem Gesamtbild nach gewinne ich sehr rasch den Eindruck, daß Frau B. sich in nicht unerheblichem Ausmaß über sich selbst *täuscht*. Sie ist selbst großgeworden in sehr kritischer Auseinandersetzung mit einem Bruder und die Ehrgeizkonkurrenz diesem Bruder gegenüber läßt Frau B. an sehr intensiven, wenn auch unbewußten Dominanzwünschen ihrem Mann gegenüber mehr fixiert sein, als sie selber weiß. Es ergibt sich, daß sie die aussichtsreiche Entwicklung ihres Mannes in wirtschaftlicher und beruflicher Hinsicht zwar bewußt positiv und mit Zukunftshoffnung erleben wird, daß jedoch unbewußte Affekte einen starken Ambivalenzkonflikt in Gang halten.

Drittes Beispiel: Frau Z. stellt die 12jährige Erika wegen häufiger Ohnmachten vor. Das Mädchen versagt in der Schule, bekommt Schwindelzustände und muß mindestens einmal in der Woche nach Hause geschickt werden.

Frau Z.s Vater war ein Dorfschullehrer, jedoch wie die Frau sagt, eine richtige „Professorennatur". Ein Musiker, versponnen in seine geistige Welt, jedoch ein Mann mit den heftigsten Affektdurchbrüchen, der zwar nicht Frau Z. selbst, aber ihren Bruder, den er selbst als Lehrer zu unterrichten hatte, so prügelte, daß er „wie tot zwischen den Bänken liegen blieb". Frau Z. hält sich für gebildet, geistig interessiert, liest viele psychologische Bücher und hält ihrem Mann entsprechend lange Vorträge. Sie ist, wie ein Gespräch mit dem Vater ergibt, objektiv keineswegs intelligenter als Herr Z. Sie hat auch keine bessere Ausbildung. Aber sie hat ein anderes Elternhaus gehabt und einen Mann geheiratet, der überhaupt keine Ausbildung bekam. Herr Z. hat eine ganz besonders unglückliche Kindheit hinter sich. Zweijährig verlor er seine Mutter, bekam eine Stiefmutter und wurde Prügelknabe im Haus. Der Vater besaß einen Zeitungskiosk und Herr Z. mußte, anstatt zur Schule zu gehen, dort mit verkaufen und Zeitungen austragen. Seine jüngeren Stiefgeschwister bekamen eine Ausbildung, die ihm versagt wurde. Er kam dann zum Arbeitsdienst, zum Militär, heiratete, geriet zum Ende des Krieges in Gefangenschaft, kam 1947 zurück und trat in die Nachkriegsjahre ohne eine Berufsausbildung ein. Es handelt sich bei ihm um einen neurotisch schwer geschädigten Mann, bei dem der Mangel eines beruflichen Fundamentes die Zukunftsprognose äußerst problematisch erscheinen läßt. Frau Z. speist ihr Überlegenheitsgefühl überwiegend aus der Erinnerung an ihr eigenes Elternhaus, hätte jedoch kaum objektiven Anlaß, ihre eigene Vitalität, ihre Ausbildung, ihre Kenntnisse und ihren Lebensüberblick höher zu veranschlagen als den ihres Mannes.

Wenn wir diese drei verschiedenartigen Lebenskonstellationen miteinander vergleichen wollen, in denen sich jedesmal die Mutter subjektiv als die Dominierende und Führende in der Familie erlebte, dann werden für die weitere Beurteilung folgende Faktoren von Wichtigkeit: Eine Familiensituation, in der

der Vater durch eine Gefängnisstrafe außerhalb der sozialen Gemeinschaft gestellt worden ist, bringt der Frau, sofern sie sowieso in diese Richtung tendiert, nicht nur das Gefühl subjektiver Überlegenheit, sondern — was bei weitem schlimmer ist — eine direkte Abwertung bis Verachtung ihres Mannes. An der sozialen Schwierigkeit für den Vater wird sich äußerlich nur mit Mühe etwas ändern lassen. Wenn überhaupt, wird man versuchen müssen, den Jungen innerlich zu verselbständigen und gleichzeitig in nachdrücklichen Gesprächen mit der Mutter allzu grobe Fehlgriffe in den Reaktionen zu mildern.

Das Problem bei Frau B. liegt völlig anders. Sie empfindet subjektiv die gegebene Dominanz als etwas Passageres. Ihre Problematik liegt darin, daß sie zwar bewußt bejaht, daß es sich bei dieser Konstellation nur um eine Übergangssituation handeln wird, daß sie jedoch unbewußt von starken Dominanzwünschen getrieben ist. Ihr warmherziges Wesen und die günstige soziale Entwicklung des Mannes lassen es allerdings als sehr wahrscheinlich erscheinen, daß die innere Aussöhnung der Frau mit ihren Problemen einigermaßen rasch vollzogen werden kann.

Sehr viel ungünstiger liegt die Situation ohne jede Frage im dritten Fall, wo die äußere soziale Lage sehr beengt und dürftig ist und das Dominanzgefühl der Mutter lediglich aus einer neurotischen Pseudogeistigkeit stammt, ohne daß ein wirkliches Fundament im Bereich von Gefühl und Verstand existiert, ebenfalls kaum ausreichende Möglichkeiten, Ersatzbefriedigung aus wohlsituierter Wirtschaftslage zu beziehen.

Hier muß jedoch einbezogen werden, daß sich die Gesamtprognose noch entscheidend dadurch verändert, daß wir es in den beiden besonders ungünstig gelagerten Familien einmal mit einem Jungen und einmal mit einem Mädchen zu tun hatten. Peter lebte mit Mutter und Schwester in einer stark dominanten Frauengruppe und wurde mit dem abgewerteten Vater identifiziert. Für ihn war zu befürchten, daß er sowohl in seiner sozialen Entwicklung, wie in seiner Gefühlsreifung scheitern werde. Erika Z. hingegen übernahm die Lebenspläne ihrer Mutter. Für sie war eine stark berufsbetonte Lebensbahn vorherzusehen mit intensiven Ambivalenzen jeder Partnerbindung gegenüber. Sie würde voraussichtlich nicht in ihrer sozialen Entwicklung scheitern, wohl aber vor großen Schwierigkeiten stehen, sofern sie heiratete.

Ich bringe jetzt noch drei weitere Familienskizzen, die die Abwandlung eines besonderen *Ehrgeizproblems* bei der Mutter enthalten. In drei Fällen soll es sich darum handeln, daß die Mutter selbst Tänzerin oder Schauspielerin hatte werden wollen und sich diesen Berufswunsch versagen mußte. In ihren Kindern versucht sie jetzt die eigenen ungelebten Hoffnungen zu verwirklichen.

Frau Sch. bringt ihre beiden Kinder Marion und Ekkehard (Marion 13 Jahre, Ekkehard 8 Jahre), beide wegen Enuresis und Leistungsversagen in der Schule. Die Enuresis bei Marion tritt nur noch sehr sporadisch auf, bei Ekkehard häufiger. Marion — bereits ihr Name gibt einen entsprechenden Hinweis — hat

Ballettstunde. Frau Sch. selbst hatte ihren eigenen glühenden Wunsch, Balletttänzerin zu werden, begraben müssen. Sie ist Tochter eines Schneidermeisters, eines strengen — überstrengen — Vaters, der eine Werkstatt mit 20 Gesellen besaß, mehrere Häuser hatte und dessen bevorzugter Ehrgeiz es war, nur mit Akademikern zu verkehren. Den Tänzerinnenwunsch der Tochter unterband er natürlich auf das Unnachgiebigste. Er zwang Frau Sch. stattdessen, technische Zeichnerin zu werden. Der ältere Bruder von Frau Sch. mußte auf Wunsch des Vaters Jura studieren, versagte jedoch beim Studium und wurde schließlich Verwaltungsangestellter. Frau Sch. wurde selbst sehr ehrgeizig, entwickelte jedoch ein oppositionelles Ideal, das dem akademischen Ehrgeiz des Vaters Trotz bieten sollte. Sie heiratete gewissermaßen „unter ihrem Stand" einen Elektrotechniker, dem sie allerdings sehr bald einredete, daß er sich mit Abendkursen fortbilden müsse, daß er die Ingenieurslaufbahn mit Abendstudien bewältigen solle und daß sie es verdient habe, ein besseres Los zu führen als das einer einfachen Handwerkerfrau. Die Enttäuschung für die beiden Menschen kam bald. Herr Sch. geriet in Wut über den Bildungsfimmel und Ehrgeiz seiner Frau. Sie wiederum meinte spitz, er brauche nur ein treues Puttchen und könne mit einer Frau von Bildung nichts anfangen. Der Ambivalenzkonflikt zwischen diesen beiden Eltern wurde an den Kindern ausgetragen. Die Mutter wollte die Kinder aufs Gymnasium schicken und ihre älteste Tochter hatte nicht nur Gymnasium, sondern Gymnasium und Ballettschule zugleich zu bewältigen. Die Tochter identifizierte sich mit dem Wunsch der Mutter, der Junge lehnte diese Wünsche ab und versuchte, beim Vater Rückhalt zu finden, was ihm jedoch nur sehr bedingt gelang. Beiden Eltern war dabei Gemüt und eine gewisse Verständigkeit nicht abzusprechen. Rationale Einsichten und eine Bemühung um Vernunft wurden jedoch sehr rasch von dem tieferliegenden Affekt beiseitegeschwemmt.

Das nächste Beispiel stimmt mit dem vorangegangenen nur in dem einen Faktum überein, nämlich daß auch hier die Mutter den Wunsch hatte, Tänzerin zu werden.

Frau R. ist eine jetzt 27jährige, soeben geschiedene, sehr hübsche Frau, die zwei Kinder im Alter von 5 und 3 Jahren mit Pavor nocturnus vorstellt.

Frau R. ist Nachkömmling, ihr Vater war bei ihrer Geburt schon 55 Jahre alt, ein wohlhabender Architekt, der die kleine Tochter vergötterte und verwöhnte. Frau R. hatte eine gemütskalte Mutter, die sich bei der Entbindung schon zu alt fühlte, das Kind abwehrte und zudem eifersüchtig war auf die große Liebe zwischen Vater und Tochter. Frau R. wurde ein Mensch, der „von Frauen nichts hielt" und Männern gegenüber die Rolle der „Naiven" spielte. Ihr Typ war eher kindlich mit etwas kurzer Stumpfnase, großen blauen Augen und überlang, lockig und offen getragenen Haaren. Frau R. hatte zur Bühne gehen wollen und ein kleines Doppeltalent ausnützen. Einmal hatte sie eine gewisse tänzerische Begabung, zum anderen eine ganz hübsche Stimme. Beides reichte jedoch eigentlich für die Bühne nicht aus. Eine entsprechende Karriere wurde daher zwar begonnen, jedoch nach einigen enttäuschenden Mißerfolgen aufgegeben. Eine Ehe mit einem Schauspieler bot hier den äußeren Anlaß. Der Vater blieb zunächst der Rückhalt für die wirtschaftlich sehr ungeordnet lebende Familie. Als der Vater starb, ging die Ehe der beiden Menschen in die Brüche. Frau R. bemerkte bald, daß sie gezwungen sein würde, das hinterlassene Vermögen ihres Vaters doch sorgfältiger zu verwalten, als ihr Ehemann es konnte. Für sich selbst versuchte sie es mit einer Ausbildung als Neulehrerin. Ihr Typ war dazu wohl denkbar ungeeignet. Sie konnte mit Recht voraussehen, daß sie auch in diesem Beruf nicht Fuß fassen würde. So entschloß sie sich, eine zweite Ehe mit einem reichen Großkaufmann einzugehen und „nur noch Frau und Mutter" zu sein. Für ihre Kinder begann sie bereits jetzt mit den vorbereitenden Übungen für späteres Ballett.

Weitere Details sollen hier nicht angegeben werden, sondern zunächst, wie im vorigen Abschnitt, ein neuer Fall angeschlossen.

Frau St. ist jetzt 45 Jahre alt. Sie bringt ihre 15jährige Tochter wegen einer beginnenden Zwangssymptomatik. Frau St. lebt mit ihren beiden Kindern davon, daß sie für ihre eigenen Eltern deren Mietshaus verwaltet, dort mietfrei lebt und als Verwalterin ein kleines Entgelt bekommt.

Das Lebensproblem von Frau St. ist unter anderem davon bestimmt gewesen, daß sie in einer leidenschaftlichen Ehrgeizkonkurrenz mit einer älteren Schwester gelebt hat. Diese Schwester galt als klug und begabt. Sie sollte studieren, wurde auch tatsächlich Lehrerin und gilt noch heute als das „gelehrte Haus" der Familie. Frau St. galt als nicht begabt, nicht einmal als sehr hübsch, war jedoch beweglich und versuchte sich bis weit über die Backfischzeit hinaus in einer jungenhaften Rolle, die sie im Akrobatentanz ein wenig sublimierte. Ihre Eltern verboten eine entsprechende Ausbildung als nutzlos. Frau St. ging in die kaufmännische Lehre und heiratete später einen Chemiker. Von ihrem Ehemann lebte sie bald getrennt. Nach 5jähriger Ehe hatten sich beide so auseinandergelebt, daß eine Fortführung der Wohngemeinschaft unmöglich schien. Der Ehemann war offenbar ein Zwangsneurotiker mit den heftigsten Affektdurchbrüchen sowohl gegen Frau und Kinder. Frau St. spann sich zunehmend in eine ausgedehnte Phantasiewelt ein. Nicht abreißende Tagesphantasien erfüllten ihr Innenleben und nur kurze Perioden, während sie mit Mietern verhandeln mußte, kehrte sie zur Wirklichkeit zurück. Auch sie hatte ihrer Tochter Ballettstunde gegeben und eine akute Krisis war aufgetreten, als das Mädchen sich weigerte, weiter die Tanzausbildung durchzuführen, da es sich nicht geeignet fühlte.

Ein abstrahierender Vergleich der soeben aufgeführten Biographien führt uns vor allem zu einer besonders wichtigen Überlegung. Wir haben es zwar in jedem der drei Fälle mit Müttern zu tun, die einen bestimmten verfehlten und enttäuschten Lebensplan im Herzen tragen, jedoch finden wir diese drei Frauen in sehr verschiedener gegenwärtiger Lebenslage. Die eine Frau in der Versuchung, aus dieser Ehe auszubrechen. Die zweite Frau soeben im Begriff, eine neue Ehe einzugehen, die sie der schwierigsten Lebenssorgen entheben wird. Die dritte Frau in einer bestehenden problematischen Ehe, getrennt von ihrem Ehemann, jedoch mit einer gewissen Existenzsicherung, die auch die Zukunft wirtschaftlich fundamentiert.

Diese unterschiedlichen Faktoren sind sicher von höchster Bedeutung. Jedoch ist man versucht, sie gewissermaßen zweitrangig zu werten gegenüber dem wichtigen Faktor, den das jeweilige *Alter des erkrankten Kindes* darstellt. Die 15-jährige Patientin, die sich weigert, weiter zur Ballettschule zu gehen, entwickelt sich soeben in ein selbständiges soziales Leben hinein. Gespräche mit ihr werden angebracht sein, freundschaftlich steuernde Unterhaltungen mit der Mutter werden ein Ihriges tun. Ganz anders bei Frau R. Die Kinder sind noch im Kleinkindalter. Alles wird davon abhängen, ob es gelingt, die Mutter zu verständigerer Haltung zu entwickeln und ob man hoffen kann, daß die infantilen Züge, die sie aktuell in hohem Maße bietet, in einer gereifteren Entwicklung verschwinden werden. Das Urteil, das man sich über dieses besondere Problem bilden kann, hängt freilich so gut wie überhaupt nicht von der vorliegenden biographischen Konstellation ab, sondern im wesentlichen von dem Bild, das man von der Persönlichkeit der Mutter bekommt, etwa von dem, was man mit laxer Formulierung ganz gern „Persönlichkeitssubstanz" nennt.

Was die Situation der Kinder von Frau Sch. angeht, so kann man sicher sein, therapeutisch nichts auszurichten, wenn es nicht gelingt, auch mit dem Vater ins Gespräch zu kommen, um das emotionale Problem zwischen den Eheleuten ein wenig zu mildern. Ein endgültiges prognostisches Urteil ist in diesem Fall überhaupt erst möglich, wenn man ein ausreichendes Bild von der Persönlichkeit des Vaters bekommen hat. Nach dem Gespräch mit der Mutter mußte nämlich angenommen werden, daß das Dominanzgefühl, das die Frau subjektiv besaß, dem objektiven Gleichgewicht zwischen den Eheleuten nicht wirklich entsprach. Insbesondere mußte man um des Jungen willen (Ekkehard) darauf bedacht sein, daß die Rolle des Vaters in der Familie etwas gestärkt wurde. Der Vater konnte vielleicht um eine gewisse aktive Bemühung für seinen Jungen gebeten werden. Wie sich später herausstellte, war der Vater tatsächlich ein ruhiger, sthenischer und durchaus wacher Mann, der bislang die Extravaganzen seiner Frau mehr oder weniger gutmütig toleriert hatte. Er war durchaus einsichtig dafür, daß sein Junge einen aktiven Zuspruch von seiner Seite brauchte und er ließ sich auch dazu anregen, hier etwas mehr Initiative zu entfalten.

Die bisherigen Beispiele haben nun wohl gezeigt, wie stark die affektive Verfassung der Eltern die Entwicklung ihrer Kinder beeinflußt und ein wie vielschichtiges Gefüge von Faktoren von uns bewertet und eingeordnet werden muß, damit wir über die Entwicklungschancen der Kinder richtig ins Bild kommen. Ich füge jetzt das vieldiskutierte Thema an, das sich uns in der Berufstätigkeit der Mutter darbietet.

Die Berufstätigkeit der Mutter wird zum Problem

Der 7jährige Klaus-Dieter (er kommt wegen einer Enuresis) lebt mit seinen beiden Eltern und der Großmutter väterlicherseits gemeinsam in einer 2½-Zimmerwohnung. Sein Vater ist noch verhältnismäßig jung, jetzt 27 Jahre, die Mutter ist 3 Jahre älter als ihr Mann, also zur Zeit 30. Die Großmutter ist 50 Jahre alt und lebte von Anfang an in der Wohngemeinschaft mit. Beide Eltern verdienen etwa in gleicher Höhe. Die Großmutter erhält eine Rente, durch die sie in der Familiengemeinschaft eine unabhängige Position bezieht. Ihre Zugehörigkeit zu der Familie ist besonders deshalb geschätzt, weil sie den kleinen Jungen betreut und Frau P. dadurch ihrem Beruf ohne Schwierigkeiten nachgehen kann.

Frau P. ist eine sehr tüchtige Bürokraft, die in einem großen kaufmännischen Betrieb die rechte Hand des Chefs ist. Sie ist, wie sie selber sagt, für ihre Umsicht, Zuverlässigkeit und Schnelligkeit der Arbeit berühmt, jedoch bei den Kollegen wegen ihrer rasch aufgestachelten Ungeduld sehr gefürchtet.

Das Temperament dieser recht gut aussehenden Frau ist vital und, wie erwähnt, sehr rasch. Sie hat einen wesentlich ruhigeren Mann, dessen langsames Tempo sie nicht selten nervös macht. Mit voller Bewußtheit sagt sie von sich selbst in der ihr eigentümlichen Art von derbem Humor: „Frau Doktor, nur der Haushalt, das wäre doch: Hurra, wir verblöden."

Für Frau P. ist die hauptsächlichste affektive Schwierigkeit die, daß sie ihren Beruf zwar mit voller Wachheit schätzt und auf jeden Fall ihrem Mann gegenüber auch die Berufstätigkeit durchsetzen würde, daß sie dies jedoch nicht ohne *geheime Schuldgefühle* tut. Im Kollegenkreis hört sie nicht selten: „Ihr kriegt wohl die Schränke nicht mehr zu vor Reichtum", weil man meint, daß bei dem doppelt verdienenden Ehepaar keine wirtschaftliche Not vorliegt, die die Arbeit der Frau notwendig machte. Besonders die Schwestern von Herrn P. machen immer anzügliche Bemerkungen, daß die Mutter sich lieber um ihr Kind kümmern solle, als aus der Familie herausstreben und daß Frauen, die so intensiv an die Berufstätigkeit fixiert seien, doch schließlich nicht heiraten dürften.

Diese geheimen Schuldgefühle der Mutter, die im Stillen vielleicht auch mit ihrem Ehemann nicht ganz zufrieden ist, sind das eigentliche Problem in der Familie. Das sonstige Einvernehmen aller Beteiligten ist vergleichsweise gut. Die Betreuung des Kindes durch die Großmutter ist gesichert, wenn auch insgesamt etwas verwöhnender als notwendig. Außerdem kommt noch eine reaktive Komplikation hinzu, die wir sogleich näher schildern werden.

Frau P. reagiert nämlich mit Hinblick auf ihr eigenes etwas schlechtes Gewissen bei jeder aufkommenden Schwierigkeit, die der Junge schulisch bietet, besonders empfindlich. An sich schon ehrgeizig, hat sie nun doppelt das Gefühl, man könne ihr nachsagen, daß ihr Kind mit seinen Schulleistungen deshalb ins Hintertreffen gerate, weil sie sich nicht genügend darum kümmere. So zeigt sich die sowieso schon leicht ungeduldige Frau bei schulischen Schwächen ihres Jungen doppelt gereizt. In Anbetracht ihrer latenten Schuldgefühle reagiert sie dem Jungen gegenüber nicht mit schützender und führender Haltung, sondern mit aggressivem Vorwurf, gereiztem Antreiben und drohenden Anforderungen. Die

Großmutter hingegen versucht, das Kind gegen diese Anforderungen der Mutter abzuschirmen und tut dies mit einer Reihe von kleinen Heimlichkeiten, die die Mutter nun doppelt aufbringen.

Das Hauptproblem in dieser Familie wurde, wie gesagt, dadurch geschaffen, daß die Mutter ihre eigenen Wünsche in bezug auf die Berufstätigkeit so zwiespältig erlebte. Auch ein naiver Betrachter konnte freilich sehen, daß diese Frau, wenn sie gezwungen würde, den Beruf aufzugeben und nur noch für die Familie zu leben, mit ihrem unabgesättigten Temperament manchen Schaden gestiftet hätte. Sicherlich mehr Schaden für den Jungen, als wenn seine Betreuung in der Hand der ruhigeren Großmutter blieb und der Mutter lediglich der Stachel ihrer eigenen Schuldgefühle genommen wurde.

Dieses Beispiel illustriert mit Hinblick auf die Kinderbetreuung eine verhältnismäßig unkomplizierte und einfach gelagerte Familiensituation. Sehr stark davon abgehoben und bei weitem verwickelter präsentiert sich folgendes Familienbild:

Der 17jährige Volker lebt seit drei Jahren mit seinem leiblichen Vater und der Stiefmutter zusammen in Wohngemeinschaft. Volker hat bis dahin teils bei seiner leiblichen Mutter (die ihn stark vernachlässigte), teils bei Pflegeeltern und Verwandten gelebt. Als sein Vater vor drei Jahren heiratete, nahm er den Jungen zu sich. Volkers Eltern sind Besitzer eines Lebensmittelgeschäftes und seit eineinhalb Jahren war der Junge als Lehrling bei seinem eigenen Vater beschäftigt. Dies sehr gegen seinen eigenen Wunsch, denn der Vater hatte ihn vorzeitig aus der Schule genommen, angeblich weil die kaufmännische Lehre im eigenen Geschäft für ihn die günstigste Berufsentwicklung sei.

In Wahrheit (von keinem der Eltern zunächst offen zugegeben) war die Aufnahme des Patienten im gemeinsamen Haushalt und die vorzeitige Beendigung der Schule im wesentlichen mit Rücksicht auf die affektive und körperliche Verfassung der Stiefmutter zustande gekommen, die sich durch den langen Arbeitstag im eigenen Geschäft stark überanstrengt fühlte und für die eine billige *Arbeitskraft als Entlastung* gesucht werden mußte.

Die Arbeitssituation von Frau K. war im Hinblick auf folgende Daten sowohl für sie selbst, wie für ihren Mann, insbesondere aber für den Stiefjungen ein schweres Problem: Frau K. war erst 32 Jahre alt. Sie war 10jährig Vaterwaise geworden und hatte deshalb ihren glühenden Berufswunsch (Bibliothekarin) aufgeben müssen. Ihre Mutter hatte für die drei Töchter keine kostspielige Ausbildung bezahlen können. Frau K. wurde Sekretärin und arbeitete bis zu ihrer ersten Ehe in einem größeren Betrieb. 26jährig heiratete sie einen Drogisten, der eigenes Haus und eigenes Geschäft besaß und dem sie zunächst im Geschäft half. Sehr zu ihrer eigenen Überraschung wurde diese Ehe bereits nach drei Jahren geschieden. Ihr Mann wurde vor Gericht schuldig erklärt, weil er sie vielfältig betrogen hatte. Frau K. mußte jedoch zugeben, daß sie im Hinblick auf ihre eigene starke Sexualscheu den Mann so oft abgewehrt hatte, daß sie nicht ganz unschuldig an seiner Untreue war.

Frau K. ist eine sehr sensitiv wirkende, etwas depressiv resignierte Frau, die die Entwicklung ihrer ersten Ehe mit starker Erschütterung beantwortet hatte. Der Scheidungsvertrag wurde seinerzeit so geschlossen, daß Frau K. für 3 Jahre einen monatlichen Unterhalt von 250 Mark bekam und dann nach 3 Jahren mit einer Summe von 10 000 Mk. abgefunden wurde. Als Frau K. diese 10 000 Mk. erhielt, sah sie sich vor der Notwendigkeit, in irgendeiner Form kaufmännisch selbst etwas zu beginnen. Ihr zweiter Mann war eine flüchtige Geschäftsbekanntschaft, 20 Jahre älter als sie, klein und äußerlich recht unansehnlich, jedoch fleißig. Er war impotent und legte auf eine sexuelle Gemeinschaft nicht den geringsten Wert. Auch er hatte eine gewisse Summe eigenen Kapitals und die beiden beschlossen, Geschäftspartner zu werden. Die Ehe war eine mehr oder weniger formale Angelegenheit und das gemeinsame wirtschaftliche Interesse war auf jeden Fall die eigentliche Basis.

Frau K. war nicht darauf vorbereitet, daß die Führung eines Lebensmittelgeschäftes mit Milchverkauf sehr viel anstrengender sein würde als das gelegentliche Helfen in einer Drogerie. Sie fühlte sich bald von der Tätigkeit in dem Geschäft überanstrengt. Sie verdachte es ihrem zweiten Mann, daß er sie nicht rechtzeitig auf die Schwierigkeiten eines solchen Betriebes aufmerksam gemacht hatte. Der Mann wiederum hatte nicht damit gerechnet, daß seine Geschäftspartnerin und Ehefrau so rasch kränkeln und auf ihre notwendige und verabredete Mithilfe im Geschäft mit so viel Ressentiment reagieren würde.

So schien die Übernahme des Sohnes von Herrn K. in das Geschäft für beide Eltern eine günstige Lösung zu sein. Für den Jungen entstand dadurch freilich eine schwere Problematik. Rein äußerlich wurde nämlich ein scheinbar familiäres Leben geführt und die Haltung beider Eltern dem Jungen gegenüber bedeutete diesem mehr als einmal, daß er froh sein könne, nun von dem Vater aufgenommen worden zu sein. Der Junge jedoch hatte rasch durchschaut, daß er im väterlichen Betrieb bei weitem mehr ausgenutzt wurde, als es je bei einem fremden Lehrmeister hätte geschehen können. Seine Erregung, sein Zorn und seine bald geäußerte offene Opposition richtete sich im wesentlichen gegen die Stiefmutter, der er nicht ganz zu Unrecht vorwarf, daß sie ihn benutzen wollte, um ihr eigenes gescheitertes Leben wieder zu reparieren.

Da der Junge seinerseits natürlich von der Betreuung seiner Eltern wirtschaftlich weitgehend abhängig war, schuf die wechselseitige Verschränkung wirtschaftlicher Verpflichtungen und Abhängigkeiten eine besondere Verschärfung der Problematik, die zu einem sehr erheblichen Teil durch die Berufs- und Arbeitssituation der Frau (mit der zugehörigen Überanstrengung) hervorgerufen wurde.

Hatten wir nun im ersten Beispiel eine affektiv leidlich harmonisch zusammenstimmende Familie und im zweiten Eheleute, die eigentlich nur Geschäftspartner waren, so lag die Situation im jetzt zu schildernden dritten Fall für die berufstätige Mutter wiederum ganz anders.

Frau T. hat zwei Kinder im Alter von acht und sieben Jahren. Sie selbst ist 28 Jahre alt, hat einen gleichaltrigen Mann. Frau T. geht arbeiten, weil sonst ihre und der Kinder wirtschaftliche Versorgung durch den Mann aufs gröbste

Not leiden würde. Der Ehemann verdient zwar gut, gibt seiner Frau jedoch nur sehr unregelmäßiges Wirtschaftsgeld, vertrinkt sein Einkommen nicht selten und Frau T. ist gezwungen, mindestens soviel zu verdienen, daß die wichtigsten Ausgaben für Miete und Lebensmittel gesichert sind. Frau T. ist ungern berufstätig (sie arbeitet als Telefonistin), durch den anstrengenden Dienst stark überreizt und abends den familiären Verpflichtungen nicht mehr gewachsen. Die Kinder werden tagsüber von einer Nachbarin betreut bzw. gehen seit einiger Zeit in den Hort.

Wichtig für die Verfassung der Mutter und für die gesamte Familienatmosphäre ist nun die Tatsache, daß Frau K. nicht nur durch die Berufstätigkeit an sich stark überanstrengt ist, sondern daß sie speziell zu diesem Beruf durch die Ehesituation gezwungen wurde, während sie ursprünglich überhaupt keine Berufstätigkeit in ihre Lebensplanung eingerechnet hatte. Frau T. ist Kind wohlhabender Eltern, ihr Vater war Architekt mit einem selbständigen Unternehmen. Außer einer gewissen Hilfsarbeit im väterlichen Betrieb war Frau T. bis zu ihrer Ehe nicht berufstätig. Frau T. verlor jedoch 19jährig ihre Mutter und der Vater heiratete ein Jahr darauf seine Sekretärin. Das Verhältnis zwischen Vater und Tochter und fast gleichaltriger Stiefmutter gestaltete sich denkbar schlecht. Das junge Mädchen lernte dann auf einer Reise beim Wassersport ihren späteren Ehemann kennen, der gelernter Bäcker war, der sich jedoch als Kaufmann und Hausbesitzer ausgab. Die intime Beziehung zwischen beiden führte rasch zu einer Schwangerschaft und Frau T. entschloß sich in ihrer Unerfahrenheit zur Ehe. Sie meinte Jahre später, daß es zu einer solchen Beziehung nie gekommen wäre, wenn ihre Mutter noch gelebt hätte und daß trotz der eingetretenen unehelichen Schwangerschaft ihre Mutter die Ehe mit diesem Mann verhindert haben würde.

Nach der Eheschließung stellte sich rasch heraus, welch hochstaplerische Angaben der Ehemann über seine eigene Besitz- und Berufslage gemacht hatte. Frau T. wollte sich scheiden lassen, war jedoch bereits ein zweites Mal schwanger und sah sich nun mit Hinblick auf ihre beiden Kinder und die sehr unerquickliche Beziehung zu ihrem leiblichen Vater nicht mehr zu einer Scheidung in der Lage.

Daß Frau T. später von ihrem Mann so unfreundlich behandelt und wirtschaftlich so schlecht versorgt wurde, lag sicher zu einem Teil mit daran, daß sie ihn selbst immer fühlen ließ, aus wie verschiedenartigem sozialem Milieu sie beide stammten und wie stark sie mit seiner allgemeinen Lebensführung unzufrieden war.

Frau T. meinte von sich selbst, daß sie (insbesondere aus religiösen Gründen) eine Ehescheidung nur als den letzten Ausweg ansehen würde. Sie würde auch ihre jetzige Ehesituation tragen und die Versorgung ihrer Kinder leidlich bewältigen, wenn sie nicht durch die notwendige Berufsarbeit körperlich so stark überanstrengt wäre, daß sie praktisch keine Reserven mehr hätte, um die Gefühlsprobleme zu meistern, die ihr das Leben nun einmal aufgegeben hatte.

Es ist wohl deutlich geworden, daß diese drei Mütter, deren Berufstätigkeit die Familie und damit den vorgestellten Patienten stark belastete, in jeweils sehr verschiedenen Lebenslagen waren und daß man für die Prognose sehr verschiedene Faktoren miteinkalkulieren mußte.

In der ersten Familie durfte man immerhin sagen, daß die beteiligten Mitglieder trotz vorliegender gewisser Ambivalenzen ihre Gemeinsamkeit und Zusammengehörigkeit bejahten und sie sich letztinstanzlich mit der Familie als solcher identifizierten. Die Berufstätigkeit der Mutter war deren eigener glühender Wunsch. Jeder Betrachter konnte unschwer eine Verschärfung der atmosphärischen Spannungen vorhersagen, sofern die Frau aus überkompensierenden Schuldgefühlen heraus etwa ihre Berufsarbeit aufgegeben hätte.

Bei der zweiten Familiengruppe mußte man sich vor jeder sonstigen Beurteilung von weiteren Einzelfaktoren vor Augen halten, daß eine irgendwie geartete Gefühlsbindung der beteiligten Mitglieder überhaupt nicht existierte und nie existiert hatte. Geschäftliche Gründe waren Anlaß zur Ehe der beiden Eltern gewesen und gaben schließlich auch den Ausschlag, als der Stiefsohn in die Gemeinschaft mit aufgenommen wurde. Keiner der drei Beteiligten kam jedoch bei dieser geschäftlichen Arbeitsgemeinschaft auf seine Kosten, und zwar weder affektiv (das war nicht zu erwarten), noch wirtschaftlich. Die Abwehrhaltung der Stiefmutter gegen ihre notwendige Arbeit war dabei auf das tiefste mit ihrer eigenen Lebensproblematik verbunden und im Grunde nur der Ausdruck dafür, daß die Frau ihr gesamtes Leben als verpfuscht und gescheitert empfand. Die innere Unaufrichtigkeit der Eltern sich selbst und dem Jungen gegenüber wurde dabei der eigentliche Stachel, weil versucht wurde, den inneren Konflikt der Mutter und die formellen geschäftlichen Schwierigkeiten beider Eltern durch die Arbeitskraft des Jungen zu erleichtern.

Bei der dritten Familiengruppe lagen die Verhältnisse wiederum völlig anders: Die Mutter hing an ihren Kindern und hätte sich gern ihrer Pflege und Betreuung gewidmet. Selbst bei Berücksichtigung verborgener Ambivalenzen der Mutter den Kindern gegenüber, weil diese schließlich Anlaß zu der sehr verfahrenen Ehe waren, blieb dies ein unbestreitbares Faktum. Die Mutter bildete jedoch mit ihren Kindern gewissermaßen eine isolierte Sondergruppe gegen den Vater, der bald auch von den Kindern (in Identifikation mit der Mutter) als Mensch zweiten Ranges betrachtet wurde. Die Berufstätigkeit der Mutter war eine unabweisbare wirtschaftliche Notwendigkeit, die sie im Interesse ihrer Kinder unternahm. Die Kräfte der Frau waren jedoch durch die zermürbende Tätigkeit und die häuslichen Schwierigkeiten so weit erschöpft, daß sie den Aufgaben, die ihr das Leben stellte, nicht mehr gewachsen erschien.

All diese bisherigen Beispiele haben wohl schon gezeigt, daß ich bei der Auswahl des leitenden Gesichtspunktes, der zum Ausgangspunkt unserer epikritischen Diskussion wurde, weitgehend *künstlich* verfahren bin. Wir könnten die dargestellten Lebensbilder zwanglos auch nach ganz anderen Gesichtspunkten ordnen. Mein Ziel ist bei all diesen Vergleichen hauptsächlich ein didaktisches

Anliegen. Ich möchte den Blick meiner Leser für die Vielgestaltigkeit möglicher Lebenskonstellationen schärfen. Unter diesem Gesichtspunkt sind auch die nächsten biographischen Skizzen zu betrachten, bei denen eine bestimmte typische neurotische Partnerwahl diskutiert werden soll.

Neurotische Vaterübertragung als Ehemotiv bei der Frau

Der 10jährige Peter wird mit Schulschwierigkeiten vorgestellt. Er hat eine sehr vitale, temperamentvolle, jetzt 36jährige Mutter, die seit 18 Jahren mit einem 30 Jahre älteren Mann verheiratet ist. Herr Z. ist seit einem Jahr mit Erreichung der Altersgrenze aus dem Berufs- und Erwerbsleben ausgeschieden.

Nach Angaben von Frau Z. ist die Schwängerung seinerzeit durch eine Art von „Betrug" zustande gekommen. Herr Z. soll versprochen haben, ein Schutzmittel beim Sexualverkehr zu benutzen, dies dann jedoch heimlich unterlassen haben. Er versprach sich von der Schwangerschaft eine vertieftere Bindung an seine Frau, die in der gemeinsamen Ehe offenkundig immer ungeduldiger und reizbarer wurde. Frau Z. hatte seinerzeit als 18jährige und frühe Vaterwaise ihren damaligen Chef geheiratet, bei dem sie Sekretärin war. Heute hat sie nichts als offene Verachtung für ihren Mann. Sie nennt ihn ihren „Alten" und erklärt unverhohlen jedem, der es hören oder nicht hören will, daß ihr Mann nichts sei, nichts könne, nichts tauge, für nichts ein Gefühl habe, weder „für Frauen, noch für Autos, noch für Pferde" und daß sie nur aus Mitlied bei ihm bliebe. Ebenso unverhohlen teilt sie mit, daß sie weder mit ihren Zärtlichkeitsbedürfnissen, noch mit ihren sexuellen Ansprüchen bei dem Partner auf ihre Kosten käme. Allerdings läßt sich wohl nur ein unerfahrener Beobachter von der sehr verwegenen Fassade der Frau über ihre vermutlich vorliegende Frigidität täuschen. Eine tiefgehende neurotische Gefühlsscheu ist offensichtlich ihr beherrschendes Problem, während sie agierend ihre Empfindsamkeiten überspielt. Mehr als Frau Z. von sich selber weiß, ist diese neurotische Gefühlssperre der Grund dafür, daß sie in dieser so lautstark verachteten und abgelehnten Ehesituation verbleibt. Frau Z. läßt sich mit einigem Genuß von ihrem Mann eine „erotische Bestie" nennen, wenn sie ihn sexuell provoziert und sie betont mit ebensoviel Genuß, daß er impotent sei. Eine halbe Rückfrage fördert jedoch die Tatsache zutage, daß Frau Z. selbst bei gelegentlich versuchten Seitensprüngen und Abenteuern selbst sexuell sehr enttäuscht geblieben ist und zudem auch ihre Partner sehr enttäuscht hat. Ihre demonstrative Fassade, hinter der der durchschnittliche Mann sexuelle Bereitwilligkeiten vermutete, war in Wahrheit nur eine Kompensation von Angst und Beunruhigung, verbarg aber nicht ein wirklich schäumendes Temperament.

Die Pension, die der Ehemann bekam, war nicht klein, hätte jedoch für einen bestimmten erstrebten und gewohnten Lebensstil nicht ausgereicht. So verdiente die Frau durch einen Sekretärinnenposten hinzu, um diese Lage stolz dahingehend zu beschreiben, daß sie die alleinige Ernährerin der Familie sei. Der Vater hielt die ihm selbst keineswegs angenehme Ehesituation im wesentlichen wegen seiner Anhänglichkeit an das Kind aufrecht. Zwischen dem Vater und dem 10jährigen Jungen bestand eine herzliche Beziehung, wenn auch natürlich der Altersunterschied zu groß war, als daß es ohne Spannungen hätte abgehen können. Der Vater überschüttete den Jungen sehr viel mehr als dieser es vertrug mit Anregungen, Anweisungen, „Erziehungsmaßnahmen" und war zu starr, um wirklich kindgemäßen Bedürfnissen Raum zu geben. Der Junge wiederum erlebte angesichts der offenen Verachtung seiner Mutter dem Vater gegenüber die schwierige Situation, daß er das bevorzugte Kind des schwächeren Ehepartners war, während er sich von der als dominierend erlebten Mutter stark abgelehnt fühlen mußte.

Ganz anders war die Lebenssituation eines 17jährigen Patienten, der ebenfalls zwischen Eltern aufgewachsen war, die ursprünglich ihre Ehe in einer Art Vater-Tochter-Beziehung zwischen Mann und Frau geschlossen hatten.

Herbert F. wird wegen rezidivierender Magenbeschwerden vorgestellt, die ihn längere Zeit am Schulbesuch hindern und die Bewältigung des Abiturs gefährden. Er lebt im Augenblick mit seinen Eltern zusammen. Die Mutter ist jetzt 50, der Vater bald 70 Jahre alt. Vor kurzer Zeit ist die 30jährige ältere Schwester des Patienten mit viel Affekt und Ressentiment aus dem Familienverband ausgeschieden. Die Symptomatik des Jungen hat offenkundig in einer Zeit begonnen, in der die heftigen Schwierigkeiten zwischen Schwester und Eltern begannen und der Junge voraussah, daß er eine wichtige Beziehungsperson verlieren werde, die in seinem Leben eine tragende Rolle spielte.

Um diese älteste Tochter haben beide Ehepartner seinerzeit eine stark romanhaft gefärbte Beziehung miteinander agiert. Frau F. war damals ein sehr zartes, etwas hilflos wirkendes junges Mädchen, zierlich, blond, blauäugig, das aus sehr kleinen Verhältnissen stammte (Eltern Hauswartsleute). Ihr späterer Ehemann und Vater des Jungen war ein höherer Offizier, der sich in das junge Mädchen verliebte und mit ihr einen stark ästhetisch gefärbten Kult trieb. Er richtete ihr eine eigene Wohnung ein und unterhielt sie dort jahrelang als seine Freundin, da er sich angeblich aus seiner bestehenden Ehe nicht lösen konnte. Nach einjähriger Freundschaft wurde Frau F. schwanger und drängte nun sehr auf eine Entscheidung, entweder auf Ehe oder auf Trennung. Nach mindestens fünf Jahren heftigster affektbestimmter gegenseitiger Quälereien mit Trennung, erneutem Zusammentreffen und erneuter Trennung, Eheversprechungen, Nichteinhalten der Versprechungen usw. wurde die erste Ehe von Herrn F. schließlich doch geschieden und die zweite Ehe geschlossen.

Frau F. hat ihrem so wesentlich älteren Mann gegenüber niemals eine bestimmte Form hilfloser Bewunderung verloren. Nicht nur der Altersunterschied, sondern auch der starke soziale Unterschied zwischen beiden gab ihr das nie schweigende Gefühl, daß sie diesem Mann nicht gewachsen sei. Auch hinsichtlich der vorhandenen Bildung hatte die Ehe die vorliegenden Diskrepanzen nicht ausgleichen können. Frau F., deren Äußeres auch in vorgerücktem Alter noch charmant, anziehend und eigentlich damenhaft wirkte, überraschte im Gespräch sofort durch den ungepflegten Berliner Dialekt und die völlige Unfähigkeit, irgendeinem geistigen Problem auch nur das geringste Interesse abzugewinnen.

Liebenswert war sie jedoch auf jeden Fall durch ihre zutunliche Gutartigkeit, ihre Bereitwilligkeit, sich anzupassen und dem Partner fürsorglich entgegenzukommen. Ihre eigenen Wünsche gingen auf eine verhältnismäßig unkomplizierte Geselligkeit unter fröhlichen Menschen, sie neigte zu Heiterkeit und Ausgelassenheit, langweilte sich jedoch in jedem Theater und Konzert tödlich. Herr F., der äußerlich gesehen stark auf die Ehe gedrängt hatte und auch heute noch seine Frau auf keinen Fall verlieren wollte, hatte sich nie zugeben wollen, daß er innerlich mit ihr eigentlich wenig bis gar nichts gemeinsam hatte.

Als sensitiver Junge in einer Offiziersfamilie großgeworden, hatte er alle musikalischen Neigungen, alle Neigungen für Theater und Literatur, alle Gemütsbedürfnisse zurückdrängen müssen. Er war seinerseits in die Offizierslaufbahn gezwungen worden, hatte eine harte Kadettenschule hinter sich und hatte zu keinem Zeitpunkt seines Lebens die Möglichkeit gefunden, die in ihm verborgenen Gemütskräfte wirklich zu entfalten. Nachdem er aus der ersten quasi „standesgemäßen" Ehe schließlich ausgebrochen war, hatte er selbst nicht bemerkt, wieviel er bei seiner zweiten Frau an Resonanz und Korrespondenz vermissen würde und wie wenig er ihr selbst in bezug auf ihre eigenen Bedürfnisse werde geben können. Beide Partner haben sich eigentlich nie eingestanden, wie wenig sie innerlich gemeinsam hatten und beide haben zunehmend ein eigenbrödlerisches Leben geführt.

Die zweite Schwangerschaft war von beiden Eltern zwar nicht beabsichtigt, aber auch nicht besonders abgelehnt. Der Junge wuchs in einer schweigenden Atmosphäre gegenseitiger Mißverständnisse auf, die nie ausgesprochen, aber immer dumpf empfunden wurden. Weder zum Vater, noch zur Mutter bekam er eine persönliche Beziehung. Das grüblerische Einzelgängertum, das ihn auszeichnete, hatte auch für ihn bereits eine breite Zone der Isolierung geschaffen.

Neben dieses Familienbild stellen wir ein drittes, das uns ebenfalls eine Familie zeigt, in der ein starker Altersunterschied zwischen den beiden Partnern eine bestimmte Gefühlskonstellation bei der Ehe ankündigte:

Frau T. hat ein turbulentes Kinderschicksal hinter sich. Sie wurde frühe Mutterwaise, bekam eine Stiefmutter und verlor auch diese mit 13 Jahren. 14jährig starb ihr Vater, den sie nie geliebt, aber immer gefürchtet hatte. Er war Polizeiwachtmeister, trank, prügelte die zweite Frau und das Kind aus erster Ehe oft. Als er einem Verkehrsunfall zum Opfer fiel, kam das Mädchen zu einer Tante, die Sekretärin in einem Theater war. Frau T. vermutet heute, daß diese Tante homosexuell gewesen ist und sich deshalb ihrer besonders angenommen hat. Gelegentliche Annäherungsversuche dieser Art hat die Halbwüchsige entsetzt abgewehrt, jedoch die Vorkommnisse bald aus der bewußten Erinnerung verdrängt. Frau T., die eine talentierte Zeichnerin war, wurde Bühnenzeichnerin bzw. Bühnendekorateurin. Männern gegenüber hatte sie starke Scheu und Abwehr und entwickelte die Vorstellung, daß sie auf jeden Fall ein Kind, auf keinen Fall einen Mann haben wolle. Einmal während einer Theatervorstellung provozierte sie einen der Schauspieler während einer kurzen Spielpause, die dieser hatte, zu einer raschen sexuellen Beziehung und wurde gravide. 20jährig entbindet sie, bekommt einen Jungen und versucht eine Art „Mutter-Maria-Kult“. Von dem Mann, der der Vater ihres Kindes ist, will sie sich nicht unterstützen lassen, obgleich dieser ihr helfen will. Bald zeigt sich natürlich, daß das sehr junge Menschenkind der Betreuung eines Säuglings nicht gewachsen ist. Das Kind kommt zunächst in ein Heim, bis Frau T. beruflich einigermaßen Boden unter die Füße bekommen hat. Dann nimmt sie den Jungen zu sich und heiratet etwas später einen 30 Jahre älteren Mann, der seinerseits weder eine sexuelle Annäherung sucht, noch der Frau sexuelle Wünsche gestattet. Beide finden sich in einer eigentümlich verschrobenen „Weltanschauung“, einer gemeinsamen Scheingeistigkeit mit philosophischem Hintergrund. Sie werden Mitglieder eines kleinen sektenhaften Zirkels von logenähnlichem Charakter und kultivieren gemeinsam die Vorstellung, daß sie die Gefäße jenseitiger Wünsche und Gestaltungstendenzen seien. In diesem Sinn wird auch das Kind betrachtet, das von der Mutter unter stark neurotischen Voraussetzungen empfangen und geboren wurde und dem vom Stiefvater nicht weniger neurotische, quasi weltanschauliche Vorstellungen entgegengebracht werden.

Als der ursprünglich gut verdienende Mann (Fotograf von Beruf) durch eine Verflechtung mehrerer Umstände die Familie nicht mehr unterhalten kann, übernimmt Frau T. die Aufgabe, von der sie gehofft hatte, daß die Ehe sie daraus befreien würde. Sie arbeitet jetzt als Bankangestellte und ist bewußt zwar mit ihrem Beruf, jedoch nicht mit ihrer Ehe unzufrieden. Es ist jedoch offensichtlich, eine wie ausgedehnte Verdrängung aller vitalen Impulse sie vornehmen muß, wie heftig die latent bereitliegende Kritik dem Ehepartner gegenüber ist und wieviel rationalisierende Ideologie gebraucht wird, um der vorliegenden Lebensform wenigstens das „Gesicht“ zu erhalten und sich nicht an die erschütternde Einsicht auszuliefern, daß sowohl Schwangerschaft, wie Ehe, wie gegenwärtige Berufssituation fehlgeplant waren und eigentlich keinem Lebensbedürfnis wirkliche Befriedigung brachten.

Im *Rückblick* auf die drei gewählten Beispiele sehen wir deutlich, daß wir zwar drei Ehen vor uns hatten, die ursprünglich einmal in einer neurotischen Vaterübertragung bei der Frau geschlossen worden sind, daß aber jede dieser Ehen ihre eigene spezifische Entwicklung genommen hatte. Im ersten Fall entwickelte sich die offenkundige Verachtung der Frau dem Mann gegenüber bei ebenso offenkundiger Abwehr der Mutter gegen das gemeinsame Kind. Die relative wirtschaftliche Unabhängigkeit beider Teile erleichterte die Situation immerhin ein wenig. Es erschien auch nicht ausgeschlossen, daß man mit einigem Erfolg versuchen könnte, bei der Mutter die demonstrativ aufgesetzte Fassade sexueller Bedürftigkeit ein wenig abzubauen und sie zu etwas milderem Urteil über ihren Jungen und ihren Mann zu führen. Im zweiten Fall stehen wir vor einem ganz anderen therapeutischen Problem. Wir finden bei der Mutter starke Unsicherheiten und hilflose Bewunderung ihres Mannes bei einem völligen Mangel an wirklich innerem Gefühlskontakt. Von allen Familienmitgliedern wird ein krampfhafter Versuch gelebt, wenigstens den äußeren Zusammenhalt zu wahren, da das langjährige Zusammenleben und die wirtschaftliche Abhängigkeit der Frau den Gedanken an eine Veränderung gar nicht aufkommen ließ. In diesem Fall kam alles darauf an, daß man in den Gesprächen mit der Mutter deren Selbstgefühl etwas stärkte und dem Jungen in der Therapie einen Gesprächspartner bot, der ihn aus der tiefgehenden Isolierung herausführen konnte.

Im dritten Fall wurde das prognostische Urteil wiederum von ganz anderen Faktoren beeinflußt. Hier hatten wir es mit einer starken (jedoch verdrängten) Enttäuschung der Mutter zu tun, die bei allgemeiner heftiger Gefühlsabwehr jeder Partnerschaft gegenüber vom Stiefvater ihres Kindes überwiegend wirtschaftliche Versorgung erwartet hatte. Im Verlauf ihrer Ehe kam sie stattdessen in die Lage, nicht nur für das Kind, sondern auch für den Ehemann Versorgung und Gelderwerb übernehmen zu müssen. Eine gemeinsame Flucht der Eheleute in die Scheinerfüllung aller Bedürfnisse innerhalb des gewählten Sektierermilieus war die Folge. Die magisch orientierte Weltanschauung der beiden Eltern war das brüchige Gerüst geworden, das die Familie im Grunde als einziges trug. Diese Lage bot fast unüberwindliche therapeutische Schwierigkeiten, denn die ungünstigen Erziehungseinflüsse, die das Kind so stark geschädigt hatten, wurden gerade mit dieser Weltanschauung rationalisiert. Ein Versuch, dem gelebten Sektierertum irgendwie therapeutisch entgegenzuwirken, hätte die Ehe in ihren tiefsten Fundamenten erschüttert. Insofern hatte man schon bei der ersten Ahnung der Eltern über das Urteil des Therapeuten mit einem Abbruch der Behandlung zu rechnen. Die Prognose wurde in diesem Fall also nicht so sehr von der ursprünglichen neurotischen Ehemotivation bestimmt, sondern von der vorliegenden weltanschaulichen Verankerung der gegebenen Gefühlsprobleme.

Auch diesem letzten Thema wollen wir noch einige kasuistische Beispiele widmen.

Ideologische Problematik in der Familie

Ulrich L., jetzt 10 Jahre alt, wird von seiner Mutter vorgestellt, weil er grobe Verhaltensschwierigkeiten in der Schule bietet. Er ist ein Leistungsversager, knabbert Nägel und klagt zudem viel über Kopfschmerzen, für die von organischer Seite her kein Anhalt zu finden ist.

Ulrich ist jüngster von fünf Geschwistern. Beide Eltern sind jetzt 47 Jahre alt. Die Mutter gibt nur mit einem gewissen Zögern die wesentlichen Daten über die Familiensituation preis. Es zeigt sich folgendes: Ihr Mann ist alter Parteigenosse der nationalsozialistischen Zeit und bezeichnet sich als eine „Führer- und Herrenmenschnatur". Ihre fünf Kinder hat Frau L. „dem Führer zuliebe" bekommen. Herr L. ist übrigens sehr frühe Vaterwaise und im Waisenhaus großgeworden, dort, wie es heißt, „spartanisch erzogen und zu einem Mann gemacht worden". Die lieblose Behandlung, die er erfahren hat, macht ihn offenkundig jetzt unfähig, den eigenen Kindern gegenüber etwas duldsamer zu sein.

Schwierig ist jedoch, daß dieser Mann in seiner Lebensentwicklung durch den Zusammenbruch des Dritten Reiches einen nicht mehr zu verarbeitenden Einbruch erlebt hat. Nach 1945 hat er fünf Jahre mit seiner Familie auf engstem Raum als ehemaliger Pg. — ausgewiesen aus seinem eigenen Haus — in einem gemieteten Zimmer leben müssen. Dann wurde er „entnazifiziert“ und faßte allmählich Fuß. Seine Wertwelt jedoch blieb unverändert. Er brachte sein selbstüberhebliches „Herrenmenschentum“ nun in lebhaftester Aktivität im Elternbeirat unter, ging außerdem in den Kirchenbeirat und versuchte dort, etwas von jener Geltung wiederzuerlangen, die er früher im parteipolitischen Leben gefunden hatte. Mit dem Hinweis auf seine „Führernatur“ rechtfertigte er jede Unbeherrschtheit. Seinen Kindern versuchte er eine gewisse „Gefolgschaftstreue“ einzuprügeln. Das Hauptproblem, das die ideologische Fixierung des Vaters so gefährlich machte, war die Tatsache, daß sie in die Familie eine Art von doppelter Moral hineinbrachte. Der Vater, der früher seine Ehrgeizhaltungen in der Partei untergebracht hatte, versuchte dies nun mit schlecht getarnter ideologischer Wertwelt im Elternbeirat der Schule gegenüber, produzierte pseudoreligiöse kulturkämpferische Ideen und vergaß, daß er hier nicht mehr „Herrenmensch“, sondern „demütig“ zu sein hatte. Seine Frau sparte nicht mit spitzen Formulierungen über den Gesinnungswechsel. Die Kinder, im Bewußtsein ihrer Übereinstimmung mit der Mutter, gingen natürlich dem Vater gegenüber in Kritik und Opposition.

Der Vater reagierte mit Gewalttätigkeit. Eine Chance, den sehr beschränkten, selbstgewissen und nebenher noch neurotischen Mann gefühlsmäßig zu beeinflussen, bestand praktisch nicht. Dies insonderheit deshalb nicht, weil der Mann vor sich selber „das Gesicht verlor“, wenn er zugeben mußte, daß die Wertwelt, die er vertrat, zu nichts anderem dienen sollte, als seine Ansprüchlichkeit zu bemänteln. Für den Jungen war es ein Teil seiner Auseinandersetzung mit dem Vater, daß er bald in der Schule als der schlimmste Rowdy von allen galt, so daß sein Vater, wenn er im Elternbeirat — was oft geschah — aggressiv gegen die Schule werden wollte, immer wieder das ungeordnete Benehmen seines Sohnes vorgeworfen bekam.

Die Verwendung einer Ideologie zur Bemäntelung einer doppelten Moral ist freilich nicht immer das Problem einer Ideologie allgemein. Nehmen wir ein anderes Beispiel:

Monika, 9 Jahre alt, ist ein stilles, etwas depressives Kind, das ein leichtes Stottern bietet. Beide Eltern sind stark kirchlich eingestellt, jedoch bieten sie jene Form anspruchsvoller Frömmelei, der eine wirklich tiefergehende innere Güte fehlt. Monika hat lange Hängezöpfe und eine etwas betont ehrpusselige Kleidung. Sie geht in Berlin-Wedding zur Schule, ist Klassenbeste, Klassensprecherin und identifiziert sich betont und stark mit den kirchlichen Bindungen ihrer Eltern. In dieser Haltung steht sie allerdings in ihrer Klasse allein. Obgleich sie jener Typ eines Kindes ist, der unter Umständen von Lehrern bevorzugt wird, bringt ihr das speziell in der Klasse, in der sie lebt, nicht viel Freude. Die anderen Kinder verachten sie ein wenig als Streberin. Sie ist die einzige, die noch mit Hängezöpfen geht und die von den Jungen weidlich geneckt wird.

Das Problem — sofern es die Wertwelt der Eltern betrifft — besteht nun bei Monika nicht eigentlich darin, daß — wie bei Ulrich — in der *Familie selbst* die entsprechenden Spannungen, Zweifel und Kritik laut werden. Monika hat vielmehr Spannungen zu bestehen, die sich zwischen dem, was sie in ihrer Familie erlebt, ergeben, und dem, was sich in der Gemeinschaft ihrer Klasse, sowie auch der Spielgemeinschaft ihrer Straße abspielt. Hier liegen Unterschiede vor, die für kein Kind leicht zu verarbeiten sind. Es kam hinzu, daß in Monika selbst eine Haltung gezüchtet worden war, die auf ihre Umwelt leicht aufreizend wirkte. Bezogen auf die gesamte Lebenskonstellation des Mädchens hatte die Wertwelt der Eltern freilich einen ganz anderen Stellenwert als bei Ulrich. Bei Ulrich war die Ideologie des Vaters das zentrale Problem, an dem die *gesamte Familie krankte* und das den Jungen in Opposition zum eigenen Vater brachte. Monika hingegen fand sich in der *Identifikation mit den Eltern* und kam nur durch die Auseinandersetzung mit der *Umwelt* in eine schwierige Lage.

In einem dritten Fall kombiniert sich nun die ideologische Schwierigkeit *innerhalb* der Familie zusätzlich mit den Problemen, die das Kind angesichts der häuslichen Wertwelt in seinen sonstigen Beziehungen zu verarbeiten hatte:

Frau v. G., jetzt 33 Jahre alt, bringt ihren sehr vitalen 14jährigen Jungen Kai mit Verhaltensschwierigkeiten und Leistungsstörungen. Kai ist uneheliches Kind, er weiß das aber angeblich nicht. Sein jetziger Stiefvater ist ehemaliger Oberst und wartet auf die Wiedereinstellung im neuen Heer. Sein leiblicher Vater ist Holländer und — wie Frau v. G. mitteilt — von „altem holländischem Hochadel“. Er soll kurz vor der Ehescheidung gefallen sein. Kai hat noch einen ein Jahr jüngeren Bruder, der von Frau v. G.s erstem Mann stammt (ebenfalls einem Adligen) und der noch vor der Geburt seines Jungen ebenfalls fiel. Wie sich später bald herausstellt, wissen beide Jungen natürlich — im Gegensatz zur Meinung der Eltern — genau, daß sie verschiedene Väter haben, dies besonders, da Kai regelmäßig von seinen holländischen Verwandten Weihnachts- und Geburtstagsgeschenke bekommt (!). Frau v. G. ist eine besonders hübsch und apart aussehende junge Frau, einzige Tochter eines kleinen Beamten von äußerst pedantischer Wesensart. Es ist sicher kein Zufall, daß Frau v. G. dreimal einen Partner gesucht hat, der aus Adelskreisen stammt. Eine verborgene, von ihr jedoch bewußt verhältnismäßig stark abgewehrte Sehnsucht nach höherem Lebensstil haben wohl zu diesen Verbindungen geführt. Ausführliche Details aus der Lebensgeschichte des Jungen sollen hier nicht gegeben werden, sondern nur jene Faktoren dargestellt, die die Idealbildung und Wertwelt der Frau zum Gegenstand haben. Frau v. G. behauptet, daß sie Verantwortlichkeit und Zucht als ein besonderes Ideal empfände. Zugleich äußert sie sich jedoch auf das Lebhafteste kritisch gegen den Adelssnobismus, den sie am eigenen Leibe stark zu spüren bekommen hat. Ihr jetziger Mann ist mit seiner eigenen Familie völlig zerfallen, weil er eine Bürgerliche geheiratet hat, die noch dazu ein uneheliches Kind mitbrachte. Seine Familie lädt ihn nicht mehr ein und Frau v. G. sagt schnippisch: „Wir können darauf verzichten.“ Es ist jedoch leicht zu merken, daß sowohl Frau v. G. wie ihr Mann unter dieser gesellschaftlichen Vereinsamung stark leiden und daß reaktive Abwehrhaltungen beide beherrschen.

Es war dann sehr charakteristisch, daß die anfänglichen Mitteilungen beider Eltern zunächst einmal über lange Strecken hinweg die Vorstellung wachgerufen haben, daß ihre beiden Söhne mit ihnen gemeinsam im Haushalt leben. Erst ganz zum Schluß und gewissermaßen per Zufall ergab es sich, daß die Eltern in einem westlichen Villenviertel Berlins lebten, dort ein verhältnismäßig behagliches Zuhause eingerichtet hatten und daß beide einer Berufstätigkeit nachgingen (der Vater einer Schwarzarbeit). Weiterhin, daß die beiden Jungen von ihren Großeltern (Eltern von Frau v. G.) betreut wurden und daß diese Großeltern in Berlin-Neukölln lebten. Berlin-Neukölln ist ein ausgesprochener Arbeiterbezirk. Die Klasse, in die Kai ging, war offensichtlich stark verwildert. Jeder der Jungen hatte schon ein Polizeistrafregister, wie Kai mit Stolz erzählt. Er selbst wollte nicht zurückstehen. Sein Berufswunsch ist ein oppositioneller: Er will Maurer werden, seine Mutter wünscht Architekt. Die Lebensideale seiner Mutter und seines Stiefvaters kannte Kai sehr genau und beurteilt sie kritisch. „Die haben ja 'nen Vogel.“ Trotzdem bestand auch bei ihm eine geheime Identifikation und ein geheimer Eliteanspruch im Sinne des „ich bin adlig“. Dies brach immer wieder ganz besonders stark in reaktiver Opposition dem betreuenden Großvater gegenüber durch, der ein verhältnismäßig kleinlicher Pedant war, selbst übrigens aus einfachen Tagelöhnerkreisen stammte.

Wir haben es also bei der zentralen Problematik dieses Jungen nicht nur mit einem Schwanken zwischen verschiedenen sozialen Welten zu tun — davon hatten wir schon früher gesprochen —, sondern gleichzeitig mit einem damit verbundenen Schwanken zwischen bestimmten Idealen bzw. Ideologien. Die Idealwelt der Mutter, die von selbstverantwortlichem Handeln sprach (dieses Ideal jedoch in ihrer infantilen Weise selbst ad absurdum führte), wurde von dem Jungen teils übernommen, teils stark abgewehrt und mit einem neuen oppositionellen Ideal bzw. einer oppositionellen Ideologie beantwortet. Kai tendierte zur Verbindung mit halbkriminellen Jugendlichen und gehörte zu einem „Club“, der halbverdaute Ideen über einen Sozial- und Arbeiterstaat produzierte.

Im Vergleich dieser drei soeben in der Skizze beschriebenen Kinderschicksale muß man wohl sagen, daß ihre Lage jeweils sehr unterschiedlich war. Ulrichs Situation war wohl die komplizierteste. Opposition und Verachtung dem eigenen Vater gegenüber, das Ressentiment der Mutter und die aufrechterhaltene scheinheilige bürgerliche Fassade mußte das noch sehr junge Kind tiefgreifend verwirren.

Für Monika war dagegen die eigene Beziehung zu den Eltern bei weitem nicht so zwiespältig und der Hauptstörungsfaktor lag für sie im Zusammenprall mit einer anders orientierten Umwelt. Der geplante Wohnungswechsel der Eltern konnte eine wesentliche Entspannung schaffen, die eine Behandlung des Kindes und Beratung der Eltern aussichtsreich erscheinen ließ.

Für Kai hingegen war zwar dessen stabile Vitalität ein günstiger Faktor, jedoch in gewisser Weise auch hinsichtlich späterer Verwahrlosung eine Gefährdung. Die Prognose für ihn mußte wohl davon abhängig gemacht werden, wie lange noch das innere und äußere Schwanken zwischen verschiedenen Welten rein äußerlich beibehalten wurde und ob die Eltern in absehbarer Zeit einen gemeinsamen Haushalt mit ihren Kindern einrichten konnten. Andernfalls war vorauszusehen, daß der kritisch-oppositionelle Zug in dem Jungen die Oberhand gewinnen und seine weitere Entwicklung beherrschend bestimmen würde.

Wir wollen es nun mit dieser vergleichenden Betrachtung einzelner Befunde und Krankengeschichten genug sein lassen. Die bisherigen Fallskizzen haben wohl ausreichend deutlich gemacht, in welchem Ausmaß unsere therapeutischen Möglichkeiten von der prognostischen Bewertung der erhobenen Befunde abhängen. Soweit möglich, fassen wir im folgenden Abschnitt noch einmal die Gesichtspunkte zusammen, die rein formal unsere therapeutische Planung bestimmen können.

III. Der therapeutische Plan

Ich beginne meine Darlegungen mit einem Hinweis auf die mehr fürsorgerisch angelegten Planungen, die in der Therapie hilfreich werden können.

Wir besinnen uns bei diesen Überlegungen vorsichtshalber noch einmal darauf zurück, daß ich an den Anfang dieses Buches die Mitteilung gestellt hatte, daß eine Unterscheidung zwischen Psychotherapie und Psychoanalyse sachlich kaum zweckmäßig sein könnte. Frequenz und Dauer der Stunden sind kein Kriterium für die Frage, ob eine Therapie analytisch orientiert ist oder nicht, ebensowenig die Frage, ob wir unser erstes Augenmerk auf eine äußere Veränderung der Lebensumstände richten.

Die *sozialen Hilfestellungen,* die wir den Eltern geben können, bieten sich zum Beispiel bei sehr ungünstigen Wohnverhältnissen (Bescheinigung für das Wohnungsamt oder ähnliches), ebenso können wir die Verschickung einer Mutter befürworten, falls diese sehr überarbeitet ist. Wir überprüfen auch, ob die *Schulsituation* des Kindes einer Veränderung bedarf, etwa ob man einen kleinen Jungen, der in eine reine Mädchenklasse geht, lieber in eine Jungenklasse versetzt, oder ob man umgekehrt ein pubertierendes Mädchen aus der bedrängenden Auseinandersetzung mit frühreifen Jungen in der gemischten Klasse befreit. Ebenso überprüfen wir, ob der gewählte Schultyp dem Begabungsniveau entspricht.

Diese genannten Maßnahmen müssen zwar richtig geplant sein, aber sie greifen zunächst noch nicht sehr in das emotionale Gefüge der in Frage stehenden Familie ein. Schwieriger und verantwortungsvoller wird unser Urteil über die Lage des Kindes bereits dann, wenn wir bemerken, daß bestimmte *Familien-*

mitglieder in der Wohnung seine Entwicklung entscheidend und dramatisch beeinträchtigen. Wenn etwa eine schwerkranke, vielleicht sogar psychotische Großmutter mit im Familienverband lebt, die mit dem Kind einen heftigen (aber psychotischen) Ambivalenzkonflikt austrägt, dann stehen wir vor äußerst schwierigen Entscheidungen.

Zum Beispiel hat eine Großmutter ein ausgedehntes Wahnsystem darüber entwickelt, daß sie von ihrem 11jährigen Enkel bestohlen wird. Sie ist in ihrer übrigen Persönlichkeit weitgehend geordnet, wenn auch ihre Krankheit und das Wahnsystem als Krankheit den Angehörigen bekannt ist. Der 11jährige Junge hat eine Flut von Anschuldigungen auszuhalten, deren Krankheitswert er selbst emotional auf keinen Fall verarbeiten kann. Für das Kind wäre es eine Befreiung, wenn diese Großmutter nicht mehr in der Familie lebte. Kann und darf man einen solchen Rat im geeigneten Augenblick geben?

Bei jeder einzelnen Entscheidung dieser Art ist immer die Gesamtkonstellation der Familie zu berücksichtigen mit den emotionalen und faktischen Konsequenzen, die sich aus der Befolgung unseres Rates ergeben würden. Was im einen Fall von den Eltern des Kindes ohne große Schwierigkeiten getan und befolgt werden kann, ist möglicherweise im scheinbar ähnlich gearteten zweiten Fall von schwersten Gefühlskrisen beantwortet.

Bei allen Überlegungen, die wir gemeinsam mit den Eltern über das zukünftige Familienschicksal anstellen, lassen wir Vorsicht walten und bemühen uns bevorzugt darum, daß die Entscheidungen der Eltern aus einem eigenen durchgereiften Entschluß kommen und nicht das Resultat zwiespältiger Nachgiebigkeit sind.

An die Frage nach den möglichen äußeren Veränderungen in der Lebenslage des Kindes schließen sich die Überlegungen um die Umgestaltung des *emotionalen Milieus* an. Was uns hier dem Thema nach beschäftigt, ist Gegenstand der folgenden Kapitel. Im Augenblick wollen wir nur die wichtigen formalen Konsequenzen beschreiben, die sich aus dem Resultat unserer Urteilsbildung ergeben. Je nachdem, wie wir die Lage der Familie und des Kindes einschätzen, kommen wir zu anderen Verabredungen und Plänen. Wir haben eine Reihe von verschiedenen Möglichkeiten, unsere therapeutischen Bemühungen zu zentrieren. Wir können:

1. nur mit den Eltern sprechen,
2. sowohl mit den Eltern wie mit dem Kind arbeiten und
3. nur das Kind behandeln.

Wenn wir uns nur um die Eltern bemühen, dann geschieht dies meist deshalb, weil deren Zugänglichkeit vergleichsweise so groß ist, daß sie nach den Gesprächen mit uns rasch in der Lage sein werden, ihrem Kind selbst die erforderliche Hilfe zu geben. Die häufigste therapeutische Situation ist jedoch wohl sicherlich die, daß wir sowohl mit dem Kind wie mit den Eltern in Verbindung bleiben, und hier variieren wir nur die Häufigkeit, mit der wir die Eltern hinzuziehen. Es kann sein, daß wir in regelmäßigen Abständen sowohl die Eltern wie das Kind an einem Tage sehen. Es kann aber auch sein, daß wir das Kind selbst zu regelmäßigen Behandlungsstunden einbestellen und mit der Mutter oder dem Vater nur in größeren Abständen sprechen. Im ersten Fall neige ich dazu, die therapeutische Tätigkeit, die am gleichen Tage sowohl den Eltern wie dem Kind gilt, noch dadurch abzurunden, daß ich im Gespräch zu dritt um eine weitere emotionale Klärung zwischen Mutter und Kind bemüht bin. Im zweiten Fall bleibt dies zwar auch, wie immer, mein Anliegen, tritt aber rein äußerlich nicht so sehr in den Vordergrund.

Schließlich kann es sogar noch Situationen geben, in denen ich der Mutter oder dem Vater selbst eine *eigene Therapie* vorschlage. Dies geschieht immer dann, wenn die Eltern selbst unter einer psychogenen Krankheitssymptomatik leiden und meine therapeutischen Gespräche nicht ausreichen würden, um eine wirksame Hilfe zu vermitteln. Voraussetzung ist natürlich, daß die Eltern eine Behandlung für sich selbst wünschen. Denn es bewährt sich selten, wenn man Eltern, die kein eigenes Krankheitsgefühl haben, eine Behandlung „um des Kindes willen" nahelegt. Im übrigen kann ich mich, abgesehen von dieser Sondersituation auf keinen Fall zu der grundsätzlichen Vorstellung entschließen, daß es *immer* zweckmäßig sei, die Mutter von einem anderen Therapeuten beraten zu lassen als von dem, der das Kind behandelt. Ich weiß, daß es Analytiker gibt, die diese Ansicht vertreten. Ich kann sie nicht teilen. Ich bin auch nicht der Ansicht, daß das Arbeitsteam der erstrebenswerte Ersatz für den direkten Umgang eines einzelnen Therapeuten mit der Mutter *und* dem Kind sei. Ich bin ganz im Gegensatz dazu der Meinung, daß man in der überwiegenden Zahl der Fälle die wichtigsten therapeutischen Chancen verschenken würde, wenn man sich alle jene Möglichkeiten entgehen läßt, die wir in dieser harmonisierenden und ausgleichenden Tätigkeit besitzen. Und ich glaube auch nicht, daß ein Kinderanalytiker in der Privatpraxis das Gespräch mit den Eltern so ohne weiteres einem anderen überließe.

Wenn wir uns dazu entschließen müssen, das Kind allein ohne Eltern zu behandeln, dann geschieht dies in der Regel nur, weil wir von den Eltern keine wirksame Hilfestellung erwarten können. Körperbehinderte, kranke, evtl. bettlägerige Eltern scheiden für eine gemeinsame therapeutische Arbeit aus. Gelegentlich stehen wir auch vor unkorrigierbaren Fehl- und Abwehrhaltungen, deren Existenz als unbeeinflußbar hingenommen werden muß. In allen diesen Fällen nützt diese Behandlung freilich bei jüngeren Kindern nur dann etwas, wenn sie über genügend lange Zeiträume hinweg fortgeführt werden kann. Auch bei älteren Schulkindern müssen wir mindestens bis in die Berufsplanung hinein das Kind begleiten können. Oft gelingt es nur, daß wir das Kind gegen die gröbsten Schäden der Umweltsituation abschirmen, ohne daß wir eine volle Harmonisierung seiner inneren Verfassung erreichen können.

Neben der Frage, ob wir nur das Kind, nur die Eltern oder beide zusammen behandeln sollen, stehen dann die Überlegungen über die *Häufigkeit* und *Zeitdauer* der einzelnen Behandlungen. Man neigt dazu, seltenere Einbestellungen und kürzere Dauer der Konsultation unter dem Etikett „Kurztherapie“ von der eigentlichen psychoanalytischen Arbeit abzuheben. Ich sagte schon, daß eine solche Unterscheidung nach rein formalen Kriterien nicht sehr sinnvoll ist. Analytische Kenntnisse tragen unsere therapeutische Planung auf jeden Fall.

In der praktischen Tätigkeit wird es von viel größerer Bedeutung, ob die Zeitplanung, zu der wir uns entschließen, das sachlich richtige *Optimum* oder nur ein *Notbehelf* ist. Beides kann vorkommen. In leichteren Fällen können die seltener angesetzten Konsultationen und Behandlungsstunden das sachlich Richtige und Zweckmäßige sein. Sie sind ausreichend wirksam und belasten außerdem die Angehörigen nicht zu sehr mit der Notwendigkeit, das Kind regelmäßig zu bringen. Andererseits kann es vorkommen, daß wir uns eine frequente Therapie für das Kind wünschen würden, jedoch bedenken müssen, daß die Mutter noch zwei weitere Kleinkinder zu versorgen hat, ohne Hilfe im Haushalt ist und einen Anfahrtsweg von wenigstens einer Stunde zu unserer Poliklinik hat. Bestellen wir diese Mutter mehrmals in der Woche mit ihrem Kind, dann dürfen wir sicher sein, daß wir der gesamten Familienkonstellation sehr schaden würden, ohne daß wir gleichzeitig durch die Behandlung des Kindes selbst viel gewinnen könnten. Wir müssen dann die Belastung der Mutter abschätzen, bevor wir den Vorschlag einer frequenteren Behandlung machen. Wir müssen insbesondere abschätzen, was es bedeutet, wenn eine überanstrengte Mutter mit dem Kind vor und nach der Behandlung eine Stunde Weg gemeinsam verbringt und sich in dieser Zeit ihre Erregung über die zusätzliche Belastung auf das Kind auswirkt. Für das Kind verknüpft sich dann unweigerlich die Therapie mit zusätzlichen Spannungen zwischen ihm und der Mutter vor und nach der Behandlungsstunde. In solchen Fällen brauchen wir uns nicht zu wundern, wenn unsere Behandlung erfolglos bleibt.

Im übrigen sind in bezug auf den Zeitplan überhaupt keine starren Regeln möglich. In der Behandlung von Jugendlichen können zum Beispiel weitmaschig angesetzte Gespräche, die jeweils nur kurze Zeit dauern, das Richtige für die *Einleitung der Therapie* sein. Man hat dann nach einiger Zeit den richtigen Augenblick abzupassen, in denen häufigere Behandlungsstunden angezeigt sind. Bei jüngeren Kindern können wir uns zu dem Notbehelf einer weitmaschig angesetzten Beratung entschließen, bis das Kind etwas älter geworden ist und dann den Weg zur Therapie allein bewältigen kann. Dies ist in manchen Fällen sicher zweckmäßiger, als wenn wir gleich im Beginn darauf drängen würden, daß das Kind regelmäßig gebracht wird. Oft müßten wir uns sonst nach kurzer Zeit von der Mutter sagen lassen, daß ihr nun die praktischen Möglichkeiten fehlen, die Behandlung weiter fortzusetzen.

Wenn die Behandlung eines Kindes schon längere Zeit gelaufen ist, kann es sich herausstellen, daß die Einführung des Kindes in eine *fakultative Kindergruppe* günstige Wirkungen hat. Die Kinder werden aus dem Isolierkontakt mit dem Therapeuten herausgelöst, machen neue Erfahrungen, geraten in neue Situationen der inneren Auseinandersetzung, und wir können ihnen bei manchen Problemen der Kontaktnahme besser behilflich sein.

Sofern eine größere Gruppe von Kindertherapeuten zusammenarbeitet. kann sich auch gelegentlich der *Wechsel des Therapeuten* von einem männlichen Therapeuten zu einer Frau und umgekehrt wirkungsvoll zeigen. Dies sind jedoch Einzelheiten der Therapie, die wir hier nicht erörtern wollen. Alles in allem ist es gut, wenn wir uns sowohl für die formale Seite unserer therapeutischen Planung, wie für die inhaltliche möglichst weitgehend von der Vorstellung freimachen, daß wir festgelegte Grundsätze über den optimalen Umgang mit Eltern und Kind benutzen können. Je beweglicher wir uns der gegebenen Situation anpassen, um so erfolgreicher werden wir sein.

D. THERAPEUTISCHE VERFAHREN

I. Der Umgang mit den Eltern

Vorbemerkung

Für die nun kommenden Ausführungen haben wir leider, wie schon früher, keinen anderen Weg als den, daß wir das so vielschichtige Geschehen in mehrere Teile zerlegen, um nacheinander und stückweise ein Bild von dem komplizierten, aber doch einheitlichen Ganzen zu entwerfen. Ich muß bei dieser Form der Darstellung darauf vertrauen, daß es meinen Lesern gelingen wird, die angebotenen Einzelheiten sinngemäß zusammenzufügen.

Die Kapitel, die wir hier in künstlicher Trennung geschaffen haben, befassen sich mit verschiedenen Seiten der diagnostisch-therapeutischen Bemühungen, die uns im Umgang mit den Eltern beschäftigen. Zunächst erörtern wir einige allgemeine Richtlinien, die uns allemal unsere Arbeit sehr erleichtern können. Zum zweiten bekümmern wir uns möglichst genau um jene Themen, die in häufiger Wiederholung das Gespräch mit den Eltern erfüllen, und die sich hauptsächlich mit dem Erleben und Verhalten des Kindes selbst befassen. Müssen wir doch bestrebt sein, soweit wie irgend möglich die Hilfe der Eltern für unseren Patienten zu aktivieren. Es ist dabei keine Seltenheit, daß wir im Umgang mit Vater oder Mutter auf deren eigene neurotische Reaktionsformen stoßen und daß wir uns fragen, wie wir uns am besten auf diese Erlebnisweisen einstellen. Auch zu diesem Thema will ich einen kurzen gesonderten Abschnitt zusammenstellen.

Schließlich gilt es noch zu überlegen, welche einzelnen konkreten Erziehungshinweise wir wohl ganz allgemein den Eltern geben könnten. Es ist kein Zufall, daß dieser Abschnitt der letzte und auch der kürzeste sein wird. Im Arbeitsbereich der Psychotherapie kann man nicht mit Schablonevorstellungen arbeiten. Zudem liegt der bei weitem größere Anteil der therapeutischen Bemühung gerade darin, daß man das Verständnis der Eltern so vorbereitet, daß der schließlich vielleicht gegebene Rat auch wirklich befolgt werden kann.

Ich beginne also mit einigen Anweisungen über die grundsätzliche Haltung und die allgemeinen Hilfsmittel, die wir im Gespräch mit den Eltern anwenden sollten.

1. Einige Grundregeln für die diagnostisch-therapeutische Gesprächsführung

Wir hatten bereits im vorigen Kapitel erwähnt, daß jede erste psychiatrische Konsultation nicht nur der Diagnose gelten darf, sondern immer außerdem eine therapeutische Seite besitzt. Der Erfolg der späteren therapeutischen Bemühungen hängt oft genug von diesem ersten Gespräch ab. Eine glückliche Hand im Beginn der Kontaktnahme kann Monate erfolgloser Anstrengung ersparen, und ein anfänglicher ungeschickter Zwischenfall kann später vielleicht nur noch mit unendlicher Bemühung wieder korrigiert werden. Dies gilt sowohl für das erste Gespräch mit den Eltern, wie auch für die ersten Kontakte mit dem Kind. Der Arzt muß wissen, daß er über den diagnostischen Anteil der Konsultation hinaus bei dem Kind die ersten Schritte zur Gesundung vorbereiten kann, ebenso wie er bei den Eltern die erste Beeinflussung der Familienkonstellation versucht.

Insofern bedenken wir bei dem jetzt als erstes in Frage stehenden *Sammeln von biographischen und psychologischen Daten* immer, daß jede einzelne Frage, die wir stellen, für den Gesprächspartner einen bestimmten *Gefühlswert* hat. Man kann im Verlauf eines ersten Gespräches, das überwiegend der Anamnese gilt, immer wieder einmal vor der Entscheidung stehen, ob man das Interesse für ein Problem nicht lieber zurückstellt bis zu einem späteren Zeitpunkt, damit man für den Augenblick keine unnötigen Beunruhigungen erzeugt. Tatsächlich ist die Schwierigkeit, im richtigen Augenblick auf die richtige Weise zu fragen oder nach den wichtigen Vorgängen zu forschen, sehr groß. Sie ist offenbar so groß, daß es Fachleute gibt, die das zielgerichtete Erheben einer biographischen Anamnese für unmöglich halten und die sich unter Umständen sogar zu der Behauptung versteigen, daß die Bemühung um eine biographische Anamnese eine unwissenschaftliche Methode wäre. Der Therapeut habe lediglich unbefangen das Material aufzunehmen, das vom Patienten spontan angeboten werde. Mit Hinblick auf diese immer wieder noch einmal auftauchenden Diskussionen sei hier ein kurzes Wort über die Problematik der ärztlichen Diagnostik gesagt:

Es ist in der Medizin eine wohlbekannte Tatsache, daß der junge Arzt im Beginn seiner Ausbildung in zweifacher Hinsicht beim Erheben der Anamnese gefährdet ist. Einmal läuft er Gefahr, daß er wegen seiner unvollkommenen Fragetechnik die wesentlichsten Faktoren nicht erfährt. Er wartet auf Spontanmitteilungen seines Patienten, obgleich es seine Aufgabe wäre, die Aufmerksamkeit des Kranken in die notwendige Richtung zu lenken. So ist es zum Beispiel ganz unzweckmäßig, den Patienten einfach zu fragen: „Sind Sie früher schon einmal krank gewesen?“ Ein großer Teil der Patienten würde mit subjektiver Überzeugungsgewißheit verneinen, obgleich sie damit eine ganz falsche Auskunft geben. Stellt man die Frage anders, zum Beispiel indem man konkret nach früheren Krankenhausaufenthalten forscht, so erlebt man oft, daß der gleiche Patient, der nie krank gewesen sein wollte, jetzt positiv von mehreren Krankenhausaufenthalten berichtet. Konkretisiert der Arzt dann seine Fragen auch noch in bezug auf bestimmte Beschwerden (also etwa ob Gallen-, Magen-, Darmbeschwerden vorgelegen haben, ob häufig Anginen vorgekommen sind usw.), so erhält man völlig andere (natürlich richtigere) Aussagen, als wenn man sich mit der simplen Frage nach Krankheitsperioden allgemein begnügt und auf weitere Spontanmitteilungen wartet. Der durchschnittliche Patient täuscht sich in seiner Erinnerung über früheres Wohlbefinden oder Krankheiten meist sehr erheblich und dies muß bei der anamnestischen Befragung berücksichtigt werden.

Hat ein Medizinstudent gelernt, daß seine Fragetechnik konkret sein muß und daß er dem Patienten bestimmte Faktoren zur Überlegung anzubieten hat, dann wartet auf ihn die nächste Klippe: Er steht jetzt in Gefahr, daß er etwas in den Patienten *hineinfragt*, das nicht der Wirklichkeit entspricht, so daß er auf diesem Weg die Tatbestände vergewaltigt. Jeder erfahrene Arzt erinnert sich wohl an das Durchgangsstadium seiner Ausbildung, in dem er im Eifer des Gefechtes überall Diagnosen „unter dem Strich" stellte. Dies ist die Zeit, in der er extravagante und ausgefallene Diagnosen vermutet, weil er Einzeldetails überwertet und im Abschätzen und Einordnen der Befunde noch ungeübt ist. Die große Schwierigkeit im Bewerten der gesammelten Befunde ist es ja nicht zuletzt, die das Medizinstudium so langwierig macht und die es erfordert, daß ein ausgebildeter Facharzt vom Anfang des Studiums an allerwenigstens eine 11- bis 12jährige intensive Lernzeit hinter sich gebracht hat.

So vertraut all diese Probleme einem Arzt nun auch sein mögen, es erscheint mir doch wichtig, daß ich hier noch einmal darauf hinweise, daß sie auch für die Psychiatrie und Psychotherapie in vollem Umfang ihre Geltung haben. Der Einwand, daß zielgerichtete Befragung des Kranken im Bereich der Psychotherapie unwissenschaftlich sei oder doch nicht zu den gewünschten Ergebnissen führe, ist sicherlich nicht stichhaltig. Er kommt wohl überwiegend von solchen Menschen, die in jenem zweiten Stadium der Ausbildung stecken geblieben sind, in dem der Anfänger tatsächlich in Anbetracht seiner unvollkommenen Kenntnisse Befunde erhebt, die nicht existieren oder in dem er vorhandene Tatbestände falsch bewertet. Die eigene Unsicherheit der Betreffenden in der Urteilsbildung läßt sie dann vermuten, daß auch andere mit den gleichen Kenntnismängeln behaftet seien. Die leider so weit verbreitete Vorstellung, daß für die psychiatrische Tätigkeit allgemeine Menschenkenntnis ausreiche, mag zu dieser Unsicherheit im Urteil bei vielen Beteiligten geführt haben.

Die Notwendigkeit einer zielgerichteten Befragung kann demnach wohl von keinem verständigen Menschen ernsthaft bestritten werden. Unabhängig davon müssen wir allerdings betonen, daß wir es uns trotzdem zur Grundregel machen, daß wir unsere Patienten zunächst einmal *spontan erzählen* lassen. Dies auf jeden Fall so weit, wie das Mitteilungsbedürfnis unserer Gesprächspartner geht und unter der Voraussetzung, daß es sich nicht um völlig zerfahrene Menschen handelt, deren Redestrom wir ein wenig lenken müssen.

Bald kommen wir jedoch in die Situation, daß wir unsere Vorstellungen über das erkrankte Kind und die Familienlage konkretisieren wollen. Wie auch sonst in der Medizin, können wir uns nicht darauf verlassen, daß die spontanen Mitteilungen unserer Patienten das notwendige Material zutage fördern werden.

Für eine vorsichtige und geschickte Gesprächsführung haben wir hier ein Hilfsmittel an der Hand, das man im Fachjargon ganz gern unter dem Begriff *„Fremdschilderungen"* diskutiert. Mit diesem Kennwort zielen wir auf folgendes ab: Es hat sich gezeigt, daß wir Eltern zu unbefangenerer Beobachtung ihrer eigenen Verhaltensweisen (und damit zu genauerer Darstellung ihrer Lebenssituation) anregen können, wenn wir nicht plump und direkt nach ihren eigenen seelischen Regungen und Problemen fragen, sondern wenn wir ihnen stattdessen ein fremdes Lebensschicksal zum Vergleich und zur Überlegung anbieten. Selbst wenn wir über sehr viel Erfahrung verfügen, haben wir ja im Beginn unseres Gespräches immer nur *Vermutungen* über die Existenz typischer Konfliktsituationen bei den Menschen, mit denen wir sprechen. Wenn wir unsere Vermutungen bewahrheiten wollen, brauchen wir genauere Auskünfte. Es ist aber sicher, daß sich die diagnostische Vermutung, die unsere Anfrage an die Eltern lenken würde, eben gerade in dieser Anfrage verriete. Die Frage, die wir stellen, enthüllt den Eltern möglicherweise die geheime Vorstellung, die wir entwickelt haben, und dies muß ja in jedem Fall seine Wirkung auf die Eltern ausüben. Haben wir nämlich, was ja leicht möglich ist, eine falsche Vorstellung, dann fühlen sich die Eltern unter Umständen sehr irritiert. Ist unsere Vorstellung dagegen richtig, bezieht sie sich jedoch auf sehr konfliktreiche seelische Regungen, dann erzielen wir mit unserer direkten Frage vielleicht nur einen Abwehreffekt. Oder wir bekämen lediglich das Resultat eines naiven Selbstmißverständnisses der Eltern zu hören, vielleicht aber auch Protest, Verstimmung und lebhafte Kritik. Insofern ist der Nachteil einer direkten Frage oft ein doppelter: Wir bekommen weder die richtigen Auskünfte, die wir brauchen, noch vertiefen wir den vertrauensvollen Kontakt zwischen den Eltern und uns. Es ist wohl nicht zuletzt der Nachteil dieser direkten Frageform, der manche Autoren zu der Empfehlung veranlaßt hat, daß man ganz auf eine anamnestische Befragung verzichten sollte und sich nur an die spontanen Mitteilungen des Patienten oder der Eltern halten.

Wie gesagt, umgehen wir diesen Nachteil am ehesten, wenn wir den Eltern die Verhaltensweisen und Reaktionsformen, über die wir Bescheid wissen möchten, mit Hilfe einer solchen Fremdschilderung zur Überlegung anbieten. Wir laufen dann nicht Gefahr, daß sich unsere vielleicht falschen Vermutungen ungünstig auswirken, und die Eltern können genauer und ruhiger über sich nachdenken.

Ich will ein kleines Beispiel zur praktischen Illustration geben: Ich habe es zum Beispiel mit Eltern zu tun, die ein ältestes Kind vorstellen, und ich vermute, daß dieses Kind in einem lebhaften Konflikt mit jüngeren Geschwistern lebt. Ich vermute zugleich, daß die Eltern (obgleich beiden Kindern subjektiv gleich herzlich zugetan) doch all den typischen Unterschieden im Erleben unterliegen, die die Menschen nun einmal in bezug auf ältere und jüngere Kinder zeigen. Es wäre nun sicher das ungeschickteste Vorgehen, das zu denken ist, wenn ich diese Eltern direkt danach fragen würde, ob sie vielleicht ihr ältestes Kind anders behandelten als das jüngere. Ich hätte nicht nur mit den üblichen und normalen Selbsttäuschungen der Eltern zu rechnen, sondern gegebenenfalls auch (sofern sich die Eltern tatsächlich ungleich verhalten) mit Schuldgefühlen und Abwehrreaktionen. Anstelle dieser direkt eingezogenen ungeschickten Erkundigung kann ich jedoch mit vergleichsweise großer Aussicht auf Erfolg folgendes tun: Ich kann den Eltern beiläufig davon erzählen, daß es eine ganz allgemeine und normale menschliche Reaktionsform ist, daß man sich jüngeren Kindern gegenüber anders verhält als älteren. Ich kann im gleichen Zusammenhang davon sprechen, daß in fast allen Familien das ältere Kind auf Vernunft hin angesprochen wird und daß man von ihm Duldsamkeit dem jüngeren gegenüber verlangt. Ich kann dies mit dem konkreten Bericht über eine bestimmte andere Familie illustrieren, und ich kann vielleicht hinzufügen, daß meine eigenen naiven Reaktionsformen ähnlich geartet seien. Zusätzlich kann ich vielleicht noch darauf hinweisen, daß auch das junge Tier andere Gefühlsreaktionen in uns auslöst als das ausgewachsene und daß man diese Reaktionsformen im allgemeinen nur künstlich kompensieren kann. Im Rahmen eines solchen sehr allgemeinen Gesprächszusammenhanges kann ich dann den Eltern mitteilen, daß mich diese Frage natürlich auch in bezug auf das vorgestellte Kind interessiert. Und ich kann die Eltern dann bitten, einmal über ihre eigenen Reaktionsformen nachzudenken.

Mit diesem Vorgehen habe ich zunächst einmal der Mutter, mit der ich spreche, bestimmte, sehr wichtige Seiten eines Problems vorgetragen, über das sie vermutlich noch nicht sehr genau nachgedacht hat. Ich habe ihr zugleich klargemacht, daß mein Interesse einer Reihe von Verhaltensweisen gilt, die als angeborene Naturkonstanten beim Menschen angesehen werden müssen. Dies bedeutet für die Mutter allemal, daß sie sich nun ohne Schuldgefühle fragen kann, wieweit sie selbst auch diesen allgemeinen menschlichen Reaktionsformen unterworfen ist. Sie wird mir leichter erzählen, ob ihr ältester Junge häufig aufgefordert wird, den Kavalier für die jüngeren Schwestern zu spielen oder ob die älteste Tochter mehr als die jüngeren Brüder zu Hausarbeiten herangezogen wird, weil sie die ältere und außerdem ein Mädchen ist. Ich habe also mit diesem Vorgehen für die Diagnostik einen Gewinn davongetragen. Außerdem habe ich aber gleichzeitig meine therapeutischen Chancen verbessert. Ich kann der Mutter nämlich sagen, daß es für niemanden einfach ist, eine angeborene Erlebniskonstante abzuändern und unter dieser Voraussetzung kann ich verhältnismäßig leicht eine Erörterung darüber anspinnen, daß in der gegebenen Situation vielleicht doch eine Milderung und Abänderung des Verhaltens empfehlenswert wäre.

Es ist also sicher kein Zweifel, daß wir jene Fragen, die wir mit der Darstellung fremder Lebenskonstellationen verknüpfen, meist richtiger und genauer beantwortet bekommen, als wenn wir uns sofort und direkt nach dem Erleben unseres Gesprächspartners erkundigen würden. Freilich will ich mit diesen Darlegungen nicht behaupten, daß wir in unseren Gesprächen immer und nur mit Hilfe von solchen Fremdschilderungen arbeiten sollten. Vieles wird sich selbstverständlich auch im direkten Gespräch erörtern lassen und dies um so mehr, je vertrauter wir bereits mit den Eltern geworden sind. Jedoch sollten wir niemals vergessen, daß wir mit diesen Fremdschilderungen über ein wichtiges Hilfsmittel verfügen, das uns in bestimmten Situationen die Arbeit sehr erleichtern kann.

Freilich nützt uns auch dieses Hilfsmittel nicht viel, wenn unser Gespräch mit den Eltern nicht von einer zugewandten inneren Grundhaltung getragen ist. Mir scheint, daß wir der inneren Haltung des Therapeuten den Eltern gegenüber auch einen Augenblick ernsthaften Nachdenkens widmen sollten. „Zugewandte Gefühlshaltung“ ist ein sehr allgemeiner Begriff und wir sollten ihn vielleicht etwas genauer charakterisieren. Mir scheint sogar, daß wir die optimale therapeutische Haltung den Eltern gegenüber noch etwas anders beschreiben können. Soweit ich sehe, hat man als Therapeut die günstigste Ausgangslage, wenn es einem gelingt, zu einer *positiven Identifikation* mit der Wertwelt und den Bedürfnissen der Eltern zu kommen. Mit dieser Einstellung den Eltern gegenüber meine ich im einzelnen folgendes: Der ganz überwiegende Teil der Eltern, die einen psychiatrischen Rat suchen, tut subjektiv in der Betreuung der Kinder das Beste. Die meisten Eltern leben unter bestimmten Erziehungsidealen und sind auch in bezug auf die eigene Lebensgestaltung von den zugehörigen Idealbildern erfüllt. Auch die verborgenen Lebensträume, die die Eltern in ihren Kindern verwirklichen wollen, sind mit einem sehr lebhaften Gefühlsakzent ausgestattet. Trotzdem passiert es gar nicht selten, daß sich im Therapeuten schon sehr früh die Vorstellung entwickelt, daß bestimmte Verhaltensweisen der Eltern eine ungünstige Wirkung auf das Kind gehabt hätten. Nichts wäre nun törichter und unverständiger, als wenn sich der Therapeut in Konsequenz seiner eigenen Überzeugung von Anfang an innerlich kritisch mit den beobachteten Verhaltensweisen der Eltern auseinandersetzte. Mit gutem Grund spreche ich aber davon, daß sich der Therapeut möglichst positiv mit der Wertwelt der Eltern *identifizieren* solle. Es nützt nämlich meistens nicht viel, wenn man in einer gegebenen Situation im Interesse des persönlichen Kontaktes versucht, die geheime Kritik, die man hat, zu verbergen und zurückzustellen. Man darf sicher sein, daß der Gesprächspartner die *latente* Kritik auf jeden Fall nach kurzer Frist bemerkt. Er orientiert sich instinktiv an Blick und Tonfall und besonders an der Wortwahl des anderen, in die die verborgene kritische Einstellung mit eingeht. Dies passiert immer dann um so leichter, wenn der Therapeut jenem Kardinalfehler zum Opfer fällt, der nicht so ganz selten begangen wird, nämlich, wenn er sich mit dem Kind *gegen die Eltern* identifiziert. Er nimmt dann unbemerkt eine elternfeindliche Haltung ein, die allemal vom Gesprächspartner empfunden und beantwortet wird. Diese elternfeindliche Haltung entspringt meist unbewußten neurotischen Mechanismen beim Therapeuten selbst. Wie überflüssig sie ist, bemerken wir sofort, wenn wir bedenken, daß viele Verhaltensweisen der Eltern (selbst wenn wir sie vielleicht gern geändert hätten) in mancherlei Hinsicht einen positiven und konstruktiven Kern enthalten.

Ich gebe auch hier ein kurzes Beispiel: Wir stellen etwa im Verlauf unserer Bemühungen um die affektive Situation einer bestimmten Familie fest, daß das Leistungsproblem bei den Eltern so stark betont wird, daß das Kind zu sehr unter Druck geraten ist. Wenn wir nun in uns selbst sehr schnell ein kritisches Urteil über die vermeintlich ehrgeizigen oder leistungsbesessenen Eltern entwickeln, dann führt uns diese innere Einstellung möglicherweise rasch in ein belehrend-kritisches Gespräch über die ungünstigen Folgen von hochgespanntem Ehrgeiz. Registrieren wir stattdessen die positive Seite des gleichen Phänomens, nämlich, daß die Eltern sehr fleißige und pflichtbewußte Menschen sind, dann wird unser Gespräch in ganz anderen Bahnen verlaufen. Wir werden unsere Fragen im Beginn in anderer Form stellen, nämlich unter positiven Aspekten. Und wir werden vielleicht später bei irgendeiner Gelegenheit den Eltern sagen können, daß Menschen, die von sich selbst sehr viel zu verlangen pflegten, oft auch von ihren Kindern mehr Leistungen erwarten, als diese erbringen könnten. Es ist klar, daß die Eltern bei einer solchen Formulierung sofort verstehen, daß man ihrer Lebensführung die Anerkennung nicht versagt und daß man unter der Voraussetzung einer positiven Gefühlsbeziehung zwischen ihnen und dem Kind plant und überlegt. Sie werden sich demzufolge leichter mitteilen, aber sie werden sich vielleicht auch eher in ihrer Haltung ändern können.

Latente Kritik setzt sich, wie gesagt, im Blick, in der gespannten Mimik, im Tonfall, aber auch ganz besonders in der *Wortwahl* durch. Hier können vielleicht einige kleine Hinweise nützlich sein, um die Selbstbeobachtung meiner Leser zu schärfen. Man möge sich zum Beispiel einmal vergegenwärtigen, welchen Unterschied es macht, wenn man die Eltern bei der ersten Begrüßung entweder fragt: „Was für Schwierigkeiten haben Sie wohl mit Ihrem Kind?" oder ob man fragt: „Was für Sorgen führen Sie denn hierher?" Fragt man die Eltern danach, welche Sorgen vorliegen, so fühlen sie sofort, daß man bei ihnen Besorgnis, Anteilnahme und pflegerische Bereitschaft unterstellt. Spricht man dagegen von „Schwierigkeiten" (dies passiert besonders leicht, wenn Verwahrlosungszüge oder Leistungsstörungen vorliegen), so ist die zugrunde liegende Gefühlshaltung, aus der heraus man selber spricht (und die man damit auch in den Eltern anrührt), von weit weniger Zuneigung und freundlichen Gefühlen getragen.

Wie sehr gerade auch unsere diagnostischen Bemühungen erleichtert werden, wenn wir uns in der empfohlenen Form positiv mit den Idealbildern der Eltern identifizieren, soll noch ein weiteres spezielles Beispiel erläutern, in dem ebenfalls eine bestimmte Wortwahl zum Ausdruck für unsere positive Haltung wird: Wir bemerken zum Beispiel, daß die Mutter eines kleinen Mädchens selbst einmal Schauspielerin hatte werden wollen, und wir ahnen, daß sie vielleicht jetzt danach strebt, dieses Ziel im Leben ihrer Tochter zu verwirklichen, weil sie sich einst diesen Berufswunsch hatte versagen müssen. Es ist noch fraglich, welche Beweggründe die Mutter selbst einmal gehabt hat, als sie diesen Beruf erstrebte, aber man muß wissen, daß es im Verlauf eines solchen Gespräches nicht gut ist, wenn man selbst das Wort „Schauspielerin" verwendet. Im allgemeinen ist es bei den Frauen bereits mit geheimen Schuldgefühlen belegt und von der Vorstellung begleitet, daß einst mehr Glanz als Leistung gesucht wurde und daß vielleicht die Verinnerlichung dem Ehrgeiz zum Opfer fiel. Schauspieler selbst nennen sich gern in Abwehr dieses inneren Zweifels Künstler. Fragt man nun eine Mutter im Verlauf eines solchen Wechselgesprächs: „Hatten Sie wohl künstlerische Interessen?", dann kann sie fühlen, daß man bereitwillig auf ihre Sehnsüchte und Wünsche eingeht und daß man ebenfalls bereit ist, die früheren unerfüllten Wünsche unter einem positiven Aspekt zu betrachten. Sie wird eher in der Lage sein, sich über die Intensität dieser Bedürfnisse auszusprechen, und wir werden eher ein Bild davon gewinnen, in welchem Ausmaß die Lebensentwicklung des Kindes von den verborgenen Wünschen der Mutter gelenkt wird.

Nehmen wir noch ein anderes Beispiel: Ich habe es mit einer berufstätigen Mutter zu tun, die vor der Wahl steht, entweder mit dem sehr beengten Verdienst ihres Mannes eine fünfköpfige Familie zu versorgen, oder aber Geld hinzuzuverdienen und damit ihre Hausfrauenpflichten zurückzustellen. Ich bemerke, daß die Frau selbst fühlt und weiß, daß ihre Kinder bei dieser Familienlage in mancherlei Hinsicht zu kurz kommen. Ich weiß zugleich, daß in unserem kulturellen Raum die Zahl jener Menschen groß ist, deren kinderpsychologische Kenntnis sich damit erschöpft, daß sie die Berufstätigkeit der Frau für die Wurzel allen Übels halten. Ich kann vermuten, daß auch diese Mutter schon einmal einer entsprechenden unbedachten Kritik ausgesetzt gewesen ist und daß sie nur selten Anerkennung für ihren Einsatz und ihre Leistung erhalten hat. Würde ich nun meinerseits direkt danach fragen, wie sich die Mutter abends, wenn sie ermüdet nach Hause kommt, mit ihren Kindern verhält, dann würde ich die Frau ganz unbedingt in eine Verteidigungshaltung drängen. Lasse ich vielleicht sogar noch stirnrunzelnd durchblicken, daß nach meiner Meinung die Berufstätigkeit der Frauen immer den Kindern schade, dann habe ich bestimmt das Verkehrteste getan, was in dieser Situation getan werden kann.

Richtiger, menschlicher und klüger ist es, wenn ich der Frau das sage, was ich denke, nämlich daß eine Mutter, die für ihre Familie verbesserte Lebensmittel und Lebensbedingungen erarbeiten muß, bei dieser Doppelbeanspruchung ihre eigenen Kräfte weit überzieht. Es ist sicher auch gut, wenn ich noch hinzufüge, daß nach meiner Erfahrung die Frauen nur ganz selten wirkliche Anerkennung von ihrer Umgebung für ihren doppelten Einsatz bekämen. Meistens würde als Selbstverständlichkeit gewertet, was doch in Wahrheit ein großes Opfer sei. Ich spreche vielleicht in diesem Zusammenhang von der Frühinvalidität jener Frauen, die Jahre hindurch tapfer für den Unterhalt der Familie mitgesorgt hätten. Und vielleicht erwähne ich dann noch beiläufig eine andere Mutter, mit der ich kürzlich gesprochen hatte und der es einfach zu viel geworden war, abends nach Büroschluß noch stundenlang mit ihrem Sohn Schularbeiten zu machen.

Bei dieser Form der Unterhaltung kann die Mutter, mit der ich spreche, mit Sicherheit fühlen, daß ich ihr nicht neue Lasten auf die Schultern legen will. Sie wird sich eher über ihre eigene gesundheitliche Verfassung aussprechen und ihr eigenes Verhalten unbefangener und richtiger schildern können.

Allerdings müssen wir bei diesen Überlegungen immer bedenken, daß die Worte, die wir verwenden, auch wirklich unserem inneren Empfinden zu entsprechen haben und daß wir sie nicht als eine mehr oder weniger künstliche Kompensation produzieren sollten. Insofern ist auch eine allzu weitgehende Selbstreflektion des Therapeuten in dieser Hinsicht nicht das Günstigste. Er sollte immer sehr viel mehr darauf bedacht sein, seine innere Einstellung zu überprüfen. Die Korrektur der äußeren Verhaltensweisen kommt dann von allein.

Wenn wir uns jedoch im Umgang mit den Eltern in der soeben geschilderten Weise verhalten, dann tragen wir zu einem Prozeß mit bei, der unser *zentrales Anliegen* sein muß. Sofern wir es nämlich nicht mit rein sozialen Problemen in der Familie zu tun haben, erstreben wir bei den Eltern ganz bevorzugt eine *Umstimmung der Gefühlslage.* Die intensivste Aufmerksamkeit des Therapeuten ist immer darauf gerichtet, in welcher Affektlage er die Eltern vorfindet und wie er diese Affektlage vielleicht lenken könnte. Dies muß ich wohl betonen, weil in der bisher vorliegenden Literatur das therapeutische Gespräch mit den Eltern sehr leicht den Titel „Elternberatung“ erhalten hat. Dieses Etikett ist sicherlich nur schwer durch ein besseres zu ersetzen. Trotzdem erweckt es allzu leicht falsche Vorstellungen von der Tätigkeit des Therapeuten. Tatsächlich machen konkrete Ratschläge oder Empfehlungen immer nur den kleineren Teil der therapeutischen Einflußnahme aus. Nicht die Belehrung, sondern die Umstimmung der Gefühlslage ist das Wichtige. Es ist klar, daß ganz besonders bei jenen Konstellationen, bei denen ein lebhafter Ambivalenzkonflikt zwischen Eltern und Kind vorliegt, belehrende Empfehlungen unwirksam bleiben müssen und in den Eltern höchstens das Gefühl erwecken können, daß sie bislang alles verkehrt gemacht hätten. Es gilt aber als ein erster Grundsatz, daß das Gespräch mit den Eltern nach Möglichkeit so geführt werden soll, daß neue Schuldgefühle oder Schuldgefühle überhaupt, Ärger, Verstimmung oder Erregung vermieden werden. Dies ist leider auch dem geschicktesten Therapeuten nicht immer möglich. Kann er doch manchen Eltern wirklich nicht so ohne weiteres in ihre Idealvorstellungen hinein folgen. Trotzdem bleibt natürlich die grundsätzliche Forderung erhalten, daß man den Eltern nach Möglichkeit neue Schuldgefühle ersparen sollte und dies gelingt sicherlich immer dann am besten, wenn wir uns in dem erwähnten Sinn mit der Wertwelt der Eltern positiv identifizieren können.

In bezug auf die affektive Ausgangslage der Eltern muß uns nun weiterhin vordringlich die Existenz unbewußter Schuldgefühle, latenter Abwehrmechanismen oder neurotischer Verteidigungsreaktionen beschäftigen. Wir müssen sie frühzeitig erraten. Wenn ein Therapeut jene Signale übersieht, die etwa bereitliegende, anfänglich noch verdeckte Feindseligkeit ankündigen, dann kann er sich plötzlich und unvermutet in einer hoffnungslos verfahrenen Situation finden. Dies um so mehr, wenn er vielleicht durch sein eigenes Verhalten noch zusätzlich eine Verstärkung der schon vorhandenen Schuldgefühle provoziert hat. So darf er zum Beispiel nicht verkennen, daß lebhaft vorgetragene Selbstanklagen der Eltern über unvollkommene Versorgung ihrer Kinder nicht immer ein günstiges Kriterium für Bereitschaft und Fähigkeit dieser Eltern zur Umstellung sind. Oft genug verdecken Selbstanklagen gerade das Gegenteil, nämlich unbewußte Abwehrhaltungen, die aus dem Erlebten abgedrängt wurden. Sie künden damit eher eine Grenze als eine Chance der Therapie an. Gibt man solchen Eltern gegebenenfalls die erbetenen zusätzlichen (und emotional nicht zu verarbeitenden) Ratschläge, dann geht man meist an dem eigentlichen Problem, das diese Menschen in die Sprechstunde geführt hat, vorbei. In solchen Augenblicken tut sich die ganze Schwierigkeit der therapeutischen Arbeit auf, die darum bemüht sein muß, die selbstanklägerischen Eltern zu beruhigen, zu trösten und zu entspannen, ohne auf der anderen Seite das vorliegende Problem in seinem Ernst zu vernachlässigen, zu beschönigen oder zu verharmlosen.

Nun kann es natürlich trotz alledem Situationen geben, in denen wir die Eltern gern zu einem anderen Verhalten gebracht hätten, und schließlich entspringen nicht alle Verhaltensweisen der Eltern unbewußten neurotischen Mechanismen. Oft wurzeln sie einfach nur in *Irrtümern* und vorgefaßten Meinungen. Und auch für diese Fälle müssen wir gerüstet sein. Im Gespräch mit jenen Eltern, die man über einen Irrtum informieren will, ist es immer wichtig, daß man mit möglichst überzeugenden und *konkreten Beispielen* arbeitet. Wir müssen uns hier auf jeden Fall folgendes klarmachen: Es gibt keine Wissenschaft, in der eine so vergleichsweise naive Respektlosigkeit vor Fachwissen herrscht, wie in der Psychologie. Ganz besonders aber in der Antriebs- und Motivpsychologie. Man kann diese Tatsache vielleicht bedauern oder sogar über sie verstimmt sein. Wenn man sie nicht bei allen Eltern als ein *reales Faktum* von höchster Bedeutung einkalkuliert, dann erreicht man im allgemeinen nur die Hälfte von dem, was man erreichen will. Es gibt unter den Eltern einen nicht kleinen Prozentsatz von „Ich-stehe-auf-dem-Standpunkt"-Leuten, das heißt von Menschen, die ihre fehlerhaften Beobachtungen mit ebenso fehlerhaften Schlußfolgerungen verknüpfen, beides aber mit stärkster Überzeugungsgewißheit ausstatten. Von diesen Menschen kann man sicher nicht erwarten, daß sie eine einfache Belehrung aufnehmen und verarbeiten. In der Praxis führen sie mit einem etwa folgende Gespräche (auf primitiver Stufe): „Ick stehe auf dem Standpunkt, wenn er det Rechnen kann, muß er dem Schreiben ooch lernen" mit der Schlußfolgerung: „Ick prügele dem Schreiben in ihm rein." Auf mittlerer, etwas gehobener Stufe, lautet die Mitteilung: „Ich habe aber beobachtet, daß er nach einer Tracht Prügel nicht mehr eingenäßt hat. Also kann er doch, wenn er will.“ Auf der Stufe akademischer Bildung: „In der ersten halben Stunde ist das Diktat doch fehlerfrei. Danach geht das Geschmiere los. Also kann sie es doch. Sie muß jetzt für jeden Fehler eine Seite neu schreiben. Sie wird dann schon lernen, sich zusammenzunehmen.“

Mit der Existenz weitverbreiteter vorgefaßter falscher Meinungen hat sich der Therapeut, soweit er irgend kann, affektfrei auseinanderzusetzen, auch wenn die vorgefaßten Meinungen noch so töricht sind. Es wäre auch ganz falsch, gleich im Beginn des Gesprächs diskutierend darauf zu reagieren. Man kann, wie gesagt, keinesfalls darauf rechnen, daß die einfache Belehrung ausreichende Früchte trägt, das heißt, daß sie sowohl intellektuell, wie auch emotional verstanden und entsprechend befolgt wird. Es hängt in diesen Situationen unbedingt alles davon ab, daß man für die Korrektur eines vorgefundenen Fehlurteils Erläuterungen findet, die so *überzeugend wie möglich sind* und die vor allen Dingen dem *Fassungsvermögen* des Gesprächspartners *angepaßt* wurden. Außerdem hat man herauszufinden, ob das vorgetragene Fehlurteil einer allgemein weitverbreiteten Ansicht entspricht oder ob es nur einen persönlichen Irrtum enthält. Im ersten Fall muß man auf diese Tatsache im Gespräch zunächst einmal bereitwillig und versöhnlich hinweisen und vielleicht sogar die Gründe für den aufgekommenen Irrtum besprechen. Im zweiten Fall ist es gut, wenn man unterstellt, daß auch andere Menschen dem fraglichen Irrtum unterlegen seien. In den späteren Kapiteln werden wir zu diesem Thema einige detaillierte Hinweise finden.

Unsere Bemühung um überzeugende und konkrete Beispiele wird auf jeden Fall mit dazu beitragen, daß wir allmählich und vorsichtig die allgemeine Affektlage der Eltern umstimmen und beeinflussen. Ich brauche zum Abschluß vielleicht kaum noch gesondert hinzufügen, daß man im Umgang mit den Eltern nicht mit Worten freundlicher Anerkennung über ihre pflegerischen Leistungen zu sparen braucht, auch nicht mit Trost bei großen Besorgnissen oder in schwerer Lebenslage und schon gar nicht mit einer anteilnehmenden Bestätigung der liebenswerten Eigenschaften des Kindes. Ist man der Vertrauenshaltung der Eltern sicher, dann hat man auch die Hoffnung, daß sie uns bei unseren Bemühungen um das Kind nach besten Kräften helfen werden.

2. *Das Problem des Kindes im Elterngespräch*

Wie dringend wir auf die Hilfe der Eltern angewiesen sind, wird sich sogleich im Verlauf der jetzt kommenden Kapitel zeigen. Gibt es doch eine Fülle von Einzelproblemen im Leben jedes Kindes, die sich immer dann mildern lassen, wenn wir seine Angehörigen zu verbessertem Verständnis gewinnen konnten.

Ich beginne meine Darlegungen mit einer Diskussion jenes *typischen Circulus vitiosus*, der sich zwischen Eltern und Kind oft durch die Eigentümlichkeit der aufgetretenen neurotischen Symptomatik selbst entwickelt hat. Diese Probleme gehören schon deshalb an den Anfang, weil es sehr häufig auch das erste Anliegen des Therapeuten sein muß, diese ungünstige Zirkelwirkung zu durchbrechen. Wir werden uns im einzelnen mit der Situation bei der Enuresis, der Anorexie, bei Stottern und Nägelknabbern befassen, sodann kurz über die Haltung der Eltern bei sexuellen Problemen sprechen. Etwas ausführlicher werden wir auch auf die Gespräche bei Leistungsstörungen eingehen, soweit die Haltung der Eltern eine Rolle spielt. Die Diskussion der Schulprobleme im weiteren Sinn findet sich erst in dem späteren Kapitel über therapeutische Lernhilfen. Abschließend erörtern wir noch einiges Wichtige über Probleme bei Verwahrlosungsreaktionen.

Darüber hinaus werden uns in einem nächsten Kapitel all jene typischen konflikthaften Konstellationen beschäftigen, die sich aus den Erwartungen und *Einstellungen der Eltern dem Kind gegenüber* ergeben, oder die die Lage des Kindes in der *Geschwistergruppe* charakterisieren. Einen besonderen Abschnitt werden wir dann noch den *Teil- und Ersatzfamilien* widmen, in denen sich je nach Familientyp bestimmte Probleme wiederholen.

a) Reaktionen der Eltern auf die Krankheitssymptomatik des Kindes

Bei der Betreuung kindlicher Neurosen müssen wir oft feststellen, daß sich die Lage des erkrankten Kindes in seiner Familie durch den vorliegenden Krankheitszustand deutlich *verschlechtert.* Im Bereich der Organmedizin sind wir gewohnt, daß einem erkrankten Kind von der Umwelt ein zusätzliches Maß an pflegerischer Betreuung zuteil wird. Seine Umwelt verbessert sich und diese Verbesserung trägt zur Gesundung bei. Anders in der Kinderpsychiatrie. Man hat nicht ganz selten mit einer Verschlechterung der Umwelt zu rechnen, die durch die aufgetretene Symptomatik provoziert wird, und wir müssen im Gespräch mit den Eltern das Unsrige dazu tun, um diesen Vorgang zu mildern.

Die Gründe für diese Verschlechterung der Umwelt sind vielgestaltig und wechseln von Symptom zu Symptom. Wir müssen sie erkennen, damit wir sie beeinflussen können. Teils sind einfache Fehlurteile der Eltern im Spiel, die vielleicht sogar durch die korrespondierenden Fehlurteile der Ärzteschaft genährt wurden. Unter Umständen sind die Eltern aber auch einfach durch das Symptom selbst stark belastet (wie bei der Enuresis). Oder wir haben nach komplizierten psychodynamischen Vorgängen zwischen Eltern und Kind zu suchen. Dies insbesondere immer dann, wenn das Symptom die Wertwelt oder die Idealbilder der Eltern verletzt oder wenn sich tatsächlich in dem Krankheitszeichen des Kindes eine verdrängte Aggression gegen die Eltern durchsetzt, die die Eltern instinktiv spüren und entsprechend beantworten.

Bezogen auf die Reaktionen der Eltern heben sich zunächst einmal jene neurotischen Symptombilder heraus, bei denen eine Störung von *teilwillkürlichen* Funktionen im Spiel ist. Es handelt sich um Organfunktionsstörungen oder Verhaltensweisen, bei denen das willkürliche Muskelsystem des Menschen wesentlich beteiligt ist. Zu ihnen gehören hauptsächlich das Einnässen und Einkoten, die Eßstörungen, das Stottern und das Nägelknabbern.

In Anbetracht der Beteiligung unserer willentlichen Funktionen an den genannten Störungen entwickeln Eltern und Erzieher (natürlich auch Ärzte) die Vorstellung, daß das Kind bei besserer Bemühung, vermehrter Willensanstrengung oder bereitwilligerem Gehorsam die Störung schon zum Verschwinden bringen könnte. Die Reaktion der Eltern auf diese Symptombilder unterscheidet sich sehr deutlich von der Reaktion auf die übrigen Krankheitszeichen, die sonst noch als psychogene Organsymptomatik vorkommen. Also etwa psychogene Ohnmachten, psychogenes Asthma, psychogenes Ulcus, Menstruationsstörungen, Herzbeschwerden, sofern sie psychogen sind usw. Die Mischung von unwillkürlich ablaufender Funktionsstörung mit jenen Befähigungen, die von unserer bewußten Willensanstrengung beeinflußt werden können, bringt bei der erwähnten Symptomatik die Vorstellung auf, daß bei dem Kind Trotz, Unaufmerksamkeit oder Bequemlichkeit im Spiele seien. Konsequenterweise wird gefolgert, daß Strafe, Vorwurf oder Ermahnung die angemessenen Erziehungsmittel wären.

Diese Haltung der Eltern und Erzieher wird noch sehr viel deutlicher, wenn Leistungsschwierigkeiten oder Verwahrlosungsreaktionen im Spiele sind, die ja meist als reine Verhaltensstörungen beschrieben werden. Ähnlich geht es, wenn Eltern über sexuelle Spielereien ihrer Kinder beunruhigt sind und darauf hoffen, daß sie mit Vorwurf oder Strafe das Verhalten des Kindes beeinflussen können. Ergibt es sich jedoch, daß das Kind unter dem anwachsenden Druck der harten oder unfreundlichen Behandlung die Symptomatik nicht nur nicht verliert, sondern eher verstärkt, dann wird diese nur allzu natürliche Konsequenz erneut von den Eltern als Widerspenstigkeit aufgefaßt. Der Circulus vitiosus ist im Gange.

Speziell bei der *Enuresis* ist dieser Circulus vitiosus zwischen Eltern und Kind so häufig, daß wir uns mit Sorgfalt um seine Existenz bekümmern müssen. Wollen wir ihn durchbrechen, müssen wir bedenken, daß aller Voraussicht nach eine einfache *kurzgehaltene Information* der Eltern über den Krankheitswert des Leidens *nicht genügen* wird. Zunächst einmal haben wir ja damit zu rechnen, daß von Ärzten und Pflegepersonal in Krankenhäusern oft die gegenteilige Meinung vertreten wird, die das Leiden als Folge von Unaufmerksamkeit auffassen. Sodann haben wir zu bedenken, daß die Betreuung der Enuresis für die Eltern eine große Belastung ist und daß wir ihnen etwas zumuten, wenn wir sie um eine andere Einstellung diesem Symptom gegenüber bitten. Wir haben die Abwehrreaktionen einzukalkulieren, die verständlicherweise auf eine solche Bitte folgen. Außerdem müssen wir damit rechnen, daß uns die Eltern in die Auseinandersetzung um eine Beobachtung verwickeln, die als solche richtig ist und die sie meist mit einer falschen Schlußfolgerung ausstatten: Viele Eltern können nämlich unter Umständen berichten, daß das Einnässen nach harten Strafen längere Zeit unterblieben ist. Wenn wir die Eltern erfolgreich vom Krankheitswert der Enuresis überzeugen wollen, müssen wir auch diesen Faktor berücksichtigen und in passender Weise im Verlauf des Gespräches behandeln.

Man sollte also bei der Unterhaltung mit den Eltern niemals ein erstes verständnisvolles Wort darüber versäumen, daß die Pflege des Kindes mit einer Enuresis anstrengend und kostspielig ist. Man kann mit den Eltern darüber sprechen, daß auch die Pflege von sehr alten Menschen, die die Beherrschung ihrer Ausscheidungsfunktionen verloren haben, zu den opfervollsten und unangenehmsten Aufgaben der Angehörigen zählt und daß dies bei der Betreuung eines Kindes natürlich nicht anders ist. Tatsächlich reagiert ja jeder Durchschnittsmensch auf einen Hautausschlag anders als auf eine Herzerkrankung, auf die Erblindung anders als auf die Ertaubung und demzufolge auch auf Einnässen und Einkoten anders als auf einen Beinbruch.

Erst wenn ich den Eltern das Verständliche ihrer eigenen Reaktionen zugebilligt habe, versuche ich es, ihnen mit Hilfe eines sehr anschaulichen Vergleichs zu erläutern, aus welchen Gründen Unmutsreaktionen dem Kind gegenüber so besonders unpraktisch seien und im allgemeinen nur geeignet, die Krankheitssymptomatik zu verschlechtern. Je nach Bildungsstand erläutere ich den Eltern etwa folgendes: Ich setze ihnen auseinander, daß die Blase ein Hohlmuskel sei, der sich genau wie das Herz in Abständen zusammenziehen könne. Ich erläutere weiter, daß es sich bei der Blase genau wie beim Herzen um einen *unwillkürlich* arbeitenden Muskel handelt, zudem um einen, der von nervösen Einflüssen stark abhängig sei. Der Vergleich der Blase mit dem Herzen ist deshalb praktisch, weil die Eltern dann aus eigenem Erleben gut verstehen können, daß sich der Herzschlag unter seelischer Erregung beschleunigt und daß ein gleiches für die Aktion der Blase gilt. Ich füge bei diesen Erläuterungen dann hinzu, daß die normale und gesunde Blase — seelische Entspannung vorausgesetzt — in der Nacht schlaff wird und dadurch eine große Flüssigkeitsmenge fassen kann, gleichzeitig aber mit ausreichender Kraft von dem willkürlichen Schließmuskel verschlossen wird. Ich erläutere den Eltern anschließend, daß die Blase unter erregenden nervösen Einflüssen nachts nicht ausreichend zur Entspannung kommt, sondern sich schon bei kleinen Flüssigkeitsmengen zusammenzieht, daß außerdem der Weckreiz nicht erlebt wird und daß so der willkürliche Schließmuskel unbemerkt von dem unwillkürlich arbeitenden Hohlmuskel überwunden wird.

Mit Hinweis auf diese Erläuterung kann ich dann den Eltern gegebenenfalls auch noch erklären, daß natürlich gelegentlich unter intensiver Kräfteanspannung, besonders unter dem Druck von heftiger Angst, der willkürliche Schließmuskel doch noch dem Hohlmuskel Widerstand gibt. Dieser Vorgang erkläre die Beobachtung, daß heftige Strafen die Enuresis zeitweilig zum Verschwinden brächten. Die Eltern sind bei diesen Beispielen dann doch meist in der Lage zu verstehen, daß der von ihnen beobachtete Erfolg ein reiner *Scheinerfolg* ist. Ich benutze in diesem Zusammenhang ganz gerne den Vergleich, daß ja auch ein Mensch, der ein Bein gebrochen hat, mit vorgehaltener Pistole zum Laufen gezwungen werden könne und daß man damit zwar die Gehunfähigkeit beseitigt habe, jedoch im besten Fall einen schief geheilten Knochenbruch erreichte.

Wie leicht zu sehen ist, enthält die den Eltern von mir gegebene praktische Beschreibung und Erläuterung über die Vorgänge bei der Enuresis nur einen Teil unserer Arbeitshypothesen über das im ganzen wohl noch sehr viel verwickeltere biologische Geschehen. Dies zudem in laienhafter Formulierung. Es ist jedoch sicherlich nicht nötig, die gesamte biologische Problematik vor den Eltern aufzurollen. Wichtig ist nur, daß ich für die Eltern einen verständlichen Vergleich gewählt habe, der ihnen klarmacht, daß der Arzt als erstes Ziel eine *Entspannung der Gefühlslage* für das Kind herstellen will. Bei dem gewählten Vergleich, den ich den Eltern anbiete, wird ihnen verhältnismäßig leicht verständlich, daß die Enuresis nur dann wirksam zum Verschwinden gebracht werden kann, wenn das Kind in einem Zustand allgemeiner innerer Entspannung abends zu Bett geht, da sonst die Erschlaffung des Blasenmuskels ausbleibt. Die Eltern verstehen dann leichter, wie unbedingt das Kind freundlichen Zuspruch braucht und wie schädlich Vorwürfe, Strafen und ängstliche Erwartungsspannung sind.

Im Zusammenhang mit diesem Thema versäume ich beim Gespräch mit den Eltern fast nie ein sorgfältiges Erfragen der spezifischen Gefühlsäußerungen, zu denen die Eltern durch die Enuresis veranlaßt werden. Ganz besonders spreche ich mit den Eltern über ihr *Ausdrucksverhalten,* ein Problem, über das sie sich selbst meist nicht ausreichend Rechenschaft geben. Viele Eltern meinen gutgläubig, daß es genüge, wenn ihr Kind für das Einnässen keine Schläge mehr bekommt. Sie sind trotzdem oft unbedacht genug, ihre Unzufriedenheit, ihre Verstimmung und ihr Mißvergnügen das Kind fühlen zu lassen. Seufzer, unzufriedene Blicke, scheinbar liebevoll moralisierende Ermahnung, daß das Kind schön aufpassen möge, sind beim abendlichen Zubettgehen bei weitem häufiger, als ein Wort des Trostes über das Leiden. Wer sich jedoch jemals klargemacht hat, welch ein Martyrium jene Kinder durchmachen, die mit einer Enuresis behaftet sind, der wird es nicht für eine überflüssige Verwöhnung halten, wenn man dem Kind ein Wort des Trostes zuteil werden läßt und auch die Mutter bittet, gelegentlich einmal ein solches Wort zu spenden.

Eltern äußern bei einer solchen Empfehlung immer wieder einmal, daß sie fürchten, das Kind würde (falls man es auch noch bedauerte) erst recht nachlässig und unaufmerksam sein. Dies Argument bringen oft die gleichen Eltern, die soeben geschildert haben, wieviel das Kind seiner Enuresis wegen schon habe entbehren müssen. Ich sage solchen Eltern dann, daß sie sich vielleicht doch vorstellen könnten, daß sie selbst — falls sie etwa herzkrank wären — rascher zur Gesundung kämen, wenn man ihnen ein freundliches Wort des Trostes gäbe, als wenn sie unaufhörlich die Unzufriedenheit ihrer Umgebung über ihren Krankheitszustand zu fühlen bekämen.

Für all diese Seiten unseres Wechselgesprächs mit den Eltern brauchen wir viel Zeit. Wir behalten dabei immer im Sinn, daß es nicht unser Ziel ist, den Eltern eine vollständige und richtige Theorie über die Enuresis anzubieten, sondern daß wir plausible Mitteilungen machen wollen, die bei den Eltern eine Veränderung ihrer Gefühlseinstellung dem Krankheitsbild gegenüber bewirken. Dieses Ziel steht im Mittelpunkt unserer Bemühungen. Hat man nämlich den Eltern erst einmal klargemacht, daß es sich bei dem Kind mit einer Enuresis nicht um eine Nachlässigkeit des Willens handelt, dann hat man schon ein Stück gewonnen. Haben die Eltern weiterhin verstanden, daß die emotionale *Entspannung* und inneres Wohlbefinden das Leiden bessern können, dann ist man wiederum ein Stück weiter. In leichteren Fällen liegt die Situation sogar so, daß wir mit der Auflösung dieser reaktiven Gefühlsspannungen zwischen Eltern und Kind, die sich um das Symptom selbst entwickelt haben, den wesentlichsten ersten therapeutischen Schritt tun konnten. Ich habe es nicht ganz selten erlebt, daß die Enuresis des Kindes nach ein oder zwei Gesprächen dieser Art geschwunden ist. Dies natürlich nur dann, wenn wir dem Kind selbst die gleichsinnige Erklärung geben konnten und schließlich im Gespräch zu Dritt noch einmal sicherstellten, daß Mutter und Kind nun mit neu gewonnener Hoffnung dem Krankheitsgeschehen für die nächste Zeit mit anderer Haltung begegnen werden. Auch für das Kind ist die Entlastung beträchtlich, wenn wir ihm die gleichen Beispiele zur Erläuterung seiner Krankheit geben. Es fühlt sich besser verstanden und es weiß, daß wir jetzt etwas für sein Wohlbefinden tun wollen.

Ähnlich wie bei der Enuresis haben wir es auch bei den *Eßstörungen* der Kinder mit einer Symptomatik zu tun, über deren Ursache die Eltern meist schon eine Fülle von vorgefaßten Meinungen mitbringen. Sofern wir etwas therapeutisch Wirksames tun wollen, müssen wir auch hier zuallererst den bestehenden Vorurteilen und ihrer Herkunft auf die Spur kommen.

Die Anorexie des Kindes hat mit der Enuresis vor allem die Tatsache gemeinsam, daß man sie häufig wie eine *Trotzerscheinung* behandelt. Unter Umständen gelten die appetitgestörten Kinder auch für verwöhnt, weil sie „mäklig“ sind und wählerisch nur jene Speisen essen, die ihnen besonders gut schmecken. Es gibt nun Eltern, die die Eßstörung ihres Kindes mit ganz besonderer Ängstlichkeit und Unruhe beantworten. Sie fürchten, das Kind könnte verhungern oder gesundheitlich schweren Schaden nehmen. Andere Eltern wiederum machen die Frage, was und wieviel gegessen wird, zum Gegenstand eines Machtkampfes zwischen sich und dem Kind. In der häufigsten Zahl der Fälle dreht sich das therapeutische Gespräch denn auch um die beiden zugehörigen Themen. Man muß einmal die Verknüpfung unserer Erziehungsprinzipien mit der Nahrungsaufnahme des Kindes besprechen und man muß außerdem das (geringe) Risiko erörtern, das man eingeht, wenn dem Kind eine selbständige Regulierung seiner Nahrungsmenge zugebilligt wird.

Sehr häufig benutze ich bei solchen Gesprächen *Vergleiche aus der Tierpflege* und sage den Eltern zunächst einmal, daß man bei keinem Hund, bei keiner kleinen Katze und bei keinem jungen Vogel die Nahrungsaufnahme so reglementieren würde, wie wir es bei Kindern gewohnt sind. Kein Tier würde von uns gezwungen, mehr zu fressen, als es wollte, oder gar zu einem Zeitpunkt, an dem es Nahrung ablehnte. Vergleiche aus der Tierpflege sind in diesem Zusammenhang sehr nützlich. Der Gedanke an einen Tierpfleger, der einen jungen Hund mit dem Stock in der Hand an den Freßnapf prügelt, macht den Eltern rasch deutlich, was für ein unsinniges Prinzip es ist, bei den Mahlzeiten „den Stock neben den Teller" zu legen. Ich überdenke in diesem Zusammenhang dann meist mit den Eltern gemeinsam, daß unsere sozialen Lebensgewohnheiten die Nahrungsaufnahme nicht mehr selbstverständlich vom auftretenden Hungergefühl abhängig machen. Der Mensch ißt nicht nur in jenem Zeitpunkt, in dem der Hunger auftritt, und er begnügt sich dann keineswegs immer mit der Menge, die nötig wäre, um den Hunger zu stillen. Wir haben uns angewöhnt, zu bestimmten Terminen des Tages etwas zu essen. Es gilt für wohlerzogen, daß man nichts zwischen den Mahlzeiten ißt. Es gilt aber ebenso sehr für wohlerzogen, daß man auch über den Appetit hinaus bei den Mahlzeiten seinen Teller leer ißt. Es empfiehlt sich im Gespräch mit den Eltern von der Situation der Erwachsenen auszugehen und sich dann der Tatsache zuzuwenden, daß diese künstliche Regulierung der Nahrungsaufnahme, die vom spontanen Bedürfnis abgehängt wird, schon beim Säugling beginnt. Ganze Generationen von Kinderärzten und Kinderschwestern sind mit der Theorie erzogen worden, daß es etwas Schädliches wäre, wenn man einem Kind in den ersten Lebenswochen seine Nahrung immer dann gibt, wenn es danach verlangt. Die Tatsache, daß man Kinder tatsächlich oft ohne Schaden an feste Zeiten gewöhnen konnte, und die Bequemlichkeit, die diese Gewöhnung für die Erwachsenen mit sich brachte, verführte zu der Theorie, daß dieses Nützliche und Bequeme auch das Richtige oder sogar das „Natürliche" wäre. Bekanntlich geht diese Form der Nahrungsreglementierung junger Säuglinge auf Czerny zurück. Seine Anweisungen und Ansichten haben sich offenbar ihrer großen Bequemlichkeit wegen durchgesetzt, während die entgegengesetzte Auffassung von v. Pfaundler keine Berücksichtigung fand. Erst heute versucht man wieder (besonders in den Vereinigten Staaten), die Säuglingsernährung mehr auf die spontanen Bedürfnisse des Kindes abzustimmen. Diese Einsicht ist für die Mütter appetitgestörter Kinder insofern wichtig, als wir sie gern dahin lenken wollen, daß sie in Zukunft die spontanen Bedürfnisse ihres Kindes etwas mehr berücksichtigen. Überfürsorgliche und überängstliche Mütter fürchten, wie gesagt, daß das Kind Schaden nehmen könnte, wenn man seiner Appetitstörung nachgibt. Sehr dominierende Mütter agieren ihre Dominanzwünsche damit aus, daß sie dem Kind sein Essen auf den Teller tun und ihm nicht erlauben, sich selbst sein Essen aufzutun. Besonders für Mütter dieser Art ist der alte kinderärztliche Rat „die Essensmenge bestimmt das Kind" unter Umständen fast unannehmbar.

Insofern möchte ich die Aufmerksamkeit meiner Leser gerne in jedem Einzelfall dafür schärfen, daß jene knappen kinderärztlichen Anweisungen, die bei instinktsicheren Müttern völlig ausreichen, in der psychotherapeutischen Tätigkeit meist nicht genügen. Ebenso wie bei der Enuresis müssen wir auch hier berücksichtigen, daß bei unserem Gespräch alles darauf ankommt, daß wir unseren Empfehlungen auch wirklich den Boden bereiten, so daß sie befolgt werden können. Im Zusammenhang mit den bildhaft anschaulichen Beispielen, die wir verwenden, müssen wir den *Vorurteilen* auf die Spur kommen, die die Eltern mitbringen. Müssen wir doch immer dann ganz besonders ausführlich in unseren Darlegungen sein, wenn wir mit jenen Vorurteilen zu kämpfen haben, die entweder aus der Wertwelt und den Erziehungsidealen des Kollektivs stammen (der gehorsam leergegessene Teller), oder die durch sachliche Irrtümer in der Ärzteschaft entstanden sind. Wir müssen darüber hinaus aber auch das komplizierte *psychodynamische Wechselspiel* zwischen Eltern und Kind im Sinn behalten. Wir wissen ja, daß manches an kindlichem Trotz oder unbewußter kindlicher Aggression gegen die Eltern in das Symptombild eingeht.

Gerade bei der Eßstörung gibt es gar nicht ganz selten den „trotzigen Überbau", das heißt eine nochmalige reaktive Verstärkung der Nahrungsverweigerung, weil das Kind sich nicht anders gegen die drängenden Anforderungen der Umwelt zu wehren weiß. Liegt dieser trotzige Überbau sehr deutlich zutage, so daß die Eltern ihn unaufhörlich zu spüren bekommen, dann ist es nicht sehr sinnvoll, ihnen diese Beobachtung einfach auszureden. Wir müssen uns dann unbedingt die Zeit nehmen, und auf die Bedeutung dieser Beobachtungen eingehen. Wir müssen den Eltern erläutern, daß die Eßstörung *mehrere* kompliziert verschränkte Ursachen hat: Einmal die primäre Störung im allgemeinen Wohlbefinden, um das sich Arzt und Eltern hauptsächlich zu bemühen hätten. Zum anderen aber die reaktive Abwehr von Vorschriften oder ängstlichen Ermahnungen, die man doch nicht durch Verschärfung des Druckes durchbrechen könne.

Im übrigen neige ich im Gespräch mit den Eltern überhaupt dazu, Beispiele aus der Verhaltens- und Tierpsychologie heranzuziehen, entweder um ihnen die Bedeutung bestimmter Krankheitszeichen verständlich zu machen, oder aber auch, um ihnen das Zweckmäßige oder Unzweckmäßige bestimmter Verhaltensweisen dem Kind gegenüber zu erläutern. Besonders nützlich sind solche Beispiele, wenn es um das *Nägelknabbern* der Kinder geht. Meistens muß sich das Gespräch mit den Eltern damit befassen, daß diese hoffen, sie könnten mit Strafen, Verboten oder mit kleinen Belohnungen das Nägelknabbern beseitigen. Diese Chance besteht ja im allgemeinen nur in den ganz leichten Fällen. Liegt die Situation komplizierter, dann beziehe ich mich in meinen Erläuterungen meistens auf vorliegende Tierbeobachtungen. Ich spreche etwa vom Krippensetzen der Winterpferde, die zu lange im Stall gehalten wurden oder von den Reaktionen eines Bären, der im Zoo gekäfigt ist und die typischen Saugbewegungen an seinen Tatzen zeigt. Ich gehe bei diesen Zusammenhängen natürlich nicht allzusehr ins psychologische Detail, sondern sage nur, daß es ganz bevorzugt Lauftiere sind, die zu solchen Ausweichsreaktionen neigen, wenn man sie allzusehr eingeengt hat. Das weitere Gespräch dreht sich dann meist zwanglos darum, daß man den Tieren diese Stereotypien auch nicht mit Straf- oder Belohnungsreizen abgewöhnen könne. Sehr rasch stellt man dann mit den Eltern gemeinsam eine Überlegung darüber an, in welcher Hinsicht das vorgestellte Kind vielleicht zu stark behindert ist. Allerdings muß man bei der Benutzung eines solchen Vergleiches wissen, daß sich bei den Eltern leicht ein Mißverständnis einschleichen kann. Die Eltern vermuten bei den genannten Beispielen im Analogieschluß, daß der Therapeut den fehlenden *motorischen* Auslauf meint. Diesem Mißverständnis muß man vorbeugen und gleich von Anfang an darauf hinweisen, daß es nicht so sehr die rein motorische Einengung sei, wie vielmehr *psychische Sperrungen* und Hemmungen, die bei dem Kind zu aufgestauten seelischen Erregungen führten. Erst dann kann man mit den Eltern gemeinsam zu erforschen suchen, welche Probleme im einzelnen die „innere Zwangsjacke“ des Kindes bilden.

Ein kurzer Rückblick läßt uns noch einmal deutlich werden, daß wir bei den drei bislang besprochenen Symptomarten mit sehr verschiedenen Spontanreaktionen der Eltern rechnen müssen, die den Umgang mit dem Kind stark beeinflussen und die vielleicht trotz besserer Einsicht mit Hilfe von Rationalisierungen den Motor für das erzieherische Verhalten abgeben. Durch die Enuresis sind die Eltern stark belastet. Die Mühe, die sie aufzubringen haben, verursacht Ärger und Erregung und der Umgang mit dem Kind ist entsprechend. Die Eßstörung verursacht mehr Besorgnis, die Ärgerreaktionen sind milder, die erzieherische Strenge zeigt selten jene Schärfe, die den Enuresis-Kindern entgegengebracht werden kann. Beim Nägelknabbern sind die Eltern mehr gereizt und ärgerlich und vielleicht in ihrem Stolz oder ihrer Eitelkeit gekränkt, aber das Symptom wird nicht zur persönlichen Belastung. Noch anders müssen wir die Reaktionen der Umgebung einschätzen, wenn bei dem vorgestellten Kind ein *Stottern* vorliegt.

Die Reaktion auf Stottern ist in Familien sehr verschieden. Das häufigste Verhalten ist wohl, daß man die Kinder zu einem bewußt langsamen Sprechen ermahnt. Da es zu den Spontanreaktionen des Menschen gehört, daß er auf den gestörten Sprachkontakt mit Ungeduld reagiert (wie etwa auch bei der Schwerhörigkeit), erfolgen solche Ermahnungen meistens recht ungeduldig, oft auch vorwurfsvoll. Spöttisches Nachäffen ist sicherlich ebenfalls nicht ganz selten. Der Stotterer ist dem Spott seiner Umgebung ebenso leicht ausgesetzt wie der Schwerhörige und empfängt ganz andere Gefühlsreaktionen als der Blinde oder der Herzkranke. In der Kindergruppe sind Hänseleien ganz besonders häufig.

Für ein Stotterkind ist jedoch ein geduldig wartender Zuhörer bei weitem wichtiger als ein vorwurfsvoll mahnender Gesprächspartner, dessen Ungeduld in der Aufforderung zum langsamen Sprechen durchbricht. Es erscheint mir therapeutisch wichtig, daß man den Kindern diese von Ungeduld gedrängten Ermahnungen erspart und ich bemühe mich daher, den Eltern plausibel zu machen, daß die Ermahnungen zum langsamen Sprechen wenig fruchten. Zu diesem Zweck setze ich den Eltern meist als erstes auseinander, daß die sprachliche Verbesserung, die durch aktive Selbstbeherrschung erzielt wird (ähnlich wie bei der Enuresis) ein Scheinerfolg ist und selten stabile Resultate zeitigt. Ich erläutere den Eltern dann weiter, daß die Abhängigkeit des Stotterns von seelischen Regungen dadurch zustande kommt, daß der Atemstrom wie kaum etwas anderes von Gefühlsregungen beeinflußt wird. Ich erzähle den Eltern, daß die meisten Sprachheilschulen die Kinder im Beginn ihrer Arbeit zu einer Sprache erzögen, bei der der Sprachvollzug von der Koppelung mit der Gefühlsseite des Erlebens abgehängt wird. Die Kinder lernen in den Sprachheilschulen oft zunächst mit einer hohen Kopfstimme zu sprechen, bei der die emotionale Modulation zunächst weitgehend wegfällt. Dieses Beispiel ist für die meisten Eltern einleuchtend. Es ist auch sachlich richtig. Die Trennung des Sprachvollzuges von der Modulation durch emotionale Einflüsse gehört zu den wesentlichsten Grundlagen für die Sprachheilerziehung bei Stotterern.

Die Eltern verstehen in diesem Zusammenhang dann verhältnismäßig leicht, daß — sofern die Sprachstörung ihres Kindes wirklich an seelischen Problemen hängt — diese seelischen Schwierigkeiten zur Entspannung gebracht werden müssen. In diesem Stadium des Gesprächs füge ich dann hinzu, daß es für die Eltern vermutlich leider notwendig sein wird, im Verlauf der Therapie ein Übergangsstadium zu erdulden, in dem das behandelte Kind durch die ungesteuerte Produktion von Ärger und Wutimpulsen schwierig zu behandeln sein wird. Mit Hilfe von einigen Fremdschilderungen erzähle ich den Eltern dann noch die Tatsache, daß viele Stotterkinder berichten, sie sprächen völlig fließend, wenn sie einmal völlig frei von der Leber weg schimpfen könnten. Ich würde schätzen, daß in etwa 60 bis 70 % der Fälle das vorgestellte stotternde Kind gleichsinnige Feststellungen bei sich registrieren kann. Und damit haben wir bereits für die Vorbereitung der Therapie ein weiteres Stück Verständnis gewonnen.

Haben die Eltern nämlich erst einmal verstanden, auf welchem Wege seelische Faktoren die Sprache beeinflussen können, dann begreifen sie meistens auch, daß Ungeduldsund Vorwurfshaltung den Kindern gegenüber die Sprache nur verschlechtern kann. Außerdem sind die Eltern zugänglich geworden für einen Rat, den ich bei Stotterkindern selten versäume, nämlich die Empfehlung zu motorischem Auslauf, evtl. zu einem Gruppensport, wie Fußball, Handball oder ähnlichem. Diese Empfehlung gebe ich natürlich nur dann, wenn das Kind selbst entsprechende Wünsche angemeldet hat. Aber die Erfahrung hat mich gelehrt, daß gerade dieser Rat bei bestimmten Eltern nicht immer gern gehört, geschweige denn befolgt wird.

Unerläßlich erscheint es mir allerdings im Gespräch mit Eltern von stotternden Kindern, daß wir gleich von Anfang an darauf hinweisen, daß die psychotherapeutische Methode beim Stottern keine hundertprozentigen Erfolgschancen hat. Ich sage den Eltern immer wahrheitsgemäß, daß die Prozentzahl wirklicher Heilungserfolge nicht höher als ca 50 bis 60 % sei. Dies muß man unbedingt tun, da es der Wahrheit entspricht und man die Eltern vor falschen Hoffnungen und Erwartungen schützen sollte.

Mit einer ganz anderen Problematik haben wir uns im Verlauf unserer therapeutischen Gespräche auseinanderzusetzen, wenn das Kind wegen *sexueller Schwierigkeiten* vorgestellt wird. Ich denke zunächst daran, daß uns jüngere

Kinder vorgestellt werden, weil sie onanieren. Die Vorläufer sexueller Perversionen im Jugendalter sollen uns hier nicht beschäftigen. Auch nicht die Frage der sexuellen Aufklärung, die wir kurz in dem Abschnitt über konkrete Erziehungshinweise besprechen werden. Allerdings können wir das Problem der kindlichen Onanie im Gespräch mit den Eltern nicht behandeln, so lange wir uns nicht selbst ein Bild darüber gemacht haben, ob es sich bei dem Kind um die übliche und biologisch normale Spielonanie der kleinen Kinder handelt, oder um ein neurotisches Onanieren, das die Folge einer Spielhemmung oder einer sonstigen neurotischen Problematik ist. Dabei ist es gut, wenn wir die Eltern selbst über die Notwendigkeit einer solchen diagnostischen Klärung informieren. Wir können sie bei dieser Gelegenheit gleich darüber ins Bild setzen, daß Onanie als solche nichts unbedingt Pathologisches ist. Gleichzeitig haben wir Gelegenheit, für uns selbst Klarheit darüber zu gewinnen, ob die sexuelle Problematik für die Eltern sehr stark mit weltanschaulichen Problemen verknüpft ist, oder ob es sich bei ihnen einfach um Unkenntnis der normalen biologischen Vorgänge handelte. Bestehen bei den Eltern sehr starke gesellschaftliche (evtl. religiöse) Tabus der Sexualität gegenüber, dann haben wir es in unseren Gesprächen nicht immer leicht. Oft gelingt es uns nicht einmal, die Rationalisierungen der Eltern aufzulösen, die ihre weltanschaulichen Tabus so zu begründen suchen, daß sie auf die potentiellen Gesundheitsschäden hinweisen, die ihr Kind durch das Onanieren nehmen könnte.

Wenn sich Eltern über diese gefürchteten Gesundheitsschäden beunruhigen, tue ich mein Bestes, um diese Sorgen zu zerstreuen. Ich weise immer darauf hin, daß sich im Verlauf einer Jahrhunderte alten medizinischen Erfahrung noch kein einziger wirklich stichhaltiger Beweis für die gesundheitsschädigenden Folgen der Onanie ergeben habe, daß wir aber umgekehrt sehr viele Beweise dafür hätten, daß ängstigende Verbote oder gar Strafen wegen der sexuellen Betätigung die harmonische gesunde Entwicklung des Kindes ernstlich gefährden könnten.

Im übrigen mache ich die Eltern darauf aufmerksam, daß starke Onanieverbote genau das Gegenteil von dem hervorriefen, was sie erstrebten, nämlich eine dauernde Beschäftigung des Kindes mit den aufgestauten biologischen Impulsen und eine Steigerung der Bedürftigkeit, die niemals eintreten würde, wenn man sich den sexuellen Impulsen gegenüber neutral und indifferent einstellte.

Diese Informationen und Belehrungen der Eltern gelten in jedem Fall auch dann, wenn es sich bei dem Kind um ein pathologisches Onanieren handelt. Hier eigentlich ganz besonders. Es muß im Verlauf unseres Gespräches den Eltern deutlich werden, daß die Onanie nicht die Ursache, sondern die *Folge* einer neurotischen Gefühlsverfassung ist und daß es sinnlos wäre, gegen das Symptom anzugehen, solange man nicht der tieferliegenden Störung auf die Spur gekommen ist.

Oft haben wir uns im Verlauf dieser Gespräche danach zu erkundigen, welche Art von Drohungen und Strafen bereits für das Onanieren der Kinder ausgesonnen wurden. Bei kleinen Jungen finden wir auch heute noch (trotz aller aufklärenden Schriften in der populären Literatur) direkte Kastrationsdrohungen. Wir finden das strikte Gebot, daß das Kind mit den Händen über der Decke zu schlafen habe, und wir finden Drohungen, daß das Kind mit dem Verlust der elterlichen Liebe zu rechnen hätte, wenn es das Onanieren fortsetzte. Wenn irgend möglich, sollte man die Eltern bewegen, diese Strafandrohungen, die gesetzt wurden, *selbst* wieder zurückzunehmen. Es genügt in solchen Fällen nicht, daß der Therapeut dem Kind eine neue Einstellung vermittelt. Es genügt nicht einmal, daß der Therapeut im Einverständnis mit den Eltern deren Irrtum kundtut. Wir müssen immer damit rechnen, daß in dem Kind trotz allem die Ermahnungen oder Drohungen der Eltern weiterwirken, wenn diese nicht von den Eltern selbst zurückgenommen wurden.

Freilich ist dieses optimale therapeutische Ziel, das wir erstreben, oft nur schwer, manchmal gar nicht zu erreichen. In sehr puritanischen Familien oder in kleinen religiösen Sekten ist die Tabuierung der Sexualität noch immer so tief mit religiösen Vorstellungen verflochten, daß wir nicht zu einer Veränderung der elterlichen Einstellung gelangen. In toleranteren Familien kann (falls auch dort die Sexualität mit religiösen Vorstellungen verknüpft wurde) der Hinweis etwas fruchten, daß der liebe Gott die Sexualität den Menschen vielleicht doch zur Freude gegeben hätte und nicht, um kleine Kinder mit ihr zu quälen. In stark dogmatisch eingestellten Familien müssen wir jedoch damit rechnen, daß die sexuelle Problematik zum Gegenstand einer schwelenden Gefühlskrise zwischen Eltern und Kind geworden ist, bei der ein an sich normaler biologischer Vorgang aus weltanschaulichen Gründen abgelehnt und abgewehrt wird.

Anders als bei diesen sexuellen Schwierigkeiten steht es nun bei allen Formen des *Leistungsversagens.* Lernschwierigkeiten und Leistungsstörungen stehen zwar auch sehr häufig im Mittelpunkt einer spezifischen Gefühlskrise zwischen Eltern und Kind, doch sind sie nicht selten durch ungeschicktes pädagogisches Verhalten der Eltern selbst entstanden. Insofern müssen wir uns differentialdiagnostisch ganz besonders sorgfältig um die Quellen der Störung bekümmern. Als erstes müssen wir wissen, ob das Kind eine starke Leistungs*ängstlichkeit* erworben hat oder ob offene Leistungs*abwehr* im Spiel ist. Gleichzeitig müssen wir uns ein Bild darüber machen, ob die Leistungsangst des Kindes aus seiner *Identifikation* mit den Eltern entspringt, die es um keinen Preis enttäuschen möchte oder ob von den Eltern ein aktiver harter Druck ausgeübt wird, vor dem sich das Kind fürchtet. In jedem Fall müssen wir auch zu unterscheiden suchen, ob bei den Eltern ein starker neurotischer Ehrgeiz im Spiel ist, den wir kaum mit einer einfachen Belehrung beeinflussen können oder ob wir es nur mit der allgemeinen und berechtigten Besorgnis der Eltern zu tun haben, die bei den schwachen Leistungen des Kindes für seine Zukunftsentwicklung fürchten.

Wenn man mit Eltern über die Leistungsstörungen ihrer Kinder spricht, sollte man niemals vergessen, daß Besorgnis über echte Leistungsschwäche berechtigt ist. Selbst dann, wenn die Eltern auch die guten Leistungen ihrer Kinder mit unzufriedener Miene betrachten, sollte man sich nicht so ohne weiteres in ein Gespräch darüber einlassen, ob die Unzufriedenheit berechtigt oder unberechtigt sei. Dies ist nicht wirkungsvoll, da wir es ja gerade bei Ehrgeizreaktionen immer mit tief verwurzelten Idealvorstellungen der Eltern zu tun haben. Günstiger ist es, wenn man sich mit den Eltern darüber unterhält, welche Verhaltensweisen wohl *zweckmäßig* wären, um das berechtigte Ziel der Eltern (nämlich die guten Leistungen des Kindes) zu erreichen. Gerade mit Vätern ist das Gespräch über unökonomische Verhaltensweisen beim Leistungstraining des Kindes sehr viel erfolgreicher, als wenn wir die in Frage stehenden Erziehungsmethoden als unberechtigt kritisieren.

Habe ich es mit jener Elterngruppe zu tun, die nicht hart erzieht und die nicht straft oder Vorwürfe macht, wenn die Leistungen etwas absinken, dann dreht sich das Gespräch meist um die *Identifikation des Kindes* mit den Eltern. In diesen Fällen nehme ich mir sehr viel Zeit, um den Eltern zu verdeutlichen, wie gerade die *gute* Beziehung zwischen ihnen und dem Kind zum Motor für die aufkommende Leistungskrise wird. Ich erläutere diesen Eltern, daß ein Kind, das seine Eltern liebt und sich selbst von den Eltern geliebt und geschützt weiß, natürlich auch danach strebt, den Erwartungen der Eltern zu entsprechen. Gerade bei einer sehr starken und positiven Beziehung zwischen Eltern und Kind fürchten die Kinder die Enttäuschung der Eltern bei weitem mehr als ein gelegentliches Donnerwetter.

So hat zum Beispiel ein kleines, sehr leistungsängstliches Mädchen von den Eltern noch nie eine Strafe für schlechte Leistungen bekommen. Dies war auch nicht nötig, denn sie brachte nur gute und befriedigende Noten nach Hause. Trotzdem meinten die Lehrer, daß das Kind durch seine Leistungsängstlichkeit an einer wirklich optimalen Verwaltung seiner Befähigung gehindert wäre. Brigitte hatte mit der Mutter ein psychologisch sehr bedeutsames Spiel entwickelt. Sie kam öfter nach Hause, agierte eine kummervolle und bedrückte Miene und verkündete, sie habe eine sehr schlechte Note geschrieben. Gleich danach verschaffte sie jedoch sich und den Eltern ein großes Vergnügen, indem sie die enttäuschte Mutter tröstete und strahlend verkündete, es sei keine Fünf, sondern ein Sehr gut gewesen. Es war klar, daß in Brigittes Erleben die hochgespannten Erwartungen der Eltern eine große Rolle spielten und daß sie fürchtete, hinter diesen Erwartungen zurückzubleiben. Da ebenso sicher war, daß das Kind nicht aktiv gestraft wurde, mußte die therapeutische Bemühung darauf ausgerichtet sein, der Mutter die vorliegende psychologische Situation verständlich zu machen, damit sie gegebenenfalls bei einer Leistungskrise dem Kind Trost spenden könnte, anstatt ihm ihre eigene Enttäuschung zu zeigen.

Anders steht es mit jenen Eltern, die die Leistungen ihres Kindes mit antreiberischem Vorwurf zu verbessern suchen und die zur falschen Zeit hart, unvernünftig oder auch sehr willkürlich strafen. Obgleich man auch hier sehr ausführlich über die Folgen der affektiven Reaktionen auf die vollbrachte Leistung sprechen muß, stehen doch im Anfang oft einfache Fehlurteile der Eltern im Mittelpunkt des Gesprächs. Häufig begründen Eltern die Strafen, die das Kind für sein Leistungsversagen erhält, damit, daß sie sagen „er kann ja, wenn er will". Nun ist klar, daß manche Kinder wirklich einfach etwas bequem sind und sich den Arbeitsanforderungen gern entziehen möchten. Andererseits können die Arbeitsstörungen doch einem ganz anderen Mechanismus unterliegen, während die Eltern durch eine Reihe von Beobachtungen zu der Meinung verführt werden, ihr Kind könnte bei vermehrter Willensanstrengung Besseres leisten. Über diese Beobachtungen, die das Urteil der Eltern begründen, spreche ich meist sehr ausführlich. Zum einen beobachten Eltern die bekannte Tatsache, daß Kinder jene Dinge, an denen sie interessiert sind, besser lernen als den Wissensstoff, der ihnen langweilig ist. Zum zweiten beobachten Eltern, daß Kinder unter Umständen unter Angstdruck eine zeitweilige Verbesserung ihrer Leistungen bieten. Schließlich müssen sie oft feststellen, daß ihr Kind manchmal eine Kenntnis richtig zur Verfügung hat (etwa Rechenaufgaben oder ein Diktat fehlerfrei bewältigen), während die gleiche Leistung zu einem anderen Zeitpunkt nicht vollbracht wird. Alle diese Beobachtungen tragen zu der elterlichen Ansicht bei, daß das Kind Gutes leisten könnte, wenn es sich nur zusammennehmen würde.

Wie immer, nehme ich auch hier die Beobachtungen der Eltern ernst und bespreche mit ihnen im einzelnen, inwieweit die gezogenen Schlußfolgerungen richtig sind. Ich erläutere den Eltern sehr ausführlich, daß jedes normale Kind und jeder normale Erwachsene seine Kenntnisse nicht immer und zu jedem Zeitpunkt zur Verfügung hat. Es muß den Eltern wirklich plausibel werden, daß in affektiver Erregung oder im Zustand der Ermüdung jede Produktion von Leistungen schlechter ist als in ausgeglichener Verfassung. Da Eltern beim leistungsgestörten Kind dessen Kapazität häufig durch zusätzliche Aufgaben überdehnen, gehört in den gleichen Zusammenhang eine Erörterung über die zweckmäßigste Regulierung des Arbeitspensums. Zu diesem Zwecke benutze ich ganz gern eine Reihe von Beispielen, die sich mit dem Training von Sportlern befassen. Andere Vergleiche stammen aus den Dressurversuchen bei Tieren. So sage ich den Eltern etwa, daß ein Schwimmer, auch wenn er Weltmeister ist, bei Übermüdung untergeht. Unter dem Druck der Todesgefahr kann er vielleicht eine letzte Kräftereserve mobilisieren, jedoch kommt unweigerlich der Augenblick, in dem auch dieses letzte Kräftereservoir erschöpft ist. Dieses Beispiel ist für die Eltern meistens recht eindrucksvoll und ich lasse dann weitere Hinweise über Geschick und Ungeschick eines guten Sporttrainers folgen. Ich sage den Eltern, daß jeder Sporttrainer sofort abgelöst wird, wenn man bemerkt, daß er seine Zöglinge übertrainiert und keinen Blick dafür hat, wann Ruhepausen eingeschaltet werden müssen, um das Leistungsoptimum zu erzielen. Im gleichen Zusammenhang weise ich dann ganz gern auf Levins Experimente aus der Arbeits- und Leistungspsychologie hin. Dies besonders, wenn Eltern über das „Trödeln" ihrer Kinder klagen und über die zahlreichen Ausweichshandlungen, die sie an der zügigen Vollendung des Arbeitspensums hindern.

Sofern sich dieses Verhalten der Kinder tatsächlich als Übermüdungsphänomen erklären läßt (aber nur dann), erläutere ich den Eltern das Wesen der „Sättigungsphase" und verdeutliche ihnen sehr ausführlich, daß Trödeln, Ausweichshandlungen, evtl. Betrug der Eltern ein typisches Kennzeichen dafür sind, daß das Gehirn an seine Leistungsgrenze gekommen ist und Ruhepausen eingeschaltet werden müssen.

Allerdings muß man gerade hier eine wichtige Klippe beachten: Wenn Kinder lange Zeit hindurch nur unter Angstdruck und Antreiben gearbeitet haben, dann kann man den Eltern nicht ohne weiteres toleranteres Nachgeben empfehlen. Der Berater muß wissen, daß unter Umständen wirklich das eintritt, was die Eltern fürchten, nämlich eine Art von Verbummeln des Kindes. Ein Kind, das aus spontanem Antrieb heraus noch nie gearbeitet hat, ist nicht immer sofort in der Lage, nun selbständig die erforderlichen Leistungen zu vollbringen. Dies insbesondere dann nicht, wenn die Eltern mit einem gewissen Ressentiment auf den Rat des Therapeuten reagieren. Sie bieten dem Kind dann anstelle der normalen anteilnehmenden Führung eine provokatorische Teilnahmslosigkeit, mit der sie das Kind zusätzlich irritieren und die geeignet ist, den Rat des Therapeuten ad absurdum zu führen. In solchen Fällen empfehle ich dringend, daß das Kind nach Möglichkeit bei seinen Schularbeiten von einem neutralen Dritten betreut wird und nicht von den Eltern, bevorzugt, falls das wirtschaftlich möglich ist, von einem Nachhilfelehrer.

Auch in bezug auf die Wirksamkeit von Ermutigung und Lob einerseits, Vorwurf und Enttäuschungsreaktionen andererseits verwende ich gern Beispiele, die aus dem Bereich des Sporttrainings oder der Tierdressur stammen. Ich sage den Eltern etwa, daß jeder Pudel oder jeder Schäferhund — zu welcher Dressurleistung man ihn auch immer bringen wollte — mit Belohnungen gelenkt wird, das heißt mit Streicheln, Futter und freundlichem Zuspruch. Ein Tier, bei dem in der Dressur die „Strafreize" überwiegen, ist, wie es in der Trainersprache heißt, sehr rasch „verdorben". Dieses Beispiel kann den Eltern verdeutlichen, daß sie eine falsche Theorie haben, sofern sie an die Wirksamkeit von Strafen und Vorwürfen glauben.

Im Anschluß an Beispiele aus der Tierdressur, die den Eltern affektiv verständlich sind, gehe ich dann gerne noch zusätzlich zu Beispielen über, die das eigene Erleben der Eltern betreffen. Ich bitte die Mutter etwa, sich vorzustellen, wie ihr zumute wäre, wenn man ihre hauswirtschaftliche Leistung in der Familie, sofern sie gut ist, immer nur gleichmütig hinnähme, jedoch sofort Mißvergnügen äußerte, wenn ihr einmal etwas mißglückt ist. Da Mütter nicht selten in ihrer Ehe faktisch in einer solchen Lage sind, verstehen sie diesen Zusammenhang meist leicht. Mit dem Vater bespreche ich analog, daß er vermutlich kaum zu besseren Berufsleistungen kommen würde, wenn all seine positiven Bemühungen von den Vorgesetzten übersehen würden, während jeder kleinste Fehler eine nachdrückliche Rüge bekommt. Ähnlich wie bei der Enuresis spinnt sich auch hier häufig ein ausführliches Gespräch über die Wirkung von *Ausdrucksverhalten* an. Eltern, die nicht schlagen, jedoch den ganzen Tag ein unzufriedenes Gesicht machen, wissen meistens selber nicht, wie sehr ihr Kind auf das zufriedene Lächeln wartet und wieviel mehr es den Unmut und die Enttäuschung fürchtet als Schläge.

Allerdings darf man bei solchen Gesprächen eines nicht übersehen: Für die Eltern ist der Vorwurf und der Angriff auf das Kind oft nichts anderes als für sie selbst eine *Entlastungsreaktion* von aufgestauten Affekten. Sie rationalisieren ihr eigenes Verhalten, indem sie sich einreden, dies sei ein geeignetes Erziehungsmittel. Wir müssen unbedingt berücksichtigen, daß wir von affektiv überanstrengten Eltern keine zusätzliche Selbstbeherrschung verlangen können. Jede Empfehlung auf Selbstbeherrschung erreicht meist das Gegenteil von dem, was man erreichen will. Nach einer mühseligen anfänglichen Beherrschung des Affektes folgt der heftige Durchbruch auf dem Fuße. Der Therapeut steht oft vor der Tatsache, daß die Erregungsabfuhr für die Eltern praktisch ist, jedoch dem Kind schadet. Sind die Eltern selbst bereits zu der Einsicht gekommen, daß bei ihnen mehr eine Erregungsabfuhr im Spiel ist als ein geeignetes pädagogisches Verhalten, verabrede ich mit den Eltern lieber folgendes: Ich sage ihnen, daß ich für ihre angespannte Gefühlslage Verständnis hätte und daß ich mir von zusätzlicher Selbstbeherrschung nur Schädliches verspräche. Andererseits könnten die Eltern, falls sie wirklich ungerecht sein sollten, lieber ein Wort der Entschuldigung dem Kind gegenüber finden, ohne zu befürchten, daß sie sich damit etwas vergäben. Sofern zwischen Eltern und Kind auch nur eine einigermaßen günstige Atmosphäre herrscht, braucht man bei einer solchen Empfehlung nicht zu befürchten, daß Kinder den „Respekt" vor ihren Eltern verlieren. Kinder, die sehen, daß ihre Eltern hart arbeiten oder gesundheitlich in schlechter Verfassung sind, sind gern bereit, einen Affektdurchbruch hinzunehmen und zu ertragen, wenn man nur nicht von ihnen gleichzeitig erwartet, daß sie diesen Affektdurchbruch als ein gerechtes Verhalten akzeptieren sollen.

Freilich sollte ein solches Gespräch mit den Eltern wiederum auch nicht zu einem Freibrief für jeden unkontrollierten Affektdurchbruch werden dürfen. Wir stehen nämlich immer dann vor einer therapeutisch recht schwierigen Situation, wenn die Kinder die Gefühlskrise, die zwischen ihnen und den Eltern durch das Leistungsversagen entstanden ist, bereits mit Heimlichkeiten, Ausweichslügen oder gar Unterschlagungen beantwortet haben. Das Problem der Leistungsstörung verknüpft sich dann mit all jenen Schwierigkeiten, die man in wenig genauer Umschreibung mit dem Etikett *„Verwahrlosungsreaktionen"* belegt. Sogenannte Verwahrlosungsreaktionen, wie das Lügen, Weglaufen, Eigentumsdelikte oder aggressive Übergriffe, haben alle miteinander gemeinsam, daß von den Kindern Vertrauen und Verbindlichkeit im zwischenmenschlichen Kontakt in irgendeiner Form verletzt wird. Insofern wurzeln die Reaktionen, mit denen die Umwelt diese Verwahrlosungszeichen beantwortet, tief in der Wertwelt und den moralischen Vorstellungen der menschlichen Natur. Der Umgang mit der Wahrheit, der Umgang mit fremdem Eigentum und die Ambivalenz des Kindes zwischen Gehorsam, Selbstbehauptung und Angriff hat für alle Eltern einen ganz besonderen zentralen Gefühlswert.

Im therapeutischen Gespräch tauchen besonders bei jungen Kindern wichtige Einzelfragen auf. Oft sind Eltern nämlich nicht ausreichend darüber informiert, daß beim jungen Kind in frühen Entwicklungsperioden noch nicht von Lüge oder Diebstahl gesprochen werden kann, weil das Kind noch nicht die Entwicklungsstufe erreicht hat, auf der diese Wertvorstellungen zum Maßstab gemacht werden können.

Sofern Eltern mit sehr rigiden Moralgrundsätzen über die Lügen ihres Kindes klagen, bemühe ich mich im allgemeinen zunächst einmal darum, daß ich sie zu einer etwas differenzierteren Beurteilung des Problems gewinne. Ich erzähle ihnen deshalb, daß man Berichte eines Kindes, die nicht wirklichkeitsgetreu sind, unter verschiedenen Gesichtspunkten betrachten müsse und daß man unterscheiden solle zwischen

Phantasielügen
Übertreibungen und Aufschneidereien
Angstlügen (incl. Lügen aus neurotischer Angst)
Zwecklügen zum Übervorteilen und Schädigen Anderer
Werbungslügen im Sinne der Pseudologia phantastica.

Breitet man diese Unterscheidung vor den Eltern aus, dann hat man sie zunächst einmal zu einer etwas genaueren Betrachtung der Lage ihres Kindes hingeführt. In bezug auf die Phantasielügen erkläre ich den Eltern, daß ein junges Kind nicht mit voller Bewußtheit zwischen dem unterscheidet, was seine eigene Phantasie produziert und was sich wirklich ereignet hat. In sehr jungen Jahren dürfe man die Erzählung eines Kindes überhaupt nicht unter dem Gesichtspunkt beurteilen, ob das Kind einen realitätsgerechten Bericht gäbe oder nicht. Sofern bei dem Kind mehr Übertreibungen und Prahlereien angegeben werden, bin ich sorgfältig darauf bedacht, den Eltern die Vorstellung über eine vermeintliche „Geltungssucht" auszureden und ihnen klarzumachen, daß die Kinder mehr als sie selber wüßten, um Liebe und Zuneigung würben, während sie sich scheinbar geltungsüchtig verhielten. Zwecklügen, um andere zu übervorteilen oder zu schädigen, sind bei Kindern selten. Ich erwähne sie meist nur, um den Eltern ein gewisses Verständnis für die moralische Rangordnung der verschiedenen Lügen zu vermitteln. Zu diesem Zweck verweile ich auch nicht selten bei der *Unwahrhaftigkeit der Eltern selbst,* die sich ja in der Regel ganz naiv zahlreicher Notlügen dem Kind gegenüber bedienen.

Das Gespräch über Notlügen und Unwahrhaftigkeiten der Eltern selbst wird immer dann sehr ausführlich, wenn die geklagte Lügenhaftigkeit des Kindes offenkundig eine Reaktion auf die Lügenhaftigkeit der Eltern ist. Am häufigsten werden Adoptiv-, Pflege- oder uneheliche Kinder belogen, denen man nichts oder nur Falsches über ihre Herkunft sagt. Ebenso häufig werden Kinder bei der sexuellen Aufklärung belogen. Als nächstes kommen Versprechungen und Vertröstungen, die von den Eltern nicht ernst gemeint waren und nur das Kind für den Augenblick abspeisen sollten. Tatsächlich sind Eltern in der Beurteilung ihrer eigenen Not- und Ausweichslügen meist recht naiv und können sich kaum vorstellen, daß im Erleben eines Kindes zwischen seinen eigenen Lügen und den Lügen der Eltern kaum ein Unterschied ist.

Bei den Angstlügen der Kinder hat man mit den Eltern meistens ein längeres Gespräch über die Quellen der Angst zu führen, bzw. über das, was gefürchtet wird. Das *Ausdrucksverhalten* der Eltern wird hier, wie schon so oft, zum Thema der Unterredung. Auch hier muß man den Eltern verdeutlichen, daß Unzufriedenheit und Vorwurf oft schlimmer sind als eine Strafe und deshalb auch Ausweichslügen provozieren können.

Gelegentlich kommt es auch vor, daß man Eltern zu beraten hat, die ein Kind neu in den Familienverband aufgenommen haben, etwa Pflegeeltern oder eine uneheliche Mutter, die ihr Kind anfänglich im Heim hatte. Hier muß man den Eltern sehr ausführlich erklären, mit welch langfristigen Spätfolgen man zu rechnen hat, wenn ein Kind in früher Zeit hart oder lieblos behandelt wurde. Die irrationalen Ängste, die das Kind aus den Vorerfahrungen in die gegenwärtige freundliche Umgebung mit hineinnimmt, sind für die neuen Pflegepersonen oft eine große Enttäuschung. Der Therapeut muß hier seinen Trost mit einer sachlichen Erläuterung verknüpfen.

Wegläuferreaktionen bei jungen Kindern sind im Elterngespräch nicht leicht zu behandeln, sofern das Kind diese Reaktionen in dem Milieu, in dem es zur Zeit lebt, erworben hat. Sie deuten fast immer darauf hin, daß sich das Kind zu Hause nicht wohl und gemütlich fühlt, und dies liegt entweder an einer latenten Abwehrhaltung der Mutter selbst oder an den Ambivalenzkonflikten mit anderen Familienmitgliedern. Hierüber kann man natürlich kein einfach erläuterndes und erklärendes Gespräch führen. Man hat sich lediglich um die Kenntnis der Störungsquellen zu bemühen, die man dann vorsichtig zu beeinflussen sucht. Ist eine verwitwete Mutter berufstätig und überanstrengt, kann man ihr nicht noch gut die volle Verantwortung für die Reakionen des Kindes auf die Schultern legen. Sind Familienmitglieder im Spiel, die auf jeden Fall im Familienverband verbleiben werden, kann man auch nicht viel im direkten Gespräch erreichen.

In bezug auf das *Eigentumsverhalten* junger Kinder bedarf ein häufiges Fehlurteil der Eltern der Korrektur: Wenn ein junges Kind in seinen Lebensäußerungen bekundet, daß es Eigentumsverhältnisse bereits *richtig erfaßt,* bedeutet dies noch nicht, daß in ihm auch schon die Fähigkeit entwickelt ist, fremden Besitz zu *respektieren.* Die sehr frühe Reaktion eines Kleinkindes im Sinne von „das ist meins“ und die zugehörige Fähigkeit, Gegenstände richtig zu seinem Eigentümer zu bringen, führt bei Eltern nicht selten zu der Meinung, daß das Kind gleichzeitig schon einen Respekt vor der gegebenen Besitzordnung entwickelt haben müsse. Außerdem vermuten Eltern manchmal fälschlich, daß das *Behaltenwollen* eines Kindes auch ankündige, daß es bereits in der Lage sei, zu *teilen.* Für viele Eltern ist dann außerdem noch die Erklärung wichtig, daß man Eigentumsdelikte bei jungen Schulkindern anders bewerten muß als bei älteren. Instinktsichere Eltern wissen dies in der Regel von alleine und sie nehmen es nicht tragisch, wenn ihr 6jähriger Schulanfänger gelegentlich einmal den Bleistift oder den Radiergummi vom Nachbarn mit nach Hause bringt. Sie halten ihr Kind zwar dazu an, das fremde Eigentum zurückzugeben, aber sie vertrauen darauf, daß (wie es auch die Erfahrungen der Entwicklungspsychologie bestätigen) etwa zwischen dem 7. und 9. Lebensjahr eine Umwandlung in der „Gewissensbildung" eintritt. Eltern, die sehr starre Moralgrundsätze haben, erkläre ich meistens, daß das junge Schulkind zwar auch schon in gewissen Grenzen wisse, daß es fremdes Eigentum nicht nehmen solle, daß dies jedoch für das junge Kind mehr eine *Erfahrungstatsache* sei mit Hinblick auf oft gehörte *Verbote.* Die Fähigkeit, eine tiefergehende soziale Gemeinschaft aufzubauen und aus diesem Gemeinschaftsgefühl heraus die Schädigung des anderen abzulehnen, kommt erst später. Etwa vom 9. Lebensjahr ab ist das innere Erleben des Kindes sozial so weit ausgereift, daß man diese Gefühlsbefähigung bei ihm voraussetzen darf.

Wichtig ist natürlich außerdem noch, daß man den Eltern mitteilt, wie groß für ein Kind der Unterschied zwischen dem Besitz von nah bekannten und vertrauten Personen ist und dem gewissermaßen „anonymen" Staatseigentum. Schrottdiebstähle, Eisenbahndiebstähle, Eigentumsdelikte in Warenhäusern sind sicher ganz anders zu bewerten als das Bestehlen von Kameraden in der Klasse. Dies wiederum anders als Eigentumsdelikte in der eigenen Familie. Es ist nicht ganz selten, daß die Solidarität innerhalb der Familie gerade der Anlaß wird, daß das Kind seinen Diebstahl nicht so ernst bewertet, wie den Diebstahl an Fremden. Bei allen Eigentumsdelikten empfehle ich übrigens unbedingt eine sehr geordnete Regelung des Taschengeldes, das dem Kind Planung mit festen überschaubaren Summen ermöglichen soll. Dies freilich nicht mit der Vorstellung, daß hiermit ein Allheilmittel gegen neurotische Eigentumsdelikte gefunden sei.

Im übrigen möchte ich mit meinen bisherigen Erläuterungen kein Mißverständnis aufkommen lassen! Mein Bestreben, die Eltern zu verständnisvoller, vielleicht milderer Beurteilung der aufgekommenen Verwahrlosungsreaktionen zu veranlassen, kommt immer nur dann auf, wenn ich es wirklich mit Mißverständnissen der Eltern bei jungen Kindern zu tun habe. Ich neige nicht dazu, beginnende oder manifeste Verwahrlosungsreaktionen zu bagatellisieren oder zu beschönigen. Bei der eingeschliffenen gewohnheitsmäßigen Verwahrlosung älterer Schulkinder und Jugendlicher wäre dies sogar geradezu ein Kunstfehler, mit dem man sich auch die letzten Chancen einer therapeutischen Hilfestellung verdirbt.

b) Allgemeine Erwartungen und Einstellungen der Eltern dem Kind gegenüber

Sofern wir es bei den Eltern nun nicht mehr mit ihrer Reaktion auf die vorhandene Krankheitssymptomatik des Kindes zu tun haben, rücken subtilere Gefühlsprobleme in den Mittelpunkt des Interesses. Leben und Schicksal eines

Kindes wird sehr wesentlich davon bestimmt, wieweit es in seiner Eigenart den geheimen Erwartungen und Hoffnungen der Eltern entspricht. Insofern brauchen wir eine genaue Kenntnis der Erwartungen oder Enttäuschungen, die die Eltern in bezug auf das Kind erleben. Wir machen uns klar, daß wir in diesem Bereich alle Abschattierungen zwischen allgemein menschlichen Erwartungen und typischen neurotischen Ambivalenzkonflikten finden werden. Außerdem müssen wir uns immer ein Bild davon machen, wieviel die Eltern selbst vom Erleben ihres Kindes wissen und wie sie das Kind beurteilen. Therapeutisch gesehen haben wir bei diesen Gesprächen meist sehr verschiedenartige Aufgaben zu bewältigen. Wir haben es auf der einen Seite mit der *Korrektur* von *Fehlurteilen* und Mißverständnissen zu tun. Auf der anderen Seite müssen wir uns um die *unbewußten neurotischen Reaktionsformen* der Eltern bemühen. Da ich im vergangenen Abschnitt sehr ausführlich gewesen bin, soweit es um die Schilderung von konkreten und überzeugenden Beispielen ging, möchte ich in diesem Kapitel vor allen Dingen die wichtigsten *Themen* in den Mittelpunkt stellen, die uns beschäftigen, sofern wir die Gefühlskrise zwischen Eltern und Kind entspannen wollen. Natürlich werde ich auch hier immer einige Anregungen hinzufügen, wie wir uns diesem Ziel in der Praxis am besten nähern können.

Die *Erwartungen,* die alle Eltern ihrem Kind entgegenbringen, sofern sie seine Existenz überhaupt bejahen, sind wohl rasch auf eine kurze Formel zu bringen: Alle Eltern möchten, daß ihr Kind zufrieden und gesund sei, begabt und nett anzusehen, nach Möglichkeit dem eigenen Wesen verwandt und vertraut. Es ist wohl auch nur natürlich, daß viele Eltern in ihren Kindern zu einem Teil die Fortsetzung des eigenen Lebens sehen und daß sie ein Stück weit ihre eigenen ungelebten Wünsche in dem Kind zur Verwirklichung bringen wollen. Von diesen an sich natürlichen Erwartungen der Eltern aus entwickeln sich dann aber bereits jene Zerrformen unerfüllbarer (vielleicht auch neurotisch determinierter) Wünsche, die zur schweren Hypothek für das Kinderschicksal werden können.

Ich zähle die wichtigsten und typischen Erwartungen der Eltern, die uns in der therapeutischen Arbeit bevorzugt beschäftigen, zunächst einmal auf: Ehrgeizige Erwartungen in bezug auf Begabung, Leistung oder auch Schönheit stehen wohl an erster Stelle. Die Vorstellung, daß der Sohn die Berufstradition des Vaters fortsetzen werde, vielleicht in seinem Geschäft mitarbeiten, ist nicht ganz selten. Alleinstehende Mütter erwarten (häufig nur der inneren Haltung nach und nicht bewußt ausgesprochen) von ihren Töchtern und Söhnen eine lebenslängliche Gefühlsgemeinschaft oder sie erziehen sich den zukünftigen Ernährer. Sie isolieren ihre Kinder, unterbinden Selbständigkeit und Eigenleben, ohne es zu bemerken, und bleiben ein Leben hindurch in Isolierkontakt mit Tochter oder Sohn. Im besten Fall ziehen sie in die später einmal geschlossene Ehe mit ein.

Ein Kind kann außerdem in der Erwartung gezeugt und geboren werden, daß seine Existenz die vorliegende Ehekrise überbrücken werde. Es kann aber auch (und dies ist eine sehr konfliktreiche Situation) zum Ausdruck der Aggression des einen Elternteiles gegen den anderen geworden sein. Sei es, daß die Frau keine Kinder mehr wollte und der Mann sie gegen ihren Willen überrumpelte, sei es, daß der Vater eine kinderlose Ehe wünschte und die Frau nur deshalb schwanger wurde, weil sie ihren Mann über das benutzte Verhütungsmittel getäuscht hat.

Ein Kind kann auch von seinen sehr jungen Eltern absichtlich gewollt worden sein, damit sie überhaupt die Eheerlaubnis erhielten. Sein Schicksal wird dann ganz vom weiteren Verlauf der Ehe abhängen.

Ich füge in diesem Zusammenhang gleich jene Motive hinzu, die Eltern haben können, wenn ihnen die Geburt ihres Kindes stark *unerwünscht* gekommen ist. Eltern konnten sich zu alt fühlen oder krank sein, vielleicht auch starke wirtschaftliche Sorgen haben. Das Kind kann zu früh nach einer vorangegangenen Geburt kommen, so daß sich die Mutter körperlich überanstrengt fühlt oder das Kind wurde vorehelich gezeugt, ohne daß die Ehe im Grunde beabsichtigt war. Bestanden sogar starke Gegengründe gegen die Ehe auf seiten beider Partner, muß man mit lebenslänglichen Abwehrhaltungen der Eltern gegen das Kind rechnen. Hat einer der Partner die Ehe mit Hilfe des Kindes gegen den Willen des anderen erzwungen, ist das Problem nicht geringer. Hat die Mutter des Kindes wegen einen sehr geliebten Beruf aufgeben müssen, dann restieren aus diesem Konflikt häufig recht lebhafte Ambivalenzen, die nicht immer leicht zu beeinflussen sind.

Oft hat auch die *weitere Familie* schon vor der Geburt des Kindes sehr lebhaft positiv oder negativ zu seiner Ankunft Stellung genommen. Wenn zum Beispiel ein junges Ehepaar noch sehr auf die Unterstützung der eigenen Eltern angewiesen ist, können diese Großeltern das erste Enkelkind noch verhältnismäßig freundlich und liebreich begrüßt haben, während sie beim zweiten schon ausdrücklich protestieren. Sie lassen an dem nachgeborenen Enkelkind ihre Abwehrhaltung deutlich aus und die Geschwisterkonkurrenz hat ihre Wurzel in der verschiedenen Haltung der Großeltern. Außerdem können Konkurrenzsituationen unter Vettern und Cousinen gerade mit Hinblick auf die Haltung der Großeltern ausgetragen werden. Alte Geschwisterkonflikte zwischen den Eltern und den späteren Tanten und Onkeln leben im Vergleich der Kinder wieder auf. Eine Mutter kann es ihrem Kind besonders übelnehmen, daß es in Talent und äußerer Ansehnlichkeit hinter den Kindern einer immer sehr glühend beneideten Schwester zurückbleibt, während sie sonst ohne diesen alten Konkurrenzkampf mit der kleinen Tochter ganz zufrieden gewesen wäre.

Wir sehen schon, daß all diese aufgeführten Motive für Abwehrhaltungen und positive Erwartungen der Eltern vom Therapeuten die Auseinandersetzung mit den verschiedensten Lebenssituationen und emotionalen Problemen verlangen. In kaum einem anderen Augenblick ist Einfühlung, Anteilnahme und positives Verständnis für die Motive der Eltern wichtiger als hier. Es wird uns nicht gelingen, einem neurotisch zugespitzten Konflikt seinen Stachel zu nehmen, wenn wir uns nicht innerlich positiv auf den verständlichen Kern bezogen haben, der in fast allen Reaktionen der Eltern zu finden ist. Verständnis bedeutet für die Eltern Entlastung. Entlastung aber bringt eine gesteigerte Befähigung zur Umstellung mit sich. Fangen wir mit Kritik an und nicht mit Verständnis, produzieren wir nur Abwehr. Jeder Therapeut wird aus der praktischen Erfahrung wissen, daß es ihm innerlich nicht immer gelingt, den Eltern in sehr verschrobene Motivationen hinein verständnisvoll zu folgen. Dies sind dann meist auch jene Fälle, in denen die Therapie mißlingt.

Die spezifischen *Enttäuschungen*, die ein Kind seinen Eltern bereiten kann, ergeben sich sehr weitgehend aus den aufgeführten positiven Erwartungen. Ein Kind kann kränklich sein oder in Begabung und Aussehen den Wünschen der Eltern nicht entsprechen. Es kann die Fortsetzung der Familientradition ablehnen und intensiver auf Selbständigkeit drängen, als es den Eltern lieb ist. Außerdem kann das Kind zwar als solches erwünscht gewesen sein, jedoch im *Geschlecht* unerwünscht. Ein Mädchen, das als Junge erwartet wurde, oder ein Junge, der ein Mädchen hätte werden sollen, tragen in ihrer Lebensentwicklung meist die Spuren dieser elterlichen Erwartung mit sich. Teils in der betonten Identifikation mit der fremden Geschlechtsrolle, teils in Abwehr der unangemessenen Erwartungen müssen sie oft ein brüchiges Lebensgefühl als Preis zahlen.

Recht häufig habe ich dann noch die Beobachtung gemacht, daß Eltern mit ihren Kindern im großen und ganzen zwar zufrieden sind, jedoch in bezug auf das *persönliche Tempo* enttäuscht. Eine sehr häufige Konstellation ist die, daß eine lebhafte und aktive Frau einen mehr ruhigen und bedächtigen Mann geheiratet hat. Die Ruhe des Manes wird von der Frau bewußt sehr weitgehend bejaht. Trotzdem fühlt sie sich oft von ihm nicht richtig verstanden und könnte, wie sie dann sagt, „über sein Phlegma aus der Haut fahren“. Gerät nun das Kind im Wesen dem Vater nach, dann stachelt es mit seinen langsamen Reaktionen die Ungeduld der Mutter doppelt auf. Die Erregung, die die Mutter über ihren Mann erlebt, läßt sie dann mit verstärktem Affekt am Kind aus. Dies hat allerdings meist nur zur Folge, daß das bedächtige Kind reaktiv noch langsamer wird. In schweren Fällen kann die aktive Mutter alle Probierschritte des Kindes dadurch unterbunden haben, daß ihr seine Aktionen zu langsam waren und sie dazwischenfuhr. Apathie und fehlende Spontaneität des Kindes ist die Folge. Wenn dieser Circulus vitiosus eine Weile im Gange gewesen ist, hat die Mutter schließlich eines Tages allen Grund, über die Langsamkeit und Trödeligkeit des Kindes beunruhigt zu sein.

Das Gespräch über die *individuellen Konstanten* des Kindes nimmt bei manchen Eltern einen breiten Raum ein. Sind die Begabungen des Kindes nicht geringer, sondern nur anders, als die Eltern sich das erträumt haben, dann kann man auf die positiven Seiten der tatsächlich vorhandenen Talente hinweisen. Ein praktisch veranlagter Junge in akademischer Familie muß anders betreut werden als ein Mädchen mit ausgeprägt künstlerischen Talenten in einem kleinbürgerlichen Beamtenmilieu. In bezug auf das persönliche Tempo sind ausführliche Erörterungen darüber am Platze, daß diese angeborenen Eigentümlichkeiten auf keinen Fall künstlich verändert werden können und daß ungeschickter pädagogischer Umgang sehr viel verdirbt. Ich erläutere den sehr fixen Müttern die positiven Seiten des ruhigen und bedachtsamen Verhaltens und schildere ihnen gleichzeitig die ernsten Folgen gewaltsamer Versuche zur Veränderung. Ich sage, daß man aus einem Wiesel keine Schildkröte machen könne und umgekehrt, und daß doch beide Tiere ihre Existenzberechtigung und spezifische Lebensform hätten.

Wie wir mit Eltern sprechen können, deren Kind ein echtes Leistungsversagen bietet, hatten wir schon an früherer Stelle erörtert. Manches Gespräch ist dann aber auch über die fragliche *Spontaneität* des Kindes zu führen, bzw. darüber, daß es vielleicht zum mehr reaktiven Typ gehört. Auch hier muß man ja mit angeborenen Konstanten rechnen, die nicht ohne weiteres zu verändern sind. Man sagt, daß die wirklich spontanen initiativereichen und produktiven Naturen nur einen kleinen Prozentsatz der Menschheit ausmachen und daß der überwiegende Teil aller Kinder und Erwachsenen eher zu reaktivem Verhalten neigt und sich gern von Anweisungen, fremden Plänen, Aufforderungen und Anregungen mitnehmen läßt. Hierüber hat man besonders mit jenen Eltern zu sprechen, die ihr Kind gern überall als den Ersten und den Anführer sehen möchten, während es selbst lieber ein ruhiges und zurückhaltendes Gruppenmitglied wäre. Ein gleiches gilt für jenes Kind, das überwiegend Anleitung und Anregung bei Spiel und Schularbeiten braucht, das Kontakte sucht und sich schwer allein beschäftigen kann. In diesen Fällen muß man freilich immer sehr genau zu erforschen suchen, ob man es wirklich mit einer angeborenen Konstante zu tun hat, oder ob nicht doch eine neurotisch reaktive Verhaltensform im Spiel ist.

Auch über die *Gefühlskontakte*, die die Kinder aufnehmen, sind Eltern manchmal nicht zufrieden. Sie klagen über Einzelgängertum oder allzu rasch und flüchtig geschlossene Freundschaften. Auch hier richtet sich das Gespräch mit den Eltern danach, ob das geschilderte Verhalten des Kindes Ausdruck einer persönlichen Veranlagung ist oder das Ergebnis einer neurotischen Entwicklung. Meistens sage ich den Eltern, die mit solchen Besorgnissen kommen, daß ich mir nicht so schnell ein Urteil bilden könnte, sondern daß ich das Kind erst ein wenig besser kennenlernen müßte. Sind die Eltern ausreichend differenziert, dann erläutere ich ihnen wenigstens ein Stück weit jene Beobachtungen, nach denen ich mich selbst in meinem Abschlußurteil richte. Das gesund entwickelte, wenn auch introvertierte und sensitive Kind hat im allgemeinen ein oder zwei sehr nahe Freunde und kann gut zwischen „richtigen“ Freunden und „nur so“ Freunden oder Kameraden unterscheiden. Diesen Unterschied kennt natürlich auch das extravertierte Kind, das sich gern in einem größeren Lebenskreis von Menschen bewegt. Aber während sich das introvertierte Kind sehr viel häufiger in die intime Gemeinschaft zurückzieht, nimmt das extravertierte gern am Leben einer größeren Gruppe teil. Ich erläutere also den Eltern das Normale dieser individuellen Wesensunterschiede und versuche dann allmählich zu ergründen, wie die Verfassung des Kindes ist. Gibt es doch Kinder, die den Unterschied zwischen intimer Freundschaft und oberflächlicher Gemeinsamkeit aus neurotischen Gründen heraus überhaupt nicht kennen. Andere können diese Unterscheidung zwar treffen, sind jedoch nicht in der Lage, intime Freundschaften wirklich herzustellen, bzw. sie leiden im Gruppenleben ganz ungebührlich. In diesem Fall bestätige ich den Eltern zwar das Recht ihrer Besorgnis, bitte sie jedoch, nicht mit drängenden Empfehlungen dem Kind Situationen zuzumuten, für die es im Augenblick nicht die Voraussetzung hat. Praktizieren die Eltern sehr eklatant gerade solche Erziehungsmethoden, die das Kind zum Einzelgänger gemacht haben, dann versuche ich natürlich (sofern die Eltern das gefühlsmäßig vertragen), ihnen zu verdeutlichen, welche Konsequenz es hat, wenn man Jugendclubs, die Spielgemeinschaft der Straße, Wanderfahrten usw. verbietet und dann plötzlich Kontaktfähigkeit und soziales Verhalten erwartet.

Sofern sich also bei Eltern Enttäuschungsgefühle über das Kind sehr lebhaft äußern, versuche ich, die Intensität dieses Reagierens dadurch etwas zu mildern, daß ich die Aufmerksamkeit auf die positiven und eigenständigen Möglichkeiten des Kindes lenke. Je mehr ich es mit tief eingeschliffenen neurotischen Reaktionsformen der Eltern zu tun habe, um so schwieriger wird natürlich meine Arbeit. Bei den typischen *neurotischen Ambivalenzkonflikten* habe ich mich fast immer stark therapeutisch um die Verfassung der Eltern zu bemühen. Ich zähle zunächst einmal die wichtigsten Schwierigkeiten auf, die dem Therapeuten hier begegnen können:

Eltern können mit ihren Kindern neurotische *Konkurrenzkonflikte* austragen, die aus mancherlei verschiedenartigen Quellen stammen: Eine Mutter ist zum Beispiel ihre Ehe in ausgeprägter Vaterübertragung eingegangen und kann in ihrer Rolle als „Kind-Frau“ keine eigentlich mütterliche Einstellung zu ihrem Kind entwickeln. Sie bleibt mit ihrem eigenen Kind in einer Art von Geschwisterkonkurrenz befangen. Ähnlich der Vater, der sich die mütterliche Frau geheiratet hat und der es nicht erträgt, daß sich das mütterliche Erleben seiner Frau nicht mehr auf ihn, sondern auf die Kinder konzentriert. Diese Geschwister-Eifersucht den eigenen Kindern gegenüber kann spezifische Färbungen bekommen. Eine Mutter oder ein Vater haben einen heftigen Bruderkonflikt in ihrer Kindheit durchstehen müssen. Sie sind demzufolge in der Betreuung ihres kleinen Jungen anders (auf jeden Fall ambivalenter) als in der Pflege der Tochter. Es kann sein, daß den Kindern (unbemerkt) Eigentum und Besitz mißgönnt wird, während sich gleichzeitig alle Erwartungen auf ihre positive kommende Karriere konzentrieren. Es kann umgekehrt sein, daß gerade die erfolgreiche Karriere des Kindes mit starken Neidgefühlen erlebt wird, während gleichzeitig eine übertriebene orale Verwöhnung kompensatorisch Platz greift.

Daß die heranwachsende junge Tochter die Mutter eifersüchtig stimmen kann, wenn diese ihr eigenes Frauenschicksal unerfüllt und unbefriedigend erlebt, ist bekannt. Ebenso die Eifersüchte des Vaters, der seine Tochter keinem Ehemann gönnen will.

Es ist nicht häufig, aber es kommt doch vor, daß Eltern aus unbewußten Motiven heraus die wirklichen Begabungen ihres Kindes nicht sehen wollen und ihre Pflege, Entwicklung und Förderung verhindern. Konfliktreich präsentiert sich uns dieses Problem immer dann, wenn die Eltern aus neurotischen Motiven eines der Geschwister besonders bevorzugen und dieses fördern wollen, während objektiv ein anderes der Kinder die bessere Begabung besitzt. Das im Geschlecht bevorzugte Kind (Sohn oder Tochter) soll die kostspieligere Berufsausbildung bekommen, während dem abgelehnten, aber talentierten anderen diese Ausbildung versagt wird. In solchen Fällen kann man versuchen, ein Stück weit an den Gerechtigkeitssinn der Eltern zu appellieren. Meist aber wird man sich darum bemühen müssen, den neurotischen Wurzeln dieser Reaktionen auf die Spur zu kommen.

Manche Familien sind dadurch charakterisiert, daß sich Vorlieben und Abneigungen der Familienmitglieder untereinander sehr ungleich verteilen und auch sehr schroff voneinander unterscheiden. In solchen Fällen bleibt immer die wichtige Frage zu klären, von *welchem Elternteil* das Kind, das uns vorgestellt wird, besonders bevorzugt oder abgelehnt wird. Vor allem müssen wir wissen, ob das Kind vom *schwächeren* oder *dominierenden* Elternteil geliebt oder abgelehnt ist. Das Lieblingskind des schwächeren Elternteils (das meist gleichzeitig vom dominanten Elternteil abgewehrt wird) hat ein anderes Schicksal als Bruder oder Schwester, die vom dominanten Elternteil bevorzugt werden. Das Lieblingskind des schwächeren Elternteils entwickelt meist eine eigentümliche Mischung von erregter Ängstlichkeit und erwartungsvollem Anspruch. Sein Selbstgefühl ist bei weitem brüchiger als das Selbstgefühl jenes Kindes, das in positiver Identifikation und Gemeinschaft mit dem stärkeren Elternteil leben konnte.

Die Beobachtung dieser Gefühlskonstellation ist für den Therapeuten deshalb so besonders wichtig, weil er manche Bemühung daran setzen muß, daß das Kind nicht die Hilflosigkeiten und Schwächen des geliebten Elternteils übernimmt, aber trotzdem die positiven Seiten dieses Gefühlskontaktes erleben kann. Häufig hat man im direkten Gespräch mit den Eltern den dominierenden Partner nach Möglichkeit etwas zu sänftigen und den schwächeren zu stützen.

Zum Abschluß noch ein Wort über jene Urteilsbildung der Eltern über das Kind, die deshalb so häufig zum Gegenstand des therapeutischen Gespräches wird, weil sie in sehr typischen *Irrtümern* und Mißverständnissen wurzelt. Hierher gehören als erstes die Irrtümer der Eltern darüber, *was das Kind erlebt*. Insbesondere aber, was Kinder, die sich in der Nähe von Erwachsenen aufhalten, von deren Gespräch auffassen, behalten und affektiv beantworten. Es ist ein weitverbreiteter Aberglaube, daß man bei einem 3- bis 4jährigen Kind nur mit halbgesenkter Stimme oder vorgehaltener Hand zu sprechen brauche, damit das Kind dem Gespräch der Erwachsenen nicht folge. Immer wieder erlebt man, daß Eltern, die einem soeben mitgeteilt haben, wie geweckt und aufmerksam ihr Kind sei, im nächsten Augenblick behaupten, das gleiche Kind hätte nichts von ihren Gesprächen mitbekommen. Gibt es in der Familie eine ganz bestimmte Thematik, die dem Kind aktiv verschwiegen werden soll (also besonders bei dem Herkunftsproblem von unehelichen oder Adoptivkindern, aber auch bei kriminellen Delikten usw.), dann nehmen diese Selbsttäuschungen der Eltern unter Umständen einen geradezu alarmierenden Charakter an. Diese Eltern denken meist nicht genügend darüber nach, daß bei engen Wohnverhältnissen, aber auch in geräumigen Wohnungen, damit gerechnet werden muß, daß die Kinder unbemerkt Gespräche der Erwachsenen belauschen, selbst wenn man in ihrer Gegenwart das fragliche Thema sorgfältig vermeidet.

Es gibt viele Situationen, in denen Eltern begründete Scheu haben, mit ihrem Kind über konfliktreiche Fragen zu sprechen. Bei ihnen sind die Rationalisierungen zur Rechtfertigung ihres Verhaltens besonders hartnäckig. Eine der häufigsten Begründungen, mit denen man sich als Therapeut auseinanderzusetzen hat, ist die Ansicht der Eltern, daß ein Kind, das keine Fragen stellt, sich auch nicht mit dem Thema dieser Fragen auseinandersetzt. Hier unterläuft häufig ein wichtiger Irrtum. Die Eltern verdrängen nämlich sehr oft die Tatsache, daß das Kind früher einmal jene unbequemen Fragen gestellt hat, die die Eltern nicht beantworten wollten. Das Kind wurde abgespeist und gab das Fragen natürlich nach einer Weile auf. Die Eltern beruhigten sich damit, daß das Kind, das sein Fragen aufgegeben hat, auch das Thema der Frage *vergaß*. Man muß den Eltern in solchen Fällen nach Möglichkeit erläutern, daß das Kind das Thema vermutlich nicht vergessen hat, sondern daß es entweder noch sehr viel, aber heimlich, grübelt, oder aber daß es unter dem Druck der elterlichen Abwehr seine Probleme *verdrängte*.

In allen diesbezüglichen Gesprächen mit den Eltern muß man freilich damit rechnen, daß diese mit größter Zähigkeit an ihren vorgefaßten Urteilen festhalten, weil ihnen ja die gegenteilige Erkenntnis große Mühen abverlangen wird. Selbst wenn sich Eltern plötzlich im Verlauf unserer Unterhaltung und in der Beantwortung unserer Fragen daran erinnern, daß die Kinder in früherer Zeit einmal nach ihrer Herkunft, nach sexueller Aufklärung oder nach anderem gefragt haben, schließen sie oft die abwehrende Bemerkung an: „Meinen Sie wirklich, daß das etwas zu bedeuten hatte?“ oder „Ach wissen Sie, ich kenne meinen Jungen. Am nächsten Tag hat er das vergessen.“

Auch über die Auswirkungen, die Gefühlskrisen zwischen den Eltern, Geldschwierigkeiten oder Berufssorgen auf das Kind haben können, täuschen sich die Eltern meist recht beträchtlich. Sehr häufig hört man den Satz: „Mein Kind hat aber davon nichts gemerkt“, während auch nur fünf Minuten Gespräch mit dem Kind die Tatsache hervorholt, daß das Kind nicht nur sehr wohl alles gemerkt hat, sondern auch von den Spannungen und Schwierigkeiten, die unausgesprochen in der Luft hängen, auf das schwerste beunruhigt ist.

So hat zum Beispiel ein 5jähriges Kind in einer $1^1/_2$-Zimmerwohnung miterlebt, wie der Vater von seiner Frau verlangte, daß sie seine Mutter, die schwerkrank bettlägerig ist, in Pflege nimmt. Die Mutter weigert sich, da noch viele andere Geschwister ohne Kinder da sind, die nur die Last der Pflege nicht übernehmen wollen. Sie selbst traut sich in der kleinen Wohnung mit dem noch nicht schulpflichtigen Kind die Pflege der alten Frau nicht zu. Der Streit, der sich zwischen den Eltern entspinnt, geht tief. Die Mutter meint jedoch: „Jürgen hat davon doch nichts gemerkt", während Jürgen $1^1/_2$ Stunden später treuherzig sagt: „Mutti will die Oma nicht zu sich nehmen, weil sie bei uns vielleicht stirbt."

Oder ein anderes Beispiel:

Ein Vater hat mit einer Bardame eine sehr verwilderte Liebesbeziehung. Über längere Strecken seiner Ehe hinweg versucht er, seine Frau dazu zu bewegen, mit ihm und seiner Freundin ein Verhältnis zu dritt zu führen. Das heißt, er will seine Frau veranlassen, daß diese ihm das Liebesverhältnis gestattet und gesellschaftlichen Kontakt mit der Bardame aufnimmt. Die heftigsten Eheauseinandersetzungen spielen sich ab. Der pubertierende Sohn kommt in ein katastrophales Leistungsversagen, er kommt ins Bummeln und Schwänzen. Der Vater entwickelt sich nun zu einem überpedantischen Erzieher, der dem Sohn nichts durchgehen lassen will und der insbesondere die ersten sexuellen Impulse des Jungen mit heftigster Strafe belegt. Im Gespräch mit der Mutter frage ich, was diese wohl von den Auswirkungen ihrer eigenen Eheschwierigkeiten auf den Sohn hält. Sie sagt mit voller Naivität, daß ihr Junge keinesfalls auch nur das geringste gemerkt haben könne, eine Ansicht, die sich natürlich nach wenigen Gesprächsstunden mit dem Jungen als völlig irrig erwies.

Für den Fortgang der Therapie ist es immer von entscheidender Bedeutung, wie weit wir die Eltern zu besserer Erkenntnis veranlassen können. Müssen wir die Eltern doch darauf vorbereiten, daß die konfliktreichen Probleme, die mit so viel Affekt abgewehrt werden, eines Tages in der Therapie zur Sprache kommen. Beharren die Eltern auf dem Standpunkt, daß eine Information des Kindes unpassend sei oder ein offenes Gespräch unerlaubt, dann stehen wir in unserem direkten Umgang mit dem Kind vor fast unüberwindlichen Hindernissen. Umgekehrt können uns die Eltern die therapeutische Arbeit in vieler Hinsicht erleichtern, wenn sie selbst ein Stück der Information und Erklärung, die das Kind benötigt, vornehmen.

Viele Ansichten der Eltern über ihr Kind, seine Gefühlslage und seine Reaktionsweise speisen sich übrigens aus der naiven, allgemein menschlichen Reaktion auf das *Ausdrucksverhalten des Kindes.* Wir haben schon oft davon gesprochen, wie das Ausdrucksverhalten der Eltern auf den Patienten wirkt. Umgekehrt müssen wir auch berücksichtigen, daß die Eltern die Ausdrucksfassade ihres Kindes mißdeuten können. Wir tragen im therapeutischen Gespräch mancherlei zu einer Entspannung der Gefühlskrise zwischen Eltern und Kind bei, wenn wir den Eltern in den passenden Fällen die Bedeutung der aufgesetzten Ausdrucksfassade des Kindes erläutern. Dies wird immer dann nötig, wenn das Kind sich vor seinen eigenen Gefühlserschütterungen dadurch schützt, daß es eine betont unbeteiligte oder gleichgültige Maske aufsetzt. Die Eltern mißdeuten diese Maske und verkennen das Maß der inneren Aufgewühltheit. Noch gefährlicher werden die Verkennungen, wenn das Kind statt starrer

Indifferenz eine überspielende Munterkeit zur Schau trägt, die die innere Bedrängnis verdecken soll. In beiden Fällen kann man den Eltern den wahren psychologischen Sachverhalt auseinandersetzen. Schwierig wird es jedoch, wenn die Kinder in reaktiver Abwehr zum aggressiven Angriff neigen oder gar als Sonderform hilfsloser Aggressivität in eine spitz-ironische Haltung flüchten. Diese Haltungen verletzen in ihrer Aggressivität die betroffene Umgebung recht erheblich und man mutet den Eltern eine ganze Menge Selbstüberwindung zu, wenn man sie um Verständnis für diese Verhaltensform bittet. In all diesen Fällen hat man unbedingt gleichzeitig mit den Patienten selbst ein Gespräch über die Wirkung ihrer Ausdrucksfassade zu führen, indem man ihnen erläutert, daß sie in ihrer Verletzlichkeit nicht bemerken, wie sie ihrerseits die Umwelt angriffen und kränkten.

Dieses Vorgehen wird insbesondere dann ein wichtiger Faktor unserer therapeutischen Bemühung, wenn sich unser Patient innerhalb der Geschwistergruppe durch sein eigenes Verhalten isoliert hat, obgleich die Wurzeln für die reaktive Überaggressivität in zahlreichen und oft berechtigten Enttäuschungserlebnissen zu suchen sind. Die Position eines Kindes in seiner Geschwistergruppe soll uns im nächsten Kapitel beschäftigen.

c) Das Kind in der Geschwisterreihe

Es ist wohl schon in den vorigen Kapiteln deutlich geworden, in welchem Ausmaß unsere therapeutischen Absichten darauf gerichtet sind, daß wir in den Eltern ein möglichst hohes Maß von psychologischem Verständnis für ihr Kind erwecken. Dies gilt auch für alle Probleme, die ein Kind unter seinen Geschwistern zu bestehen hat. Man sollte bei diesem Thema freilich nicht als erstes an grobe Unterschiede in der Gefühlseinstellung der Eltern zu ihren Kindern denken. Weit häufiger müssen wir die Eltern bei „harmloseren" Störungsfaktoren um Hilfe bitten, die durch die Position unter den Geschwistern aufkommen.

Die Geschwistergruppen, mit denen es ein Therapeut zu tun hat, sind in ihrer Konstellation sehr vielgestaltig. Zwei Geschwister leben miteinander anders als drei. Drei Geschwister wiederum anders als vier. Außerdem ist es ein Unterschied, ob wir es mit einer gleichgeschlechtlichen Geschwistergruppe zu tun haben (also mit zwei, drei oder gar vier Mädchen) oder ob die Verteilung der Geschlechter einen Jungen unter mehrere Mädchen setzt bzw. ein Mädchen unter mehrere Jungen. Schließlich ist die Altersdifferenz zwischen den verschiedenen Geschwistern noch von großer Bedeutung. Geschwister, die nur 1 bis 1½ Jahre auseinander sind, bauen miteinander eine ganz andere Beziehung auf, als wenn die Altersdifferenz zwischen 2 bis 5 Jahren liegt. Die Situation des „Nachkömmlings" ist wiederum eine ganz andere.

Die Alterssituation selbst bringt ihrerseits typische Lebenssituationen mit sich. In allen Familien werden das älteste und das jüngste Kind verschieden erlebt und behandelt. Das mittlere Kind zwischen 3 Geschwistern hat seinerseits eine recht typische Lage.

Befassen wir uns zunächst einmal mit jenen Geschwisterkindern, deren Altersdifferenz gering ist! Wir sehen dabei davon ab, daß diese Kinder wahrscheinlich von ihrer Mutter bereits deshalb eine verschiedenartige Form der Zuwendung erhalten haben, weil sich die Mutter natürlich in den verschiedenen Schwangerschaften in anderer Lebenslage befand. Im Gespräch mit der Mutter wird es oft zum wichtigen Thema, daß diese Kinder mit geringer Altersdifferenz eine besondere *Spielgemeinschaft* bilden können. Der Entwicklungsstand der Kinder ist ähnlich genug, um ihnen gemeinschaftliches Spiel zu erlauben. Wir müssen wissen, daß dies für das jüngere Kind, trotz der Vorzüge dieser Lebenssituation ein gewisses Risiko bedeutet. Bei der Konkurrenz im Leistungsvollzug kommt das jüngere immer ins Hintertreffen. Besonders dann, wenn die beiden Kinder gut zusammen spielen, überläßt man sie häufig und lange sich selbst. Es ist eine nur natürliche Folge, daß das ältere Kind mit dem Reifungsvorsprung seines Alters die Unbeholfenheit des jüngeren überrennt. In dem jüngeren Kind wird dadurch leicht die Vorstellung gezüchtet, daß seine Leistungen eigentlich nie vollkommen seien. Meist kann es schon beurteilen, daß die Vollbringungen des älteren Geschwisterkindes vollkommener sind als seine eigenen. So wird ihm das Befriedigungsgefühl über eine vollbrachte Tat bei weitem seltener zuteil, als wenn es alleine oder als das älteste Kind aufwachsen würde. Das älteste Kind hingegen entwickelt ein Überlegenheitsgefühl, das in dem dauernden Vergleich mit der jüngeren Schwester oder dem jüngeren Bruder seine Wurzeln hat.

Beobachtet man zum Beispiel zwei sehr junge Geschwister, etwa im Alter von 3 bis 4 Jahren während eines gemeinsamen Spiels, in das kein Erwachsener eingreift, dann kann man leicht bemerken, wie das ältere Kind (gleiche Vitalität und Begabung vorausgesetzt) tonangebend wird und die tastenden Probierschritte des jüngeren Kindes überrennt.

Es ist sehr oft nützlich oder sogar notwendig, daß wir einer Mutter diese Lage ihres jüngeren Kindes erläutern. Eine (möglicherweise nur befristete) Trennung der Geschwister beim Spiel kann wesentlich dazu beitragen, daß die gedrosselten Spontanimpulse des jüngeren Kindes rasch zur Entfaltung kommen.

Ist der Altersunterschied zwischen den Geschwistern größer, dann ergeben sich die typischen Geschwisterkonflikte aus der bekannten Tatsache, daß das älteste Kind von den Eltern meist auf Vernunft angesprochen wird, während dem jüngeren Kind Nachgiebigkeit und Duldsamkeit entgegengebracht wird. Diese Unterschiede in den Reaktionsweisen der Eltern sind sehr weit verbreitet und sicherlich nur der Ausdruck einer angeborenen Erlebniskonstante des Menschen überhaupt. Wir haben damit zu rechnen, daß das vierjährige Kind, das etwa ein zweijähriges Geschwisterchen hat, das erwachsene und damit das vernünftige sein soll, während zwei Jahre später das jüngere, inzwischen ebenfalls 4 Jahre alt, immer noch das Kleine ist, das man doch duldsam gewähren lassen müßte.

Diese Reaktionsweisen der Eltern sind, wie gesagt, sehr weit verbreitet. Von den betroffenen älteren Kindern in der Familie werden sie jedoch meist mit großer Empfindlichkeit und häufig auch mit Erbitterung registriert. Oft sind die Ungerechtigkeiten, die von den Eltern praktiziert werden, wirklich flagrant. Soweit ich sehe, ist es jedoch im allgemeinen nicht einmal diese flagrante Ungerechtigkeit, die die Kinder aufbringt, sondern es ist die zugehörige Angewohnheit der Eltern, daß sie ihre so offenkundig unterschiedlichen Verhaltensweisen zu *verreden* suchen. Sie versuchen nicht nur, den älteren Kindern weiszumachen, daß alle Geschwister völlig gleich behandelt würden, sondern sie machen den älteren Kindern sogar ihre übertriebene Empfindlichkeit oder gar Eifersucht zum Vorwurf.

Nach meinen Erfahrungen ist es jedoch gerade dieses Verhalten der Eltern, das sich auf die Kinder schädlich auswirkt und dem unsere therapeutische Bemühung gelten muß. Wir müssen den Eltern begreiflich machen, daß ihre eigene Reaktion auf den Altersunterschied etwas sehr Verständliches sei, das ja auch nicht auf ein verschiedenes Maß an Zuneigung hindeute, daß aber die faktischen Unterschiede im Verhalten eben doch recht groß wären. Ich habe eigentlich immer erlebt, daß Kinder sehr rasch mit Entlastung und Duldsamkeit reagieren, wenn ihre Eltern nur bereit sind zuzugeben, daß sie sich tatsächlich unterschiedlich verhalten und daß dies leider ein bedauerlicher Mißstand in allen Familien sei. Ein Kind, das Verständnis für seinen Affekt findet, ist sehr rasch zur Versöhnung und Tragfähigkeit bereit, ohne daß im sonstigen Verhalten der Eltern etwas geändert werden muß. Der eigentliche Schaden entsteht, wie gesagt, dadurch, daß Eltern die *berechtigte* Reaktion ihres Kindes auf objektive Unterschiede im Verhalten als etwas Minderwertiges hinstellen, nämlich als Neid und Eifersucht.

Bei all diesen Gesprächen muß man die Eltern meistens sehr sorgfältig darauf aufmerksam machen, daß sie mit der Bevorzugung ihres jüngsten Kindes diesem nicht immer einen Gefallen tun. Wird nämlich die Bevorzugung des Jüngsten übertrieben, dann hat man damit zu rechnen, daß sich zwischen den Geschwistern, sofern die Eltern nicht dabei sind, viele Dinge abspielen, die für das jüngere Kind ungemein schädlich sind. Es bekommt das Ressentiment der älteren zu spüren und ist noch zu hilflos, um sich gegen die gereizten älteren zur Wehr zu setzen.

Dieses Problem wird ganz besonders dann akut, wenn dem älteren Geschwisterkind sehr viel Verständnis dafür abverlangt wird, daß das jüngere an seine Spielsachen gehen darf. Die älteren, die nicht selten selbst stark auf Ordnung und Genauigkeit hin erzogen worden sind, sehen sich dann plötzlich vor der Situation, daß die jüngeren Geschwister ungehemmt an ihre Spielsachen gehen dürfen und alles durcheinander werfen, während sie selbst immer alles wegräumen müssen.

Aus gutem Grund überlege ich mit den Eltern fast immer recht ausführlich, welche praktischen Möglichkeiten auch bei beengten Wohnverhältnissen zur

Verfügung stehen, um jedem Kind einen kleinen Raum für sein Spieleigentum zu reservieren und wie man es erreichen kann, daß die älteren Geschwister vor der naiven Willkür der jüngeren geschützt werden.

Manche Bemühung müssen wir übrigens auch darauf verwenden, daß die Eltern die oft recht schwierige Lage ihres mittelsten Kindes richtig einschätzen lernen. Das mittlere Kind hat ja sehr oft doppelte Probleme auszutragen. Dem älteren gegenüber erlebt es die nicht geglückte Konkurrenzsituation in bezug auf Leistung. Dem jüngeren gegenüber soll es außerdem ein Maß an Vernunft und Duldsamkeit aufbringen, das in seiner Altersstufe noch nicht erreicht werden kann. Haben sich die drei Schwangerschaften in verhältnismäßig kurzen Abständen hintereinander eingestellt, dann ist die Lage des mittleren Kindes im allgemeinen ganz besonders schlecht. Es ist nicht lange genug wirklich verwöhntes und geschütztes Kind gewesen, sondern hat bevorzugt die negative Konkurrenzsituation mit dem älteren Geschwisterkind erlebt. Überfrüh wird es dann mit dem Auftauchen des jüngeren in die Rolle dessen gedrängt, der vernünftig sein soll und dem man Neid vorwirft, wenn er sich mit dieser doppelten Konkurrenzsituation nicht auseinandersetzen kann.

Wenn es uns gelingt, den Eltern die Wurzeln der vermeintlichen Neid- und Eifersuchtsreaktionen ihres mittelsten Kindes zu verdeutlichen, dann haben wir sicherlich schon eine beträchtliche Entspannung in der Lebenslage dieses Kindes erreicht. Denn Verständnis bedeutet immer Entlastung, besonders wenn es von den Eltern geboten wird.

Ist das älteste Kind ein Bruder, dem dann Schwestern nachfolgen, erwartet man von ihm gern Kavaliershaltungen. Ist das älteste ein Mädchen, so zieht man es besonders viel zu pflegerischen Diensten für die jüngeren Geschwister heran. Ein Mädchen unter lauter Brüdern kann dadurch einen schweren Stand haben, daß es allein zu häuslichen Dienstleistungen verpflichtet wird und dies kann sich besonders in der Pubertät sehr ungünstig auswirken. Es ist in Deutschland keine Seltenheit, daß halbwüchsige Geschwister alle in der Berufsausbildung stehen, aber von dem Mädchen als einzigem erwartet wird, daß es abends die Brüder bedient und der Mutter bei der Hausarbeit hilft. In solchen Fällen wurzelt das affektive Problem sehr viel mehr in der *Ungleichheit* der Pflichten als in der faktischen Arbeitsüberlastung und wir müssen uns meist mit sehr viel Nachdruck um einen Ausgleich der Rechte und Pflichten in der Familie bemühen.

Nicht ganz selten hat man Eltern auch die Unterschiede im Entwicklungstempo von Jungen und Mädchen auseinanderzusetzen. Jungen sind im Vergleich zu Mädchen immer etwas spät entwickelt. Es kommt vor, daß die ältere Tochter den Eltern durch ihre frühen und guten Schulleistungen sehr imponiert hat. Der nachgeborene Sohn bleibt zunächst immer mit seiner an sich ganz normal verlaufenden Entwicklung hinter der älteren Schwester zurück. Seine Entwicklung ist jedoch durch den dauernden Vergleich mit dieser Schwester sehr beeinträchtigt. Unter Umständen verschlechtern sich seine Leistungen reaktiv noch durch die dauernde Entmutigung, die er erfahren hat. In solchen Fällen erzähle ich den Eltern sehr ausführlich von dem frühen „Leistungsknick" der Mädchen, die auf einer bestimmten Entwicklungsstufe stehenblieben, während die etwas langsamer nachreifenden Jungen sie dann überflügelten. Ich sage den Eltern (häufig absichtlich in Gegenwart des Kindes), daß für Jungen der Satz gelte: „Je länger die Reife, um so besser die Frucht" und daß kein Anlaß bestünde, die spätere Entwicklung des Jungen mit betonter Sorge zu betrachten.

All diese psychologischen Erläuterungen, die wir den Eltern geben können, fruchten natürlich immer nur dann etwas, wenn wir es nicht mit tief verankerten neurotisch determinierten Abwehrhaltungen einem der Geschwisterkinder gegenüber zu tun haben. Aber selbst dann, wenn diese allgemeinen und üblichen Familienkonflikte durch zusätzliche neurotische Probleme verschärft werden, können wir uns der erwähnten Beispiele und Erläuterungen versuchsweise bedienen. Freilich müssen wir achtgeben, daß unsere Erklärungen nicht in einer Situation geboten werden, in der geheime, aber intensive Schuldgefühle dafür sorgen, daß die Erläuterung als ein Angriff empfunden wird. Für diesen Fall halten wir uns im Gespräch lieber ein wenig zurück, bis die Eltern das Thema möglicherweise von selbst anschneiden.

Mit vermehrten latenten Schuldgefühlen haben wir immer dann zu rechnen, wenn sich in einer Familie Geschwister verschiedener Herkunft befinden. Also etwa ein erstes uneheliches Kind der Mutter unter den Kindern aus der später geschlossenen Ehe. Oder die Halbgeschwister, die aus den jeweils früheren Ehen der beiden geschiedenen oder verwitweten Ehepartner stammen. In solchen Familien finden wir naturgemäß überhaupt vermehrten Konfliktstoff und das nächste Kapitel soll uns hierüber einige Mitteilungen bringen.

d) Probleme in Teil- und Ersatzfamilien

Möglicherweise haben meine bisherigen Ausführungen etwas mehr als gut ist die Vorstellung erweckt, daß es der Therapeut überwiegend mit Kindern aus vollständigen und blutsmäßig zusammengehörigen Familien zu tun hat. Dies ist sicherlich nicht der Fall. Aus allen Erziehungsberatungsstellen, Child Guidance Clinics oder ähnlichen Institutionen wird die Beobachtung gemeldet, daß mehr als die Hälfte der vorgestellten Kinder aus unvollständigen Familien stammt oder in Ersatzfamilien lebt. Die Familientypen, die wir vorfinden, sind in Wahrheit sehr verschiedenartig. Vaterwaisen, von Mutter und Großmutter oder allein von der Mutter betreut, werden uns vorgestellt. Die unehelichen Kinder und die Scheidungswaisen, die ebenfalls bei der Mutter oder Großmutter leben, kommen in die Klinik. Wir haben es mit Pflegekindern oder Adoptivkindern zu tun und schließlich verlangen die verschiedenen Typen der Stieffamilie unsere Aufmerksamkeit.

So vielfältig nun die verschiedenen vorkommenden biographischen Konstellationen sein mögen, es gibt in den unvollständigen Familien doch eine Reihe von *typischen Problemen,* die wir kennen müssen, da sie gegebenenfalls zum Thema unserer Gespräche mit den Eltern werden.

Zunächst einmal haben wir in allen Fällen, in denen die Mutter allein als Witwe, geschiedene Frau oder uneheliche Mutter ihr Kind betreut, mit einer Zuspitzung wirtschaftlicher Sorgen zu rechnen, mit dem Mangel des Kindes, das den väterlichen Schutz entbehrt, mit den Einflüssen jener Pflegepersonen (Großmütter, Tanten, Hausangestellte), die die Betreuung des Kindes in Abwesenheit der Mutter übernehmen, oder mit den Auswirkungen des Hortbesuches, zu dem das „Schlüsselkind" gegebenenfalls gezwungen ist.

In den meisten Ersatzfamilien müssen wir mit einer Verschärfung all jener üblichen und normalen Gefühlskrisen rechnen, die auch in den biologisch zusammengehörigen Familien das gemeinsame Leben erschüttern können. Dies macht sich besonders bei den pubertierenden Jugendlichen bemerkbar, wenn die immer etwas konfliktreiche Ablösung von der Familie durch zusätzliche Ambivalenzen belastet ist.

Abgesehen von diesen allgemeinen zusätzlichen Belastungen, die wir in den Teil- und Ersatzfamilien finden, gibt es nun noch eine Reihe von charakteristischen Komplikationen, um deren Milderung der Therapeut sich bemühen kann. Zunächst einmal trifft die Kinder, die nicht von beiden leiblichen Eltern gemeinsam erzogen werden, besonders leicht eine zusätzliche Erwartung in bezug auf *Dankbarkeit.* Das Pflegekind ist diesem Dankbarkeitsanspruch fraglos am intensivsten ausgesetzt. Es bekommt oft zu hören, wieviel aufopfernde Mühe von der Pflegemutter aufgebracht wird und es hört außerdem meist eine Fülle von Bemerkungen darüber, daß der Pflegesatz, den das Amt für seinen Unterhalt zahlt, nicht entfernt für seine Versorgung ausreiche. Auch das uneheliche Enkelkind, das von der Großmutter betreut wird, während die Mutter arbeiten geht, hört unter Umständen gleichsinnige Äußerungen. Jedoch mildern sich die Nachteile dieser Situation meist durch die Existenz der leiblichen Mutter.

Für das *Pflegekind* kommen dann noch starke *Unsicherheitsfaktoren* in seiner Existenz hinzu. Erziehungsschwierigkeiten werden von den Pflegemüttern häufig mit der Drohung beantwortet: „Ich gebe Dich wieder weg", und zwar dies auch dann, wenn die Drohung von der Pflegemutter im Grunde nicht ganz ernst gemeint ist. Hier täuschen sich die Pflegemütter sehr darüber, inwieweit das Kind diese nicht ernstgemeinte Drohung selbst doch ernst nimmt und sich existentiell beunruhigt fühlt. Außerdem gehen von den leiblichen Eltern des Pflegekindes oft Störmanöver aus, die sein Leben stark beeinträchtigen. Dies hauptsächlich, weil sich die Pflegeeltern durch plötzlich angemeldete Ansprüche der leiblichen Eltern beunruhigt fühlen müssen. Entweder, weil die leiblichen Mütter ankündigen, sie wollten das Kind wieder zu sich holen, oder aber weil das Kind zur Adoption gestellt wird und die Pflegeeltern gegebenenfalls nicht in der Lage sind, einen Adoptionsvertrag zu schließen und auf das Pflegegeld zu verzichten.

Bei *Adoptiveltern* dreht sich das Gespräch gelegentlich um die latenten Beunruhigungen der Adoptiveltern, die sehr besorgt sind, daß die leibliche Mutter unvermutet wieder einmal auftauchen könne. Diese Besorgnisse existieren auch dann, wenn die Adoptiveltern völlig darüber im Bilde sind, daß die Inkognitovermittlung (die in der Regel von den Ämtern gehandhabt wird) einen wirksamen Schutz für sie darstellt. Diese Beunruhigung der Adoptiveltern stammt mindestens zu einem Teil aus der großen Schwierigkeit, dem Kind etwas über die Tatsache seiner Adoption zu sagen. Adoptiveltern erhalten mit abgeschlossenem Adoptivvertrag eine sogenannte kleine Geburtsbescheinigung, die für alle juristischen Schritte ausreicht, bei denen für ein Kind der Geburtsschein benötigt wird (Einschulung, Einsegnung usw.). Die kleine Geburtsbescheinigung genügt jedoch nicht für das Bestellen eines Aufgebotes bei späterer Heirat. Dies ist also auf jeden Fall der Zeitpunkt, in dem ein Mensch die Tatsache seiner Adoption erfährt. Die Adoptiveltern, die ihr Kind zunächst über die Tatsache der Adoption im Unklaren lassen, wissen im Hintergrund immer, daß sie eines Tages vor der Aufgabe stehen, ihrem Kind die notwendigen Mitteilungen zu machen. Die Auswirkungen dieses Wissens darf man in den Adoptivfamilien nicht unterschätzen. Umgekehrt muß man aber auch wissen, daß manche Adoptiveltern die (juristisch irrige) Vorstellung nähren, sie könnten bei aufkommenden Erziehungsschwierigkeiten den Adoptivvertrag eines Tages wieder lösen. Solche Schwierigkeiten präsentieren sich uns im allgemeinen dann, wenn die Adoption ursprünglich von einem Elternteil gewünscht wurde, der dann später verstarb, so daß der andere Elternteil die Pflege für das Kind weiterführen muß, die er selbst ursprünglich nur sehr bedingt übernehmen wollte.

Insofern ist für Adoptiv- und Pflegekinder das sehr tiefgreifende Problem der *Herkunft* gemeinsam. Dies gilt aber auch für uneheliche Kinder oder Stiefkinder, deren Eltern ebenfalls eine große Schwierigkeit bei der Information ihrer Kinder über die wahre Herkunft erleben. Besonders wenn das Stief- oder Pflegeverhältnis in einer Zeit geschlossen wurde, in der das Kind noch nicht zur Schule ging, hoffen die Ersatzeltern darauf, daß das Kind sie für die leiblichen Eltern halten werde. Uneheliche Mütter haben wiederum Schwierigkeiten, was sie dem Kind über seinen Vater sagen sollen.

Wie schädlich die Unsicherheit und Unklarheit dieser Situation für die betroffenen Kinder sein muß, liegt wohl auf der Hand. Ebenso wichtig ist aber auch, daß wir bei unseren Gesprächen mit den Eltern nicht übereilt auf abrupte Lösungen drängen. Selbst wenn wir sicher sein dürfen, daß ein wesentlicher Teil der kindlichen Symptomatik mit seinen verborgenen Grübeleien über die leiblichen Eltern zusammenhängt, ist die Aufklärung des Kindes doch noch längst nicht die therapeutische Patentlösung. Es kommt alles darauf an, daß die Mutter oder der Vater, mit denen wir es zu tun haben, von uns innerlich dazu geführt werden, daß sie die Information des Kindes selbst unter positiven Aspekten betrachten. Ist zum Beispiel gerade eine offene Familienkrise im Gange, dann befürchten die Eltern nicht mit Unrecht, daß sich diese Krise noch verschärfen würde, wenn dem Kind die Wahrheit gesagt wird. Es wäre therapeutisch ganz falsch, den Eltern ihre Besorgnisse wegzudiskutieren und sie drängend zu etwas zu überreden, wogegen sie starke Abwehrgefühle haben. Man kann dann sicher sein, daß diese ungelösten Abwehrhaltungen, die vom Therapeuten nur ungeschickt überrannt wurden, tatsächlich den negativen Effekt erzielen, den die Eltern befürchteten und den man selbst gern vermeiden wollte. Erst wenn die Eltern selbst innerlich davon überzeugt sind, daß Aufrichtigkeit und Zuneigung ein besseres Familienband darstellen als das ängstliche Vortäuschen der Blutsverwandtschaft, werden sie aus eigenem Entschluß die richtigen Worte für ihr Kind finden können.

Neben die Unklarheit über die eigene Herkunft tritt dann für die Kinder in Teil- und Ersatzfamilien noch ein weiterer Faktor, um den wir uns recht häufig therapeutisch bemühen müssen. Gelegentlich wird in diesen Kindern durch die eigenen oder durch die Ersatzeltern ein ausgeprägt *negatives Elternbild* gezüchtet. Die uneheliche Mutter, die vom Vater des Kindes betrogen wurde, macht aus ihrem Ressentiment gegen den Vater keinen Hehl. Noch mehr: Jedesmal, wenn es an ihrem Jungen etwas zu kritisieren gibt, entfährt ihr die Bemerkung: „Ganz wie der Vater" und der gleiche Ausspruch, der in einer harmonisch zusammengehörigen Familie die positive Leitlinie des Kindes abgeben könnte, wird unter diesem kritischen Aspekt zum stark belastenden Element. Pflegeeltern, die ein Kind übernommen haben, dessen Eltern sozial problematische Züge bieten, sind meist sehr unbedacht in ihren kritischen Äußerungen über diese leiblichen Eltern. Sie bedenken nicht, daß sich ein Kind ja doch mit der Mutter identifiziert, die es geboren hat und daß es immer einen schweren Gefühlsschock bedeuten muß, wenn die leibliche Mutter als verwahrlost oder minderwertig charakterisiert wird. Die geschiedene Frau verwickelt ihre Kinder nur allzu leicht (wenn auch oft unabsichtlich) in das Ressentiment gegen ihren früheren Mann und schafft damit entweder Abwehrhaltungen oder Zwiespältigkeiten bei den Kindern, die immer schwer zu verarbeiten sind.

Wollen wir die Lage des Kindes in einer Ersatzfamilie noch etwas genauer verstehen, müssen wir uns über weitere wichtige Gefühlsprobleme bei den Eltern ins Bild setzen. Bei den Adoptiv- und Pflegekindern müssen wir das *Motiv* für die Adoption bzw. für die Annahme des Pflegekindes erforschen. Allerdings haben wir bei allen diesbezüglichen Gesprächen mit den Eltern zu berücksichtigen, daß diese meist mit einer Schablone-Vorstellung über sich selbst in die Sprechstunde kommen. Dies schon allein deshalb, weil ja in der Regel vielfältige Gespräche in den vermittelnden Ämtern über das Motiv vorangegangen sind und die Eltern insofern gewissermaßen mechanisierten Selbsttäuschungen unterliegen können.

Für ein genaueres Verständnis des Motivationsproblems sollte man sich auf jeden Fall besonders darum kümmern, von *welchem Elternteil* der Wunsch zur Adoption (oder nach dem Pflegekind) ausgegangen ist. Also ob vom Vater oder von der Mutter oder von beiden. Manchmal hat ein Elternteil nur dem anderen nachgegeben, manchmal (und dies ist immer sehr problematisch) wurde der Mutter das Adoptivkind mehr oder weniger gegen ihren eigenen Willen aufgedrängt. Da Adoptiveltern im allgemeinen nur dann ein Kind vermittelt bekommen, wenn zu erwarten steht, daß die Ehe bleibend kinderlos sein wird, muß man sich manchmal mit einem gewissen Takt um die Frage bemühen, welcher der beiden Eltern Anlaß zur Kinderlosigkeit gewesen ist. Hier muß man wissen, daß in vielen Familien ganz naiv angenommen wird, die Frau sei immer die Empfängnisunfähige, so daß bei neurotischen Konfliktkonstellationen der Frau eine Art „Schuld" für ihr „Versagen" zugeschoben wird, während in Wirklichkeit der Mann der Zeugungsunfähige gewesen ist. Es kommt vor, daß bei ärztlich erwiesener Zeugungsunfähigkeit des Mannes doch in speziellen neurotischen Konstellationen das „Verschulden" in die Frau hineinprojiziert wurde. Dies unter Umständen besonders von der weiteren Verwandtschaft. Im therapeutischen Gespräch hat man Adoptivmütter, die solche Schwierigkeiten zu bestehen haben, oft sehr gegen die Umwelt abzuschirmen. Man hat vielleicht auch ein Stück therapeutische Arbeit zu leisten, indem man ihnen ihr eigenes Selbstgefühl etwas stärkt. Bei Adoptivkindern spielt nämlich die Stellungnahme der weiteren Verwandtschaft besonders dann eine große Rolle, wenn erste Erziehungsschwierigkeiten aufkommen. Häufig war der erweiterten Familie die Adoption des Kindes nicht besonders recht. Dies meist aus ökonomischen Gründen, da das früher kinderlose Ehepaar nun seine überschüssigen Geldmittel für das Adoptivkind verwendet. Kommen, wie gesagt, die ersten Schwierigkeiten bei der Pflege des Adoptivkindes auf, so stellt sich die meist übertrieben dramatisierende warnende Stellungnahme der erweiterten Familie als eine große Belastung für die Eltern heraus. Man hat hier manchen Trost und manchen Zuspruch auszusinnen, um gegen diese gewichtige Kritik der Verwandtschaft anzukommen. Adoptiveltern haben, wie übrigens auch leicht Stiefeltern, oft eine verhältnismäßig große *Erziehungsängstlichkeit*, besonders dann, wenn sich die üblichen Eltern-Kind-Krisen einstellen. Die natürlichen Trotz- und Abwehrreaktionen im Kleinkindalter, oder später in der Pubertät, werden von Adoptiveltern, ebenso wie von Stiefeltern mit größerer Ratlosigkeit beantwortet als üblich. Vielleicht werden sie auch deshalb mit besonderer Enttäuschung aufgenommen, weil innerlich andere Erwartungen gehegt wurden.

Um die Lage eines *unehelichen Kindes* möglichst genau zu verstehen, müssen wir uns nach Möglichkeit über die Beziehung der Mutter zum Erzeuger ins Bild setzen. Das sehr junge Mädchen, das sich betrogen und getäuscht fühlte, wird auf ihr uneheliches Kind anders reagieren als die erwachsene Frau, die vielleicht schon eine geschiedene Ehe hinter sich hat und die wußte, was sie tat. Anders wieder ist die Lage einer Frau, die aus neurotischen Gründen nur das Kind wollte, aber die Ehe ablehnte und deren Vorstellungskraft nicht ausreichte, um sich die kommenden Schwierigkeiten zu vergegenwärtigen.

Bei *Scheidungswaisen* wird der Anlaß für die Scheidung von Bedeutung, die Vorgeschichte der Ehekrise und die oft zugehörigen sehr beträchtlichen Störfaktoren, die vom geschiedenen Elternteil ausgehen. Bei Scheidungswaisen beschäftigt den Psychiater die Verkehrsregelung und das Sorgerecht, über das oft zwischen den geschiedenen Eltern in langen Prozessen gestritten wird, sehr zum

Schaden des Kindes, das alles andere besser verträgt als unklare Verhältnisse und ungelöste Zwiespältigkeiten.

Die sogenannte *Stieffamilie* gibt uns wiederum andere Probleme auf. Wir müssen wissen, ob das Kind einen Stiefvater bekommen hat, weil die Mutter seine uneheliche Geburt legitimieren wollte, oder ob die Mutter von seinem leiblichen Vater geschieden ist. Im ersten Fall hat die Mutter oft ohne große Zuneigung (um des Kindes willen) geheiratet und das Kind bekommt die Folgen ihres Ressentiments zu spüren. Im zweiten Fall steht meist der Konflikt zwischen zwei Vätern im Mittelpunkt. War das Kind Vaterwaise, dann fällt dieser Konfliktstoff fort. Jedoch bleibt auch diesen Familien der Kampf um die Autorität des Vaters nicht immer erspart. Er spitzt sich zu, wenn die neue Ehe in vorgerücktem Alter des Kindes geschlossen wurde und wenn neue Geschwister aus dieser Ehe hervorgehen. Sind in einer solchen Ehe „dreierlei Kinder", wie es dann heißt (nämlich Kinder aus der ersten Ehe der Mutter, aus der ersten Ehe des Vaters und der neu geschlossenen jetzigen Ehe), dann muß man mit einer starken Zuspitzung der Geschwisterkonflikte rechnen.

Auch den Stiefmüttern muß man sehr häufig etwas Trost, Zuspruch und Schutz bieten, wenn sie in Gefahr sind, von der übrigen Verwandtschaft als die „typische Stiefmutter" angesehen zu werden. Die Stiefmütter sind fast immer in vieler Hinsicht erziehungsängstlich und übernehmen sich oft überkompensierend in ihrer Fürsorge für die Kinder, eben gerade weil sie fürchten, als die typische Stiefmutter dazustehen. Stiefväter sind, wie schon erwähnt, besonders oft um ihre „Autorität" besorgt. Dieses Problem wandelt sich naturgemäß immer sehr ab, je nachdem ob der Stiefvater viel, wenig oder gar nichts zur wirtschaftlichen Versorgung des Stiefkindes beiträgt. Diese Dinge muß man immer unbedingt sehr genau klären. Es kommt vor, daß eine sehr dominierende Frau einen weichen Stiefvater geheiratet hat, den sie zwar voll für die gesamte Familie arbeiten läßt, dem sie jedoch keinerlei erzieherische Rechte einräumt. Das Kind hat dann die Ressentimenthaltungen des Vaters zu ertragen. Umgekehrt gibt es Stiefväter, die (selbst arbeitslos) noch von der Waisenrente des Kindes miternährt werden und die sich dennoch stark autoritär aufspielen. Schließlich kommt es auch vor, daß Kinder selbst sich ganz illusionäre Vorstellungen davon machen, welche Höhe ihre eigene Waisenrente besitzt und wie sehr und wie wenig der Stiefvater von dieser Waisenrente profitiert.

Unklarheiten in den Geldverhältnissen, die die Atmosphäre einer Stieffamilie vergiften, gewinnnen in der Pubertät der Stiefkinder ihr besonderes Gewicht. Zwischen Stiefvätern und Stiefsöhnen kann man sehr ausgleichen, wenn man der Familie behilflich ist, hier Offenheit und Klarheit zu schaffen. Bei den Problemen zwischen Stiefvätern und den heranwachsenden jungen Töchtern muß man wissen, daß dort häufig auf die Besitzebene verlagert wird, was eigentlich in den libidinös-sexuellen Bereich hineingehört. Libidinöse Impulse des Stiefvaters der Tochter gegenüber werden häufig durch überstrenge Moral abgewehrt und in autoritäre Reglementierung der Lebensgewohnheiten des jungen Mädchens umgesetzt. Solange wir jedoch nicht begründeten Anlaß zu der Annahme haben, daß sich der Stiefvater seiner Tochter aktiv sexuell nähert, bleibt dieses Thema in den Gesprächen mit den Eltern am besten unbehandelt. Es ist klar, daß jede diesbezügliche Äußerung von den Eltern als taktlos und unbegründet abgelehnt werden würde und die Vertrauenssituation zwischen den Eltern und dem Therapeuten stark erschüttert.

Zum Abschluß sei noch erwähnt, daß wir in allen Ersatzfamilien sorgfältig darauf achten müssen, inwieweit dem Kind unter Umständen im Verlauf seines Lebens durch den Wechsel in der Familiengruppe gleichzeitig auch ein Wechsel der *sozialen Gruppe* zugemutet wurde. Ich erinnere noch einmal an jene biographischen Beispiele, die wir im Abschnitt über die Prognose diskutiert haben. Kinder können durch ihre Stiefväter in ein völlig neues soziales Milieu hineingeführt werden. Oder sie konnten vorübergehend gezwungen gewesen sein, sich bei Großeltern und bei Pflegeeltern mit einer neuen sozialen Lage auseinanderzusetzen. Für diese Dinge haben wir im therapeutischen Gespräch bei den Erziehungspersonen Verständnis zu wecken, so daß (falls dies praktisch überhaupt möglich ist) die gröbsten Auswirkungen dieser ungünstigen Eindrücke gemildert werden.

Im übrigen gilt hier, wie immer, der Grundsatz, daß allzu aktiv gegebene Ratschläge gefährlich sein können, solange sie nicht die gesamte Gefühlskonstellation der Eltern in Betracht gezogen haben. Ich mußte schon mehrfach darauf hinweisen, daß allzu drängend gegebene Empfehlungen immer dann einen besonders ungünstigen Effekt produzieren, wenn sie von den Eltern gefügig übernommen und befolgt werden, obgleich starke unbewußte Abwehrrreaktionen dagegenstehen. Soweit angängig, wollen wir im nächsten Kapitel erläutern, wie man sich im therapeutischen Gespräch auf die tiefverwurzelten unbewußten Reaktionsformen der Eltern einstellen kann.

3. Der Umgang mit neurotischen Reaktionsformen der Eltern

Die bisherigen Ausführungen haben wohl schon sehr deutlich gemacht, daß wir bei unserer künstlichen Unterteilung in verschiedene Kapitel einen einheitlichen Prozeß auseinandergerissen haben, der in der Wirklichkeit schwer in gleicher Weise zertrennt werden kann. In der Praxis beschäftigt sich das Elterngespräch unaufhörlich mit fließenden Übergängen zwischen Unkenntnis, Irrtum, Mißverständnis, allgemeinem Vorurteil oder neurotischer Rationalisierung. Auch die Gesprächsmittel, die wir zur Verfügung haben, wandeln sich nur nuancenweise ab, je nachdem, welche Seite im Erleben und Verhalten der Eltern in den Vordergrund tritt. Dem einfachen Irrtum halten wir eine neue Information entgegen. Die vorgefaßte Meinung suchen wir mit überzeugenden Beispielen zu zerstreuen. Mißverständnisse zwischen Eltern und Kind wollen wir durch sorgfältige Erklärungen und Erläuterungen auflösen. Jedesmal bringen wir von unserer Seite her ein Urteil, eine Meinung oder eine Stellungnahme ins Spiel, die wir den Eltern zur Überlegung anbieten.

Sofern sehr ausgeprägt unbewußte Dynamismen das Erleben und Verhalten der Eltern lenken, verlagert sich nun freilich der Akzent des therapeutischen Gesprächs in einer bestimmten Richtung. Um dies zu verstehen, müssen wir etwas weiter ausholen.

Meine Leser mögen sich dabei gerade bei diesem Kapitel noch einmal eine kleine Warnung gefallen lassen. Die Beobachtung, Beurteilung und Behandlung neurotischer Reaktionsformen ist sicherlich nicht allein auf literarischem Wege zu lernen. Eigene Lehranalyse und kontrollierte Therapien bleiben immer unentbehrlich. Zudem kann dieses Kapitel nicht berufen sein, erschöpfende Anweisungen für das mögliche therapeutische Verhalten zu geben. Wir haben hier lediglich die Möglichkeit, einige Gesichtspunkte zu erörtern, die unser Verhalten lenken und wir können diese Erörterungen nur mit kurzgefaßten kasuistischen Beispielen illustrieren.

Soviel ist gewiß: Sofern ein Analytiker sich das Ziel setzt, im beratenden Gespräch die ausgeprägt neurotischen Reaktionsformen der Eltern eines erkrankten Kindes zu beeinflussen, muß er seine eigenen Möglichkeiten und Grenzen sehr genau kennen. Auf jeden Fall muß er wissen, daß er vor einer Aufgabe steht, die bei weitem schwieriger ist, als die psychoanalytische Behandlung eines erwachsenen Patienten, der um seiner selbst willen den Arzt aufgesucht hat. Ist es doch keineswegs selbstverständlich, daß der Analytiker überhaupt den Versuch unternimmt, im Elterngespräch, das sich dem Thema nach ja zunächst auf das Kind bezieht, die neurotischen Reaktionsformen dieser Eltern therapeutisch zu beeinflussen. Der Therapeut, der diesem Ziel im Elterngespräch nachstrebt, nimmt eine Abwandlung der analytischen Methode vor, die bewußt erarbeitet sein will.

Ich kann meinen Lesern die hier in Frage stehenden therapeutischen Verhaltensweisen vielleicht am besten dadurch verdeutlichen, daß ich mich auf wichtige Seiten der psychoanalytischen Behandlung beim Erwachsenen beziehe, dies freilich unter dem Gesichtspunkt, daß wir im analytisch orientierten Elterngespräch auf die hilfreiche analytische Situation verzichten müssen. In der analytischen Situation ist der Patient um seiner selbst willen aufgefordert, sich mit besonderer Aufmerksamkeit seinem mehr oder weniger halb bewußten Erlebnisstrom zu überlassen. Der Patient ist zugleich eingeladen, die aufsteigenden seelischen Regungen vorbehaltlos mitzuteilen und er soll nach Möglichkeit versuchen, das zielgerichtete Nachdenken zugunsten der lockeren und freien Assoziation aufzugeben. Für jeden Patienten wird bei diesem Vorgang die Auseinandersetzung mit seinem früheren Lebensschicksal, mit Kindheit und Jugend zu einem wichtigen Erlebnis. Der Therapeut steht seinem Patienten bei diesem Prozeß für eine bestimmte Zeitspanne zur Verfügung und versucht mit Geduld und Anteilnahme, die allmählich fortschreitende innere Umorientierung zu fördern. Er gibt vorsichtig dosierte Hinweise oder „Interpretationen", die für den Patienten ein neues Licht auf verborgene innerseelische Zusammenhänge werfen können, bis der Patient zu einer besseren Auseinandersetzung mit sich selbst gelangt ist. In bezug auf die analytischen Interpretationen sollten wir für unsere Zwecke freilich einen Hinweis beachten, den Franz Alexander in seinem Buch über „Psychotherapie und Psychoanalyse" mit einigem Nachdruck gegeben hat. Alexander weist darauf hin, daß in der analytischen Situation das „korrigierende Gefühlserlebnis" einer der wichtigsten therapeutisch wirksamen Faktoren sei. Sogenannte Interpretationen oder Deutungen werden nach seiner Ansicht nicht deshalb therapeutisch wirksam, weil sie unbewußtes Erlebnismaterial bewußt machen, sondern weil in der analytischen Situation unter angstfreien Bedingungen die alten ängstigenden Erfahrungen durch neue und günstigere allmählich gelöscht und verarbeitet würden. Wir fügen hinzu, daß es unter diesen Bedingungen dann auch am leichtesten gelingt, dem Patienten zu einer harmonischeren Neuintegration seiner Trieb- und Impulswelt zu verhelfen.

Aber, wie gesagt, im Gespräch mit den Eltern haben wir den Schutz und die Hilfe dieser analytischen Situation nicht. Weder können wir die Eltern zur freien Assoziation auffordern (geschweige denn um eine Mitteilung von Traummaterial bitten), noch können wir demzufolge analytische Interpretationen einflechten, die wir geben, wenn ein Patient über seine Innenerlebnisse Mitteilung macht.

Es wird nun vielleicht in manchem meiner Leser die Frage auftauchen, ob wir uns beim therapeutisch orientierten Elterngespräch mit dem in der Literatur gängig werdenden Unterschied zwischen den sogenannten „aufdeckenden" und den „unterstützenden" Methoden auseinanderzusetzen haben. Dieser Gedanke liegt ja nahe, wenn wir sagen, daß wir auf die analytische Situation, die freie Assoziation und die analytischen Interpretationen verzichten müssen. Ich schicke schon vorweg, daß nach meiner Meinung die wichtigsten Seiten des therapeutisch orientierten Elterngespräches nicht mit diesem Unterschied zwischen unterstützenden und aufdeckenden Methoden beschrieben sind. Aber ich will mich doch kurz mit dieser Frage auseinandersetzen:

Bei den sogenannten aufdeckenden Methoden geht es, wie man sagt, bevorzugt um die unbewußten Erlebnisweisen des Patienten, die allmählich dem Erleben zugänglich gemacht werden sollen. Die mehr „unterstützenden" Methoden werden etwa von Alexander bei seiner diesbezüglichen Diskussion dahingehend beschrieben, daß man hier zunächst einmal das Schutz- und Abhängigkeitsbedürfnis der Patienten befriedige. Man ließe ihnen Trost, Anteilnahme und Rat zuteil werden und man erlaube ihnen mit einfühlendem Verständnis das Abreagieren ihrer Erregung. Unter Umständen unterstütze man ihr Urteil durch intellektuelle Führung. Gelegentlich sei der Therapeut auch veranlaßt, die vorliegende Lebenssituation seines Patienten durch irgendwelche Maßnahmen zu beeinflussen. In bezug auf spezifisch neurotische Reaktionen sei der Therapeut manchmal sogar genötigt, die vorhandenen neurotischen Abwehrmechanismen zu *stärken*, da er nicht immer das Risiko einer zentralen Gefühlserschütterung eingehen will.

In gewisser Weise könnte man vielleicht sagen, daß das analytisch-therapeutisch orientierte Elterngespräch eine Art von Mittelstellung einnimmt zwischen der mehr „unterstützenden" Behandlung eines erkrankten Erwachsenen und der psychoanalytischen Methode. Meine Leser mögen sich in diesem Zusammenhang noch einmal an jene einführenden Empfehlungen erinnern, die ich für die allgemeine Gesprächsführung mit den Eltern gegeben hatte. Ich hatte gesagt, daß wir nicht mit Trost und Anteilnahme zu sparen brauchen und ich hatte hinzugefügt, daß wir bei einer positiven Identifikation mit den Idealbildern der Eltern die günstigsten Chancen für unsere Gesprächsführung hätten. Auch sonst ist wohl im Verlauf der vergangenen Kapitel deutlich geworden, daß unser Verhalten vieles mit dem gemeinsam hat, was Alexander als „unterstützende Methode" beschreibt.

Ich füge jetzt hinzu, daß anteilnehmendes Verständnis für die *Vorgeschichte* der Eltern und deren Lebensschicksal oft große Entlastung bieten kann und gleichzeitig die Eltern vielleicht geneigt macht, sich über ihre eigenen Probleme ausführlicher auszusprechen. Beginnt ein Elterngespräch diese Richtung zu nehmen, dann haben wir zwar nicht dasselbe, was in der analytischen Situation im Verlauf freier Assoziationen als Auseinandersetzung mit sich selbst und der eigenen Vorgeschichte auftaucht. Aber wir sind doch in mancher Hinsicht in die Nähe dieser Situation gerückt. Können wir doch den Wunsch und die Bereitschaft der Eltern, sich über sich selbst auszusprechen, zu weiterer therapeutischer Hilfestellung benutzen. Wir brauchen uns nicht darauf zu beschränken, daß wir den Eltern Einfühlung, Verständnis, Trost und Anteilnahme bieten. Wir haben immerhin die Möglichkeit, zu den Berichten, Meinungsäußerungen und Selbstschilderungen der Eltern in irgendeiner Form *Stellung zu nehmen.* Auch mit solchen Stellungnahmen können wir uns vorsichtig darum bemühen, daß in den Eltern ein Gefühl dafür aufdämmert, wie sehr ihr gegenwärtiges Erleben und Verhalten etwas *Gewordenes* ist. Hier kommen, wie man sieht, sehr deutliche Gemeinsamkeiten mit der analytischen Therapie ins Spiel. Auch in solchen Gesprächen kann es passieren, daß der Mensch, mit dem wir sprechen, einen deutlicheren Einblick in sich selbst gewinnt und eine Vorstellung davon bekommt, wie sein Urteil, seine Reaktionsformen und Verhalten von der eigenen Vorgeschichte geprägt wurde.

War die Vorgeschichte der Eltern, wie so häufig, sehr belastend, dann kommt natürlich alles darauf an, daß unsere Einfühlung und unsere Anteilnahme jene Entlastung bietet, die nötig ist, damit die Eltern aus unserem Gespräch einen Gewinn erzielen können. Diese Entlastung kann dann nach meinen Erfahrungen in einer nicht kleinen Zahl der Fälle *spontane Entwicklungskräfte* freilegen. Es ist nicht immer so, daß nur in der analytischen Situation genügend Zeit und Schutz geboten wird, um die schwierige Auseinandersetzung des Patienten mit sich selbst und seiner Vergangenheit ausreichend zu fördern. Eine nicht ganz kleine Gruppe von Menschen kann bereits dann wesentliche Entwicklungsschritte tun, wenn sie mit jemandem ein Gespräch führen konnte, der an ihren Konflikten nicht nur Anteil nahm, sondern gleichzeitig Wissen und Kenntnisse bot.

Ich hoffe, daß mit diesen Mitteilungen der Sinn meiner anfänglichen Behauptung über die Mittelstellung des therapeutischen Elterngesprächs zwischen „unterstützenden" und „aufdeckenden" Methoden ungefähr deutlich geworden ist: Sicherlich bieten wir im Elterngespräch etwas mehr an tröstendem und teilnehmendem Verständnis, als wir es in der analytischen Therapie tun würden. Das gleiche gilt für Informationen oder Ratschläge. Wir beziehen uns dabei aber dennoch hier wie dort auf die *emotionale Vorgeschichte* unseres Gesprächspartners und wir bemühen uns, das vielleicht schon bereitliegende spontane *Selbstverständnis* des Betreffenden zu fördern. Wir lenken dieses Selbstverständnis durch unsere eigene Stellungnahme und durch neue Vorschläge zum Nachdenken. Wir benutzen jedoch nicht die freie Assoziation des Patienten, die besonders geeignet wäre, seine halbbewußten und unbewußten Dynamismen ins Erleben zu rücken und wir können demzufolge auch keine dieser auftauchenden Erlebnisinhalte zum Gegenstand eines analytischen Gesprächs machen.

An diese Stelle unserer Überlegungen gehört jetzt allerdings ein Moment reflektierender Selbstkontrolle. Ich möchte gern einem wichtigen Mißverständnis vorbeugen, das ein recht gebräuchlicher Ausdruck unseres Fachjargons leicht hervorruft. Es wird sehr häufig gesagt, daß Eltern oder Patienten eine „Einsicht" durch die analytische Arbeit erworben hätten oder erwerben müßten. Vielleicht wird sogar so formuliert, daß man auf einen therapeutischen Erfolg nur dann hoffen könnte, wenn man bei den Eltern diese Einsichten erzielt hat. Man hört also gelegentlich, daß die Eltern „einsehen" müßten, daß sie ihren Kindern gegenüber verschieden empfinden, daß sie sich dem einen wesensverwandter fühlen als dem anderen, oder daß sie in sich verborgene feindselige Reaktionen bereitliegen haben. Da auch ich davon spreche, daß man mit Hilfe von vorsichtig dosierten Stellungnahmen in den Eltern neues Erleben und Nachdenken anregen könnte, möchte ich doch gern darauf hinweisen, daß das Wort „Einsicht" in diesem Zusammenhang recht gefährlich ist. Es erweckt nur zu leicht die Vorstellung, daß man bei den Eltern eine sehr weitgehend intellektuelle, aber auf jeden Fall stark reflektierte, bewußte Überlegung in Gang setzen wollte und daß die Eltern nach einer solchen bewußten Überlegung ebenfalls bewußt eine neue Verhaltensform einüben könnten. In Wahrheit ist unser therapeutisches Ziel einer solchen bewußt reflektierten Korrektur geradezu *entgegengesetzt*. Ich sagte schon früher, daß wir bei den Eltern die *Umstimmung* der Gefühlslage erzielen wollen und dies gilt natürlich für den Umgang mit neurotischen Reaktionsformen mehr als für irgend etwas anderes sonst. Die Umstimmung der Gefühlslage ist aber eben auf jeden Fall ein *Gefühlsprozeß* und kein rationaler Vorgang. Insofern sind wir bei unseren therapeutischen Bemühungen um die Eltern auch nicht auf Einsichten aus, sondern auf gefühlsmäßige Umstrukturierungen.

Das bedeutet aber allemal, daß wir die Art unserer Stellungnahme, die wir den Eltern gegebenenfalls bieten, ganz besonders sorgfältig überdenken müssen. Wichtig ist dabei vor allem, daß wir uns in den notwendigen diagnostischen Vorentscheidungen, die unser therapeutisches Verhalten lenken müssen, nicht geirrt haben. Haben wir doch im Verlauf eines Gespräches in einer nicht abreißenden Kette von diagnostischen Einzelentscheidungen ein Bild darüber zu gewinnen, ob die in Frage stehenden neurotischen Reaktionsformen nicht besser einfach respektiert werden oder ob wir wirklich eine Chance für einen therapeutischen Einfluß haben. Hierfür werden unsere kasuistischen Beispiele einige illustrative Belege bringen. Zwei der beliebtesten therapeutischen Fehler, die man machen kann, will ich jedoch schon im Verlauf dieser theoretischen Ausführungen diskutieren:

Es würde zum Beispiel darum gehen, daß ich bei einer sehr schüchternen, selbstunsicheren und übergefügigen Mutter die Auflockerung dieser neurotischen Gehemmtheiten im Sinn habe. Hier habe ich eine erste grundlegende therapeutische Regel zu berücksichtigen, deren Mißachtung immer als ein ernster Kunstfehler anzusehen ist: Man spricht im analytischen Fachjargon davon, daß man einen Patienten in bezug auf vorliegende neurotische Gehemmtheiten immer nur von der *Lücke* her ansprechen darf und daß man niemals den verdrängten Impuls oder den verdrängten Erlebnisinhalt direkt und aktiv ins Gespräch ziehen darf. Der Grund für eine solche therapeutische Anweisung ist ja einfach. Wenn es richtig ist, daß ein bestimmter Erlebnisinhalt oder ein bestimmter Impuls aus neurotischen Ängsten heraus verdrängt wurde, dann hat man ja auch mit einer bleibenden Angstbesetzung dieser verdrängten Impulswelt zu rechnen. Spricht man seinen Patienten oder die Eltern direkt auf die vermuteten tieferliegenden Impulsrichtungen an, dann haben wir kaum eine Chance, daß etwas therapeutisch Sinnvolles geschieht. Hingegen ist das Risiko groß, daß wir sehr unerwünschte Reaktionen produzieren. Unerwünscht ist, daß man dem betreffenden Patienten *unverständlich* bleibt und damit in ihm das Gefühl erweckt, man habe vom Kern und Wesen seiner Person ein völlig falsches Bild. Noch unerwünschter ist es aber, wenn man bei dem Patienten ein ahnungsweises, aber stark angstbesetztes Aufdämmern erzielt, daß die gegebene Interpretation richtig sein könnte. In diesem Fall müssen wir damit rechnen, daß wir erst recht und verstärkt Abwehrreaktionen, Rationalisierungen und Verteidigungsmechanismen in Gang gesetzt haben.

Konkret gesprochen, würde das heißen, daß wir bei ausgedehnter Verdrängung aggressiver expansiver Impulse auf gar keinen Fall eine direkte Anspielung auf diese bereitliegenden Aggressionen machen dürften. Wir hätten statt dessen von all dem zu sprechen, was *nicht gewagt* wird, von der Bescheidenheit, der Nachgiebigkeit und der Opferhaltung. Man könnte also im Gespräch mit einer übergefügigen und schüchternen Mutter einen ersten vorsichtigen

Zweifel anmelden, ob die praktizierte Lebensform wirklich einer optimalen Kräfteökonomie entspricht und man könnte sich dann ganz allmählich zu einigen Ermunterungen vortasten, die bessere Selbstverteidigung und etwas aktivere Lebensführung empfehlen.

Freilich ist man auch mit dieser sachgerechten Form der Gesprächsführung in dem Augenblick in einer Sackgasse angelangt, in dem man eine wichtige diagnostische Vorentscheidung versäumt hat. Zu nachgiebige, schüchterne und selbstunsichere Menschen können nämlich zu ihrer inneren Verfassung sehr verschiedenartig stehen. Hat die Mutter, mit der ich spreche, in sich selbst bereits ein gewisses Gefühl dafür entwickelt, daß sie zu nachgiebig ist und daß sie sich zu leicht von anderen übervorteilen läßt, dann wartet sie vielleicht nur darauf, von irgendeiner Seite her etwas Ermunterung und Rückenstärkung zu erhalten. Ganz anders wird die Gesprächssituation aber dann, wenn unser Gesprächspartner die Tendenz hat, seine neurotischen Reaktionen sehr ausgedehnt zu *rationalisieren.*

Der Umgang mit neurotischen Rationalisierungen ist immer eine große Kunst. Oft verlangt er vom Therapeuten stärkste Zurückhaltung und den Entschluß, diese Rationalisierungen einfach hinzunehmen und zu respektieren. Auf keinen Fall darf der Therapeut im analytischen Übereifer etwa einen interpretierenden Hinweis auf diesen neurotischen Mechanismus geben. Es hat sich noch niemals als sinnvoll erwiesen, wenn die Rationalisierung als solche gewissermaßen „entlarvt" wird. Ebensowenig Sinn hat es, ein diskutierendes Gespräch zu beginnen, das auf eine *Überzeugung* des Gesprächspartners abzielt. Die neurotische Rationalisierung ist ja gerade dadurch ausgezeichnet, daß sie einer vernünftigen Überzeugung eben *nicht* zugänglich ist, so daß im besten Fall ein sehr vorsichtig dosierter Zweifel am Platze sein könnte.

Es wäre nun schön, wenn wir Raum genug zur Verfügung hätten, um unsere therapeutisch orientierten Wechselgespräche mit Eltern in Rede und Gegenrede wörtlich aufzuzeichnen. Dies wäre aber nur dann sinnvoll, wenn wir gleichzeitig die gesamte emotionale Konstellation unseres Gesprächspartners mitschildern könnten und damit würden wir sicherlich den Rahmen dieses Buches sprengen. Bei der Darstellung der folgenden kasuistischen Beispiele habe ich mich zu einem Kompromiß entschließen müssen. Ich habe die Diskussion meiner therapeutischen Möglichkeiten mit einem skizzenhaften biographischen Bericht verbunden, so daß ich die Gesichtspunkte mitteilen kann, die mein Verhalten gelenkt haben.

Ich gebe zunächst zwei Beispiele zu einem tief verankerten Eltern-Kind-Konflikt, bei dem der vorgestellte Patient in starkem Ausmaß das Objekt unbewußter oder halbbewußter Abwehrreaktionen der Mutter geworden war. Etwas später sollen uns zwei Beispiele beschäftigen, in denen eine infantile Mutterfixierung bei der Mutter unseres Patienten zum Gegenstand der therapeutischen Überlegungen werden mußte.

Zunächst die beiden Beispiele für einen ausgeprägten Mutter-Kind-Konflikt: Eine 32jährige Mutter hat 2 Kinder, ein 8jähriges Mädchen und einen 6jährigen Sohn. Sie stellt ihren Jungen vor, der eine Enuresis hat. Gleich zu Beginn der Konsultation bringt sie den stark besorgten Selbstvorwurf, daß sie den Jungen vielleicht anders behandele als das Mädchen, daß sie ihn abwehre und daß sie feindselige Regungen ihm gegenüber hätte. Frau K. hat offensichtlich bereits eine Menge psychologischer Literatur gelesen und so fügt sie hinzu, daß sicherlich ihre eigenen Kindheitsprobleme noch jetzt in ihrer Ehe als schwere Hypothek eine Rolle spielten.

Begreiflicherweise bin ich nicht sehr erfreut über diesen so häufigen negativen Nutzeffekt unserer populären kinderpsychologischen Literatur. Sie überbürdet die Mütter mit einem fast nicht mehr zumutbaren Maß zusätzlicher Verantwortung, ohne ihnen gleichzeitig jene Erleichterungen zu bieten, die ein verständnisvoller Gesprächspartner (der vielleicht die gleichen Dinge besprechen würde) vermitteln könnte.

Ich mache also aus meiner diesbezüglichen Besorgnis keinen Hehl, bitte Frau K. jedoch, mir einmal von sich zu erzählen, was sie für erzählenswert hält. Ich höre, daß Frau K. in einem beinahe verzweifelten Bruder-Konflikt großgeworden ist. Sie ist die Tochter eines reichen Großindustriellen, der Mädchen grundsätzlich als Wesen zweiter Klasse ansah. Er gönnte seiner Tochter in nichts Lebensrecht und Lebensraum, es sei denn, um die Fassade zu wahren. Sein ganzer Stolz war der ein Jahr jüngere Bruder von Frau K., der von vornherein als Nachfolger und künftiger Erbe des Vaters eingesetzt wurde. Frau K., die gern studiert hätte, bekam nur eine kaufmännische Ausbildung und wurde gezwungen, als Hilfskraft im Betrieb des Vaters einzuspringen. Dort wurde sie als geschickte und kluge Kraft ungewöhnlich ausgenutzt. Sie leistete allerwenigstens die gleiche Arbeit wie ihr Bruder, wurde aber niemals wie dieser als Teilhaberin finanziell gleichberechtigt behandelt.

Frau K. heiratete schließlich einen Mann, der ein Mitarbeiter ihres Vaters war, sehr unter dessen Einfluß stand und der später ebenfalls Teilhaber der Firma wurde. Als sie in dieser Ehe als erstes Kind ein Mädchen gebar, wurde ihr dies von ihrem Vater als ein schuldhaftes Versagen verübelt. Auch ihr Mann ließ seine Enttäuschung durchblicken. Als die zweite Entbindung bevorstand, teilten die Ärzte mit, daß eine Querlage bestünde und daß die Geburt schwer werden würde. Als die Wehen bei Frau K. begannen, stellte es sich heraus, daß ihr Vater zu einer dringenden Geschäftsreise gezwungen war. Gegen die inständigen Bitten seiner Tochter (die sich begreiflicherweise vor der komplizierten Entbindung fürchtete), zwang er seinen Schwiegersohn und Teilhaber, diese Reise mit ihm gemeinsam zu unternehmen. Als die Entbindung doch schließlich glücklich überwunden und nun ein Sohn geboren war, galt das überschwengliche Interesse des Großvaters ganz diesem nachgeborenen Enkel, bei gleichzeitiger sehr gefühlskalter Vernachlässigung von Frau K. selbst.

Man braucht wohl nicht sehr viel psychologische Kenntnisse, um sich in die Gefühlsverfassung von Frau K. bei der Geburt hineinzuversetzen. Der Konfliktstoff lag so offen zutage, daß die Mutter selbst recht deutlich fühlte, wie zwiespältig ihr Reagieren auf das Kind war. Ihre besorgte Unruhe gipfelte in der Frage: „Meinen Sie, daß meine eigene Enttäuschung und meine Abwehr dem Jungen gegenüber sehr viel Schaden gestiftet hat?"

Nun wäre es therapeutisch gesehen sicher völlig verfehlt gewesen, wenn man auf diese Frage so eingehen würde, als ob die Mutter den psychologischen Sachverhalt vollkommen richtig beschrieben hätte. In der Antwort, die man gibt, muß nach Möglichkeit die Situation zurechtgerückt werden und der Mutter außerdem das notwendige Maß an Schutz und Verständnis geboten werden. Man könnte also zum Beispiel sagen: „Ich glaube gar nicht einmal, daß Sie Ihrem Jungen gegenüber so feindselig empfinden. Es scheint vielmehr, daß Sie Ihre Tochter vor einem ähnlichen Schicksal schützen wollen, wie Sie es selbst erlebt haben." Mit einer solchen Antwort knüpft man bei der Mutter zunächst einmal bei einem positiv erlebten Gefühl an, nämlich bei ihrer Liebe und Zuneigung zur älteren Tochter. Man hat sie gleichzeitig wissen lassen, daß man ihre Reaktionen für etwas Verständliches und Berechtigtes hält. Insofern hat man mit dieser Antwort auch den vorgetragenen Selbstvorwurf aufgefangen, der (hätte man ihn bestätigt) nur vertiefte Angst, vertiefte Besorgnis und verstärkte Ambivalenz mit sich gebracht hätte.

In diesen Zusammenhang gehört das, was ich über das Besprechen verdrängter bereitliegender Aggressionen gesagt habe und über die Notwendigkeit, daß man mit dem Patienten im direkten Gespräch von der „Lücke" her anfängt. In diesem Fall würde es darum gehen, daß man mit der Mutter darüber spricht, wie sie sich neben dem übermächtigen Triumvirat Vater-Bruder-Ehemann etwas besser behaupten könne. An welcher Stelle sie zu nachgiebig ist, zu viel einsetzt und opfert, ohne den entsprechenden Dank zu ernten. Es muß gelingen, ihr Selbstgefühl zu stärken und ihre allgemeine Gefühlsscheu etwas zu mindern. Außerdem darf man wohl nicht die Versicherung versäumen, daß man an die zutiefst vorhandene Zuneigung der Mutter dem Jungen gegenüber mehr glaubte als an ihre vielleicht vorhandene Abwehr. Und erst dann kann man vielleicht eine Bemerkung darüber verlieren, daß die Abwehr — falls sie existierte — kaum ein Wunder wäre.

Freilich darf man in seiner Bemühung um die Entlastung der Mutter das Wechselgespräch auch nicht so führen, daß man den vorliegenden Konfliktstoff nur *beschönigt,* übermalt oder gar bagatellisiert. Auch dann würde sich die Mutter unverstanden fühlen, denn sie kommt ja gerade im Ringen um ihre Gefühlsprobleme, die man nicht dadurch lösen kann, daß man sie ihr ausredet. Alles kommt darauf an, daß das therapeutische Gespräch über die existierenden destruktiven Impulse nicht einem Menschen zugemutet wird, der noch keine Tragfähigkeit besitzt, um einen solchen inneren Ambivalenzkonflikt wirklich zu bewältigen.

Der Anschaulichkeit halber möchte ich gern einen Extremfall fehlerhaften Verhaltens skizzieren, der dazu beitragen soll, meine Leser vor falschen Vorstellungen über analytische Interpretationen zu schützen. Ein Therapeut kann es in der Konsultation mit einer Mutter zu tun haben, die selbst eine schwere Zwangskrankheit aufweist und die unter anderem von zwanghaften Mordgedanken ihren Kindern gegenüber überfallen ist. Nichts wäre verkehrter, als wenn man mit dieser Mutter eine direkte (Pseudo-)Interpretation versuchen wollte und etwa davon spräche, daß sie im Grunde und eigentlich am liebsten ihrer Familie entfliehen wollte, die Kinder los sein und ein eigenes ungebundenes Leben führen. Es liegt auf der Hand, daß man nichts anderes als Verwirrung oder gar Verzweiflung stiften würde und daß man kaum auf eine irgendwie hilfreiche und produktive „Einsicht“ bei der so angesprochenen Mutter rechnen kann. Will man die neurotische Psychodynamik in einem solchen Fall überhaupt beeinflussen, dann kann man auch hier nur von der „Lücke“ her beginnen. Das heißt, man müßte mit dieser Frau über ihre vermutliche große Opferbereitschaft den Kindern gegenüber sprechen, die geringen Rücksichten, die sie auf sich selber nimmt, den Einsatz, den sie leistet und die Frage, ob es wirklich immer für die Familie günstig sei, wenn sie ihr eigenes Kräftereservoir so verausgabte. Erst wenn dies geschehen ist, kann man sich vorsichtig (vielleicht mit Hilfe von Fremdschilderungen) an die Überlegung herantasten, daß die übertriebene Selbstaufopferung dazu führte, daß die normalen und alltäglichen Abwehrreaktionen (die nicht gelebt würden) in den Zwangsgedanken eine so dramatisch aufgebauschte Form erhielten.

Natürlich wird man bei einer Mutter, die selbst mit einer schweren Zwangssymptomatik zur Konsultation kommt, dieser vor allen Dingen zu einer eigenen Therapie raten, falls diese nur irgend Aussicht auf Erfolg verspricht. Die Erwachsenenanalyse ist allerdings im Augenblick nicht unser Thema. Ich gebe jetzt noch das versprochene zweite Beispiel über eine Familienkonstellation, in der die ungleiche Behandlung zweier Geschwister zum Kernproblem für die vorgestellte Patientin wurde:

In der Konsultation wird die ältere 17jährige Tochter eines Ehepaares vorgestellt. Die Patientin hat eine schwere Schlafstörung, hinter der sich eine ausgedehnte Zwangssymptomatik verbirgt. Die jüngere Schwester ist nach Angabe der Eltern gesund und hat eine sehr viel harmonischere Entwicklung genommen als die Schwester.

Gleich zu Beginn des Gesprächs rückten die Eltern ihr Hauptanliegen in den Mittelpunkt: Die Eltern wünschten, daß die ältere Tochter von der Schule abgehen und rasch Geld verdienen sollte. Für die jüngere Tochter war die höhere Schule und ein Studium geplant. Die Eltern meinten jedoch, sie könnten nicht beide Töchter studieren lassen und sie wollten vom Arzt gewissermaßen eine Bestätigung dafür haben, daß die ältere Tochter tatsächlich weit schwächer begabt sei als die jüngere, so daß sich die geplante verschiedenartige Berufsausbildung rechtfertige. Die Eltern schienen den Unterschied in ihrem Erleben und Reagieren auf die beiden Schwestern selbst zu fühlen. Eine bewußte Auseinandersetzung mit dieser Tatsache wurde jedoch deutlich abgewehrt. Ausgedehnte Rationalisierungen verschleierten die wahre Gefühlslage. In aggressiver Selbstverteidigung sagte der Vater (ohne daß ich meinerseits eine erste Stellungnahme auch nur angedeutet hätte): „Der Lehrer meint ja, die ältere sei besser begabt und solle das Abitur machen. Aber der sieht ja nicht, wie sie sich zu Hause quälen muß. Schließlich müssen wir ja selber wissen, was für unser Kind das Beste ist. Man soll uns nicht nachsagen, wir hätten sie hinter der anderen zurückgesetzt."

Sicherlich wäre es ein schwerer Kunstfehler, wenn man bei dieser Gelegenheit versucht hätte, im Gespräch auf die vorhandene, aber verborgene Feindseligkeit gegen die älteste Tochter hinzuweisen oder auch nur eine Anspielung zu machen, daß einem die Unterschiede in der Reaktion der Eltern auffielen. In einem solchen Fall hat man als erstes einmal vorsichtig zu erforschen, aus welchen Quellen denn die vermuteten Abwehrhaltungen der Eltern stammten. Hier gab die Krankheitsgeschichte der Patientin Anlaß zu einigen Rückfragen, die die Gründe für die verschiedenartige Entwicklung beider Mädchen zutage förderten. Folgendes war wichtig: Unsere Patientin war an sich schon zu einem sehr unerwünschten Zeitpunkt geboren worden, nämlich nur ein Jahr nach der ersten Entbindung der Mutter, die zuvor Zwillingsjungen geboren hatte. Kurz nach dieser Entbindung verlor die Mutter die beiden Jungen durch einen schweren Straßenunfall und kurze Zeit darauf den eigenen Vater durch einen Herzinfarkt. Als „Familiengeschichte" wurde erzählt, daß die beiden ältesten Jungen deshalb verunglückt waren, weil die Mutter in der Besorgnis um die neugeborene kleine Tochter nicht die notwendige Aufmerksamkeit hatte aufbringen können. Tiefverwurzelte Schuldgefühle der Mutter, die dem Verlust der beiden Jungen galten, waren sicherlich im Spiel und in die Abwehrreaktion gegen die Tochter eingegangen. Der Verlust des eigenen Vaters hatte die Frau dazu zusätzlich noch sehr schwer getroffen und man kann sich unschwer die Störung der Mutter-Kind-Beziehung ausmalen, wenn man sich die Gefühlslage der tief verzweifelten Frau vergegenwärtigt. Als drei Jahre später die nachgeborene Schwester ankam, galt diese in gewisser Weise als „Ersatz" für die verstorbenen Brüder und wurde in ganz anderer Form begrüßt und gepflegt als die ältere Schwester.

Ich gehe im einzelnen auf die psychologischen Zusammenhänge dieser Biographie nicht ein. Ich will nur deutlich machen, daß wir unsere Kenntnis, die wir über die Motive für den vorliegenden Gefühlszwiespalt gewonnen haben, nicht in fehlerhaftes therapeutisches Agieren umsetzen dürfen. Es wäre töricht, wenn man in falsch verstandener analytischer Aktivität den Eltern eine „Interpretation" gäbe und darauf anspielte, daß sie an dem kleinen Mädchen ihre Verzweiflung und Erregung über den schmerzlichen Verlust der beiden Jungen ausgelassen hätten. Man wird vielmehr von dem sprechen, was ja sicherlich im Erleben der Eltern die Hauptrolle spielt, nämlich daß sie nach dem Verlust der beiden Jungen nun in verdoppelter und verdreifachter Besorgnis um die kleine Tochter gelebt haben. Man darf ja wirklich annehmen, daß reaktive Ängstlichkeit die Pflege dieses Kindes beeinflußt hat. Erst wenn man mit den Eltern diese positiven Seiten ihrer Gefühlswelt zur selbstverständlichen Grundlage für das weitere Gespräch gemacht hat, kann man sich (sofern dies therapeutisch wünschenswert ist) in ein Gespräch darüber einlassen, ob nicht doch eine bessere Berufsplanung für die Patientin zweckmäßig sei.

Wir würden also in unserer therapeutischen Haltung diesen Eltern gegenüber ganz etwas anderes tun, als mit der Mutter, von der wir soeben gehört haben. Wir würden die vorgetragenen Rationalisierungen unbedingt *respektieren.* Wir würden auf den beobachteten Ambivalenzkonflikt der Eltern nicht eingehen, sondern uns nur auf die positive Seite der Gefühlszuwendung beziehen in der Hoffnung, daß wir die Eltern auf diesem Wege für die adäquate Berufsausbildung unserer Patientin gewinnen könnten. Wir vermeiden in diesem Fall jede „aufdeckende" Tendenz in unserem Gespräch, von der wir in der geschilderten Situation keinerlei Gewinn, sondern nur Schaden hätten.

Daß wir diese Vorsicht auch in anderen therapeutischen Situationen häufig üben müssen, sollen uns die beiden nächsten Beispiele zeigen. Hier schildere ich zwei scheinbar verwandte Familiensituationen, in denen hauptsächlich der ungünstige Einfluß einer Großmutter unseren kleinen Patienten belastete. In beiden Fällen waren die Mütter unserer Patienten ihrerseits in einer starken neurotischen Fixierung und Abhängigkeit von dieser Großmutter befangen.

Die beiden Mütter sind etwa im gleichen Alter und bringen ihre Kinder mit verwandter Krankheitssymptomatik (ticartigen Zuckungen). Der Außenstehende hat sofort den Eindruck, daß die Kinder unter dem Einfluß der nörgelnden alten Großmutter sehr leiden und daß sie außerdem die eigene Mutter nicht wirklich schützend erleben können. Beide Mütter sind sich über die vorliegende Problematik weitgehend klar. Sie bringen das Thema spontan ins Gespräch und fragen halb zweifelnd an, ob man nicht auch der Ansicht sei, daß „Alt und Jung nicht zusammengehöre".

Die eine Mutter, Frau P., setzt nun jedoch in halber Abwehr und ein wenig spitz-ironisch hinzu, daß ihr eine Freundin schon oft gesagt habe, sie sei so „muttergebunden", sie solle sich endlich verselbständigen und die eigene Haushaltsführung aktiv übernehmen. Dann würden viele Probleme entfallen.

Die andere Mutter sagt, daß es nicht nur ihr selbst und ihrem Mann, sondern auch allen Bekannten völlig klar wäre, wie sehr die intrigante Wesensart der Großmutter das gesamte Familienleben vergiftete und sie wünsche nichts sehnlicher, als eine Trennung der Haushalte, fürchte jedoch den Protest, die Erregung und die Verzweiflung der Großmutter, die sich durch ihren unverträglichen Charakter im Leben völlig isoliert habe.

Wenn der Therapeut angesichts einer solchen Familienkonstellation um einen direkten Rat gebeten wird, ist er immer in einer recht schwierigen Lage. Er kann eine Meinungsäußerung kaum vermeiden und vielleicht ist im Interesse des Kindes wirklich mindestens der Versuch aktiven Eingreifens notwendig. Bevor man sich jedoch zu einem solchen Rat entschließt, muß die Lage genauer beurteilt werden. Im einzelnen lag das Problem bei diesen beiden scheinbar gleichgearteten Familien sehr verschiedenartig: Bei der ersten Mutter war es ganz offenkundig, daß sie tatsächlich im Sinne des Fachjargons stark „muttergebunden" war. Von ihrem 10 Jahre älteren Mann wurde sie mit „Mädel" angeredet, obgleich sie selbst schon 38 Jahre alt war und von ihrer eigenen Mutter sprach sie per „meine Mutti". Sie ließ sich von der siebzigjährigen Frau noch jetzt unaufhörlich in die Haushaltsführung hineinreden und konnte sich dagegen nicht zur Wehr setzen, obgleich sie mehr als einmal am Tage aufrichtig über die Einmischungen ihrer Mutter erbost war. Trotzdem war deutlich zu sehen, daß Frau P. an ihrer Mutter innerlich sehr hing. Teils war sie ihr aufrichtig zugetan, teils war sie stark durch Schuldgefühle gebunden. Es war auch deutlich, daß die alte Frau (wenn auch materiell unabhängig) körperliche Pflege brauchte und ihrerseits sehr unter der Trennung gelitten hätte. In ein Altersheim wäre sie nicht gegangen und die einzige Notlösung wäre ein möbliertes Zimmer oder eine Einzimmerwohnung in der Nähe gewesen.

Es liegt auf der Hand, daß man in einer solchen Familiensituation nicht leichtsinnige und unbedachte Ratschläge geben darf. Eine gewaltsam durchgeführte Trennung der Haushalte hätte mit größter Wahrscheinlichkeit nicht viel anderes erreicht, als neue schwere Schuldgefühle bei der Mutter, eine zusätzliche Arbeitsbelastung dadurch, daß die Großmutter im isolierten Haushalt doch pflegerische Dienste brauchte und vielleicht sogar (last not least) den Verlust einer zu erwartenden Erbschaft. Man hatte sich also zu überlegen, wie man dieser Mutter *innerhalb* der gegebenen und nicht veränderbaren Familienlage behilflich sein konnte, ihre Schwierigkeiten zu meistern. Ein detailliertes Besprechen des Alltagslebens und der Alltagsvorgänge in der Familie wäre vordringlicher als alles andere. Etwa Überlegungen, wie die Räumlichkeiten eingeteilt werden können, wie der Wochenplan für den Haushalt, insbesondere wie das Kochen unabhängig von der Großmutter zu planen sei, wie die Eheleute Wünsche auf Freizeit durchsetzen könnten. Bei solchen Überlegungen hatte man Sorge zu tragen, daß man die Ängstlichkeitsreaktionen der Mutter auffing, daß man ihre Schuldgefühle milderte mit einigen Hinweisen auf den faktisch großen pflegerischen Einsatz, der der Großmutter geboten wurde und daß man sie mit mancherlei direkter Ermunterung zu einer bisher nicht gewagten Lebensführung lenkte.

Bei der zweiten Mutter, Frau Sch., lag die Familienkonstellation ganz anders: Einmal war die Großmutter wesentlich jünger, nämlich erst Ende Fünfzig. Wirtschaftlich unabhängig war sie ebenfalls (sogar sehr wohlhabend) und die realen Möglichkeiten für eine Trennung der Haushalte wären ohne große formale Schwierigkeiten zu verwirklichen gewesen. Die Mutter des vorgestellten Kindes litt selbst sehr unter den Familienspannungen, aber sie hatte bislang nicht gewagt, die entscheidenden Schritte zu tun, bzw. überhaupt nur die notwendigen Gespräche zu führen. Wie so häufig, war sie von drei Geschwistern das zurückgesetzte Kind gewesen, das dann im späteren Leben als einziges für die Mutter noch persönliche Fürsorge aufbrachte. Die bevorzugten Lieblingskinder hatten sich längst im Streit gelöst.

Es war klar, daß wir in dieser Familienkonstellation sehr viel eher und ohne allzu großes Risiko dazu übergehen konnten, der Mutter die erhoffte emotionale Unterstützung zu bieten. War es doch offenkundig, daß diese Mutter im Grunde mit der geheimen Erwartung gekommen war, man möchte ihr von autoritativer Stelle bestätigen, daß es im Interesse ihrer Kinder dringend notwendig wäre, die Haushalte zu trennen. Mit dieser Unterstützung im Hintergrund war die Frau dann von sich aus allein imstande, ihrer Mutter klarzumachen, daß sie ein erwachsener Mensch sei und für die eigene Lebensgestaltung verantwortlich wäre und auch die Folgen für ihr unverträgliches Verhalten hinzunehmen habe.

Ich hoffe nun, daß meine bisherigen Beispiele doch verdeutlicht haben, wie wichtig eine richtige Beurteilung der Gefühlskonstellation in der Familie ist, bevor wir uns zu therapeutisch orientierten Gesprächen entschließen. Es gibt keine objektiv gültige Schablone, nach der wir unser Verhalten ausrichten könnten.

Dies gilt natürlich auch in vollem Umfang für alle weiteren neurotischen Probleme, die im Gespräch mit den Eltern eine Rolle spielen können. Ich habe eingangs gesagt, daß der neurotische Ehrgeiz bei Eltern oft der erfolgreichen Therapie des Kindes hinderlich im Wege steht. Neurotischer Ehrgeiz bei den Müttern verknüpft sich häufig mit deren Wünschen nach eigener Berufstätigkeit. Dieses Thema ist schon mehrfach in unseren biographischen Skizzen aufgetaucht, und ich hatte ihm besonders in dem Abschnitt über die Prognose einige kasuistische Beispiele gewidmet mit einer zugehörigen kursorischen Diskussion unserer therapeutischen Planung. Ich will daher in diesem Zusammenhang kein weiteres kasuistisches Beispiel aufführen, jedoch noch einmal darauf hinweisen, daß man sich in diesen Fällen nicht mit der allzu naiven Laienpsychologie begnügen darf, die sich kurzerhand auf eine allgemeine Mißbilligung der mütterlichen Berufstätigkeit beschränkt.

Ich habe schon mehrfach mitgeteilt, daß die berufstätigen Mütter aus vielerlei Gründen mitarbeiten. Sie tun es entweder in Anbetracht realer wirtschaftlicher Not, oder weil sie zur Verbesserung des Lebensstandards beitragen wollen, vielleicht auch, weil sie die Ausbildung ihrer Kinder gesichert sehen möchten. Manche Mütter arbeiten, weil der Ehemann es verlangt, und sie geben aus neurotischer Gefügigkeit nach. Solange man sich nicht ausreichend über die (vielleicht neurotischen) Motive zur Berufstätigkeit der Frau ins Bild gesetzt hat, verläuft sich jede weitere Überlegung in einer Sackgasse.

Bei jenen Frauen, die nicht aus wirtschaftlicher Not, sondern tatsächlich aus Abwehr gegen die Familie arbeiten, muß man sich vor allem anderen sehr sorgfältig überlegen, wie die Lage des Kindes aussehen würde, wenn die Mutter tatsächlich zu Hause bliebe. Wie wir in einem unserer früheren Beispiele bei der Diskussion der Prognose ausgeführt hatten, kann bei sehr vitalen, dominanten und robusten Müttern der negative Effekt auf das Kind größer sein, wenn die Mutter zu Hause bleibt, als wenn sie arbeitet. Sie lastet mit all ihrer unabgesättigten Vitalität auf dem Kind, das unter dieser Lage sehr viel mehr leidet, als wenn die Mutter ihrer Berufstätigkeit nachgehen würde. Ich muß hinzufügen, daß ich gerade bei Einzelkindern, die Mütter dieses Typs hatten, die nicht berufstätig waren, gelegentlich direkt zu einer Halbtagsbeschäftigung *zugeraten* habe. Dies tue ich immer dann, wenn ich den Eindruck bekomme, daß Abwechslungsbedürfnis und neurotischer Ehrgeiz bei der Mutter, der kein Betätigungsfeld hat, sich in stark belastende Anforderungen an das Kind umwandelt. Wohlgemerkt rate ich in solchen Fällen zur *Halbtags*beschäftigung und nicht zur ganztägigen Berufsarbeit. Diese würde wiederum die Kräfte der Mutter doch zu sehr binden und die Versorgung des Kindes beeinträchtigen. Halbtagsbeschäftigungen gibt es gar nicht so ganz selten als Aushilfstätigkeiten etwa für die Verkäuferin im Saisonbetrieb. Manche Frauen können im Betrieb bei Bekannten mithelfen oder ähnliches.

Wenn man vor der Aufgabe steht, daß man einer Mutter wirklich nahelegen müßte, sie solle ihre Berufstätigkeit lieber aufgeben, dann hat man sich für solche Überlegung sehr viel Zeit zu lassen. Mit einer Frau, die ihrer Arbeit sehr nachtrauern würde, muß man gemeinsam überlegen, wie ihr Leben aussehen wird, wenn es allein auf den Haushalt beschränkt ist und man hat Pläne zu machen, wie die Mutter vor der sehr häufigen allzu starken Vereinsamung im Haushalt geschützt werden könnte. Es ist nicht sinnvoll, hier eine moralisierende Haltung einzunehmen, die sich unmittelbar in ein Ressentiment der Mutter gegen ihr Kind umsetzen würde. Und es wäre auch völlig töricht, wenn man irgendeine Tendenz entwickeln wollte, die vielleicht in Frage stehenden neurotischen Dominanz- oder Ehrgeizwünsche der Mutter in ein analytisches Gespräch zu ziehen.

Zum Abschluß will ich nun noch eine technische Möglichkeit erwähnen, die wir unter Umständen in solchen Fällen zu Hilfe rufen können, in denen ein gesprächsweiser Einfluß auf die Eltern mit Hilfe von vorsichtig dosierten Meinungsäußerungen und Stellungnahmen nicht voll ausreichen würde. Insbesondere bei jüngeren Kindern haben wir die Möglichkeit, daß wir den Eltern zunächst einmal Einzelheiten über den zweckmäßigsten Umgang mit dem Kind *voragieren* und daß wir erst von dieser Ausgangssituation aus ein Gespräch über die zweckmäßigste Betreuung des Kindes anspinnen. Ein kleines Beispiel:

Ein kleiner vierjähriger Junge wird mit Dunkelangst gebracht. Er hat eine Einschlafstörung und quält die Eltern dadurch, daß er abends nicht allein im Bett bleibt, sondern immer wieder zu den Eltern ins Zimmer gelaufen kommt. Die Symptomatik datiert seit dem Zeitpunkt, seit dem die Mutter eine Arbeit aufgenommen hat und das Kind einer Hausangestellten überläßt. Beide Eltern reagierten auf die abendlichen Ängste ihres Kindes sehr verstimmt und ärgerlich. Sie hielten sie für quänglerische Ungezogenheit und hatten bereits jede Form von Strafe zur Beseitigung der Symptomatik versucht. Soweit man aus den Schilderungen entnehmen konnte, waren mancherlei Roheiten im Umgang mit dem Kind praktiziert worden. Die Eltern waren demzufolge auch so von Schuldgefühlen erfüllt und so empfindlich, daß ich nicht wagte, auch nur mit dem leisesten Hinweis das Fragwürdige der bisherigen Maßnahmen anzudeuten. Ich hätte die aufgebrachten Eltern sofort aus der Beratung verloren. In dieser Situation habe ich mir folgendermaßen geholfen:

Berti hatte am Scenokasten eine Familienszene gebaut, einen kleinen Jungen ins Bett gelegt und Vater, Mutter, Großmutter und Großvater um das Bett gesetzt. In dieses Spiel des Kindes habe ich aktiv eingegriffen, indem ich den Schutzengel aus dem Kasten nahm und an das Kopfende des Bettes stellte, in dem der kleine Junge lag. Ich sagte dazu: „Hier ist ein Schutzengel für den kleinen Jungen“ und Berti griff diesen Gedanken lebhaft auf. Später holte ich die Eltern zu der aufgebauten Szene und sagte ihnen freundlich, daß der Kleine und ich jetzt für den Abend einen Schutzengel entdeckt hätten.

Natürlich war ich nicht so naiv zu meinen, daß ich die Dunkelangst des Kindes durch den tröstenden Hinweis auf den Schutzengel hätte beseitigen können. Wenn ich auch etwas Freundliches für das Kind selbst tun wollte, so hoffte ich doch nicht auf einen irgendwie gearteten therapeutischen Effekt. Mein eigentliches Ziel war auch etwas anderes: Ich wollte nicht das Kind, sondern die Eltern beeinflussen. Meine Bemerkung war eine nicht mißzuverstehende Anspielung darauf, daß das Kind am Abend eher Schutz und Fürsorge brauchte als Härte und Strafen. Bevor eine Therapie mit dem Kind selbst begonnen werden konnte, mußte ich mindestens das Verständnis der Eltern für den Krankheitswert der Störung geweckt haben.

Die Reaktion, die meine Bemerkung auslöste, war in ihrer verschiedenartigkeit bei Vater und Mutter sehr aufschlußreich. Der Vater hatte trotz seiner Verärgerung eine recht gutmütige Einstellung zu dem Jungen. Er sah einen Augenblick verständnisvoll zu mir herüber und meinte dann nachdenklich zu dem Jungen gewandt, daß er wohl vergessen habe, ihm zu sagen, daß für jedes Kind ein Schutzengel existierte, der es nachts beschütze. Die Mutter hingegen meinte etwas spitz-ironisch: „Na, so ein Spielding können wir dem Jungen ja zu Hause auch kaufen.“ Es war leicht zu sehen, daß ihre Abwehr tiefer ging und daß das therapeutische Gespräch mit ihr bald vor größeren Schwierigkeiten stehen würde als mit dem Vater. Andererseits war mit diesem Voragieren eines bestimmten Verhaltens doch immerhin für das weitere Gespräch ein Anknüpfungspunkt geschaffen, den man zwanglos zu weiterführenden Erörterungen benutzen konnte. Eine „Beratung“ dieser Eltern ohne die geschilderte Einleitung hätte sicherlich die geringeren Erfolgschancen besessen.

4. Einige erzieherische Empfehlungen

Ich hoffe, es ist im Verlauf der bisherigen Ausführungen deutlich geworden, daß das therapeutisch orientierte Elterngespräch nicht sehr viel Raum läßt für direkte Erziehungsratschläge, da diese nicht ohne eine besondere Vorbereitung der Eltern verstanden und befolgt werden können. Da wir allerdings in bestimmten Situationen von Eltern doch um die entsprechenden Ratschläge gebeten werden, wollen wir zum Abschluß noch kurz erwähnen, was wir in bezug auf einzelne Erziehungsfragen empfehlen können.

Wichtiges Thema ist das Problem der sexuellen Aufklärung. Auch in den konfliktärmsten Familien finden wir eine vergleichsweise große Ratlosigkeit der Eltern darüber, wie und zu welchem Zeitpunkt sie ihr Kind informieren sollen. In bezug auf das „Wann" der Aufklärung wäre die einfachste und natürlichste Antwort die, daß man dem Kind immer dann eine Information gibt, wenn es fragt. An diesem Leitsatz können wir uns jedoch leider deshalb nicht orientieren, weil die spontanen Fragen der Kinder meist schon lange Zeit zurückliegen und durch die Gefühlsscheu und Abwehr der Eltern erstickt wurden. Sicher ist, daß ein Kind allerspätestens mit 4 oder 5 Jahren die ersten Überlegungen über die Herkunft kleiner Kinder anstellt. Mit Schuleintritt bringt es das Leben in der Kindergruppe mit sich, daß die Kinder ihre Überlegungen untereinander austauschen und daß die Problematik der Sexualität aktuell wird. Es kommt oft vor, daß die Kinder die sexuellen Vulgärausdrücke, die sie in der Klasse hören, nicht verstehen, obgleich sie ein dumpfes Gefühl dafür haben, daß da etwas „Unanständiges" besprochen wurde, das nicht in das elterliche Milieu gehört.

Bei der Sexualaufklärung der Kinder hat man also den Eltern zunächst klar zu machen, daß eine frühe Information günstig ist und daß man nur in den selteneren Fällen auf die spontanen Fragen des Kindes warten könne. Für den Fall, daß die Eltern selbst angeben, daß sie ihr Kind aufgeklärt hätten, muß man sich unbedingt genau nach dem erkundigen, was in Wirklichkeit gesagt worden ist. Oft verstehen Eltern unter „sexueller Aufklärung" nichts anderes als ein Onanieverbot oder eine Schwarzmalerei in bezug auf die bösen Folgen des Sexualverkehrs bei jungen Mädchen oder auch nur einen losen Hinweis, daß das Kind „unter dem Herzen der Mutter wächst", ohne daß die Rolle des Vaters bei der Schwangerschaft ausreichend erläutert wurde. Noch nie habe ich gehört, daß den Kindern und Jugendlichen auch die notwendigen Informationen über das *begleitende Gefühlsleben* gegeben wurde. Insbesondere fehlt völlig eine Information über das Gefühlsleben des anderen Geschlechtes.

Man sollte sich darum bemühen, daß die Eltern ihren Kindern die notwendigen Fragen selbst erläutern. Man hat aber in diesem Fall mit den Eltern auf jeden Fall im einzelnen zu besprechen, was sie den Kindern sagen, damit die Mitteilungen nicht doch unvollständig bleiben. Die meisten Eltern empfinden es als eine große Entlastung, wenn man ihnen das Aufklärungsgespräch abnimmt. Man sollte sich nur nach Möglichkeit vorher ihrer Einwilligung versichert haben.

Neben der sexuellen Aufklärung ist die *Taschengeldfrage* ein viel diskutiertes Problem. Ich empfehle im allgemeinen regelmäßige kleine Wochenbeträge, die dem Kind zur freien Verfügung überlassen werden. Sofern die Eltern starke Spartendenzen haben, versuche ich mindestens zu erwirken, daß das Kind die Hälfte seines Taschengeldes unkontrolliert verbrauchen kann und nur über die andere Hälfte Rechenschaft ablegen muß. Von einem Taschengeld, das nur als Leistungstaschengeld gegeben wird (für gute Schulnoten), rate ich im allgemeinen sehr ab, wenngleich gegen kleine Leistungsprämien neben dem üblichen Taschengeld her nichts einzuwenden ist. Absolut schädlich sind unregelmäßige Kleckerbeträge, die willkürlich gegeben und wieder genommen werden, ganz gleich ob es sich um überreichlich verwöhnende Gaben handelt oder um seltene und sehr karg bemessene Beträge. Im übrigen ist klar, daß das Verhalten der Eltern in bezug auf das Taschengeld stark von allgemeinen neurotischen Gefühlsproblemen beeinflußt sein kann und daß unsere Empfehlungen, obgleich erbeten, in Anbetracht heftiger neurotischer Ambivalenzkonflikte oft nicht befolgt werden. Da diesbzügliche Verhaltensweisen der Eltern immerhin sehr wichtig sind und auch viel leichter kontrolliert werden können als der übrige alltägliche Umgang mit dem Kind, neige ich bei den durchgeführten Therapien in diesem speziellen Fall zu einer gewissen Hartnäckigkeit meiner Empfehlungen, die auf ein gleichmäßiges und geordnetes Verhalten der Eltern abzielen.

Viel schwieriger ist das bei allen sonstigen Problemen, die das erzieherische Verhalten der Eltern aufwirft, insbesondere das Thema der Strafen entzieht sich meist unserer genauen Kenntnis. Grobe Strafen mit körperlicher Züchtigung der Kinder können wir oft mildern. Seltener lassen sich Eltern von der Unzweckmäßigkeit endloser Stubenarreste überzeugen; etwas leichter hat man es wieder, wenn man vom Nahrungsentzug als geeigneter Strafe abrät.

Ich sage Eltern immer, daß sie bei praktizierten Strafen erst sicherstellen müßten, daß die allgemeinen Lebensumstände des Kindes befriedigend seien und die angebliche „Ungezogenheit“ nicht das Resultat aufgestachelter und berechtigter Erregung ist. Eine fast unabdingbare Notwendigkeit für befriedigende Lebensumstände eines Kindes ist die eigene Spielecke, in der es sich frei bewegen kann und ein eigener Ort für die Spielsachen, die gegebenenfalls vor einem Geschwister geschützt werden können. Das gleiche gilt natürlich für die Schulsachen des Kindes, das nicht nur einen Platz für seine Schularbeiten braucht, sondern auch das Recht, bei den Schularbeiten zu bleiben, wenn es sie begonnen hat. Kinder, die von ihren Schulleistungen immer wieder zu kleinen Dienstleistungen für die Mutter weggeholt werden, können kaum ein stetiges Arbeitsverhalten entwickeln.

Spielzeug für das Kind sollte altersentsprechend geschenkt werden und weder zu kostbar, noch zu zerbrechlich sein. Insbesondere sollte es nicht geschenkt werden, wenn das Kind dann nicht auch wirklich mit dem Spielzeug spielen darf.

Die elektrische Eisenbahn wird sehr häufig mit großem Geldaufwand zusammengespart und darf dann nur zu Weihnachten benutzt werden.

Darüber hinaus muß man manche Eltern darauf aufmerksam machen, daß Kinder nach Möglichkeit auch unabhängig von der Klassengemeinschaft Anschluß an eine Kindergruppe finden sollten. Nicht jedes Kind hat in der Spielgemeinschaft der Straße die richtige Gruppe gefunden. Viele streben nach der Gemeinschaft in Sportvereinen oder Jugendgruppen. Nicht alle Eltern sind mit diesen Bestrebungen ihrer Kinder einverstanden. Umgekehrt gibt es aber auch Eltern, die das Kind gern in einer solchen Jugendgruppe sehen würden, während das Kind selbst keine entsprechenden Neigungen hat. Sofern wir in diesen Fragen um Rat gebeten werden, ist immer eine Abstimmung auf die individuelle Situation erforderlich.

II. Therapeutische Verfahren bei Kindern

1. Allgemeines zur Theorie und Praxis der Kinderanalyse

Wir kommen jetzt zu jenem Abschnitt unseres Buches, der uns den direkten therapeutischen Umgang mit dem Kind selbst schildern soll. Wir wollen zum besseren Verständnis des folgenden eine kurze theoretische Erörterung vorwegschicken.

Das Thema der Kinderanalyse ist im bisherigen Schrifttum (mindestens im deutschsprachigen Raum) ganz überwiegend mit den drei Namen Anna Freud, Melanie Klein und Hans Zulliger verknüpft. Wer Kinderanalyse betreiben möchte, kann sich das Studium dieser Autoren sicherlich nicht ersparen. Es ist jedoch wohlbekannt, daß nicht nur diese drei, sondern auch andere Analytiker in ihren Auffassungen über den richtigen Umgang mit Kindern in mancherlei Hinsicht differieren.

Wir sehen uns hier vor dem gleichen Problem, das uns Psychotherapeuten und Psychoanalytiker auch im Umgang mit Erwachsenen bieten: Die Beteiligten unterstreichen (sofern sie verschiedene sachliche Positionen vertreten) mit Nachdruck diese Unterschiede in ihren theoretischen Ausgangspositionen. Gleichzeitig hören wir von allen offenbar glaubwürdig über therapeutische Erfolge. Man gelangt dadurch zu keiner rechten Klarheit, inwieweit sich die zugrunde liegende Arbeitshypothese an der jeweiligen Praxis als richtig oder falsch erweist. Nicht selten drängt sich einem die Frage auf, ob die mitgeteilten therapeutischen Erfolge bei den Vertretern verschiedener „Schulen“ tatsächlich durch eine verschiedenartige therapeutische *Praxis* erzielt wurden. Genauer gesagt, man muß sich gelegentlich fragen, ob den Unterschieden in der Theorie auch wirklich immer korrespondierende Unterschiede in der Praxis zuzuordnen sind. Ich selbst kann tatsächlich den Gedanken nicht ganz von der Hand weisen, daß das praktische Verhalten der verschiedenen Therapeuten oft recht große Ähnlichkeiten aufweist und daß lediglich die *Darstellung* dessen, was getan wird, einseitig orientierte Ausschnitte liefert. Bei einem Fallbericht wird der Leser bevorzugt über das informiert, was den Therapeuten selbst interessiert hat oder was er für wichtig hielt. Das schließt nicht aus, daß der gleiche Autor, der mit Nachdruck ein bestimmtes Verfahren empfiehlt, im praktischen Verhalten eine Fülle von anderen Dingen getan hat, die ihm zwar selbst nicht bedeutsam erschienen sind, die aber trotzdem wesentlich zum therapeutischen Erfolg beigetragen haben. Diese Mängel in der Darstellung können ja im Bereich der Psychiatrie und der psychoanalytischen Arbeit schon deshalb so besonders leicht unterlaufen, weil die Schilderung der wirklichen Vorgänge, wollte sie vollständig sein, einen Raum beanspruchte, der niemals zur Verfügung steht.

Obgleich es nun in Anbetracht dieser Sachlage recht schwierig ist, aus den bisher vorliegenden Publikationen zu entnehmen, was in der Praxis tatsächlich geschieht, scheint doch sicher zu sein, daß über bestimmte Seiten der analytischen Therapie bei Kindern und Jugendlichen gemeinsame Ansichten bestehen, während in anderer Hinsicht differente Auffassungen diskutiert werden. Sowohl den Gemeinsamkeiten wie den Differenzen wollen wir kurz unsere Aufmerksamkeit widmen.

Zunächst einmal sind sich wohl alle (insbesondere auch die drei oben genannten Autoren) darüber einig, daß in der Kindertherapie die *Persönlichkeit des Analytikers* eine völlig andere Bedeutung erhält als in der Erwachsenenanalyse. Die Beziehung zwischen dem Analytiker und dem kleinen Patienten wird sehr persönlich und sehr intim. Anna Freud schildert uns mit Anschaulichkeit, wie sie um das Vertrauen des Kindes wirbt, wenn sie eine Therapie beginnt. Melanie Klein erläutert, daß die Analyse des Kindes eine „persönliche Angelegenheit ist zwischen ihr und dem Kind“ und Zulliger beschreibt uns, wie notwendig es sei, daß sich die Persönlichkeit des Analytikers zu voller innerer Reife und Weisheit entwickelte, da alles, was von der Person des Behandlers ausstrahlt, eine Wirkung entfalte, die in ihrer Eindringlichkeit nicht hoch genug veranschlagt werden könne.

Weiterhin besteht bei den Autoren Einigkeit darüber, daß die *Abhängigkeit* des Kindes von seinen *Eltern* die Führung der Therapie beeinflusse. Schließlich ist drittens wohl noch nirgends ernsthaft behauptet worden, daß die Therapie für die verschiedenen *Altersstufen* die gleiche zu sein habe. Die Modifikation der Therapie je nach dem Lebensalter des Kindes ist immer Gegenstand der Beschreibung analytischer Techniken gewesen.

Ebenso gemeinsam ist die (vielleicht banale) Feststellung, daß in den Kindertherapien neben das Gespräch das *Spiel* tritt. Das heißt, daß gehandelt und agiert wird, so daß der Umgang mit dem Kind nicht nur auf Gespräche beschränkt bleibt.

Neben diesen unbestrittenen Gemeinsamkeiten in der Auffassung über die Kinderanalyse beobachten wir die ersten leichten Akzentverschiebungen bereits bei der Frage, in welchem Ausmaß die Eltern des Kindes zur Unterstützung und

Mitarbeit herangezogen werden sollen. Anna Freud empfiehlt ein mehr oder weniger aktives Bemühen um die Umgestaltung des Milieus, in dem das Kind lebt. Sie will im Rahmen des Möglichen die beobachteten schädigenden Einflüsse ausschalten. Freilich fügt sie bei diesbezüglichen Überlegungen mit einer gewissen Einschränkung hinzu, daß die Kinderanalyse in das analytische Milieu gehöre. Sie meint, daß man bei den Eltern doch nicht mit ausreichendem Verständnis für die Therapie zu rechnen habe, falls diese nicht selbst analysiert seien. Melanie Klein weist im gleichen Zusammenhang mit einem gewissen Recht darauf hin, daß man in der überwiegenden Mehrzahl der Fälle eine ambivalente Einstellung der Eltern zu erwarten habe, so daß man schon zufrieden sein dürfe, wenn sie die analytische Tätigkeit nicht störten. Niemals jedoch, so meint sie mit einigem Nachdruck, dürfe sich die von der Umgebung geleistete Hilfe zu einem wesentlichen Rückhalt der analytischen Arbeit entwickeln. Zulliger wiederum empfiehlt, daß man als erstes die Verbindung mit den Eltern des Kindes suchen möge, bevor man überhaupt die Therapie in Angriff nähme.

Man sieht, daß bereits so wesentliche formale Fragen, wie der Umgang mit den Eltern (mindestens in der Theorie) von verschiedenen Autoren nicht gleichartig behandelt werden. Ähnliche Unterschiede finden wir bei den Ansichten über die Beziehungen zwischen Kinderanalyse und *Pädagogik*. Melanie Klein empfiehlt mit Nachdruck, Erziehung und Analyse streng auseinanderzuhalten, dies insbesondere deshalb, weil sie den Eltern nahelegt, Erziehungsversuche auf keinen Fall mit Hinweis auf die analytische Behandlung zu unternehmen.

Anna Freud formuliert in bezug auf die erzieherischen Aufgaben des Analytikers fast entgegengesetzt. Sie schreibt: „Der Analytiker vereinigt also zwei schwierige und eigentlich einander widersprechende Aufgaben in seiner Person: Er muß analysieren und erziehen, das heißt er muß in einem Atem erlauben und verbieten, lösen und wieder binden. Gelingt ihm das nicht, so wird die Analyse dem Kinde zum Freibrief für alle von der Gesellschaft verpönten Unarten. Gelingt es ihm aber, so macht er damit ein Stück verfehlter Erziehung und abnormer Entwicklung rückgängig und verschafft so dem Kinde oder demjenigen, der über das Schicksal des Kindes entscheidet, noch einmal die Möglichkeit, es besser zu machen.“ [1]

Die Frage des pädagogischen Anteils im psychoanalytischen Umgang mit Kindern ist tatsächlich im Schrifttum mehr als einmal debattiert worden. Oft genug mit ungenügenden Mitteln und theoretisch unvollkommenen Voraussetzungen. Hat man ein Zerrbild pädagogischer Grundhaltung im Sinn (das heißt versteht man unter Pädagogik etwa nur die Haltung des Verbietens und Befehlens), dann kann es freilich geschehen, daß ein Für und Wider mit Ernst und Eifer durchdiskutiert wird. Macht man sich stattdessen den Grundsatz

---

[1] Einführung in die Technik der Kinderanalyse, S. 82.

Pestalozzis zu eigen, der erklärt, daß Erziehung „Liebe und Beispiel" sei, dann wüßte ich nicht, wie eine analytische Kindertherapie ohne erzieherische Haltungen dieser Art auskommen sollte. Es gibt, wie ich meine, keine Kindertherapie, in der dem Kind nicht ein Wertgefühl vermittelt wird, also ein „Ich-Ideal" aufgerichtet, es gibt keine Therapie, in der ein Kind sich nicht mit den Leitbildern der umgebenden Gesellschaft auseinanderzusetzen hätte.

Mit dieser Überlegung hätten wir freilich nur eine sehr spezielle Seite der pädagogischen Bemühung erörtert. Wir sollten daneben ein zweites Problem nicht übersehen: In welchem Ausmaß Belehrung, Vermittlung von Kenntnissen und Wissensstoff in der Kinderanalyse eine Rolle spielt, ist nach meiner Ansicht in den bisherigen Publikationen nicht ausreichend gewürdigt worden. Das Problem des Lernens und Umlernens und die Korrektur von fehlerhafter Arbeitsmethodik mit Hilfe der Psychotherapie tritt in den meisten Darstellungen von Kinderbehandlungen recht erheblich in den Hintergrund. Ich selbst halte dieses Thema jedoch für wichtig genug, um ihm ein gesondertes Kapitel zu widmen.

Freilich gehören die bisher genannten Themen in einen verhältnismäßig allgemeinen und unspezifischen Rahmen hinein. Zu drei weiteren Problemen, die sehr speziell den analytischen Umgang des Therapeuten mit dem Kind betreffen, sind nun außerdem recht lebhafte Meinungsverschiedenheiten entstanden. Die Bedeutung des *Spiels* in der Kinderanalyse, die Rolle der *Übertragung* und schließlich der Wert von *Interpretationen* oder Deutungen im Verlauf der Therapie werden sehr verschiedenartig gesehen und beurteilt.

Soweit ich sehen kann, entspringt ein Teil der vorliegenden fachlichen Differenzen historischen Gegebenheiten. Ist doch die Beobachtung und psychotherapeutische Arbeit mit Kindern teilweise recht erheblich dadurch behindert worden, daß man den Umgang mit Kindern und Jugendlichen anfangs stark an den therapeutischen Techniken der Erwachsenenanalyse orientierte. Dieser Vorgang ist geschichtlich natürlich zwanglos zu verstehen, hat jedoch mancherlei Schwerfälligkeit in der Beschreibung, Hitzigkeit in der Diskussion und auch Unklarheiten in der theoretischen Fundamentierung mit sich gebracht.

Die *allgemeine Zielsetzung* der Therapie ist natürlich für jeden Kinderanalytiker die gleiche: Man erstrebt die Auflösung von Ängsten und Verdrängungsreaktionen, die bessere Verarbeitung der Antriebs- und Impulswelt und eine Klärung in der Position zu den Eltern, bessere Realitätsanpassung, tragfähigere Gefühlslage usw. Trotzdem werden die therapeutischen Mittel, die zu diesem Ziel zur Verfügung stehen, sehr verschiedenartig beurteilt und auch die Reaktionen des Kindes nicht gleichsinnig gedeutet.

In bezug auf die *Spieltätigkeit* des Kindes steht Melanie Klein weitgehend auf dem Standpunkt, daß das Spiel lediglich als *Symbolsprache* des Kindes zu verstehen sei und daher in jeder Form einer *analytischen Deutung* nutzbar gemacht werden könnte. Melanie Klein vertritt zugleich die Auffassung, daß jede Deutung, so früh sie käme, nützlich sei und daß ein Aufschieben der Interpretation nur eine Verlängerung der Therapie darstelle. Anna Freud ist sehr viel vorsichtiger. Sie meint, daß das Spiel nur *unter anderem* Symbolsprache sei und sie übt zugleich große Vorsicht und Zurückhaltung, bis sie dem Kind eine analytische Interpretation als Deutung vorlegt. Zulliger formuliert zu dem gleichen Thema etwa so, daß er die verschiedenen Lebensäußerungen des Kindes im Spiel begleite und nutzbar mache und er beschreibt uns einprägsam, wie dieses „Nutzbarmachen" vor sich gehen kann, *ohne* daß in irgendeiner Form eine psychologische Deutung verbalisiert wird. Das bedeutet, daß eine erfolgreiche Therapie zum Abschluß kommen kann, ohne daß dem Kind ein quasi theoretisches Gespräch über seine unbewußten seelischen Vorgänge zugemutet wird.

Ähnlich different wie die Ansichten über Spiel, Symbolsprache und Interpretationen sind auch die Auffassungen der Autoren in bezug auf die sogenannte *Übertragung.* Diese Debatte freilich stammt ganz und gar aus dem wenig sinnvollen Vergleich der Kinderanalyse mit der Therapie der Erwachsenen. Anna Freud sagt sehr mit Recht, daß man in einer analytischen Situation, die von der Erwachsenenanalyse völlig verschieden sei, nicht jene Reaktionen erwarten dürfe, die dort (in einer künstlich hergestellten Lage) spezifisch wären. In der Analyse des Erwachsenen wird der Analytiker entpersönlicht und die Aufmerksamkeit des Patienten ganz seinen vorbewußten und unbewußten Vorgängen zugewandt. Alle Übertragungsphänomene müssen zentral als Folgen dieser therapeutischen Situation angesehen werden. Auch in der Kinderanalyse beobachten wir selbstverständlich charakteristische erworbene Einstellungen der kleinen Patienten. Diese erworbenen Einstellungen und Haltungen der Umwelt gegenüber manifestieren sich natürlich auch im Umgang mit dem Therapeuten. Andererseits sind diese Reaktionen des Kindes bei weitem realer als in der Erwachsenenanalyse und sehr viel mehr auf die *wirkliche Person* des Analytikers gerichtet. Wir erwähnten ja schon, daß alle Autoren der Ansicht sind, daß in der Kinderanalyse die Person des Therapeuten in ganz anderer Weise in die persönliche Beziehung mit dem Kind eintritt, als es je in einer Erwachsenentherapie zu denken wäre.

Es würde nun sicherlich viel zu weit führen, wollten wir die soeben kurz skizzierte Debatte zwischen den verschiedenen Auffassungen über Details der Kindertherapie noch weiterführen. Ich sagte schon, daß sich niemand die Lektüre der vorliegenden Publikationen ersparen kann. Andererseits bin ich tatsächlich selbst niemals ganz sicher, ob die dargestellten theoretischen Unterschiede auch wirklich von entsprechenden Unterschieden in der Praxis begleitet werden. Immerhin sollten wir aus einer solchen Feststellung doch eine Nutzanwendung ziehen.

Ich bin der Meinung, daß jede analytische Therapie in weite Bereiche des kindlichen Erlebens eingreift und daß wir uns deshalb bei der Darstellung therapeutischer Methoden das Gesichtsfeld nicht allzu sehr verengen dürfen. Der Umgang mit unbewußtem Erlebnismaterial, der seelische Prozeß, den man vielleicht mit Deutungen oder Interpretationen in Gang bringt, die Rolle der

Übertragungsanalyse im Verlauf der Therapie, all dies ist beim therapeutischen Umgang mit dem Kind sicherlich nur ein *Bruchteil* dessen, was von unserem therapeutischen Verhalten schließlich wirksam wird. Dies gilt in vollem Umfang bereits für jenen Teil therapeutischer Vorgänge, die sich im *Gespräch* vollziehen. Vieles, was wir zu dem Kind sagen, kann bei ihm einen seelischen Vorgang in Gang setzen, der wesentliche therapeutische Hilfe bringt. Trotzdem braucht es sich bei dem Gesagten nicht um eine „Interpretation“ zu handeln. Bewegen wir uns doch im Verlauf des therapeutischen Gesprächs innerhalb sehr verschiedenartiger Kategorien, von denen wir wenigstens die wichtigsten kurz in ihrer Bedeutung würdigen wollen: *Anteilnahme* und *Interesse* des Therapeuten bedeuten für jedes Kind, das in Behandlung kommt, ein wesentliches Erlebnis, insbesondere wenn es sich in seiner Familie mit ausgedehnten Abwehrreaktionen auseinanderzusetzen hat. Die therapeutische Wirkung dieser Haltung ist groß. Trifft das Kind nicht nur auf Interesse und Anteilnahme, sondern auch auf Verständnis, insbesondere auf *wissendes Verständnis*, dann erlebt es wiederum etwas Neues. Wenn nämlich der Therapeut dem Kind das Gefühl vermitteln kann, daß er seine Probleme und Konflikte ahnt und versteht, ist dies ein wichtiger therapeutischer Akt. *Zuspruch* und *Trost* sind mit Verständnis nicht identisch, sie sind auch nicht immer angebracht, aber wiederum als eine spezielle Seite therapeutischer Möglichkeiten wichtig. *Bestätigung*, Anerkennung und *Lob* sind wiederum andere Kategorien des Verhaltens und Reagierens, die sich von Anteilnehmen oder Verständnis abheben und deren Wirkung immer dahin geht, daß jene Seiten der kindlichen Persönlichkeit, die wir gelobt haben, zu intensiverer Entfaltung kommen.

Es scheint mir wichtig, daß wir die soeben aufgezählten möglichen Verhaltensweisen des Therapeuten auch in ihrer Bedeutung auf halbbewußte, vorbewußte oder unbewußte seelische Vorgänge richtig würdigen. Ohne auch nur eine einzige Deutung oder Interpretation auszusprechen, können wir allein mit den bisher beschriebenen Verhaltensweisen wesentliche innere Umstrukturierungen in Gang bringen. Ein Kind, dem bei einem ersten zaghaften Probierschritt der freundliche Blick schweigender Anteilnahme zuteil wird, wagt diesen Schritt eher, als wenn es unbeobachtet ist oder allein. Es wird jeden neuen Impuls leichter in die Tat umsetzen, wenn es dafür gelobt wurde, als wenn es Indifferenz erfuhr. Erfährt ein Kind von uns sogar aktive *Ermunterung* bei seinen ersten zaghaften Ansätzen zur Aktivität, dann riskiert es noch leichter, seine Pläne zur Ausführung zu bringen. Ermunterung hebt sich ganz unbedingt von Anteilnahme und Bestätigung ab und bedeutet von seiten des Therapeuten einen Zuwachs an *aktiver Lenkung* des therapeutischen Prozesses. Die therapeutische Aktivität wird noch größer, wenn wir in gegebenen Situationen dem Kind eine direkte *Aufforderung zu bestimmten Verhaltensweisen* geben. Neben die Aufforderung tritt der *Rat*. Kinder mit Geschwisterkonflikten oder Freundesproblemen verhalten sich zum Beispiel oft ungeschickt. Unter Umständen wollen sie von uns wissen, wie sie es besser machen können. In bestimmten

Situationen sprechen wir mit ihnen tatsächlich Möglichkeiten des Verhaltens durch. Es verschwistern sich dann mit dem Rat die allgemeine *Belehrung, Information* oder Weltorientierung. Korrektur des Weltbildes, Belehrung über Fehlurteile und die Information über Unbekanntes spielen tatsächlich in allen Gesprächen mit Kindern (schon mit sehr jungen Kindern) eine recht große Rolle. Es ist klar, daß jede Belehrung, jeder Rat, jede Information ihrerseits auf die Entwicklung des Kindes wirken müssen und außerdem auch auf seine unbewußten Reaktionen Einfluß nehmen. Eine Orientierung über das, was man in dieser Welt tun und lassen kann, was man darf und was man nicht darf, was anerkannt und was abgewehrt ist, vermittelt dem Kind ein bestimmtes Weltbild, an dem es sich orientiert und das ihm vielleicht hilft, alte Ängste aufzugeben und verdrängte Impulse unbekümmerter zu verarbeiten.

Man sagt im allgemeinen, daß die analytische Haltung des Therapeuten in der Kindertherapie tolerant, herzlich und zugewandt sein solle. Die Kategorien, von denen wir soeben gesprochen haben, gehörten alle in den Bereich positiver Bestätigung des Kindes. Es wäre jedoch ein schwerer Fehler, wenn wir übersehen wollten, daß wir in jeder Kindertherapie auch mit den *entgegengesetzten* Haltungen der *Abwehr* oder gar *Mißbilligung* arbeiten. Wir dulden keineswegs jeden Impuls des Kindes, wir lassen gelegentlich leisere oder lautere Unzufriedenheit deutlich werden und wir üben unter Umständen sogar ganz umrissen formulierte *Kritik*. Könnte man (wie es sogar versucht wurde) zahlenmäßig registrieren, wie häufig wir uns im therapeutischen Umgang entweder im Bereich der Anteilnahme, der Emunterung, der Anerkennung und des Lobes bewegen und wie häufig wir andererseits abwehren, mißbilligen oder kritisieren, dann würde sich — so steht mindestens bei einer guten Therapie zu hoffen — zeigen, daß die positiven Reaktionsformen bei weitem häufiger lebendig werden als die abwehrenden und kritischen.

Wie häufig daneben dem Kind Belehrung und Information dargeboten werden müssen, hängt natürlich jeweils von der Einzelsituation des Falles ab. Alles in allem ist auf jeden Fall sicher, daß diese soeben beschriebenen Seiten unseres therapeutischen Verhaltens in ihrem Einfluß auf das kindliche Erleben eine große Rolle spielen. Und wir müssen auch immer bedenken, daß sie im Verlauf einer therapeutischen Stunde bei weitem häufiger wirksam werden als die viel diskutierten Deutungen oder Interpretationen. Analytische Interpretationen als sehr spezifisches therapeutisches Hilfsmittel werden uns sogleich beschäftigen. Zuvor müssen wir noch darlegen, mit welchen besonderen Problemen und Möglichkeiten wir es zu tun haben, wenn wir mit Hilfe der Spieltätigkeit selbst die verdrängten kindlichen Regungen und Impulse ihrer pathogenen Dynamik entkleiden wollen.

Zu einem Teil können sich im Verlauf der gemeinsamen Spieltätigkeit zwischen Kind und dem Therapeuten verdrängte und fehlgeleitete Impulse ankündigen und zur *direkten Betätigung* drängen. Es ist immer eine wichtige und oft diskutierte Frage gewesen, in welcher Form und in welchem Ausmaß man bei einem kindlichen Patienten das direkte *Ausagieren* der Impulse fördern oder auch nur dulden sollte. Wir haben es hier mit sehr subtilen Einzelproblemen zu tun. Der befreiende Effekt dieses direkten Ausagierens ist nämlich unbestritten, jedoch ist er nicht unbegrenzt. Wir werden aus gutem Grund ein *eigenes Kapitel* zur Frage der direkten Betätigung verdrängter Impulse und direkter Befriedigung verdrängter Bedürfnisse zusammenstellen.

Wenn es sich nun im Verlauf der Therapie als unzweckmäßig erweist, dem Kind direktes und schrankenloses Agieren zu erlauben, dann steht uns als weiteres fast unbegrenztes Hilfsmittel das *Symbolspiel* zur Verfügung, in dem die verborgenen Konflikte des Kindes zur Gestaltung drängen und agierend durchgelebt und durchgefühlt werden können. Die Beteiligung des Therapeuten am Symbolspiel, im Miterleben und Mitagieren, ist wiederum ein spezifisches Hilfsmittel für den Heilungsprozeß.

Andererseits gibt gerade das Symbolspiel eine Fülle von Gelegenheiten, die unbewußten Konflikte des Kindes, seine Ängste und Phantasien mit Hilfe von *analytischen Deutungen* zu beeinflussen. Diesem Thema müssen wir eine ganz besondere Aufmerksamkeit zuwenden:

Der Begriff der „Deutung" im psychoanalytischen Sinn ist sehr oft mißverstanden worden. Insbesondere legt man ihm in Laienkreisen gern einen allzu engen oder auch fehlerhaften Sinn bei. Man stellt sich vor, daß der Analytiker, der eine Interpretation gibt, dem Kind, dem Jugendlichen oder dem Erwachsenen eine direkte Mitteilung über jene unbewußten Erlebnisvorgänge macht, die man in ihm vermutet, in der Hoffnung, daß auf diesem Wege der unbewußte Erlebnisinhalt bewußt werden könnte und sich damit einer besseren Verarbeitung zugänglich zeigen. Den ersten Irrtum, der sich hier einschleichen kann und dem wir vorbeugen wollen, haben wir schon beim Gespräch mit den Eltern diskutiert: Niemals ist einem Patienten etwas mit einer angelernten *intellektuellen Scheineinsicht* genützt! Der Analytiker strebt solche Einsichten auch nicht an, sondern er versucht, sie zu verhüten. Das, was er in Wahrheit erstrebt, ist ein *Gefühlsprozeß*, der eine harmonischere innere Verfassung des Patienten zur Folge hat. Intellektuelle Einsichten sind, sofern sie sich nicht sogar als schädlich erweisen, von zweitrangiger Bedeutung. Sie sind immer solange nutzlos, als sie ohne die gleichzeitig aufwallende und zugehörige emotionale Beteiligung auftreten, ohne die wir mit keiner Umstimmung der Gefühlslage rechnen können.

Allerdings muß man wohl sagen, daß die analytische Literatur, die Beispiele für Deutungen in der Kinderanalyse bringt, selbst zu keinem kleinen Teil an der Entstehung dieser Mißverständnisse beteiligt ist. Es fehlt vor allem an einer sorgfältig differenzierenden Beschreibung über *Form* und *Dosierung* der deutenden Mitteilungen, die man dem Kind gibt. Insbesondere scheint mir, daß bei den Darstellungen des therapeutischen Verhaltens ein ganz bestimmter Unterschied nicht genügend herausgearbeitet wird, der gerade für den Lernenden von fundamentaler Bedeutung ist. Ich meine hier folgendes: Es kann vorkommen, daß wir in einem Kind auf Grund unserer Erfahrungen seelische Vorgänge *erraten,* die dem Kind selbst unbedingt bewußt sind, die es aber um keinen Preis verraten würde. Es kann sich um stark angstbesetzte Phantasien handeln, um ebenso ängstliche Erinnerungen an Verbotenes, das getan wurde, oder um das Erlebnis von Impulsen, die zu Verbotenem führen.

Ein Gespräch, das wir mit dem Kind über diese verschwiegenen inneren Regungen versuchen, muß für den kleinen Patienten auf jeden Fall einen ganz anderen Gefühlswert bekommen, als wenn wir zu ihm über einen offenkundig *völlig verdrängten* Impuls sprechen wollten, zu dem es bewußt keinerlei erlebnishaften Zugang hat. Soweit ich sehe, werden in den analytischen Darstellungen diese sehr verschiedenartigen Situationen häufig doch beide unter dem Begriff der Deutung subsumiert, nur deshalb, weil sich das Gespräch in beiden Fällen gewissermaßen um „analytisches Material" dreht. Es wird vielleicht sogar hinzugefügt (für den ersteren Fall der noch bewußten Phantasien), daß bei einem Kind die Verdrängungsdecke eben noch nicht so dicht sei wie bei einem Erwachsenen und deshalb eine größere Empfänglichkeit für analytische Deutungen bestünde. An sich ist diese Beobachtung ja nicht falsch. Sie berücksichtigt jedoch den großen Unterschied nicht ausreichend, den eine analytische Interpretation für ein Kind haben muß, wenn wir es gegebenenfalls mit einer der beiden Extremvarianten an den jeweiligen Enden der Verdrängungsreihe zu tun haben. Eine „Interpretation", die im Grunde nichts anderes ist als ein Verwörtern von angstbesetzten, aber *verschwiegenen* Erlebnisinhalten, kann (sofern sie dem Kind entsprechend nahegebracht wird) einen stark entlastenden Effekt haben. Eine Interpretation hingegen, die wirklich auf *völlig unbewußte* Dynamismen abzielt, zu denen das Kind im Augenblick überhaupt keinen inneren Zugang hat, wird es zunächst einmal nur verwirren.

Ein kleines Beispiel mag dies verdeutlichen: Ein 9jähriges Mädchen wird wegen einer heftigen Angstsymptomatik vorgestellt. Es weigert sich, zur Schule zu gehen. Die Angstsymptomatik hat nach einem Heimaufenthalt im Verlauf einer Kurverschickung eingesetzt. Nach den vorliegenden Berichten muß man vermuten, daß sich in diesem Heim zwischen den dort lebenden Kindern Dinge abgespielt haben, die das Kind schwer ängstigten und die es nicht mitzuteilen wagt. Die Wahrscheinlichkeit, daß es sich um sexuelle Spielereien der Kinder untereinander gehandelt hat, ist besonders groß. Ich spreche also zu Barbara von Möglichkeiten dieser Art, indem ich von Erlebnissen anderer Kinder in Heimen spreche, von sexuellen Vorkommnissen und von meiner Vermutung, daß auch ihr ähnliches widerfahren sein könnte. Ich beobachte das Kind genau, während ich diesen Bericht gebe, registriere Anteilnahme und langsam einsetzende Entlastung und schließe meinen Bericht mit den Worten: „Wenn Dir etwas ähnliches passiert ist, kann ich mir denken, daß Dich das sehr aufgeregt hat. Aber es ist nicht nötig, daß wir im Augenblick davon sprechen." Zwei Stunden später erhalte ich von dem Kind einen detaillierten Bericht dessen, was sich in dem Heim abgespielt hat.

Oder in anderer Situation: Ein Kind ist in starkem Ambivalenzkonflikt mit der Mutter befangen, hat starke Schuldgefühle wegen seiner eigenen aggressiven Regungen und verknüpft den faktisch eingetretenen Krankheitszustand der Mutter magisch mit seinen eigenen aggressiven Phantasien. Diese Grübeleien sind bei der 10jährigen verhältnismäßig bewußtseinsnah. Ich errate sie und spreche beiläufig davon: „Es ist schlimm, wenn jemand, auf den man gerade sehr wütend war, in diesem Augenblick krank wird. Man denkt, man hat vielleicht selbst ein bißchen Schuld daran. Jedenfalls geht das Erwachsenen so. Aber es ist nicht richtig. Die Krankheit ist ein Zufall und bei Menschen, die aufeinander wütend waren, obgleich sie sich gern hatten, kommt die Versöhnung eines Tages bestimmt."

Dieses andeutende Gespräch über vermutete Erlebnisinhalte im Kind befaßt sich sicherlich mit angstbesetzten oder schuldgefühlshaft erlebten seelischen Regungen. Aber es bezieht sich unbedingt auf *bewußtseinsnahe* oder *vollbewußte* innere Vorgänge. Dies sähe in folgender Situation ganz anders aus:

Hinter der Angstsymptomatik des 7jährigen Thomas, den die Mutter nicht einen Schritt aus dem Hause gehen läßt, stehen zwar heftigste Aggressionen gegen die Mutter, aber diese sind völlig verdrängt und verdeckt von dem lebhaften Angstgefühl, die eigene Existenz könnte bedroht sein, wenn die Mutter aus dem Blickkreis verschwindet. Bewußt erlebt wird die Angst um die Mutter und nicht die Tatsache, daß sich die innere Wut gerade gegen den einzigen schützenden Menschen der Umwelt richtet. Es wäre völlig unsinnig, wenn man zu dem Kind direkt, unmittelbar und ohne Vorbereitung von diesen latenten Aggressionen sprechen würde, selbst wenn man diagnostisch noch so sicher ist, daß der Kern der Angstsymptomatik eben von der ambivalenten und feindlichen Auseinandersetzung mit der Mutter getragen wird.

Wir werden sogleich sehen, welche Möglichkeiten der Form und Dosierung wir haben, um mit Hilfe von Interpretationen allmählich den tieferen Schichten des kindlichen Erlebens nahezukommen.

Im großen und ganzen habe ich den Eindruck gewonnen, daß erfahrene Analytiker, die für ihr frühzeitiges und ausgedehntes Deuten bekannt geworden sind, ein großes Geschick darin erworben haben, daß sie zunächst einmal die weitgehend bewußten Erlebnisinhalte, die nur ängstlich verschwiegen werden, ins Gespräch bringen, um dann nach und nach den Zugang zu den verborgeneren inneren Schichten zu finden. Dem Lernenden möchte ich auf jeden Fall nahelegen, daß er sich, bevor er eine analytische Deutung versucht, darüber Rechenschaft ablegt, was er von der vermuteten inneren Verfassung des Kindes weiß und wieweit er sich mit bewußtseinsnahen oder sehr weitgehend verdrängten seelischen Vorgängen befaßt.

Das technische Vorgehen wird ja, wie wir bereits aus unseren Beispielen ablesen konnten, gerade von diesen diagnostischen Vorüberlegungen entscheidend bestimmt. Form und Dosierung analytischer Interpretationen hängt ganz wesentlich davon ab, wie *direkt* oder wie *verhüllt* man mit dem Kind über seine inneren Erlebnisweisen sprechen will. Die gradweise Abstufung des therapeutischen Verhaltens, die wir hier kennen, soll kurz skizziert werden:

Grundsätzlich bin ich der Ansicht, daß man — mindestens für den Beginn einer Kinderanalyse — gut daran tut, wenn man zunächst einmal bei *sehr indirekten Anspielungen* bleibt. Hier ist das Mittel der Wahl die früher schon besprochene sogenannte *Fremdschilderung* (S. 176). In diesen Fällen bespreche ich (wie schon in den Beispielen angedeutet) mit dem Kind sein eigenes Erleben, seine Impulse, Wünsche und Phantasien nicht direkt, sondern ich knüpfe mit ihm ein Gespräch über das Schicksal und Erleben anderer Kinder an. Ich erzähle dem kleinen Patienten von anderen Kindern mit verwandten oder gleichartigen Problemen und berichte, was diese anderen Kinder innerlich beunruhigt hat. Bei diesem Vorgehen mache ich mir die bekannte Tatsache zunutze, daß Kinder ganz generell sehr lebhaft daran interessiert sind, was für Krankheiten wohl andere Kinder in die Psychiatrische Klinik geführt haben mögen. Unter Umständen spreche ich bei solchen Fremdschilderungen nicht einmal von anderen Kindern, sondern sogar von Erwachsenen und rücke damit das gesamte Problem noch einmal ein Stück weiter von der Person des kranken Kindes selbst weg. Mit dieser Methode der Fremdschilderung erreiche ich (ähnlich wie bei den Eltern) auf jeden Fall zweierlei: Ich habe zunächst einmal die gesamte Problemstellung unpersönlich gemacht und jene Beunruhigung, Erregung und Abwehr vermieden, mit der ich bei dem Kind zu rechnen hätte, wenn es sich oder mir direkt sagen sollte: „So erlebe ich.“ Trotz — oder gerade wegen — dieser Distanzierung, die ich dem Kind ermögliche, erreiche ich es aber auch, daß sich der kleine Patient nun mit dem Thema als solchem befaßt. Ich kann also das Problem in seiner Bedeutung zwar behandeln, jedoch in einer bei weitem angstfreieren und harmloseren Atmosphäre, da ja vorerst nur das Erleben eines anderen einer mehr oder weniger neutralen Beurteilung unterzogen wird.

Hat man bemerkt, daß man mit seinen eigenen Überlegungen diagnostisch auf der richtigen Fährte ist, dann kann man allmählich einen direkteren Bezug zum Erleben des Patienten selbst herstellen. Man macht etwa eine halbe Andeutung: „Vielleicht geht es Dir ähnlich“, oder man bietet dem Kind, wie Zulliger es beschreibt, die mögliche Deutung in Frageform an. Man fordert dann das Kind, mit dem man soeben über einen anderen gesprochen hat, auf, im gleichen Zusammenhang einmal über sich selbst nachzudenken. Kinder, die in dieser Form gewissermaßen auf die Fährte gesetzt werden, entwickeln oft ein hohes Maß an differenzierter Selbstschilderung, die in ihrer Spontaneität jede Möglichkeit des Analytikers übersteigt.

Im übrigen ist klar, daß auch für das junge Kind jener Grundsatz gilt, den wir bereits bei der kurzen Abhandlung analytischer Gespräche mit Erwachsenen kennengelernt hatten: Bei der Bearbeitung verdrängter Impulse (also nicht bei der Bearbeitung angstbesetzter Phantasien) spricht man den Patienten von der *Lücke* her an und bezieht sich zunächst nicht direkt auf den unbewußten Impuls. Macht man es anders, braucht man sich über das Ausbleiben des therapeutischen

Effektes und die vielleicht sogar einsetzende Verwirrung des Patienten nicht zu wundern.

Es erscheint mir nun zweckmäßig, daß ich die abstrakten theoretischen Erörterungen über den psychoanalytischen Umgang mit dem Kind nicht noch weiter ausdehne. Was wir noch an differenzierteren Unterscheidungen erörtern wollen, soll nicht ohne die Hilfe illustrierender kasuistischer Beispiele geschehen. Ich habe mich dabei entschlossen, in den kommenden Kapiteln, die mit der Darstellung therapeutischer Episoden angefüllt sind, drei verschiedene Gesichtspunkte getrennt zu berücksichtigen. Zum einen wollen wir, wie schon angekündigt, etwas genauer erörtern, in welchem Ausmaß wir das *direkte Ausagieren* von Impulsen und Bedürfnissen in der Therapie fördern und lenken sollen. Das zweite größere Kapitel geht um die Auseinandersetzung des Kindes mit sich selbst und die *typischen Konflikte,* mit denen wir es zu tun haben. *Symbolspiel* und begleitendes Mitagieren, evtl. *Interpretieren* des Therapeuten wird hier im Mittelpunkt unserer Darstellungen stehen. Ein drittes Kapitel stelle ich gesondert zum Thema der *Lern-* und *Leistungsschwierigkeiten* zusammen, da ich, wie gesagt, der Ansicht bin, daß hier in den bisher vorhandenen Publikationen zur Technik der Therapie manche Lücke offen geblieben ist.

Bevor wir jedoch diese drei Kapitel in Angriff nehmen können, müssen wir noch einige allgemeine Angaben über Spiele im psychotherapeutischen Gebrauch vorwegschicken.

2. *Spiele im psychotherapeutischen Gebrauch*

Friedrich Fröbel hat seine Schriftenreihe über Theorie des Spieles eingeleitet mit einem Wort von Jean Paul „Genüsse geben den Kindern kein Paradies, sondern helfen es nur verscherzen. *Spiele,* das heißt Tätigkeit, nicht Genüsse, erhalten sie heiter." Das Spiel als eine Urform menschlichen Erlebens und Verhaltens hat seit Jahrhunderten nachdenkliche Menschen — Philosophen und Pädagogen — beschäftigt. Die Zahl der Versuche, eine „Theorie" des Spiels aufzustellen oder gar eine „Definition" für menschliches Spielen zu finden, sind nicht klein. Ausführlich und sorgfältig sind die Bemühungen der Pädagogen, die kindliche Spieltätigkeit so zu pflegen und zu lenken, daß sie die geistig-körperliche Entwicklung der betreuten Kinder fördert.

In diesem Buch steht lediglich zur Debatte, inwieweit wir die spielerischen Lebensäußerungen eines Kindes für die ärztliche Tätigkeit nutzbar machen können. Immerhin dürfen wir wohl einen Augenblick mit Gewinn bei dem reichen wissenschaftlichen Material verweilen, das bereits zum Problem menschlichen Spielens zusammengetragen worden ist.

Wie so oft in der vorwissenschaftlichen Entwicklung menschlichen Denkens ist die Debatte um den Begriff des Spiels einem typischen menschlichen Irrtum verfallen. Es hat sich der häufige Vorgang abgespielt, daß ein vorwissenschaftlicher Begriff (dem offenkundig ein wichtiger Tatbestand zugrunde liegt) nun in feste konventionelle wissenschaftliche Definitionen gebunden werden sollte.

Hans Scheuerl, dem wir in jüngster Zeit ein sorgfältig durchdachtes Buch über das Spiel verdanken, hat zweifellos recht wenn er meint, daß viele, die sich zum Thema des Spieles geäußert haben, sehr verschiedene Dinge im Sinn hatten. Die meisten Theoretiker des Spiels haben in ihren verschiedenartigen Beschreibungen und Definitionen wohl jene Merkmale einbezogen, die Kant in den Mittelpunkt stellte, nämlich „zweckfrei und angenehm". Spiel wird so im Gegensatz zur Leistung verstanden als zweckfreies Handeln und als eine Beschäftigung, die in sich selbst angenehm ist. Karl Bühler hat den sehr glücklichen Begriff der „Funktionslust" in die Diskussion um das Spiel eingeführt. Huizinga hat den Spielbegriff dann fast ins Metaphysische ausgeweitet. Auf Hegel geht es wohl zurück, daß der Begriff der Freiheit als wichtiges Charakteristikum menschlichen Spielens hervorgehoben wurde und Gustav Bally hat in seiner „Deutung des Spiels bei Mensch und Tier" (vom Ursprung und von den Grenzen der Freiheit) das Spiel als „die Bewegung der Freiheit" schlechthin bezeichnet. Diese Theorie des menschlichen Spielens enthält wesentliches Material aus Schillers Philosophie über spielerische Geschehen.

Wir können hier wohl kaum den Versuch unternehmen, eine Darstellung der verschiedensten Theorien des Spieles zusammenzustellen. Mir scheint auch, daß der Versuch, „Sinn" oder „Wesen" des menschlichen Spiels richtig zu verstehen, zu komplizierten philosophisch-metaphysischen Spekulationen geführt hat. Es scheint mir auch kein sehr glückliches Beginnen, wenn man versucht, eine Begriffsbestimmung des Spiels so starr festzulegen, daß man ein bestimmtes kindliches oder menschliches Verhalten nur dann Spiel nennen will, wenn bestimmte Eigenschaften garantiert sind. Die engen Beziehungen zwischen zweckfreiem und erfreulichem Handeln zum Lernvollzug und auch zur Arbeitsleistung machen es doch wohl unmöglich, mit starren Grenzen zu operieren, die der Vielfältigkeit menschlichen Erlebens nicht gerecht werden können. Wenn wir uns darauf beschränken, zu beobachten, Merkmale zu beschreiben und ursächliche Wirkungszusammenhänge zu erfassen, dann entgehen wir zwanglos vielen Schwierigkeiten, die sich immer erheben, wenn sich der Mensch im Netz einer selbstkonstruierten „Definition" verfängt.

In welche Gefahren wir kommen, wenn wir theoretische Spekulationen vor die Beobachtung der Wirklichkeit setzen, zeigt sich uns wohl am besten am Thema menschlicher Freiheit. Freiheit soll ein wichtiges Charakteristikum jeglichen menschlichen Spielens sein. Wird der Begriff der Freiheit stark metaphysisch ausgedehnt oder überhaupt in einem philosophisch prinzipiellen Sinn verstanden, dann geraten wir hier rasch in theoretische Schwierigkeiten, die ganz besonders für unsere Problematik von Wichtigkeit sind. Wir müssen sie kurz erläutern:

Freiheit als wichtigster Teil kindlichen Spielens bringt alle jene Theoretiker in Schwierigkeiten, die sich mit der empirischen Tatsache auseinandersetzen müssen, daß kindliches Spiel zwar zweckfrei, erfreulich und ohne bestimmte Zielsetzung der Tätigkeit zu Leistung und Arbeit ist, jedoch trotzdem *inneren*

Determinanten unterliegt, die gerade für die therapeutische Bedeutung kindlichen Spieles von zentraler Wichtigkeit sind. So sind in die Debatte um kindliches Spiel und seine therapeutischen Möglichkeiten Probleme hineingetragen worden, die die Klärung der Lage nicht immer erleichtert haben. Man hat den Begriff der Freiheit überdehnt, und zwar in die Metaphysik hinein, und hat jegliche Determination menschlichen Spielens für abwegig erklärt, da sie mit dem (postulierten) Begriff der Freiheit menschlichen Spielens in Widerspruch stehe. Die so konstruierte Problematik fällt natürlich sofort in sich zusammen, wenn man sich klarmacht, daß im menschlichen Spiel bewußte Zwecksetzung zwar entfällt, jedoch unbewußte Determinanten und Motive selbstve-ständlich existieren. Denn in alle Formen spielerischen Handelns, denen sich der Mensch überlassen kann, geht jede einzelne der Möglichkeiten, Gestaltungswünsche und Probleme menschlichen Erlebens ein, die je die Psychologen beschäftigt haben. Wäre dies anders, dann könnten wir kaum ernsthaft versuchen, kindliches Spiel in seiner Beziehung zu pathologischen Seelenvorgängen zu verstehen und noch weniger könnten wir kindliches Spiel im Rahmen ärztlicher Bemühungen um sein Seelenleben verwenden.

Es ist ja klar, daß jeder einzelne, der sich um die Bedeutung der verschiedenen Spiele für Kind und Erwachsene bemüht, an den Gesichtspunkten orientiert ist, die ihm besonders nahestehen. Der Lehrer und Erzieher denkt besonders an jene Spiele, die die Persönlichkeit seines Zöglings besonders glücklich formen und bilden können und er hat zugleich ein intensives Bestreben, die Spieltätigkeit dem Lernen dienstbar zu machen; das Lernspiel und Übungsspiel nimmt einen großen Raum ein in allen pädagogischen Überlegungen über das Spiel. Die Frage, ob man ein Kind eher zu freitätigen Gestaltungen und Darstellungen anregen solle oder ihm vorgeformtes Spielmaterial anbieten, das seine Sinnesfunktionen in besonderer Weise übt, hat in der Debatte um Friedrich Fröbel und Maria Montessori ihren Niederschlag gefunden.

Für unsere ärztlich orientierten Zwecke ist es wohl nützlich, wenn wir eine kurze, mehr oder weniger additive Zusammenstellung von Spielen bieten, die uns deutlich macht, wie verschiedene Seiten menschlichen Fühlens und Handelns in verschiedenen Spieltätigkeiten lebendig werden. Wir ordnen diese Übersicht dabei gleichzeitig so an, daß wir kurz auf die Beziehung zu therapeutischen Möglichkeiten eingehen können. Ich unterscheide für unsere hier vorliegenden Zwecke gern folgendermaßen:

a) Beschäftigungsspiele mit konstruktivem Gestalten am Material

Spielerische Übung, die den Materialumgang des Kindes pflegen will, ist immer ein wichtiger Teil therapeutischer Bemühungen, insbesondere dann, wenn eine neurotische Ungeschicklichkeit des Motoriums vorliegt. Dabei müssen auch wir die übliche Unterscheidung benutzen, die einerseits von einem Spiel mit *vorgeformtem* Material spricht (also etwa beim Flechten, bei der Laubsäge, beim

Stabilbaukasten, beim Legobauen usw.) und die davon das Angebot von völlig amorphem Spielmaterial abhebt. Sand, Wasser, Farben, Ton, Holz für Schnitzarbeiten und ähnliches, geben dem freien Einfall und der spontanen Initiative einen anderen Raum als die Beschäftigung mit normierten Bausteinen.

Werkgestaltung und Werkspiel haben immer eine nahe Beziehung zum Lernspiel allgemein. Wir müssen uns unter therapeutischen Aspekten hier jedoch an eine wichtige psychologische Unterscheidung gewöhnen: Konstruktiver Materialumgang kann in sich selbst Freude und Befriedigung schaffen. Das fertiggestellte Bauwerk, die gelungene Flechtarbeit, die geschickt ausgesägte Figur erfreuen das Kind, weil es sich selbst als tätig und geschickt erlebt hat. Daneben kann die Werkgestaltung jedoch auch zur Darstellung von *Erlebnisinhalten* werden. Besonders bei amorphem Spielmaterial kann dieser Aspekt der bei weitem wichtigere sein und wir haben damit bereits die zweite Seite therapeutischer Spiele:

b) Die spielerische Gestaltung von Erlebnisinhalten

Jedes amorphe Spielmaterial regt, wie gesagt, dazu an, dem eigenen inneren Erleben Gestalt zu verleihen. Die „Symbolsprache", zu der das kindliche Spiel dann werden kann, ist vielfältig beobachtet und erörtert worden. Zeichnen, Malen, das Schnitzen in Holz, das Formen in Sand, Ton oder Plastellin gibt dem Kind die Möglichkeit, Figuren, Geschehnisse, Erdachtes und Erlebtes darzustellen und auf diesem Wege der inneren Phantasiewelt Leben zu verleihen. Abgesehen von dieser Möglichkeit, die das Kind in der selbständigen Materialgestaltung entdecken kann, bringen Kasperlespiel oder allgemeineres Rollenspiel viele Chancen, die innere Erlebniswelt in realem Geschehen darzustellen. Märchenerzählen, bei größeren Kindern organisiertes Theaterspiel, kann zum wichtigen Bestandteil der Kommunikation zwischen Arzt und Patienten werden.

Die aktive Bemühung auf seiten des Therapeuten, der die verborgenen Erlebnisvorgänge das Kindes spielerisch hervorlocken möchte, hat zu der Zusammenstellung sogenannter projektiver Tests geführt. Man läßt das Kind dann nicht frei seinen spontanen Einfällen der Gestaltung folgen, sondern man bietet ein bestimmtes gefühlsbetontes Anreizmaterial, das zum Ausgangspunkt seiner Betätigung wird. Sei es in den sogenannten Fabeltests, indem man kleine Geschichten bestimmten Inhaltes erzählt, sei es im CAT oder TAT, der bestimmte Bilder mit affektbetonten Szenen verwendet oder im Scenospiel, das figürliches Material von einprägsamem Gefühlswert anbietet.

Beschäftigungsspiele am Material sind zunächst einmal eine Auseinandersetzung des Kindes mit den Gegenständen, die es formt. Die Gestaltung von Erlebnisinhalten setzt oft bereits den Zuhörer oder den Zuschauer voraus. Die nächste Gruppe von Spielen, die ich unterscheide, hat die Auseinandersetzung oder die Gemeinsamkeit mit einem menschlichen Partner nicht nur zur wichtigen Voraussetzung, sondern zum eigentlichen Inhalt des Spieles:

c) Gemeinschaftsspiele

Gemeinschaftsspiele und gemeinsames Spielen sind natürlich etwas Verschiedenes. Gemütlich zusammen kochen, gemeinsam am Sandkasten eine Burg bauen, zusammen etwas zeichnen oder malen, macht Vergnügen, weil es gemeinsam geschieht. Das sogenannte Gemeinschaftsspiel ist jedoch im allgemeinen ein „Regelspiel", bei dem den Kindern bestimmte Grundregeln bekannt sind und freiwillig befolgt werden. Gemeinsames Ballspielen, Bewegungsspiele, die als „Regelspiel" gespielt werden, wie etwa das Spiel „Goldene Brücke, zieh hindurch" oder Ratespiele, Kampfspiele, wie „Räuber und Prinzessin", Blindekuh und ähnliches.

Das Verstehen, Einhalten bzw. Respektieren von Regeln ist ein wichtiger Teil menschlichen Spielgestaltens und Spielverhaltens.

Für den Beobachter und Kindertherapeuten ist die Reaktion des Patienten auf Spielregeln von höchster Bedeutung und gibt wichtige Aufschlüsse über die allgemeine innere Verfassung des Patienten. Kinder können Spielregeln heimlich zu umgehen suchen („schummeln"), sie können darum bitten, daß man sie einmal schummeln läßt, damit sie gewinnen (sie appellieren dann an die Großmut des Therapeuten und wollen die Regel nicht heimlich überspringen), sie können sich selbst großzügig zeigen, wenn es um die Lockerung von Regeln geht, weil der Spielpartner in Verluststellung ist. Sie können übertrieben starr auf der Einhaltung der Regel beharren oder sie können selbst zu willkürlichen Durchbrüchen neigen, während sie gleichzeitig auf korrekte Einhaltung der Regeln beim Spielpartner pochen.

Die Freiheit des Regelspiels liegt, wie man sagt, in der Wahl der Regel. Und dies ist sicher richtig. In kaum einem Zusammenhang kann man die innere Freiheit eines Kindes besser beurteilen und abschätzen als bei der Beobachtung von Regelspielen. Ziehen wir in unsere Beobachtung und Beurteilung noch die Qualität des gespielten Spieles mit ein, dann gewinnen wir noch genauere Aufschlüsse über jene Seiten im Erleben des Kindes, die konfliktbesetzt und problematisch sind. Wir zählen einmal auf, welche Möglichkeiten der Beobachtung und Klassifikation das Regelspiel bietet. Wir unterscheiden:

Glücksspiele. Den reinen Glücksspielen (etwa allen Würfelspielen) ist gemeinsam, daß Gewinn und Verlust nur wenig von eigener Planung und Aktivität beeinflußt werden können und daß die Konkurrenzauseinandersetzung zwischen den Spielern ausgetragen wird, ohne daß der persönlichen Geschicklichkeit viel Raum gelassen wird. „Mensch ärgere Dich nicht", „Pferdewettrennen" oder „Reisespiele", bei denen man je nach der gewürfelten Augenzahl mit der Figur vorrücken darf, gehören hierher. Auch das sogenannte „Flunderspiel" ist weitgehend ein Glücksspiel, bei dem die Spieler nur aufpassen müssen, daß sie die gebotenen Chancen der Zahlenkombination richtig wahrnehmen. Allerdings dürfen wir in bezug auf alle Glücksspiele eine wichtige Unterscheidung nicht vergessen: „Mensch ärgere Dich nicht" zum Beispiel oder das „Pferdewettrennen" ist ein Glücksspiel, bei dem es sich um die frühe Erreichung eines *Zieles* handelt. Das Flunderspiel hingegen gehört zu jenen Glücksspielen, bei denen zum Schluß ein bestimmter *Besitz* auf glückliche Weise erworben wurde. Das Flunderspiel, das ein sehr beliebtes Spiel ist, hat die Regel, daß sich die Spieler nach und nach die verschiedenen Teile der zerschnittenen Fische erwürfeln und am Ende hat derjenige gewonnen, der die meisten Flundern besitzt. Es ist klar, daß es für die spielenden Kinder einen großen Unterschied im Erleben bedeutet, ob sie am Ende des Spieles ein bestimmtes Ziel erreicht haben oder einen erworbenen Besitz ihr eigen nennen. Die Befriedigungserlebnisse, die ein Kind bei den verschiedenen Spielen haben kann, sehen anders aus, wenn es entweder erlebt: „Ich bin schneller" oder wenn es zum Schluß sagt: „Ich habe mehr." Dies wird besonders deutlich, wenn man jene Seiten der Spielregeln berücksichtigt, die gewisse Möglichkeiten zu gegenseitiger aggressiver Auseinandersetzung einführen. Bei „Mensch ärgere Dich nicht" kann man sich zum Beispiel gegenseitig *herauswerfen,* beim „Flunderspiel" kann man unter bestimmten Bedingungen dem Gegner etwas von seinen schon erwürfelten Flundern *rauben.* Bei diesen Gelegenheiten können wir die Kinder nicht nur gut in bezug auf ihre neurotischen Reaktionen beobachten, sondern sie können auch manches unter therapeutischen Aspekten *lernen.* Es gibt Kinder, die auch das Minimum jener spielerischen gegenseitigen Aggression nicht wagen, die die Spielregel festlegt. Sie werfen den anderen bei „Mensch ärgere Dich nicht" nicht heraus, sie nehmen beim Flunderspiel lieber den Kopf der Flunder, der noch im freien Spielfeld liegt, anstatt ihn dem Spielpartner wegzunehmen und kommen dadurch ins Hintertreffen. Häufig sind diese Rücksichtnahmen bereits Folgen echter Verdrängungen, das heißt das Kind „sieht" seine Chance nicht, oder aber es „rationalisiert" seine Rücksichtnahme, hinter der Angst, aber nicht Freundschaft steht. Umgekehrt gibt es natürlich die Überaggressivität, die Heimtücke oder Schadenfreude, die das Kind gegebenenfalls zum unbeliebten Mitspieler macht und es gibt außerdem jenes Kind, das (unbewußt) Unterlegenheit und Verlust so stark fürchtet, daß es überhaupt nicht ernsthaft innerlich in das Spiel eintritt. Diese Kinder spielen, wie seine Spielgenossen dann sagen, „nicht richtig", das heißt sie bekunden von vornherein Gleichmut in bezug auf Gewinn und Verlust, verlieren betont großzügig, freuen sich nicht am Gewinn, aber dies aus keinem anderen Grunde als dem, daß sie zu ihren intensiven Bedürfnissen nach Gewinn nicht den richtigen Zugang haben. Um den in Wahrheit unerträglichen Verlust nicht bestehen zu müssen, wird die gefühlsmäßige Beteiligung an der Spielfreude von vornherein abgedrängt.

Neben den reinen Glücksspielen stehen dann *die Geschicklichkeitsspiele und Spiele mit geistiger Planung.*

Geschicklichkeitsspiele, wie etwa das Mikado, aber auch Damespiel, Mühle, Schach, Kartenspiel, verknüpfen Gewinn und Verlust sehr stark mit der eigenen *Leistung.* Ein gleiches gilt für den sportlichen Wettkampf etwa beim Ping-Pong.

Kinder mit stark hochgespanntem Ehrgeiz haben bei Gewinn und Verlust im Geschicklichkeitsspiel ein viel ernsteres Problem zu bestehen, als wenn sie im Glücksspiel gewinnen oder verlieren. Kommen neurotische Unsicherheiten hinzu, dann können Spiele dieser Art für die Patienten zu einer wirklichen Qual werden, bei der jedes Vergnügen am gemeinsamen Spiel erstickt wird.

Sehr viele Kinderspiele kombinieren natürlich auf die verschiedenste Weise Glück, zufälliges Geschehen und Geschicklichkeit. Das Fischangelspiel zum Beispiel, bei dem blind geangelt wird und trotzdem Tastsinn und Geschick eingesetzt werden können, Monopoly, bei dem zwar gewürfelt wird und Zufälligkeiten das Spiel beeinflussen (je nachdem, was auf den Karten des Gemeinschafts- und Ereignisfeldes steht), das jedoch vieles an eigener persönlicher Planung verlangt, um die gebotenen Chancen auch wirklich zu verwerten.

Betrachten wir rückschauend die soeben skizzierten verschiedenen Seiten kindlichen Spiels, die wir in der therapeutischen Arbeit benutzen können, dann ist wohl klar, daß eine Debatte, welche Form des Spielens grundsätzlich die günstigste sei, in sich selbst unsinnig ist. Ich glaube nicht, daß man in der Kindertherapie auf die genannten verschiedenen Möglichkeiten kindlichen Spielens verzichten könnte oder sollte. Beschäftigungsspiele mit Materialumgang können uns zur Übung motorischer Fähigkeiten und zur Übung der Sinnesfunktionen verhelfen. Alle Lernspiele sind geeignet, um Leistungsstörungen des Kindes günstig zu beeinflussen. Die spontane Gestaltungsfähigkeit des Kindes entfaltet sich bereits am Materialumgang, sein inneres Erleben bekundet sich in jeder Form des Theater- und Rollenspiels. Die Auseinandersetzung mit der Gruppe oder der Gemeinschaft bei allen Regelspielen ist eine unschätzbare Hilfe für den Therapeuten. Die spielerische Befriedigung von Leistungs- oder Besitzwünschen kann in den Therapien eine große Rolle spielen.

Hier haben wir uns übrigens noch mit einer letzten Seite therapeutischen Spielens auseinanderzusetzen. Man hat im Verlauf der Kindertherapien nicht selten damit zu tun, daß ein Kind bestimmte verdrängte Impulse ausagieren möchte. Ganz besonders soweit es sich um motorischen Aktionsdrang oder gar um schwelende Aggression handelt, sollten wir Möglichkeiten haben, diese spielerisch aufzufangen. Ein Punchingball im Spielzimmer, mit dem ein Schattenboxen begonnen werden kann, ist hier sehr hilfreich und zweckmäßig, ebenso natürlich Turnmatten. Beliebt ist auch (besonders bei jüngeren Kindern) ein kleiner Schaukelstuhl, auf dem sie sich hin- und herwiegen können. Ein Wasserbecken, an dem Wasser- und Schiffchenspiele agiert werden können, ist ebenso nützlich wie eine große Wandtafel mit bunter Kreide. Ein Spielzimmer, das diese Gegenstände enthält, bietet für eine erfolgreiche Therapie immer besondere Chancen, soweit es, wie gesagt, um das Ausagieren verdrängter Impulse geht.

Dieses spezielle therapeutische Problem soll uns nun als erstes bei der Darstellung unseres therapeutischen Verhaltens beschäftigen.

3. Therapeutische Episoden in Spiel und Gespräch

a) Das Ausagieren verdrängter Impulse

Im Verlauf einer Spieltherapie haben wir zahlreiche Möglichkeiten, den kleinen Patienten direkte Befriedigungserlebnisse zu vermitteln, die sie sonst im Leben vielleicht nicht haben. Unter gegebenen Bedingungen dürfen wir uns auch einen befreienden Effekt davon versprechen, daß das Kind dazu gelangt, ursprünglich verdrängte Impulse erstmalig vorsichtig zu betätigen oder gar überschießend auszuagieren. Unser therapeutisches Verhalten wird in dieser Hinsicht freilich ganz und gar von wichtigen *diagnostischen Vorüberlegungen* bestimmt, ohne deren Kenntnis wir die allerschwersten therapeutischen Fehler begehen können.

Zunächst einmal muß der Therapeut wissen, daß es nicht immer leicht ist, zu entscheiden, ob sich bei einem Kind (das zum Beispiel mit aggressiven oder analen Impulsen ins Agieren gerät) wirklich ein *spontaner* Impuls anmeldet, der einmal der Verdrängung zum Opfer gefallen war. Es kann ebensogut sein, daß der Impuls, der im agierenden Verhalten zum Ausdruck kommt, nicht für sich selbst steht, sondern daß er andere verdrängte Triebqualitäten *verdecken* soll. Es kann sich auch um andere reaktive Verhaltensweisen handeln, die eine sehr komplizierte Motivation besitzen und die Verkennung dieser Motivationen würde erhebliche therapeutische Irrtümer heraufbeschwören.

Umgekehrt ist auch nicht jede ängstlich phobische Reaktion die Folge eines Verdrängungsvorganges, bei dem wir kein anderes Ziel zu haben brauchen, als ihn aufzulösen, den verdrängten Impuls hervorzulocken und einer besseren Verarbeitung zuzuführen. Die folgenden Beispiele werden uns die hierher gehörigen differentialdiagnostischen Überlegungen illustrieren.

Ich beginne mit der einfachsten Modellsituation, bei der es sich tatsächlich darum handelt, daß ein sehr eingeengtes Kind jene Aktionen nicht wagt, die es unter den gegebenen Umständen problemlos riskieren könnte:

Thomas wird wegen ausgedehnter Angstsymptomatik zur Untersuchung vorgestellt. Orale, anale und aggressive Impulse sind stark angstbesetzt. Jede Form von Schmutz und Unordnung beunruhigen ihn tief. Beim Spiel am Sandkasten darf kein Körnchen über den Rand fallen. Er schreit „Au weia". Ein Tropfen Wasser auf seinem Spielkittel „Au weia". Beim gemeinsamen Spiel mit dem Legokasten zerstört er versehentlich mein angefangenes Haus: „Au weia." Daß er mich um einen Legostein bitten könnte, der ihm fehlt und den ich nicht benötige, ist gar nicht denkbar. Der Zugriff zu den Steinen ist zaghaft und schüchtern.

Ich verhalte mich therapeutisch so, daß ich jeden kleinsten Ansatz zu einem Impuls bei dem Jungen zu erfühlen suche und ihn mit Blick und Lächeln ermuntere. Schweift sein Blick zu meinem Stein, den er nicht zu fordern wagt, sage ich: „Nimm ihn nur." Fällt der Sand herunter, bricht der Junge in den gewohnten Angstschrei aus, sage ich nicht nur tröstend: „Macht nichts", sondern werfe meinerseits etwas Sand auf das Linoleum und erläutere fest: „Das gehört zum Spielen." Hat der Junge große Angst vor „Eierpampe", hole ich vielleicht sogar aktiv etwas Wasser, rühre in dem Sandbrei herum und erkläre, daß das allen Kindern Spaß macht und daß dreckige Finger wieder abgewaschen werden könnten.

Als der Junge dem Punchingball im Spielzimmer einen ersten zaghaften Schlag versetzt, ermuntere ich freundlich: „Hau mal drauf", und in einer etwas späteren Stunde befeuere ich den gleichen Jungen mit aktiven Zurufen, als er am Punchingball eine Art Schattenboxen mit sehr gehaßten Gegnern beginnt.

Wie gesagt, wir haben es hier mit dem allereinfachsten Modell therapeutischer Akte zu tun, die gehemmten Impulsen Betätigung und Befriedigung verschaffen wollen.

Die Situation wird diagnostisch schon schwieriger, als bei dem gleichen Jungen eine *Messerphobie* zutage tritt. Mit halbem Gruseln hatte er zunächst selbst das bekannte und beliebte Kinderspiel „Messerstechen" am Sandkasten angeregt (es geht beim Messerstechen darum, daß zwei Gegner in der Sandfläche eine gleich große abgezirkelte Fläche zu eigen bekommen, in die sie mit einem Messer hineinstechen. In Richtung des Stiches werden neue Grenzen gezogen und jeweils die eine der abgeteilten Landflächen auf diesem Weg erobert). Ich lade Thomas also in eine kleine fakultative Kindergruppe mit einem anderen Jungen ein, der ebenfalls Messerstechen spielen wollte. Peter, der zweite Junge, hat keine Messerphobie. Thomas hingegen will — als das Spiel beginnen soll — das Messer nicht anrühren. Er verlangt, daß ich für ihn spiele. Peter und ich kämpfen nun vergnügt um Landbesitz. Thomas betrachtet das Messer. Wäre ich der Ansicht, daß die Angst des Jungen, das Messer anzufassen, einfach eine primäre neurotische Gehemmtheit wäre (etwa die Folge häufiger häuslicher Verbote, daß Messer, Schere, Feuer, Licht für kleine Kinder nichts sind), dann würde ich mich therapeutisch wohl mit gelegentlich eingestreuten Ermunterungen, sich doch am Spiel zu beteiligen, begnügen. Ich bin mir jedoch sicher, daß diese Messerphobie bereits die *Folge* eines sehr *komplizierten Abwehrvorganges* ist und (unter anderem) damit zu tun hat, daß der Junge fürchten muß, er würde sich infolge seiner archaisch andrängenden Wutimpulse auf den Gegner stürzen und ihn verletzen. Diese Impulse hat er abzuwehren, sie determinieren die Phobie. Ich füge also während der gemeinsamen spielerischen Betätigung kleine hierher gehörige Anspielungen ein. Ich sage etwa: „Manche Menschen mögen Messer nicht anfassen, weil sie Angst haben, sie könnten jemanden damit verletzen." Ich füge hinzu, daß es richtig ist, mit Messern vorsichtig umzugehen, weil man ja ungeschickt sein könnte und etwas anrichten, was man nicht will. Ich füge noch weiter hinzu, daß es tatsächlich Menschen gibt, denen man Messer besser fernhält, weil sie sich in plötzlich aufwallender Wut nicht mehr beherrschen können und mit dem ersten besten gefährlichen Gegenstand in ihrer Nähe ein Unheil anrichten, das sie hinterher bitter bereuen.

Bewußt spreche ich in diesem Zusammenhang von Erwachsenen, nicht einmal von Kindern, schon gar nicht von dem Erleben des Jungen selbst. Ich hüte mich auch, davon zu sprechen, daß die bereitliegende Aggression in dem Kind der „eigentliche" Motor sein könnte für die Angst vor aggressiven Gegenständen. Bewußt spreche ich nicht nur von Erwachsenen, die sich im Zorn vergessen könnten, sondern ich spreche von den Erwachsenen, die diesen Zornesdurchbruch hinterher *bereuen.* Ich unterstelle also, daß der Mensch nicht nur aggressive, sondern auch freundliche Gefühle für seine Umwelt hat. Und ganz unbedingt mache ich all diese Mitteilungen beiläufig und ohne gewichtigen Akzent.

Ich lasse mir dann in meiner weiteren therapeutischen Aktivität, die Thomas gilt, von Peter helfen. Peter kennt Jähzorn in seiner Familie (nicht beim Vater, aber bei einem Onkel) und erzählt von diesem Onkel. Ich erläutere nun meinerseits, daß der Onkel vermutlich sehr viel Ärger sehr lange herunterschluckt, bis er schließlich explodiert, wie ein Dampfkessel unter Druck. Peter lacht und sagt: „Ganz bestimmt. Wochenlang ist er sanft und dann haut er alles kurz und klein." Thomas interessiert sich jetzt für diesen Onkel und auch für den Vergleich mit dem Dampfkessel. Er sagt: „Das ist 'ne Lokomotive ohne Ventil." Ich sage: „Ja, die fährt nicht, die platzt." Thomas will sich totlachen. Ich riskiere eine erste Anspielung auf die Messerphobie und sagte: „Wenn Menschen sehr jähzornig sind, mögen sie manchmal schon deshalb kein Messer anfassen, weil sie vor der eigenen Wut Angst haben." Wieder hilft mir Peter. Er erklärt: „Na, ist auch wahr, die Leute sind wie ein Vulkan — plötzlich speien sie Feuer." Jetzt greife ich noch einmal auf das Bild mit der Lokomotive zurück und sage: „Besser, man öffnet die Ventile ein bißchen vorher, dann fährt die Lokomotive und platzt nicht."

Nach diesem Zwischenspiel, bei dem ich bewußt vom Erleben des Jungen selber nicht ein Wort gesprochen habe, lenke ich sehr rasch zu einem harmloseren allgemeineren Thema über und verlasse mich darauf, daß in dem Kind weiterwirken wird, was ich soeben mit dem Bild der nicht fahrenden, sondern platzenden Lokomotive in Bewegung gebracht habe. Es wäre sicherlich ein großer Kunstfehler gewesen, den Jungen aktiver zu ermuntern, daß er das Messer ruhig anfassen könne, da das kaum Schaden bringen würde. Er hätte sich nur mit seinen Ängsten herumgequält und sich vor dem anderen Jungen geschämt, der sich so unbefangen und unbekümmert verhielt. Therapeutisch wäre nichts gewonnen gewesen.

Die Darstellung dieser kleinen therapeutischen Episode war bereits ein Beispiel dafür, in welcher Form an die Stelle des direkten Ausagierens eine analytische Interpretation treten kann oder muß. Wir haben zugleich ein Beispiel dafür gehabt, daß in bestimmten Augenblicken die verhüllteste Form einer Interpretation mit Hilfe einer sehr persönlichkeitsfern gehaltenen Anspielung auf die fraglichen verdrängten Regungen das richtige therapeutische Instrument ist. Doch kehren wir zu unseren eigentlichen diagnostischen Überlegungen zurück:

Angst, Scheu und Schüchternheit in bezug auf bestimmte Impulse sind, wie wir es bis jetzt verstanden haben, keineswegs immer der Ausdruck primärer Verdrängungsreaktionen, sondern unter Umständen vielschichtig determiniert. Ebensowenig ist das allmähliche *Aktivwerden* dieser Impulse immer ein Zeichen dafür, daß sich vor unseren Augen eine Verdrängungsreaktion allmählich auflöst. Im Fachjargon spricht man zum Beispiel davor, daß „auf oraler Ebene" Impulse ausagiert werden, weil andersgeartete Triebqualitäten (etwa anale, sexuelle oder aggressive) die eigentliche konflikthafte Dynamik enthalten. Ein kleines Beispiel:

Karl ist, als ich ihn kennenlerne, ein sehr schüchterner Junge. Bonbons oder Schokoladenplätzchen, die ich ihm anbiete, wagt er nicht zu nehmen, noch weniger würde er darum bitten. In meinem Arbeitszimmer steht ein Weihnachtsengel, der unter seinem bauchigen Rock ein Schokoladenbüchschen verbirgt. Karl gewöhnt sich daran, daß dieser Engel kleine Geschenke für ihn bereithält. Nachdem sich diese ersten Anfangsschüchternheiten aufgelöst haben, fällt der Junge dadurch auf, daß er sich dranghaft und mit kaum gesteuerter Gier auf den Schokoladen- oder Bonboninhalt dieses Engels stürzt. An manchen Tagen sind unsere Behandlungsstunden nicht in meinem Arbeitszimmer, sondern in dem größeren Spielzimmer, in dem der Sandkasten steht. Der Sandkasten ist für Karl zwar das bevorzugte Spielmaterial geworden. Trotzdem erträgt er es nicht, gleich zu Beginn dort hineinzugehen. Er quengelt: „Zum Engel." Er stürzt mir voran, er rüttelt an der Klinke der noch verschlossenen Tür, er stürzt auf den Engel zu, er schüttet sich den ganzen Inhalt in die Hand und stopft sich alles mit einem Mal in den Mund. Dieses „Zum Engel"-stürzen bleibt über eine längere Strecke der Therapie hinweg typisch für die ersten Augenblicke der Behandlungsstunde. Der Junge fängt auch an, quälerisch um Geschenke zu bitten. Er fragt von sich aus, ob ich ihm etwas zum Geburtstag schenke oder was er zu Weihnachten bekommen werde. Er äußert spontan anspruchsvolle und teure Wünsche. Als wir uns schließlich auf ein bestimmtes Geschenk geeinigt haben, von dem ich ihm verspreche, daß ich es ihm zuschicken will, damit er es rechtzeitig zu Weihnachten hat, schläft er tagelang nicht mit dem Motiv, er habe Angst, das Geschenk könnte auf der Post verlorengehen. Er will es aber auf jeden Fall *vor* Weihnachten haben und nicht erst nach Weihnachten abholen. Der Gedanke, das Geschenk vor Weihnachten von mir zu bekommen, das Paket aber erst am Weihnachtsabend selbst aufzumachen, befriedigt ihn ebenfalls nicht. Er kann keine Motive hierfür angeben, bleibt aber dumpf erregt, als wir uns schließlich doch auf diese letztere Lösung einigen.

Diese drängende, gewissermaßen überschießende Oralität bei dem Jungen ist nun diagnostisch gesehen auf gar keinen Fall das Zeichen eines begrüßenswerten Entfaltungsschrittes. Zwar hatte der Junge tatsächlich auch im oralen Bereich primäre Gehemmtheiten und wagte manche Bitte nicht, die er hätte aussprechen können. Tatsache war aber auch, daß der orale Bereich der vergleichsweise *ungefährlichste* war, in dem das Kind zuerst und ohne allzu große

Schwierigkeiten Wünsche und Bedürfnisse befriedigen konnte. Für Karl waren aggressive und sexuelle Probleme bei weitem konfliktgeladener und sein Verhalten zeigte zunächst nichts anderes an, als daß die aus anderen Quellen stammenden Beunruhigungen und Erregungen im oralen Bereich eine Art Triebabfuhr erlebten. Für meine therapeutische Haltung war diese diagnostische Erkenntnis natürlich von Wichtigkeit. Zwar habe ich den Jungen in sehr weiten Grenzen gewähren lassen und habe ihm nie verboten, soviel Schokolade oder Bonbons zu nehmen, wie er wollte. Ich habe ihn aber auch nicht ermuntert. Ich habe nicht einmal mit dem erfreuten Gesicht dabeigestanden, das der Erwachsene sonst macht, wenn er bemerkt, daß er einem Kind eine Freude machen konnte. Ich habe den Jungen statt dessen meist mit einem gewissen besorgten Ernst betrachtet und (wenn er sich den ganzen Mund voll Schokolade stopfte) gelegentlich gesagt: „Du fühlst dich wohl immer noch recht schlecht?", und wenn er mich dann mit vollem Mund „wieso?" fragte, erklärt, daß ich fürchtete, auch die viele Schokolade könnte ihn nicht wirklich zur Ruhe bringen. Andererseits habe ich für den Jungen Stellung genommen, wenn die Mutter diesem überschießenden Treiben Einhalt gebieten wollte. Sie ärgerte sich gelegentlich: „Als ob er zu Hause keine Bonbons hätte", oder „Ich habe die gleiche Schokolade gekauft, aber er behauptet, bei Ihnen schmeckt sie besser." Ich habe dann der Mutter mein tolerantes Verhalten erläutert und gesagt, „wenn es ihm besser geht, wird er nicht mehr soviel Schokolade brauchen". Das bedeutete natürlich, daß sowohl der Junge, wie auch die Mutter wußten, ich verhalte mich zwar gewährend, bin auch über die überschießenden Reaktionen nicht böse, lasse aber doch meine Besorgnis durchblicken, daß es dem Kind noch nicht gut geht, und die Hoffnung, daß mit ausgeglichenerer innerer Verfassung die orale Gier verschwinden werde. Sehr allmählich bin ich dann dazu übergegangen, die Zahl der Schokoladenplätzchen zu reduzieren (der Junge pflegte den Engel auszuleeren, wenn er ihn ergriffen hatte) und es kamen dann sogar Tage vor, an denen ich ihn bewußt vorher leerte und sagte: „Andere Kinder haben es schon aufgegessen." Dies tat ich allerdings erst in einem Zeitpunkt, in dem ich sicher zu sein glaubte, daß die übrigen gravierenden Konflikte des Jungen bereits eine wesentliche Milderung erfahren hatten.

Ich hatte soeben erläutert, daß der Junge zu diesem „Ausagieren auf oraler Ebene" deshalb kam, weil die oralen Impulse vergleichsweise weniger tabuiert waren als die übrigen. Es ist sinnfällig (und wir kommen gleich noch einmal darauf zurück), daß die oralen Impulse häufig weniger verpönt sind als evtl. sexuelle oder aggressive. Aber auch hier dürfen wir bei der Beobachtung der Kinder nicht naiv sein. Es gibt durchaus auch ein Ausagieren auf sexueller Ebene, das heißt ein Kind kommt mit sexueller Neugier oder gar mit sexuellen Aktivitäten hervor, ohne daß wir ein Recht hätten, an die spontane Befreiung gefesselter Impulse zu denken. Eher im Gegenteil. Wenn ein Kind (sofern es nicht debil ist) aktiv, ungeniert und evtl. provokatorisch zu sexueller Betätigung neigt und sogar den Therapeuten in diese sexuelle Betätigung einbeziehen will, dann darf man in der überwiegenden Zahl der Fälle sicher sein, daß dies nur auf Kosten ausgedehnter Verdrängung im *allgemeinen emotionalen* Bereich zustande kommt. Ein Kind, das zarteren Gefühlskontakt nicht kennengelernt hat (vielleicht weil seine Eltern selbst sehr gefühlsscheu sind), das sich autistisch abriegelt, ist zum Beispiel oft nicht mehr in der Lage, durch Mienenspiel, Lächeln und Augenausdruck Gefühle mit dem Therapeuten zu tauschen. So Wolfgang, der 5jährig wegen eines pathologischen Zerstörungsdranges vorgestellt wurde. Die Lücken des Kindes und seine neurotischen Abwehrhaltungen beziehen sich auf den eben geschilderten differenzierteren Bereich gefühlsmäßiger Kontaktnahme. Er ist aggressiv, aber nicht spontan, sondern reaktiv. In der Behandlung kommt er schnell mit provokatorischen sexuellen Attacken, ebenso provokatorisch neugierigen Fragen (nicht naiv neugierig) und man sieht dem abgeschalteten Blick, dem mimiklosen Gesichtchen an, daß ihn eine Barriere von allen zarteren Gefühlsmöglichkeiten trennt.

Wir bedenken in diesem Zusammenhang die so sehr wichtige Tatsache, daß ja umgekehrt die überwiegende Mehrzahl aller Kinder, die z.B. sexuelle Fragen nicht mehr stellen, dies deshalb nicht tun, weil sie die feinen und diffusen Abwehrhaltungen in der Erwachsenenwelt bemerken und sich danach richten. Keineswegs jedes sexuell ängstliche Kind ist für seine sexuellen Impulse grob bedroht oder bestraft worden. Die Orientierung an der Familienatmosphäre hat genügt, um die entsprechende Einstellung des Kindes zu produzieren.

Wolfgang hat, wie gesagt, die Fähigkeit verloren, sich im gefühlsmäßigen Verband mit seiner Umwelt zu erleben. Als er sich mit seinen sexuellen Fragen an mich wendet, bekommt er zunächst natürlich die gewünschte Auskunft. Er fragt dann aber nicht mehr allgemein, sondern nach mir persönlich und direkt. Er will mich inspizieren und untersuchen. Er will dabei sein, wenn ich auf die Toilette gehe. Ich betrachte ihn fragend, als er all diese Wünsche äußert, quälerisch aktiv vorträgt. Ich frage zurück: „Warum interessiert Dich das so?" Wolfgang beharrt, stampft mit dem Fuß auf: „Ich will das wissen." Ich streichele ihn ein wenig und sage: „Manche Kinder, die so etwas so genau wissen wollen, fühlen sich im Grunde etwas allein." Dies ist bereits etwas gewagt und für einen 5jährigen Jungen sicher in der Formulierung hoch gegriffen. Es wirkt auch wohl mehr die Haltung, die ich bei diesen Worten einnehme, als der Inhalt des Gesagten. In vielfältigen Varianten versuche ich nun, den Blick des immer abgewandten Jungen zu fangen. Ich fordere ihn auf: „Sieh mich einmal genau an" oder „Sieh mir einmal in die Augen" und ich biete bewußt und aktiv immer wieder den Blickkontakt an, wenn der Junge sexuelle Intimität verlangt. Diese wehre ich, ohne grob zu sein, doch ab, verspreche dazu: „Ich erkläre Dir, wenn Du es willst, warum Erwachsene gern auf der Toilette allein sind."

Wie gesagt, mache ich mir nicht einen Augenblick das Bild, daß die sexuelle Aktivität des Kindes Ausdruck einer spontanen gradweisen Impulsentfaltung sei, sondern ich stelle mich darauf ein, daß die Gefühlsverdrängungen das wichtige Problem seien und die sexuelle Aktion eher Symptomcharakter hat.

Nicht nur die sexuellen, sondern auch zärtliche Impulse können vom Kind angemeldet werden und in Wahrheit andere (evtl. aggressive) verdecken. Es gibt natürlich Kinder, die Zärtlichkeit nicht kennengelernt haben und immer zurückgewiesen wurden. Die Therapie kann ihnen hier manches neue Erleben vermitteln. Ein Streicheln, begleitet von einem herzlichen Wort, lockt Gefühlsqualitäten, die bis dahin verdrängt wurden. Je jünger ein Kind ist, um so naiver ist es wohl in seinen Wünschen nach Zärtlichkeit und um so mehr können wir auch befriedigen. Jeder Therapeut kennt aber auch jene Situationen, in denen *quälerische Zärtlichkeit* benutzt wird, um die nicht oder noch nicht gelebte Aggression aufzufangen. Auch Eltern kennen dies. Mütter, die sich im ganzen karg verhalten haben und viel Aggressionen in ihren Kindern züchteten, erleben, daß kleine Ansätze von angebotener Zärtlichkeit in ein quälerisches, nicht endenwollendes „Schmusen" übergeht. Tränen sind nicht selten das Ende, so daß die Mütter bei entsprechenden Gesprächen rasch erklären: „Ich kann es mir gar nicht leisten, ihn einmal auf den Schoß zu nehmen, er findet kein Ende und es gibt immer Tränen."

Erika ist 9 Jahre alt. Nach Ablauf von etwa 10 Therapiestunden entwickelt sie die Tendenz, mir mit zärtlichen Wünschen lästig zu fallen. Der Anfang bot nichts Auffälliges. In altersgemäßer Weise verlangte sie gelegentlich, daß ich ihr ein Märchen vorlesen sollte, sie wollte auf dem Sofa liegen, ich sollte sie streicheln, sie wollte zuhören. Nach einer Weile wollte sie nicht mehr auf dem Sofa liegen, sondern auf meinem Schoß sitzen. Schließlich begann jede Stunde damit, daß sie mir mit großem Elan und großer Heftigkeit um den Hals fiel, sich an meinen Hals hing, sich dann auf meinem Schoß zurechtsetzen wollte, jedoch durch ihr unruhig-hampelndes Wesen dabei auffiel. Ich ließ sie bis zu einer gewissen Grenze gewähren. Zu einem Teil hatte ich tatsächlich den Eindruck, daß hier unabgesättigte Bedürfnisse befriedigt werden mußten. Andererseits war ich sicher, daß Ambivalenz und Abwehr in zärtliches Gewand gekleidet wurde. Als die Vertrauensbrücke zwischen uns tragfähig genug war, riskierte ich eine Reihe von kleinen hierhergehörigen Anspielungen oder Direktinterpretationen. Ich mache sie zunächst darauf aufmerksam, daß ihre zärtlichen Wünsche nicht immer angenehm seien. Ich sage zu ihr: „Du tust mir ja weh", wenn sie mich mit ihren hampelnden Beinen gestoßen hatte. Oder ich sage auch: „Du quälst mich ja, ich hab das nicht so gern." Erika lacht dann und hampelt noch mehr. „Vielleicht", frage ich ein Weilchen später, „hast Du Dich über mich geärgert?" Erika runzelt die Stirn, springt aber nun von meinem Schoß herunter. Ich gebe eine Interpretation, die sich auf das bezieht, was man die Verkehrung ins Gegenteil nennt. „Manchmal ist man zu jemanden doppelt nett, weil man nicht wahrhaben will, daß man eigentlich wütend ist." Und ich füge noch hinzu: „Es ist schwer, auf jemand wütend zu sein, den man eigentlich gerne hat."

Ich möchte die Aufmerksamkeit meiner Leser gern auf diese letzte Formulierung lenken. Wenn wir in einer bestimmten therapeutischen Situation in der Lage sind, daß wir dem Kind bereitliegende Aggressionen, die es bei dem

Therapeuten oder sonst ihm nahestehende Menschen erlebt, deuten, dann gelingt uns dies sicherlich am leichtesten, wenn wir das Kind gleichzeitig davon überzeugen, daß wir an seine freundlichen Gefühle für uns oder für seine Eltern glauben. Die Schwierigkeit für das Kind ist ja tatsächlich nicht, daß es sich mit verdrängten Haßgefühlen auseinandersetzen muß, sondern die Hauptschwierigkeit liegt in der allgemeinen menschlichen Antinomik, daß Haß und Liebe zugleich existieren können. Gerade beim analytischen Umgang mit destruktiven Impulsen sollten wir den destruktiven Anteil im Erleben nicht mit der Totalperson verwechseln und wir sollten aktiv verhüten, daß der kleine Patient uns eine solche Verwechslung unterstellt.

In bezug auf aggressive Impulse hatten wir schon gesehen, daß wir es ebenso gut mit durchbrechenden spontanen Aktivitäten zu tun haben können, wie mit *komplizierten Reaktionsbildungen.* Aggressionen, die sich direkt gegen den Therapeuten richten, können Ausdruck bestimmter Übertragungsreaktionen sein. Die Quelle der aufkommenden Wut ist jedoch nicht immer die gleiche. Ein Kind kann unter Lebensumständen aufgewachsen sein, in denen es direkte Angriffe auf seine Person, vielleicht sogar Brutalität und Haß auszuhalten hatte. Die so provozierten Erregungen brechen gelegentlich dem Therapeuten gegenüber durch. Die Wut der Selbstverteidigung, die auf einen Angriff reagiert, hat jedoch eine ganz andere Gefühlsqualität, als der *Enttäuschungshaß.* Haß aus enttäuschter Liebe ist in seinen seelischen Folgen vielleicht zerstörerischer als jener Haß, der die aktive Brutalität beantwortet. Wenn ein Kind in einer Therapiestunde provokatorische Aggressivität zeigt, dann hat man sich immer zu fragen, ob hinter dieser Aggressivität nicht eigentlich liebende und zärtliche Impulse stehen, die schüchtern nicht gewagt werden. Ein Kind, das lieben und geliebt werden möchte, hat vielleicht viele Enttäuschungen hinter sich. Vielleicht wurde es abgewehrt, vielleicht wurden andere vor ihm bevorzugt. Es will sich die Beschämung ersparen, die es bei einer erneuten Abweisung empfinden würde. Es zeigt seine Zuneigung nicht, aber innerlich wird die Enttäuschung schon vorweggenommen und mit Erregung und Wut beantwortet.

Verwechselt der Therapeut die provokatorische Aggressivität, die aus diesen vorweggenommenen Enttäuschungen stammt, mit dem spontanen Durchbruch aufgestauter Wut, dann begeht er ganz unbedingt einen schweren therapeutischen Fehler. Ich gebe ein Beispiel:

Moni ist ein 6jähriges kleines Mädchen, das von sehr alten und kränklichen Eltern erzogen wird. Sie wird zwar geliebt, aber doch auch sehr viel abgewehrt und ist oft lästig. Meine gleichmäßige Zuwendung über mehrere Stunden hinweg hat ihr sehr wohlgetan. Sie ist ein anhängliches kleines Geschöpf, überspielt diese Anhänglichkeit jedoch mit burschikosen Clownerien und zergelnden Aggressivitäten. Gleichgültig, was wir spielen, ob Fingerfarbenmalen, ob am Sandkasten, ob Fischangelspiel oder Legokasten, Moni will mich ärgern und mir Ungelegenheiten bereiten. Sie schmiert mir plötzlich Sand ins Gesicht. Unvermutet bekomme ich einen großen Kleks roter Farbe auf den Kittel. Während ich beim

Fischangeln angele, ermuntert sie mich, die Angel hochzuheben, wenn sie sieht, daß ich einen alten wertlosen Schuh am Magneten hängen habe und will sich dann totlachen. Sie reißt mein Legohaus mutwillig ein und stößt noch mit dem Stiefel hinterher, als ich es mit den Händen zu schützen versuche. Ich nehme diese Übergriffe zwar mit Humor zunächst hin, zeige mich aber auch nicht gerade begeistert, werfe dem Kind schließlich einen fragenden freundlichen Blick zu und kommentiere: „Wenn Du merkst, Du hast jemanden gern, fängst Du erst einmal an, ihn zu ärgern, damit er das nicht herausbekommt." Moni legt den Kopf schief und sieht mich aus halbgeschlossenen Augen an. In burschikosem Berliner Tonfall sagt sie: „Äh, denkste" und zeigt mir den Vogel. Ich schmunzele nur: „Ja, denke ich." Moni springt auf, dreht sich einmal um die eigene Achse. Sie ruft: „Denkste! Denkste wirklich, ich hab dich gern?" Ich sage mit Nachdruck, aber sehr herzlich: „Das denke ich ganz bestimmt, ich hab Dich ja auch gern." Moni dreht sich noch zweimal um sich selbst, ruft wieder: „Denkste, denkste", ist aber doch sehr beeindruckt. Ich sage: „Na ja, du glaubst es nicht, aber ich denke es eben", und ich lenke ab und schlage ein neues Spiel vor, ohne dieses so heikle Thema erneut aufzugreifen. Gegen Ende der Stunde höre ich, daß Moni im Sommer verreisen wird. Ich frage: „Schreibst du mir dann auch ein Kärtchen?" Moni läßt ihrem Wunsch, mit mir in Kontakt zu bleiben, unbewacht die Zügel schießen. Sie nickt eifrig. Dann kommt das alte Mißtrauen wieder hoch. Clownend ruft sie wieder: „Äh, denkste, wenn ich es nun nicht tue", und steckt mir hämisch die Zunge heraus. Ich sage wiederum gelassen und sehr herzlich: „Wenn Du mir nicht schreibst, denke ich, du hast mich doppelt gern." Moni windet sich auf dem Fußboden wie eine kleine Eidechse. Ich sage jetzt tröstend und verständnisvoll: „Es ist schon wahr, man will sich nicht enttäuschen lassen und dann zeigt man lieber nicht, wenn man jemanden gern hat." Moni macht nun ein ernsthaftes Gesichtchen. Ich riskiere es, sie zu einem Eingeständnis ihrer Gefühle zu bewegen und frage: „Stimmt das etwa nicht?" Moni, immer noch in Eidechsenbewegungen auf dem Fußboden, ruft nun: „Stimmt schon, stimmt so ungefähr", um dann ihre Verlegenheit noch einmal in einem Luftsprung unterzubringen und schließlich nach selbsterfundener Melodie laut zu singen: „Es war mal eine Mutter, die liebte sehr ihr Kind, es war mal eine Mutter, die liebte sehr ihr Kind."

Wir fassen also aus den bisherigen Erläuterungen noch einmal folgendes zusammen: Die Betätigung bestimmter Impulse, das zaghafte oder überschießende Agieren bedeutet für das Erleben des Kindes noch *nicht*, daß hier primäre Verdrängungen zur Lösung kommen. Es kann sein, daß wir die in Wahrheit verdrängten Impulse an anderer Stelle suchen müssen oder daß wir es mit komplizierten Motiven und komplizierten Reaktionsbildungen zu tun haben. Therapeutisch folgen daraus wichtige Konsequenzen. Es ist möglich, daß wir überhaupt gut daran täten, den agierten Impuls einzudämmen und daß wir unbeirrt auf jene Gefühle reagieren müssen, die sich hinter der agierenden Fassade verbergen.

Wenn wir jetzt aber unterstellen, daß wir die soeben beschriebenen diagnostischen Überlegungen mit einiger Leichtigkeit erledigen können, dann bleibt immer noch die Frage übrig, inwieweit wir die spontanen Impulse zur direkten Aktion kommen lassen sollen. Wir fragen uns immer wieder, wo wir aktiv ermuntern können, wieviel wir dulden sollen und wann wir anfangen, in Haltung und Wort einzugrenzen, unsere Abwehr, vielleicht unsere Mißbilligung auszudrücken.

Der wichtigste Grundsatz, den wir hier zum Leitfaden unseres therapeutischen Verhaltens machen müssen, ist nun der, daß wir an der *Werthierarchie des umgebenden Kollektivs,* in dem das Kind lebt, nicht vorbeikommen. Selbst wenn wir uns in der analytischen Situation insgesamt bei weitem duldsamer verhalten, als die Umwelt des Kindes es sonst tut und tun kann, bleiben doch diese Wertnormen der Gesellschaft auch in unserer therapeutischen Haltung noch wirksam. Dies auch dann, wenn wir im Einzelfall diesen Grundsatz verlassen müssen und Verhaltensweisen dulden, die an keinem anderen Ort tragbar wären. Wie ich gleich vorwegnehmen möchte, tun wir dies nämlich auch im Einzelfall nicht, ohne dem Kind zu verdeutlichen, daß bestimmte Dinge in der therapeutischen Stunde, aber nicht in der Familie möglich sind.

Wir tun jetzt gut daran, wenn wir uns noch einmal einige der wichtigsten Impuls- und Triebqualitäten verdeutlichen, zu deren möglicher direkter Betätigung der Therapeut eine Einstellung zu finden hat. Ich gebe zu diesem Zweck gleichzeitig eine Anordnung, die uns einen gewissen Überblick über den emotionalen Stellenwert dieser Impulse vermittelt:

Intentionale Beziehung zur Umwelt
Zärtliche und liebevolle Impulse
Oralität
Retentive Haltungen
Motorische Aktivität
Aggressionen
Geltungsbedürfnisse
Anale Impulse
Sexualität.

Diese Anordnung spricht wohl so, wie sie gewählt wurde, in mancher Hinsicht für sich selbst. Sie beinhaltet die Werthierarchie, der sich die Kinder oft gegenübersehen und die wir berücksichtigen müssen, sofern es in der Therapie um die direkte Betätigung dieser Impulse geht. Bei der Bemühung um *intentionale Störungen* hat der Therapeut überhaupt mit keinerlei Tabus zu rechnen. Er hat statt dessen ein Höchstmaß an Aktivität einzusetzen, um die hier vorliegenden Lücken zu beseitigen und die gestörte Fähigkeit hervorzulocken. Unter intentionalen Störungen verstehen wir bekanntlich eine subtile Störung in der Zuwendung zur Welt. Sie kann sich sehr verschieden äußern. In der *Personenbeziehung* bekundet sie sich am deutlichsten durch einen stark gestörten Blickkontakt, durch die Unfähigkeit des Patienten, in den gegenseitigen Austausch von Gefühlen dadurch einzutreten, daß die feinen Nuancen in Mienenspiel und Ausdrucksverhalten des anderen Menschen erlebt und beantwortet werden. Der Blickkontakt nimmt hier sicherlich eine Vorrangstellung ein, da der Mensch mit intensiven Gefühlsqualitäten und dem Erlebnis ganz besonderer Nähe darauf reagiert, wenn er einem anderen in die Augen sieht. Der schlecht modulierte, abgleitende Blick eines Kindes ist typisch für seine intentionalen Störungen im Bereich der Personenbezogenheit. In bezug auf die *dingliche Objektbeziehung* registrieren wir natürlich Verwandtes. Die umgebende Welt oder einzelne Gegenstände werden in ihrer Gefühlsqualität nicht wahrgenommen und erlebt. Dies kann dazu führen, daß sie nicht registriert werden, obgleich sie sich dem Blick anbieten oder sogar aktiv nach ihnen gesucht wird. Im Einzelfall kann dies passieren, wenn Gegenstände gesucht werden, die aus emotionalen Gründen gleichzeitig heftigen Abwehrreaktionen unterliegen.

Wir geben einige Beispiele:

Ulli ist ein Kind mit ausgedehnten intentionalen Störungen in dem Sinn, wie wir sie soeben beschrieben haben. Er ist 6 Jahre alt, soeben eingeschult worden und fällt in der Klasse durch sein abgeschaltetes, autistisches Wesen auf. Er gilt für apathisch, träumt, faßt den angebotenen Lernstoff nicht auf. Den Eltern war bis zur Einschulung das ruhige und in sich gekehrte Kind eher bequem. In der Therapie des Jungen nimmt schweigend ermunterndes Spiel mit aktiver Übung der gestörten Fähigkeiten einen breiten Raum ein. Ich bemühe mich oft und aktiv, den Blick des Jungen zu fassen. Ich sage öfter zu ihm: „Sieh mich doch einmal an“ und lächle ihm zu. Ich biete ihm zum Malen leuchtende Farben an und weise von mir aus erfreut darauf hin, wie schön sie sind. Wenn der Junge am Scenokasten spielt und lange regungslos vor den Gegenständen sitzt, um zu erklären, das, was er suche sei nicht da, lenke ich ihn nur mit meinen Augen, sage: „Sieh nur einmal genau hin, es ist schon da.“ Ich hüte mich, ihm selbst die Figur, die er haben wollte, herauszusuchen, erreiche es aber, daß er sich mit seinen Augen an meinem Blick orientiert, ihm folgt und Schritt für Schritt zur Apperzeption gelangt. Er will zum Beispiel aus dem Scenokasten eine Schulklasse aufbauen. „Kein Lehrer da“, erklärt er, obgleich drei Männerfiguren zur Auswahl vorhanden sind und von ihm auch früher schon in diesem Sinn verwendet wurden. Ich frage freundlich zurück: „Wirklich nicht?“ Ulli schüttelt den Kopf, gleitet über den Kasten mit suchenden Augen. Am Fach mit den Männern gleitet der Blick ab. „Du guckst drüber weg“, sage ich. Ulli sieht in die andere Richtung. Ich blicke beharrlich auf das Fach mit den Männern. Plötzlich, mit einem kleinen Ruck, hat er sie sichtlich erfaßt. Er lächelt und greift nach dem einen.

Ähnlich beim Legospiel. Ulli braucht ein großes Fenster und eine Tür. Sie liegen vor ihm. „Hilf mir mal suchen“, sagt er zu mir. Ich warte schweigend ab und antworte nur: „Sie liegen ganz dicht da.“ Ulli sucht nicht, er sinkt in sich zusammen. Ich will nun vermeiden, daß der Junge sich wieder völlig abkapselt und frage: „Macht es dir keinen Spaß mehr?" Ulli antwortet nicht. In diesem Falle greife ich das bereitliegende Fenster selbst auf, lege es auf meine offene Handfläche und halte es dem Jungen vor die Augen. „Hier ist es, sieh es Dir genau an. Es gibt noch andere kleinere, welches möchtest du haben?" Bewußt vermeide ich es, dem Jungen nur den gewünschten Gegenstand herauszusuchen. Ich versuche, sein Interesse zu wecken und seine Aufmerksamkeit, sage zum Beispiel, daß ich das eine Fenster schöner finde als ein anderes, um auch in ihm eine Gefühlsresonanz auf den dargebotenen Gegenstand zu erzielen.

In schon vorgerückter Periode der Therapie geht es bereits um feinere Details. Wir spielen das Flunderspiel (12 Flundern sind in Stücke zerschnitten und auf jedem Teil ist eine Zahl in Würfelpunkten. Man würfelt um die Teile der Flundern, die man nach bestimmten Regeln zusammensetzt. Wer die meisten hat, hat gewonnen. Im Verlauf des Spiels kann man sich unter bestimmten Bedingungen einzelne Köpfe oder die ganzen Flundern gegenseitig rauben).

Ulli ist in der Lage, die Würfelpunkte zu unterscheiden und hat das Flunderspiel zum bevorzugten Spiel erklärt. Bei der Suche nach den Flunderteilen, die er sich erwürfelt hat, werden die intentionalen Lücken besonders deutlich. Obgleich in der Detailauffassung an sich formal ungestört, gleitet sein Blick immer wieder über die Vielzahl der angebotenen Flunderteile. Er verkennt entweder die Farbe (die Flundern sind verschiedenfarbig) oder die Würfelzahl. Auch hier ist von meiner Seite langfristiges geduldiges Üben der hauptsächlichste therapeutische Faktor. Ich brauche mich nicht darüber zu beunruhigen, daß diese feinen Gefühlsqualitäten, die ich hervorzulocken versuche, in irgendeiner Form mit der Umwelt in Kollision geraten könnten. Die einzige Sorge, die ich zu haben brauche, ist die, daß das Kind in der Umwelt, in der es lebt, gerade diese Form intensiven und direkten Gefühlskontaktes zu wenig angeboten bekommt, so daß ich nicht sicher bin, in welchem Ausmaß die Ersatzleistungen, die ich biete, wirklich ausreichen können.

Auch *zärtliche Impulse* treffen in der Umwelt vergleichsweise selten auf Verurteilung, sie werden jedoch oft unvollkommen gepflegt und entwickelt. Sofern der Therapeut selbst die Tendenz hat, die Zärtlichkeitswünsche des Kindes zu befriedigen, hat er nur zweierlei zu berücksichtigen. Einmal muß er an das Alter des Kindes denken. Dem jungen Kind gegenüber wird Zärtlichkeit im allgemeinen sehr viel mehr und naiver geboten als dem älteren. Das ältere Kind hat bereits ein gewisses natürliches Distanzbedürfnis. Es will nicht mehr auf den Schoß genommen werden und läßt sich höchstens gern gefallen, daß es ein wenig im Nacken gestreichelt wird oder ähnliches. Darüber hinaus hat man allerdings zu berücksichtigen, daß die angebotene Zärtlichkeit, die sich in physischem Kontakt äußert (und nicht nur im Blick und Lächeln), doch eine Intimität zwischen Therapeut und Patienten schafft, die man insofern nicht unbedingt wünschen kann, als die Therapie ja nicht unbegrenzte Zeit dauern kann und soll. Gewöhnt der Therapeut ein Kind, das zu Hause Zärtlichkeit sehr entbehrt, daran, daß es bei ihm diese Zärtlichkeit bekommt, dann kann man sicher sein, daß für das Kind der Verlust des Therapeuten einen enormen Gefühlsschock bedeutet, den man unter Umständen lieber nicht riskieren sollte.

Orale Bedürfnisse bekunden sich in der therapeutischen Situation auf verschiedene Weise. Ein Kind, das nicht bitten und wünschen kann, locken wir gern mit kleinen Angeboten von Schokolade oder Bonbons. Zu besonderen Gelegenheiten gibt es auch Geschenke. Aber man sollte hier nicht zu weit gehen, sondern sich eher anderer Möglichkeiten im Spiel bedienen.

Anneliese hat eine sehr ausgedehnte Verdrängungsdecke im oralen Bereich. Bei der Wunschprobe kann sie sich überhaupt nicht vorstellen, was sie sich wünschen könnte. Mit Bitten oder Forderungen ist sie immer hinter Geschwistern zurück, in der Schulgemeinschaft erst recht. Unter anderem hat sie als Symptomatik eine nicht unerhebliche *Anorexie.* Ich lenke die Therapie zunächst so, daß ich gelegentlich Gewinnspiele vorschlage, bei denen am Ende des Wettstreites nicht das erreichte Ziel (wie etwa bei „Mensch ärgere Dich nicht"), sondern der eroberte *Besitz* eine Rolle spielt. Das Fischangelspiel ist hier sehr geeignet. Für den Therapeuten hat es den besonderen Vorzug, daß man ohne große Schwierigkeiten verlieren und das Kind gewinnen lassen kann, ohne daß der kleine Patient mißtrauisch wird und diese Absicht merkt. Annelieschen gewinnt große Fische und fängt erst zaghaft, dann immer intensiver an, diesen Gewinn zu suchen und sich an ihm zu freuen. Gelegentlich schlage ich dann einmal vor, ob wir nicht nach einem so anstrengenden Angeln die vielen Fische auch einmal kochen und verspeisen könnten. Ich möchte, daß das Kind *gemeinsame Gemütlichkeit* empfinden und kennen lernt, eine Gefühlsseite, die ja das gemeinsame Essen von Menschen überhaupt in weitem Umfang auszeichnet. Diesem Ziel komme ich erst in vorgerückterer Phase der Therapie näher. Nachdem Annelieschen Eroberungslust und Besitzerfreude im Spiel kennengelernt und agiert hat, können wir auch die Gemütlichkeit genießen, nachdem gemeinsam Pudding gekocht wurde. Erobern, besitzen und genießen kann man im Spiel agieren, *ohne* daß man dem Kind *real* sehr *viel schenkt.* Man kann auch im Spiel jene subtilen Probleme bearbeiten, die durch *rechtliche Regelungen* entstehen. Jedes Regelspiel gibt hierzu Gelegenheit. Ist das Kind schon zu aktiver Planung in der Lage, kann man mit gutem Nutzen das Spiel Monopoly verwenden, in dem Kauf, Verkauf, Planung und Glück miteinander wechseln.

Annelieschen hat Monopoly jedoch nie spielen und lernen wollen. Sie hatte hingegen eine Übergangsphase, in der das Flunderspiel eine große Rolle spielte. Im Flunderspiel erwürfelt man sich nicht nur, wie schon geschildert, mit Glück die Flunderteile, bis man eine ganze Flunder zusammengesetzt hat, sondern man kann auch rauben. Die Köpfe der Flundern haben die Nummern eins. Sind keine Köpfe mehr im freien Spielfeld, sondern überall bei Mitspielern untergebracht, kann jemand, der eine eins würfelt, dem Mitspieler diesen Kopf rauben. Hat ein Mitspieler eine vollständige Flunder und sein Gegner würfelt eine eins und eine sechs zugleich, dann kann ihm die ganze Flunder geraubt werden. Es gibt Kinder, deren neurotische Ängste sie daran hindern, diesen gewissermaßen legalen Raub auszuführen. Hier mischen sich orale und aggressive Gehemmtheiten. Sie kündigen sich übrigens auf verschiedene Weise an und werden therapeutisch auch verschiedenartig gehandhabt: Annelieschen hat eine eins und eine fünf gewürfelt. Sie könnte mir einen Kopf rauben, registriert diese Möglichkeit jedoch nicht und erklärt einfach, sie könne mit diesem Wurf nichts anfangen. Ich sage: „Du kannst mit der Eins etwas machen." Anneliese scheint mich nicht zu verstehen, „Wieso?". Ich ermuntere nochmals: „Sieh mal zu, wo noch ein Kopf ist." Anneliese braucht eine Weile, bis sie registriert, daß von meinen Flundern noch einige geraubt werden können. Sie wird verlegen, ziert sich, will den Kopf nicht nehmen. Ich sage „Es ist doch die Spielregel" und lege ihr den Kopf hinüber. Es ist wichtig, daß man eine solche therapeutische Situation tatsächlich so langsam ausgestaltet, wie ich es soeben beschrieben habe. Ich könnte dem Kind natürlich gleich den Kopf von mir hinüberlegen, ohne sein eigenes Nachdenken oder Überlegen anzuregen. Das hätte jedoch nur den halben Effekt. Schritt für Schritt möchte ich erreichen, daß das Kind seine eigenen Chancen erkennt und auch wahrnimmt. Allerdings muß man hier eines berücksichtigen: Es kann sein, daß Anneliese mir den Kopf oder die ganze Flunder nicht rauben will, weil sie mich gern hat. Das heißt also, daß sie nicht aus oraler Ängstlichkeit, sondern aus Zuneigung auf den Raub verzichtet. Versäumt man es, mit dieser Gefühlsbereitschaft des Kindes zu korrespondieren, hat man sicherlich einen therapeutischen Fehler begangen. So spielt sich mit Anneliese folgendes ab: Wir sind gegen Ende des Spiels. Anneliese würfelt eine Eins und eine Sechs und könnte mir eine Flunder wegnehmen. Sie hat sowieso schon doppelt soviel wie ich. Ihr Gewinn scheint also gesichert. Sie will mir von meinen wenigen Flundern nicht noch eine wegnehmen, zögert, und ich frage: „Du möchtest mir die Flunder gerne lassen?" Anneliese nickt. Ich sage: „Danke schön, da freue ich mich aber, dann habe ich wenigstens nicht so sehr viel verloren."

Wenn man nicht berücksichtigt, daß in einem Kind schenkende Bereitschaften lebendig sind und zum Ausdruck von Zuneigung werden, kann man, wie gesagt, erhebliche therapeutische Fehler machen. Ein Kind, das im Augenblick gern schenken möchte, sollte nicht daran gehindert werden, selbst wenn man meint, daß seine eigenen expansiven Möglichkeiten noch verkümmert sind.

Im übrigen besinnen wir uns gerade bei dieser Gelegenheit noch einmal auf jene subtilen Überlegungen zurück, die wir in einem früheren Kapitel über das neurotische Geschenk zusammengestellt hatten. Die Motivation eines Geschenkes, das das Kind dem Therapeuten macht, kann sehr vielschichtig sein. Dankbarkeit, Zuneigung und Liebe können sich äußern, aber auch eine andressierte Gebefreudigkeit, die im Grunde in Widerspruch zu den verdrängten retentiven Impulsen steht. Ein gesundes Kind wünscht im allgemeinen, sein Eigentum zu behalten. Ist ihm hier das vitale Minimum der Selbsterhaltung abhanden gekommen, dann hat der Therapeut dies im Spiel zu berücksichtigen. Auch hier wird sich freilich die Auseinandersetzung zwischen dem Kind und dem Therapeuten seltener auf realen Besitz beziehen. In der überwiegenden Zahl der Fälle wird es sich (ähnlich wie bei oralen Problemen) um eine Auseinandersetzung im Verlauf von Besitz*spielen* handeln.

Wir gehen jetzt noch einmal zu unserer Ausgangsüberlegung zurück: Die Impulse des Kindes, wie des Erwachsenen werden, wie wir schon oft besprochen haben, vom Kollektiv mit verschiedenen Tabus und verschiedenen Wertbeurteilungen belegt. In bezug auf die sogenannte Oralität ist klar, daß sie (ebenso wie retentive Haltungen) zwar in mancherlei Hinsicht zwiespältig betrachtet wird, aber doch grundsätzlicher akzeptiert ist, als etwa Analität oder Sexualität. Zwar gibt es eine Weltanschauung der Bedürfnislosigkeit und des Verzichtes. Sie wird vielleicht sogar von größeren Menschengruppen gelebt und propagiert. Aber daneben gibt es andere, wenigstens ebenso große Gruppen, die Lebensfreude, Lebensgenuß, ebenso wie die Pflege und Sicherung des Eigentums für berechtigt halten. Bei einer Pflege und Förderung oraler oder retentiver Impulse vermitteln wir dem Kind also nichts, was es nicht mit seinen eigenen Augen (wenn vielleicht auch nicht gerade in der eigenen Familie) ständig erleben und beobachten könnte. Ermuntern wir ein Kind zum Erobern, Wünschen, Planen, dann haben wir höchstens mit den Eltern (sofern diese eine andere Ansicht vertreten) zur Verständigung zu kommen. Wir laufen jedoch nicht Gefahr, uns über ein grundsätzliches und durchgängiges Tabu der Umwelt hinwegzusetzen.

Dies liegt ähnlich im Bereich *motorischer Expansion* und Aktivität. Es gibt zwar Familien (insbesondere bei alten Eltern), die den Bewegungsdrang ihrer Kinder stark einschränken. Wenn wir dem Kind in der therapeutischen Stunde ausgedehnte Möglichkeiten geben, sich auszutoben, an Leitern zu klettern, auf Turnmatten herumzuspringen, wenn wir (unter besonders günstigen Umständen) sogar die Möglichkeit haben, das Kind in einem Gartengelände spielen zu lassen, dann tun wir damit etwas, was in unserem kulturellen Raum grundsätzlich gebilligt oder sogar gefördert wird, auch dann, wenn die Eltern des Kindes eine andere Einstellung bezogen haben. Allerdings taucht gerade hier die Frage nach der Dosierung und der Grenze auf. Kinder, die zu Hause stark dressiert werden und denen man in der Stunde die Zügel schießen läßt, kommen sehr rasch ins Toben. Besonders Jungen steigern sich im Handumdrehen in eine erregte Wildheit hinein, die nicht mehr günstig ist. Das Mobiliar ist in Gefahr, es wird auf Stühle geklettert, Tische werden umgeworfen, Blumenvasen zerschmettert usw. Wildes Toben ist nach einer Weile auch für ein Kind nicht mehr erfreulich und von kathartischem Effekt kann keine Rede sein. Die etwas dehnbare Regel für solche Situationen lautet immer: „Eine Weile gewähren lassen, dann aber ein Ende setzen.“ Dies ist natürlich meist leichter gesagt als getan. Von vornherein sollte ein Kind wissen, daß Beschädigung und Demolierung des Mobiliars nicht geduldet wird. Andererseits sollte die Einrichtung des Zimmers so geartet sein, daß auch lebhafter Überschwang nicht gleich zu Zerstörungen führt. In günstigen Fällen hat man sogar einen Raum zur Verfügung, in dem der motorische Drang (sofern er in wilde Aggressivität übergeht) sehr weitgehend ausagiert werden kann. Ein Raum, in dem mit Wasser gespritzt, mit Sand oder Bällen geworfen wird usw.

Das therapeutische Geschick besteht im allgemeinen darin, daß man zu beobachten versteht, wann für das Kind die wilde überdrehte Toberei beginnt und wie lange wirklich noch ein echter Befreiungseffekt vorliegt.

Beim Ausagieren wirklicher *aggressiver Regungen* steht es nun ganz anders als beim rein motorischen Aktionsdrang, obgleich ja beides in enger Beziehung zueinander steht. Ungeformte Aggressivität, die den Mitmenschen verletzt, wird durchgängig vom Kollektiv abgelehnt. Wenngleich wir uns gegenseitig ein Recht auf Selbstverteidigung und Selbstbehauptung zubilligen, erstreben wir doch auf jeden Fall eine gebändigte und nicht rücksichtslose Aggressivität. Was wir also dem Kind hier auch immer ermöglichen, wir müssen dabei im Sinn behalten, daß wir uns vielleicht für eine Weile außerhalb der gängigen Gesellschaftsordnung stellen. Vor allem müssen wir berücksichtigen, daß auch das Kind das weiß. Wenn uns ein Kind in der Therapie in durchbrechender Wut angreift, uns wehtut oder verletzt, dann rechnet es auf Gegenwehr. Es rechnet damit nicht nur, weil es in unserer Gesellschaft so üblich ist, sondern auch deshalb, weil es seine eigenen normalen Reaktionen kennt und weiß, daß es sich wehren würde, wenn es in gleicher Lage dazu nur die Möglichkeit hätte. Erlauben wir also dem Kind ein direktes (und nicht ein symbolisches) Ausagieren seiner Wut und seiner Aggressivität, dann dürfen wir dies nur solange tun, wie das Kind glauben kann, wir nehmen es ernst. Ich halte es unbedingt für einen Irrtum, daß ein Kind die schrankenlos gebotene Duldsamkeit, wenn es zum direkten Angriff übergeht, für das nimmt, was man ihm vermitteln möchte: Nämlich für den Ausdruck von Freundlichkeit und Zuwendung. Natürlicher und richtiger scheint es mir zu sein, wenn man dem Kind eine Haltung bietet, die etwa in der Formulierung gipfeln könnte: „Ich habe Dich gern, aber ich lasse mir nicht alles gefallen", oder auch in kritischeren Situationen: „Ich bin Dir jetzt zwar böse, aber ich halte doch zu Dir." Diese Haltungen, die der Therapeut bietet, sind, wie gesagt, natürlicher und für das Kind verständlicher, weil realer. Die schrankenlos gebotene Duldsamkeit erschreckt, weil sie in ihren Motiven nicht verständlich ist und vertieft das Mißtrauen. Es ist für das Kind sicher verständlicher, beruhigender und therapeutisch wirkungsvoller, wenn man ihm zugewandt bleibt, *obgleich* man sich wehrt. Schließlich muß man auch berücksichtigen, daß auch der überideale Therapeut nicht von seinen Ärgerreaktionen abstrahieren kann, wenn das Kind ihm Schmerzen zufügt und er zieht sich in der Gegenreaktion dann doch in den meisten Fällen in eine analytische Indifferenz zurück, die für das Kind nicht nützlich ist.

Ein ganz anders geartetes Problem ist dann wiederum die Behandlung von *Geltungsbedürfnissen,* die bei einem Kind im Verlauf einer Therapie deutlich werden. Geltungsbedürfnisse sind immer, wie wir wissen, etwas sehr vielschichtig Zusammengesetztes. Ihr kompensatorischer Charakter liegt meist auf der Hand. Starke Unsicherheiten des Selbstgefühls stehen dahinter und wir müssen dem

Bedürfnis nach Anerkennung und Bestätigung, das damit verschwistert ist, Rechnung tragen. Wir haben dem Kind also ganz unbedingt tragfähige Befriedigungserlebnisse zu vermitteln, die das eigene Selbstgefühl stärken. Hier gilt es, vielerlei zu bedenken: Ein Kind mit neurotischer Geltungssucht hat sehr oft gleichzeitig eine neurotische Leistungsängstlichkeit. Alle Leistungsspiele haben für ein solches Kind stark erregenden Charakter. Verluste in einem Geschicklichkeitsspiel werden unter Umständen mit schwerer Erschütterung beantwortet. „Das Kind kann nicht verlieren", heißt es dann bei den Eltern oder Freunden der Familie. Im Gruppenspiel zeigt ein Kind mit neurotischer Geltungssucht überschießende Triumphreaktionen, vielleicht hämische Schadenfreude, wenn es tatsächlich gewonnen hat. Im direkten Umgang mit dem Therapeuten kommen Züge von Ruppigkeit, Angeberei, wichtigtuerische Herablassung zum Ausdruck. Es gibt sicherlich keinen gröberen Kunstfehler in einer Therapie, als wenn man ein Kind *moralisierend* auf seine Geltungssucht hinweist, evtl. ebenfalls mit moralisierendem Unterton angeberische Reaktionen einzudämmen sucht. Das therapeutische Problem erwächst freilich daraus, daß man gelegentlich gezwungen ist, dem Kind die bösen Folgen seines angeberischen Verhaltens zu verdeutlichen. Oft versteht es ja nicht, warum sich die Umwelt von ihm mißbilligend zurückzieht, da es nicht genau weiß, wie seine eigenen Verhaltensweisen wirken. Die Abstufung, die ich mir im therapeutischen Verhalten hier angewöhnt habe, ist etwa folgende: Bei Leistungsspielen jeder Art sorge ich nach Möglichkeit dafür, daß das gewählte Spiel für das Kind nicht zu schwer ist. Dies ist deshalb nötig, weil der Therapeut seinen Wunsch, das Kind gewinnen zu lassen, nicht verraten darf. Bemerkt das Kind, daß man es gewinnen lassen möchte, fühlt es sich nicht ernstgenommen und die Freude am Gewinn ist verdorben. Bei zu schweren Spielen merkt das Kind unweigerlich, ob der Therapeut bewußt Fehler macht und im Grunde nicht richtig mitspielt. Bei altersentsprechenden Spielen hat man natürlich dann dafür Sorge zu tragen, daß der Erfolg dem Kind zufällt. Manche Möglichkeiten im Symbol- und Rollenspiel können dann außerdem helfen, Geltungsbedürfnisse zu befriedigen und das Selbstgefühl zu stärken. Sofern aber die Geltungsbedürfnisse des Kindes aus dem Raum von Symbol- und Rollenspiel heraustreten und sich direkt im täglichen Umgang gegen den Therapeuten richten, hat man abzuschätzen, von welchem Augenblick an man bei dem Kind durch eine „Verhaltensanalyse" jene Schwierigkeiten mildern könnte, die es sich selbst in seiner Umwelt schafft. Dies gelingt immer so am besten, daß man sich im Gespräch zunächst einmal auf die freundlichen Gefühle des Kindes dem Therapeuten gegenüber bezieht, etwa fragt: „Wolltest Du mich eigentlich ärgern?", wenn es sich ruppig benommen hat, ohne es zu bemerken. Man muß dem Kind auch klarmachen, daß man weiß, daß diese geltungssüchtige Fassade im Grunde eine Verteidigung gegen vermeintliche oder reale Angriffe ist. Man muß dem Kind sagen, daß man weiß, es fühlte sich angegriffen und versuchte mit diesen Angriffen fertig zu werden. Erst dann kann man ein Gespräch darüber anspinnen, ob angeberisches Verhalten eine zweckmäßige Verteidigungsform sei. Nur auf diesem Wege kann man es vermeiden, daß man in jene moralisierenden Vorhaltungen verfällt, die dem Kind wahrscheinlich schon seit langem ausgedehnt, aber erfolglos, angeboten werden.

Die bisherigen Beispiele über orales, aggressives oder geltungssüchtiges Reagieren bei einem Kind haben uns nun schon gezeigt, welche subtilen Differenzierungen wir bei unserer therapeutischen Planung vornehmen müssen. Sofern wir es bei einem Kind mit dem sogenannten *analen Impulsbereich* zu tun haben, stehen wir wiederum vor einer neuen und anderen Situation. Im analytischen Fachjargon wird freilich unter dem Begriff der Analität recht Verschiedenartiges verstanden. Die sogenannte retentive Seite, das heißt das Behalten, nicht Hergeben, Verweigern usw. hatte uns schon beschäftigt. Das Problem von Sauberkeit und Ordnungsdressaten tritt hinzu. Anales Erleben ist weiterhin ein Bereich, der zur intimsten Körpersphäre gehört. Die aggressive Seite der Analität kommt zum Ausdruck, wenn die zugehörigen Tabus durchbrochen und aktiv verletzt werden.

Sofern sehr ausgedehnte Ordnungs- und Sauberkeitsdressate bei einem Kind gesetzt wurden, können wir im Verlauf der Therapie hier vieles aktiv lockern und zu unbekümmerterer Entfaltung bringen. Allerdings lassen wir in der Therapie nicht mit Kot schmieren und spielen. Wir respektieren hier das natürliche Sauberkeitsbedürfnis des Menschen, der dem schlechten Geruch der Exkremente abwehrend gegenübersteht. Aber wir bieten Ersatzfreuden an: Wasser, Sand, „Eierpampe", Lehm, Ton, Fingerfarben sind Betätigungsmöglichkeiten, die viele Kinder nicht wagen und die man ihnen erst allmählich eröffnen kann. Auch hier erlauben wir dem Kind vieles an Unordnung, vielleicht an Schmiererei, was es zu Hause nicht tun könnte. Im Gespräch mit den Eltern verlassen wir uns darauf, daß die Auffassungen über Strenge oder Toleranz im Umgang mit den Kindern doch verschiedenartig sind. Wir schlagen im übrigen den bewährten Weg ein, daß wir uns zu einer stufenweisen Eingrenzung des Kindes entschließen.

Hans ist zum Beispiel ein jetzt 8jähriger Junge, der schon vom 3. Lebensjahr ab von den Eltern genötigt wurde, immer nur jeweils ein Spielzeug zu benutzen und das andere wieder wegzuräumen. Flecken auf der Hose sind ein Drama, ungewaschene Hände eine Familienkatastrophe. Hans ist zu spontaner Initiative überhaupt nicht mehr imstande. So verlange ich im Beginn von ihm nicht, daß er Spielzeug wegräumt, und ich verkürze die gemeinsame Stunde auch nicht dadurch, daß wir gegen Ende mit dem Aufräumen beginnen. Ich wehre sogar eher ab. Den verstreuten Sand fege ich später selbst zusammen. Die Tafel, an der gemalt wurde, braucht nicht abgewischt zu werden, das Spielzeug bleibt liegen. Dies tue ich aber nicht unbegrenzt. Als der Junge zu seinen ersten Aktionsfähigkeiten bereits wieder vorgedrungen ist, fange ich gegen Ende der Stunde unmerklich an, in seiner Gegenwart einige Ordnung zu schaffen, während er noch spielt. Noch ein paar Stunden weiter fordere ich ihn auf, mir die eine oder andere Handreichung zu tun. Etwas später ist es bereits selbstverständlich, daß wir zum Schluß gemeinsam aufräumen.

Vor ganz anderer Problematik befinden wir uns nun allerdings, sofern Tabus und Gehemmtheiten im Spiele sind, die die *intime Körpersphäre* zum Gegenstand haben. Sowohl anale, wie sexuelle Impulse stehen unter ausgedehnten gesellschaftlichen Tabus. Sie sind zwar nicht gesellschaftsfeindlich, wie die aggressiven zerstörerischen Regungen, aber sie werden dennoch mit Entschiedenheit abgelehnt. Die direkte Befriedigung von analen oder sexuellen Wünschen durch den Therapeuten empfehlen wir in der Therapie sicherlich nicht. Wir erlauben dem Kind keine direkten sexuellen Handlungen, wir gehen mit ihm nicht gemeinsam auf die Toilette, sofern es den Wunsch äußert, uns zu beobachten und wir befriedigen die aufkommende sexuelle Neugier des Kindes nicht, sofern diese auf unsere Person gerichtet ist. Hier gibt es also kein direktes Agieren und dies mit gutem Grund. Zärtlichkeiten, oder auch gemeinsame Oralität werden von den Menschen miteinander gelebt, ohne daß dies bereits unbedingt eine sehr feste und persönliche gegenseitige Verknüpfung bedeutet. Gemeinsame Sexualität ist für den Erwachsenen das Reservoir persönlichster und intimster Gefühle. Gemeinsame Analität finden wir nur in Gruppen bestimmter Art, etwa beim Militär oder ähnlichem, mit einem Zuwachs der Unbefangenheit innerhalb der Familie selbst oder unter den Kindern in der Kindergemeinschaft.

Ein Therapeut, der dem Kind erlaubte, dieses Reservat der Intimsphäre zu durchbrechen, täte zunächst einmal etwas, wozu er sich selbst überwinden müßte. Schon dies wäre ungünstig. Andererseits würde er aber dem Kind das Ausagieren seiner tabuierten Impulse doch nur gestatten können, wenn es gleichzeitig den hohen Preis zahlt, daß es intimere und zartere Gefühle überrennt. Das Distanzbedürfnis des Menschen ist die Kehrseite sehr persönlicher, intimer und individueller Kontaktnahme. Läßt man ein Kind diese Schranke der Distanz durchbrechen, dann geht das nur, wenn diese subtileren Gefühle beiseite gestellt werden. Andernfalls hätte man ja vorauszusetzen, daß der Therapeut mit den sexuellen oder analen Wünschen des Kindes *korrespondiert* und mit ihm tatsächlich die gewünschte intime Gemeinschaft herstellen will. Dies freilich kommt doch wohl nur bei stark neurotischen Voraussetzungen auf Seiten des Therapeuten zustande.

Wir lassen also im analen und sexuellen Bereich nicht in direkter Beziehung zum Therapeuten ausagieren. Im analen Bereich bieten wir Ersatzmaterial an, in sexueller Hinsicht wehren wir die direkten Kontaktwünsche des Kindes ab. Andererseits bleiben wir natürlich unbedingt duldsam, sofern die Körperreaktionen des Kindes selbst in Frage stehen. Wir würden also einem Kind, das in der Stunde zu onanieren beginnt, dies nicht verbieten (besonders dann nicht, wenn die Onanie als Symptomatik Anlaß zur Vorstellung bei uns gewesen ist) und wir würden ein Kind, das während der Stunde auf die Toilette gehen muß, nicht etwa mit mißbilligenden Äußerungen begleiten, schon gar nicht, wie es ja manche Eltern tun, Äußerungen über das Unangenehme der Defäkation machen.

Abgesehen davon machen wir dann sehr ausgedehnt von allen Möglichkeiten Gebrauch, die uns im Spiel und Gespräch zur Verfügung stehen, um unsere duldsame Grundhaltung zum Ausdruck zu bringen. Auch hier bietet sich uns das *Symbolspiel* als wesentliches therapeutisches Hilfsmittel an. Das folgende Kapitel soll uns mit seinem ersten Beispiel zeigen, wie ein Kind (unabhängig von der direkten Triebbefriedigung) gerade in bezug auf anale und sexuelle Impulse die Auseinandersetzung mit sich selbst und seiner Umwelt vollziehen kann.

b) Die Auseinandersetzung des Kindes mit sich selbst und seiner Umwelt

Zunächst noch ein Wort zum Grundsätzlichen! Wir haben in diesem Kapitel eine Reihe von therapeutischen Episoden aus Kinderbehandlungen zusammengestellt, die weitere Seiten unseres therapeutischen Vorgehens veranschaulichen sollen. Wir werden dabei sehr weitgehend das Symbol- und Rollenspiel der Kinder zum Ausgangspunkt unserer Darstellung nehmen. Symbolspiel soll hier nun im weitesten Sinn verstanden werden. Es entwickelt sich an sehr verschiedenartigem Material, sei es an selbstgezeichneten Bildern, an verfertigten Gegenständen und Figuren, am Kasperlespiel oder (bei älteren Kindern) im Rollenspiel mit dem Therapeuten, das jedem der Beteiligten eine bestimmte Rolle zuteilt. Diese Spiele des Kindes geben uns Aufschluß über die Fragen, mit denen es sich auseinandersetzt. Zum Teil stellt uns dabei das Kind die Realität dar, so wie sie sich ihm präsentiert, zum anderen Teil kündigen sich Befürchtungen an, die noch nicht ausgesprochen wurden oder Phantasien, die ein verborgenes Leben in ihm führen.

Viele der Themen, die die Kinder beschäftigen, wiederholen sich: Die Auseinandersetzung mit Vater oder Mutter oder sonstigen erwachsenen Beziehungspersonen, mit Geschwisterkonkurrenz und Geschwisterliebe. Das Problem der Sexualität taucht auf, es wird zur eigenen Geschlechtsrolle Stellung genommen, weltanschauliche Fragen kommen ins Spiel, Überlegungen über Recht und Unrecht, Religion, Tod, Einsamkeit und den Sinn des Lebens. Diese Fragen wandeln sich natürlich in ihrer Bedeutung in den verschiedenen Altersstufen, aber sie alle tauchen irgendwann einmal im Verlauf einer längerdauernden Kindertherapie auf. Wir werden uns bemühen, unser Anschauungsmaterial so reich wie möglich zusammenzustellen, wenngleich wir natürlich der Vielfalt des wirklichen Lebens doch nicht gerecht werden können.

Ich beginne sogleich mit einem ersten Beispiel:

Hansi ist 4 Jahre alt und wird mit einer schweren Schlafstörung sowie einem akut aufgetretenen Einkoten und gelegentlichem Tagesnässen (keine Enuresis) in der Poliklinik vorgestellt. Die Eltern sind zugleich wegen der seit einiger Zeit aufgetretenen Erektionen des Jungen beunruhigt. Sie haben ihm das gelegentlich beobachtete Onanieren auf das heftigste verboten. Hansi bekommt auch daraufhin (im Gegensatz zu Mutter und Schwester) keine Wurst mehr zu essen und keine Eier. Der Vater, Verwaltungsangestellter von Beruf, gehört zu einer kleinen sektenhaften Gemeinde, die Yoga-Praktiken übt. Er hat für den Jungen den Genuß von Ei und Fleisch verboten, weil dies die Sexualität fördern solle. Hansi hat noch eine ältere Schwester, ein robustes Mädchen, das auf den kleinen Bruder sehr eifersüchtig ist. Die Mutter ist eine sehr gefühlsscheue Frau, die hauptsächlich dadurch auffällt, daß sie ihre eigenen Empfindungen und Gefühle nicht voll ernst nimmt, sie gewissermaßen mit einem Dauerlächeln hinweglächelt und die demzufolge (trotz Zuneigung zu ihren Kindern) auch die Gefühle der beiden nicht voll ernst nehmen kann. Vieles, was den Kindern ernst und wichtig ist, wird mit herablassendem Lächeln und halbironischen Bemerkungen abgetan. Hansis Mutter ist zur Zeit im 6. Monat schwanger, die Schwangerschaft ist bereits deutlich zu sehen. Jedoch wurde dem Jungen noch keine Information gegeben, offenbar aber in seiner Gegenwart schon manches über die zu erwartende Geburt gesprochen.

Hansi ist im Verhalten kein eigentlich schüchterner Junge, sondern eher zutraulich. Er wirkt spontan und phantasievoll. Er bleibt auch ohne Schwierigkeiten bei mir im Behandlungszimmer und läßt die Mutter unbekümmert weggehen.

Er benutzt zunächst Krokodil und einige Figuren aus dem Scenokasten zu einem lebhaft agierenden Spiel. In immer wiederkehrender Aktion läßt er das Krokodil auf mich zustürzen und mir einen Finger abbeißen. Dann kommt der zweite Finger, schließlich der Kopf. Die kannibalistischen Impulse des Jungen werden deutlich, als er erklärt, die Finger würden jetzt von einer Frau im Herd gargekocht. Insgesamt klingt offenkundig das Kastrationsthema, das den Jungen beschäftigt, an.

Ich verspreche mir allerdings in der gegebenen Situation nichts davon, mit dem Jungen direkt über diese seine (sicher von den Eltern provozierten) Kastrationsängste zu sprechen. Ich finde es im Augenblick klüger, dem Kind positive Gegenvorstellungen zu vermitteln. So lasse ich die abgebissenen Körperteile im gemeinsamen Spiel immer wieder nachwachsen. Der abgebissene Finger richtet sich wieder auf, der Kopf ist schließlich auch wieder da. Ich erzähle von den Eidechsen, die ihr Schwänzchen verlieren und denen das Schwänzchen dann wieder nachwächst. Hansi findet das höchst interessant. Das Krokodil beißt schließlich auch der Frau, die die abgebissenen Finger kocht, ins Bein, das Bein wird mitgekocht, wächst dann aber auch wieder nach. Hansi erklärt: „Die Mutter muß zwei Beine haben."

Mit dem Vater freilich (der Wurst und Ei verbietet) geht es weniger glimpflich. Er wird zunächst aufs Auto gesetzt und weit weggefahren, fällt dann aber vom Auto herunter und wird mit Bedacht überfahren und ist tot. Die Spielbewegungen von Hansi, mit denen er das Auto über die Vaterfigur fahren läßt, sind sorgfältig, hartnäckig und gründlich. Der tote Vater wird dann auf den Liegestuhl gelegt, „jetzt kommt der Totenwagen" und dann wird er mit dem Totenwagen ins Grab befördert. Dort bleibt er und hat keine Aussicht, je wieder lebendig zu werden. Nun attackiert das Krokodil die Kuh, beißt sie ins Bein, dann ins Maul und schließlich stirbt die Kuh.

Nach wie vor beschränke ich mich darauf, die aggressiven Spielregungen des Kindes zu begleiten und den Kastrationsängsten des Jungen erfreuliche Gegenvorstellungen anzubieten.

In der nächsten Stunde hat der Junge keine Neigung, den Scenokasten zu benutzen. Statt dessen nimmt er Knete und agiert ein magisch-aggressives Spiel. Er zerhackt die Knete, weil sie „frech gewesen ist", macht dann großes Getöse mit einem Hämmerchen, mit dem er auf der Knete herumklopft. Ich bemerke, daß Hansi sehr häufig zum Waschbecken läuft, um sich die Hände zu waschen und daß ihn Spuren von Knete an den Fingern sehr beunruhigen. Ich frage gelegentlich: „Stört Dich die Knete?" und füge hinzu: „Macht nichts, wir können das später abwaschen." Es gelingt rasch, den Jungen zu einem unbefangeneren Agieren zu bringen. Er schmiert und malt und geht schließlich zum Scenokasten zurück, nimmt das Krokodil, das von unten ins Klo hineinguckt und sagt „das interessiert das Krokodil". Ich kommentiere jetzt wiederum: „Sicher, das interessiert nicht nur das Krokodil, sondern alle Menschen", was Hansi zu einem zweifelnden Blick veranlaßt.

Noch habe ich kein Wort von den sexuellen Problemen des Jungen gesprochen oder von der Auseinandersetzung mit dem Vater, der mit seinem Ei- und Wurstverbot dafür gesorgt hat, daß sich für den Jungen das sexuelle Thema so stark mit dem oralen koppelt. Ich greife statt dessen das Thema auf, das dem Jungen zwar wichtig, aber doch nicht so angstbesetzt ist, daß ich nicht unbeschadet davon sprechen könnte: Die Schwester Ilona. Als Hansi die frechgewordene Knete zerhackt, frage ich, wie die Knete heißt. Hansi weiß keinen Namen und ich frage an, ob sie vielleicht Ilona geheißen hat. Hansi jubelt „Knete Ilona, Knete Ilona" und verdoppelt sein aggressives Spiel mit dem Hammer. Hansi leidet unter der älteren Schwester sehr. Er selbst ist an sich der Verzug der Familie. Dies wiederum veranlaßt die ältere, eifersüchtig zu sein und in unbewachten Augenblicken den Kleinen hart zu bedrängen, ihm seine Spielsachen wegzunehmen oder ihn auch zu schlagen. Solange die Eltern da sind, insbesondere die Mutter, ist Hansi gewiß, von diesen beschützt zu werden. Jedoch können die Eltern natürlich nicht immer beobachten, was sich im gemeinsamen Spielzimmer abspielt. Für Ilona ist es ein Spaß, daß der Bruder Fleisch und Ei entzogen bekommt, sie neckt ihn häufig damit.

Nachdem Hansi seine Wut über Ilona im magisch-symbolischen Spiel an der Knete ausgelassen hat, wendet er sich wiederum dem Scenokasten zu und spielt nun erneut ein sehr aggressives Spiel mit den Männerfiguren, die überfahren, getötet und ins Grab gelegt werden.

Ich möchte jetzt einen ersten Versuch machen, um ganz vorsichtig die Auseinandersetzung des Jungen mit dem Vater ins Spiel zu ziehen. Ich frage erst nach dem Beruf des soeben überfahrenen Vaters (dabei spreche ich bewußt von einem überfahrenen *Vater* und nicht von einem überfahrenen *Mann*). Hansi sagt

„Maurer". Nun frage ich direkt nach dem Vater des Jungen selbst. „Weißt Du schon, was Dein Vati für einen Beruf hat?" Hansi nimmt die soeben überfahrene Männerfigur in die Hand, betrachtet sie nachdenklich, baut sich dann breitbeinig vor mir auf, stellt sich in Positur, reckt mir den überfahrenen Vater entgegen und ruft: „Der hat so einen Tempelberuf." Ich bin verblüfft über diese Beschreibung des Vaters, der tatsächlich mehr durch seine Sektenzugehörigkeit als durch seinen Beruf charakterisiert ist. Ich frage zurück: „Was macht er denn in dem Tempel?" Hansi legt den Kopf schief, kommt dann zu mir geschlichen und flüstert mir ins Ohr: „Da scheißt er." Ich bin noch mehr verblüfft. Der Vater ist in gewisser Weise wirklich das, was man einen „analen Charakter" nennt und allermindestens hat der Junge mit seiner Formulierung ein gutes Beispiel für die in der Familie gewissermaßen zum Ritual gewordene Defäkationsproblematik gefunden.

Ich möchte dem Jungen, der selbst schon zwanghafte Züge zeigt, sich, wie gesagt, häufig wäscht und vor jeder Beschmutzung Angst hat, die analen Ängste mildern. Ich frage also trocken, aber in regulärer Umgangssprache zurück: „Da scheißt er? Muß er denn dafür in den Tempel? Dafür genügt doch eigentlich das Klo." Hansi runzelt nur sorgenvoll die Stirn und schüttelt den Kopf. Ich greife auf das frühere Symbolspiel des Jungen zurück, nehme das Krokodil, das sich so für das Klo interessiert hat und spiele das noch einmal nach. „Nicht nur das Krokodil interessiert sich fürs Klo", sage ich, „sondern auch Kinder und Erwachsene." Ich nehme eine Jungenfigur und lasse sie ihrerseits in das Klo gucken. Sinn meines mitagierenden Spiels ist es, daß das Thema der Analität überhaupt neutral und unbefangen erörtert wird.

Hansi kommt plötzlich sehr rasch in ein überschießendes Agieren. Er will sich totlachen, wirft sich auf das Sofa und ruft lauthals: „Kacke, Scheiße, Kacke, Scheiße." Ich zeige ihm, wie sehr mich freut, daß er guter Stimmung ist. Allmählich bemerke ich, daß der Junge offenbar darauf wartet, wann ich wohl gegen die „ordinären Ausdrücke" mit Kritik einschreiten würde. Diese von mir vermutete Erwartung des Jungen formuliere ich nun. Ich sage: „Du denkst, ich habe was dagegen, wenn Du das sagst?" Hansi fragt besorgt zurück: „Haste?" Ich sage: „Habe ich nicht", was Hansi zu einem tiefen Aufseufzen veranlaßt und plötzlich geht er mit entschlossenen Schritten zu meinem Schreibtisch, holt sich den Reflexhammer, stürzt sich auf den mehrfach überfahrenen und getöteten Vater und erklärt: „Ich mördere jetzt." Er haut dem Vater eins auf den Kopf und dann baut er eine Mördergrube, sucht sich eine Mörderschippe, holt den Mörderwagen und deckt schließlich alles mit einem Mördertuch zu.

Als der Junge sich von mir verabschiedet, ist er teils befreit, teils ängstlich. Ich setze die nächste Stunde schon für den kommenden Tag an, weil mir scheint, daß in ihm sehr viel in Bewegung gekommen ist.

Hansi nimmt mit mir am nächsten Tag einen aggressiv-zärtlichen Kontakt auf. Er sieht mich pfiffig und verschmitzt an, bezeichnet mich als Kacke und Scheiße und erklärt schließlich, ich sei eine Kuh, die kackt. Dann macht er sich an ein

Spiel mit ausgedehnten analen Ersatzfreuden. Er löst Seife in Wasser auf, vermanscht sie mit Knete, schmiert das in der Gegend herum und stellt symbolisch seine und meine „Kacke" dar. Ich begleite dieses Spiel mit ermunternder und erfreuter Haltung und Anteilnahme, äußere natürlich kein Wort der Mißbilligung über die zahlreichen aggressiv vorgetragenen analen Ausdrücke und fördere das mehrfach symbolisch durchagierte Spiel mit der „Knete-Ilona", das für den Jungen offensichtlich sogar eine gewisse magische Bedeutung besitzt.

Die nächsten Stunden verlaufen im wesentlichen so, daß ich den symbolisch oder direkt ausagierten anal-aggressiven Impulsen gegenüber eine freundliche Grundhaltung einnehme. Gelegentlich greife ich sogar in das Spiel ein, indem ich mich (in den Augenblicken, in denen ich die Angst des Jungen vor seinen eigenen Impulsen bemerke) an seine Stelle setze und die von ihm begonnene Aktion von mir aus weiterführe. Eine verbale Deutung der sexuellen Ängste gebe ich zunächst nicht. Statt dessen spiele ich im Verlauf der Therapiestunde immer einmal darauf an, daß der Junge mit seinem Vater so sehr im Hader liegt und daß er Grund hat, sich über den Vater zu ärgern.

Im Verlauf der 5. Therapiestunde ergibt sich plötzlich eine Wendung: Hansi entdeckt mehrere ganz neue Stangen verschiedenfarbiger Knete. Hansi knetet aus der ersten eine Schlange und erzählt mir mit allen Zeichen der Erregung, daß diese Schlange giftig sei. Er kommt in seiner Erregung sogar phasenweise ins Stottern: „Eine Kreu-Kreu-Kreuzotter, die Gift spuckt und davon stirbst." Auch die nächsten Assoziationen des Kindes enthalten die gleichsinnige Koppelung von Sexualsymbolik und gefährlicher tierhafter Oralität. Hansi erzählt eine Geschichte von Blutechsen (er meint Blutegel), die Blut saugen, bis sie dick werden und steif hinfallen.

Auch hier versuche ich zunächst, diese angsterfüllten Phantasien des Jungen etwas zu mildern. Ich erzähle ihm, daß giftige Schlangen etwas ganz Seltenes seien, daß die lieben Schlangen viel häufiger wären als die bösen und ich riskiere schließlich sogar eine beiläufige Anspielung auf das symbolische Erleben des Jungen und sage: „Auch kleine Jungen haben ja ein Schlänglein", um hinzuzufügen: „Das ist ja schließlich auch nicht giftig."

Hansi läßt, während ich das sage, die von ihm geknetete Schlange sich aufrichten. Ich greife nun von mir aus dieses Spiel aktiv auf. Ich knete aus den noch übrigen fünf Knetriegeln fünf weitere Schlangen, die sich alle nacheinander aufrichten und ich behaupte, daß es sich hier um liebe Schlangen handele. Hansi geht auf dieses Spiel ein. Er streichelt die Schlangen schließlich auch, dann nimmt er sie mir weg, läuft zum Schreibtisch, holt sich den Engel, in dem sonst die Bonbons verborgen sind und steckt alle fünf Schlangen in den Bauch des Engels. Er verlangt von mir, daß wir „Schlangenkauf" spielen sollen, eine symbolische Aktion, auf die ich natürlich sofort meinerseits reagiere. Für jede einzelne Schlange, die es zu kaufen gilt, bezahle ich bereitwillig sehr viel Geld und biete bewußt und absichtlich immer etwas mehr, als Hansi von mir verlangt. Als ich schließlich alle Schlangen erworben habe, führe ich das Spiel so fort, daß ich eine Frau spiele, die diese Schlangen ganz besonders gut behandelt. Die Schlangen bekommen ein weiches Fellchen zum Schlafen und sollen sich wohlfühlen. Sie bekommen zu essen und zu trinken und werden gestreichelt. Ich bemerke, wie stark der Junge affektiv beteiligt ist und daß er offenbar gleichzeitig mit sexueller Erregung kämpft. Ich mache jetzt noch einmal eine halbe Anspielung darauf, daß die Knetschlangen ein bißchen ähnlich seien wie der „Puller" bei kleinen Jungen. Hansi sagt hierzu erst spontan und lebhaft „Ja", dann nimmt er dieses Ja jedoch wieder zurück, sagt „Nein" und steht nun mit allen Zeichen des Ekels auf. Er stellt sich vor mich hin, spuckt aus, ruft „Widerlich, widerlich" und versucht, mir mehrfach ins Gesicht zu spucken, „ich spucke Gift".

Ich bleibe bei diesem erregt aggressiven Intermezzo freundlich, sehr humorvoll und weise mehrfach darauf hin, daß das Schlänglein bei kleinen Jungen nichts Giftiges und nichts Unerfreuliches sei. Bewußt und absichtlich lenke ich das Thema von Hansi selbst weg und spreche von anderen Jungen. Ich sage, daß andere kleine Jungen vor ihrem Puller keine Angst hätten. Und nachdem ich dies mehrfach und mit einigem Nachdruck gesagt habe, beruhigt Hansi sich sichtlich.

Er führt dann das bisher so angesponnene Spiel folgendermaßen weiter: Die fünf aufgerichteten Schlangen, die in meinen Besitz gekommen waren, werden für zufrieden und müde erklärt: „Die legen sich jetzt schlafen." Hansi deckt die Schlangen zu. Plötzlich entdeckt er noch einen sechsten Knetriegel, den er wiederum in den Bauch meines Weihnachtsengels steckt, und als ich auch diese Schlange kaufen will, sagt er empört: „Die schenke ich Dir doch!" Ich zeige mich natürlich für das schöne Geschenk sehr dankbar und sehr erfreut. Hansi nimmt mir die fünf gekauften Schlangen wieder weg und legt sie alle fünf der Kuh aus dem Scenokasten auf den Rücken. Die Sexualproblematik ist auch hier ganz unverkennbar und natürlich ist mir auch deutlich, daß bei dem Jungen nicht nur die Problematik seiner eigenen Sexualität ins Spiel kommt, sondern die Auseinandersetzung mit der Mutter und deren Schwangerschaft. Ich halte es jedoch nicht für nötig, hier bereits eine Anspielung einzuschalten, ja ich halte mich bewußt zurück, weil ich die Beziehung des Jungen zu seinem eigenen Körper erst harmloser und unbefangener gestaltet sehen möchte und auch, weil ich den spontanen Kräften des Kindes vertraue, die das entsprechende Material schon von sich aus produzieren werden.

Hansi stellt jetzt vor die Kuh, auf deren Rücken noch die fünf Knetriegel liegen, eine Männerfigur aus dem Scenokasten. Er versucht, die Hose dieses Mannes zu untersuchen und auseinanderzuziehen. Hansi ist offenbar gerade im Begriff, etwas über die „Schlange" dieser Männerfigur zu sagen, als er eine ungeschickte Bewegung macht und auf dem Linoleum ausgleitet. Hansi ist außer sich. Er weint, will einen Spiegel sehen, ob er keine großen Wunden hat. Ich muß ihn auf den Schoß nehmen, trösten und streicheln und Hansi schluchzt: „Ich habe Krebs und Blutvergiftung."

Nachdem ich Hansi eine Weile getröstet habe, verlangt er spontan, daß wir noch einmal Schlangenkauf spielen und auch bei diesem Spiel tritt offenbar erneut ein kathartisch beruhigender Effekt ein, so wie das Ausagieren der Wut gegen Ilona und gegen den Vater einen gewissen befreienden Effekt gehabt hat. Ich sage nun im Verlauf dieses Spieles viel Positives, Lobendes und Anerkennendes über kleine Jungen, über Jungen wenn sie größer sind und über erwachsene Männer. Ich sage auch Anerkennendes über Väter, sofern sie mit ihren kleinen Söhnen richtig umgehen. Ich starte ein Symbolspiel, in dem ein Vater seinem Jungen ein gekochtes Ei schenkt. Hansi sagt: „Mein Vati erlaubt das nicht." Ich erkläre: „Vielleicht ändert er sich mal." Jetzt ergreift Hansi von der früher von ihm benutzten Knete (nicht von den neuen Schlangenriegeln) ein Stückchen, dreht daraus eine kleine Wurst, hängt sie der einen Männerfigur aus dem Scenokasten wie einen künstlichen Penis an, reißt ihn wieder ab, wirft ihn auf den Fußboden und tritt nun drauf. Er verkündet laut: „Den trete ich jetzt mit meinem Männerschuh." Ich ermuntere: „Tritt schön drauf, dann ist er wenigstens weg." Und zu Hansis Mutter, als sie den Jungen abholen kommt, sage ich mit Nachdruck: „Wir haben mit einem Männerschuh freche Knete totgetreten." Die Mutter hat für dieses drollige Bild Verständnis, lacht mit und Hansi geht sichtlich erleichtert aus dieser Stunde davon.

Es leuchtet wohl ein, daß diese soeben gegebene skizzenhafte Darstellung einer therapeutischen Situation trotz aller Bemühung nur ein sehr unvollkommenes Bild von dem vielfältigen Geschehen einer einzigen Behandlungsstunde geben kann. Wir könnten zwei Bücher füllen, wollten wir in der Erörterung psychischer Reaktionen und Gegenreaktionen zwischen dem Kind und dem Therapeuten im Verlauf einer einzigen Stunde wirklich vollständig und genau sein. Insbesondere würde uns eine genaue Diskussion dessen, was sich alles vom Erleben des Kindes in seinem Spiel ankündigt, sehr weit führen. Vielleicht sind aber doch wichtige Grundzüge meines therapeutischen Verhaltens deutlich geworden, so daß wir eine kurze epikritische Erörterung riskieren können:

Ich habe das Kind mehrfach bei aufkommenden aggressiven Regungen im Symbolspiel aktiv ermuntert, ja ich habe mich mit seinen Aggressionen identifiziert. Bei spielerischen Betätigungen, die dem „analen" Bereich nahestanden (Knete und Seife, Vermanschen und Verschmieren) habe ich mich duldsam und freundlich erheitert gezeigt. Zweimal habe ich es unternommen, bei dem Symbolspiel des Jungen eine Anspielung auf seine eigene Auseinandersetzung innerhalb der Familie zu machen, und zwar in bezug auf Schwester und Vater. Bewußt habe ich es vermieden, bei den ja ebenfalls anklingenden feindlichen Regungen der Mutter gegenüber (auch der Mutterfigur wurde ein Bein abgebissen) ein Gleiches zu tun. Ein so kleines Kind, das von der Mutter zur Stunde gebracht und wieder abgeholt wird, kann nicht so ohne weiteres direkt mit seiner aggressiven Auseinandersetzung mit der Mutter konfrontiert werden. Ich neige dazu, diese Auseinandersetzung zu vertagen, bis ich Mutter und Kind besser kenne und die Situation zwischen dem Kind und mir tragfähig genug geworden ist.

Die offenkundig werdenden Ängste des kleinen Jungen, die er seinen eigenen sexuellen Regungen und seinem eigenen Genitale gegenüber hatte und haben mußte, habe ich ebenfalls zum Gegenstand eines therapeutischen Aktes gemacht. Ich habe das sehr erregende und ängstigende Kreuzottersymbol aufgegriffen und eine anspielende Bemerkung auf das Genitale kleiner Jungen gemacht. Bewußt und absichtlich habe ich jedoch nicht vom Kind selbst und direkt gesprochen, da ich der Überzeugung bin, daß eine direkte Bemerkung zu dem Jungen selbst einen geringeren Effekt hätte. Die Gefühlsentlastung, die ich erzielen will, stellt sich bei dem kleinen Patienten sicherlich leichter ein, wenn ich harmlos von anderen Kindern spreche, als wenn ich im direkten Bezug seine eigenen Ängste erneut mobilisiere. Es genügte zudem, daß zwischen dem Jungen und mir ein gewisses Verständnis über den symbolischen Sinn der Darstellung erzielt worden war, denn nun konnte ich mich agierend und aktiv in das Symbolspiel einschalten. In diesem noch sehr jungen Alter, in dem die bildhaft magische Auseinandersetzung des Kindes mit seiner Umwelt noch so großes Gewicht hat, glaube ich tatsächlich, daß das Kind unsere symbolhafte Bildersprache besser „versteht", als wenn wir das benutzte Bild in die reale Dingbezeichnung der Erwachsenensprache transponieren würden. Außerdem kann der Therapeut bei diesem symbolhaften Mitagieren sehr viel leichter den verschiedenen Bedeutungsakzenten im Erleben des Kindes folgen. Hansi wechselte ja in seiner inneren Auseinandersetzung ganz offenkundig zwischen Aggression und Identifikation mit dem Vater hin und her. Der Zorn auf den Vater, der ihm Fleisch und Ei verbot wegen seiner sexuellen Regungen, wechselte mit dem Wunsch, selbst einen „Männerschuh" zu besitzen, das heißt, selbst groß, aktiv, stark und männlich zu sein. Es ist klar, daß alle Worte, die mir in der Erwachsenensprache zur Verfügung stünden, um dem Jungen seine wechselhafte Einstellung zu sich selbst, seinen Eltern und zu seiner Schwester zu verdeutlichen, nicht halb so wirksam wären, wie dieses symbolisch gestaltete Spiel, das das Kind in seiner emotionalen Bedeutung in vollem Umfang versteht und auch beantwortet.

Ich würde also einem kleinen Jungen, der ein Spiel, wie es soeben geschildert wurde, spielt, nicht etwa sagen: „Du willst dem Vater seinen Puller abreißen", eine Formulierung, die vielleicht ein Laie für eine echte analytische Interpretation hielte. Sofern ich es überhaupt unternehme, eine direkte Verknüpfung vom Symbolspiel zum aktuellen realen Erleben des Kindes zu ziehen, würde ich mich auf jene inneren Reaktionen beziehen, die dem Kind selbst im Wort verhältnismäßig leicht deutlich sind. Ich würde also davon sprechen, daß der Kleine sich darüber ärgert, daß er kein Ei und keine Wurst essen darf, obgleich er sie so gerne ißt, würde meinerseits die Hoffnung aussprechen, daß sich der Vater ändern könnte (wie ich es getan habe) und würde mich mit den Ärgerreaktionen des Kindes dem Vater gegenüber identifizieren. Es ist aber in einer Therapie doch etwas anderes, ob man von allgemeinen Ärgerreaktionen spricht oder von einem vermuteten Impuls, dem Vater das Genitale abzureißen.

Sehr ähnlich steht es natürlich auch mit der Notwendigkeit, die sogenannte orale Problematik zum Gegenstand eines deutenden oder interpretierenden Gespräches zu machen. Bei Hansi war ja die Vorstellung ganz offenkundig, daß sexuelles Erleben mit Essen (Ei und Wurst) von besonders teuren Lebensmitteln zusammenhinge (es wurde in der Familie viel davon gesprochen, daß Ei und Wurst so besonders teuer wären). Man konnte vermuten, daß für das Kind die Sexualfunktion ebenfalls den Charakter von etwas Besonderem, Teurem bekommen hatte, das mit teuren Dingen genährt wurde und evtl. teuer zu erkaufen war. Auch hier würde ich meinen, daß jeder Versuch, dieses vermutete innere Erleben des Kindes vom Symbolspiel weg in eine verbale Diskussion zu bringen, geringeren Nutzen bringen würde, als die begleitende Aktion des Therapeuten, die in die Bildersprache des Spieles einsteigt und seinerseits bestimmte zugehörige Bilder produziert. In diesem Sinn hatte ich von mir aus die für die Schlangen geforderten Preise selbsttätig noch erhöht und hatte das später gegebene Geschenk mit Freude und Anerkennung aufgenommen. Hätte ich bei dem vierjährigen Kind das Schlangensymbol in das Sexualsymbol des Erwachsenen zurückverwandelt (über die von mir bereits gegebene entsprechende Anspielung noch hinaus), dann hätte ich das Kind wahrscheinlich mehr verwirrt als gefördert und kaum den Entlastungseffekt erzielt, den ich in Wahrheit erreicht hatte.

Wohlgemerkt: Es geht mir bei dieser Diskussion nicht darum, ob sich bei dem Kind überhaupt in dem gebotenen Spiel ein sexuelles Problem ankündigt oder nicht. Es geht mir auch nicht darum, ob ich als Therapeut versuchen soll, das sich ankündigende sexuelle Problem irgendwie zu beeinflussen. Es geht mir stattdessen darum, welches der wirksamste Weg sein könnte. Bei sehr jungen Kindern, die sich noch sehr weitgehend in der magischen Phase befinden, bevorzuge ich tatsächlich die Bildersprache. Nicht, weil ich glaube, daß ich mit verbalen Interpretationen, die schließlich doch den Wortschatz des Erwachsenen benutzen müssen, das Kind schädigen könnte oder gar in zu große „Tiefen" der Persönlichkeit eindringen, sondern weil ich umgekehrt der Ansicht bin, daß das Mitagieren im magisch-bildhaften Erleben des Kindes eine größere Wirkung entfaltet.

Im übrigen ist im Verlauf dieser Darstellung wohl außerdem auch deutlich geworden, daß ein wesentlicher Anteil im Rahmen der gesamten therapeutischen Aktivität ganz allgemein der *Stellungnahme* des Therapeuten den kindlichen Impulsen gegenüber zukommt. Ich sagte ja schon früher, daß ein Therapeut sich selbst immer darüber im Klaren sein sollte, daß er verdrängte Reaktionen nur unter anderem mit Hilfe der Verbalisierung des Erlebens bewußt und damit unschädlich macht. Man darf sich nicht darüber täuschen, daß jeder Therapeut (auch jener, der dies nicht zum bewußten Instrument seines therapeutischen Vorgehens macht) durch seine vielfältig bekundete Stellungnahme den kindlichen Impulsen gegenüber wesentliche therapeutische Effekte produziert, mindestens wesentlichen Einfluß auf die innere Verfassung des Kindes nimmt. Hat doch das Kind im Verlauf der therapeutischen Stunden nicht nur die Möglichkeit, bestimmte Impulse besser in sich kennenzulernen und vielleicht bewußter als zuvor zu registrieren, es lernt sie auch unter *anderer Gefühlskonstellation* kennen und diese veränderte Gefühlskonstellation wird eben durch das mitspielende Agieren und die zugehörige innere Stellungnahme des Therapeuten erzeugt.

Es ist wohl klar, daß ich mit dem soeben mitgeteilten Hinweis auf ein sehr kompliziertes und vielschichtiges Problem angespielt habe. Hat man sich als Therapeut erst einmal klargemacht, daß man tatsächlich (ob man will oder nicht) im Verlauf einer Therapie durch seine innere Stellungnahme therapeutische Akte vollzieht, dann steigt subjektiv das Maß der Verantwortung ganz beträchtlich. Es steigt das Maß dessen, was man bewußt zu berücksichtigen hat und es steigt das Risiko, sich fehlerhaft zu verhalten. Nichts ist jedoch gefährlicher, als sich gerade diese Konsequenz unserer Einsicht zu verschleiern. Wer annimmt, in der Therapie wirken nur Deutungen oder Interpretationen, begrenzt zwar das Feld selbstkritischer Reflektion und Überwachung auf ein vergleichsweise bequemes Minimum, fällt aber natürlich gleichzeitig über seine eigene therapeutische Qualität das entsprechende Urteil.

Je älter nun ein Kind wird, um so eher neigen wir dazu, die Bildersprache, die es uns im Spiel anbietet, in die Gesprächsform des Alltags zu übersetzen. Trotzdem dürfen wir nicht vergessen, daß die Verwendung der Bildersprache auch beim älteren Kind ein wesentliches Hilfsmittel sein kann, um die Probleme des Kindes schonend ins Gespräch zu ziehen. Besonders in ersten therapeutischen Stunden kann auch beim älteren Kind das Mitagieren (etwa beim Kasperlespiel) zum Ausgangspunkt therapeutischer Interpretationen gemacht werden. Der nächste Fall soll uns dies verdeutlichen:

Jutta ist 9 Jahre alt, als sie von ihrer Mutter vorgestellt wird. Jutta hat Leistungsschwierigkeiten in der Schule und gilt außerdem zu Hause seit einiger Zeit als unleidlich. Sie bockt, provoziert ihre Eltern, insbesondere den Vater durch freche Antworten, verträgt sich mit den beiden jüngeren Geschwistern überhaupt nicht und verwirrt die Eltern durch den raschen Wechsel heftiger Wutausbrüche und erregter Verzweiflung. Es überwiegt jedoch ihre provokatorische Frechheit und ihr Bock, mit dem sie sich immer sehr rasch ins Unrecht setzt.

Juttas Verhalten ist den Eltern insofern um so unverständlicher, als sie eigentlich immer Vaters Liebling war und im Grunde auch noch ist. Durch ihr unleidliches Verhalten hat sie sich jedoch viel von seiner Zuneigung verscherzt. Soweit zu sehen ist, hat für Jutta das *Geschwisterproblem* aktuell eine ganz hervorragende Bedeutung bekommen. Ihre ein Jahr jüngere Schwester hat nämlich bis vor kurzem nicht mit im Haushalt gelebt, sondern bei der Großmutter und ist erst jetzt in die Familie zurückgekehrt. Jutta ist bislang immer eine gute, aber keine sehr gute Schülerin gewesen. Ihre jüngere Schwester Liesbeth entwickelte sich jedoch in der Schule offenbar als ein ganz besonderes Talent. Sie war eindeutig die beste in der Klasse, alles flog ihr zu und die Familie kam aus dem bewundernden Staunen nicht mehr heraus. Diese Geschwisterkonkurrenz schien mir das akuteste und heftigste Problem des Kindes zu sein (ich gehe in diesem Zusammenhang auf die übrigen Familienkonflikte nicht besonders ein) und die erste Therapiestunde bot mir auch Gelegenheit, gerade in dieser Hinsicht wesentliche Hilfestellung zu bieten:

Jutta agiert ein sehr langes Kasperlespiel von fünf Akten, das bunt und bewegt ist. Die ersten beiden Akte hindurch verhalte ich mich lediglich als sehr interessierter Zuschauer, der höchstens mit Ausrufen der Anteilnahme sein Interesse und sein Mitempfinden bekundet. Folgendes spielt sich ab:

1. Akt: Die Prinzessin ist gegen den Willen ihrer Eltern in den Wald gegangen. Die Eltern haben sie gewarnt, sie würde dem Teufel begegnen. Die Prinzessin ist trotzdem gegangen. Sie ahnt, was ihr passieren wird. Tatsächlich taucht der Teufel auf und freut sich, daß die Prinzessin ein schöner Braten sei, den er verspeisen könne. Die Prinzessin ruft den Zauberer zu Hilfe, der sie aber nur dadurch retten kann, daß er den Teufel in sie hineinzaubert. Für die nächsten Akte sitzt der Teufel in der Prinzessin und bestimmt ihr Verhalten.

2. Akt: Die Königin erscheint und klagt laut weinend in bewegten Tönen, daß ihre schöne liebe Prinzessin vom Teufel besessen sei und nun das Gespenst heiraten wolle und nicht den lieben Doktor, mit dem sie eigentlich verlobt war. Die Königin ruft den Zauberer zu Hilfe in der Hoffnung, daß dieser den Teufel aus der Prinzessin wieder herauszaubern könnte.

3. Akt: Die Prinzessin erscheint und lobt in einem langen Monolog ihr liebes Gespenst, das sie heiraten will, weil es ihr Gold und Silber schenkt, ihr nichts wegißt und nicht wie der böse Doktor (den sie heiraten sollte) nach der Hochzeit Spritzen macht und abhorcht.

(Hier schalte ich mich ein erstes Mal in das Spiel nicht nur als teilnehmender Zuhörer ein, sondern gebe eine Reizfrage. Die Vermutung, daß Jutta in der Abwehr gegen die Spritzen des Arztes, den sie heiraten soll, sexuelle Probleme und sexuelle Ängste ankündigt, ist immerhin nicht von der Hand zu weisen. Ich frage also in das Spiel hinein um was für Spritzen es sich wohl handelt, die der Doktor nach der Hochzeit machen wolle und ob alle Männer nach der Hochzeit Spritzen machten.)

Jutta findet meine Frage nicht etwa absurd. Im Gegenteil, sie ruft aus: „Das ist es ja gerade. So klug ich sonst bin und obgleich ich alles weiß, das eine weiß ich nicht. Aber mein liebes Gespenst gibt bestimmt keine Spritzen."

(Es scheint mir genug, daß es mir gelungen ist, mit meiner Reizfrage auch die innere Fragestellung des Kindes etwas zu präzisieren und ich warte zunächst einmal das weitere Spiel ab.)

Die Prinzessin überlegt nun weiter, ob sie nicht doch, anstatt das Gespenst zu heiraten, zu ihrem Vater, dem König, zurückkehren solle, obgleich dieser immer so viel mit ihr schimpfe und sie schlage. Die Prinzessin nimmt sich vor, sie wolle versuchen, artig zu sein. Sie sei immer so unartig gewesen. Sie habe nun mal den Teufel in sich und wolle versuchen, diesen Teufel zu beherrschen.

(In diesem Augenblick scheint es mir nun gegeben, mich etwas aktiver in das Spiel des Kindes einzuschalten. Mein Ziel ist jetzt folgendes: Ich möchte gern erreichen, daß Jutta diese *Identifikation* mit dem Urteil der Eltern über sie selbst *aufgibt* und einen etwas besseren Zugang zu sich selbst gewinnt. Sie hält sich ja selbst für unartig, fühlt sich bereits an den häuslichen Mißstimmungen schuldig und versucht, durch Selbstbeherrschung ihrer Erregung Herr zu werden. Da ich ziemlich sicher zu sein glaube, daß Jutta aus Enttäuschung und Hilflosigkeit den Vater provoziert, benutze ich das Spiel des Kindes zu einem entsprechenden Kommentar.)

Ich entwickele mich also zu einem Mitspieler und richte eine direkte Frage an die Prinzessin. Ich frage sie, ob sie denn tatsächlich unartig gewesen sei, ich hätte gedacht, sie wäre vielleicht hauptsächlich nur traurig. Die Prinzessin beharrt darauf, daß sie unartig sei und den Teufel in sich habe. Ich spiele noch einmal mit einer halben Reizfrage auf Juttas eigene Situation an und frage die Prinzessin, ob sie vielleicht von ihren Geschwistern sehr gekränkt worden wäre und darüber aufgeregt. Die Prinzessin verneint zunächst und versichert mir, sie habe keine Geschwister *mehr,* verbessert sich dann aber sehr hastig und sagt, sie sei immer ohne Geschwister gewesen. In Frage und Gegenfrage versuche ich nun zu ergründen, was die Prinzessin wohl mit Geschwistern täte, wenn sie welche hätte und ob sie Geschwister vielleicht doch gut fände. Die Prinzessin antwortet mir, daß sie froh sei, keine Geschwister zu haben. Wenn sie Geschwister hätte, würde sie sie bestimmt nicht lieben. Wenn sie eine Schwester hätte, würde diese sie sicher am Heiraten hindern und ihr außerdem alles wegfressen. Geschwister machten immer Dreck ins Essen und seien überhaupt schlecht.

(Es war offenkundig, daß Jutta, die sich natürlich mit der Prinzessin identifizierte, zunächst in ihrem Versprechen, daß sie keine Geschwister mehr habe, ihren eigenen Konflikt andeutete und den Wunsch, die Geschwister los zu sein. Es war weiter offenkundig, daß es für sie eine gewisse Erleichterung bedeutete, von ihrem eigenen Geschwisterproblem in der Symbolsprache des Spieles zu mir sprechen zu können. Ich vermied dabei zunächst absichtlich sehr sorgfältig, einen direkten Hinweis auf Juttas eigene Lebenssituation zu geben, weil ich sie sonst rasch wieder in die Identifikation mit dem Über-Ich ihrer Eltern getrieben hätte und auch dieses Symbolspiel vollauf genügte, um dem Kind meine Anteilnahme und mein Verständnis für seine Lage zu bekunden. Hatten doch schon meine Hinweise, daß ich die Prinzessin für traurig und nicht für ungezogen hielt, einen wichtigen Effekt gehabt, nicht minder auch meine Bemerkung, daß Geschwister die Prinzessin vielleicht geärgert hatten.

Ich brauchte also, nachdem Jutta mir auf dem Umweg über die Prinzessin die Mitteilung über ihre Geschwisterrivalität gemacht hatte, nicht viel anderes mehr zu tun, als der Prinzessin mit Nachdruck zu bestätigen, daß es sehr schlecht wäre, Geschwister zu haben, die so ein Benehmen an den Tag legten. Danach gab es den vierten Akt.)

4. Akt: Es erscheint der König und hält nun seinerseits einen langen Monolog über seine ungezogene Tochter. Auch hier schalte ich mich mitspielend ein und halte mit dem König ein langes Zwiegespräch. Ich verteidige seine Tochter und erläutere ihm, daß er vielleicht verkannt hat, daß sie nur traurig gewesen ist. Er hätte nicht gemerkt, daß sie traurig war und er sei vielleicht zu Unrecht streng gewesen. Nun sei die Prinzessin ärgerlich geworden und außerdem noch trauriger, der König noch strenger und so sei es immer weitergegangen.

Zu meiner Überraschung und Freude läßt Jutta nun den Vater-König sagen, ich hätte sicher Recht. Aber dann fügt er doch mit Nachdruck hinzu, obgleich ich Recht hätte, würde er die Tochter weiterprügeln, denn es kümmere ihn nicht, was sie fühlte (hier macht sich die Phantasie des Kindes über seinen Vater bemerkbar). Die Prinzessin erscheint nun auf der Bühne und fängt neben ihrem Vater an, bitterlich zu weinen. Der Vater ignoriert das ostentativ und beschimpft sie und will sie prügeln.

Wieder schalte ich mich als Mitakteur ein und beschimpfe meinerseits den König. Ich sage ihm, er dürfe das nicht tun, wenn er doch verstanden hätte, daß die Tochter nur traurig sei und ihn im Grunde gar nicht ärgern wolle. Die Prinzessin will sich während meines Streites mit dem König zu ihrem Gespenst flüchten, sagt dann aber noch zum Vater, sie wolle versuchen, den Zauberer zu bitten, den Teufel, den sie in sich habe, wegzuzaubern. Der Vorhang fällt und

5. Akt: Hund Molly erscheint und sucht sein Herrchen. Er erzählt, er sei jetzt aus der Prinzessin hervorgezaubert, der Teufel sei weg, er suche nun seinen lieben Onkel Doktor (Hund Molly ist eine sehr niedliche Figur für das Kasperlespiel, die von allen Kindern spontan zum Ausdruck von Treue, Anhänglichkeit und Zärtlichkeit genommen wird). Molly sucht eine Weile, bis er die Tür des Onkel Doktors findet. Er klopft dort, dieser macht ihm sofort auf. Molly fragt mit lautem Freuden-Wau-Wau, wie er das danken solle, er könne dem Doktor doch gar nichts zahlen und geben. Molly sagt: „Nichts, *nur mich selbst.*" Daraufhin erwidert der Doktor, etwas Schöneres als Molly könne er gar nicht bekommen, er wolle für immer Mollys Herrchen sein.

Es ist meinen Lesern wohl deutlich geworden, daß ich mit der Art meines mitagierenden Mitspielens dem Kind eine Reihe von Erkenntnissen über sich selbst vermitteln wollte. Ich habe dabei zunächst sehr bewußtseinsnahe Konflikte angesprochen und Jutta konnte sich bei mir sehr verstanden fühlen. Es war ersichtlich, daß das Spiel für das Kind einen stark kathartischen Effekt hatte, nicht weil es, wie man sagt, Aggressionen ausagierte oder selbsttätig eine symbolische Gestaltung vornahm, sondern weil ich im Verlauf meines Mitspielens meinerseits eine Erklärung der verfahrenen häuslichen Situation brachte, die für Jutta rasch und unmittelbar verständlich war.

Die nächste Stunde liegt eine Woche später und ich höre von der Mutter, daß die häusliche Situation nach der vorigen Stunde eine längere Strecke völlig entspannt gewesen sei, jedoch über das Wochenende sei eine neue Krise gekommen und es hätte am Sonntag eine heftige Auseinandersetzung zwischen Jutta und ihrem Vater gegeben. In der heutigen Therapiestunde will Jutta kein Kasperle spielen. Sie fängt zwar an, läßt es dann aber lustlos wieder fallen, betrachtet sich meinen Schneewürfel, der auf dem Schreibtisch steht, sieht ihn verloren an und weiß offenbar nicht recht, was sie mit sich selbst anfangen soll. Ich sage jetzt ein paar tröstende Worte zu ihr, daß sie sich offenbar sehr unglücklich fühle, sich selbst nicht gut sei und mit sich selbst unzufrieden. Ich sage auch (in Erinnerung an das frühere Kasperlespiel), daß sie offenbar, weil sie so unglücklich sei, so ungezogen würde und frech zum Vater, obgleich sie ihn eigentlich gern hätte. Jutta läßt sich jetzt mit einer vorsichtigen Anfrage, ob ich recht hätte, zu einem kurzen und knappen „Ja" bewegen, das zwar in Verlegenheit, etwas clownhaft vorgetragen wird, aber doch ihre Gesprächsbereitschaft ankündigt. Nun versuche ich, mich noch etwas weiter vorzuwagen und die Konkurrenzsituation Juttas zur jüngeren Schwester ins Gespräch zu ziehen. Ich will natürlich vermeiden, daß das Kind sich selbst als eifersüchtig bezeichnet, da dies eine starke Kränkung ihres Selbstgefühls bedeuten würde, aber ich möchte ihr doch die Konkurrenzsituation etwas erleichtern. Ich sage also beiläufig, daß es für alle Kinder schwierig wäre, wenn sie Bruder oder Schwester hätten, die wegen guter Schulleistung so sehr viel mehr bewundert würden als sie selbst. Beiläufig sage ich weiter, daß ich vermutete, auch für Jutta sei es nicht leicht, daß die Schwester so angestaunt würde. Jutta seufzt tief auf und entschließt sich nun zu einem recht hübschen Spiel am Legokasten, bei dem sie eine Weile mit Eifer etwas baut. Es ergibt sich eine Gelegenheit, vom Zauberstab des Zauberers zu sprechen und Jutta danach zu fragen, was sie wohl täte, wenn sie mit einem Zauberstab oder Wunschring drei Wünsche frei hätte. Jutta erklärt als erstes wolle sie ein Königreich, in dem sie König sei und immer fliegen könne. Als zweites wolle sie das Schlaraffenland, in dem sie nur äße und den ganzen Tag nichts täte. Und schließlich stößt sie beim dritten Wunsch nach längerem Zögern explosionsartig hervor, daß sie für immer die Klügste sein will vor allen.

Nun ist Juttas aktuelles und sehr weitgehend bewußt erlebtes Konkurrenzproblem der Schwester gegenüber heraus. Ich habe Gelegenheit, das Kind mit guten Gründen etwas zu trösten und zu ermutigen. Ich erzähle ihr über die Leistungsentwicklung von Kindern mit verschiedenen Talenten. Manche seien im Anfang so besonders gut und auffallend und ließen später nach. Umgekehrt gäbe es jene Kinder, die Anfangsschwierigkeiten hätten und dann später besser würden. Diese Kinder liefen allerdings Gefahr, wegen ihrer Hoffnungslosigkeit und Unzufriedenheit mit sich selbst die Flinte allzu rasch ins Korn zu werfen.

Jutta wird bei diesen Erläuterungen zunehmend zutraulicher und gesprächsbereiter. Sie lehnt sich an mich und sagt: „Das sagt meine Lehrerin auch immer." Jutta hat nämlich den großen Vorzug, daß sie an sich ein stetig leistungsbereites Kind ist, das einen einmal aufgefaßten Gedächtnisbesitz dann auch wirklich zur Verfügung hat. Ihre Schwester ist im Gegensatz dazu der leichte Lerner, der tatsächlich in Gefahr steht, ein mehr oberflächliches und lückenhaftes Wissensgebäude aufzubauen und später einmal in eine Leistungskrise zu geraten.

Natürlich ist klar, daß dieser Ambivalenzkonflikt mit der Schwester und mit dem Vater noch eine Fülle von weiteren Problemen enthielt. Auf diese will ich jedoch nicht eingehen, denn mir lag mit diesem Beispiel daran, jene Möglichkeiten zu verdeutlichen, die wir haben, wenn wir uns agierend in das Spiel des Kindes einschalten. Insbesondere, wenn wir die Tendenz haben, den erratenen, bewußtseinsnahen, aber beschämenden Konflikt des Kindes zum Gegenstand eines entlastenden Gesprächs zu machen.

Ich hätte natürlich Jutta auch spontan zu Ende spielen lassen können, ohne einen Kommentar zu geben, ohne auf verborgene Konflikte anzuspielen und ohne so deutlich die Identifikation von Jutta selbst mit der Prinzessin ins Blickfeld zu rücken. Ich glaube jedoch, daß ich damit viel Zeit vergeudet hätte und eine Chance versäumt, da sich Jutta ja auf diesem Wege ganz besonders gut verstanden fühlen konnte.

Noch ein paar Stunden später greift Jutta das Thema der Hochzeit wieder auf. Wieder unter dem Doppelaspekt, daß die Prinzessin nicht den Mann heiraten will, der ihr von der Mutter zugedacht ist. Aber diesmal kämpft die Patientin den Kampf gewissermaßen in der eigenen Brust aus. Zudem steht nicht mehr die Wahl zwischen dem Arzt als Ehemann und dem Teufel zur Debatte (also der helfenden und der tötenden Instanz), sondern die Prinzessin hat sich jetzt zunächst einmal in den *Richter* verliebt, den sie heiraten will, obgleich sie ursprünglich schon dem *Kasperle* versprochen hatte, seine Frau zu werden.

Jutta agiert zunächst ein übetrieben zärtliches Spiel zwischen dem Richter und der Prinzessin: „Mein lieber Leopold, gib Küßchen, Küßchen, Küßchen." Dem enttäuschten Kasperle wendet sie den Rücken.

Nun tritt jedoch im zweiten Akt die *Köchin* der Prinzessin als eine Art Ansager auf und verkündet, daß niemand wüßte, was sie wüßte, nämlich daß die Prinzessin den Richter Leopold doch nicht heiraten werde und daß das ganze Hochzeitsmahl umsonst gekocht sei.

(Auch hier schalte ich mich mit einem kurzen Kommentar ein, und zwar beziehe ich mich auf die Vermutung, daß Jutta sich doch wiederum ratlos mit der richtenden, ordnenden und wertenden Instanz auseinandersetzt und sich zu einem Teil mit dem Richter identifizieren und ihn heiraten möchte, andererseits aber gegen diese starke Gebundenheit durch ihr Über-Ich protestiert. Ich stelle also nur die Frage, ob der Richter vielleicht zu streng mit der Prinzessin gewesen sei.)

Die Köchin zuckt die Achseln, weiß das nicht genau, aber der Richter sei immer so geizig. Geizige Richter sind schlecht, bemerke ich meinerseits und lasse nun das Spiel weitergehen.

3. Akt: Prinzessin kommt mit dem Richter im Hochzeitszug, fängt jedoch vor der Kirchentür ein großes Lamento an und rennt dem Richter weg. Sie ruft nach ihrem lieben Kasper, der sie zunächst gar nicht haben will, weil sie ihm untreu war. Sie versöhnt Kasper (auf Empfehlung der Köchin) mit einem Kuchen. Kasper erklärt sich schließlich doch bereit, die Prinzessin zu heiraten und schreitet nun seinerseits im Hochzeitszug mit der Prinzessin zur Kirche. Es wiederholt sich jetzt jedoch das gleiche Spiel. Die Prinzessin rennt dem Kasper weg, erklärt, ihn nicht heiraten zu können.

4. Akt: König und Königin tauchen auf und fangen ihrerseits an, über ihre Tochter zu klagen, weil sie sich nicht entschließen könne, ob sie den Richter oder den Kasperle heiraten will. Eines muß sie doch tun, sagt der König schließlich, und das Elternpaar verschwindet. Im

5. Akt kommt wieder die Prinzessin auf die Bühne, wendet sich nach links und rechts, überlegt das Für und Wider über den Richter und das Für und

Wider über den Kasper und schließlich sagt sie halb resigniert, halb verzweifelt in den Zuschauerraum hinein, also zu mir gewandt: *„Könnt Ihr denn das verstehen, ich will sie eigentlich beide heiraten."*

Die Art, wie Jutta ihre innere Auseinandersetzung mit der bindenden und der ungebundenen Instanz zu lösen versucht, ist tatsächlich sehr eindrucksvoll. Aus diesem, wie auch aus dem früheren Spiel entnehme ich jedoch, daß das Kind nicht nur von dem Problem der Geschwisterkonkurrenz, von sexuellen Schwierigkeiten und aggressiven Erregungen getrieben wird, sondern daß das orale Thema eine große Rolle spielt. Nicht umsonst ist die Köchin der Prinzessin auf die Bühne gekommen als die eigentlich wissende Person, die schon ahnte, daß aus der Hochzeit nichts werden würde, weil der Richter so geizig sei, und die angeregt hatte, daß der Kaspar mit einem Kuchen versöhnt werden sollte. Nicht nur die Frage der Konkurrenz spielt unter den Geschwistern eine Rolle, sondern auch die Frage des Besitzes. Wer darf wessen Sachen benutzen, wer muß abgeben, wer darf behalten und wie ist die Rolle der Frau in wirtschaftlicher Hinsicht, wenn sie geheiratet hat.

Jutta hatte hier zwei Probleme. Zum einen war sie nach Art der ältesten Kinder immer diejenige, die abgeben mußte und zur „Vernunft" angehalten wurde, wenn die noch nachgeborenen jüngeren Geschwister an ihre Spielsachen gingen. Zum anderen waren die Geldfragen zwischen den Eltern nur sehr unvollkommen gelöst. Der Vater gehörte zu den Menschen, die im Haushalt eine Sparsamkeit erwarteten, die mit dem Pfennig rechnet, obgleich er selbst verhältnismäßig willkürlich plötzlich große Summen für seine eigenen Vergnügungen ausgab. Er konnte der Frau eine Szene machen, weil sie Gemüse 5 Pfennig zu teuer eingekauft hatte und am gleichen Abend für 50 Mark mit einem Freund ausgehen, für den er dann die Getränkerechnung bezahlte, obgleich dieser das gar nicht erwartet hatte.

Auf diese Situation spielte ich also an, als ich die ratlose Prinzessin nun zu trösten versuchte und sagte, sie solle doch den nehmen, der am ehesten bereit ist, ihr ein festes Wirtschaftsgeld zu geben, damit sie immer weiß, woran sie ist. Kaspar sei der Verschwender, der immer mehr gebe, als er hätte, und der Richter sei der Geizige, der immer von dem, was er gerade gegeben hätte, noch ein Stückchen wieder wegnähme. Hierzu sagt nun die Prinzessin ihrerseits im Brustton der Überzeugung: „Ich werde den *Koch* heiraten, das ist das allerbeste." Und als ich zurückfrage, warum dies das allerbeste sei, meint sie, der habe Verständnis, was die Sachen kosteten und er würde seiner Frau nicht zuviel und nicht zu wenig Geld geben.

Auch bei diesem therapeutischen Intermezzo ist wohl deutlich geworden, daß ich von mir aus ein Thema, das sich im Spiel des Kindes ankündigte, im Verlauf der Therapie mit einer Zwischenbemerkung angesprochen habe, die geeignet sein konnte, vom Kind selbst „verstanden" zu werden. Das heißt, die kleine Patientin konnte fühlen, daß ich meinerseits die Bedeutung eines bestimmten häuslichen Problems richtig verstand und auch ihre eigenen Überlegungen zu dieser Frage schon ahnte. Ich brachte mit meinen Zwischenbemerkungen das Kind dazu, seine eigenen Empfindungen nicht nur auszusprechen, sondern auch zu präzisieren. Und ich erreichte dies am glücklichsten, indem ich nicht mit einer direkten Bemerkung, die sich auf das kindliche Erleben selbst bezog, begann, sondern den Umweg über die Aktionen der Spielpuppen benutzte.

So habe ich zum Beispiel, als Jutta mir bei der Wunschprobe vom Schlaraffenland, das sie erstrebte, sprach, nicht von der dort angekündigten oralen Problematik angefangen. Natürlich war mir auch damals schon bewußt, daß das Kind nicht nur die Macht des fliegenden Königs und die ewige Klugheit haben wollte, sondern daß ihm die orale Fülle im Schlaraffenland ebensosehr zum sehnsüchtigen Wunschtraum geworden war. Die häuslichen Auseinandersetzungen zwischen den Eltern um das Wirtschaftsgeld waren mir ebenfalls damals schon geläufig gewesen. Viele meiner Beobachtungen haben mich jedoch gelehrt, daß es bei weitem rascher und wirksamer zum Erfolg führt, wenn ich ein Gespräch, das sich auf das Erleben des Kindes direkt bezieht, erst dann anspinne, wenn das Thema im Bild und Symbolsprache bereits angeklungen ist. Ich hoffe, meine Darstellung hat gezeigt, wie sehr ich den therapeutischen Prozeß beschleunigen kann, wenn ich meinerseits im bildhaften Geschehen mithandele und meine Kommentare, Vorschläge oder Interpretationen dabei anbringe. Wie schon eingangs erwähnt, kann man auch bei größeren Kindern die Sprache im Bild von der ersten Stunde an benutzen, ohne Gefahr zu laufen, durch Unvorsicht das Kind zu verwirren oder auch nur durch ein eigenes falsches Urteil in eine Sackgasse zu geraten.

Ist der therapeutische Prozeß bereits ein wenig weiter vorgeschritten, dann können wir es allerdings riskieren, das direkt auf das Kind bezogen geführte Gespräch aus der bildhaften Verkleidung herauszulösen. Das folgende Beispiel soll uns zeigen, wie sich solche Möglichkeiten nach Ablauf des ersten bildhaft gestalteten Geschehens ergeben:

Peter ist 9 Jahre alt. Er kommt wegen einer Enuresis und eines periodisch auftretenden Einkotens. Seine Lebensumstände sind durch folgendes charakterisiert: Peter lebt als einziger Junge mit Mutter und zwei Tanten. Besonders die eine Tante ist eine sehr dominierende Frau, die sich nicht zuletzt deshalb als Mittelpunkt der Familie fühlt, weil sie den Hauptanteil am gemeinsamen Wirtschaftsgeld erarbeitet. Die Mutter des Jungen ist geschieden, sie lebt drohnenhaft im Haushalt der Schwestern mit und steuert nur das bei, was ihr von ihrem geschiedenen Mann an Unterhalt gezahlt wird. Es scheint, als hätte sich zwischen dem Vater und der einen der Tanten früher eine intimere Beziehung abgespielt. Zorn, Haß und Verachtung, die diesem Mann gelten, sind auf alle Fälle beträchtlich. In Gesprächen zu Hause wird der Vater von den drei Frauen nur schlecht gemacht. Auch Peter selbst gilt nicht viel. Er erlebt die Frauen als die dominierenden und übermächtigen, Männer als diejenigen, die nichts sind und höchstens die Pflicht haben, Geld zu zahlen. Peter selbst bekommt oft zu hören, daß es besser gewesen wäre, er wäre als Mädchen zur Welt gekommen. So ist seine

Identifikation mit Frauen und sein Versuch, eine weibliche Lebenslinie zu finden, kein Wunder. Er hat ein weibisch geziertes und maniriertes Benehmen entwickelt, das ihm unter Spielkameraden schon manche Hänselei eingetragen hat.

Im Verlauf der Therapie fällt er dadurch auf, daß er sich sehr für meinen Schmuck interessiert, für das Material, aus dem er gearbeitet wurde und für den Preis, den er gekostet haben könnte. Mehr als einmal bittet er mich um eine Kette oder ein Armband, das er umtun will. Wenn ich es ihm gegeben habe, sitzt er mit meinem Armband angetan auf meinem Platz am Schreibtisch und versucht offenbar, meine Rolle zu agieren. Das Rollenspiel, das er mehrere Stunden hindurch zu spielen wünscht, sieht stereotyp immer folgendermaßen aus: Er nimmt mir mein Armband weg, tut es sich um, setzt sich auf meinen Schreibtischsessel und spielt „Bankdirektor". Das heißt, er hat alle Geldscheine, die das Monopolyspiel zur Verfügung hat (also 10000-, 1000-, 2000-Markscheine usw.) vor sich aufgestapelt und außerdem alle Häuser und Hotels, (ebenfalls aus dem Monopolyspiel stammend) zum Verkauf angeboten. Ich bekomme ebenfalls eine bestimmte Summe Geldes und muß als Käufer bei dem Bankdirektor auftreten, der Häuser und Grundstücke erwerben will. Das Spiel als solches ist äußerst monoton. Eigentliche Regeln gibt es nicht. Offenkundig bezieht Peter die hauptsächliche Befriedigung aus der Tatsache, daß er mit großen Geldscheinen manipulieren kann und daß er über hohe Summen Rechnungen ausstellt, die den Haus- oder Grundstückskauf besiegeln. Er benutzt zu diesem Zweck meinen Stempel und fügt noch eine Kritzelei hinzu, die Bankdirektor bedeuten soll. Dieses Spiel verliert in dem Augenblick seinen Reiz, in dem Peter mein Armband nicht tragen kann. Einmal, als ich kein Armband hatte und es ihm also auch nicht geben konnte, startete er dieses Spiel zwar doch, führte es jedoch nicht über die ersten 2 Minuten hinaus weiter und verlangte dann nach etwas anderem.

Wie gesagt, war es offenkundig, daß Peters Vorerfahrungen in ihm die Vorstellung erweckt hatten, daß ein Junge oder ein Mann kaum Lebens- und Existenzberechtigung haben und daß es in vielfacher Hinsicht sehr viel günstiger sei, als Frau zu leben. Mindestens kündigte sich diese innere Verfassung in dem von ihm arrangierten Rollenspiel deutlich an, obgleich der Junge selbst natürlich keine Möglichkeit gehabt hätte, Gefühle und Vorstellungen dieser Art in Worte zu fassen. Ich habe mich nun bemüht, dieses Problem im Verlauf der späteren Spielstunden ins Gespräch zu bringen. Zwar war ich sicher, daß ich dem Jungen eine Fülle von Befriedigungserlebnissen vermitteln würde, wenn ich, wie er es wünschte, mitspielte, aber ich war natürlich außerdem sicher, daß dieses spielerische Agieren der weiblichen Rolle keinen ausreichenden Heilungseffekt mit sich bringen würde. Dafür waren die seelischen Vorgänge, die die agierte Identifikation mit der weiblichen Rolle determinierten, bei weitem zu verwickelt.

Einmal im Verlauf der Therapiestunden hatte ich den Jungen nach seinem Vater gefragt und wie oft er ihn wohl zu sehen bekäme. Peter hatte geantwortet: „Der? Der bringt bloß das Geld und haut wieder ab." Diesen Ausspruch hatte ich mir natürlich gemerkt und einige Minuten später zum Ausgangspunkt eines wichtigen therapeutischen Gesprächs gemacht. Ich fragte Peter: „Glaubst Du wohl, daß Frauen es besser haben, als Männer?" Peter wirft mir einen schiefen Blick zu: „Nö, wieso." Ich: „Ich könnte mir vorstellen, daß Du so etwas denkst. Ich habe gelegentlich Jungen kennengelernt, die lebten ähnlich wie Du und die dachten schließlich auch, Frauen seien wichtiger als Männer. Dein Vati gilt ja bei Dir zu Hause auch nicht viel." „Na ja", meint Peter, „die Tante läßt kein gutes Haar an ihm." Ich sage (mit kritischem Unterton in bezug auf die Haltung von Mutter und Tante): „Sicher, Dein Vater darf bloß das Geld bezahlen, aber für etwas anderes ist er nicht gut." Peter betrachtet mich interessiert. Schließlich meint er: „Na, auf mich hört ja zu Hause auch keiner." Ich bin im Moment nicht ganz im Bilde, woran er denkt und frage zurück: „Was würde denn passieren, wenn man auf Dich hörte?" Peter lacht erst verschmitzt, gleitet aber offensichtlich ab: „Na, die ganze Wohnung wäre unordentlich." Ich frage weiter: „Und sonst?" „Mutti würde den Vati vielleicht wieder heiraten." Ich bin erstaunt, daß der Junge das so richtig beurteilt. Auch ich hatte mir von seiner Mutter aus ihren eigenen Angaben dieses Bild gemacht, es war mir aber versichert worden, daß mit dem Kind nie über dieses Thema gesprochen worden wäre. Ich frage weiter: „Woher weißt Du denn das?" Peter: „Na, Mutti äußert sich manchmal so." Er fährt dann fort: „Aber die Tante sagt, Vati taugt nichts."

Ich spinne nun mit dem Jungen ein längeres Gespräch über Lebenssituation und Lebensführung von Männern an. Ohne mich direkt auf seine eigenen Vorstellungen zu beziehen, kritisiere ich Frauen, die sich nur von Männern aushalten lassen. Ich spreche von zwei oder drei anderen kleinen Jungen, in deren Familien die Väter auch nichts gegolten haben und spreche davon, daß das für einen Jungen bedauerlich und von der Mutter keine richtige Einstellung sei. Ich billige natürlich zu, daß es Väter gibt, die ihre Familie vernachlässigen oder die einen wankelmütigen Charakter haben. Aber das käme auch bei Frauen vor und man dürfe das nicht verallgemeinern. Peter pendelt bei diesem Gespräch laufend zwischen Interesse und Abwehr hin und her. Mehrfach sagt er irritiert: „Ach, wollen wir nicht reden, wollen wir lieber spielen." Er tut das dann mit einem ganz besonders gezierten, weibischen Gebaren, legt den Kopf schief, den Finger an den Mund, spreizt das mit meinem Armband geschmückte Handgelenk weit ab. Ich vermute, daß dieses demonstrative Gebaren halb ein Abwehrvorgang ist gegen die von mir provozierte und angebotene positive Auseinandersetzung mit der männlichen Rolle. Teils ist es eine Provokation, daß ich mich trotz dieser demonstrativ weibischen Attitüde nochmals mit Nachdruck freundlich ihm als kleinen Jungen zuwenden solle.

Ich gehe natürlich auf die Spielwünsche des Jungen jedes Mal wieder sehr bereitwillig ein. Jedoch benutze ich jede nur passende Gelegenheit, um etwas Positives über kleine Jungen und erwachsene Männer zu sagen. Daß ich gleichzeitig (sofern es am Platze ist und nicht zu dick aufgetragen) freundliche Dinge über Peter selbst sage, versteht sich am Rande. Das heißt, ich bemühe mich ausgedehnt und in vielfachen Wiederholungen, das Weltbild des Jungen umzustrukturieren, sofern es seine eigene Situation als Jungen und späteren Mann zum Gegenstand hat. Ich versuche, Wertakzente zu verändern und ich versuche, dem Jungen ein Gefühl dafür zu vermitteln, daß ich ihn selbst als echten Jungen am liebsten hätte.

Hierzu ergibt sich eine Gelegenheit, als Peter ein neues Rollenspiel vorschlägt. Die Raumschiffahrt ist zur Zeit akut, Peter liest ein Kinderbuch, in dem Raumschiffahrer zu fremden Sternen fahren und dort von den Sternenbewohnern bedrohlich aufgenommen werden. Peter verlangt von mir Kette und Armband und erklärt, er sei Venus. Mein Armband sendet „Todesstrahlen" aus und vernichtet alle Gegner. Ich selbst gehöre zur Rettungsstation der Erde. Die Gegner werden symbolisch durch kleine Papiermenschen dargestellt. Ich nehme jetzt zu der gewählten Rolle des Jungen aktiv Stellung und frage im Scherz: „Ist Venus denn so ganz das richtige, ich denke, Jupiter ist für Dich besser." Peter kennt die olympische Götterwelt soweit, daß er versteht, ich möchte ihn lieber in einer dominierenden Rolle sehen. Er blickt erfreut, traut sich das aber noch nicht so recht zu. „Ach nein", meint er, „ich bin Venus, Venus mit Todesstrahlen." Ich sage: „Na schön, sei Venus, aber Jupiter paßt besser zu Dir." Peter ist innerlich immerhin schon soweit, daß er sich mit den Überlegungen, die ich über ihn habe, auseinandersetzt. Er bietet mir einen Kompromiß an: „Wissen Sie nicht einen anderen Gott, der für mich passen könnte, Jupiter will ich nicht." Ich überlege einen Moment: „Wie wäre es mit Neptun. Neptun ist der Gott des Meeres." (Peter hatte zeitweilig in den Stunden zuvor sehr viel Spaß an Wasserpantschereien am Wasserbecken gefunden. Ich bezog mich auf diese Seite des spielerischen Erlebens und habe bewußt vermieden, etwa Mars vorzuschlagen, ein Gott, der dem Jungen an sich vertrauter gewesen wäre als Neptun.) Der Gedanke, Gott des Meeres zu sein, hat für Peter mit Hinblick auf die ersten freigewordenen aktiven Impulse etwas sehr Verlockendes. Er ruft begeistert: „Au ja", will aber Armband und Kette trotzdem unbedingt behalten. Sie senden jetzt freilich nicht mehr Todesstrahlen aus, sondern produzieren einen schützenden Strahlengürtel, daß niemand ihn verletzen kann. Dann steigt Peter auf einen Stuhl, ruft: „Ich bin Neptun und setze zum rauschenden Angriff an." Ich aktiviere und ermuntere ihn in dieser Rollensituation sehr nachdrücklich, vermeide allerdings sorgfältig, seinen Versuchen, sich mit Venus zu identifizieren, auch nur die leiseste Form der Kritik anzubieten. Ich sage also nicht etwa, daß es für einen Jungen unmännlich sei, sich mit Venus zu identifizieren (oder lasse eine ähnliche Vorstellung durchblicken), sondern ich sage gelegentlich: „Du überschätzt die Venus."

Diese Seite meines Verhaltens ist insofern wichtig, als der Junge in der Schule und von Lehrern häufig wegen seines femininen Gebarens gehänselt wird, so daß er bereits die Abwehr des Kollektivs gegen seinen eigenen Versuch der

Lebensbewältigung kennengelernt hat. Andererseits wäre es verfehlt, im begleitenden Mitagieren diese Hinweise auf die positiven Möglichkeiten der Jungenrolle zu unterlassen, nur weil man Gefahr läuft, einen bereits für das Kind schmerzlich bekannten Konflikt neu anzurühren. Dies aus einem besonders wichtigen Grund: Auch für das mitagierende Spiel gilt nämlich der gleiche Grundsatz, den wir früher schon bei der Handhabung von Interpretationen besprochen hatten. Auch im Agieren haben wir bei dem Versuch, verdrängte expansive Impulse aus der Verdrängung zu befreien, immer bei der „Lücke" den Anfang zu machen. Gehen wir nämlich dem Rollenspiel des Jungen, das er als Venus mit Todesstrahlen spielt, noch etwas weiter auf den Grund, dann wird uns ja deutlich, daß der Junge zu einem Teil hier das tut, was Anna Freud die „Identifikation mit dem Angreifer" nennt. Peter wurde von den beiden übermächtigen Frauen, aber ganz besonders von der Tante angegriffen. Er mußte die Frau als etwas erleben, das Todesstrahlen aussendet und hinter der Übernahme dieser Rolle von Mutter und Tante müssen wir Furcht, Abwehr, Unterwerfung und Wut in einem vermuten.

Würden wir uns nun in unserem analytischen Verhalten einem allzu einfachen Denkmodell überlassen (nämlich daß die Deutung der zutiefst verdrängten Impulse das Allheilmittel sei), dann würden wir zu dem Jungen vielleicht von seiner tief verankerten Wut auf Mutter und Tante sprechen. Daß sich dies im Verlauf der Therapie zu irgendeinem Zeitpunkt ergeben muß, ist zwar selbstverständlich. Täten wir es jedoch, bevor wir die positiven und konstruktiven Möglichkeiten des Jungen ausreichend besprochen hätten, gerieten wir leicht in eine Sackgasse. Solange der Junge nicht mindestens im Spiel so weitgehend eine „Ich-Stärkung" erfahren hatte, daß er es wenigstens hier spontan wagen konnte, „zum rauschenden Angriff anzusetzen", wie er es formulierte, so lange wäre es verfehlt, von der realen aggressiven Auseinandersetzung mit den nächsten Familienmitgliedern zu sprechen. Wie ich meine, kürzt sich der therapeutische Effekt sehr erheblich ab, wenn man einem Jungen in Peters Situation (also solange er noch bewußt die gefügige Unterwerfung unter den Willen des Angreifers erlebt) zunächst im Rollenspiel ein expansiveres Leitbild anbietet und erst dann auf die problematische Auseinandersetzung mit den realen Beziehungspersonen eingeht.

Aber auch ein solches Vorgehen bedarf sorgfältiger Überlegung. Insbesondere muß der *Zeitpunkt* richtig gewählt sein, in dem man es unternimmt, ein erstes Mal die selbstgewählte Rolle eines kleinen Patienten nicht einfach zu akzeptieren, sondern eine andere in Vorschlag zu bringen. Ich würde dies sicherlich nicht in jedem Fall und unbedenklich tun, sondern erst dann, wenn ich meine, daß das Kind in den vorhergegangenen Therapiestunden schon soviel Beziehung zu seinen eigenen positiven Möglichkeiten gewonnen hat, daß es meinen Vorschlag auch wirklich so auffassen kann, wie er gemeint ist: Nämlich als eine freundliche Bestätigung dessen, was es selbst positiv leben und darstellen könnte.

Einige Stunden später geschieht mit Peter nun folgendes: Er war in mein Zimmer gekommen, durch den Raum gestreunt und hatte auf dem Schreibtisch das Buch „Woher kommen die kleinen Kinder“ liegen sehen. Er las den Titel laut vor und kommentiert: „Na, von der Mutter, ist ja alt.“ Ich benutze die Gelegenheit, um auf die wichtige Rolle des Vaters beim Kinderkriegen hinzuweisen und zu sagen, ohne den Vater ginge das nicht. Peter wehrt ab, macht ein pseudodementes Gesicht und wiederholt stereotyp: „Alte Sache, kommen von der Mutter.“ Ich insistiere nicht, lasse mir jedoch gern gefallen, daß Peter wieder ein Kasperlespiel vorschlägt und als Theaterdirektor agieren möchte. Der Titel, den Peter wählt, lautet: *„Unruhe auf dem Burghof.“* Folgendes spielt sich ab:

Die Königin kommt mit gellendem Gekreisch auf die Bühne und brüllt in den unflätigsten Ausdrücken (Himmel, Arsch und Zwirn usw.): „Wo ist meine Tochter, meine Tochter mit zwei A A A-Tochter. Nirgends ist das Biest zu finden, warte Du Aas, ich werde Dir den Schädel einschlagen lassen.“ Dann gell kreischend: „Tochter, Tochter, ich werde die Polizei holen, sie wird Dich hängen.“ Nach dieser sehr wild agierten Szene (die ich mir schweigend und kommentarlos anhöre) verschwindet die Königin und stattdessen kommen der König und seine Tochter, die Prinzessin, auf die Bühne. Die schluchzende Prinzessin wird von ihrem Vater getröstet. Der König sagt: „Laß nur mein Kind, ich werde Dich beschützen, sie war immer eine sehr grausame Herrscherin.“

(Hier flechte ich mitspielend einen Kommentar ein: *„Alte Frauen können wirklich sehr grausam sein.“* Ich spiele damit auf die Rolle der Tante in der Familie an.)

Nun erscheint wieder die Königin mit gellem Gekreisch und schreiend: „Warte Tochter, der Henker kommt schon, er wird Dich töten.“ Nun fällt der Vorhang und die zweite Szene beginnt. Kasperle erscheint, er hat den Zauberstab des Zauberers und verkündet, daß er König und Prinzessin helfen werde. Mit pathetischen Worten setzt er die Verzauberung in Gang. Die Königin wird in eine *alte Klingel* verwandelt, sie verschwindet plötzlich von der Bühne, die Klingel taucht auf und schreit schluchzend: „Jetzt bin ich nichts mehr als eine nutzlose, alte Klingel.“ Der Vorhang fällt, das Spiel ist zu Ende.

Ich meinerseits kommentiere hier: „Der Kasper hat ganz recht, nutzlose, grausame alte Frauen werden nutzlose alte Klingeln.“

Zwischen Peter und mir besteht ein stillschweigendes Einverständnis, daß ich mit meinem Kommentar auf die Tante des Jungen angespielt habe. Dies gibt noch einmal Anlaß zu einem wichtigen therapeutischen Augenblick. Peter wurde in dieser Stunde von der Tante gebracht und abgeholt. Als ich ihn zur Tante hinausbegleitete, fragt sie mich, ob Peter wieder einmal ungezogen gewesen sei. Peter, dem der Sinn seines Symbolspiels natürlich sofort in der Erinnerung ist, wirft mir einen unruhigen Blick zu. So sage ich mit anzüglicher Betonung: „Im Gegenteil, er hat ein kluges Kasperlespiel gespielt.“ Dabei vermeide ich es aber absichtlich, dem Jungen einen besonderen Blick des Einverständnisses zuzuwerfen, denn ich möchte uns nicht gern in der Rolle der Verschwörer gegen die Tante sehen, sondern nur dem Kind ein Gefühl von Schutz vermitteln.

Der nächste Schritt, bei dem in der Therapie die Auseinandersetzung des Jungen mit seiner Mutter zum Gegenstand wurde, sah dann folgendermaßen aus: Peter kam zur Behandlungsstunde in der ihm eigentümlichen Art clownhaften Agierens. Er kasperte geziert in der Gegend herum und beantwortete jede Frage, die ich über sein Alltagsleben stellte, mit einem erregten: „Ich kann nicht erzählen, ich bin so unruhig." Als ich ihn fragte, ob er allein gekommen sei oder von der Mutter gebracht worden wäre, bezeichnet er seine Mutter als „die schöne Jungfrau" und sagt: „Die schöne Jungfrau hat mich nicht gebracht." Ich warte eine Weile schweigend ab, bis Peter schließlich dazu übergeht, ein Kasperlespiel vor mir zu demonstrieren.

Der Inhalt dieses sehr ausgedehnten Spieles ist folgender: Der Zauberer Simsalabim verwandelt den Tod in die Prinzessin. Der Tod in der Maske der Prinzessin wird zunächst vom Wolf geraubt. Kasperle verliebt sich in die Prinzessin und befreit sie unter Einsatz seines eigenen Lebens aus den Fängen des Wolfes. Es soll die Hochzeit gefeiert werden. Ein großes Kirmesfest versammelt alle Puppen auf der Bühne, als sich plötzlich die Prinzessin, die mit Kasperle im Hochzeitszuge schreitet, als Tod entpuppt. Peter als Spielführer ruft melodramatisch aus: *„In den Frauen wohnt der Tod"* und der Vorhang fällt.

Das Spiel über die Hochzeit des Todes, der die Gestalt der Prinzessin angenommen hatte, habe ich natürlich gut zum Ausgangspunkt eines direkten Gespräches machen können, als der Ausruf „In den Frauen wohnt der Tod" das Spiel beendete. Die Verfassung des Jungen schien es mir möglich zu machen, ihn mit Hilfe von einigen Fragen zu einer Präzisierung seiner inneren Situation zu bringen und nicht nur, wie früher, mit Hilfe eines Kommentars den Affekt des Jungen zu bestätigen und in Beziehung zu seinen realen Erlebnissen zu bringen.

Ich fragte also: „Was meinst Du, ist gefährlich an den Frauen. Sind sie unberechenbar oder sind sie gewalttätig?" Peter denkt einen Augenblick nach, dann sagt er: „Sie haben so eine verfluchte Lügenart." Peter hat damit tatsächlich das Kernproblem umschrieben, das ihn mit Mutter und Tante in Schwierigkeiten bringt. Er ist nicht nur der erdrückenden Dominanz und Willkür der Tante ausgeliefert, die als alte Klingel hinter der Mutter herklingelt und er hat sich nicht nur mit den in den Frauen lebenden Aggressionen (in den Frauen wohnt der Tod) auseinanderzusetzen, sondern die Unaufrichtigkeit im Verhalten der Frauen, die ihn umgeben, ist die eigentliche Schwierigkeit. Venus, die Todesstrahlen aussendet, die liebreizende Prinzessin, die eigentlich eine Maske für den Tod ist, sind Sinnbilder für die Täuschung, die Peter hinter liebenswürdigem und verführerischem Gebaren von Frauen vermutet.

Wir kommen also in dieser therapeutischen Stunde in ein ausgedehntes Gespräch über Ehrlichkeit und Unehrlichkeit, über gegenseitiges Zutrauen der Menschen untereinander, über Vertrauen und Skepsis, über Möglichkeiten, sich gegen Betrug zu schützen usw. Dieses Gespräch hat stark weltanschaulichen Charakter und wird einige Stunden später von dem Jungen selbst wieder aufgegriffen, als er mich plötzlich und unvermutet, aber mit allen Zeichen der Erregung und Beunruhigung fragt: „Frau Doktor, kennen Sie Satan?“ Diese Frage trifft mich nicht ganz unvorbereitet. Die Mutter des Jungen gehört einer kleinen religiösen Sekte an, die unter anderem durch missionarische Aktivität, Intoleranz Andersgläubigen gegenüber und starke Reste magischen Dämonenglaubens ausgezeichnet ist. Es war vorauszusehen gewesen, daß sich der Junge eines Tages damit auseinandersetzen würde, daß ich selbst nicht zu dieser Sekte gehörte und demnach (nach der Auffassung der Sektenmitglieder) Satan verfallen war und in der Hölle enden würde.

Ich sage also zunächst sehr allgemein: „Ich kenne ihn nicht, aber ich glaube, ich weiß, was du meinst.“ Peter blickt zweifelnd und stellt mich auf die Probe: „Was meine ich denn?“ Ich sage: „Du denkst vielleicht darüber nach, was aus mir wird, wenn ich mal gestorben bin und ob ich in die Hölle komme.“ Peter antwortet nicht direkt, sondern fragt zurück: „Haben Sie keine Angst, daß Sie in die Hölle kommen?“ „Ach“, meine ich, „das kann ich mir eigentlich gar nicht denken.“ Ich kann es nicht verhindern, daß etwas freundlicher Schalk in meinen Augen zu lesen ist und in Peters beunruhigten Zweifel hinein sage ich noch: „Ich hoffe, der liebe Gott wird bei mir ein Auge zudrücken.“ Peter behauptet jetzt, daß der liebe Gott gegen Satan schließlich auch nichts machen kann. Ich sage: „Was weißt Du denn vom lieben Gott?“ Peter (wie ein eifriger Schüler, der sein Wissen an den Fingern aufzählt) sagt: „Gott ist allmächtig, allweise und, und ...“ Das dritte Attribut fällt ihm charakteristischerweise nicht ein. Ich warte eine Weile und helfe ihm schließlich ein: „allgütig.“ „Ja richtig, allgültig“, meint Peter. Ich sage: „Na, siehst Du.“

Peters Beunruhigung ist begreiflicherweise noch nicht aufgelöst. Sein kleiner Kopf kommt mit dem hintergründigen Problem, das wir soeben gestreift haben, noch nicht zurecht, um so weniger, als die Religiosität seiner Familie sehr aggressive und intolerante Züge trägt. Es ist klar, daß ich dem Jungen in seiner Auseinandersetzung noch ein Stück weiterhelfen muß. Ich versuche, seinen Überlegungen eine präzisere Form zu geben und frage: „Was würdest du denn tun, wenn du der liebe Gott wärst? Würdest du mich ins Paradies lassen, oder nicht?“ Peter ist in tiefer Verlegenheit. Es ist offenkundig, daß er nichts lieber täte, als mir den Einlaß in den Himmel zu gewähren. Er kann sich mit der drohenden und zürnenden Gottesvorstellung, die ihm anerzogen wurde, offenkundig nicht identifizieren. Andererseits wagt er es auch nicht, sich bereits so rasch von ihr abzusetzen. Ich helfe ihm also noch ein Stückchen weiter: „Bestimmt würdest Du mich reinlassen, Du hast mich doch gern.“ Peter meint zögernd: „Na ja ... ich.“ Er will andeuten, daß er nicht der liebe Gott ist. So sage ich schließlich: „Glaubst Du denn, daß der liebe Gott unbarmherziger ist als ein kleiner Junge von 9 Jahren?“ Peter meint: „Na ja, nein, aber vielleicht kann er doch nichts gegen Satan machen.“ Ich entgegne fest: „Er ist ja allmächtig, das weißt Du doch“ und füge schließlich nachdenklich und mit einiger Betonung hinzu: „Außerdem weiß der liebe Gott, daß es die Menschen gar nicht so leicht haben mit ihrem Leben." Peter fragt: „Weiß er das wirklich?" Ich sage: „Bestimmt weiß er das und er ist nicht unbarmherzig."

Dieses Gespräch ist ein erstes, dem manche andere später im gleichen Sinne folgen und folgen müssen. Der Junge hatte bereits begonnen, seine eigenen latenten Aggressionen in die Gottesvorstellung hineinzuprojizieren, dies gezüchtet und unterstützt durch die sektiererhafte Religiosität seiner Angehörigen. Therapeutisch habe ich hier jedoch keinerlei Deutungen über seine eigenen Aggressionen, die im Gottesbild vorzufinden waren, unternommen. Ich habe nichts anderes getan, als eine eigene andere Vorstellung neben die des Kindes zu stellen in der Hoffnung, daß es mir auf diesem Wege gelingen würde, die neurotische Problematik des Jungen aus ihrer Verflechtung mit seinen religiösen Vorstellungen herauszulösen und die Auseinandersetzung auf die realen Beziehungspersonen seiner Umwelt zu konzentrieren.

Weltanschauliche Probleme dieser und ähnlicher Art tauchen, wie ich schon früher gesagt habe, eigentlich in allen Kinderanalysen früher oder später einmal auf. Gespräche über Geburt und Tod, über das Leben vor und nach dem Tode sind häufig. Kinder, die in sehr jungem Alter nahe Familienangehörige, vielleicht sogar ein Elternteil verlieren oder verloren haben, setzen sich mit diesen Problemen in einer Weise auseinander, wie es die Erwachsenen oft nicht ahnen. Dies auch dann, wenn die äußere Fassade der Kinder für die übrigen Familienangehörigen gleichgültig und unberührt erscheint.

Ich gebe zugehörig ein weiteres Beispiel von einem kleinen 6jährigen Mädchen, das in kurzer Zeit mehrere nahe Angehörige verloren hatte, unter anderem den sehr geliebten Großvater und eine Tante, die in der Familie eine große Rolle gespielt hatte. Die Tante des Kindes war zudem bei einer Entbindung gestorben, so daß sich *Renis* eigene Problematik (nämlich die starke Eifersucht auf den Zwillingsbruder und der zugehörige prononcierte Wunsch, ein kleines Schwesterchen zur Verstärkung von der zur Zeit schwangeren Mutter zu bekommen) mit starken konflikthaften Ängsten verknüpfte. *Reni* verlangte viele Stunden hintereinander, daß ich ihr Märchen vorlese. Die beiden bevorzugten Märchen, neben denen eigentlich kein anderes zur Debatte steht, sind „Schneewittchen" und „Goldmarie und Pechmarie". In ihren Äußerungen über beide Märchen bekundet sich zunächst einmal, daß Reni den heftigen Ambivalenzkonflikt mit der Mutter dadurch zu lösen sucht, daß sie, wie wir im Fachjargon sagen, die Leistungslinie einschlägt. Sie ist tatsächlich eine sehr bemühte und auch sehr gute Schülerin im ersten Schuljahr, übereifrig und bei weitem zu ängstlich, wenn sie Fehler macht. Goldmarie, deren Fleiß durch Frau Holle belohnt wird, verlockt Reni zu vielfältigen Bemerkungen, bei denen sie ihre eigene Ambivalenz bekundet. Sie fragt zum Beispiel: „Was wäre, wenn Goldmarie die Brote hätte schreien lassen?" oder: „Wenn Goldmarie nun auch bei Frau Holle nicht gearbeitet hätte." Oder über Schneewittchen: „Wenn die nun bei den Zwergen nicht richtig sauber gemacht hätte." Für Reni ist dieses Problem im Augenblick deshalb so akut, weil Großvater und Tante ihr das geboten hatten, was die Eltern ihr im Grunde verweigerten, nämlich Zuneigung und Anerkennung für sie selbst als das sehr niedliche kleine Mädchen, das sie war. Bei den Eltern galt, wie gesagt, der Zwillingsbruder sehr viel mehr und Reni sagte bei den vorgelesenen Märchen mehr als einmal nachdenklich: „Hübsch nützt nichts."

Bei all diesen Äußerungen habe ich mich therapeutisch sehr weitgehend so verhalten, daß ich Trost, Ermutigung und freundlichere Gegenvorstellungen geboten habe, die dem Kind zur sicheren Grundlage für die späteren Auseinandersetzungen werden sollten. Das Todesthema war dann von dem Kind in so vielfältigen Varianten angeboten worden, daß ich schließlich den Augenblick für gegeben hielt, seine Verknüpfung mit den Todeswünschen gegen die Mutter ins Gespräch zu bringen. Renis Mutter war, wie erwähnt, ein zweites Mal schwanger. Das Kind hatte erlebt, daß eine Frau bei der Entbindung sterben kann, sie wußte, daß zu dem Zwillingsbruder von den Eltern noch ein zweiter Sohn gewünscht wurde. Sie fühlte sich selbst als Mädchen stark degradiert und abgewehrt und sie kämpfte in sich ganz offenkundig einen Kampf zwischen eigenen Todeswünschen und der Besorgnis, sie könne die Mutter verlieren.

Bei einer solchen Überlegung über die Verfassung des Kindes muß man allerdings berücksichtigen, daß sogenannte Todeswünsche bei 6jährigen Kindern nicht die Bedeutung haben, die wir vielleicht unterstellen, wenn wir vom Erleben des Erwachsenen auf die Vorstellungen des Kindes schließen. Das junge Kind hat beim Begriff des Todes zunächst sicherlich nicht das gleiche Empfinden eines endgültigen und unwiederbringlichen Verlustes, das der Erwachsene hat. Wegsein und Totsein sind für junge Kinder sehr häufig fast das gleiche. Wir wissen ja auch umgekehrt, daß sich sehr junge Kinder über befristete Reisen oder Krankenhausaufenthalte ihrer Angehörigen viel tiefer beunruhigen, als es der Erwachsene gemeinhin vermutet, eben weil sie den Unterschied zwischen einer temporären und einer dauernden Trennung nicht auffassen, weil ihnen der Blick in die Zukunft nicht die gleichen Erwartungen bringt wie dem Erwachsenen. Sofern Kinder den Tod als etwas Grauenhaftes und Unheimliches erleben, dann nur, wenn sie ihn in ihrer Verwandtschaft erlebt haben und den zugehörigen Affekt in der Familie. Für Reni war die Gefühlslage deshalb so dramatisch, weil soeben in der Familie zwei Todesfälle vorgekommen waren, die von allen Angehörigen schmerzlich empfunden worden waren. So griff ich in meiner therapeutischen Haltung jenes Mittel auf, das ich immer benutze, wenn ich einem Kind möglichst schonend und vorsichtig sein eigenes Problem verdeutlichen will: Ich erzähle Reni von einer kleinen anderen Patientin Ruth, die mit ähnlichen Krankheitszeichen wie sie selbst zu mir gekommen war, deren Mutter auch ein anderes Geschwisterkind erwartete und die nun große Ängste hatte, was mit der Mutter bei der Entbindung passieren könnte.

Als ich bemerke, daß mir das Kind aufmerksam folgt, erzähle ich weiter, wie ich Ruth getröstet und beruhigt hätte und wie schwierig Ruths Lage dadurch gewesen wäre, daß sie gerade selbst Grund gehabt hatte, auf die Mutter so besonders ärgerlich zu sein.

Ich darf in diesem Zusammenhang wohl noch einmal an meine theoretischen Ausführungen über „Deutungen" von bewußten, aber ängstlich gehüteten Phantasien erinnern. Auch bei Reni habe ich von nichts gesprochen, was ihr nicht selbst (wenn vielleicht auch nur in halber Klarheit) bewußtseinsnahe gewesen wäre. Dadurch, daß ich das Thema überhaupt anschnitt, konnte das Kind fühlen, daß ich über seine innere Verfassung Bescheid wußte und durch die „Fremdschilderung", die ich benutzte, wurde ihm zugleich deutlich, daß es mit seinen eigenen Problemen nicht allein in der Welt stand. Auch andere Kinder erleben ähnliches. Diese Erfahrung ist immer eine befreiende Erkenntnis, wenn es um angstbesetzte Vorstellungen oder lebhafte Schuldgefühle geht.

Allerdings begnüge ich mich bei solchen entlastenden und verhüllten Interpretationen dann mit dem Befreiungseffekt, den ich registriere. Ich bemühe mich nicht darum, daß das Kind die von mir gegebene Deutung aktiv „annimmt", wie es gelegentlich im Fachjargon heißt, das heißt ich veranlasse das Kind nur in der selteneren Zahl der Fälle dazu, selbst davon zu sprechen, daß es ähnlich wie das andere Kind aus meinem Beispiel empfindet. Ich begnüge mich meist damit, daß ich beiläufig eine Bemerkung etwa der Art einfließen lasse: „Ich könnte mir denken, dir geht es ähnlich wie Ruth", um dann je nach der Reaktion des Kindes hinzuzufügen: „Darüber brauchen wir im Augenblick nicht zu sprechen", oder: „Davon reden wir später einmal" oder ähnliches. Habe ich das Richtige getroffen, dann künden die Kinder mir das gelegentlich dadurch an, daß sie sich oder ihrer Puppe (falls es sich um ein Mädchen handelt) den Namen jenes Kindes beilegen, den ich für die gewählte Fremdschilderung benutzt hatte. In diesem Augenblick kann ich dann natürlich das Gespräch direkter gestalten und vom Erleben des kleinen Patienten selber reden.

Nun möchte ich allerdings mit meinen bisherigen Beispielen nicht die Fehlvorstellung erwecken, als drehten sich alle analytischen Gespräche um die Auseinandersetzung mit unbewußten Reaktionen, mit angstbesetzten Phantasien, schuldgefühlshaftem Erleben und ähnlichem. In meiner theoretischen Einleitung sagte ich schon, daß *informierende* Gespräche mit den kleinen Patienten in vielfältigen Varianten möglich sind. Um auch dies an einigen Beispielen zu verdeutlichen, wähle ich ein bislang noch unbehandeltes Problem, das in fast allen Kindertherapien auftaucht, nämlich die Position des kleinen Patienten in der *Kindergruppe*, die Frage von Freundschaft und Kameradschaft, Feindseligkeit oder Kontakt. Neurotische Kinder haben ja fast immer auch Kontaktschwierigkeiten, die sich freilich sehr verschiedenartig manifestieren können.

Einschränkend möchte ich allerdings über die beiden jetzt zu schildernden therapeutischen Episoden mitteilen, daß sie sich beide in einem recht vorgerückten Stadium der Therapie abgespielt haben. Gespräche der Art, wie ich sie sogleich schildern will, führe ich in der Regel nicht in den ersten Stunden, sondern erst dann, wenn die Kinder mit sich selbst und mit mir schon recht vertraut geworden sind.

Die beiden Jungen, von denen ich sprechen werde, bieten die beiden Extremfälle, die wir bei Kontaktschwierigkeiten finden. Der eine — Michael — war ein sehr ängstliches Kind mit stark aufgestauten latenten Aggressionen, der zum Prügelknaben seiner Klasse geworden war. Der andere — Klaus — war selbst ein ausgesprochener Schläger, hart im Nehmen und sehr unbeliebt, weil er die anderen Jungen immer angriff, kommandierte und überrannte.

Michael war, wie gesagt, in der Klasse ein sehr ängstlicher Junge, der als Muttersöhnchen verschrieen war und der besonders durch seinen ängstlich weinerlichen Gesichtsausdruck auffiel. Er war dabei den Lehrern gegenüber überbrav, was noch einmal mehr den Zorn seiner Mitschüler hervorlockte. Michael hatte es bereits gelernt, sich mit seinen eigenen Ärger- und Wutreaktionen besser als früher auseinanderzusetzen. So hatte ich ihn gelegentlich gefragt: „Hast Du Dich denn über die Mutter geärgert", als diese ihm einmal einen Lieblingswunsch verboten hatte. Michael bekundet altklug: „Kinder ärgern sich nicht, die sind nur frech." Ich widerspreche: „Kinder ärgern sich genau so wie Erwachsene und manchmal haben sie sogar recht." „Na ja", räumt Michael ein, „manchmal ärgere ich mich ja auch. Aber dann *bringe ich es nicht zur Bemerkung.*" Ich widerspreche noch einmal: „Ich glaube, du bringst deinen Ärger jetzt schon ganz schön zur Bemerkung." Michael lacht: „Es ist wahr." Er hat zu Hause übergangsweise eine Reihe von überschießenden Wutreaktionen produziert, bei denen es nicht immer ganz leicht gewesen war, die Eltern zu begütigen und zu vertrösten, daß der Junge bald in besserem Gleichgewicht sein würde. Tatsache war sogar, daß der Junge die Erregungen, die er in der Auseinandersetzung mit seiner Kinder- und Kameradengruppe zu bestehen hatte, dort niederkämpfte, aber dafür später zu Hause inadäquat losbrach. Michael hat in der Klasse einen besonderen Feind Jürgen, der ihm sehr zusetzt. Zwei Tage zuvor hat es eine heftige Auseinandersetzung mit diesem Jürgen gegeben. Michael hatte sich nicht gewehrt und war weggelaufen. Ich frage ihn: „Hast Du denn keine Wut gehabt?" „Doch", sagt er, „Wut schon, sogar viel Wut, die habe ich dann aber *zu Hause in der Wohnung verteilt.*" Ich muß lachen und sage: „Wie sah denn die Wohnung aus, nachdem Du Deine Wut dort verteilt hattest?" Michael entwirft mir ein anschauliches Bild seiner häuslichen Auseinandersetzungen und Affektdurchbrüche. Es scheint mir jetzt an der Zeit, daß ich dem Jungen ein Bild davon vermittle, daß er mit seinem ängstlichen Verhalten die Übergriffe der anderen provoziert. Tatsächlich ist er ein verhältnismäßig kräftiger kleiner Bursche, der sich schon seiner Haut wehren könnte. Das Problem ist, daß er sich nicht nur nicht wehrt, wenn er angegriffen wird, sondern daß er schon vorher in seinem gesamten Gebaren larmoyante Ängstlichkeit bekundet, die etwas Aufreizendes hat. Diese larmoyante Ängstlichkeit ist in gewisser Weise eine aufgesetzte Fassade des Jungen, die dieser künstlich züchtet, weil sie die Erwachsenenwelt veranlaßt, mit ihm schonend umzugehen. Besonders eine Tante und eine Großmutter bekunden immer wieder in zahlreichen Äußerungen, daß man dem Jungen seine Angst ja schon ansehe und daß man ihn gegen die Umwelt schützen müsse. Ich sage also zu Michael: „Paß auf, jetzt erzähle ich Dir was darüber, warum Menschen unter Umständen über andere herfallen und sich streiten." Ich benutze nun für meine Erläuterungen einen Vergleich aus der Tierwelt. Ich erzähle Michael, daß es bei Menschen oft ähnlich wie bei Hunden sei, wenn sie ins Raufen kommen. Entweder seien sie selbst rauflustig und fingen deshalb Streit an oder sie fühlten sich angegriffen und bissen deshalb wieder. Es komme aber auch vor, daß ein Hund im Augenblick nicht besonders rauflustig sei, sich auch nicht selbst angegriffen fühle, stattdessen einem anderen Hund begegnete, dem er sich freundlich schnuppernd nähert. Plötzlich zöge dieser andere Hund den Schwanz ein und renne davon, ohne daß er angegriffen worden sei. Nun rennt der andere Hund hinterher und es entspinnt sich ein Kampf. Ich erzähle weiter, daß das bei Hunden und Kaninchen noch deutlicher ist. Ein Kaninchen, das wegrennt, verlockt den Hund, hinterherzustürzen.

Michael folgt mir bei meinen Erläuterungen aufmerksam und ich gehe schließlich dazu über, ihm auch auseinanderzusetzen, inwiefern diese Beispiele auf seine eigene Situation zutreffen. Ich sage ihm, daß sein immer betont ängstliches Gesicht aufreizend wirke. Ich sehe, wie es bei meinen Erläuterungen in dem Kind arbeitet. Natürlich will ich nicht zu lange an den Jungen hinreden, ohne mich seines Verständnisses zu versichern. Ich frage also zwischendurch: „Glaubst Du, ich habe unrecht?" und: „Stimmt das nicht, was ich sage?" Michael überlegt noch einen Augenblick angestrengt, dann sagt er: „Stimmt schon, *aber es ist mir neu.*" Und wir führen nun unser Gespräch weiter, indem wir uns auf die eigene Situation von Michael sehr viel genauer beziehen, sein Ausdrucksverhalten und die Folgen in der Umgebung betrachten.

Man sieht, daß es sich hier nicht um Interpretationen irgendwelcher Art gehandelt hat, sondern um eine realistische Erörterung der eigenen Verfassung des Kindes und eine Information über die Gefühlsreaktion in der Umwelt.

Bei Klaus liegt das Problem der Freunde sehr anders. Er war, wie ich schon sagte, ein Schläger, zergelte an den Kindern, die mit ihm in Kontakt kamen, herum, kommandierte viel und verdarb sich durch seine Kommandoallüren eigentlich jede Freundschaft, die sich anspinnen wollte. Daß er so isoliert war, bekümmerte ihn dabei tief. Er klagte viel darüber, daß niemand zu ihm kommen wollte, mit ihm spielen, daß er allein war, daß die Jungen, die er eingeladen hatte, ein- oder zweimal zu ihm kamen und dann wieder wegblieben. In seinem Kasperlespiel, das er häufig wiederholte, klang das Thema immer wieder an. Kasperle zog mit einem Freund zu irgendeinem Abenteuer aus und mußte dann im Verlauf der Abenteuer zu seinem Schrecken feststellen, daß die Freunde nicht zu ihm hielten, sondern ins feindliche Lager überliefen. Einmal benutzte ich ein solches Kasperlespiel, um von mir aus einen Kommentar dazu zu geben. Ich sagte zum Kasper: „Du hast nicht aufgepaßt und Deinem Freund nicht richtig in die Augen gesehen." „Wozu soll ich ihm in die Augen sehen?" fragt mich Kasper zurück. Ich erkläre: „An den Augen kann man oft erkennen, ob jemand ein richtiger Freund ist oder nicht." Kasper versichert: „Das stimmt schon, ich habe ihm in die Augen gesehen. Er hatte erst ganz liebliche Augen und dann hat er mich doch betrogen."

Klaus, der den Kasper spielt, weiß ganz genau, daß ich im Grunde von ihm und seiner eigenen Situation rede. Ich fahre also fort: „Vielleicht hast Du selbst nicht genau aufgepaßt, was der andere gern von Dir gewollt hätte. Vielleicht war er von Dir enttäuscht und Du hast es gar nicht gemerkt." Klaus unterbricht das Spiel und will von mir genaueres wissen. Bewußt spreche ich jetzt nicht davon, daß zur Freundschaft gegenseitige Rücksichtnahme und Gewährenlassen gehört, denn das ist dem Jungen von seiner Mutter oft genug gesagt worden. Ich beziehe mich stattdessen auf die emotionale *Lücke* des Jungen, die sein Verhalten bedingt. Ich fragte ihn also: „Hat es Dich eigentlich schon einmal interessiert, was der andere fühlt und denkt?" „Nö", meint Klaus treuherzig, „wozu denn?" Ich sage: „Freundschaft ist erst nett, wenn man sich gegenseitig versteht und man versteht sich nur, wenn man sich ein bißchen um die Gefühle des anderen kümmert." Klaus will genaueres wissen: „Wie meinst Du das?" Ich spiele auf die Situation zwischen ihm und mir an und sage: „Wenn ich herausfinde, was Du gern hast, freut Dich das doch auch, besonders wenn ich mich dann danach richte." „Ach so", sagt Klaus, „das meinst Du."

Die nächste Stunde kommt Klaus und erklärt verschmitzt: „Ich habe gestern etwas *zur Hebung meines Charakters getan.*" Klaus ist ein Junge, der sehr oft durch seine drolligen Formulierungen auffällt. Ich greife seine eigenen Worte auf und frage: „Wie hast Du denn Deinen Charakter gehoben?" Klaus erzählt mir folgende Szene: Er hat vom letzten Urlaub eine Reihe von Bildern mitgebracht, die er einem Klassenkameraden zeigen wollte. Wie es ja oft vorkommt, hat den anderen, der das Reiseziel von Klaus nicht kannte, das lange Bilderbesehen nicht besonders interessiert. Klaus hat das gemerkt und, wie er stolz berichtet, dann von allein die Bilder wieder weggepackt.

Wieder einige Stunden später erzählt mir Klaus, daß er nun im Ansehen der Klasse so gestiegen sei. Ich frage ihn, wie das kommt und er sagt mit Nachdruck: „Ich interessiere mich jetzt eben für den Charakter der anderen."

Es ist wohl klar, daß ein solches Gespräch mit dem Jungen, obgleich sehr hilfreich, nicht hätte stattfinden können, bevor Klaus nicht zu sich selbst eine gute Beziehung gewonnen hätte und viele andere Probleme bereits abgeklärt waren. Zudem wäre in den Frühstadien der Behandlung das Risiko sehr groß gewesen, daß der Junge einer solchen Bemerkung den gleichen moralisierenden Sinn beigelegt hätte, den analoge Bemerkungen der Mutter immer gehabt haben. Man kann solche Gespräche nur unter der Voraussetzung unternehmen, daß die verschütteten Gefühlsmöglichkeiten im Verlauf der Therapie schon ein Stück weit entwickelt sind, so daß das Kind wirklich in die gewünschte Gefühlsverbindung eintreten kann.

Damit hier also keine falschen Vorstellungen aufkommen, möchte ich gern auf eine frühere Episode aus Klaus' Behandlung zurückgreifen, die in mancher Hinsicht einen wichtigen Markstein in seiner Entwicklung bedeutet hat:

Klaus und ich spielen Ping-Pong und er macht sich ein Vergnügen daraus, die Bälle so in die Ecken zu schmettern, daß ich nach ihnen rennen muß. Plötzlich fragt er mich unvermutet: „Wie alt sind Sie eigentlich, Frau Doktor?" Ich frage zurück: „Warum interessiert Dich denn das?" Klaus schmettert wieder einen Ball in die Luft und fragt anzüglich: „Das ist wohl Ihr *Geschäftsgeheimnis*?"

Klaus stammt aus einer Ehe, in der ein alternder, wohlhabender Geschäftsmann seine sehr viel jüngere Sekretärin geheiratet hatte. Die junge Frau war in der Familie ihres Mannes nicht sehr angesehen und wurde als ein Eindringling behandelt. Die erwachsenen Halbgeschwister von Klaus, die nicht ganz mit Unrecht um ihre Erbschaft fürchteten, machten manche anzügliche Bemerkung darüber, daß Klaus' Mutter ihren Mann nur mit ihrer Jugend und ihren körperlichen Reizen verführt habe.

Es war im Verlauf der bisherigen Behandlung schon mehrfach deutlich geworden, daß Klaus mit einer unklaren Vorstellung darüber rang, daß Männer durch junge Frauen oder durch Frauen überhaupt zu großen wirtschaftlichen Opfern verführt werden konnten. In dem Jungen war die so häufige innere Verknüpfung von sexuellem Erleben mit oralen Problemen entstanden, hatte aber eine ganz besondere Färbung angenommen. Daher seine Anfrage, ob mein Alter mein „Geschäftsgeheimnis" sei.

Ich reagiere also mit Hinblick auf diese innere Konstellation des Jungen nochmals mit einer Gegenfrage: „Meinst Du, daß Frauen aus ihrem Alter oder aus ihrer Jugend ein Geschäft machen können?" Klaus weicht jetzt aus und will mir nicht antworten. Er drängt auf ein zügiges Ping-Pong-Spiel und ich insistiere natürlich nicht, sondern verlasse mich darauf, daß meine Frage schon weiter wirken wird. Klaus fängt jetzt an, während des Spielens Schlager zu singen. Er schmettert den zur Zeit gar nicht so häufig gespielten Schlager von dem Dienstmädchen, das weder plätten, noch bügeln, noch kochen, noch sonst irgend etwas kann, aber dafür im Küssen sehr erfahren ist. Als Klaus mit diesem Schlager gar kein Ende finden kann, sage ich schließlich beiläufig: „Du denkst wohl eine ganze Menge über das Küssen nach?" Klaus wirft mir einen schiefen Blick zu. Dann entschließt er sich wieder zu einer sehr direkten Frage: „Wissen *Sie* denn über das Küssen richtig Bescheid?", will er wissen. Ich muß lachen, „ich denke, so ziemlich", antworte ich ihm und frage weiter: „Was möchtest Du denn da wissen?"

Klaus hat jetzt mit dem Spiel aufgehört und tritt verlegen von einem Bein auf das andere. Ich helfe ihm: „Du kannst mich ruhig fragen." Klaus druckst eine Weile und schließlich stößt er heraus: „Ich habe neulich gelesen, daß beim Küssen das *Eiweiß den Besitzer wechselt.*"

Hinter dieser Überlegung von Klaus verbirgt sich mehr, als man verstehen kann, ohne die Vorgeschichte der Therapie zu kennen. Klaus ist nämlich in biologischer Hinsicht ausreichend informiert. Das Thema war früher schon einmal zur Sprache gekommen. Die Eltern waren nicht besonders prüde, und ich hatte dem Jungen erklärt, daß die Kinder im Leib der Mutter wachsen und zu einem bestimmten Kanal zwischen den Beinen herauskommen, daß aber zuvor der Same des Vaters das Ei befruchtet haben müsse. Der Junge wußte, daß der Same des Vaters durch den gleichen Weg zum Ei bei der Mutter gelangt, durch den das Kind eines Tages zur Welt kommt. Klaus' Anfrage bedeutete also nicht (wie man hätte vermuten können), daß er einfach von mir eine Aufklärung über Zeugung und Geburt von Kindern haben wollte. Es war zu vermuten, daß er sich mit weiteren Skrupeln oder Fragen auseinandersetzte, die ich zwar ahnen, aber nicht genau wissen konnte.

Insofern begnügte ich mich damit, ihm einen halb fragenden Blick zuzuwerfen und mit der entsprechend anzüglichen Betonung zu sagen: „Beim *Küssen* nicht, aber das weißt Du doch." Klaus sagt halb irritiert: „Na ja, das weiß ich", und ich helfe ihm noch einmal ein: „Du denkst noch an etwas Bestimmtes?" Klaus zögert und geht dann zunächst zu einem recht heftigen Ballwechsel beim Ping-Pong über. Plötzlich kommt er auf den Gedanken, daß ich von den zwei Bällen, die im Zimmer zur Verfügung stehen, immer einen, mit dem wir eine Weile gespielt haben, in die Tasche stecken muß. Klaus fügt dann hinzu: „Der ist jetzt heiß, stecken Sie ihn bitte in die Tasche." Nach einer Weile heißt es dann, daß der Ball jetzt abgekühlt sei, der andere ist heiß, und ich muß den heißen in die Tasche stecken und den abgekühlten hervorholen. Die Symbolik ist wohl unverkennbar. Ich gehe jedoch nicht interpretierend darauf ein, sondern gebe nur dem Verlangen des Jungen nach. Klaus betont dann mehrfach, daß die Bälle nicht nur heiß, sondern „gekocht" seien. Klaus bietet damit ein drittes Mal eine Formulierung an, in der sich das sexuelle Problem mit dem oralen verknüpft. Ich will dem Jungen nun helfen, daß er zu seinem Ausgangsthema, das ihn offenbar beschäftigt, zurückkehren kann. Ich sage also halb anzüglich, als es heißt, der Ball sei „gekocht": „Der Ball ist aber nicht aus Eiweiß", um dann noch mit Unschuldsmiene hinzuzufügen, „wenn er auch den Besitzer wechselt". Klaus versteht meine Anspielung natürlich sofort und sagt (offenbar in unmittelbarem assoziativen Zusammenhang): „Ich habe heute Nacht so komisch geträumt."

Natürlich ermuntere ich den Jungen, seinen Traum zu erzählen, obgleich es sonst nicht zu meinen therapeutischen Gewohnheiten gehört, die Kindertherapie bevorzugt am Traummaterial zu entwickeln. Klaus erzählt, daß er von einem Hochzeitszug geträumt hat, und der Bräutigam habe ganz komisch ausgesehen und auch komisch geheißen. Sein Name war „Pfeife", und er hatte eine hohe, rote Zipfelmütze auf. Er trug eine große, brennende Kerze vor sich her, während die Braut keine Kerze in der Hand hatte. Braut und Bräutigam gingen langsam in feierlichem Schritt zur Kirchentür, aber als beide in die Kirche eingetreten waren, befanden sie sich plötzlich in einer großen Küche. In der Küche war es ganz kahl und es gab nichts zu essen. Der Bräutigam zündete mit seiner

Wachskerze den Herd an und die Braut sagte, wir können nur die Kerze kochen, sonst gibt es nichts.

Damit war der Traum zu Ende. Um das Gespräch mit dem Jungen weiterzuspinnen, aber natürlich auch, um das Symbolgeschehen im Traum in das reale Erleben des Kindes zu übersetzen, frage ich nach einigen Einzelheiten des Traumes. Ich habe es dabei immer nützlich gefunden, mich auch bei Kindern jener Empfehlungen zu bedienen, die Freud für den Umgang mit den Träumen von erwachsenen Patienten gegeben hatte, solange diese noch nicht selbst mit der analytischen Arbeit ausreichend vertraut waren. Ich rege an, daß das Kind zu einigen prägnanteren Einzelheiten des Traumes erzählt, ob ihm diese bekannt vorkommen. Ich frage zuerst nach der komischen Zipfelmütze des Bräutigams und Klaus weiß zu berichten, daß diese Mütze genauso ausgesehen hat, wie die Mütze von dem Weihnachtsmann, den der Junge einmal auf der Straße eine Reklamewanderung hat machen sehen. Klaus erzählt, der Weihnachtsmann war ganz groß und dick, und er hat allen Kindern etwas geschenkt. „Aber Mutti hat gesagt, der Mann ist ein armer Arbeitsloser, der gar nichts hat."

Ich frage weiter: „Hat dieser Weihnachtsmann auch so eine Kerze wie der Bräutigam im Traum?" Klaus verneint. Eine ähnliche Kerze hat er einmal als Opferkerze bei einer Reise in eine katholische Gegend gesehen und gehört, daß dieses Kerzenopfer dazu dienen sollte, die Gesundheit eines kranken Mannes wieder herzustellen.

Nachdem Klaus mir das alles erzählt hat, gehe ich dazu über, meine Vermutungen über seine inneren Konflikte mit einer Anfrage etwas zu präzisieren. Ich spiele dabei nochmals auf das Traumgeschehen und die früheren Äußerungen des Jungen an. Ich sage: „Das ist nicht gut, wenn ein Bräutigam mit seiner Opferkerze nicht nur den Kochherd anzünden muß, sondern wenn dann nicht einmal etwas da ist, was gekocht werden kann außer der Kerze." Klaus platzt heraus: „Der sollte sein Eiweiß lieber behalten", und ich ermuntere ihn noch einmal: „Ich glaube, das mit dem Eiweiß beschäftigt Dich doch sehr." Ich bin jetzt ziemlich sicher, daß bei dem Jungen sehr ausgeprägte *Substanzverlustängste* im Spiel sind und daß diese sich möglicherweise mit einer latenten Kastrationsangst verknüpfen. Ich gehe jetzt also dazu über, Klaus mit einigen Fremdschilderungen zu helfen. Ich erzähle ihm von einem anderen Jungen, der sich lange heimlich darüber Gedanken gemacht hatte, daß er keine Geschwister mehr bekommen könne, weil der Vater den „Puller" verloren habe, als er den ersten Jungen zeugte. Ich erzähle Klaus, daß dieser andere kleine Patient mir schließlich anvertraut hatte, daß er fürchtete, die Frauen behielten „aus Gemeinheit" das Glied vom Vater. Klaus überlegt sich meine Erzählung eine Weile, nachdem er bekundet hat, daß auch seine Gedanken tatsächlich mehr als einmal um dieses Thema gekreist sind. Er präzisiert nun seine eigenen Überlegungen in bezug auf mein Fremdbeispiel dahingehend, daß er am Ende einer Gedankenpause schließlich sagt: „Aus Gemeinheit vielleicht nicht, aber ich denke, die Frauen können damit etwas anfangen."

Nun spinnt sich das Gespräch von diesem Ausgangspunkt weiter. Ich versichere Klaus, daß ein Mann nicht heimlich und unbemerkt von Frauen ausgeplündert werden könnte, und daß es sich zwischen Mann und Frau um ein wechselseitiges Geben und Nehmen handele. Ich bestärke den Jungen in seiner Identifikation mit dem Vater und nehme die Mutter, als sich dies gesprächsweise ergibt, ein wenig gegen die Angriffe der übrigen Verwandtschaft in Schutz. Klaus hat jedoch keine Lust mehr zu ausgedehnten Erörterungen. Er kehrt zum Ping-Pong-Spiel zurück, nachdem er mich auffordert: „Sie können den anderen Ball jetzt wieder weglegen." Das war der gekochte Ball, den ich immer in meiner Tasche hatte unterbringen müssen. Ich folge seiner Aufforderung und kommentiere nur, „wir werden vielleicht später ab und zu von gekochten Bällen sprechen müssen", Klaus verrät mit einem halben Lächeln, daß er mich verstanden hat.

Im späteren Verlauf der Therapie kam es dann tatsächlich nicht ganz selten vor, daß der Junge seinen Wunsch, nochmals auf dieses Thema zurückzukommen, mit den Worten einleitete: „Ich muß noch einmal nach einem gekochten Ball fragen." So passierte es nach einer ganzen Reihe von Therapiestunden, daß Klaus in der Lage war, folgende Frage zu formulieren: „Ist ein Mann immer nur dann der Liebling einer Frau, wenn er ihr gekochte Bälle schenkt?"

Man sieht, wie sich das Problem des Jungen sehr allmählich zu der zentralen Frage verdichtet hat, inwieweit Gemüt, Liebe, Herzlichkeit und Zuneigung zwischen zwei Menschen von Besitzwünschen beeinflußt sei. Zu dieser Frage hatte u. a. auch die Beziehung des Jungen zu seiner Mutter sehr viel beigetragen und nicht nur die Beobachtung, die das Kind über das Verhältnis seiner Eltern zueinander machen konnte. Klaus' Mutter war keine sehr herzliche Frau. Sie war erst sehr allmählich im Verlauf der beratenden Gespräche dazu gelangt, etwas mehr Gefühl und Zärtlichkeit im Umgang mit dem Kind zu zeigen.

Mit dieser Erläuterung sind wir aber noch einmal zum Ausgangspunkt unserer Überlegungen zurückgeführt: Ich hatte gesagt, daß das Gespräch, das ich mit Klaus über seinen Umgang mit Freunden gehabt hatte, erst in einem späteren Teil der Therapie möglich gewesen sein konnte. Nach dem, was wir bis jetzt noch zusätzlich über Klaus' Erleben gehört haben, wird uns dies vielleicht noch etwas besser verständlich. Erst als die Behandlung so weit vorgeschritten war, daß der Junge in einer harmonischen Beziehung zu seiner Mutter und damit auch im besseren Gleichgewicht mit sich selbst war, konnte man mit einiger Aussicht auf Erfolg ein solches Gespräch führen, wie wir es zuvor geschildert hatten.

c) Schulprobleme, Lern- und Leistungsstörungen, therapeutische Lernhilfen

Nun wollen wir von der anschaulichen Darstellung therapeutischer Episoden noch einmal zu der mehr abstrakten Erörterung eines speziellen Themas zurückkehren. Wir müssen daran denken, daß in fast allen Kindertherapien Lern- und Leistungsprobleme eine große Rolle spielen. Die hier verfügbaren therapeutischen Möglichkeiten beschreiben wir am besten, wenn wir sie in engem Zusammenhang mit den zugehörigen emotionalen Problemen des Kindes schildern.

Aus diesem Grund hatten wir uns ja auch die Erörterung möglicher Schulkonflikte bis zu diesem Kapitel aufgespart.

Wir werden also die Schul- und Leistungsprobleme eines Kindes in diesem Abschnitt von verschiedenen Seiten her beleuchten: Ich werde zunächst in Kürze jene *emotionalen* und *biographischen Faktoren* skizzieren, die man verstanden haben muß, wenn man an einem klaren Überblick über die Schulsituation eines Kindes interessiert ist. Sodann sollen einige *allgemeine Lernschwierigkeiten* geschildert werden, bei denen wir über die sonstige analytische Therapie hinaus noch weitere *spezifische Lernhilfen* geben können. Es wird danach noch kurz zu einer Diskussion der Gedächtnisleistungen kindlicher und jugendlicher Patienten kommen. Außerdem werden wir zu spezifischen Störungen Stellung nehmen, die sich beim Erwerb der sogenannten *Kulturtechniken* (Schreiben, Rechnen, Lesen) ergeben können. Schließlich werden wir noch auf die Arbeitsschwierigkeiten in den *höheren Schulklassen* eingehen. Es leuchtet ja wohl ein, daß wir für diesen Abschnitt die sonst durchgeführte Trennung nach Altersstufen bei Kindern und Jugendlichen besser aufgeben. Am erfolgreichsten richten wir uns hier nach dem kontinuierlichen Entwicklungsprozeß, in den das Kind mit dem ersten Schultag eintritt. Schließlich sind die Arbeitsstörungen jugendlicher Patienten doch schon fast immer lange vorbereitet und reichen meist in jenes Stadium zurück, in dem der kleine Schulanfänger seine ersten Lernschritte bewältigen sollte.

Biographische Probleme

Die Lern- und Leistungssituation eines Kindes ist immer stark mit allen Gefühlsproblemen verknüpft, die es mit seinen Eltern, seinem Lehrer oder auch mit seinen Mitschülern durchlebt. Bevor wir uns jedoch in dieser Hinsicht über unsere Patienten ein Bild machen können, müssen wir ganz unbedingt die *schulische Vorgeschichte* genau erfragt haben. Noch heute ist in Deutschland die Mobilität der Bevölkerung verhältnismäßig groß. Mehrmaliger Schulwechsel ist für ältere Kinder keine Seltenheit. Schulwechsel bringt sehr oft auch einen Wechsel des Schulsystems mit sich und das bedeutet eben so oft erhöhte Anforderungen in einzelnen Fächern, in denen das Kind früher vielleicht überhaupt noch nicht unterrichtet wurde. Schulwechsel oder auch längere Krankheitsperioden des Kindes müssen schon deshalb so besonders sorgfältig erfaßt werden, weil man sonst Gefahr läuft, die Existenz verborgener Kenntnislücken zu übersehen. Auch würde man die Anstrengung, die ein Kind nach Krankheitsperioden oder nach Schulwechsel zu bewältigen hatte, nicht sachgerecht einschätzen. Dies wiederum ist besonders für das Elterngespräch wichtig. Kinder, die oft wechseln mußten, oder die längere Schulversäumnisse durch Krankheit hatten, bekommen für ihre bemühte Anstrengung nicht immer die entsprechende Anerkennung. Wenn es einem Kind gelungen ist, trotz Krankheit das Sitzenbleiben zu vermeiden, sind die Eltern dennoch oft nur deshalb unzufrieden, weil die Zensuren nun nicht mehr ganz ihren Erwartungen entsprechen. Auch das zu junge Kind kann ein ähnliches Schicksal haben. Viele Eltern sind nicht in der Lage, die Alterssituation und die Klassenanforderung eines Kindes richtig gegeneinander abzuwägen. Sie sehen nur die Noten, die gebracht werden und bewerten diese.

Kenntnislücken, die durch Schulwechsel oder längere Krankheit entstanden sind, sollte man unbedingt von jenen Kenntnislücken unterscheiden, die sich allmählich durch mangelhafte *Arbeitstechnik* eingeschlichen haben. Diese Unterscheidung ist wegen der therapeutischen Konsequenzen so besonders wichtig. Im ersteren Falle genügt meist Nachhilfeunterricht allein, im letzteren Fall muß der Nachhilfeunterricht (der oft ebenfalls unvermeidlich ist) von einer analytischen Hilfestellung für das Kind begleitet werden. Andernfalls liefe man ja Gefahr, daß weder der Nachhilfeunterricht etwas nützt, noch daß die Zukunft vor weiteren ungünstigen Resultaten geschützt bliebe.

Im übrigen muß man außerdem abschätzen, ob der *Schultyp,* den das Kind besucht, seinen Befähigungen entspricht. Der humanistisch gebildete Vater kann es ganz besonders nützlich finden, daß sein Sohn ebenfalls das humanistische Gymnasium besucht. Er verkennt, daß der Junge für Latein und Griechisch keine Voraussetzungen mitbringt, jedoch ein ausgezeichneter Mathematiker zu werden verspricht. In späteren Klassen kann es passiert sein, daß die Kinder auf den wissenschaftlichen oder technischen Zweig gegeben wurden, obgleich die Anforderungen dieses Schultyps für sie doch zu hoch sind. Ehrgeizhaltungen der Eltern oder vorgefaßte Meinungen sind hier die häufigsten Quellen der verkehrten Beschulung des Kindes.

Spezifische *emotionale Probleme* mit dem *Lehrer* oder in der Klassengemeinschaft können dann außerdem die Leistungen eines Kindes beträchtlich herabsetzen und müssen erfragt und erforscht werden. Es gibt Kinder, die ihren Vater- oder Mutterkonflikt auf die Lehrerpersönlichkeit übertragen. Sie geraten auf diesem Wege unvermutet in Schwierigkeiten, die für sie selbst ebenso unverständlich sind wie für den Lehrer. Ein gleiches gilt für Geschwisterkonflikte, die auf die Mitschüler projiziert werden. Unabhängig davon kann natürlich die Lehrerpersönlichkeit objektiv für das Kind ungünstig sein. Der ironisierende Lehrer, der seine Schüler mehr abwertet und kritisiert, als daß er ihnen hilft oder sie ermuntert, ist sicher von allen Kindern am meisten gefürchtet. Der gereizte Lehrer, der viel brüllt und Vorwürfe macht, kommt als nächstes. Der hilflose Lehrer, der sich gegen die Schüler nicht durchsetzen kann, irritiert auf seine Weise.

Auch die *Position in der Klassengruppe* kann objektive und reale Schwierigkeiten bieten, die nichts mit der neurotischen Ausgangssituation des Kindes zu tun haben. So werden unseren Kindern heutzutage sicherlich durch die eingeführte Koedukation besondere Probleme zugemutet. In den jüngeren Klassen werden die ehrpusseligen und schulisch besseren Mädchen von den stärkeren Jungen angegriffen. Die Jungen werden von den Mädchen verpetzt oder gehänselt. In dem in Berlin üblichen System der 6klassigen Vorschule kommt hinzu, daß die Kinder mitten in der Pubertät in neuen Klassen zusammengewürfelt werden. Diese Kinder haben sich dann nicht nur mit der eigenen körperlichen Entwicklungssituation auseinanderzusetzen, sondern sie müssen dazu noch die erhöhten schulischen Anforderungen bewältigen. Außerdem kommen sie in eine neue Kindergruppe hinein, in der sich die 12- bis 13jährigen in allen Phasen der biologischen Reife befinden. Emotional und körperlich noch ganz unentwickelte Mädchen sitzen mit älteren (vielleicht sitzengebliebenen) Jungen zusammen, die schon mitten in der Pubertät stecken und machen die entsprechenden Erfahrungen. Umgekehrt: voll entwickelte Mädchen sitzen neben zurückgebliebenen Jungen und sind diesen im geistigen und menschlichen Reifestand weit voraus. Sexuelle Kontakte werden durch diese Schularrangements natürlich stark provoziert, jedoch — falls sie öffentlich bekannt werden — vom Kollektiv der Erwachsenen mit bemerkenswerter Entrüstung verurteilt.

Unbedingt muß man sich auch bei den Kindern dieser Altersstufe mehr noch als sonst das Zahlenverhältnis zwischen Jungen und Mädchen betrachten. Besonders auf den sprachlichen Zügen kann es vorkommen, daß eine nur kleine Jungengruppe in einer überwiegenden Mädchenklasse untergebracht ist. Umgekehrt gibt es auf dem technischen Zweig unter Umständen eine Minderzahl von Mädchen, die mit Jungen gemeinsam unterrichtet werden.

Die Koedukation hat für die Kinder die Schulsituation sicherlich nicht erleichtert, sondern zusätzlich eine Fülle von neuen Problemen geschaffen. Besonders die häßlichen und dürftig gekleideten Mädchen leiden in den Jungenklassen sehr und umgekehrt kommen die Jungen (sofern sie in einer Klasse in der Minderzahl sind) nicht zur vollen Entfaltung. Wirklich erfreut über Koedukation sind in der Regel nur die hübschen, ansehnlichen und von den Jungen anerkannten Mädchen, die hier sehr viel Erfolgserlebnisse haben. Umgekehrt äußern sich jene Jungenklassen zufrieden, in denen sich einige nette Mädchen befinden, die günstig auf die Leistungssituation der Jungen einwirken.

Wie gesagt, sollte man immer, bevor man sich mit den Einzelproblemen einer neurotischen Leistungsstörung auseinandersetzt, die schulische Konstellation genau durchforschen. Ebenso wichtig ist freilich die *häusliche Atmosphäre* und Einstellung in bezug auf die Leistung des Kindes. Wir bedenken hier vor allem, daß sich das *spontane Lernen* des Kindes, das seiner allgemeinen Neugier und Interessehaltung entspringt, zunächst nicht mit der Erwartung verknüpft, es werde später eine richtige Leistung erwartet. Spontanes Lernen verbindet sich schon gar nicht mit der Vorstellung, daß Erfolg oder Mißerfolg der erzielten Leistung den eigenen Wert in den Augen der Umwelt verändert. Insofern müssen wir uns immer erneut klarmachen, daß das Schullernen zwar an die spontane Interessehaltung der Kinder anknüpft und sich ihre allgemeine Leistungsbereitschaft zunutze macht, daß es jedoch in seiner Reglementierung der Arbeitssituation keineswegs mit dem spontanen Lern- und Tatendrang eines Kindes konform geht. Trotz aller gegenteiligen Moralsprüche lernt das Kind in erster Linie für die Eltern und für die Schule, in zweiter Linie für sich selbst und eigentlich überhaupt nicht (mindestens im eigenen Erleben) für die Zukunft.

Allgemeine Lernschwierigkeiten

Insofern stammen auch die inneren Spannungen und Ängste, die ein Kind an der Aufnahme und treffsicheren Reproduktion von Wissensstoff hindern, weitgehend aus den Erwartungshaltungen und Reaktionsformen der *Umwelt*. Diese nehmen bei unseren diagnostischen Überlegungen den zentralen Platz ein. Enttäuschung, Vorwurf, Zukunftsangst, Gereiztheit bei den Eltern können die Lernsituation des Kindes seit Jahren begleitet und seine Unbefangenheit zerstört haben. Freilich sind die Ursachen für neurotische Lernschwierigkeiten sehr verschieden und die therapeutische Hilfe, die wir geben können, läuft ebenfalls in sehr verschiedenen Geleisen. Das tagträumende Kind, das in seiner Phantasiewelt lebt und demzufolge schulisch versagt, verliert zum Beispiel seine Tagträumereien nur im Verlauf des allgemeinen therapeutischen Prozesses und nicht als Folge einer direkten Lernhilfe. Der Junge, der am Scheidungsproblem seiner Eltern krankt, kommt erst zur Ruhe, wenn hier Klärung geschaffen ist. Das 9jährige Mädchen, das den psychotischen Vater betreuen muß, während die Mutter im Krankenhaus liegt, wird sich schulisch erst verbessern, wenn diese drückenden Lasten von ihm genommen sind. Ein Kind, das durch Geschwisterkonkurrenz blockiert ist, kann sich dem Sachlernen erst wieder zuwenden, wenn es in entspannterer Gefühlslage ist. Das zwangsneurotische Kind, dessen Ordnungszwänge das fortschreitende Lernen hindern, wird erst mit allgemeiner Besserung des Zwanges auch neuen Zugang zum Lernstoff finden.

Mit diesen allgemeinen Aspekten einer Kindertherapie wollen wir uns nun aber im folgenden *nicht* befassen. Wir kümmern uns stattdessen um jene Probleme des Sachlernens und Materialumganges, bei denen wir selbst *direkte Lernhilfe* geben können und die uns einige besondere Überlegungen abverlangen.

Vorläufer jeglicher therapeutischer Lernhilfe ist zunächst einmal die Assistenz, die wir dem Kind bei der Entfaltung seiner *Spontaneität* und *Interessehaltung* geben können: Intentionale Störungen, allgemeine Apathie, Indifferenz und herabgesetzte Interessehaltung waren uns allerdings schon in dem Abschnitt über das Ausagieren der Impulse als therapeutisches Problem begegnet. Ich brauche meine Ausführungen über die Behandlung von intentionalen Lücken daher nicht noch einmal zu wiederholen. Auf jeden Fall müssen wir uns immer darüber klar sein, daß ein Kind Interessehaltung meist nur über die *Identifikation mit dem Analytiker* hinweg neu erwirbt. Wenn wir selbst von etwas interessiert und angeregt sind, vermitteln wir dem Kind eine bestimmte Gefühlslage zur inneren Orientierung. Wir müssen aber vorsichtig und schrittweise verfahren, wenn wir es in der Therapie mit einem Kind zu tun haben, dessen spontane Initiative und Aktivität sehr gedrosselt wurde.

Hierzu seien einige therapeutische Einzelheiten mitgeteilt: Es gibt zum Beispiel Kinder, die die Aufforderung, etwas zu zeichnen oder zu malen, als eine starke Belastung erleben, dies nicht nur, weil sie zeichnerisch oder malerisch ungeschickt sind, sondern auch weil sie keine Ideen haben für das, was sie zeichnen könnten. Ich halte es nicht für richtig, daß man in der Therapie grundsätzlich darauf vertraut, daß ein Kind, aufgefordert, etwas zu zeichnen oder zu malen, allmählich dieser Aufforderung schon nachkommen werde und damit seine schöpferischen Kräfte entdecken oder entfalten. Oft erreicht man nichts anderes, als daß die Kinder ihre gequält angefertigte Zeichnung schließlich doch als einen Mißerfolg erleben, mit sich selbst unzufrieden sind und nur noch tiefer in das gequälte Gefühl des Nichtgenügens hineingleiten. Man schützt diese Kinder vor Beunruhigung eher, wenn man ihnen im Anfang nicht nur ungeformtes Material zur Gestaltung überläßt, sondern wenn man ihnen (auf jeden Fall im Beginn der Behandlung) *vorgeformtes* Spielmaterial anbietet, aus dem mit Leichtigkeit hübsche Dinge zu bauen und fertigzustellen sind. Für diese Zwecke eignet sich ganz bevorzugt das Legospiel, das durch seine lebhaften Farben, die Einfachheit der Bauweise und die vielfältigen Möglichkeiten, die Türen und Fenster bieten, eigentlich jedem Kind ermöglicht, ein befriedigendes Gebilde zustande zu bringen. Das *Befriedigungserlebnis* erscheint mir in dieser Situation der Kindertherapie das vordringlichere Nahziel zu sein, von dem aus wir dann rascher zu den tieferen Quellen spontaner kindlicher Gestaltungsfreude vordringen können.

An sich läßt man ja in den Therapien das Kind sowieso in weiten Grenzen die Tätigkeit oder das Spiel der Stunde vorschlagen. Nur in jenen Fällen, in denen die Kinder sowohl zu Hause wie in den Therapiestunden im wesentlichen von Langeweile, vielleicht sogar von gequälter Langeweile beherrscht sind, ist der Therapeut gezwungen, dem Kind mit einigen Anregungen zu helfen. In diesen Fällen soll man aber, wie gesagt, vorsichtig und etappenweise so beginnen, daß das Kind die Grenzen seiner eigenen Möglichkeiten nicht zu deutlich spürt. Das therapeutische Geschick besteht dann darin, daß man sich selbst schrittweise aus der Rolle des Anregenden zurückzieht und dem Kind unmerklich die Initiative überläßt. Dies gilt natürlich für jegliche Form der gemeinsamen Spieltätigkeit. Sei es das Bauen am Sandkasten, Kneten oder Malen. Das Kind, das anfänglich nur auf Vorschlag oder nach Vorlage etwas tun wollte, wird *allmählich* gelockt, dem eigenen Einfall und der eigenen Idee nachzugeben und nur bei sehr dürftigen und wirklich phantasielosen Kindern wird man auch noch gegen Ende der Therapie nicht ohne einige Anregungen auskommen.

Die Lernanforderungen in der Schule beziehen sich nun allerdings nur in weitaus kleinerem Maß auf gestaltende Tätigkeit im Werk- oder Handarbeitsunterricht oder beim Zeichnen. Der überwiegende Teil der schulischen Lernleistungen beansprucht das *Gedächtnis* und *Erinnerungsvermögen* der Kinder. Es beginnt mit dem Erwerb der sogenannten *Kulturtechniken* (Schreiben, Lesen und Rechnen) und setzt sich allmählich in Mathematik- und Deutschunterricht mit den höheren Anforderungen dieser Fächer auseinander. Weiterhin wird das Erlernen der naturwissenschaftlichen Fächer Chemie, Physik, Biologie gefordert. Erdkunde- und Geschichtskenntnisse werden verlangt. In Berlin hat auch der Volksschüler mindestens eine Fremdsprache zu bewältigen.

Jedes einzelne dieser Fächer hat für die Lern- und Arbeitssituation der Kinder spezifische Probleme. Wir befassen uns zunächst einmal mit den allgemeineren Fragestellungen, die die Lernleistung eines Kindes grundsätzlich charakterisieren:

Jeder Pädagoge weiß, daß die Lernleistung eines Kindes um so leichter vonstatten geht, je größer seine Interessehaltung ist. Unabhängig davon zerfällt das Lernen für die Schule mindestens in zwei Abschnitte. Zunächst einmal geht es darum, daß das Kind den Wissensstoff überhaupt *kennenlernt,* danach soll es sich den Stoff so weitgehend einprägen, daß es schließlich zur *freien Reproduktion* des Gelernten in der Lage ist. Dabei wird erwartet, daß das Kind den erarbeiteten Wissensstoff nicht nur additiv wiedergibt, sondern daß es gleichzeitig in der Lage ist, ihn zu *gliedern,* Wichtiges von Unwichtigem zu trennen und einen gewissen Überblick zu gewinnen.

Die Orientierung an diesem vielleicht etwas naiven Schema des Leistungsprozesses hilft uns ein Stück weit bei der Betrachtung verschiedenartiger neurotischer Leistungsstörungen. Sehen wir nämlich von der schon behandelten neurotischen Interesselosigkeit ab, die durch intentionale Störungen bedingt ist, dann können wir noch einige weitere neurotische Reaktionsformen klassifizieren, die sich störend beim Lernprozeß bemerkbar machen: Wir haben zunächst einmal die neurotische *Lernangst,* von der wir sogleich im einzelnen sprechen werden. Wir haben sodann die sogenannte *neurotische Ungeduld,* bei der das Kind zwar lernwillig und auch nicht eigentlich ängstlich ist, die es aber daran hindert, die mühseligen Einzelschritte zu vollbringen, die bei den meisten Lernleistungen nun einmal vollbracht werden müssen. Die neurotische Ungeduldshaltung führt häufig zu Ungenauigkeiten des Lernens, die sich dann später unliebsam bemerkbar machen. Neben der neurotischen Ungeduld haben wir dann noch den neurotischen Lernprotest oder die *Lernabwehr,* eine innere Verfassung, die sich ganz wesentlich von der Lernangst oder von der Ungeduld unterscheidet. Sie ist *nicht* identisch mit neurotischer *Bequemlichkeit.*

Die neurotische Lern*abwehr* ist dadurch ausgezeichnet, daß die Protestreaktionen meist sehr weitgehend verdrängt bleiben. Der Patient hat den bewußten Willen, etwas zu lernen, befindet sich jedoch innerlich in einem stark protesthaft gefärbten Konflikt mit den Instanzen, die die Lernleistung erwarten. Die hieraus resultierende Spannung und Erregung verhindert die produktive Auseinandersetzung mit dem Lernstoff.

In bezug auf die Lern*angst* des Kindes sollten wir mehrere Möglichkeiten voneinander unterscheiden: Zunächst einmal kann das Kind zwar lernwillig und auch interessiert sein, jedoch innerlich so voll von ängstlich erregten Spannungen stecken, daß es den angebotenen Lernstoff gar nicht erst aufnimmt. Auch dieses Kind sitzt, ähnlich wie das protestierende, willig, aber stuporös vor dem Buch oder im Schulunterricht. Auch bei ihm verhindert die vorliegende innere Spannung die Assimilation des Dargebotenen. Die Umgebung beobachtet jedoch die Lernwilligkeit als solche und vermutet, daß diese Lernbereitschaft auch ein Resultat gezeitigt habe. In Wahrheit wurden aber gar keine Kenntnisse aufgenommen. Eine andere Variante der Lernangst ist die, daß ein Kind den Wissensstoff zwar gelernt hat (etwa zu Hause ein Gedicht oder Vokabeln), daß es aber in der Schulsituation, in der es abgefragt wird, in ängstliche Erregung gerät. Diese Erregung behindert es dann bei der freien Reproduktion des Gelernten. Diese Kinder geraten im Augenblick des Befragtseins in einen Zustand innerer Leere, in dem nur noch eine amorphe Spannung, Erregung oder gar manifeste Angst erlebt wird, aber *keine Sachkenntnisse auftauchen.* Diese Gefühlslage unterscheidet sich nun wiederum deutlich von jener dritten Form angstgetönter Leistungsstörung, bei der das Kind sagt, daß es zwar die Antwort wüßte, aber daß es nicht wagte, sie auszusprechen. In schweren Fällen wagen die Kinder die Antwort sogar dann nicht, wenn sie aufgerufen worden sind. Sie haben Angst, die Antwort, die sie parat haben, könnte falsch sein. In den leichteren Fällen melden sich die Kinder bloß nicht, obgleich sie die Antwort wissen, oder sie melden sich nur dann, wenn alle übrigen auch bekunden, daß sie eine Antwort haben. Sie würden sich um keinen Preis als einzige melden, wenn die ganze übrige Klasse stumm bleibt.

Natürlich haben wir bei diesen verschiedenen Formen ängstlicher Spannungszustände, die den Lern- und Leistungsvollzug beeinträchtigen, immer fließende Übergänge. Hier geht es um das Erfassen von Akzentverschiebungen und nicht um die Feststellung isolierter Fakten. Auf jeden Fall hängt die Art unserer Hilfestellung davon ab, wie wir die innere Situation des Kindes beurteilen. Wenn ein Kind nur zu schüchtern ist, um sich zu melden, können wir ihm einfach ein wenig Mut machen. Wir können vielleicht davon sprechen, daß manchmal in der Schule eine falsche Antwort besser ist als gar keine, und wir können dem Kind in der therapeutischen Stunde eine positive Freude an seinem Kenntnisschatz vermitteln, wenn wir es gelegentlich abfragen und ihm deutlich machen, wieviel es in Wahrheit schon gelernt hat.

Diese einfache Ermunterung und Ermutigung nützt bei jenem Kind nichts, bei dem die ängstliche Spannung in der Schulsituation jenen Zustand innerer Leere hervorruft, der das Auftauchen von Sachkenntnissen blockiert. Noch weniger würden wir mit einfacher Ermutigung etwas ausrichten, wenn das Kind in Anbetracht seiner ängstlichen Spannung offensichtlich schon beim Lernprozeß selbst gescheitert ist und gar keine Kenntnisse besitzt. In beiden Fällen müssen wir meist den Lernprozeß *in der therapeutischen Stunde* selbst *begleiten* und dem Kind beim Lernen behilflich sein. Manchmal genügt es hierbei schon, wenn das Kind seine Lern- und Leistungsschritte in Gegenwart eines Menschen vollzieht, der ihm anteilnehmend und freundlich zugewandt ist, und der nicht mit Enttäuschung, Vorwurf oder Verstimmung reagiert, wenn die Lernleistung zunächst noch unsicher und unvollkommen bleibt. Allerdings muß hierbei aber wirklich darauf geachtet werden, daß das Kind den Lernstoff auffaßt und nicht nur ergebnislose Versuche macht.

Der *Ungeduldshaltung* eines Kindes kommen wir meist nur im Verlauf des breit angelegten therapeutischen Prozesses bei. Es kann sich aber auch als nützlich erweisen, daß wir einem Kind über längere Zeit hinweg unsere eigene stetige Beziehung zum Thema vorleben, während wir es bei seinen Leistungsschritten begleiten. Es kann auch nützen, daß wir das Kind freundlich und geduldig auf die Ungenauigkeit seines Lernens und Arbeitens aufmerksam machen, so daß es sich allmählich um präziseren Einsatz bemüht.

Den latenten Lern*protest* können wir freilich auf so einfachem Wege nicht auflösen. Seine Behandlung hat im allgemeinen eine Reihe von analytischen Gesprächen zur Voraussetzung. Schließlich kann ein Patient seinen unbewußten Lernprotest nicht aufgeben, solange er zu seiner Existenz keinen Zugang hat. In einer solchen Situation machen wir uns all jene therapeutischen Möglichkeiten zunutze, die mit Hilfe von Fremdschilderungen, halben Anspielungen oder direkten Interpretationen die Auseinandersetzung des Patienten mit sich selbst fördern können, jedenfalls soweit wir bei älteren Patienten eine mehr oder weniger bewußte Auseinandersetzung zum Ziel haben und nicht einfach (wie bei jüngeren Kindern) die affektive Verfassung des Kindes mehr oder weniger unreflektiert harmonisieren wollen.

Wir brauchen nun eine differenzierte Beurteilung der vorliegenden emotionalen Situation des Kindes nicht nur mit Hinblick auf die Wahl unserer therapeutischen Mittel. Ich sagte schon, daß wir uns bei Schulschwierigkeiten sehr oft ein Bild darüber machen müssen, inwieweit (vielleicht im Gegensatz zur Meinung von Eltern und Kind) doch *unsichere Kenntnisse* eine Rolle spielen. Auch Lehrer fallen, besonders bei dem schüchternen Kind, gelegentlich dem Irrtum zum Opfer, daß nur die Scheu oder die sogenannte „Hemmung" daran schuld sei, daß das Kind seine Kenntnisse nicht produziert. In solchen Zweifelsfällen kommt der Therapeut beim Umgang mit dem Kind meist nicht ohne kleine *Stichproben* in bezug auf die vorliegenden Kenntnisse aus. Man kann sich auf die Aussagen der Eltern oder der Kinder selbst nur in den seltensten Fällen verlassen. Beim jüngeren Schulkind hat man überwiegend mit den Irrtümern und Selbsttäuschungen der Eltern zu rechnen. Beim älteren Schulkind kommen schon die Täuschungen des Kindes über sich selbst recht erheblich ins Spiel.

Zunächst einmal geht es hier um wichtige Selbsttäuschungen, die den Erwerb von reinem Gedächtnisbesitz angehen. Ich sagte schon, daß das *Wiedererkennen* und die *freie Reproduktion* zwei sehr verschiedene Etappen im Lernvollzug sind. Von dem Augenblick an, in dem wir einfach ein Bekanntheitserlebnis in bezug auf neuen Stoff erworben haben, bis zu dem Moment, in dem wir diesen Stoff auch treffsicher wieder reproduzieren können, ist leider immer noch ein verhältnismäßig weiter Weg. Kinder, aber auch Erwachsene, täuschen sich nun über dieses Faktum nicht selten. Die Tatsache, daß das Lernen von Vokabeln, von Jahreszahlen im Geschichtsunterricht, von Ortsnamen in der Geographie, von Formeln in der Chemiestunde allemal in diese beiden Etappen zerfällt, wird nicht genügend berücksichtigt. Der mühseligere und auch langweiligere

Teil des Lernens, der zweite Schritt vom Wiedererkennen bis zum freien Reproduzieren, wird nur zu leicht ausgelassen. Der flüchtige Lerner unter den Kindern hat bereits das Gefühl „das kann ich“, wenn ihm die durchgesehenen Vokabeln bekannt vorkommen. Diese Kinder prüfen nicht nach, inwieweit ihnen wirklich Kenntnisse zur Verfügung stehen, wenn sie Vokabeln ohne das Vokabelheft produzieren sollen. Sie versichern dem Fragenden demzufolge auch oft in voller Selbstgewißheit, daß sie den Schulanforderungen gewachsen seien, obgleich in Wahrheit keine Rede davon sein kann.

Wenn sich der Therapeut in solchen Situationen vor der Notwendigkeit sieht, daß er den Wissensbestand seines Patienten etwas genauer nachprüfen muß, dann empfiehlt es sich unbedingt, *nicht* bei den *schwachen* Fächern mit der Befragung zu beginnen. Man klärt die Lage des Kindes am besten dadurch, daß man sich für seine Lieblingsfächer interessiert bzw. für jene Fächer, in denen das Kind selbst behauptet, gute oder ausreichende Leistungen zu haben. Unter dem Vorzeichen eines allgemeinen Interesses für den Schulablauf des Kindes fragt man dann nach dem Stoff, der gerade durchgenommen wird und läßt sich erzählen, was das Kind im Augenblick von dem durchgenommenen Stoff noch weiß. Dies tut man ausdrücklich nicht unter dem Motto einer Prüfung, sondern beiläufig und anteilnehmend. Man kann hier immer wieder große Überraschungen erleben. Eine Patientin behauptet, daß sie gerade Erdkunde so besonders gerne habe und sie nimmt zur Zeit China durch. Von China weiß sie nicht einmal die Hauptstadt anzugeben. Eine zweite möchte biologisch-chemische Assistentin werden und das Abitur machen. Chemie gilt als ihr Lieblingsfach. Es steht eine Arbeit über Alkohole bevor. Da Erika die organische Chemie vor der anoganischen bevorzugen will, frage ich sie über ihre Kenntnisse von den Alkoholen. Die Patientin kann mir jedoch keinen höherwertigen Alkohol nennen, obgleich gerade dies das Thema der letzten Schulstunde gewesen ist. Als ich ihr das Glyzerin nenne, sagt sie in der typischen Weise: „Ach ja, natürlich“ und meint, daß sie die Antwort im Grunde gewußt hätte, nur habe sie sie im Augenblick gerade nicht parat gehabt.

Es kommt also tatsächlich nicht selten vor, daß wir bei einem Kind die enge Verflechtung von neurotischer Lernstörung mit unvollkommenen Kenntnissen feststellen müssen. Das bedeutet dann allemal, daß unsere Möglichkeiten im Verlauf der psychotherapeutischen Behandlung nicht ausreichen werden, um die vorhandenen Kenntnislücken zu beseitigen. Wenn es irgend geht, hat man in solchen Fällen dafür zu sorgen, daß diesen Kindern von irgendeinem affektiv neutralen Menschen Nachhilfeunterricht gegeben wird, der das laufende Lernpensum abfragt. Die Eltern selbst oder ältere Geschwister sind meist denkbar ungeeignet, da die Leistungsstörung des Kindes fast immer stark mit einer Gefühlskrise zwischen Eltern und Kind verknüpft ist.

Bevor man aber (unabhängig von den dann auftauchenden wirtschaftlichen Schwierigkeiten) Nachhilfeunterricht empfiehlt, hat man sich nicht selten mit dem Widerstand der Kinder selbst auseinanderzusetzen. Kinder können eine ganze Fülle von Rationalisierungen anbieten, mit deren Hilfe sie der Mühe des vollständigen Lernprozesses ausweichen wollen. Sie benutzen zum Beispiel mit viel Geschick die verschiedenen pädagogischen Theorien, die ihnen vielleicht durch häufigen Lehrerwechsel nahegebracht worden sind. Wobei man meist zugeben muß, daß die Verschiedenartigkeit dieser Theorien objektiv recht geeignet ist, Kinder in Verwirrung zu bringen.

So habe ich es mit einem Mädchen zu tun, das angesichts einer starken neurotischen Ungeduldshaltung den Lernprozeß immer schon dann beendet, wenn es ein erstes flüchtiges Bekanntheitserlebnis hat. Ich versuche, mit ihr darüber ins Gespräch zu kommen und weise darauf hin, daß man leider ohne ein gewisses stures Auswendiglernen in der Schule nicht auskommt. Karin erklärt ärgerlich: „Wir wissen ja selbst nicht, wie es richtig sein soll. Unser früherer Lehrer hat gesagt, wir brauchen keine Geschichtszahlen zu können, wenn wir nur den Zusammenhang verstanden haben. Der jetzige sagt, nur Geschichtszahlen sind wichtig und für den Überblick sind wir sowieso noch zu jung." Das gleiche scheint sich in Karins Chemie-Unterricht abzuspielen. Karin erzählt: „Der eine sagt, wir sollen ja keine Formeln auswendig lernen, es sei genug, wenn wir nur begriffen hätten, wie sich die chemischen Prozesse vollziehen. Der andere fragt alle Formeln ab und behauptet, ohne Formeln könne man Chemie nicht lernen."

Als nächstes erklärt Karin mir in bezug auf den Sprachunterricht, daß es sowieso zwecklos sei, die Vokabeln zu lernen, denn erstens stünden sie alle im Buch und zweitens würde sie sie sowieso wieder vergessen. Karin, die all diese Behauptungen aufstellt, ist einer der erwähnten leichten Lerner, der tatsächlich von einem Tag auf den anderen rasch behält (auch bis zur freien Reproduktion hin). Karin ist aber gerade dadurch verführt, das einmal Gelernte nicht zu wiederholen. Sie begnügt sich mit dem Bekanntheitsgefühl und ist auf diesem Wege in der Schule ein sogenannter „Blender" geworden, das heißt jemand, der keine soliden Kenntnisse hat, der es aber versteht, im geeigneten Augenblick eine rasch angelernte und ebenso rasch wieder vergessene Kenntnis zu produzieren.

Eindringliche Gespräche mit Kindern dieses Lerntyps sind häufig notwendig. Zunächst einmal muß man ihnen klarmachen, daß sie tatsächlich nicht die Kenntnisse besitzen, die sie selber zu besitzen glauben. Dann aber muß man ihnen verdeutlichen, daß zwischen Wiedererkennen und freiem Reproduzieren ein Unterschied ist. Ich lasse mir bei solchen Gelegenheiten etwa ein Vokabelheft mitbringen und frage ein paar Vokabeln ab. Dies selbstverständlich nicht angriffig und moralisierend, sondern unter dem Motto: „Ich will Dir helfen" oder „Ich will selber einen Überblick haben" und ich schließe eine solche kurze Prüfung bestenfalls mit einem nachdenklichen „Ich glaube, Du irrst Dich über Dich selbst", ohne daß auch nur die leiseste Schärfe der Kritik oder des Vorwurfs in meinen Tonfall hineinkommt. Jenen Kindern, die mit der „Überblickstheorie" kommen und die meinen, Geschichtszahlen, chemische Formeln oder die Kenntnis von geographischen Einzelheiten sei überflüssig, wenn man nur die Zusammenhänge verstanden hätte, sage ich immer mit nicht unerheblichem Nachdruck, daß man einen Überblick erst gewinnen könne, wenn man Einzelkenntnisse zum Überblicken habe. Wenn man überhaupt nichts wüßte, könnte man auch nichts überblicken. Ich bekunde Kindern natürlich mein Verständnis für das Mühselige, das die ständige Wiederholung von einmal erworbenem, aber wieder vergessenem Kenntnisbesitz bedeutet. Aber ich lasse mir nicht einreden, daß entweder der Lehrer selbst auf Einzelkenntnisse verzichtet oder der Erwerb überflüssig sei, weil man es sowieso wieder vergäße.

Bringen Kinder dieses letztere Argument (nämlich daß sie das Gelernte sowieso wieder vergessen), dann erkläre ich ihnen meist mit Hinweis auf psychologische Forschungen die Ergebnisse, die man mit der sogenannten „Ersparnismethode" in der Gedächtnispsychologie gewonnen hat. Ich erkläre den Kindern, daß ein Lernstoff, den man bewußt völlig vergessen habe, doch Spuren hinterlasse und man könne dies prüfen, indem man die Zeit mißt, in der man zum Beispiel eine einmal gelernte, aber wieder vergessene Zahlenreihe nach einer Weile neu lernt. Das Neulernen einer schon früher einmal gelernten, aber wieder vergessenen Zahlenreihe geht bei weitem rascher vor sich als das Lernen einer noch völlig unbekannten gleichlangen Zahlenreihe. Kinder verstehen diese Beispiele bereits sehr gut. Sie begreifen dann, daß ihre einmal angewandte Mühe nicht völlig umsonst war und daß es nicht nötig ist, angesichts der Notwendigkeit zu Wiederholungen völlig zu verzagen. Kinder müssen verstanden haben, daß jeder (auch der Erwachsene) den erworbenen Kenntnisbesitz immer neu wiederholen muß, wenn er ihn frisch behalten will.

Natürlich erwirbt sich ein Gedächtnisbesitz um so leichter, je mehr innere Verbindungen ein Kind zu dem angebotenen Stoff herstellen kann und je umfangreicher das Bezugssystem bereits ist, in das ein neues Detail eingeordnet wird. Ist ein Unterricht stark mit „sturem Auswendiglernen" überlastet, ohne daß die gelernten Jahreszahlen oder die gelernten Vokabeln in einen interessierenden Zusammenhang eingebettet werden, dann vermindert sich die Neigung des Kindes, die mühselige Lernleistung auf sich zu nehmen, beträchtlich.

Gedächtnisleistungen bleiben aber immer ein wesentlicher Bestandteil allen Lernens, auch wenn Abstraktions- und Kombinationsleistung schließlich die Voraussetzung für einen produktiven Umgang mit dem Gelernten sind.

Die Einhilfen bei reinem Gedächtnislernen, die wir Kindern zu geben haben, sehen nun für jedes Lerngebiet der Schule anders aus. Wir beginnen jetzt mit der Abhandlung der sogenannten Kulturtechniken, die das junge Schulkind erwirbt. Die Leistungsprobleme der älteren Schulkinder und Jugendlichen handeln wir dann später gemeinsam ab.

Schreiben und Lesen

Nach meinen allgemeinen Erfahrungen könnte ich nicht entscheiden, ob Schreib- und Leseschwierigkeiten, die in der Schule auftreten, in der größeren Zahl der Fälle spezifisch neurotisch bedingt sind. Das heißt also, ob sie durch emotionale Abschaltungen, Unruhezustände, Abgelenktheiten und ähnliches zustande kommen. Ebenso häufig können wohl spezifische Begabungsunterschiede sein. In den schweren Fällen angeborener Schreib-Leseschwäche (der sogenannten Legasthenie) ist hier die psychologische oder psychiatrische Diagnose einfach. Die Vertauschung der Buchstaben, das spiegelbildliche Schreiben und die Unfähigkeit, Buchstaben zum Wort zusammenzuziehen, machen sich geltend. Schwierig wird es für den Beobachter erst, wenn es sich um die leichteren Grenzfälle handelt, bei denen das Kind zwar noch immer große Mühe beim Durchgliedern und Durchdifferenzieren eines Schriftbildes hat, jedoch mit den ersten Ansätzen zurecht kommt. Gerade diese Kinder werden immer dann als faul, bequem oder flüchtig hingestellt, wenn ihre sonstigen intellektuellen Funktionen gut entwickelt sind. Der naive Laie kann sich nicht vorstellen, daß es bei gut entwickelter allgemeiner Intelligenz angeborene Schreib- und Leseschwierigkeiten geben kann, die etwa einer angeborenen Unmusikalität entsprechen würden. Für die heutige Kindergeneration ist zudem das Schreib-Leseproblem noch erheblich durch die Einführung der *Ganzheitsmethode verschärft* worden. Der Streit um die Ganzheitsmethode ist in pädagogischen Kreisen wohl mit großer Hitzigkeit geführt worden. Vom kinderpsychiatrischen Standpunkt aus kann man über die Einführung dieser Methode kaum glücklich sein. Zum einen darf wohl als sicher gelten, daß sie nur für die gut befähigten Kinder die Lernsituation erleichtert. Für die schwächeren Begabungen jedoch schafft sie Schwierigkeiten, die weit über das Maß an Schwierigkeiten hinausgehen, die bei der Syllabiermethode gegebenenfalls erlebt werden. Die Syllabiermethode ist insofern unbedingt die leistungsfähigere, als sie auch den schwächeren Begabungen, die erst allmählich nachreifen, den schrittweisen Erwerb der Lese- und Schreibfertigkeit gestattet. Zudem ist die Ganzheitsmethode bei weitem mehr als die Syllabiermethode von der Lehrerpersönlichkeit abhängig und von der Konstanz der Lernbedingungen. Lehrerwechsel, Schulwechsel oder Fehlen des Kindes in den ersten zwei Grundschuljahren bringen beim Ganzheitsunterricht ganz andere Schwierigkeiten mit sich, als es je bei der Syllabiermethode der Fall gewesen ist. Da den lese- und schreibschwachen Kindern, die nach der Ganzheitsmethode unterrichtet werden, die Eltern nicht behilflich sein können, fällt für sie außerdem auch diese Stütze weg.

Ich fürchte, daß ich mit diesen Bemerkungen sehr auf den Widerspruch mancher Pädagogen stoßen werde. Jedoch glaube ich, daß im Interesse der Kinder von kinderpsychiatrischer Seite her unbedingt einmal gesagt werden muß, daß es sich bei der Ganzheitsmethode um ein Experiment handelt, das für die gut begabten Kinder zwar fruchtbar, für die schwächeren Begabungen jedoch ungünstiger ist. Besonders nachteilig wirkt sich dann noch die Vorstellung aus, der manche Pädagogen huldigen, nämlich daß die Ganzheitsmethode die leichtere Methode sei, so daß auch die schwächer begabten Kinder sie auffassen müßten. Diese Theorie, wenn sie den Eltern vorgetragen wird, hat für die Kinder geradezu verheerende Konsequenzen, da sie nun nicht Schutz, sondern zusätzlichen Angriff von zu Hause erfahren.

Sieht man von diesem Problem unserer modernen Unterrichtsmethoden ab, dann gibt es beim Lesen und Schreiben noch eine Reihe von allgemeinen Leistungsproblemen, die der Analytiker kennen sollte. Macht ein Kind nämlich sehr viele Rechtschreibefehler, so muß man sich die Diktathefte mitbringen lassen und überprüfen, welcher Art diese Fehler sind. Da haben wir zunächst einmal das ermüdbare Kind, das die erste Diktatseite fehlerfrei schreibt, jedoch in den letzten fünf Zeilen anfängt, sich zu verwirren. Es läßt Buchstaben weg, vergißt die Ü-Striche, weiß nicht mehr, welche Worte groß und klein geschrieben werden usw. Die Fehler sind regellos und gehen tatsächlich nur auf die Ermüdbarkeit zurück. Dieses Kind braucht *Schonung*, aber nicht Training. Ein Fehler, der von Eltern ganz besonders leicht gemacht wird. Das ermüdbare Kind, das zu Hause dann noch seitenlang abschreiben muß, weil es ein fehlerhaftes Diktat geschrieben hat, muß gegen das Übertrainiertwerden unbedingt geschützt werden.

Als nächstes versuchen wir, uns ein Bild darüber zu machen, ob die Fehler, die das Kind macht, durch die *Unkenntnis bestimmter Rechtschreiberegeln* zustande kommen, das heißt, ob das Kind bestimmte schwere Worte einfach nicht gelernt hat. Man kann zum Beispiel entdecken, daß ein Kind nicht weiß, welche Worte mit ie, mit ih oder nur mit i geschrieben werden, wenn das I gedehnt gesprochen wird. Ein gleiches gilt für ck oder k, für das Rund-S oder ß, für tz oder z usw. Man kann auch bemerken, daß Kinder nicht wissen, ob Worte zusammengeschrieben werden oder getrennt, dies insbesondere bei Worten mit „zu". Zum Beispiel: „Sie versuchte, ihm das Buch wegzunehmen" im Gegensatz zu „Er versuchte, das Buch zu nehmen."

In allen Fällen, in denen man solche isolierten Kenntnislücken über Rechtschreiberegeln entdeckt, hat man dafür zu sorgen, daß die Berichtigungen, die das Kind schreibt, nicht in der Wiederholung eines langen Textes bestehen, sondern in der Wiederholung des einzelnen schwierigen Wortes, das am günstigsten mehrmals in einer Reihe geschrieben wird, damit es sich einprägt. Man hat dem Kind den Sinn dieser Nachübung klarzumachen (natürlich auch den Eltern) und man hat immer zu bedenken, daß in höherem Alter die Korrektur eines fehlerhaft gelernten Wortes schwieriger ist als das Neulernen des richtigen. Hier geht es in der Rechtschreibung genau wie bei der Musik. Das Aufgeben des falsch gelernten Fingersatzes und das Umlernen auf einen neuen richtigeren ist immer schwieriger als der völlig frische Start. Hat man die Einprägung der einzelnen Worte eine Weile betrieben, dann kann man mit kleinen Diktaten dazu übergehen, ähnlich klingende Worte, die verschieden geschrieben werden, in einen Satz zu bringen. Etwa: „Das schwarze Kleid wurde mit Schmutz bespritzt."

Bei solchen Diktatübungen kommt natürlich alles auf die Haltung an, die der Therapeut dem Kind gegenüber einnimmt. Die Entmutigung oder Angst des Kindes, wenn es besorgt sein muß, etwas falsch zu machen, muß schon aufgelöst werden, bevor sie überhaupt auftaucht. Man sagt etwa, daß die kommende Aufgabe schwierig sei und eigentlich für ältere Kinder gedacht und wenn sie nicht ginge, machte es nichts, aber es sollte doch wenigstens einmal versucht werden.

Der fragende Blick des Kindes, das Bestätigung und Ermutigung sucht, muß aufgefangen und beantwortet werden. Die Hilfestellung im Beginn hat rasch zu erfolgen und man hat möglichst treffsicher abzuschätzen, in welchem Augenblick man es riskieren will zu sagen: „Versuch nur mal selbst, ich glaube, Du kannst es", so daß wir damit die früh gegebene Einhilfe noch etwas hinauszögern.

In gegebener Situation empfiehlt es sich auch, daß man bei einem Kind den unsicheren Gedächtnisbesitz dadurch verfestigt, daß man es seine Fehler selber finden läßt. Gelingt dies, kann man lebhaft darauf hinweisen, daß ein bestimmter Kenntnisbestand tatsächlich vorhanden ist. Gerade bei diesem Vorgehen muß man jedoch sehr vorsichtig sein. Bemerkt man nämlich, daß Kinder doch so wenig Kenntnisse haben, daß sie die Fehler nicht rechtzeitig finden würden, stiftet diese Methode nur neue Beunruhigung und neue Mißerfolgsgefühle. Wenn man also bei einem Kind auf ein falsch geschriebenes Wort hinweist und sagt: „Sieh es Dir noch einmal genau an, meinst Du, es ist richtig?", dann darf man nicht ungebührlich lange zögern, bis man auf den Fehler selbst hinweist. Gerade hier machen nämlich Eltern, die diese pädagogisch an sich nützliche Methode benutzen wollen, die meisten Fehler. Zunächst sind sie oft im Tonfall gereizt, wenn sie auf das falsche Wort hinweisen. Sie werden ungeduldig, wenn das Kind den Fehler nicht rasch oder überhaupt nicht selbst entdeckt und sie rufen schließlich in vorwurfsvollem (nicht in anerkennendem) Ton!: „Siehst Du, Du kannst es ja, warum nicht immer so!" Gerade beim neurotisch gestörten, ängstlichen Kind kommt ja alles darauf an, daß die aufgebaute Spannung und Erregung gemildert und nicht verstärkt wird und man muß die Klippen und das Risiko jeder Maßnahme möglichst genau kennen.

Der Unterricht im Lesen und Schreiben setzt sich in den höheren Schulklassen dann in den *Deutschunterricht* fort und die Kinder werden zu Niederschriften, kleinen Erzählungen, schließlich zu komplizierterer Auseinandersetzung mit bestimmten Themen angehalten. Wir unterscheiden dann das Kind, das in Diktaten viele Fehler macht und deswegen nicht recht mitkommt (dafür aber gute Aufsätze schreibt) von jenem Kind, das in der Rechtschreibung sicher ist, aber dürftige Niederschriften produziert.

Bereits eine Nacherzählung verlangt von dem Kind, daß es in der Lage ist, den Sinn einer Geschichte zu verstehen und Wichtiges von Unwichtigem zu trennen. In höheren Klassen haben wir es in bezug auf Aufsätze mit verschiedenen Leistungsstörungen und Leistungstypen zu tun, die wir erst etwas später besprechen wollen. Für das junge Schulkind sind neben dem Schreiben und Lesen die Rechenleistungen ein vordringliches Problem.

Neurotische Rechenstörungen

Früh erworbene neurotische Rechenstörungen haben insofern ihren besonders problematischen Charakter, als beim Mathematikunterricht jede Lücke, die von früher her übriggeblieben ist, den Aufbau geordneter Kenntnisse in den höheren Klassen erschwert. Unkenntnisse in bezug auf die Grundformen der Rechenschritte rächen sich schon früh. Sie machen sich später immer von neuem an den verschiedensten Stellen bemerkbar. In keinem Lernfach sind frühe Unsicherheiten von so weittragender Bedeutung, wie gerade in Rechnen und Mathematik. Im Geschichtsunterricht kann man über die Zeit Karls des Großen gut Bescheid wissen, obgleich man die Vorgänge bei den Perserkriegen völlig vergessen hat. Man kann in Erdkunde den afrikanischen Erdteil gut beherrschen, jedoch in bezug auf Asien keine Ahnung haben. Man kann im Deutschunterricht zur modernen Literatur in gute Beziehung treten, ohne daß man in der Lage wäre, auch nur den Inhalt des Nibelungenliedes anzugeben. Aber man kann Algebra nicht verstehen, wenn man die Regeln der Bruchrechnung nicht gelernt hat und beherrscht.

Da nun die ersten Rechenleistungen eines jungen Schulkindes häufig mit bestimmten neurotischen Problemen verknüpft sind, werde ich mich bei meiner Darstellung zunächst einmal an einem Fall orientieren. An einem kasuistischen Beispiel läßt sich am leichtesten verdeutlichen, welche besonderen emotionalen Verwirrungen die Rechenschritte eines jungen Kindes beeinträchtigen können und wie wir sie therapeutisch beeinflussen. Daran anschließend werde ich einige Beispiele bringen, wie man sich bei Leistungsschwierigkeiten in Geometrie und höherer Mathematik am besten orientiert.

Jürgen ist 9 Jahre alt, als er mir vorgestellt wird. Er leidet an einem (leichten) Stottern. Hauptanlaß sind beträchtliche Schulschwierigkeiten, bei denen Rechenstörungen im Mittelpunkt stehen. Die Schule klagt außerdem über ausgedehnte Clownerien. Es heißt, er wolle sich in der Klasse immer in den Mittelpunkt spielen. Jürgen ist unerwünschtes und unerwartetes Kind zu alter Eltern. Seine Mutter war bei der Geburt bereits 40, der Vater 49 Jahre. Jürgens Mutter ist die zweite Frau ihres Mannes, der seine erste Frau durch einen Suizid verlor und aus dieser Ehe damals eine 9jährige Tochter und einen 10jährigen Jungen hatte. Diese sollten von der zweiten Frau betreut werden. Die Absicht, ein neues Kind zu haben, bestand in keiner Weise, schon gar nicht, weil der Vater kurz vor dem Eintreten der Schwangerschaft arbeitslos geworden war. Die häuslichen Verhältnisse waren mehr als drückend, die Arbeitslosigkeit des Vaters hatte bis auf geringe Unterbrechungen angehalten. Die beiden ältesten Geschwister machten große Schwierigkeiten und schienen zu verwahrlosen. Die Mutter des Jungen hatte ihrerseits bereits zweimal ernstgemeinte Selbstmordversuche gemacht. Dies offenbar in Identifikation mit der ersten Frau ihres Mannes, die angeblich das rücksichtslose und brutale Wesen von Jürgens Vater nicht mehr vertragen haben sollte.

Jürgens Mutter war erregbar und depressiv, Jürgens Vater nicht brutal (das war eine schwere Übertreibung), aber weich und eher bequem und sicherlich kein Halt für die verhältnismäßig große Familie.

In dem Zeitpunkt, in dem ich Jürgen kennenlernte, war sein Vater noch arbeitslos, der Bruder aus zwei Lehrstellen herausgeflogen und verdiente nichts. Die Schwester, offenbar tüchtiger, als Verkäuferin beschäftigt, aber offensichtlich in eine Reihe von sexuellen Abenteuern verwickelt, die von dem Mädchen nicht ohne Gewinnabsichten eingegangen worden waren. Die Mutter des Jungen verdiente mit Schwarzarbeit und in der Familie bestand eine ständige Angst, daß diese Schwarzarbeit herauskommen könnte, so daß die Arbeitslosen- bzw. Sozialunterstützung des Vaters gekürzt würde. Der Junge erlebte den Vater in der Familie unbedingt als die schwächere Figur, hing jedoch am Vater sehr, weil dieser sich mit ihm ruhig und freundlich beschäftigte, während die abgehetzte Mutter leicht gereizt war und schimpfte. Von der Schwester bekam er gelegentlich Geldgeschenke oder auch Süßigkeiten. Dann mußte er jedoch sehr aufpassen, daß ihm der Bruder nicht sein Geld heimlich wieder wegnahm. Eine völlige Verwirrung über Eigentum war die Folge. Insbesondere erschien die Verknüpfung mit den Heimlichkeiten und Unrechtmäßigkeiten gefährlich. Nicht nur, daß das Kind selbst in seiner Familie bestohlen wurde, sondern die Ängste vor den Versicherungsbetrügen waren für die häusliche Atmosphäre charakteristisch.

Jürgen ist über seine Leistungsstörungen sehr bekümmert. Er läßt sich häufig sein Lieblingsmärchen vorlesen, das von dem Jungen handelt, der nicht zu Ende lernen konnte, dem Vater zur Last fiel, aber dann im Wald beim gemeinsamen Holzhacken einen Geist befreite, der ihm die Gabe verlieh, jeden Gegenstand in Silber zu verwandeln, wenn er ihn berührte. Immer wieder erfreute Jürgen sich an der Stelle, an der der Vater den Jungen erst für die zu weiche, sich biegende Schneide des Beiles beschimpft, um dann mit dem Erlös, das aus diesem Silber gewonnen wird, überglücklich einen friedlichen Lebensabend zu beschließen. Jürgen kann sich nicht vorstellen, daß er selbst jemals ein guter Schüler werden könnte und erklärt sich für eine „große Niete". Ich tröste ihn zunächst viel und wir spielen, wenn wir nicht gerade Märchen lesen, jene Spiele, die Jürgen am liebsten hat, nämlich Mikado und das Flunderspiel. Beide Spiele fördere ich aktiv, erkläre sie selbst für meine Lieblingsspiele, denn sie ermöglichen es mir, daß der Junge mit Interesse spielerisch und ohne es zu bemerken, kleinste Rechenschritte vollzieht. Beim Mikadospiel lasse ich ihn natürlich gewinnen, teile ihm aber gleichzeitig das Amt zu, die Wertetabelle über die gewonnenen Stäbchen zu führen und selbst auszurechnen. Ich bemerke dabei, daß der Junge nicht einmal im Zahlenraum von eins bis zehn im Kopf rechnen kann und mühselig an den Fingern abzählt, um schließlich doch fehlerhaft zu rechnen. Diese Form des Rechnens ist bereits zu schwierig. Das Flunderspiel, bei dem gelegentlich Augen zusammengezählt werden müssen, ist durch die optische Hilfestellung, die es bietet, einfacher. Auch sind die Zahlenräume zunächst kleiner. Jürgen übersieht zunächst beim Flunderspiel viele Zahlenkombinationen, die ihm nützen könnten. $2 + 3 = 5$ muß er lange üben. Das brennende Interesse am Gewinn hilft. Sein Wunsch, das Rechnen besser zu verstehen, kommt hinzu. Vom Flunderspiel gehen wir zum Mikado über. Nun gehen die Additionsschritte schon etwas besser. Der Zahlenbegriff hat sich verfestigt. Jürgen hat zu Quanten eine etwas bessere Beziehung.

Nachdem die ersten 5 Stunden im wesentlichen mit Spielen dieser Art ausgefüllt waren, nebenbei aber auch manches Anteilnehmende über die Familie, die Familienlage, des Vaters Arbeitslosigkeit usw. gesprochen worden war, äußert Jürgen schließlich den Wunsch, mir ein Kasperlespiel vorzuspielen. Er nennt das Spiel: *„Prinzessin Einsam."*

Die Prinzessin hat eine Million Mark gestohlen, ihre Mutter hat sie dazu veranlaßt. Der Diebstahl soll herauskommen und die Prinzessin will ihre Mutter decken. Sie sitzt verlassen auf dem Tintenfaß und weint. Der Teufel schleppt sie vor den Richter und unter großem Gewese und Getöse wird die Prinzessin zu lebenslänglichem Gefängnis verurteilt. Die Million muß sie zurückgeben (die einsame Prinzessin auf dem Tintenfaß hielt 100 000 Mark in Geldscheinen aus dem Monopolyspiel in der Hand). Als die Prinzessin das Geld abgegeben hat und ins Gefängnis gewandert ist (in das eigentlich ihre Mutter gehörte), erwachen in dem Richter und dem Teufel die Habgier. Sie eignen sich selbst das Geld an, anstatt es dem Eigentümer zurückzugeben.

Nun tritt der Arzt auf, der von der Mutter der Prinzessin zu Hilfe geholt wurde. Die Mutter bereut die Anstiftung der Prinzessin bitter. Sie ahnt noch nicht, daß Teufel und Richter ihrerseits das Geld gestohlen haben. Der Arzt durchschaut den Richter, kann aber gegen den Teufel nichts ausrichten, bis er sich den Zauberstab des Zauberers holt, den Schutzmann zu Hilfe ruft und nun mit Zauberstab einerseits, Schutzmann andererseits sowohl den Richter wie den Teufel ins Gefängnis schickt. Die Prinzessin darf wieder heraus und die Million ist nun bei Prinzessin und Mutter. Jedoch wird entschieden, daß die Million wieder zurückgegeben werden muß. Prinzessin und Arzt werden natürlich ein Paar.

Auf die vielfältige Symbolik, die sich in diesem Spiel ankündigt, will ich hier im Detail nicht eingehen. Daß der Junge sich mit der Prinzessin identifizierte, war offenkundig. Daß die ungeheure Verwirrung in bezug auf Gelddinge und das Heimlichkeits- und Verwahrlosungsproblem in der Familie einen wesentlichen Anteil an seiner emotionalen Verwirrung über Mein und Dein (und damit in bezug auf das Rechnen) hatte, war ebenfalls ersichtlich. Seine Hoffnung, daß ich ihm helfen könnte (der Arzt, der die Ordnung wiederherstellt), lag weiterhin auf der Hand. Im Mitspiel und Mitagieren habe ich bei dieser Darstellung des Jungen zunächst einmal die unglückliche Prinzessin, die so einsam war, lebhaft bedauert. Ich habe die Mutter, die das Unheil angestiftet hatte, kritisiert, jedoch hinzugefügt, daß sie vielleicht für eine große Familie zu sorgen hätte, aber ungeschickte Wege gegangen sei und ich habe mich in dem Augenblick, in dem sich der Richter selbst als Rechtsbrecher entpuppte, in ein längeres Gespräch über Recht und Unrecht, Zuverlässigkeit und Unzuverlässigkeit eingelassen.

Gegen Ende des Spiels habe ich dann auf die Situation des Jungen selber Bezug genommen, habe davon gesprochen, daß die Arbeitslosigkeit des Vaters die Familie in große Schwierigkeiten brächte, daß die Mutter es schwer habe und daß es viele Familien gäbe, in denen die Mutter heimlich das Nötigste hinzuverdienen müßte. Wir haben uns dann darüber unterhalten, daß ein Diebstahl innerhalb der Familie etwas viel Schlimmeres sei, zum Beispiel wenn der Bruder Jürgens Sparkasse heimlich öffnete, als die „Schwarzarbeit" der Mutter. Ich versuchte, den Jungen außerdem darüber zu trösten, daß der Vater vielleicht doch wieder einmal Arbeit finden würde und daß dann die Not in der Familie nicht so groß wäre. Ich ließ deutlich durchblicken, daß ich die Gründe der Mutter für ihre Schwarzarbeit gut verstünde und sie selbst persönlich nicht verurteilte, da die Familie wirklich kaum das Existenzminimum hatte.

Dieses Gespräch hatte sichtlich einen befreienden Charakter für den Jungen, der mit der Solidarität eines Kindes für seine Familie nicht in der Lage war, sich einem Freund anzuvertrauen, so daß er schon auf diesem Weg vereinsamte und isoliert wurde.

In der nächsten Therapiestunde brachen nun die eigenen expansiven Tendenzen des Jungen durch. Er spielte noch einmal Diebstahl von einer Million. Nun aber war es der Kasper, der hinter der Million her war und als man sie ihm entreißen wollte, verwandelte er sich in das Krokodil, das in seinem Maul die Million trug und jeden aufgefressen hätte, der ihm die Million streitig gemacht hätte.

In den nächsten Stunden kamen abwechselnd erneut Flunderspiel und Mikado zu ihrem Recht, bis Jürgen sich plötzlich entschloß, Monopoly mit mir zu versuchen. Dies war mir sehr lieb, denn hier konnte ich mit dem Jungen wiederum eine Reihe von Rechensituationen schaffen, Geld- und Besitzplanung üben und zugleich lebhaftester Anteilnahme des Jungen sicher sein. Es stellte sich nämlich heraus, daß in dem Haus des Jungen drei andere Jungen das Monopolyspiel geschenkt bekommen hatten und nun ein Monopolyclub existierte, an dem Jürgen sehr gerne teilgenommen hätte. Da er die Spielregeln zunächst noch nicht beherrschte, wagte er es nicht. Er lernte sie bei mir, nachdem ich sie ihm einige Male geduldig erklärt hatte und er sich mehrere Stunden in lebhaft agierendem Spiel so verhalten hatte, daß er mit dem Krokodil über der einen Hand (selbst mit diesem Krokodil noch identifiziert) die Geldscheine nur mit Hilfe dieses Krokodilrachens nahm und gab; das Befriedigungserlebnis des Jungen, wenn er mit seiner rechten Hand, die in dem Krokodilrachen steckte, die Kiefer auf- und zuklappen konnte und über mehrere Millionen schließen, war offensichtlich groß. Seine innere Anteilnahme war bewegt und die Rechenfortschritte, die er in diesem Zusammenhang machte, nicht unbeträchtlich. Es zeigte sich, daß auf diesem Wege die ersten Kontaktschritte von Jürgen gefördert werden konnten. Er wurde Mitglied im Monopolyclub seines Hauses und dort bald zwar nicht der beste, aber doch ein guter Spieler und insofern beliebt, als er die anderen nicht immerzu übervorteilte bzw. ihnen überlegen war und dennoch gern am Spiel beteiligt. Es war wichtig, daß Jürgen seine Gewinnimpulse bei mir in der Therapiestunde ausagieren konnte, das Thema Mein und Dein offen auch mit Hinblick auf die Heimlichkeiten der Familie zu besprechen war und die Unsicherheiten in bezug auf einzelne Rechenschritte nebenher immer wieder geduldig geübt wurden. Nur so war es möglich, daß er in der nebenherlaufenden Kindergruppe ein Mitspieler war, der erstens mitmachte und nicht dauernd, wie früher, durch Clownerien störte, der aber auch nicht selbst allzu sehr unter den Verlusten, die er hinnehmen mußte, litt.

Ich hoffe, aus dieser skizzierten Schilderung ist die Vielschichtigkeit dieser emotionalen Problematik deutlich geworden: Einmal mußten Spiele benutzt werden, bei denen zwar kleine Rechenschritte vom Kind verlangt werden, bei denen jedoch die Freude am Spiel und das stimulierte Interesse am Gewinn die Mühe des Rechenschrittes überwinden hilft. Es mußte gleichzeitig ein spezifisches akutes Problem in der Familie besprochen und geklärt werden. Eine Möglichkeit zu kathartischem Ausagieren im Kasperlespiel bot sich hier an und es mußte schließlich zu einem noch komplizierteren Spiel übergegangen werden, bei dem die Auseinandersetzung mit Nehmen und Geben, mit Planen, aktiver Übersicht, Umgang mit Geld und kleinen Rechenleistungen verknüpft war.

Außerdem ist klar, daß wir mit dieser Schilderung nur einen kleinen Sektor der gesamten Therapie herausgegrenzt haben. Die übrigen therapeutischen Akte, die der Harmonisierung der Impulswelt dienten, haben natürlich ebenfalls zur Stabilisierung der Rechenfähigkeit beigetragen.

Beim *älteren Schulkind* geht freilich der therapeutische Einfluß, den man auf Rechenstörungen nehmen kann, nicht mehr so einfach im spielerischen Agieren vor sich. Die Rechenleistungen und Rechenschritte werden komplizierter und man muß sehr sorgfältig auf die Suche gehen, wo im einzelnen das Kind *Kenntnislücken* hat.

Es kann zum Beispiel sein, daß ein Kind mit algebraischen Gleichungen deshalb nicht zurechtkommt, weil es versucht (wie sein begabterer Nachbar), die Zwischenschritte bei der Umformung einer Gleichung im Kopf zu erledigen, ohne sie sich aufzuschreiben. Dies können nicht alle Kinder, besonders nicht, wenn sie im ganzen unsicher sind, und man muß sie zu langsamerem Vorgehen anhalten. Es kann auch sein, daß sie einfach nicht verstanden haben, aus welchen Gründen bestimmte schematisch ausgeführte Schritte (über die das Kind im allgemeinen nicht mehr nachdenkt) notwendig sind. Beliebt ist zum Beispiel die Verwirrung darüber, daß eine Zahl, die man „auf die andere Seite der Gleichung bringen will" das umgekehrte Vorzeichen bekommt, also daß Plus „auf die andere Seite gebracht", zum Minus wird. Wenn Kinder nicht verstanden haben, warum das so ist, machen sie häufig sogenannte Flüchtigkeitsfehler und man muß ihnen den Sinn einer Gleichung überhaupt erst noch einmal erklären. Sofern es sich um algebraische Gleichungen handelt, ist wichtig, daß man zunächst wieder zur anschaulichen Buchstabenrechnung zurückkehrt. Man muß auch die einfachsten anschaulichen Rechenschritte zur Erklärung benutzen und etwa zeigen, daß $4 + 3 = 7$ eine richtige Rechnung ist, daß man aber auch dafür schreiben könnte: $4 + 3 - 3 = 7 - 3$. Man zeigt dem Kind dann, daß bei einer Gleichung ohne Schaden auf beiden Seiten die gleiche Summe weggenommen werden kann, und daß eine Zahl, die auf der einen Seite der Gleichung weggenommen wird, dann auf der anderen Seite gewissermaßen mit dem anderen Vorzeichen stehenbleibt. Erst dann kann man erläutern, daß für eine Zahl auch ein Buchstabe gesetzt werden kann und daß dann die gleichen Regeln gelten.

In der Geometrie kann es passieren, daß ein Junge nur deshalb mit den Aufgaben nicht zurechtkommt, weil er nicht gelernt hat, daß geometrische Orte (Punkte) mit Großbuchstaben bezeichnet werden und die gegenüberliegenden Seiten eines Dreiecks mit den korrespondierenden kleinen Buchstaben des Alphabets. Wenn das Kind im ganzen nicht die feststehenden Bezeichnungen der Dreiecke mit den Eckbuchstaben, dem Mittelpunkt S, der Höhe usw. gelernt hat, verwirrt es sich nicht nur bei der Abschrift der Aufgaben, bei der dann Strecken statt Punkte geschrieben werden usw., sondern es verwirrt sich natürlich auch bei den Rechenschritten selbst.

Wenn ein Jugendlicher den Unterschied zwischen einer Tangente und einer Sekante nicht anschaulich verstanden hat, kann er der Differentialrechnung nicht folgen. Wenn er nicht weiß, was Sinus und Cosinus ist, dann kann er auch die Tangensfunktionen nicht verstehen. Unter Umständen ist ein Patient dann aber auch einfach im Gebrauch der Logarithmentafel ungeübt bzw. er hat nicht aufgepaßt und wagt später nicht zu fragen, so daß er die Einhilfen, die ihm erlaubt sind, bei der Umformung von Gleichungen nicht benutzen kann.

Es ist natürlich nicht zu erwarten, daß der Therapeut immer mit allen Einzelheiten in den mathematischen Leistungen des jeweiligen Stundenplans seiner Patienten sattelfest ist. Es ist aber doch zu empfehlen, daß er ein faßliches Buch besitzt, in dem die Grundleistungen in Mathematik erläutert werden, so daß er dies mit seinem Patienten gelegentlich durchsprechen kann. Bereits das ruhige gemeinsame Bemühen um die Lösung einer Aufgabe kann hier wesentliche Arbeitshilfe bedeuten und ich habe Patienten mehr als einmal sagen hören: „Könnten wir uns nicht einmal wie früher schon mit Mathematik beschäftigen? Ich habe davon mehr, als wenn ich es mit dem Nachhilfelehrer bespreche." Dies höre ich allerdings bevorzugt von begabten Schülern, die sich im Fach dann doch allmählich selbständig orientieren.

Deutschunterricht

In dieser Altersstufe haben wir dann auch neue Probleme im *Deutschunterricht* zu behandeln, die sich für ältere Schulkinder oder Jugendliche unter anderem beim Schreiben von Aufsätzen ergeben, die aber auch für jede Auseinandersetzung mit anderer Materie von Wichtigkeit sind.

Man unterscheidet in der Schule ja ganz gern zwischen sogenannten „Besinnungsaufsätzen" und mehr sachlich orientierten Themen, über die sich der Schüler äußern soll. Der freie Besinnungsaufsatz verlangt eine gewisse Befähigung, die eigene Gefühlswelt auszudrücken. Gefühlsgestörte und gesperrte Jugendliche haben gerade mit diesem Aufsatztyp ihre besonderen Schwierigkeiten. Sie wissen nicht, was sie zu einem Sonnenuntergang sagen sollen oder zu einem Herbsttag und äußern sich lieber über ein spezielles geschichtlich oder literarisch orientiertes Thema. Umgekehrt gibt es Schüler, denen ein verhältnismäßig breiter Gefühlserguß leicht aus der Feder fließt, denen jedoch die ordnende und gliedernde geistige Kraft etwas fehlt. Hier sind natürlich immer Begabungen und persönliche Neigungen im Spiel. Unter neurosenpsychologischen Gesichtspunkten würden wir sagen, daß der autistisch abgesperrte und der zwangsneurotische Typ zu den gefühlsbetonten Besinnungsaufsätzen schwerer Zugang findet als zu den sachlich orientierten Themen. Der eher sprudelnde, etwas hysterisch gefärbte Charakter verhält sich umgekehrt.

In beiden Fällen können wir den Schulkindern und Jugendlichen im Gespräch über ihre Arbeitsweise in mancher Hinsicht behilflich sein. Ich empfehle den Kindern immer die alte pädagogische Regel, die den Kindern auch von guten Lehrern direkt nahegebracht wird, nämlich daß sie sich zunächst einmal im freien Einfall eine Art Stoffsammlung anlegen mögen, in der sie ohne Bemühung um Übersicht ihre Gedanken und Kenntnisse aufschreiben. Erst beim zweiten Schritt sollen sie die zusammengehörigen Gedanken ordnen, voneinander abtrennen und sich überlegen, welche Einleitung, welchen Hauptteil und welchen Schlußsatz sie bringen wollen. Die gefühlsbetonten Aufsätze leiden ja meistens an dem Mangel an Übersicht. Die Gedanken des Anfanges tauchen unvermutet am Ende noch einmal auf, ohne daß dem Schreibenden dies selbst bewußt geworden ist. Der innere Zusammenhang ist hingegen zerrissen. Umgekehrt leiden die übersichtlichen Arbeiten oft an Mangel an Gedanken, der nur deshalb zustande kommt, weil das ordnende Bemühen zwanghaft und vorweg im Kopf vollzogen wird und nicht mit Hilfe der schriftlich festgelegten Materialsammlung. Die Gedanken werden künstlich reduziert und spärlich, weil der Schüler die Übersicht nicht verlieren wollte.

Gerade beim Aufsatzschreiben macht sich übrigens häufig die Einstellung mancher Schüler geltend, die ich gerne eine „Souveränitätsideologie“ nenne. Unter Schulkindern (oft aber auch unter Erwachsenen) taucht gelegentlich die Vorstellung auf, daß der wirklich überlegene Kopf und begabte Mensch alles aus dem Handgelenk schüttelt, daß er nicht zu lernen und zu arbeiten braucht und daß er schon gar nicht einen ersten Entwurf oder ein Konzept benötigt, das dann bis zur Vollendung sorgfältig und vielleicht mehrmals überarbeitet wird. Dieses Souveränitätsideal wird manchmal sogar von den Eltern an ihre Kinder herangetragen, die rühmend und bewundernd in der Nachbarschaft erklären: „Mein Junge braucht überhaupt nicht zu lernen, er ist trotzdem immer der Beste in der Klasse.“ So kommt es, daß sich manche Kinder schämen, wenn man sie fleißig nennt. Sie fürchten, daß Fleiß mit Schwäche der Begabung gleichgesetzt wird.

Gerade die begabten Kinder sind in diesem Bereich recht gefährdet. Leichtes Gedächtnis und rasche Kombinationsgabe verführen sie sowieso dazu, daß ihre Auseinandersetzung mit der Materie nur flüchtig geschieht. Bauen sie außerdem noch ein unangebrachtes Souveränitätsideal auf, dann kommt die Leistungskrise allemal dann, wenn die Anforderungen der höheren Klassen unbedingt Selbstkritik und Sorgfalt der Gedankenführung verlangen.

Wir wollen es nun mit der bisherigen Schilderung von Schul- und Leistungsproblemen genug sein lassen. Wir blicken noch einmal zurück und fassen die bisher mitgeteilten wichtigsten Fakten über neurotische Leistungsstörungen nochmals in Kürze zusammen: Die fehlerhafte Auseinandersetzung eines Patienten mit dem eigenen Gedächtnistyp hatte uns beschäftigt und die Irrtümer, die sich einschleichen können, sofern beim Leistungsvollzug das Wiedererkennen mit der Befähigung zur freien Reproduktion verwechselt wird. Wir hatten außerdem diskutiert, in welcher Weise neurotische Ängste in den verschiedenen Phasen des Lern- und Reproduktionsprozesses hindernd wirksam werden können. Einzelheiten beim Erwerb der sogenannten Kulturtechniken waren beschrieben worden. Neurotische Gefühlssperrungen beeinträchtigen jene Schüler, die im freien gefühlsbetonten Aufsatz an die Grenzen ihrer Ausdrucksmöglichkeit stoßen. Der überschießende, schweifend hysterische Typ bringt hingegen Überblick und Planung nicht zustande. Die neurotische Ungeduldshaltung veranlaßt den Patienten, den Mühseligkeiten des Lernens auszuweichen und rasch die Flinte ins Korn zu werfen. Eine neurotische Idealbildung, die sich auf souveräne Begabung und Leistungsfähigkeit bezieht, empfindet Fleiß als etwas Beschämendes. Die Lernabwehr aus Protest gegen das Ideal des Lehrers (oder der Eltern) in Identifikation mit der Schülergruppe bringt ihrerseits besondere Störungen zustande.

Wir haben gesehen, daß unsere therapeutischen Lernhilfen sehr spezifisch sein können und sich meist am Lernstoff selbst orientieren. Wir gewinnen unseren therapeutischen Einfluß bevorzugt dadurch, daß wir als erstes die vorliegenden neurotischen Ängste abfangen und mildern, daß wir der Ungeduldshaltung des Patienten unsere eigene stetige Beziehung zum Thema entgegenhalten und daß wir mit ihm seine Selbsttäuschungen über die vorliegenden Kenntnisse und Arbeitsvollzüge besprechen. Neurotischen Lernprotest, der sich vielleicht hinter geschickten Rationalisierungen verbirgt, können wir freilich nur selten mit direkten Lernhilfen beeinflussen. Er läßt sich in der Regel nur dann auflösen, wenn der zugrunde liegende emotionale Konflikt ausreichend bearbeitet worden ist. Dies gilt für Kinder wie für Jugendliche in gleicher Weise.

Über den therapeutischen Umgang mit Jugendlichen soll uns nun das nächste Kapitel Auskunft geben.

III. Der therapeutische Umgang mit Jugendlichen

In der psychoanalytischen Literatur ist oft gesagt worden, daß die Behandlung jugendlicher Patienten bei weitem schwieriger sei als die Behandlung von Kindern oder gar von Erwachsenen. Diese Feststellung ist sicherlich richtig und hat ihre guten Gründe. Nur eine begrenzte Zahl von Therapeuten ist beweglich und lebendig genug, um auch mit jungen Menschen den richtigen Ton zu finden und gleichzeitig die therapeutische Methode, die im Umgang mit Erwachsenen oder mit Kindern gelernt wurde, so abzuwandeln, daß sie für jugendliche Patienten wirksam wird. Daneben weiß man aber auch, daß gerade die psychotherapeutische Behandlung von Jugendlichen ganz besondere Chancen bietet. Wenn sich ein jugendlicher Patient im Verlauf der Therapie rechtzeitig zu harmonischerer Neuorientierung im Leben entwickelt, können für ihn unendliches Unglück und lange Krankheitsperioden verhütet werden. Dies schon allein dadurch, daß die lebenswichtigen Entscheidungen, die in dieser Altersstufe getroffen oder vorbereitet werden, bei erfolgreichem therapeutischem Einfluß nicht mehr ausschließlich von neurotischen Reaktionen bestimmt bleiben. Insofern verdient die Psychotherapie von Jugendlichen sicherlich größte Aufmerksamkeit und rechtfertigt einen hohen ärztlichen Einsatz.

Es ist dabei gar nicht einfach, ein richtiges Bild von den vielfältigen therapeutischen Aufgaben im Umgang mit Jugendlichen zu entwerfen. Ganz besonderes Kopfzerbrechen hat mir deshalb auch die Auswahl der Fälle gemacht, über die ich berichten wollte. Möchte ich meinen Lesern doch gern einen Eindruck über die hauptsächlichsten Verlaufstypen vermitteln, die bei der Behandlung von Jugendlichen vorkommen können. Daneben will ich aber auch die wichtigen Gesichtspunkte nicht zu kurz kommen lassen, die sich bei der *Einleitung* der Therapie ergeben. Auch die Fallschilderung selbst stellt ihre besonderen Probleme. Auf der einen Seite möchte man ein anschauliches Bild von der Gesprächsführung entwerfen und in möglichst weitem Umfang den Bericht von Rede und Gegenrede benutzen. Andererseits möchte man sich nicht in diesen quasi punktuellen Schilderungen verlieren und den Überblick über den Gesamtentwurf preisgeben.

Im Bemühen, all diese recht verschiedenartigen Zielsetzungen wenigstens annähernd zu vereinigen, bin ich zu folgendem Kompromiß gekommen: Von den neun Fällen, über die ich berichten werde, schildern die ersten vier die therapeutische Problematik bei der Einleitung von Behandlungen, die allmählich in eine *langfristige Therapie übergeführt* werden konnten. In der zweiten Gruppe, die wiederum vier Fälle umfaßt, finden wir Berichte, in denen man sich als Behandler mit einem *therapeutischen Nahziel* zu begnügen hatte. Dies sind jene Fälle, in denen sich der Therapeut meist schon zu Beginn darüber klar werden muß, daß er seinen Patienten nicht zu einer vollständigen neuen Auseinandersetzung mit sich selbst führen kann, daß er aber doch in der Lage sein wird, mit psychoanalytischen Mitteln ein akutes Unheil zu verhüten. Der letzte Bericht befaßt sich mit der Darstellung eines sogenannten „leichten Falles", bei dem sich die Behandlung zwar über einen Zeitraum von reichlich drei Jahren hinweg erstreckte, bei dem jedoch der vergleichsweise geringe Stundenaufwand von 40 weitmaschig angesetzten Behandlungsstunden ausreichte, um einen befriedigenden therapeutischen Effekt zu erzielen.

Diese neun Fälle werden gleichzeitig einige der wichtigsten Probleme illustrieren, die sich besonders für die Einleitung der Therapie aus der Symptomatik selbst ergeben oder die aus typischen affektiven Ausgangskonstellationen des Patienten erwachsen. Da diese kasuistischen Illustrationen bestimmter Probleme in einen allgemeineren Rahmen hineingehören, habe ich kurzgefaßte theoretische Erörterungen vorweggeschickt. Im übrigen habe ich die Darstellung meines therapeutischen Verhaltens in den beiden ersten Fällen mehr auf wörtliche Berichte von Rede und Gegenrede bei der Einleitung der Therapie abgestellt. Im letzten Fall habe ich den Versuch gemacht, wenigstens in der Skizze einen Längsschnittbericht zu liefern.

Und nun zuerst die allgemeineren Überlegungen, die zur Vorbereitung dienen sollen:

1. Allgemeine Probleme in der Gesprächsführung

In der Psychotherapie von Jugendlichen ist die allgemeine und normale Gesprächsunwilligkeit junger Menschen ein erstes recht beträchtliches Hindernis. Der jugendliche Patient neigt zunächst nicht dazu, seine persönlichen Probleme mit einem fremden Erwachsenen zu besprechen und es ist, primitiv gesprochen, für den Therapeuten sicherlich nicht die kleinste Schwierigkeit, daß er das Gespräch mit seinem Patienten überhaupt in Gang hält. Als nächstes kommt hinzu, daß ein jugendlicher Patient noch schwerer als der Erwachsene in der Lage ist, eine innere Verbindung zwischen seinem Krankheitszustand und verborgenen seelischen Konflikten herzustellen. Dies gilt bereits für alle sogenannten psychosomatischen Krankheitszeichen, tritt aber noch mehr in den Vordergrund, wenn die Vorstellung beim Arzt durch Konflikte veranlaßt wurde, in die der Jugendliche mit seiner Umwelt geraten war. Dies ist bei allen Varianten leichterer oder gröberer Verwahrlosung der Fall, ebenso aber auch bei sogenannten Erziehungsschwierigkeiten oder bei Leistungsstörungen, die die Eltern veranlaßten, Sohn oder Tochter dem Psychiater vorzustellen.

Erst wenn diese ersten Schwierigkeiten der Kontaktnahme überbrückt sind, kann sich der Therapeut komplizierteren Einzelfragen der Behandlung zuwenden. Manchmal sieht er sich dann gerade durch erfreuliche Anfangserfolge an eine Grenze seiner therapeutischen Möglichkeiten geführt. Der junge Mensch neigt im altersgemäßen Zukunftsoptimismus dazu, die erste eingetretene Entlastung für dauerhafter zu halten, als sie es möglicherweise sein kann. Er überblickt die schicksalhaften Konsequenzen noch nicht so genau, die vielleicht den ganzen späteren Lebensweg im Gefolge einer jugendlichen Augenblicksentscheidung festlegen. Er rechnet mit Zufälligkeiten, unerwarteten positiven Wendungen des Lebens und wehrt sich mit einem gewissen gesunden Lebenswillen gegen eine allzu weitgehende Problematisierung seiner gegenwärtigen Existenz. So beendet er die Behandlung, wenn das akute subjektive Leid gemindert ist, verharrt aber in den Augen seines Behandlers noch im Zustand der emotionalen Gefährdung.

Natürlich sind diese aufgezählten Anfangsschwierigkeiten kaum unüberwindliche Hindernisse. Sie werden es erst, wenn sich der Therapeut nicht von vorgefaßten Ideen über die Art der Therapie befreien kann. Der Therapeut, der sich zu stark an dem gelernten analytischen Umgang mit Erwachsenen orientiert, sieht unter Umständen sein eigentliches Ziel darin, daß er den jugendlichen Patienten erfolgreich dazu bringt, jene analytische Situation zu akzeptieren, die für erwachsene Patienten als besonders günstig gilt. Daß wir dem Jugendlichen keine Spieltherapie mehr zumuten können, wie sie sich beim Kind als so hilfreich erweist, ist allgemein einleuchtend. Daß wir ihn aber nur unter bestimmten Bedingungen in die analytische Situation des Erwachsenen bringen sollten, wird häufiger verkannt. Aus diesem Irrtum resultieren nach meiner Ansicht die häufigsten Fehlschläge in der psychotherapeutischen Behandlung von Jugendlichen. Es ist daher nicht ohne Grund, daß ich meine Erläuterungen über die positiven und konstruktiven Möglichkeiten bei der Therapie von Jugendlichen damit beginne, daß ich mitteile, was sie — mindestens im Beginn — *nicht* sein sollte und nicht sein kann:

Bei der Psychotherapie von Erwachsenen ist die analytische Situation so arrangiert, daß der Patient seiner eigenen Innenwelt ein Höchstmaß an Aufmerksamkeit zuwenden kann. Er liegt auf dem Sofa, abgewendet vom Analytiker, und er ist aufgefordert, sich nach Möglichkeit den aufsteigenden inneren Erlebnissen zu überlassen. Er ist weiterhin aufgefordert, dem Analytiker von diesen Innenerlebnissen ohne Zensur und Vorbehalte Mitteilung zu machen. Diese Situation ist ganz und gar darauf abgestellt, daß dem Patienten und dem Arzt der Umgang mit den unbewußten oder vorbewußten Erlebnisweisen erleichtert werden möge. Die Analyse von Übertragungs- und Gegenübertragungsreaktionen spielt angesichts der so arrangierten analytischen Situation eine große Rolle. Ebenso natürlich die sogenannten analytischen Interpretationen, die gemeinhin für eines der wesentlichsten therapeutischen Hilfsmittel in der Psychotherapie gelten. Im übrigen nimmt der Analytiker seinem erwachsenen Patienten gegenüber grundsätzlich eine abwartende Haltung ein und er hat allen Anlaß, in der Analyse mit Informationen, Empfehlungen oder gar aktiven Beratungen möglichst *zurückhaltend* zu bleiben. Man schätzt die Entdeckungen, die der Patient selber findet, und die Entscheidungen, die er selbst fällt, bei weitem höher ein, als jedes angelernte Verhalten, das mechanisch die Empfehlungen des Therapeuten befolgt. Wir sind sogar geneigt, von einem therapeutischen *Kunstfehler* zu sprechen, wenn wir einem Erwachsenen in der Analyse direkte Ratschläge mit auf den Weg geben.

Diese Erkenntnisse, die der Analytiker über den optimalen Umgang mit Erwachsenen gewonnen hat, kann man nun sicherlich nicht ohne weiteres und ungeprüft auf den Umgang mit Jugendlichen übertragen. Eine große Zahl von jugendlichen Patienten würde bei einer so arrangierten therapeutischen Situation überhaupt gar nicht erst mit der Behandlung beginnen. So müssen wir uns klarmachen, daß wir beim jugendlichen Patienten (ähnlich wie beim Kind) einen Prozeß der inneren Neuorientierung und Umstrukturierung in Gang setzen wollen, *ohne* daß wir den Patienten von vornherein veranlassen könnten, sich kontemplativ, aber interessiert seinen unbewußten Regungen zuzuwenden und die aufsteigenden Erlebnisse mitzuteilen. Trotzdem bleibt das wesentlichste therapeutische Instrument im Umgang mit dem Jugendlichen doch das *Gespräch*. Die gemeinsame *Aktion*, die die Kindertherapie bereicherte, kann nur noch in sehr engen Grenzen benutzt werden.

Dies ist in mancherlei Hinsicht natürlich ein Verlust. Freilich kein unersetzlicher. Für das Kind hat das agierende Spiel und das symbolische Gestalten von Konflikten zu einem Teil den Charakter einer Ersatzaktion, die in jenen zahlreichen Situationen Entlastung und Hilfe bringt, in denen an den äußeren Gegebenheiten nicht wirksam gerüttelt werden kann.

Dies liegt beim Jugendlichen anders. Er sieht ja den Augenblick der realen inneren und äußeren Unabhängigkeit in erlebnisnahe Reichweite gerückt. Das Maß an Selbständigkeit, das die Umwelt ihm nicht nur zubilligt, sondern sogar von ihm erwartet, wächst von Tag zu Tag. Er braucht keine Ersatzaktionen, um temporär dem vorgegebenen Lebensrahmen zu entfliehen. Er befindet sich demnach aber auch in einer sehr lernwilligen und entwicklungsbereiten Periode. Obgleich intimen Gesprächen nicht sehr zugeneigt, wird er Anregungen und Informationen (sofern sie nützlich und richtig sind) gern aufnehmen und im Grunde auch suchen. Ich glaube, daß wir gerade diese Tatsache zum Ausgangspunkt unserer therapeutischen Bemühungen um den jugendlichen Patienten machen sollten.

Wenn es nämlich richtig ist, daß der jugendliche Patient nur in selteneren Fällen spontan dazu neigt, seine persönlichen Probleme mit einem Fremden zu besprechen, dann ist die erste und einfachste Konsequenz doch wohl die, daß der Therapeut, der nach solchen persönlichen Problemen fragt, zunächst einmal Abwehr erzeugt. Und mit der gleichen Abwehr müssen wir auch rechnen, wenn wir schweigend und erwartungsvoll auf die entsprechenden spontanen Mitteilungen unseres Patienten hoffen. Umgekehrt aber wächst unsere therapeutische Chance, wenn wir uns im Beginn auf das im Grunde immer bereitliegende Interesse junger Menschen an *sachlicher Information* und allgemeiner Weltorientierung beziehen. Wenn wir diesen Bedürfnissen bei der Einleitung einer Therapie entgegenkommen, dann werden wir die Abwehrhaltungen unserer Patienten leichter auflösen können und allmählich ihr Interesse an einer Auseinandersetzung mit sich selbst wecken.

Für die Erörterung der folgenden Detailfragen wird es dabei gut sein, wenn wir uns noch einmal auf unsere Mitteilungen aus dem Kapitel über die Theorie der Kinderanalyse zurückbesinnen. Wir hatten schon dort beschrieben, daß wir uns im Verlauf der therapeutischen Gespräche in sehr verschiedenen Kategorien der Stellungnahme bewegen. Anteilnahme, Verständnis, Anerkennung, Lob und Ermunterung waren uns als verschiedenartige therapeutische Haltungen bekannt geworden, ebenso die Aufforderung zu bestimmten Aktionen. Schließlich hatten wir, abgesehen von Mißbilligung oder Kritik, die Information, den Rat oder gar die Empfehlung genannt. Wir hatten gesagt, daß schon in den Kinderanalysen Informationen über bestimmte Gegebenheiten in der Welt eine Rolle spielen und daß wir dem Kind außerdem in manchen Lebenslagen durch direkten Rat behilflich sein können. Was beim Kind jedoch noch ein vergleichsweise seltenes therapeutisches Instrument darstellte, das tritt jetzt beim Jugendlichen mehr in den Vordergrund.

Freilich muß man sich bewußt bleiben, daß Information und Orientierung nicht das gleiche sind wie Ratschläge oder Empfehlungen. Die Orientierung über verschiedene Möglichkeiten der Lebensbewältigung lassen dem Jugendlichen die *Wahl* zum *eigenen Entschluß*. Man gibt dem Patienten die Informationen, die er braucht, um ihm selbst die Entscheidung zu erleichtern. Doch bleibt die Bereitschaft des Analytikers, dem Patienten bei der eigenen Wahl behilflich zu sein, immer auf die potentielle Selbständigkeit ausgerichtet, mit der der Patient seinen Entschluß fällen wird.

Ich halte diese innere Grundhaltung des Analytikers für ein ganz entscheidendes therapeutisches Agens. Alle jene Patienten, die bislang nichts anderes gewohnt waren, als daß sie gegängelt und reglementiert wurden und die sich in ihren eigenen Überlegungen oder Entscheidungen niemals ernstgenommen fühlten, reagieren auf diese Haltung des Analytikers mit spontaner Zuwendung. Dies tun sogar solche Patienten, die in Identifikation mit den bevormundenden Instanzen zunächst einmal die eigene Hilflosigkeit zu behalten wünschen und die die Selbständigkeit eines Entschlusses eher fürchten.

Umgekehrt dürfen wir diese innere Ausrichtung auf die spontanen Möglichkeiten unseres Patienten auch nicht in einen sinnlosen Leerlauf ausarten lassen. Wir müssen uns in der Therapie von Jugendlichen oft genug überlegen, ob der junge Mensch nicht gerade in einer Verfassung ist, in der er nicht nur den *Erfahrungsschatz* des Älteren braucht, sondern auch seinen Rat, und ob es im Augenblick nicht eine Überforderung wäre, von ihm selbst den richtigen Entschluß zu erwarten. Dies sind die Situationen, in denen der Therapeut abschätzen muß, ob er mit einer Anregung, einer Empfehlung oder einem Vorschlag riskieren würde, daß der Patient lediglich ein schematisch angelerntes Verhalten erwirbt oder ob die gegebenen Ratschläge wirklich zu einer echten Verbreiterung des Erlebens benutzt werden können.

Darüber hinaus gibt es dann aber auch jene Situationen, in denen man zu befürchten hat, daß sich ein Patient mit einer Kurzschlußhandlung selbst schweren Schaden zufügen wird. Gegebenenfalls muß man aktiv eine Entwicklung verhüten, deren Folgen möglicherweise nicht mehr rückgängig gemacht werden können. Dies gilt besonders für übereilte Liebesabenteuer depressiver und vereinsamter junger Mädchen, kann aber auch bei falsch orientierter Berufswahl notwendig werden. Etwa wenn offensichtlich ein Beruf gewählt werden soll, der dem Begabungsmaterial des Patienten nicht entspricht oder ähnliches.

Bei der Lektüre unserer kasuistischen Beispiele wird dem Leser rasch deutlich werden, welche subtilen Nuancen wir hier im Gespräch mit den Jugendlichen haben. Angefangen mit der sehr neutralen informierenden Orientierung über anteilnehmende Ermunterung hinweg bis zu direkter aktiver Hilfestellung in einzelnen kritischen Lebenslagen. Unsere Beispiele werden jedoch *nicht* in der Lage sein, wirklich erschöpfend all jene *Themen* zu illustrieren, die zum Gegenstand der Gespräche werden können. Wir müssen darauf verweisen, daß wir den ersten Teil unseres Buches speziell mit Hinblick auf die Therapie von Jugendlichen an den wichtigsten Grundfragen des menschlichen Lebens orientiert haben. Die dort erörterten Probleme tauchen in den informierenden Gesprächen mit jungen Menschen immer wieder auf. Berufsmöglichkeiten und Berufsumstände werden erörtert. Die Notwendigkeit zur sexuellen Aufklärung spielt eine nicht zu unterschätzende Rolle, insbesondere die Notwendigkeit, den Patienten über das Erleben des anderen Geschlechtes ins Bild zu setzen. Krisenpunkte im Berufsleben oder mögliche Konfliktkonstellationen im ehelichen Zusammenleben zweier Menschen wollen geschildert werden. Die vielgestaltige Problematik, die sich aus verschiedenen Besitzsituationen ergibt, kommt ins Gespräch. Besitzprobleme erhalten für den Jugendlichen fast immer ihren besonderen Akzent durch die Position zwischen Eltern und Geschwistern. Die Ablösung von der eigenen Familie, die der Jugendliche erstrebt, wird durch wirtschaftliche Abhängigkeit oder Unabhängigkeit behindert bzw. gefördert. Sie veranlaßt Gespräche über die eigenen Möglichkeiten und Chancen des Patienten, über seine zukünftige Entwicklung, über „richtige“ oder „falsche“ Verhaltensweisen. Schließlich spielen alle Fragen über die Verbundenheit zur vorgegebenen sozialen Gruppe eine Rolle. Wünsche nach kritischer Absetzung, nach Veränderung oder Höherentwicklung müssen vielleicht besprochen werden. Im Hintergrund fast all dieser Fragestellungen stehen dann die weltanschaulichen Auseinandersetzungen des jungen Menschen, sein erstes Ringen um den Sinn des Lebens, um religiöse Einstellung oder politisches Urteil.

In diesem Zusammenhang wird klar, daß ein Analytiker im Umgang mit seinem jugendlichen Patienten recht genaue und gründliche Kenntnisse über den jeweiligen Lebensraum des Kranken braucht. Macht er doch seinen therapeutischen Einfluß in jener Übergangsphase der Entwicklung geltend, in der bei dem Patienten einerseits noch reale Abhängigkeiten von der Familie existieren, andererseits aber schon alles auf die erstrebte Unabhängigkeit hin geplant wird. Solange der Therapeut nicht selbst sehr genau darüber im Bilde ist, was in einer bestimmten sozialen Gruppe „üblich“ ist, solange kann er seinen Patienten natürlich auch nicht über reale Gegebenheiten informieren oder gar darüber beraten, wie er sich in Einzelsituationen am geschicktesten verhalten könnte. Es kommen schließlich scheinbar sehr banale Fragen der Alltagsregulierung ins Gespräch. Etwa: „Wieviel sollte ein Lehrling zu Hause abgeben“, oder: „Wann sollte ein Jugendlicher abends wieder oben sein“, oder: „Hat ein Jugendlicher Auskunft über seine freie Zeit zu geben?“ Ähnliches gilt vom Arbeitsverhältnis eines Lehrlings, den man gegebenenfalls vor Ausbeutung schützen muß, weil er sich zu viele Überstunden gefallen läßt, der aber vielleicht in Gefahr ist, seine Lehrstelle zu verlieren, wenn man ihn in inadäquaten Augenblicken zum Protest verführt. Vielfältige Einzelheiten dieser Art werden ja in den verschiedenen gesellschaftlichen Gruppen sehr verschiedenartig geregelt. Wenn der Analytiker dies nicht weiß oder nicht berücksichtigt, kann er schwere therapeutische Fehler begehen. Er täte allemal besser daran, sich grundsätzlich einer Stellungnahme zu enthalten, bis er wirklich über die entsprechenden Kenntnisse verfügt.

Nun möchte ich allerdings mit den bisherigen Ausführungen kein Mißverständnis aufkommen lassen: Ich bin zwar der Ansicht, daß die soeben diskutierten therapeutischen Möglichkeiten der Information, Orientierung und Beratung die Behandlungschancen bei jugendlichen Patienten wesentlich verbessern und unter Umständen die Therapie überhaupt erst ermöglichen. Andererseits ist diese Seite der Gesprächsführung nicht mit Psychotherapie identisch und wir dürfen uns mit dieser Form des Vorgehens auch nicht begnügen. Zunächst einmal haben wir ja vorläufig fast nur über die Auseinandersetzungen des Patienten mit der umgebenden Welt gesprochen. Es ist aber kein Zweifel, daß wir dem Patienten auch mit Erläuterungen, Erklärungen und Informationen *über sich selbst* in vielerlei Hinsicht Hilfe bringen können. In diesem Augenblick rücken wir dann aber auch schon sehr nahe in den Bereich *spezifisch analytischer Techniken.*

Unsere Patienten befinden sich ja in einer Altersstufe, in der die bewußte Selbstreflektion mit Macht einsetzt, jedoch zunächst einmal noch sehr ungeübt ist. Der Analytiker, der dem Patienten bei der Verwörterung und Formulierung dieser bewußten Konflikte behilflich ist, kann ihm viel erleichtern.

Natürlich haben wir es gerade hier immer mit fließenden Übergängen des seelischen Erlebens zu tun. Wir finden bei den Patienten sowohl die einfache naive Hilflosigkeit, einen bewußt erlebten seelischen Konflikt richtig zu formulieren, wie auch das halbbewußte Ausweichen vor einer affektbesetzten Problematik, die nicht in die volle und wache Reflektion einbezogen werden soll. Und von diesem ersten halbbewußten Ausweichen vor einem inneren Konflikt ist ja dann der Weg zur ausgedehnten Verdrängung (die den Patienten auch der letzten angedeuteten Erlebnisreste beraubt) nicht mehr weit.

Daneben gibt es aber auch, genau wie bei jüngeren Kindern, das aktive Verschweigen stark angstbesetzter Probleme, Phantasien oder Erinnerungen. Auch beim jugendlichen Patienten muß man einkalkulieren, daß das angstvolle aktive Verschweigen die *Krankheitssymptomatik* selbst betreffen kann. Dies gilt besonders für Zwangssymptome (etwa analen, sadistischen oder blasphemischen Inhaltes, ebensosehr aber auch für die meisten sexuellen Fehlentwicklungen, Perversionen, Onaniephantasien usw.). Hier hat der Therapeut eine wichtige Aufgabe. Wenn er über ausreichende Erfahrungen verfügt, um rechtzeitig jene Kriterien zu bemerken, die auf das Vorliegen solcher Krankheitszustände schließen lassen, dann hat er die große Chance, daß er seinem Patienten den Bericht über die peinlichen oder ängstigenden Krankheitszustände erleichtern kann. Sei es, daß er ihre Existenz sogleich als möglich unterstellt. Sei es, daß er mit Hilfe einer Fremdschilderung zunächst nur einmal darauf hindeutet, daß solche Zustände vorkommen können und gegebenenfalls der Behandlung zugänglich sind. Die Entlastung für einen jungen Patienten, dem der Arzt diesen Schritt der Mitteilung abgenommen hat, bedeutet meist eine erste fühlbare Hilfe. Fühlt sich der junge Mensch doch erfahrungsgemäß im Erlebnis dieser Krankheitszustände unvorstellbar allein. Er vermutet nicht, daß auch andere Menschen an ähnlichen Krankheitszuständen leiden könnten und bereits diese Erkenntnis bedeutet für ihn eine akute Erleichterung.

Wir denken jetzt in Fortführung dieser Gedankengänge noch einmal an das zurück, was wir über analytische Interpretationen in der Kinderanalyse gesagt hatten (s. S. 246). Wir hatten uns schon dort vergegenwärtigt, daß wir uns im Gespräch mit dem Kind mit unseren Bemerkungen auf stark angstbesetzte innere Erlebnisse, Phantasien oder Erinnerungen beziehen können, die dem Kind zwar bewußt sind, die es aber um keinen Preis spontan verraten würde. Wir hatten verstanden, daß Bemerkungen dieser Art für das Kind einen ganz anderen Gefühlswert haben müssen, als wenn wir interpretierende Hinweise auf völlig verdrängte und bewußtseinsferne Impulse geben wollten. Diesen Unterschied können wir jetzt auch im Umgang mit Jugendlichen nicht nachdrücklich genug betonen. Auch mit Jugendlichen dreht sich das therapeutische Gespräch ja sehr häufig um sogenanntes „analytisches Material" und wir haben selbstverständlich immer die Tendenz, dem Patienten zur Lösung seiner unbewußten Konflikte zu verhelfen. Dosierung und Form unserer interpretierenden Hinweise muß sich jedoch immer daran orientieren, ob wir es mit bewußtseinsnäheren oder bewußtseinsferneren seelischen Vorgängen zu tun haben.

Noch eine weitere Regel kann uns helfen, therapeutische Mißgriffe zu vermeiden: Wir haben es in unserer Gesprächsführung immer verhältnismäßig leicht, wenn wir uns mit unseren Patienten über Probleme unterhalten, die von diesen selbst als *leidvoll* erlebt werden. Das heißt also, wenn von Enttäuschungen die Rede ist, die dem Patienten durch das Schicksal zugemutet wurden, von Härten, die ihn getroffen haben, von Verlusten, die er erlitt. Größte Vorsicht müssen wir jedoch walten lassen, wenn wir in die Nähe jener Themen rücken, die für den Patienten vielleicht die Bedeutung einer sogenannten „narzistischen Kränkung" haben. Hier können direkte und voreilige Interpretationen sehr viel Schaden stiften.

Die Kindheit eines Patienten ist zum Beispiel von Konkurrenzsituationen beherrscht gewesen, in denen er immer den Kürzeren gezogen hat. Ohnmächtiger Neid und Eifersucht haben ihn erfüllt. Zur Kompensation hat er jedoch eine hochgeschraubte, aber sorgfältig verborgene Überidealisierung der eigenen Person entwickelt. Es muß das therapeutische Ziel sein, daß diese Neid- und Eifersuchtserlebnisse besser verarbeitet werden und daß das hochgeschraubte Ich-Ideal durch eine vernünftigere Auseinandersetzung mit den eigenen Möglichkeiten ersetzt wird. Trotzdem muß der Therapeut in einem solchen Fall wissen, daß sein Patient bei einer so gearteten Auseinandersetzung mit sich selbst eine schwere Belastungsprobe zu bestehen hat. Es mag für einen Patienten schwierig sein, wenn er sich mit dem Aufkommen ursprünglich unbewußter feindseliger, sexueller oder oraler Impulse auseinandersetzen muß. Diese Schwierigkeit steht jedoch in keinem Verhältnis zu den Anstrengungen, die ein Patient durchzustehen hat, wenn er sich mit unbefriedigtem Ehrgeiz, mit Neid- und Eifersuchtsreaktionen konfrontiert sieht. Nichts ist schwieriger für einen Patienten, als die Notwendigkeit, ein heimlich kultiviertes inadäquates Hochideal zuzugeben, besonders wenn dies gleichzeitig die Konfrontation mit den eigenen Grenzen bedeuten würde. Die Auseinandersetzung mit der eigenen Grenze ist etwas anderes als die Auseinandersetzung mit erlebtem Leid. Leid erweckt Anteilnahme, das Erlebnis der eigenen Grenze ist für den Patienten jedoch meist identisch mit dem Verlust an Anerkennung durch die Umwelt.

Berücksichtigen muß man freilich, daß es auch Patienten gibt, die bereits dann eine sogenannte narzistische Kränkung erleben, wenn sie sich nur zugeben müßten, daß sie nicht glücklich sind. Für diese Patienten ist Nichtglücklichsein gleichbedeutend mit „ein Versager sein“ oder Schwäche zeigen. Mit diesen Patienten dürfen wir nicht einmal anteilnehmend über ihr Leid sprechen, wenn wir nicht bestimmte Vorsichtsmaßnahmen treffen.

Es ist wohl einleuchtend, daß wir uns in allen Situationen, in denen unser Gespräch das Selbstgefühl des Patienten erschüttern könnte, immer und sehr ausdrücklich auf dessen positive und konstruktive innere Möglichkeiten beziehen. Das würde in dem eben erwähnten Beispiel etwa bedeuten, daß wir nicht als erstes versuchen würden, das heimlich kultivierte Hochideal als etwas zu behandeln, das aufgegeben werden muß, weil es verstiegene Wünsche enthält. Man würde stattdessen davon sprechen, daß an anderer Stelle brachliegende Kräfte nicht genutzt werden und daß die reale Selbstverwirklichung dann vielleicht von dem kompensatorisch aufgebauten Ich-Ideal nicht allzuweit entfernt ist. Man spricht also zunächst einmal von dem, was dem Patienten potentiell möglich wäre und nicht von dem, was er an Erwartungen aufzugeben hat.

Auch hier müssen wir allerdings einem Mißverständnis vorbeugen: Wenn wir zu einem Patienten von seinen potentiellen, aber verdrängten expansiven Möglichkeiten sprechen wollen, bleibt doch immer jene Anweisung gültig, die wir schon beim Gespräch mit den Eltern und bei der Therapie von Kindern nachdrücklich gegeben hatten. Sofern man im therapeutischen Gespräch auf verdrängte Triebe und Impulse abzielt, beginnt man von der „Lücke“ her, das heißt bei der Gehemmtheit. Man bezieht sich keinesfalls *direkt* auf den latenten Impuls, der ja möglicherweise destruktive Anteile enthält. Wir hatten gehört, daß man zu einer Mutter, die zwanghafte Mordimpulse gegen ihre Kinder hat, nicht von den möglicherweise bereitliegenden Aggressionen spricht, sondern von ihrem übergroßen Einsatz für diese Kinder zu ungunsten der eigenen Wünsche. Das gleiche gilt natürlich für den Umgang mit Jugendlichen. In analoger Situation mit analogen Krankheitssymptomen spräche man zunächst einmal von den starken Gefühlen der Anhänglichkeit den Angehörigen gegenüber und der Schwierigkeit, sich angesichts dieser Anhänglichkeit die eigene Selbständigkeit zu bewahren. Ein Gleiches würde für verdrängte orale Impulse gelten. Man spräche von der vorliegenden Bedürfnislosigkeit und nicht von der bereitliegenden, aber verdrängten Gier. Man spräche bei starker Verdrängung sexueller

Impulse von der zugehörigen Scheu und Schüchternheit, aber man übt äußerste Vorsicht, wenn man auf die möglicherweise anklingenden sexuellen Impulse selbst hinzuweisen hat.

Nochmals wiederhole ich, daß in diesem Zusammenhang das Wort „eigentlich“ auf keinen Fall in den Mund des Analytikers gehört. Etwa in dem Sinn, daß einem Patienten, der sich selbst für nachgiebig, liebevoll und bescheiden hält, unvermutet mitgeteilt wird, daß er oder sein „Unbewußtes“ eigentlich voll Aggressivität, Habgier oder sexueller Bedürftigkeit sei.

Manche meiner Leser werden die Ausdrücklichkeit, mit der ich diese Hinweise gebe, vielleicht etwas befremdlich finden. Sie halten es für selbstverständlich, daß man so und nicht anders mit dem Kranken umgeht. Die praktische Erfahrung hat mich jedoch gelehrt, daß das große Heer der Amateur-Analytiker (mit halbverdauter Literatur beladen) gerade diesen Fehler nur allzu leicht begeht, sehr zum Schaden ihrer Patienten. Diese Menschen wissen nicht, daß der Analytiker in Wahrheit sogar dafür Sorge tragen muß, daß seine Patienten nicht selbst das Gleichgewicht zwischen dem, was in ihnen lebt, verschieben. Dem Patienten muß immer deutlich bleiben, daß die ihm bis dahin unbekannten Regungen nur ein neuer Teil seiner Person sind. Daß Neues, vielleicht Zwiespältiges zwar *hinzutritt,* daß es sich aber keinesfalls um das Auftauchen der „eigentlichen Person“ handelt.

Im übrigen gilt für die analytischen Interpretationen bei jugendlichen Patienten das gleiche wie in der Kinderanalyse. Form und Dosierung der Interpretationen wandeln sich ab, je nachdem, wie direkt oder wie verhüllt wir über das in Frage stehende Problem mit dem Patienten sprechen. Auch hier können wir mit Hilfe von Fremdschilderungen die Abwehr auffangen, die der Patient produzieren würde, sollte er das in Frage stehende Problem in direkter Beziehung zur eigenen Person diskutieren. Wer aufmerksam den bisherigen Ausführungen gefolgt ist, wird auch wohl schon von selbst erfaßt haben, daß wir im Gespräch mit Jugendlichen in mancherlei Hinsicht ähnlich verfahren wie im therapeutischen Gespräch mit den Eltern. Wir lenken den therapeutischen Prozeß in beträchtlichem Ausmaß mit Hilfe unserer *Stellungnahmen,* die wir dem jugendlichen Patienten zu seinen Meinungsäußerungen, Selbstschilderungen, Handlungen oder Plänen anbieten. Wenn man so will, sind diese analytisch orientierten Stellungnahmen das wichtigste therapeutische Instrument, das wir im Vorfeld der direkten analytischen Interpretation benutzen. Seine sachkundige Handhabung will ebensosehr gelernt sein wie die Anwendung der vieldiskutierten analytischen Deutungen. Je unerfahrener ein Therapeut ist, um so vorsichtiger und zurückhaltender sollte er mit seinen Meinungsäußerungen sein. Sei es nun, daß er mit seinen Bemerkungen auf vermutete halbbewußte oder unbewußte Erlebnisinhalte abzielt, sei es, daß er mit zweifelnder Kritik, neuer Information oder aktiver Ermunterung das Erleben und Verhalten seines Patienten lenken möchte.

So gut es geht, werde ich mich bemühen, im Verlauf der folgenden episodenhaften Schilderungen die sehr variablen Möglichkeiten der therapeutischen Gesprächsführung aufleuchten zu lassen. Bevor ich jedoch zu diesem Abschnitt meiner Ausführung übergehe, möchte ich noch einige praktische Ratschläge vorwegschicken:

2. *Einige praktische Empfehlungen für die Einleitung und Durchführung der Therapie*

In der psychoanalytischen Behandlung von Kindern und Erwachsenen sind wir gewöhnt, daß die verabredeten Behandlungen von bestimmter, vorher festgelegter, Dauer sind. Für die Erwachsenen setzen wir die volle oder die etwas verkürzte Stunde an. Bei jüngeren Kindern, die schon in der Therapie vertraut geworden sind, bringt der Zeitraum von 1½ Stunden eine gewisse Absättigung. Beim jugendlichen Patienten empfiehlt sich ganz besonders in der Einleitungsperiode der Behandlung eine größere Beweglichkeit. Man muß abtasten, wieweit die Gesprächswilligkeit des Patienten geht und man sollte sich sein Interesse nicht dadurch verderben, daß man die Konsultationen ungebührlich lange ausdehnt. Ebenso große Beweglichkeit empfiehlt sich im Beginn in bezug auf die Frequenz der Stunden. Es gibt Patienten, die es schon als eine Belastung empfinden, wenn sie einmal in der Woche zur Konsultation kommen sollen, die aber ganz gern einmal im Monat mit dem Arzt sprechen würden. Man darf dann nicht meinen, daß diese seltenen Konsultationen nutzlos seien. Noch weniger darf man den Patienten drängen, häufiger zu kommen. Wenn man dem jugendlichen Patienten kürzere Stunden und seltenere Konsultationen anbietet, erlebt man oft, daß sie nach einer gewissen Übergangsphase von sich aus um häufigere und längere Gespräche bitten. In diesen Fällen hat man dann den großen Vorteil, daß der Patient von sich aus aktiv um die Intensivierung des therapeutischen Prozesses bemüht ist. Man vermeidet dadurch auch einen Teil der vorzeitigen Behandlungsabbrüche, die man durch zu frühes und starres Drängen auf häufige und lange Behandlungsstunden provoziert.

Diese Empfehlung gilt besonders für jene Therapeuten, die lediglich auf das Gespräch mit dem Jugendlichen angewiesen sind und die nicht (wie Zulliger es gelegentlich beschrieb) mit ihren Patienten spazierengehen können oder irgendeine sonstige ablenkende Beschäftigung beginnen. Die Therapie mit einem Jugendlichen wird sehr erleichtert, wenn Möglichkeiten vorhanden sind, die dem therapeutischen Gespräch eine etwas beiläufigere Form geben. Speziell für diesen Zweck bietet das Ping-Pong-Spiel ganz unschätzbare Vorzüge. Polikliniken, die sich die psychotherapeutische Behandlung von Jugendlichen zur Aufgabe setzen, sollten unbedingt über einen Ping-Pong-Raum verfügen. Ping-Pong ist ein beliebtes Spiel für Jugendliche, für das sie zu Hause oft keine Gelegenheit haben und das sie doch gern spielen würden. Das Spiel selbst absorbiert nicht so, daß nicht nebenher ein Gespräch geführt werden könnte. Andererseits sind Gesprächspausen zwanglos und ohne Verlegenheit zu überbrücken. Außerdem bietet das

Spiel selbst viele Möglichkeiten für den Therapeuten, die Reaktionsweisen seines Patienten zu beachten, vielleicht sogar zu beeinflussen. Ping-Pong ist ja ein Wettspiel, das körperliche Geschicklichkeit, rasche Reaktionsfähigkeit, Aktivität und Selbstbeherrschung zugleich verlangt. Der jugendliche Patient, der nicht mehr basteln und werken will, der auch keinen Spaß mehr an Halma und Mühlespielen zeigt, hat zum Ping-Pong als altersgemäßem Sport häufig Lust.

Freilich darf nicht unerwähnt bleiben, daß die Dosierung von Zeitdauer und Häufigkeit der Behandlungsstunden stark mit der Frage verflochten ist, wer die Behandlung bezahlt. Die Arbeitssituation des Analytikers verändert sich ganz entscheidend, wenn die Therapie des Patienten von den Eltern bezahlt wird und nicht im Rahmen der Sozialversicherung erfolgt, für die die Eltern keinen neuen Beitrag aufzubringen haben. Die Therapie von Jugendlichen im Auftrag der Eltern erschwert sich ganz ungemein. Es gilt für jugendliche Patienten in vollem Umfang die schon früh von Freud mitgeteilte Beobachtung über die verschlechterten therapeutischen Chancen in jenen Analysen, in denen die Therapie von Angehörigen bezahlt wird. Die Abhängigkeit des Jugendlichen von der Geldleistung seiner Angehörigen erschwert die therapeutische Entwicklung allemal in dem Augenblick, in dem eine krisenhafte Auseinandersetzung mit diesen Menschen notwendig wird.

Eltern, die für ihre Kinder eine Therapie wünschen, müssen bei Jugendlichen sorgfältig über die notwendige Beweglichkeit im Beginn der Therapie informiert werden, damit sie nicht in besorgter Drängelei den Arbeitsplan des Analytikers stören. Sie müssen aber auch auf kommende Krisen vorbereitet worden sein.

Schließlich soll nicht unerwähnt bleiben, daß beim jugendlichen Patienten das Geschlecht des Analytikers eine wichtige Rolle spielt. Beim erwachsenen Patienten treten diese Überlegungen mehr oder weniger in den Hintergrund, auch für das Kind wandeln sich die Erfolgschancen nicht wesentlich, wenn es entweder von einem Mann oder von einer Frau behandelt wird. Anders beim Jugendlichen. Nach meinen Erfahrungen erhöhen sich die Erfolgschancen einer Behandlung doch ganz beträchtlich, wenn junge Mädchen von Frauen und Jungen von männlichen Therapeuten behandelt werden. Besonders gering erscheinen mir die Erfolgsaussichten, wenn eine jugendliche Patientin von einem noch verhältnismäßig jungen männlichen Therapeuten behandelt wird. Die Analysenabbrüche häufen sich und man darf einigermaßen sicher sein, daß die Patientin größere Schwierigkeiten haben wird, zu einer neutralen Auseinandersetzung mit sich selbst zu kommen. Das persönliche Attachement an den Analytiker bekommt eine ganz andere Färbung als die Vertrauenshaltung, die sie einer Frau gegenüber entwickeln könnte. Auch wird der männliche Analytiker selbst nicht immer davon abstrahieren können, daß er ein junges, vielleicht reizvolles Mädchen vor sich hat. Eine Patientin, die verborgene neurotische Mißtrauenshaltungen Männern gegenüber hat, wird diese bei einem männlichen Analytiker, dem sie vertraut, vielleicht gar nicht registrieren und bemerken. Oder sie wird sie verschweigen, weil sie ihn als Mann nicht kränken möchte. Gegebenenfalls wird sie aber auch mit einer betonten und unerwünschten emotionalen Zuwendung zum Analytiker reagieren. Für eine jugendliche Patientin ist es immer eine unnötige und zusätzliche Belastung, wenn sie in eine solche Gefühlssituation verstrickt würde und man sollte sie ihr ersparen.

Die Behandlung eines männlichen Jugendlichen durch eine weibliche Therapeutin ist aus naheliegenden Gründen nicht ganz so schwierig. Die ältere Frau ist für den Jugendlichen doch ein Neutrum. Ihr Alter, ihre überlegene Bildung und ihre Kenntnisse setzen sie gelegentlich in den Stand, auch dem jugendlichen Patienten zu wesentlichen Entwicklungsschritten zu verhelfen. Bei der Behandlung der etwas heiklen sexuellen Probleme ist die entsprechend vorgebildete Therapeutin in den Augen ihres Patienten zu solchen Gesprächen legitimiert.

Ein wichtiges praktisches Thema ist dann bei der Behandlung von Jugendlichen (besonders in der Privatpraxis) noch die Frage der *Verschwiegenheit* des Analytikers den Eltern des Patienten gegenüber. Ich selbst habe noch keine Behandlung gelingen sehen, in der der Therapeut das Vertrauensverhältnis zwischen sich und dem jugendlichen Patienten dadurch erschüttert hat, daß er zu den Eltern über seine Kenntnisse von dem Jugendlichen ohne dessen Einwilligung sprach. Man sollte keine Behandlung von Jugendlichen beginnen, ohne daß man nicht den Eltern vorher erläutert hat, warum man ihnen auf keinen Fall hinter dem Rücken des Patienten vertrauliche Mitteilungen über dessen innere Entwicklung machen kann. Man sollte auch dem Patienten selbst vorher und ungefragt von dieser unverbrüchlichen Haltung Mitteilung machen. Ergibt sich die Notwendigkeit zu bestimmten Informationen (etwa bei Straftaten oder ähnlichem), dann hat man sich der Einwilligung des Patienten selbst zu versichern. Die Vorsicht, die man in dieser Hinsicht walten läßt, kann nicht groß genug sein. So sollte man nicht einmal Konsultationen mit den Eltern verabreden, ohne daß der Patient selbst dies weiß. Ganz gleich, wie sehr man auch beabsichtigen möge, den Eltern gegenüber Verschwiegenheit zu wahren. Nur in seltenen unglücklichen Fällen kommt es vor, daß die Eltern eine Behandlung verbieten, wenn sie nicht vorbehaltlos über den Fortgang und Inhalt informiert werden. Hier kommt dann das heikle Thema auf, ob ein Therapeut heimlich und ohne Wissen oder gar gegen den Willen der Eltern eine Therapie durchführen kann. In diesen Fällen entscheidet allemal die Einzelsituation und allgemeine Regeln stehen nicht zur Verfügung. Je älter der Patient und je ernster das Krankheitsbild, um so eher wird sich wohl der Therapeut rechtlich in der Lage sehen, die Behandlung unabhängig von den Eltern durchzuführen oder zu empfehlen.

Ganz abgesehen von diesen mehr formalen äußeren Gesichtspunkten, die wir bei Beginn und Durchführung von Analysen mit jugendlichen Patienten berücksichtigen müssen, gibt es nun eine ganze Reihe von psychologischen Gesichtspunkten, deren Beachtung die *Einleitung einer Therapie* beträchtlich erleichtern. Wir wollen sie soeben in Kürze theoretisch erläutern:

Zunächst einmal müssen wir wissen, daß bereits die Symptomatik selbst typische Ausgangskonstellationen schafft, auf die wir uns einzustellen haben.

Daneben gibt es aber auch typische Haltungen und Reaktionsbildungen der Patienten, die gerade im Beginn für unser therapeutisches Verhalten bedeutungsvoll werden.

Hinsichtlich der Symptomatik, die die Überweisung veranlaßte, gibt es verschiedene Zustandsbilder, die die ärztliche Konsultation im Erleben des Patienten jeweils in ein sehr verschiedenes Licht rücken kann. Unter diesem Aspekt (natürlich nicht unter dem Aspekt einer erschöpfenden Klassifikation) unterscheiden wir:

Psycho-somatische Krankheitsbilder
Depressive Verstimmungen mit suicidalen Tendenzen
Angstzustände
Zwangserscheinungen
Leistungsstörungen
Verwahrlosungsreaktionen
Perversionen.

Wir sehen bei der Aufzählung dieser Symptombilder sofort, daß sie für den Patienten einen sehr verschiedenartigen Stellenwert haben müssen. Bei den sogenannten psycho-somatischen Krankheitsbildern fühlt sich der Patient selbst krank, vielleicht sogar schwerkrank. Er hat aber sehr oft den Verdacht, daß seine Überweisung zum Psychiater der ärztlichen Meinung entsprungen ist, er sei ein Simulant oder bilde sich seine Krankheit nur ein. Zu ihrem Mißtrauen haben sie insofern mancherlei Grund, als der Kenntnisstand unserer Ärzteschaft zur Zeit leider wirklich noch nicht so weit ausgebildet ist, daß jeder Arzt immer den Unterschied zwischen Simulation, Aggravation und psychisch bedingter Organkrankheit kennt. Insofern haben Patienten mit psycho-somatischen Krankheitsbildern oft eine Fülle kränkender Vorerlebnisse hinter sich. Zudem haben sie meist die Erfahrung gemacht, daß sie von fünf verschiedenen Ärzten fünf verschiedene Meinungen vorgetragen bekommen. Man hat bei diesen Patienten also in der Regel in der ersten Phase des Gesprächs ihr Mißtrauen oder gar ihre Empörung aufzufangen und außerdem mit sorgfältig gewählten praktischen Beispielen darzulegen, auf welchen Wegen echte Organkrankheiten durch affektive Erregungen zustande kommen können.

Schwierigkeiten besonderer Art präsentieren sich uns bei der Existenz sexueller Perversionen. Sei es, daß sich die ersten sadomasochistischen Tendenzen ankündigen, daß transvestitische Neigungen auftauchen oder daß sich eine homosexuelle Entwicklung anzubahnen scheint. Selten kommt der Patient spontan, um wegen seiner beginnenden Perversion den psychiatrischen Rat zu suchen. Häufiger kommt er aus anderem Anlaß (oder er schiebt andere Gründe vor) und es bedarf besonderer Kunst, die Existenz der sexuellen Fehlentwicklung überhaupt zu erfragen. Kommen die Patienten überhaupt nicht aus eigenem Antrieb, sondern weil den besorgten Angehörigen ihre ersten Abwegigkeiten aufgefallen sind, dann kann man nur in den seltensten Fällen darauf hoffen, daß sich eine Therapie auch nur beginnen, geschweige denn erfolgreich zu Ende führen läßt.

Etwas einfacher ist die Ausgangssituation bei jenen Krankheitszuständen, die vorwiegend das psychische Erleben selbst betreffen, also Angst- und Zwangssymptomatik. Diese Patienten haben einen inneren Zugang dazu, daß es sich um ein seelisches Krankheitsgeschehen handelt. Der meist sehr lebhafte Leidensdruck führt sie freiwillig in die ärztliche Konsultation. Bei depressiven Verstimmungen und echten Selbstmordtendenzen ist dies freilich wiederum anders. Hier ist Niedergeschlagenheit, Hoffnungslosigkeit oder Protest gegen das Leben unter Umständen so tief verankert, daß bereits der Versuch, den Arzt um Hilfe zu bitten, als sinnlos abgelehnt wird. Bei den angst- und zwangskranken Patienten spendet der Arzt vielleicht dadurch Trost und Hilfe, daß er das Krankheitsbild für behandlungsfähig hält. Dem depressiven Patienten gegenüber muß er sich meist tröstend, aber auch werbend verhalten, das heißt, er muß den Patienten gelegentlich doch zu neuen Konsultationen überreden, falls dieser in seiner Niedergeschlagenheit keinen neuen Termin verabreden will.

Sofern es sich um Verwahrlosungserscheinungen handelt, die die Eltern veranlaßten, den psychiatrischen Rat zu suchen, steht die erste Konsultation häufig unter dem Unstern, daß sie als ein Akt der Überrumpelung eingeleitet wurde. Nicht selten wurde dem Jugendlichen vorher nicht einmal gesagt, daß er einem Arzt vorgestellt werden würde. Die Eltern begründen dies damit, daß der Patient sonst wohl auf keinen Fall bereit gewesen wäre, mitzukommen, und sie haben Sohn und Tochter deshalb nur durch einen Vorwand mitgelockt.

Ähnlich kann die Situation bei Leistungsstörungen liegen, sofern sie von den Eltern, jedoch nicht vom Patienten selbst als beunruhigend erlebt werden. Hier kommt es entweder vor, daß ehrgeizige Eltern die Leistungen ihres Kindes monieren, während die Patienten selbst mit sich ganz zufrieden sind und auch zufrieden sein dürfen. Oder es werden Jugendliche mit objektivem Leistungsversagen vorgestellt, die aus allgemeiner Laschheit und Bequemlichkeit heraus gar keinen Impuls hätten, ihre unvollkommenen Leistungen zu verbessern.

Allemal taucht in jenen Fällen, in denen die Jugendlichen zur Erstkonsultation nicht allein kommen, sondern von den Eltern begleitet werden, die Frage auf, *mit welchem der Beteiligten man zuerst spricht.* In allen Fällen, in denen man bei den Patienten mit einer starken Opposition gegen die ärztliche Konsultation rechnen muß, ist die einzige Chance für eine Therapie überhaupt, daß man mit dem Jugendlichen *vor den Eltern* Rücksprache nimmt, auf die Gefahr hin, daß die Eltern sehr verärgert sind. Da man aber sehr oft den Anlaß zur Konsultation zunächst nicht kennt, habe ich es mir sogar zur Regel gemacht, in allen Fällen, in denen ich nicht ausdrücklich vom Patienten um ein anderes Vorgehen gebeten wurde, mit dem Jugendlichen zuerst zu sprechen. Man nimmt bei diesem Verfahren natürlich in manchen Fällen einige Nachteile in Kauf: Depressive oder ängstlich erregte Patienten sind oft gar nicht ausreichend in der Lage, über sich und den Anlaß zur Konsultation richtig Auskunft zu geben. Verwahrloste oder stark leistungsgestörte Patienten verschweigen das Wichtigste oder sie teilen einem nur halbe Wahrheiten mit. In diesen Situationen wird es (wie übrigens auch sonst oft) notwendig, daß man die Erstkonsultation gewissermaßen dreiphasisch ansetzt. Man spricht mit den Patienten zuerst, holt sich dann die Informationen der Eltern (die man vielleicht begütigen muß, weil man sie nicht zuerst gesprochen hat) und fügt schließlich noch einmal ein erneutes Gespräch mit dem Jugendlichen an, sofern man es für zweckmäßig hält, mit diesem über die neu ermittelten Fakten ins Gespräch zu kommen.

Mit der Berücksichtigung dieser Empfehlung kann man sich im Beginn einer Behandlung mancherlei unnötige Schwierigkeiten ersparen.

Eng verflochten mit der Einstellung des jugendlichen Patienten zu seiner Symptomatik und deren möglicher Psychogenese ist dann das sonstige psychische Geschehen, das wir mit dem Stichwort *typische Grundhaltungen* umschrieben hatten. Wir unterscheiden auch hier erst einmal lose und additiv.

Zunächst ist es von ganz grundlegender Bedeutung für unsere therapeutische Haltung, ob ein Jugendlicher die gegenwärtige Einstellung zum Leben entweder in *Opposition* oder in *Identifikation* mit seiner Familie erworben hat. Dies zu wissen und richtig zu beurteilen, ist schon deshalb notwendig, weil ja die kommende Auseinandersetzung des Patienten mit seiner Familie entscheidend hiervon abhängt. Wir sind hier zu sehr subtilen Unterscheidungen gezwungen. Es gibt zum Beispiel Patienten, die eine stark oppositionelle Haltung dem Leben gegenüber beziehen, weil die gesamte Familie in querulatorischer Weise der Welt gegenübersteht und die Jugendlichen sich mit dieser Haltung ihrer Familie identifizieren. Bei einem anderen Patienten kann jedoch die Revolte gerade aus der oppositionellen Auseinandersetzung mit der eigenen Familie stammen, während die Familie selbst stark auf soziale Anpassung ausgerichtet ist. Neurotische Fehlreaktionen, die entweder in Identifikation oder in Opposition zur eigenen Familie produziert werden, müssen jeweils sehr anders behandelt werden.

Weitere Grundhaltungen unserer Patienten rücken dann deshalb in den Mittelpunkt des Interesses, weil sie die kommende Lebensplanung so stark beeinflussen. Einige der wichtigsten sind hier:

Die depressiv resignative Einstellung
Ängstlichkeit, allgemeine Gehemmtheit und Schüchternheit
Überbereitwillige Zuvorkommenheit
Ressentimenthaltung und Verbitterung
Heimtückereaktionen
Neid und Konkurrenzhaltung.

Es ist ersichtlich, daß es sich hier um eine rein additive Aufzählung handelt, die sich nicht mit umfassenderen neurosenpsychologischen Überlegungen deckt. Allerdings ist wohl auch verständlich, warum ich sie ins Blickfeld der Aufmerksamkeit rücke. Sie verlangen jeweils eine ganz andere Form therapeutischen Umganges. Der allgemein ängstlich-schüchternen Grundhaltung kann ich vergleichsweise am leichtesten mit Ermunterung und Anteilnahme beikommen. Sie ist von der Resignation unterschieden, die bei entsprechenden Gesprächen mit Rationalisierungen aufwartet über die realen Enttäuschungen, mit denen man doch zu rechnen habe. Hier muß man sich meist hüten, in eine sachliche Diskussion dieser Rationalisierungen einzutreten. Vergleichsweise am gefährlichsten für die Lebensentwicklung eines Patienten ist die Ressentimenthaltung mit ihrem hilflos verbitterten Trotz gegen die Welt. Dies vor allem dann, wenn ein Patient die eigene positive und konstruktive Lebensplanung deshalb aufgibt, weil auf diesem Weg der Racheimpuls gelebt werden kann, der mit der Selbstschädigung auch die Welt schädigen soll. Es gibt Jugendliche, die im Rachegefühl gegen Vater oder Mutter, die ihre Versorgungspflichten vernachlässigt haben, nicht mehr bereit sind, etwas für sich selbst zu tun, nur weil damit klar würde, daß sie jetzt den Eltern die Verantwortung abnehmen.

Verwandt liegt die affektive Lage, wenn Neid und Konkurrenzreaktionen einem Patienten den Weg versperren, der ihm zur Verwirklichung der eigenen Möglichkeiten zur Verfügung stehen würde. Neid oder Konkurrenz einer schöneren, begabteren Schwester gegenüber verhindern ein junges Mädchen, die positiven Möglichkeiten der eigenen Person zu entdecken und zu leben. Notorische Opposition gegen die Anforderungen der Eltern hat den gleichen Effekt bei einem Jungen, bei dem die Empfehlungen der Eltern zwar mit den echten Chancen des Patienten zusammenfallen, dieser aber aus Opposition von den empfohlenen Chancen nichts wissen will.

Ein richtiges Bild über diese Grundhaltungen eines Patienten ist allemal von unschätzbarer Bedeutung für unser therapeutisches Verhalten. Die jetzt folgenden kasuistischen Beispiele sollen mein Versprechen einlösen und die soeben diskutierten Gesichtspunkte im Rahmen konkreter Biographien illustrieren:

3. Kasuistische Beispiele

Wie ich schon im Beginn sagte, werden die ersten vier Berichte bevorzugt die Ausgangssituation bei solchen Patienten schildern, die sich später zu einer intensiveren Behandlung gewinnen ließen. Im ersten Fall war eine sehr ausgeprägt psychische Symptomatik Anlaß zur Überweisung, die auch von der Patientin als quälend empfunden wurde. Im zweiten Fall ein psycho-somatisches Krankheitsbild. Im dritten Fall lag eine Angstsymptomatik mit angedeuteten Zwangsimpulsen vor. Diese war jedoch von heftigen Schweißausbrüchen begleitet und dieses Organsymptom stand zunächst einmal bei dem Patienten selbst im Mittelpunkt des Krankheitserlebens. Der vierte Patient kam ursprünglich mit einem Stottern, während vom ärztlichen Aspekt her die depressive Grundhaltung die eigentliche Gefährdung war.

Im ersten und dritten Fall war bei den Patienten ein wesentliches Problem die starke Identifikation mit einem verstorbenen Angehörigen. Im zweiten Fall hatte die Patientin ihre neurotische Fehlhaltung in der Identifikation mit der

Mutter erworben. Im dritten Fall war die Auseinandersetzung des jugendlichen Patienten mit seiner Familie weitgehend von Enttäuschungen und aufkommenden Oppositionshaltungen beherrscht.

Fall 1: Hildegard F.

Ich beginne jetzt also mit der Krankengeschichte einer 18jährigen Patientin, die an Angst- und Erregungszuständen litt und bei der gleichzeitig depressive Verstimmungen, Niedergeschlagenheit und allgemeine Hoffnungslosigkeit das Zustandsbild färbten. Besonders quälend wurden außerdem Entfremdungs- und Depersonalisationsgefühle erlebt.

Über diese Symptomatik war ich telefonisch von der Stiefmutter der Patientin unterrichtet worden, die im Einvernehmen mit der Patientin um einen Termin zur Konsultation nachgesucht hatte. „Im Einvernehmen mit der Patientin" bedeutete jedoch nur, daß die Patientin von der verabredeten Konsultation wußte und schließlich ihre Zustimmung gegeben hatte. Die Patientin hatte dies allerdings nur nach längerem Widerstreben getan, gewissermaßen den Angehörigen zuliebe und ohne spontanen Wunsch, noch weniger aber mit der Hoffnung, daß man ihr werde helfen können.

Angesichts dieser Situation hatte ich mich zuvor in einer gesonderten Rücksprache bei der Stiefmutter über die wichtigsten biographischen Daten orientiert. Ich wußte also von der Patientin schon einiges, als ich sie das erstemal sprach. Eine Tatsache, die das Gespräch sehr erleichterte.

Ich hatte folgendes über sie erfahren: Die jetzige Stiefmutter der Patientin, eine 42jährige Frau, war bereits ihre dritte Mutter. Die leibliche Mutter der Patientin war nach längerem Krankenlager verstorben, als das Kind ein Jahr alt war. Die Kleine war dann 3 Jahre von der Großmutter mütterlicherseits betreut worden, obgleich der Vater schon nach einem Jahr wieder heiratete. Zu der Großmutter soll eine sehr intensive Beziehung bestanden haben. Die zweite Frau des Vaters verunglückte dann ein Jahr nachdem sie meine Patientin zu sich genommen hatte. Die 3 Jahre jüngere Halbschwester der Patientin stammte aus dieser Ehe. Nach dem Tod der zweiten Mutter hatte wiederum die Großmutter die Betreuung der beiden Kinder übernommen, bis der Vater die jetzige Frau heiratete, die übrigens eine Verwandte von der ersten Frau war. Aus dieser Ehe stammte ein kleiner Sohn, jetzt 9 Jahre alt. Der Vater der Patientin war jetzt 50 Jahre alt, von Beruf Violinist, mit ausreichendem Gehalt in einem Orchester angestellt.

Die Patientin hatte die von ihr sehr geliebte Großmutter vor 2 Jahren verloren und hatte sich nach ihrem Tod besonders stark mit deren weltanschaulicher Grundhaltung identifiziert. Die Großmutter hatte zu einem kleinen religiösen Zirkel gehört, der besonders strenge, weltfeindliche Moralgrundsätze vertrat. Dies offensichtlich in Ablehnung der etwas liberaleren Einstellung beider Eltern. Die Beziehung der Patientin zu ihrem Vater war ausgesprochen schlecht, da dieser ein sensibler, aber sehr überreizter und auch jähzorniger Mann war, der viel Unruhe ins Haus brachte. Bekannt war der Familie die starke Eifersuchtshaltung der Patientin gegen ihre jüngere Schwester, eine Eifersucht, die insofern berechtigt war, als die Schwester als die sehr viel begabtere und auch hübschere galt. Sie besuchte mühelos das Gymnasium und niemand zweifelte, daß sie das Abitur bewältigen werde. Die Patientin selbt hatte hingegen im vergangenen Jahr kurzerhand ihre Schulentwicklung abgebrochen, sich geweigert, das Abitur zu machen, da sie es doch nicht schaffen werde und war als Hausangestellte in eine befreundete Familie gegangen.

Zu dem jüngeren Bruder bestand von seiten der Patientin eine betont gute Beziehung, die von der Familie nicht angezweifelt wurde.

Die tragende Figur in der Familie war offensichtlich die Stiefmutter, eine ansprechend aussehende und auch warmherzige Frau, die sich allerdings den Problemen und Konflikten in der Familie, die sie übernommen hatte, kaum mehr gewachsen fühlte. Es war ersichtlich, daß der Vater der Patientin emotional stark von seiner Frau abhängig war und deren Zuspruch ebenso sehr brauchte wie die Kinder. Dies bedeutete für die Stiefmutter eine starke Beanspruchung. Es bedeutete aber zum Glück gleichzeitig, daß man kaum mit sehr starken Eifersuchtshaltungen der Stiefmutter ihrer heranwachsenden Stieftochter gegenüber zu rechnen hatte. Die Frau war offenkundig in ihrer Gefühlsbeziehung zum Mann zufrieden.

Soviel zunächst über die Biographie der Patientin, die ich kennenlernen sollte. Es ist wohl deutlich, daß bereits in dieser gerafften Skizze diagnostische Urteile enthalten sind, die zu begründen hier der Raum fehlt. Dies sei nur an einem einzigen Beispiel erläutert: Die Aussage, daß sich die Stiefmutter mit ihrem Ehemann in affektiv ausgeglichener Verfassung befand, ist ein Urteil, das man meist nicht ohne weiteres und leicht fällen kann. Eine solche Mitteilung als Selbstschilderung des Gesprächspartners kann sowohl subjektiv ehrlich, wie auch richtig sein. Sie kann aber ebenso gut das Resultat einer starken Selbsttäuschung darstellen, bei der der Betreffende die eigenen Zwiespältigkeiten verdrängt hat. Sie kann noch eher einfach eine falsche Aussage sein, die vielleicht in der naiven Überzeugung gemacht wurde, daß es für den Analytiker nicht von besonderer Bedeutung sein könne, ob sich die Mutter des Patienten in ihrer Lebenslage glücklich oder unglücklich fühlt. Wir werden sogleich sehen, wieviel bei der therapeutischen Führung der Patienten von der Richtigkeit unseres Urteils in einem solchen Fall abhängig ist.

Bei der Begrüßung der Patientin fällt ihr niedergeschlagener Blick, die zögernde Bewegung und die reservierte Form der Begrüßung auf. Es handelt sich um ein junges Mädchen mit sehr zarter heller Haut und schönen hellblonden Haaren. Sie wirkt jedoch sehr gestaut und ist zudem ganz ungewöhnlich anmutlos zurechtgemacht. Ein verschossener blauer Trenchcoat verdeckt einen grünen zu kurzen Rock. Zu flachen derben Halbschuhen werden Söckchen getragen und die weiße Leinenbluse ist kaum oder nur sehr flüchtig gebügelt.

Die Patientin fängt meinen forschenden Blick auf, als sie in meinem Zimmer den Mantel ablegt. Ich sage zu ihr: „Es geht Ihnen nicht gut, aber Sie sind trotzdem wohl nur sehr ungern gekommen.“ Die Patientin antwortet nicht, sie senkt nur den Kopf und setzt sich schweigend auf den von mir angebotenen Stuhl. Ich fahre fort: „Ich kann mir denken, daß Sie kaum Hoffnung haben, daß überhaupt jemand für Sie Hilfe wüßte. Schon gar nicht ein fremder Mensch.“ Die Patientin antwortet wiederum nicht, sie senkt den Kopf nur noch tiefer, aber ich bemerke, daß ich ihre verborgenen Gedanken ausspreche. Ich sage also weiter: „Ich will Ihnen nicht einreden, daß ich Ihnen auf alle Fälle helfen könnte. Es ist sicher richtig, daß für manches Leid keine Hilfe besteht. Andererseits glaube ich, daß Ihre Lage nicht ganz so hoffnungslos ist, wie Sie selbst vielleicht meinen. Und Ihr Krankheitszustand ist wiederum auch nichts so Ungewöhnliches. Vielleicht könnten Sie mir doch wenigstens einmal darüber berichten.“ Die Patientin sieht mich jetzt zum erstenmal mit einem vollen Blick an und ich erleichtere ihr nun die Mitteilung ihres Krankheitszustandes dadurch, daß ich noch einmal weiterspreche: „Ihre Mutter hat mir gesagt, daß Sie sich gelegentlich sehr unruhig und auch ängstlich fühlen.“ Die Patientin nickt. Nun wage ich zum erstenmal eine direkte Frage: „Haben Sie außer dieser Unruhe, der Ängstlichkeit und der Niedergeschlagenheit noch andere Zustände, die Sie quälen?“ Die Patientin setzt zu einer Antwort an, ringt aber offenbar um die Formulierung und weiß nicht recht, wie sie sich mitteilen soll. Ich komme ihr zu Hilfe, indem ich ihr psychische Leidenszustände schildere, die vielleicht auf sie zutreffen könnten. Mit Absicht schildere ich ein Krankheitsbild, das der Patientin vermutlich fremd ist, dessen Kenntnis ihr aber das Gefühl geben kann, daß es vielleicht noch schlimmere, alarmierende und quälendere Zustände gibt, als sie sie selber hat. Ich spreche von aufsteigenden Gedanken und Zwangsimpulsen oder Zwangsvorstellungen, füge aber hinzu, daß ich nicht vermutete, daß sie selber an solchen Zuständen litte. Die Patientin schüttelt den Kopf und setzt wiederum an, mir etwas zu schildern, von dem sie offenbar glaubt, ein anderer könnte sich einen solchen Zustand nicht recht vorstellen. Ich muß ihr noch einmal zu Hilfe kommen und sage: „Zu Hause haben Sie öfter geäußert, Sie hätten so ein Leeregefühl.“ Jetzt richtet sich die Patientin auf, denn offenbar handelt es sich hier um jene Zustände, die sie am meisten quälen. Ich fahre fort: „Manche Patienten sagen bei solchen Zuständen auch, sie hätten das Gefühl, es sei alles so weit weg.“ Und nun spricht die Patientin zum erstenmal. Sie sagt: „Ja, das ist so als sei man selbst gar nicht richtig da.“ Ich füge hinzu: „So, als ob man die Welt hinter einer Glasglocke erlebt.“ An dem raschen Blick der Patientin, den sie mir zuwirft, bemerke ich, daß diese Formulierung (die ja oft von gleichkranken Patienten gebraucht wird) auch für ihren Zustand ein guter Vergleich ist, bei dem sie sich verstanden fühlt.

Ich wage es jetzt, sie noch einmal aktiv zu einer genaueren Schilderung aufzufordern: „Könnten Sie mir einmal erzählen, wann diese Zustände angefangen haben?“

Nun schildert die Patientin zunächst in vagen und allgemeinen Formulierungen jene Zeit, in der sie als Hausangestellte bei der bekannten Familie gearbeitet hat. Mit einhelfenden, anteilnehmenden Fragen versuche ich, sie zu immer präziseren Formulierungen ihrer Erlebnissituation zu bringen, dies jedoch immer erst dann, wenn ich bemerke, daß die Patientin ins Stocken gerät und Schwierigkeiten hat, sich auszudrücken.

Dieses erste Vorspiel von Rede und Gegenrede hat natürlich nur wenige Minuten gedauert. Trotzdem hat sich Entscheidendes abgespielt. Ich habe mich zunächst bemüht, das Vertrauen der Patientin zu gewinnen, indem ich mein Verständnis und auch meine Kenntnis von ihrer bewußten Abwehr gegen die Konsultation bekundete. Ich habe ihr das Recht auf Skepsis zugebilligt, noch mehr das Recht auf Abwehr, habe dann aber meine Kenntnis und meinen Überblick über ihr Krankheitsbild angedeutet. Dies ganz besonders dadurch, daß ich ihr Formulierungen anbot, die in der Lage waren, ihr selbst ihren Zustand deutlicher zu schildern. Dann habe ich die Patientin der nun erzielten Bereitwilligkeit zu spontanem Bericht überlassen, habe jedoch dafür gesorgt, daß sie nicht allzu sehr ins Stocken kam, indem ich kleine ermunternde Zwischenfragen stellte. Die Patientin wurde im Verlauf der Konsultation zunehmend gesprächsbereiter, so daß die ursprünglich angesetzte Zeit von 1½ Stunden von ihr gern in Anspruch genommen wurde.

Es ist natürlich leider nicht möglich, den Verlauf dieser 1½ Stunden voll in Rede und Gegenrede wiederzugeben. Schon gar nicht, wenn man dazu epikritische Bemerkungen einflechten will und außerdem eine Darstellung jener Lebensäußerungen der Patientin in Mimik und sonstigem Ausdrucksverhalten, die ja die therapeutische Reaktion stark beeinflussen. Zögern, Abwehr, Bereitwilligkeit, Hoffnung, Erwartung drücken sich beim Patienten nicht immer in Worten aus. Diese Haltungen sind aber doch wohl die entscheidenden Faktoren, die unser eigenes therapeutisches Verhalten lenken. Wer nicht geübt ist, bei seinem jugendlichen Patienten diese Lebensäußerungen zu betrachten, wird manchen Fehler in der Therapie begehen.

Im weiteren Verlauf des Gesprächs, als mir die Patientin ihre Arbeitssituation als Hausangestellte schildert, lasse ich einmal einfließen: „Ich kann mir nicht recht vorstellen, daß Sie diese Art der Tätigkeit zum Lebensinhalt machen wollten. Hatten Sie andere Pläne und war dies eine Notlösung, oder wie kamen Sie wohl dazu?“ Die Patientin vertritt nun eine weltanschauliche Ideologie von Dienen und Helfenmüssen, zu der ich zunächst in keiner Weise Stellung nehme, sondern sogar nur sage: „Ja, ich weiß, Sie gehören ja zu dem religiösen Kreis Ihrer Großmutter und haben da Ihre Freunde.“ Die Patientin nickt mit einem gewissen Nachdruck, so als ob sie sich zu verteidigen hätte und wechselt das Thema. Die Erlebnisse, die sie mir schildert, sind im einzelnen alle niederdrückend, hoffnungslos, gequält, ohne Zukunftserwartung. Es geht um die komplizierte Gefühlskonstellation in der Familie, in der die Patientin gearbeitet hat. Ein starker Zug von Unaufrichtigkeit muß vorgeherrscht haben mit bigotter

Frömmelei, heftigen Affektausbrüchen bis zu Gewalttätigkeit und Rohheit der Familienmitglieder untereinander. Meine nachhelfenden Fragen bleiben lange ohne Kommentar, bis ich schließlich einmal einfließen lasse: „Es sind nicht immer die wahren Menschenfreunde, die davon so viel und so nachdrücklich reden", eine Bemerkung, die die Patientin zu einem entschiedenen und zustimmenden „bestimmt nicht" veranlaßt. Einige Zeit später entschließe ich mich zu einer teilnehmenden Bemerkung, die die Patientin zu einem Bericht über ihre Vor- und Kindheitsgeschichte veranlassen könnte, ebenso zu einer etwas genaueren Schilderung über ihre eigene gegenwärtige affektive Lage in ihrer Familie. Ich sage: „Nach allem, was ich gehört habe, haben Sie ja wirklich eine sehr schwere Kindheit hinter sich." Die Patientin zuckt zusammen und will protestieren, tut es auch und sagt: „Ich stehe mich mit meiner Mutter sehr gut."

Hier sind wir bei einem Thema, das besonders in Stieffamilien eine große Rolle spielt und das ich früher schon einmal erwähnen mußte, nämlich die große Ängstlichkeit aller Beteiligten, man könne die Stiefsituation der Stiefmutter oder des Stiefvaters kritisch sehen und an der Zuneigung der Familienmitglieder untereinander zweifeln.

Auch die Patientin hatte Besorgnis, ich könnte ihr Verhältnis zur Stiefmutter problematisch sehen und könnte die Absicht haben, hier eine Auseinandersetzung anzubahnen. Es schien mir wichtig, daß ich meiner Patientin diese Besorgnis aktiv nahm. Denn selbst für den Fall, daß hier Konflikte bereitliegen sollten, wäre es für den Beginn dieser Therapie völlig ausgeschlossen gewesen, der Patientin den einzigen bewußt erlebten affektiven Rückhalt, den sie hatte, zu nehmen, nämlich die positive Beziehung zu dieser Stiefmutter.

Ich sage also: „Ich habe nicht *daran* gedacht, sondern an die Tatsache, daß Sie in Ihrer Kindheit dreimal einen Menschen verloren haben, der Ihnen sehr nahestand. Denken Sie sich nur, Sie würden drei Freundinnen durch den Tod verlieren, die Ihnen viel bedeuten. Das wäre doch ein tiefer Schmerz. Wieviel mehr noch, wenn man eine Mutter verliert, von der man als Kind doch so abhängig ist und mit der einen so viele Gefühle verbinden." Hier fängt die Patientin an, langsam und still vor sich hin zu weinen. Zwischendurch sagt sie einmal: „Ich denke immer, daß das eine Prüfung ist, die man aushalten muß." Ich äußere hierzu keinen direkten Kommentar, mache aber ein Gesicht, dem man deutlich ablesen kann, daß ich von solchen „Prüfungen", die kleinen Kindern zugemutet werden, nicht viel halte. Nach einer Weile sage ich schließlich doch: „Ob nun eine Prüfung oder ein Unglück, niemandem ist doch verwehrt, Schmerz und Verzweiflung zu fühlen."

Die Tränen der Patientin versiegen langsam und sie scheint sich doch erleichtert zu fühlen. Sie hat kein Taschentuch und ich muß ihr eines geben. Ich möchte der Patientin gern die Beschämung ersparen, die sie empfinden könnte, daß sie mir gegenüber soviel Gefühl gezeigt hat und ich führe das Gespräch in neutralem Ton weiter, bemerke, daß die Patientin meine Absicht verstanden hat und mir dafür dankbar ist. Ich frage sie freundlich: „Hat es eigentlich in Ihrem

Leben schon einmal etwas gegeben, was Sie wirklich gefreut hat und was Sie gern getan haben?" Die Patientin nickt nur und bekommt leuchtende Augen, als sie mir erzählt, daß sie eine schöne Stimme hat, gerne singt, musikalisch ist und als Kind an einem Kinderchor teilgenommen hat. Sie hat sich dies schließlich als „zu weltlich" verboten. Ich frage zurück, ob die Großmutter denn das auch verboten hätte und höre zu meiner Erleichterung, daß gerade die Großmutter es war, die diesen Kinderchor angeregt hat. Obgleich ich vermute, daß eine sehr ambivalente Auseinandersetzung auch mit dieser Großmutter bei der Selbstbestrafungstendenz der Patientin im Spiele war, als sie sich das Chorsingen verboten hatte, gehe ich hierauf in keiner Weise (schon gar nicht mit einer angedeuteten Interpretation) ein. Ich benutze stattdessen zunächst einmal die bewußt erlebte positive Identifikation mit dieser Großmutter und behaupte, daß es kaum wirklich den religiösen Zielen der erwähnten Sekte entsprechen könne, wenn nicht einmal die Großmutter (die schließlich diesem Zirkel seit langem angehört hatte) das Chorsingen verboten hat.

Wir sprechen nun eine Weile über Musik, musikalisches Empfinden, Chorsingen und ähnliches, bis ich den Augenblick für gekommen halte, daß ich das Gespräch auf die Konkurrenzauseinandersetzung mit der Schwester lenke. Dies zunächst nur mit einer halben Frage. Ich erkundige mich, ob die Schwester auch musikalisch sei. Nein, sie ist es nicht. Sie ist aber — wie ich höre — sonst in allem begabter, sie ist hübscher und wird auch mit dem Leben besser fertig.

Ich habe nun inzwischen von den geistigen und menschlichen Möglichkeiten der Patientin ein so ausreichendes Bild gewonnen, daß ich an ihre reale Unterlegenheit der Schwester gegenüber nicht recht glaube. Ich bin nicht einmal sicher, daß die Schwester die objektiv hübschere ist, sofern man davon absieht, daß sich meine Patientin äußerlich so besonders ungeschickt zurechtmacht. Sicher ist jedoch, daß die Patientin in heftigem Protest gegen sich selber lebt, während die Schwester sehr viel mehr Selbstvertrauen hat und dementsprechend wohl sehr viel gewinnender im Wesen ist. Auch diese Ansicht sage ich der Patientin nicht sofort, sondern ich erkläre nur beiläufig: „Das ist gar nicht einfach, wenn man neben sich eine Schwester hat, für die das Leben soviel leichter wird als für einen selbst." Bewußt spreche ich nicht von dem besseren Talent oder der größeren Anziehungskraft der Schwester, sondern vom leichteren Leben. Ich will vermeiden, daß die Patientin in sich selbst das erste Aufkommen von Neidgefühlen registriert und daß sie gar vermutet, ich könnte sie für eifersüchtig oder neidisch halten. In der Einleitungsphase der Therapie wäre dies Erleben für die Patientin nur eine schwere Belastung und sie würde sich bald von mir zurückziehen.

Die Patientin betont demzufolge auch, daß es sachlich nur gerecht sei, wenn ihre Schwester von allen mehr geliebt und bewundert würde, denn sie habe eben den besseren Charakter und sei um ein so Vielfaches talentierter. Dies wiederum will ich mir nicht unwidersprochen anhören. Ich ziehe die Ansicht der Patientin in Zweifel, indem ich rückfrage: „Sind Sie ganz sicher, daß Sie

Ihre Schwester richtig beurteilen?" Und als die Patientin nickt, bitte ich sie, mir zu einem nächsten Gespräch doch einige Familienbilder mitzubringen, auf denen auch die Schwester ist. Die Patientin verspricht es, ohne zu bemerken, daß sie damit schon stillschweigend eine nächste Konsultation voraussetzt. Ich selbst registriere an dieser spontanen Bereitwilligkeit, daß ich vermutlich doch mit einer tragfähigen Vertrauensbasis werde rechnen können. Beiläufig frage ich schließlich, ob auf diesen Bildern auch der kleine Bruder zu sehen sei und füge hinzu, daß ich gehört hätte, mit diesem ginge es so besonders gut. Die Patientin betont ihre gute Beziehung zu diesem Bruder nachdrücklich, erzählt mir einige erheiternde kleine Anekdoten von ihm, so daß ich schließlich einen Augenblick benutzen kann, in dem ich mit Humor sage: „Nun erzählen Sie mir doch auch noch von Ihrem Vater, dann kenne ich wenigstens die ganze Familie." Die Patientin runzelt die Stirn, zögert einen Augenblick und in ihr Schweigen hinein bemerke ich kommentierend, daß der Vater offenbar ein Künstler und ein entsprechend schwieriger Charakter wäre.

Diese letztere Bemerkung mag manchem Therapeuten zu aktiv erscheinen. Ich wollte aber dringend jener Schwierigkeit vorbeugen, die allemal dann entsteht, wenn Patienten zum Therapeuten schon soweit Vertrauen gefaßt haben, daß sie ihn nicht gern belügen wollen, andererseits aber im Begriff sind, über einen offenen Familienkonflikt zu sprechen, der sie vielleicht nötigt, Kritisches über einen nahen Angehörigen zu sagen.

Es ist zunächst einmal eine gesunde und normale Reaktion, wenn junge Patienten die Kritik, die sie an ihren Angehörigen haben, nicht gern in die Außenwelt tragen. Die Identifikation und Solidarität mit der eigenen Familie ist ein wichtiges und positives Erlebnis, das man schützen sollte, auch dann, wenn man voraussieht, daß es nicht ohne eine Phase sehr kritischer Auseinandersetzung mit den Familienmitgliedern abgehen wird. Meine Formulierung war demzufolge bewußt gewählt.

Wenn ich nämlich zu meiner Patientin sage: „Ihr Vater ist Künstler und wohl entsprechend schwierig", dann habe ich damit den Gedanken ausgedrückt, daß das Künstlertum des Vaters (das man als Wert zu sehen hat) die bekannten Schattenseiten mit sich bringt. Hätte ich nur gesagt: „Ihr Vater ist wohl eine schwierige Natur" oder „Mit Ihrem Vater stehen Sie sich vielleicht nicht besonders", wäre ich sicherlich nicht nur zudringlich, sondern auch voreilig gewesen. Meine Absicht war, meiner Patientin ihre Mitteilung zu erleichtern, indem ich sie wissen ließ, ich würde ihre Äußerungen nicht einseitig auffassen und evtl. am Vater ungerechte Kritik üben.

Wichtig ist dabei natürlich, daß diese meine Mitteilung die spontane Äußerung einer wirklichen Überzeugung war und nicht gewissermaßen eine aus Gründen der „therapeutischen Technik" gewählte Formulierung, an die ich selber eigentlich nicht glaube. Vor Unaufrichtigkeiten dieser Art kann ich meine Leser nur mit vollem Nachdruck warnen. Die Patienten spüren das sofort heraus und die Therapie läuft unter falschen Voraussetzungen weiter.

Die Patientin, die mir mit einem halben nachsichtigen Lächeln den vermuteten schwierigen Charakter ihres Vaters bestätigt, spricht dann von dem schwierigen Leben, das er gehabt hat, dem Verlust der beiden früheren Frauen, aktuellen Berufssorgen und ähnlichem. Sie spricht nicht von ihrer eigenen Beziehung zu ihm, bis ich schließlich eine Zwischenfrage einschalte, indem ich sage: „Sie haben viel Verständnis für Ihren Vater. Meinen Sie, daß er sich in Ihre Lage ebensogut hineinversetzen kann?“ Nun wehrt die Patientin ab, er sei doch eine andere Generation, lebe in einem anderen Berufskreis, das könne man nicht erwarten.

Der Zweifel, den ich bei dieser Äußerung empfinde, muß sich in meinen Augen ausdrücken. Ich tue auch nicht viel, um ihn zu verbergen, wenngleich ich nichts Ausdrückliches sage. Als die Patientin mich forschend ansieht, lächele ich ihr zu, sie versteht mich offenbar, lächelt zurück, und ich sage nun doch: „Es hat schon mal 50jährige Väter gegeben, die sich in ihre 18jährigen Töchter ganz gut hineinversetzen konnten.“ Dies ist mit Humor gesagt, wird von der Patientin auch so aufgefaßt und sie bekundet die Existenz ihrer verborgenen Sehnsüchte mit der abwehrend resignierten Mitteilung: „Man kann eben nicht alles haben“, woraufhin ich nur verhältnismäßig trocken und beiläufig kommentiere: „Man kann aber auch zu früh resignieren.“

Wie man sieht, hat sich der Verlauf des bisherigen Gespräches folgendermaßen gestaltet: Nach der ersten Einleitung und Überwindung der Abwehr meiner Patientin habe ich von ihr Schritt für Schritt eine Schilderung ihrer gegenwärtigen Lebensumstände bekommen, beginnend mit der Arbeitssituation, in der die Erkrankung ausgebrochen ist, über wichtige Daten aus der Kindheit der Patientin hinweg bis zu der Auseinandersetzung mit den gegenwärtigen Beziehungspersonen Stiefmutter, Vater, Schwester und Bruder. Deutlich angeklungen ist das religiöse Thema bei der Patientin, die sich gerade in der Zugehörigkeit zu einem sektenhaften religiösen Zirkel in der Welt zurechtzufinden sucht. Die Problematik ist angeklungen und in einem ersten Ansatz teils von der Patientin, teils von mir formuliert worden. Mir schien, ich hatte im Verlauf des Gespräches das erreicht, was ich erreichen wollte: Vertrauen der Patientin zu mir, Bereitwilligkeit wiederzukommen und eine erste Andeutung aller kommenden Probleme, die die Therapie der Patientin beschäftigen würden. Dies alles war so schonend wie möglich geschehen, damit die Patientin sich nicht verstört und verschreckt fühlte.

Nachdem die Patientin nun so verhältnismäßig viel von sich erzählt hatte, schien es mir dringlich, daß ich ihr einige Informationen darüber gab, wie ich mir die Chance einer ärztlichen Hilfe vorstellte. Die Patientin mußte ja unbedingt mit dem Gefühl nach Hause gehen, daß unser Gespräch tatsächlich etwas mit ihrem Krankheitszustand zu tun hatte und daß es sich nicht nur darum handelte, daß sie vertrauensvoll einem Fremden gegenüber „Aussprachen“ hatte. Andernfalls würde ich Gefahr laufen, daß die Patientin zu Hause in erneutem

Aufwallen ihrer depressiven Resignation sagen würde, daß es von einer Aussprache allein doch auch nicht besser werden könne und daß sie mich zwar gern habe, aber in solchen Gesprächen doch nicht viel Sinn finden könnte.

Diese meine Überlegungen teile ich der Patientin also mit und sage ihr zugleich, daß ich es für notwendig hielte, ihr einige Erklärungen und Erläuterungen zu geben. Ich berichte ihr nun von dem Krankheitsbild eines Jungen im gleichen Alter. Ich erzähle ihr, daß und in welcher Form dieser Patient seine eigenen vitalen Wünsche und Bedürfnisse nicht richtig aufkommen ließ, sondern sie immer zugunsten von anderen zurückstellte, bis er schließlich in der unvollkommenen Auseinandersetzung mit der eigenen Person auch die umgebende Welt nicht mehr richtig erleben konnte. Ich erzähle ihr, wie dieser Junge das typische „Wattegefühl" der Welt gegenüber entwickelte, das häufig die Konsequenz solcher inneren Verfassung ist. Ich schilderte der Patientin die Folgen einer übertriebenen asketischen weltfeindlichen Einstellung, erläuterte ihr den seelischen Vorgang, den wir mit Verdrängung bezeichnen, und sagte (mit Hinweis auf die religiöse Problematik der Patientin), daß Verdrängen eben keine Tugend sei und daß nach meiner Auffassung Lebensfreude und religiöse Einstellung sich nicht auszuschließen brauchten.

Innerhalb dieser Fremdschilderung nahm ich dann der Patientin eine Reihe von Einwänden vorweg, die in solchen Fällen häufig kommen. Das bekannte Thema vom „Ausleben der Triebe", die Zwiespältigkeit und Antinomik zwischen Zuneigung und Abwehr und die große Scheu, die ein junger Mensch hat, einem der geliebten Angehörigen, Vater oder Mutter, wenn diese sowieso ein schweres Leben hatten, zusätzlich noch Schmerz zu bereiten. Ich sagte der Patientin weiterhin, daß sie im Verlauf einer Therapie nicht zu befürchten habe, daß sie sich mit allem, was ihr bisher lieb und vertraut gewesen sei, kritisch oder feindselig auseinandersetzen müßte, sondern daß ich der Ansicht wäre, sie habe zu sich selber eine so unfreundliche Einstellung, daß sie schon deshalb zu keiner hoffnungsvollen Lebensplanung kommen könnte.

Die Patientin war mir bei dieser Schilderung sehr aufmerksam gefolgt, hatte Zwischenfragen gestellt, Verständnis bekundet und protestierte erst aktiv, als ich die Meinung äußerte, sie habe sich selbst gegenüber eine unfreundliche Einstellung. Ich hörte mir ihren Protest freundlich an, um meinerseits zu entgegnen: „Sehr freundlich sind Sie mit sich selbst aber bestimmt nicht." Dabei ließ ich meinen Blick mehr oder weniger vielsagend über ihre Kleidung gleiten, um noch hinzuzufügen: „Sie haben ja noch nicht einmal bemerkt, daß Sie ein hübsches Mädchen sind." Die Patientin will sich in dieses Gespräch nicht einlassen, sondern sieht abweisend in die Luft. Ich halte unser Vertrauensverhältnis inzwischen schon für so tragfähig, daß ich es riskiere, zu einer kleinen List zu greifen. Ich frage, ob wohl die Stiefmutter diejenige sei, die diesen grünen Rock zu dem verschossenen Trenchcoat empfohlen hätte und ob die Familie wohl wirtschaftlich so zu rechnen hätte, daß am Friseur für die Patientin gespart werden müßte.

Die Patientin verteidigt ihre Familie sofort mit Entschlossenheit, wie vorauszusehen war. Und ich beeile mich, ihr zu versichern, daß ich ihr das glaubte. Ja, ich halte mich sogar für verpflichtet, die List preiszugeben, die in meiner Frage steckte, und sage der Patientin, daß ich von mir aus fest überzeugt wäre, Stiefmutter und Vater würden nicht an dem Geld, das für Kleidung und Friseur für die Patientin nötig wäre, sparen, daß aber die Patientin selbst noch nicht in der Lage sei, ihren eigenen Stil und ihre eigene Linie zu entwickeln, daß dies aber kommen würde, wenn sie sich etwas gesünder fühlte.

Auch hier ist es wichtig, daß man sich in bezug auf die Dosierung dessen, was man vorschlägt, empfiehlt oder für möglich hält, klar ist. Einer Patientin, der man zu früh nahelegt, wie sie sich kleiden und frisieren soll, kann man in vieler Hinsicht schaden. Als Therapeut muß man wissen, daß zwar das Aussehen eines jungen Mädchens von Wichtigkeit ist und daß man viel gewonnen hat, wenn es sich positiv verändern läßt. Man muß aber gleichzeitig wissen, daß solche Veränderungen faktisch zweitrangig sind. Vordringlich ist die *veränderte Gefühlseinstellung* der Patientin zu sich selbst, das Bewußtsein, daß sie ein anziehendes Mädchen sein könnte oder daß sie dies wenigstens sein möchte. Ein Vorläufer für diesen Entwicklungsprozeß in einer Patientin ist immer das Erlebnis, daß ein anderer an diese ihre Möglichkeiten glaubt. Auch bei einer so scheinbar unwichtigen therapeutischen Einzelheit gilt der Satz: „Wenn zwei dasselbe tun, ist es doch nicht dasselbe." Zwei Therapeuten können beide ihrer jugendlichen Patientin konkrete Ratschläge über Frisur, Kleidung, Make up und ähnliches machen. Der eine jedoch erzielt in seiner Patientin im besten Fall angelernte Verhaltensweisen, eine infantile Abhängigkeit und vielleicht sogar eine libidinöse Übertragung (mit zugehöriger Gegenübertragung). Der andere Therapeut setzt stattdessen mit dem gleichen Ratschlag, der später und unter anderen Voraussetzungen angesetzt wird, gewissermaßen nur das Tüpfelchen auf das I. Er bringt mit ihm zur Abrundung, was an spontanen Möglichkeiten in der Patientin heranreifen wollte, da von vornherein die Therapie auf die innere Gefühlslage und nicht auf angelernte Verhaltensweisen ausgerichtet war.

Wir sehen, daß unser Bericht über diese erste einleitende Stunde mit der Patientin bereits einen recht breiten Raum eingenommen hat. Ich will hier schließen und über den weiteren Verlauf dieser Therapie nur soviel sagen, daß die Patientin noch zu zwei weiteren Konsultationen kam, die ihr bereits eine erste fühlbare Entlastung brachten und daß sie sich dann doch zu einer intensiveren Behandlung entschloß.

Zum Vergleich will ich jetzt sofort einen Bericht anschließen, der ebenfalls um die *Ausgangssituation* einer Therapie zentriert ist. Diese war jedoch ganz anders gelagert als im soeben geschilderten Fall. Dieser Bericht gibt Auskunft über eine Patientin, die mit rezidivierenden Magengeschwüren zu uns überwiesen wurde und die ich ohne vorheriges Gespräch mit den Angehörigen kennenlernte.

Fall 2: Christine B.

Die Patientin kam, wie gesagt, allein, ohne Angehörige und war von ihrem behandelnden Arzt ohne besondere Vorinformation zu uns überwiesen worden. Die Überweisungsdiagnose lautete Ulcus ventriculi.

Der überweisende Arzt ist, wie ich durch eine Zwischenfrage kläre, nicht der behandelnde Arzt der Patientin, der sie seit langem kennt, sondern ein Vertreter in dieser Praxis. Dies ist wichtig, denn an dem reservierten Gesicht der Patientin kann ich ablesen, daß sie über die Überweisung verstimmt ist und ich frage demzufolge beiläufig: „Wußten Sie überhaupt, in was für eine Klinik Sie hier kommen?“ Die Patientin schüttelt energisch den Kopf, so daß ich gedrängt bin, freundlich zu erwidern: „Dann muß ich Ihnen wohl erst einige Informationen geben.“ Ich orientiere mich lediglich selbst mit einer kurzen beiläufigen Zwischenfrage, noch während die Patientin den Mantel ablegt: „Sie leben bei Ihren Eltern?“ Kopfnicken der Patientin. „Haben Sie Geschwister?“ „Nein.“ „Ihre Eltern sind beide gesund?“, was mir bestätigt wird. Noch eine weitere Zwischenfrage: „Haben Sie schon eine Lehrstelle?“ Die Patientin ist Schneiderlehrling im zweiten Lehrjahr und hat die Lehrstelle in der Nähe ihrer elterlichen Wohnung in einem Randbezirk der Stadt.

Diese beiläufigen orientierenden Fragen meinerseits haben nicht viel Zeit in Anspruch genommen und für die Patientin selbst zunächst noch nicht den Charakter einer Befragung, die sie vielleicht stören könnte. Für mich ist es jedoch sehr wichtig, wenigstens schon soviel zu wissen, daß offenkundig der äußere Familienrahmen geordnet ist, daß ich es nicht mit der Problematik einer Stieffamilie zu tun habe und daß auch Geschwisterkonkurrenzen zunächst einmal nicht zur Debatte stehen. Wie ich dann gegen Ende der Konsultation feststellen kann, ist überhaupt der Lebensraum dieser Patientin schlichter und begrenzter als das Lebensbild, von dem wir soeben gehört haben.

Ich sage zu der Patientin: „Ich fürchte, Sie sind Ihrem überweisenden Arzt nicht gerade sehr freundlich gesinnt, weil er Sie zu uns überwiesen hat?“ Die Patientin zuckt zusammen und fragt mich etwas sperrig: „Wieso denn das?“ Ich erläutere ihr meine Vermutung: „Wenn er Ihnen vorher nicht erklärt hat, warum er Sie zu uns überweist, werden Sie doch sicher überrascht gewesen sein. Die meisten jungen Menschen oder auch die Erwachsenen, die mit Ihrem Krankheitsbild zu uns kommen, denken, wenn sie das Schild unserer Poliklinik sehen, man hielte ihre Krankheit nicht für echt.“ In der Antwort der Patientin ist der ärgerliche Tonfall unverkennbar. „Mein richtiger Arzt hätte das auch sicher nicht gemacht. Im Röntgenbild ist schließlich ein Magengeschwür festgestellt worden. Daß die Beschwerden immer noch nicht aufhören, dafür kann ich ja nicht.“ Ich frage nach, wie oft schon Krankschreibungen stattgefunden haben und höre, daß die Patientin schon dreimal für mehrere Wochen ausgefallen ist, einmal im Krankenhaus war und daß sie sich praktisch nie beschwerdefrei fühlt. Die Ausgangshaltung der Patientin ist typisch. Sie fürchtet, man hielte sie für eine Simulantin und ist zudem überzeugt, daß sie keine seelischen Konflikte habe. „Mir tut es leid, daß Sie so auf diese Weise zu uns kommen", sage ich der Patientin, „Erwachsene haben es da etwas leichter. Denen kann man schon auseinandersetzen, warum eine körperliche Krankheit doch seelisch bedingt ist und daß seelisch bedingt nicht dasselbe ist, wie ‚Angabe'." Als die Patientin hört, daß auch Erwachsene mit den gleichen Krankheitsbildern zu uns kommen, ist sie schon etwas versöhnlicher gestimmt. Sie ist auch geneigt, sich wie eine Erwachsene behandeln zu lassen, als ich sie jetzt frage, ob sie sich nicht wenigstens die Erläuterungen, die ich für Erwachsene bereithielte, anhören wollte. Ich füge hinzu, daß ich die letzte wäre, die ihr bei der großen Zahl der bei uns wartenden Patienten eine so zeitraubende Behandlung zumuten wollte, da wir ja schließlich nichts ohne die Bereitschaft unserer Patienten tun könnten. Die Patientin sieht mich immer noch ein wenig zweifelnd und mißtrauisch an, ist aber an sich ein gutartiges und nettes Mädchen, das in der Lage scheint, freundliches Entgegenkommen zu registrieren und entsprechend zu beantworten. (Sie hat nicht die provokatorische Abwehrhaltung und Abwehrfassade jener Jugendlichen, die an Freundlichkeit nicht zu glauben vermögen und die gerade auf Freundlichkeit mit provokatorischer Aggressivität reagieren.)

Ich beginne nun der Patientin gegenüber mit einer längeren Erläuterung über die Einflüsse seelischer Regungen auf körperliche Reaktionen. Ich befolge hier den schon mehrfach empfohlenen Grundsatz, daß nur sehr überzeugende praktische Beispiele von Wirksamkeit sind, die unbedingt der Fassungskraft des Patienten, mit dem man spricht, angepaßt sein müssen. Will man die Existenz von echten Organkrankheiten als Folge von seelischen Erregungen erläutern, dann muß man wissen, daß es hier für das Verständnis der Patientin eine Rangordnung dafür gibt, wie leicht oder wie schwer die Erläuterungen verstanden werden. Die subjektive Beziehung zum eigenen Körpergeschehen spielt dabei eine bedeutungsvolle Rolle. Man hat nämlich ein erstes einleuchtendes, rasch verständliches Beispiel für einen jungen Menschen, wenn man darauf hinweist, daß seelische Erregungen den *Herzschlag* stark beschleunigen. Die Einsicht, daß ein Dauerstrom seelischer Erregungen das Herz-Kreislaufsystem schädigen kann, ist von jugendlichen Patienten rasch aufgenommen und verarbeitet. Nach einem solchen Beispiel sind sie dann meist schon geneigt zu glauben, daß dieser Einfluß seelischer Erregungen auf Körperfunktionen praktisch für alle Organsysteme gilt. Man kann dies Verständnis dann noch bekräftigen, indem man hinzufügt, daß etwa Soldaten im Trommelfeuer oder auch sonst Menschen in Erregung Durchfälle bekommen. Beides sind Erfahrungen, die auch der Laienkenntnis zugänglich sind.

Ich erläutere meiner Patientin demzufolge beides und frage sie dann: „Haben Sie schon einmal gehört, daß wir im Volksmund sagen: Da vergeht einem ja der Appetit." Die Patientin nickt und ich fahre fort, indem ich ihr sage, daß die Abhängigkeit des Appetits und der Magenfunktion von seelischen Erregungen doch sehr weitläufig bekannt sei. Man sage schließlich nicht nur, es vergehe einem der Appetit, sondern auch „das schlägt mir auf den Magen" oder ähnliches. Ich erzähle der Patientin dann anschließend etwas von den Pawloffschen Versuchen, gebrauche auch den Begriff bedingter Reflex und erzähle ihr von den künstlich erzielten Magengeschwüren im Tierexperiment bei permanenten Scheinfütterungen. Ich sage der Patientin zugleich, daß ich ihr dies nur erzählte, weil ich gern in ihr die Vorstellung zerstreuen wollte, daß man ihre Krankheit nicht ernst nähme. An der Existenz des Magengeschwürs zweifelte niemand, an ihrem Krankheitsgefühl auch nicht. Nur schiene ihr überweisender Arzt daran zu zweifeln, daß mit den bisherigen üblichen Mitteln der Medizin ihr Zustand wirklich dauerhaft und günstig beeinflußt werden könnte. Ich bemerke, daß die Patientin sich mit ihrem überweisenden Arzt aussöhnt und auch mir gegenüber freundlicher gestimmt ist.

So vorbereitet, mache ich der Patientin einen Vorschlag. Ich sage ihr, daß es natürlich Magengeschwüre gäbe, die nichts mit Seelischem zu tun hätten, und daß ich natürlich auch nicht wissen könnte, ob bei ihr selbst Seelisches im Spiel wäre. Aber vielleicht könnte sie mir doch einmal versuchsweise über sich selbst Auskunft geben, so daß wir gemeinsam auf die Suche gehen könnten. In das Zögern der Patientin hinein spreche ich noch weiter und füge hinzu, daß „seelische Probleme" nicht identisch seien mit offen zutage liegenden dramatischen inneren oder äußeren Konflikten. „Meistens", sage ich zu der Patientin lächelnd, „sind Menschen mit Magengeschwüren solche, die sehr viel Pflichtgefühl haben und die sich mit ihrem Pflichtbewußtsein und ihrem Leistungseinsatz leicht übernehmen. Menschen dieser Art achten nicht ausreichend auf das Kräftereservoir, das die Natur ihnen mitgegeben hat."

Ich sage dies zu der Patientin als eine sehr allgemein gehaltene Anspielung auf ihre eigene Verfassung. Ihrem eigenen Habitus und Auftreten nach darf ich vermuten, daß es sich bei ihr sehr ausgesprochen um den leistungswilligen Typ handelt und nicht um den bequemen. Ich gebe ihr mit dieser Bemerkung zugleich einen Hinweis auf die Richtung, in der meine eigenen Gedanken und Überlegungen laufen und ich vermittle ihr schließlich noch das Gefühl, daß man sie selbst und ihre Eigenart positiv beurteilt, insbesondere auch positiv unter dem Gesichtspunkt ihres Krankheitszustandes.

Das aktive Interesse der Patientin ist geweckt und sie stellt eine Gegenfrage: „Wieso ist das so?", will sie wissen, „sind alle Magenkranken so?" Ich verneine: „Nicht alle, aber manche. Manche Magenkranke sind ausgesprochene Fliegenfänger für Pflichten." Die Patientin muß über diesen Vergleich lachen und wir sind nun schon gute Freunde.

Noch einen Augenblick länger übernehme ich die mehr oder weniger aktive Rolle in der Gesprächsführung und frage die Patientin: „Sind Ihre Eltern eigentlich ähnlich wie Sie, oder woher haben Sie das?" Die Patientin kommt nun in ein kindlich sprudelndes Erzählen: „Ach, Vati arbeitet den ganzen Tag."

Jetzt brauche ich für die nächste halbe Stunde des Gesprächs nicht viel anderes zu tun, als das Mitteilungsbedürfnis der Patientin freundlich aufzunehmen und mit einigen Zwischenfragen dafür zu sorgen, daß ich ein abgerundetes Bild über die gegenwärtige Lebenslage der Patientin erhalte. Die Patientin hat mir von Vater, Mutter, ihrer eigenen Schulentwicklung, ihren Freundinnen und deren Berufsplanung erzählt und ich frage schließlich einmal dazwischen, ob noch weitere Angehörige in der Familie existierten. Da ist noch eine Oma und eine Tante (Mutter und Schwester des Vaters). Das Gesicht der Patientin verdüstert sich bei der Erwähnung der beiden. Als ich frage, wo die Großmutter wohnt, höre ich, daß diese bis vor kurzem mit im gemeinsamen Haushalt gelebt hat. Sie ist zur Zeit und nur versuchsweise bei der Schwester des Vaters untergebracht, soll aber demnächst wieder in die Zweieinhalbzimmer-Wohnung zurückkehren, in der die Patientin mit ihren Eltern lebt. Dies würde für die Patientin bedeuten, daß sie ihr inzwischen erobertes halbes Zimmes aufgeben muß und, wie auch früher, im gemeinsamen Wohnzimmer schlafen, während ihre Sachen bei der Großmutter untergebracht sind. Die Patientin klagt sich über diese bedrohliche Zukunftsaussicht aus, über die Unbequemlichkeiten, die das für sie, die jetzt berufstätig ist, bedeutet, über die Auseinandersetzungen, die sie mit der Großmutter hat, über den fehlenden Schlaf, weil der Vater abends lange Radio hört usw. Mitten in ihren ärgerlichen Erläuterungen stoppt sich die Patientin plötzlich ab. Sie hat das Gefühl, sie habe mir zuviel erzählt und sie hat außerdem das Gefühl, daß ihr Bericht nicht ganz der Wahrheit entspricht. Sie widerruft ihre Mitteilungen, verlangt, daß ich sie nicht falsch verstehen solle und sagt, daß es schließlich für die Familie gut wäre, wenn die Oma wieder in die Wohnung zöge. Schließlich hätte diese ihre hohe Rente, die Miete sei sowieso teuer und man könne die alte Frau auch nicht der unvollkommenen Versorgung durch die Tante überlassen.

Nicht mit einem Wimpernzucken bekunde ich, daß ich diesen einschränkenden Worten der Patientin keinen Glauben schenke. Dies besonders deshalb, weil ich lebhaft vermute, daß das Verbleiben der Großmutter in der Familie (so konflikthaft es sein mag) auch im Erleben der Patientin positive Züge haben muß. Ich frage also nur anteilnehmend und interessiert zurück: „Ihr Vater hängt wohl sehr an seiner Mutter?“, was mir die Patientin mit fühlbarer Erleichterung bestätigt. Ich frage weiter: „Was sagt denn Ihre Mutter zu diesem Plan?“ und die Patientin entschließt sich nur zu einem resignierten: „Ach Mutti“, um nach einer gedehnten Pause hinzuzufügen: „Mutti sagt ja sowieso nie etwas.“ Ich bemühe mich jetzt, mit einer Frage für mich selbst und für die Patientin die Situation zu präzisieren: „Sagt Mutti nie etwas oder hat sie auch keine eigene Meinung?“ Mit dieser Frage möchte ich natürlich wissen, ob die Mutter der Patientin eine Frau ist, die selbständige Impulse und Wünsche überhaupt nicht kennt und insofern auch nicht äußert, oder ob sie jener Typ ist, der heimlich protestiert oder gar queruliert, jedoch nicht wagt, seine Wünsche offen anzumelden. Die Bedeutung solcher Unterschiede für das Erleben und Verhalten eines Menschen oder einer Familiengruppe ist groß und mein therapeutisches Verhalten müßte sich sehr ändern, je nachdem, mit welcher Situation ich es zu tun habe.

Die Patientin überlegt nicht lange, sondern sagt sofort, daß die Mutter schon ihre eigenen Ansichten hätte, auch Wünsche oder Pläne, jedoch mit diesen Ansichten meist nie herauskäme.

Die nächste Frage, die ich nun stelle, bezweckt wiederum eine noch weitere Präzisierung der vorliegenden affektiven Konstellation. Diese Frage soll uns einmal am konkreten Beispiel illustrieren, was man etwa unter „zielgerichteter Befragung" zu verstehen hat. Ich sage: „Erwartet Mutti vielleicht, daß man ihre geheimen Wünsche errät und sie erfüllt, bevor sie sie ausgesprochen hat?" Ich füge dann noch hinzu: „Manche Menschen sind ja so, daß sie glauben, wahre Liebe bekundet sich nur im Erraten der Wünsche und sonst gar nicht."

Dem Erfahreneren wird der Sinn meiner Frage und der Erfahrungsschatz, der hinter ihr steht, bereits deutlich sein: Es ist einmal schon ein Unterschied, ob ein Mensch bestimmte Wünsche in sich selbst nicht kennt (weil er sie völlig verdrängt hat) oder ob er die Wünsche zwar erlebt, aber nicht wagt, sie mitzuteilen. Es bedeutet aber außerdem noch ganz etwas anderes, wenn in einem Menschen jene neurotischen Erwartungshaltungen lebendig sind, auf die ich soeben angespielt habe. Wer diese Unterschiede nicht kennt, fragt natürlich nicht nach ihnen. Und wenn man nicht nach ihnen fragt, sondern auf die spontane Mitteilung der Patienten wartet, dann darf man sicher sein, daß die Situation unklar bleiben wird. Man kann von einem Patienten (besonders von einem jungen Patienten) auf keinen Fall so viel psychologische Kenntnis und Präzision erwarten, daß er eine Information dieser Art spontan produziert.

Jedes anamnestische Gespräch ist durchsetzt von einer Fülle ähnlicher zielgerichteter Fragen, die sich um die *Präzision der Lage* bemühen und die man nur formulieren kann, wenn man über die verschiedenen in Frage kommenden Möglichkeiten Bescheid weiß. Im gleichen Sinn sollen auch die übrigen Fragen weiterhelfen, die ich im Verlauf des Gesprächs im geeigneten Moment formuliere. Ich frage zum Beispiel kurz im Anschluß an das soeben zitierte Gesprächsstück, ob die Mutter ihre privaten Wünsche und Bedürfnisse (etwa Kleider, Schuhe, Friseur usw.) vom Wirtschaftsgeld bestreiten muß oder ob ihr Mann, also der Vater der Patientin, zu solchen Anschaffungen erst einmal seine Einwilligung zu geben hat. Ich frage etwas später, ob die Mutter über die Ersparnisse ihres Mannes informiert ist und ob sie Zugang zu seinen Sparkonten besitzt. Nach etwas längerem Verlauf des Gespräches bringen mich die Kenntnisse, die ich inzwischen erhalten habe (und die ich sogleich schildern werde) schließlich zu der noch sehr viel heikleren Frage, ob die Mutter denn schon einmal gegen die zahlreichen Einmischungen ihrer Schwägerin (Tante der Patientin) protestiert habe und ob sie über die in Gang befindliche Erbschaftsregelung, die die Großmutter der Patientin plant, im Bilde sei.

Mit Absicht stelle ich diese zielgerichtet formulierten Fragen zunächst einmal so an den Beginn meiner jetzt kommenden Erläuterungen. Es ist wohl klar, daß jede einzelne Frage, so wie sie da steht, abgestimmt sein muß auf die affektive Situation, in der man sie ausspricht. Man muß überlegen, ob eine solche Frage vielleicht als zudringlich empfunden werden würde, oder ob sie gar verwirrt. Man muß abschätzen können, ob das angeschnittene Thema enorme Affekte mobilisiert und ob man vielleicht riskiert, daß man zwar eine Auskunft erhält, jedoch die Patienten nachträglich sehr darüber verstimmt sind, daß sie sich in ein solches Gespräch haben hineinziehen lassen.

Bei meiner Patientin hatte sich im Gespräch mit mir die Situation so entwickelt, daß ich glaubte, die mitgeteilten Fragen auch ohne Bedenken stellen zukönnen. Zunächst hatte sie mir erzählt, daß ihre Mutter mit einem festen Wirtschaftsgeld auskommen muß (und auch auskommen kann), das nur für die täglichen Belange des gemeinsamen Haushaltes gedacht sei. Daß eine Extrakasse für zusätzliche Ausgaben aller Familienmitglieder existierte, die zwar der Vater verwaltete, über die es aber noch nie eine Auseinandersetzung gegeben hätte. Der Vater habe noch nie in seinem Leben ein einziges Mal protestiert oder auch nur genörgelt oder Mißfallen geäußert, wenn seine Frau erklärte, sie brauche ein paar Schuhe, ein neues Kleid, Strümpfe oder ähnliches. Im Gegenteil, es sei eher der Vater, der ab und zu anregte, daß die Frau sich etwas Neues kaufen sollte. Als die Patientin mir dies erzählt, identifiziert sie sich mit einer Kritik ihrer Mutter an diesem Verhalten des Vaters. Die Patientin meint, daß Männer sich nicht so benehmen dürften. Die Mutter sei oft gekränkt, daß der Vater ihr keine Geschenke mitbrächte, daß er nie bemerkte, wenn sie schon jahrelang mit demselben Kleid herumliefe und ein neues brauchte und daß er nie selbst in einen Laden ginge und ihr von sich aus ein neues Kleid mitbrächte. Wie gesagt, identifiziert sich die Patientin mit diesem geheimen Protest der Mutter, die die Geschenke ihres Mannes erwartet und die ihre heimlichen Enttäuschungen gewissermaßen auf Flaschen zieht, ohne sie je direkt auszusprechen. Weiter habe ich von der Patientin gehört, daß der Vater, seine Mutter und die Schwester des Vaters gemeinsam an einem Sparvorhaben beteiligt sind, von dem eines Tages ein Grundstück gekauft werden soll. Die monatlich gezahlte Sparsumme ist nicht unbeträchtlich, und als ich mich auch hier wieder fragend vergewissere, wie diese Summe aufgebracht würde, höre ich, daß es die Rente der Großmutter ist, die in vollem Umfang regelmäßig auf dieses Sparkonto eingezahlt wird. Dies war bislang nur dadurch möglich gewesen, daß die Großmutter im Haushalt ihres Sohnes mit unterhalten und von der Schwiegertochter gepflegt worden war. Eines Tages war die Großmutter zu ihrer eigenen Tochter gezogen, angeblich, um die Schwiegertochter von der Pflege zu entlasten. In Wahrheit wurde aber nur ein Vorwand gesucht, um das gemeinsam ersparte Grundstück auf den Namen dieser Schwester des Vaters schreiben zu lassen. Dies war für den Vater aus steuerrechtlichen Gründen bequem. Für die Mutter der Patientin bedeutete es jedoch, daß sie sicher sein konnte, eines Tages von einer möglichen Erbschaft ausgeschlossen zu sein. Die Mutter war darüber bereits sehr erbittert gewesen, weil die Hauptsumme schließlich in ihrem Haushalt erspart worden war. Sie war aber nun begreiflicherweise noch mehr empört, als es hieß, daß die Großmutter nach dem kurzen Intervall bei ihrer Tochter (das nur zu einer moralischen Rechtfertigung für den Erbschaftsvertrag gedient hatte) wieder in den Haushalt des Sohnes zurückkehren sollte, was starke wirtschaftliche Einschränkungen und viel Arbeit für die Mutter der Patientin bedeutete. Die Situation wurde dadurch noch sehr kompliziert und verschärft, daß der Vater und seine Schwester ihre Pläne mit dem Argument rechtfertigten, daß die Patientin schließlich die Alleinerbin der kinderlosen Tante sein werde, so daß das gekaufte Grundstück immerhin in der Familie bliebe. Auf diese Weise war offenkundig ein höchst problematischer Konfliktstoff zwischen Mutter und Tochter geschaffen worden. Die Mutter wäre bei allen ausgesprochenen Protesten leicht in den Verdacht gekommen, daß sie ihrer Tochter das Grundstück neidete. Für die Tochter selbst war diese Planung immerhin eine gewisse Versuchung, so daß sie sich bei der Unterstützung ihrer Mutter doch in gewisser Weise gegen die eigenen Interessen stellte.

Im Verlauf dieser Mitteilungen, die ich erhielt und die ich, wie geschildert, rückfragend präzisierte, habe ich natürlich nicht mit anteilnehmenden Äußerungen gespart. Ich habe mich zunächst einmal mit den von der Patientin bewußt erlebten und vorgetragenen Einstellungen und Urteilen identifiziert, sofern sie wirklich einem naiven Empfinden einfühlbar erscheinen konnten. Ich habe also etwa geäußert, daß man um des lieben Friedens willen in einer Familie eher schon einmal nachgibt, daß man nicht gerne einen offiziellen Erbschaftsstreit im eigenen Hause hat, daß es verständlich sei, wenn die Mutter sich zufriedengibt, weil immerhin ihre eigene Tochter von dem Ersparten den Nutzen haben wird und daß man es dem Vater nicht verdenken könne, wenn er an seiner eigenen Mutter hinge und diese bei sich im Haushalt haben wolle.

Diese Haltung konnte ich ehrlicherweise deshalb einnehmen, weil ich aus den Mitteilungen der Patientin den Eindruck gewann, daß es sich bei ihren Angehörigen nicht eigentlich um eine korrupte Familie handelte, die sich heimlich gegenseitig betrog, sondern daß die Arrangements, die getroffen wurden, mehr oder weniger naiv und gutgläubig geschahen. Zu dieser Überzeugung war ich ganz besonders auch deshalb gekommen, weil mir die Patientin von den heimlichen Erwartungshaltungen ihrer Mutter erzählt hatte. Ich vermutete daher, daß diese niemals offen gegen die Pläne ihres Mannes protestiert hatte, so daß dieser mehr oder weniger der Meinung sein durfte, seine Frau sei einverstanden und akzeptierte den wirtschaftlichen Gewinn, den alle Beteiligten durch die Steuersituation haben würden. Er konnte vielleicht auch annehmen, seine Frau vertraue darauf, daß die Tochter ihr gegebenenfalls die Teilhaberschaft an dem Grundstück nicht versagen werde, falls dies eines Tages eine akute Frage sein sollte.

Ich hoffe, aus den bisherigen Überlegungen ist deutlich geworden, daß die bislang mitgeteilten direkten Anfragen an die Patientin nur auf dem Hintergrund dieser anteilnehmenden und bejahenden Einstellung riskiert werden durften. Diese Einstellung war um so notwendiger, als es auf der Hand lag, daß sich die Patientin in ihren eigenen Reaktionsweisen stark nach der Mutter ausrichtete und ebenfalls schon soweit war, daß sie nur geheime Wünsche und Pläne kultivierte, diese aber nicht aussprach in der stillen Hoffnung, eines Tages werde ein Märchenprinz kommen und ihr ungefragt alle Schätze der Welt zu Füßen legen.

Ich will nun dazu übergehen, mit einem Beispiel jene Seite des ersten Gesprächs zu illustrieren, bei der ich bereits *mit therapeutischer Zielsetzung* darum bemüht war, die beobachteten neurotischen Reaktionen meiner Patientin zu beeinflussen. Sei es, daß ich bestimmte Verhaltensweisen zweifelnd in Frage zog, sei es, daß ich halbe Anspielungen (Interpretationen) in bezug auf latente bereitliegende Wünsche machte. Sei es, daß ich mit Hilfe von Fremdschilderungen andere Lebensmöglichkeiten darstellte und zur Überlegung anbot.

Als mir die Patientin erzählt hatte, die Mutter erwarte immer, daß ihr Mann bemerken solle, wenn sie nur noch alte Kleider habe und ihr spontan eines schenken, hatte ich zwar zustimmend gemeint, ich verstünde schon, daß es schöner sei, wenn sich der andere ein Geschenk ausdächte. Nach einer Weile hatte ich mich aber doch vorsichtig nach dem Arbeitstag des Vaters erkundigt und schließlich geäußert, es sei vielleicht ein bißchen viel verlangt, wenn ein so beschäftigter Mann nun auch noch darüber grübeln solle, ob seine Frau ein neues Kleid brauchte, nur weil diese selbst keine Lust habe, einen Wunsch auszusprechen. Ich hatte damit eine erste Kritik an der Mutter geäußert, jedoch noch sehr vorsichtig und zurückhaltend. Nach einer Weile hatte ich noch hinzugefügt: „Ich wette, Sie machen es der Mutter nach", und als die Patientin nickte, noch weiter gefragt, ob sie jemals schon ihre Überstunden, die sie doch vermutlich machte, auch bezahlt bekäme. Meine Vermutung war offenkundig richtig. Die Patientin wurde auf ihrem Arbeitsplatz nicht schlecht ausgenutzt. Sie hatte, obgleich eine sehr fleißige und auch geschickte Arbeiterin, noch nie ein Gespräch darüber geführt, daß entweder ihre gesetzlichen Arbeitszeiten eingehalten werden müßten, oder daß sie die Überstunden bezahlt bekäme. Da ihr Arbeitgeber mit dem Vater befreundet war, hätte dies ganz besonders leicht geschehen können. Für die Patientin war jedoch gerade dieses Faktum der Anlaß, daß sie sich überhaupt nicht meldete. Als ich dies von ihr höre, sage ich freundlich zu ihr, daß ich nicht recht einsehen könnte, warum sie ihren Arbeitgeber aus seinen vertraglichen Verpflichtungen entließe, daß ich aber fürchtete, sie mache es wie die Mutter. Sie melde sich nicht und erwarte, daß die Umwelt schon Entgegenkommen zeigen werde. Aber letzten Endes hätte sie doch das Nachsehen. Ich sage dies aber nicht mit allzuviel Nachdruck, sondern mehr beiläufig, etwas nachdenklich, und wechsele das Thema als ich bemerke, daß die Patientin meine Behauptung immerhin aufgefangen hat. Erst etwas später spiele ich auf die latenten Wünsche der Patientin an und sage „oder wüßten Sie etwa nicht, was Sie mit dem Geld, das Sie für Überstunden erhalten, anfangen sollten?"

Auch eine solche Frage hat zu einem Teil präzisierenden Charakter. Schließlich gibt es Neurotiker, die wirklich eine so „blasse Wunschwelt" haben, daß sie nicht einmal Wünsche in sich kennen. Zu einem Teil war es aber auch eine halbe Reizdeutung. Ich wollte der Patientin etwas mehr zu Bewußtsein bringen, daß sie nicht ohne eigene Bedürfnisse und Wünsche war, deren Befriedigung ihr sicherlich viel Freude gebracht hätte. Und dies gelang mir auch. Die Patientin sagte, wenn auch ein wenig vorsichtig zögernd: „Ach, da gibt es schon eine Menge! Aber das hat ja später noch Zeit."

Soviel zunächst einmal über Einzelheiten der Gesprächsführung aus der Erstkonsultation mit dieser Patientin. Zur Komplettierung des Bildes will ich hinzufügen, daß noch in der gleichen Stunde mehrere weitere Themen aus ihrem Leben etwa gleichsinnig zur Sprache kamen. Die Patientin hatte auf ihrem Arbeitsplatz zwei junge Lehrlinge als Berufskollegen, mit denen es eine Reihe von Konflikten gab. Teils Konflikte um Art der Überstunden und deren Bezahlung, teils Schwierigkeiten durch die sexuellen Annäherungsversuche des einen Jungen. Teils bestanden aber auch Probleme durch die verhüllten Annäherungsversuche des Arbeitgebers der Patientin selbst. Auch hier wurde, wie früher, die Situation in Frage und Antwort geklärt und die Reaktionen der Patientin als etwas Verständliches akzeptiert. Außerdem habe ich dem Mädchen Informationen über das Reagieren und Verhalten junger oder älterer Männer gegeben und auch ein paar Ratschläge, wie sich ein junges Mädchen in diesen Lebenslagen zurechtfinden und helfen könne.

Dieser Teil des Gespräches wurde von mir abgeschlossen mit der Frage, ob die Patientin über sexuelle Vorgänge überhaupt schon voll orientiert sei, und als sie dies verneinte, bot ich ihr an, dies bei einem nächsten Gespräch nachzuholen. Die Patientin war damit sehr einverstanden und sie hatte damit offenbar ein begründetes Interesse und einen Anlaß, ein nächstes Mal wiederzukommen. Da die akuten Beschwerden der Patientin heftig waren und die Einleitung der Therapie immerhin relativ befriedigend verlaufen, riskierte ich es, einen verhältnismäßig frühen Termin für das nächste Gespräch anzusetzen. „Früh" als zweiter Termin im Gespräch für einen Jugendlichen bedeutet nach meinen Erfahrungen etwa der Zeitraum von einer Woche. Ich schlug der Patientin also einen solchen Termin vor, den sie bereitwillig annahm und nahm mir vor, über das Thema der sexuellen Aufklärung hinweg auch jene Reaktionen etwas aktiver zu behandeln, die die Patientin in der Identifikation mit ihrer Mutter übernommen hatte.

Hatte ich doch mit meiner bisherigen Gesprächsführung zwar erreicht, daß in der Patientin ein erster Zweifel an der Richtigkeit der mütterlichen Lebensführung aufgekommen war. Aber dies war selbstverständlich nur ein erster Beginn. Man hatte sicherlich mit längeren Zeiträumen zu rechnen, bis die Patientin in der Lage sein würde, die Problematik ihres Lebens so weit zu verarbeiten, daß sie mit verbesserter innerer Selbständigkeit doch im vorgezeichneten Lebensrahmen gesund bleiben konnte. Um die Patientin aber nicht vorzeitig aus der Behandlung zu verlieren, mußte gerade im Beginn darauf geachtet werden, daß ihr der Sinn einer solchen Behandlung auch wirklich deutlich wurde.

Ich will mich nun auch hier nicht in weitere Einzelheiten über die dann schließlich durchgeführte längere Behandlung einlassen. Bei diesem Fallbericht war ja meine Absicht hauptsächlich, daß ich die Ausgangssituation bei einem psycho-somatischen Krankheitsbild schildern wollte. Die nächste Fallschilderung soll sich zunächst einmal ebenfalls mit spezifischen Schwierigkeiten bei der Einleitung einer Therapie befassen. Es wird sich um einen jugendlichen Patienten handeln, bei dem das subjektive Krankheitsgefühl zunächst auf eine Organsymptomatik bezogen war, während unter psychiatrischen Gesichtspunkten die beginnende Zwangssymptomatik das eigentliche Problem darstellte. Gleichzeitig wird uns diese Krankengeschichte illustrieren können, wie man unter Umständen in diagnostisch-therapeutischer Kleinarbeit bemüht sein muß, die wahre Problematik im Leben des Patienten aufzudecken, um Irrtümer in der Prognose und Fehler in der therapeutischen Planung zu vermeiden. Wir werden sehen, daß bei diesem Patienten die tiefgehenden Familienkonflikte rasch zu verstehen und zu erfassen waren, daß aber neben den so offen zutage liegenden Familienproblemen eine schwere *Arbeitsstörung* des Patienten zu verzeichnen war, deren Existenz von ihm selbst zunächst überhaupt nicht registriert wurde.

Fall 3: Lothar S.

Der 17jährige Patient wurde zur Behandlung überwiesen, weil er seit ca. einem Jahr an heftigen Schweißausbrüchen litt, die mit plötzlich aufkommenden ängstlichen Regungen verknüpft waren. Im subjektiven Erleben stand allerdings nicht der Angstanfall, sondern der Schweißausbruch quälend im Vordergrund. Der Patient hatte das Gefühl, ständig nach Schweiß zu riechen. Sobald er nach Hause kam, lief er ins Badezimmer, um sich zu waschen, und er nötigte die Mutter ständig, neue und andere Seifen zu besorgen. Zeitweilig wechselte er dreimal täglich die Wäsche. Waschzeremonien waren im ersten Beginn zu verzeichnen und hatten im Zusammenhang mit den sonstigen Pedanterien des Jungen sicher die Valenz einer ersten beginnenden Zwangssymptomatik. Vom Patienten selbst wurden sie jedoch zunächst nicht als zwanghaft erlebt, sondern mit Hinblick auf die Schweißausbrüche rationalisiert. Nach den Berichten der Mutter war freilich im Reagieren des Jungen die zwanghafte Komponente sehr deutlich. Schon früh, als kleines Kind, hatte er sich als penibel, sauber und ordentlich gezeigt. Er hatte abgelehnt, aus einer Tasse zu trinken, wenn ein anderer vor ihm daraus getrunken hatte und hatte jedes Stäubchen auf seiner Kleidung sehr tragisch genommen.

Die Mutter hatte in der Schilderung der Biographie und ihrer eigenen Verhaltensformen gemeint: „Ich habe ihn ja selbst zum Pedanten erzogen.“ Sie meinte damit, daß ihre eigene ängstliche Genauigkeit die Verhaltensweisen des Jungen provoziert haben könnte. Die Mutter war nicht der Typ der gewalttätigen und dominierenden Zwangsneurotikerin, sondern eher der ängstlich bemühte und beunruhigte.

Die Symptomatik des Patienten war so quälend geworden, daß er für längere Zeit in eine Psychiatrische Klinik eingewiesen wurde. Dort erlebte er eine gewisse Besserung, erlitt jedoch kurz nach der Entlassung wieder einen Rückfall, der ihn schließlich zwang, den Schulbesuch zu unterbrechen. Der Patient war, als die Krankheit auftrat, Schüler der 12. Klasse des wissenschaftlichen Zweiges. Als er die Poliklinik aufsuchte, hatte er, um nicht völlig untätig zu sein und ohne Geld zu bleiben, eine Botenstellung in einer Elektrofirma angenommen.

Ich will nun auf Einzelheiten der biographischen Konstellation erst im Zusammenhang mit meinen differentialdiagnostischen und prognostischen Erwägungen eingehen. Zunächst möchte ich auch hier jene Probleme herausheben, die mir bei der Einleitung der Behandlung die erste therapeutische Aufgabe stellten:

Bei dem Patienten standen, wie erwähnt, die heftigen Schweißausbrüche im Mittelpunkt des Krankheitserlebens. Er neigte also verständlicherweise dazu, seinen eigenen Krankheitszustand als die Folge irgendeiner unbekannten organischen Ursache aufzufassen. Die begleitenden Angstgefühle und die zugehörigen Waschzeremonien erlebte er selbst mehr oder weniger als reaktiv, so daß er zugleich die verständliche Hoffnung entwickelte, er würde das Waschbedürfnis und die Ängstlichkeit verlieren, wenn irgendein Medikament die Schweißausbrüche unterbinden könnte.

Ganz unabhängig von der allgemeinen psychischen Verfassung des Jungen mußte ich mich daher natürlich in meinen ersten Gesprächen auf *diese Krankheitsvorstellung* beziehen. Noch genauer gesagt, ich mußte als erstes über die Existenz dieser Vorstellungen richtig ins Bild kommen. Dies war insofern nicht schwer, als der Patient die entsprechenden Fragen leicht und bereitwillig beantwortete. Nur hätte er keine spontanen Mitteilungen dieser Art gemacht, da er ja selbst über ihre Bedeutung nicht Bescheid wissen konnte.

Ich führe also mit dem Patienten zunächst einmal ein ausführliches Gespräch über die allgemeinen emotionalen Hintergründe bei solchen Schweißausbrüchen und sage, daß nach allgemeinen ärztlichen Erfahrungen die Organfunktionsstörung *neben* der Angstsymptomatik stünde, oder gar ihre Folge, *nicht* aber die *Ursache* von allem weiteren sei. Und ich frage den Patienten dann angesichts der mitgeteilten Waschzeremonien mit Hilfe einer Fremdschilderung danach, ob er nicht auch weitgehend von Verpflichtungsgefühlen erfüllt sei in Augenblicken, in denen ein unbekümmerter Mensch mehr den eigenen Impulsen nachginge. Mit dieser Frage bezwecke ich, daß der Patient ein besseres Verständnis für seine eigene innere Verfassung gewinnt. Dies gelingt mir auch. Er berichtet bestätigend über sich selbst ein zugehöriges Beispiel, nämlich daß er immer von Schuldgefühlen erfüllt sei, wenn er seinen regulären Dienstschluß um ½5 in Anspruch nähme, während die übrigen Mitarbeiter der Firma noch bis ½7 Uhr bleiben müßten. Obgleich sein Arbeitsvertrag und das zugehörige Entgelt den genannten Dienstschluß vorsehen und die anderen ihre Mittagspause haben, hat er doch immer das Gefühl, noch zu Hilfeleistungen verpflichtet zu sein. Rasch stellt sich im gleichen Zusammenhang heraus, daß der Patient mit den Verhaltensweisen, die zu diesen Verpflichtungsgefühlen gehören, immer erneut Ausnutzungssituationen provoziert.

Diese Situation einmal klargestellt, gelingt es mir, den Patienten in noch weiteren illustrierenden Beispielen von den Zusammenhängen zwischen seelischer Verfassung und körperlicher Reaktion zu überzeugen. Der Patient hat zudem eine gute Möglichkeit, mit treffsicheren Formulierungen dem gewonnenen Verständnis Ausdruck zu geben. So sagt er im Verlauf des Gespräches über verdrängte Reaktionen gelegentlich humorvoll schmunzelnd: „Ich verstehe schon, ich schraube von meiner Person die Hälfte ab“, um dann noch hinzuzufügen: „Zur Rache schafft sich die Natur dann eben ihren eigenen Kanal.“

Diese Formulierung des Patienten zeigt mir, daß ich mit meinen Erläuterungen seine Fassungskraft nicht überstiegen habe. Es ergibt sich auch, daß mich der Patient nach dem Wesen einer psychotherapeutischen Behandlung fragt und sich bereits selbst aus den bisher erhaltenen Erklärungen eine Antwort ableitet. Er sagt: „Klar, wenn man, wie ich, eine Sache zu erledigen versucht, indem man sie einfach nicht behandelt, dann ist das wie mit unbeantworteter Post. Man muß es nachher doppelt tun, erstens sich entschuldigen und dann doch antworten.“ Der Patient bezieht sich mit dieser Formulierung auf die in ihm möglicherweise bereitliegenden unbeantworteten Impulse, die er allerdings charakteristischerweise und seiner Struktur entsprechend mit unerledigter Post vergleicht. Der Patient erlebt seine eigene Impulswelt offensichtlich als eine Verpflichtung und einen Anspruch, den er „erledigen“ muß. Zugehörig entwickelt er die Vorstellung, daß die Therapie ihm zu rascherer und direkterer Erledigung seiner Pflichten verhelfen werde. Außerdem ist in diesem Bild von der unerledigten Post wohl das Fremdheitsgefühl noch mitenthalten, das der Patient seiner eigenen Erlebniswelt gegenüber hat.

In dieser Formulierung schien mir aber doch auch ein Hinweis darauf enthalten zu sein, daß der Patient möglicherweise beträchtliche Arbeitsstörungen hatte und daß diese Arbeitsstörungen kausal hinter der aufgetretenen Symptomatik standen. Ich bezog mich jedoch in der Antwort, die ich dem Patienten gab, zunächst einmal nur auf jene Seite seines Erlebens, die die eigene Impulswelt als etwas Fremdes empfindet, das „erledigt“ werden müsse. Ich sage: „Sie haben völlig recht, nur handelt es sich bei den unerledigten Briefen, die auf Sie warten, nicht um Geschäftspost, sondern um Freundschaftsbriefe, die Sie sich nicht zu lesen trauen.“ Und ich füge dann noch einiges darüber hinzu, daß eine analytische Therapie auf die Entwicklung und Entfaltung spontaner Möglichkeiten abziele und insofern eher eine Entlastung, weniger eine Verpflichtung darstelle. Diese Bemerkungen sind notwendig. Bei einem Patienten dieser Struktur riskiert man auch nicht, daß man Ausweichsreaktionen oder Bequemlichkeitshaltungen fördert, die den Fortgang der analytischen Behandlung lähmen könnten, eine Gefahr, die man natürlich bei solchen Äußerungen vorher immer richtig abschätzen muß.

Das Gespräch mit dem Patienten hatte sich dann noch etwas über seine sonstige Lebensanschauung verbreitert und war nach ungefähr einer Stunde beendet worden. Der Patient selbst bat um einen neuen Termin zur Rücksprache, wollte aber nicht gern vor Ablauf von zwei Wochen wiederkommen. Er verlegte dann den vereinbarten Termin sogar, weil er nach dem ersten Gespräch eine wesentliche Entlastung verspürt hatte, praktisch symptomfrei war und den früheren Termin für überflüssig hielt. Ich sagte ihm bereits am Telefon, daß ich auf keinen Fall an die Stabilität seiner Gesundheit glaubte und daß er doch bei den ersten Anzeichen eines Rückfalls wieder anrufen möchte. Dies geschah, wie vorauszusehen war. Der Patient meldete sich erneut und ich führte nun ein Gespräch, bei dem ich mich bemühte, ihm den Zusammenhang zwischen seiner gegenwärtigen Situation und seiner *Vorgeschichte* zu verdeutlichen. Bislang hatten wir nur von der aktuellen Verfassung gesprochen und den Kausalzusammenhängen zwischen ausgedehnten Verdrängungsreaktionen und physischer oder psychischer Krankheitssymptomatik.

Als der Patient wiederkommt, sage ich ihm ein erstes Mal, daß die Gefühlsreaktionen, die er erlebt, in der Regel etwas Erworbenes wären und eine Vorgeschichte hätten und ich fordere ihn auf, einmal darüber nachzudenken, wie und unter welchen Bedingungen er seine gegenwärtigen Reaktionsformen erworben haben könnte. Der Patient sieht mich bei dieser Frage eine Weile schweigend an, um schließlich zögernd und offensichtlich beunruhigt zu sagen: „Da geraten wir ja in Abgründe.“ Ich bemerke, daß dem Patienten eine erste Ahnung aufdämmert, wie kritisch und konfliktreich seine Beziehung zu den Eltern ist und wie schwierig es für ihn sein wird, sich mit diesen hintergründigen Problemen zu beschäftigen.

Dem *Ausbruch* der Symptomatik war nämlich in der Familie des Patienten folgendes vorangegangen: Der Vater, der erst spät aus der Kriegsgefangenschaft zu seiner Familie zurückgekehrt war (der Patient war bereits 10 Jahre alt), hatte in einer ersten Periode der Hilflosigkeit und Apathie der Mutter des Patienten die gesamte Last der Existenzsicherung für die Familie aufgebürdet, war aber gleichzeitig den vorgefundenen Kindern gegenüber sehr eifersüchtig. Die überbürdete Mutter, die das Geld für den Lebensunterhalt der Familie verdienen mußte, hatte gleichzeitig die kaum lösbare Aufgabe, unaufhörlich zwischen dem Mann und den beiden Kindern zu vermitteln. In der ihr eigenen ängstlichen Gefügigkeit überzog sie dabei ihr Kräftereservoir weit und erlebte es nach einer Weile außerdem, daß der Mann eine langjährige intime Beziehung zu einem Barmädchen anknüpfte, das er zudem in die Familie einführte. Er verlangte von seiner Frau, daß sie diese Freundin akzeptierte und als ständigen Gast in der Familie duldete. Erst unter dieser Belastungsprobe entschloß sich die Frau zu einem ernstlichen Widerstand und reichte die Scheidungsklage ein. In dieser Zeit war unser Patient der „kleine Vertraute“ seiner Mutter und stark durch die konflikthafte Auseinandersetzung der Eltern belastet. Da er selbst unter dem Vater sehr gelitten hatte, war es für ihn schließlich doch eine beunruhigende Enttäuschung, daß es über der Scheidungsklage der Mutter zu einer Umstellung des Vaters und schließlich einer endgültigen Versöhnung der Eltern kam. Mit der Versöhnung der Eltern wurde nämlich der Patient aus der Rolle des Vertrauten wieder ausgeschlossen und als Sohn behandelt, der zu gehorchen hatte und dem gegenüber autoritäres Verhalten am Platze war.

An diese „Abgründe“ mochte der Patient denken, als er kurz über seine eigene Vorgeschichte nachdachte und es mochte ihm eine erste Ahnung darüber aufdämmern, daß er nicht nur in manifester Opposition und Kritik zum Vater lebte, sondern daß er im tiefsten Hintergrund seines Herzens der Mutter ihren Vertrauensbruch nicht verzeihen konnte.

Der Patient konnte wohl in meinem Blick lesen, daß auch meine Gedanken mit diesen seinen Problemen beschäftigt waren. Aber ich hielt es nicht für ratsam, jetzt schon mit einer rationalen Erläuterung der kommenden Auseinandersetzung mit so tiefgehenden Konflikten vorzugreifen. Ich ließ nur meine Meinung durchblicken, daß solche Schwierigkeiten nicht im Handumdrehen gelöst würden und daß die Auseinandersetzung mit so abgründigen Gefühlsproblemen vorsichtig geschehen müsse und vermutlich längere Zeit in Anspruch nehmen würde.

Ich benutzte jedoch die Gelegenheit, um mir ein noch deutlicheres Bild über die Berufs- und Arbeitssituation des Patienten zu verschaffen. Es passiert ja nicht ganz selten, daß unsere jugendlichen Patienten uns berichten müssen, daß ihre Krankheitssymptomatik die begonnene Berufsausbildung (Schule, Lehre oder Studium) unterbrochen hat und daß mit einer erfolgreich beendeten Lehre erst gerechnet werden könne, wenn die volle Gesundheit wiederhergestellt sei. Bei solchen Berichten hat man differentialdiagnostisch immer daran zu denken, daß das Auftreten der psychisch bedingten Symptomatik *ursächlich* mit *Leistungskrisen* zusammenhängt. Gerade bei dieser Überlegung ist allerhöchste Wachsamkeit vonnöten. Nicht nur die Patienten, sondern auch die Familie oder gar die Lehrer täuschen sich über den Arbeitsvollzug und Kenntnisstand der Patienten nur allzu leicht. Man bekommt bei entsprechenden Rückfragen eine problemlose Situation geschildert, obgleich unter Umständen die wahren Schwierigkeiten gerade an dieser Stelle verborgen liegen.

So hatte ich auch von diesem Patienten, seiner Mutter und den früheren Lehrern die Mitteilung erhalten, daß von einem Leistungsproblem nicht die Rede sein könne. Der Junge war immer ein guter, sogar sehr guter Schüler gewesen und seine Lehrer im wissenschaftlichen Zweig sollen äußerst erstaunt gewesen sein, als sie hörten, daß der Patient von der Schule abgehen wollte, da er mit seinen Leistungen nicht abgefallen war. Die Lehrer hatten seit langem das sicher objektiv sehr gute Begabungsniveau des Patienten erkannt und ihr Rat ist es auch gewesen, der den Jungen, der ursprünglich zwei Jahre den technischen Zweig besuchte, schließlich auf den wissenschaftlichen Zweig brachte. Der Patient hatte zunächst selbst gemeint, er sei auf dem wissenschaftlichen Zweig immer glatt mitgekommen. Hier knüpfte ich nun in meiner weiteren genaueren

Erörterung der Situation noch einmal an. Es war nämlich offenkundig, daß dieser Übergang auf den wissenschaftlichen Zweig von den Lehrern empfohlen und von der Mutter protegiert worden war. Der Vater des Jungen hatte jedoch sehr opponiert, über die lange Schulausbildung geklagt und darüber, daß sein Sohn „etwas Besseres" werden wollte, als er selbst (er war selbst einfacher Handwerker). Die erhöhten Anforderungen auf dem wissenschaftlichen Zweig fielen für den Patienten zusammen mit der konfliktreichen Auseinandersetzung seiner Eltern und der schließlich eintretenden heftigen Enttäuschung an der Mutter, die ihn dem Vater zuliebe fallen ließ. Bei einer genauen Kontrolle der Lern- und Leistungssituation aus dieser Periode ergab sich dann auch bald, daß der Patient in seiner gefühlsmäßigen Verwirrung außerstande gewesen war, den gleichmäßigen Arbeitseinsatz zu leisten, den er für eine gute Bewältigung des Programms hätte erbringen müssen. Da schlechte Leistungen in der häuslichen affektiven Situation unbedingt einen Verrat an der Mutter bedeutet hätten (einen Verrat, der mit Hinblick auf die bereits vorliegenden Schuldgefühle doppelt unmöglich erschien), kompensierte der Patient seine Leistungsausfälle mit den ersten Schmuhzetteln und schließlich mit einem ausgedehnt und raffiniert entwickelten System von Hilfen zum Abschreiben.

Ich gehe jetzt auf die besondere Lern- und Leistungsstörung dieses Patienten nicht im einzelnen ein. Wichtig war nur für die differentialdiagnostische Überlegung, daß das Arbeitsproblem tief mit seinen sonstigen emotionalen Schwierigkeiten verknüpft war und nicht mit einigen direkt gegebenen Lernhilfen beseitigt werden konnte. Therapeutisch gesehen war zunächst nur wichtig, daß der Patient die Selbsttäuschung verlor, er sei immer ein guter und intelligenter Schüler gewesen, der nur durch die Krankheit an der Vollendung des Abiturs gehindert sei und daß er erfaßte, wie sehr (neben den emotionalen Familienkonflikten) die Leistungskrise an der aufkommenden Symptomatik beteiligt war.

All dies war kaum mit Hilfe der anfänglich weitmaschig angesetzten analytischen Gespräche zu korrigieren. Es kam jedoch zunächst darauf an, daß der Patient selbst für diese Situation ein Gefühl erwarb, so daß er zu dem Entschluß einer frequenteren und intensiveren Behandlung gelangen konnte. Daß dieses erste Nahziel erreicht wurde, lag sicherlich daran, daß ich mich in meinen ersten Gesprächen mit dem Patienten erläuternd und informierend verhalten hatte, jedoch die Hinweise auf Vorgeschichte und emotionale Problematik nur sehr zurückhaltend formulierte. Dies mußte ich tun, da die innere Konstellation dieses Patienten voraussehen ließ, daß ihn die kommende Therapie in heftige Erschütterungen hineinführen würde. Die Erschütterungen, die auf ihn warteten, machten sicherlich häufige und regelmäßige Behandlungsstunden notwendig.

Dem Patienten war selbst, wie gesagt, eine erste Ahnung von dieser vorliegenden Schwierigkeit aufgedämmert und so kam es schließlich, daß er eines Tages von selbst um eine Therapie bat, die ihm regelmäßige und häufige Behandlungsstunden zur Verfügung stellte. Im Verlauf dieser Behandlung kam es dann zu einer sehr allmählichen Durcharbeitung der engen Verflechtung von

Arbeitsstörung und konflikthafter Auseinandersetzung mit den Eltern — Konflikten, die ihrerseits die Beziehung zum anderen Geschlecht stark blockiert hatten.

Auch hier will ich mich nicht in Einzelheiten des therapeutischen Verlaufs verlieren, sondern nochmals eine neue und andersartige Ausgangssituation für die Therapie eines Jugendlichen bringen. Es wird sich diesmal um einen Jungen handeln, bei dem ich mich in Anbetracht der vorliegenden (wenn auch überspielten) depressiven Verfassung zu einem mehr oder weniger *werbenden Verhalten* entschlossen hatte, obgleich das Symptom, das ursprünglich Anlaß zur Überweisung gegeben hatte (ein Stottern) bereits nach wenigen Konsultationen geschwunden war. Auch hier war ein Schul- und Leistungsproblem im Gange, dessen Existenz diagnostisch gar nicht ganz leicht freigelegt werden konnte. Emotional stand die Identifikation des Jungen mit seinem verstorbenen Vater und ein lebhafter Ambivalenzkonflikt mit der etwas überalterten Mutter im Mittelpunkt.

Fall 4: Hans Z.:

Der fast 16jährige Patient kommt zur Vorstellung, weil seit zwei Jahren ein Stottern besteht. Außerdem schildert die Mutter, daß der Junge nachts stark mit den Zähnen knirsche und dazu neige, sich von der Nagelhaut in spielerischer Nervosität Fetzen abzureißen.

Das Stottern besteht ganz besonders stark in der Schule, wechselt aber in der Intensität sehr. Hans bekommt manchmal kein Wort heraus und hat berechtigte Bedenken, daß ihm die Sprachstörung Schwierigkeiten bereiten werde, wenn er (wie er es vorhat) das Abitur machen will. Zur Zeit besucht der Junge die 10. Klasse des wissenschaftlichen Zweiges und geht, wie er sagt, ausgesprochen gern in die Schule.

Im übrigen sei von seiner Biographie nur soviel erwähnt, daß der Junge vor zwei Jahren seinen Vater verloren hat, mit dem ein sehr herzliches Verhältnis bestanden haben soll. Hans ist der Sohn alter Eltern, seine Mutter war bei der Geburt 40 Jahre alt, der Vater fast 50 und die Mutter ist jetzt zudem eine wesentlich älter wirkende, etwas geschwätzige Frau.

Die erste Phase des Gesprächs mit dem Jungen verläuft so, daß ich mir von ihm die *Oberflächenprobleme* seines Lebens erzählen lasse und auch die derzeitige Bewältigungsform nicht in Frage stelle. Hans, der das Stottern gern verlieren möchte, berichtet bereitwillig und im Gespräch mit mir von der Sprachstörung kaum behindert.

Es zeigt sich, daß der Junge in seiner Lebensführung die Tendenz hat, sich mit einem Ruck über die erlebten Schwierigkeiten hinwegzusetzen, weil ihm innerlich gewissermaßen nichts anderes übrig bleibt, als die zugrundeliegenden Depressionen zu überspielen. Er erzählt, daß er viele Kameraden habe, mit denen er sich blendend verstünde und daß sein besonderes Hobby das Schießen sei. Hans geht in einen Schießklub, in dem alles ganz „zackig“ zuginge und ich höre, daß der Vater des Jungen ein großer Jäger gewesen sei und sich immer gewünscht habe, dem Jungen die Kunst des Schießens selbst beizubringen. Hans behauptet weiter, daß er sich mit seiner Mutter recht gut verstünde. Er sagt: „Sie ist eben eine Frau, nun ja, Sie wissen ja.“ Hans erzählt weiter, daß sich seine Schulsituation laufend verbessere, so daß er jetzt zu Weihnachten das beste Zeugnis erhalten habe, das er je in der Oberschule bekommen hätte.

Sehr bald stellt sich jedoch durch vorsichtige Reizfragen heraus, daß der Junge offenbar überfrüh in eine Einsamkeit und auch Verantwortlichkeit der Lebensführung hineingedrängt wurde, die an sich bereits zu viel für ihn ist. Es kommt aber noch hinzu, daß er von der Mutter zwar einerseits wie der verantwortliche Führer der Familie behandelt wird (so muß er zum Beispiel für sie die Schriftsätze bei Rechtsstreitigkeiten aufsetzen), andererseits aber trägt die Mutter eine verniedlichende Tendenz zur Schau, die sie zugleich mit etwas törichten Autoritätsansprüchen koppelt. Hans bekommt Sätze zu hören wie: „Hansimätzichen, ich laß Dir Dein Gewehrlein, wenn Du die Schule richtig machst“ (Selbstschilderung der Mutter).

Als ich mit dem Jungen über das Alter seiner Mutter spreche, wird er belebt. Er sagt: „Na ja, sie kommt aus dem anderen Jahrhundert, sie kann nichts dafür. Aber ich meine, sie ist doch noch gar nicht so alt, sie brauchte doch nicht den ganzen Tag zu klagen.“ Als der Junge das gesagt hat, besinnt er sich einen Augenblick, denkt nach und erklärt schließlich im Brustton der Überzeugung: „Ach, wissen Sie, im Grunde soll sie man so bleiben wie sie ist. Mit ’ner jungen Mutter hätte ich dann andere Schwierigkeiten.“

Es fällt rasch auf, daß der Junge im Verlauf des Gesprächs häufig erwähnt, wie er selbst einmal seine Kinder erziehen würde und daß er diese oder jene Erziehungsform für richtig halte. Die Erziehungsform, die er proklamiert, ist mehr oder weniger autoritativ. Er deutet dann wieder an, daß er sehr viel lese, verbirgt aber zunächst beschämt, daß es sich überwiegend um Kriminalromane handelt und erwähnt als offenbar gewähltere Lektüre die Buddenbrooks.

Ich lasse mir nun die mit diesem Gespräch angebotene Gelegenheit nicht entgehen und spreche zu dem Jungen von der niederziehenden Atmosphäre in der Familie Buddenbrook, in der letzten Endes keiner gewußt habe, warum er lebte. Wir kommen nun sehr rasch zu dem Thema, das den Jungen offenbar eigentlich bewegt: Er fühlt sich sehr verlassen und grübelt viel über den Sinn des Lebens nach. Als ich dieses Thema ein erstes Mal anklingen lasse, versucht Hans zunächst abzuwehren, seine Verlegenheit zu verbergen und er meint halb wegwerfend, halb stirnrunzelnd: „Na, ich muß mal sehen, ob ich das noch rausfinde“ (nämlich was der Sinn des Lebens ist). Hans sagt das so, als könnte er den Sinn des Lebens ähnlich herausbekommen, wie man eine schwierige Mathematikaufgabe herausbekommt, wenn man nur den richtigen Lehrer oder das richtige Buch gefunden hat. Ich lasse mich nun von der etwas burschikos abwehrenden Fassade des Jungen nicht irritieren und greife das Gespräch in vollem Ernst auf. Hans erzählt wir nun Einiges über seine bisherigen vergeblichen Versuche, hier eine Klärung und Lösung zu finden. Hans' bester Freund ist sehr christlich, Klassenbester in der Schule und hat einen Bruder, der Pfarrer ist. Hans hat seinen Freund aufgefordert, den Pfarrer nach dem Sinn des Lebens zu fragen. Das hat sich der Freund aber nicht getraut. Er hatte Angst, er würde von seinem Bruder ausgelacht werden und gab als eigene Meinung folgendes an: „Dieses Leben ist eine Prüfung zur Vorbereitung auf ein späteres." Hans runzelt bei diesem Bericht die Stirn und meint, er sei aber nicht ganz sicher, daß dies die richtige Antwort wäre. Es entspinnt sich nun zwischen uns ein ausgedehntes Gespräch über das Ringen aller Menschen um diese Fragen, um die möglichen Antworten, die es darauf gäbe, sowie über die Unmöglichkeit, eine Patentlösung zu finden. Ich sage dem Jungen, daß besonders die Menschen, die sich sehr einsam fühlten, viel über den Sinn des Lebens grübelten, daß es sich aber um eine Frage handelte, um die unter Umständen ein Leben hindurch gerungen würde. Ich sage dem Jungen weiter, daß die Menschen am Ende ihres Lebens meist dazu kämen, daß sie versuchten, ihr Leben selbst sinnvoll zu gestalten und daß sie sich innerlich allmählich beschieden, daß sie den jenseitigen Sinn nicht erfassen könnten.

Hans scheint sich im Verlauf dieses Gesprächs recht verstanden zu fühlen. Er schlägt dann rasch wieder in seine jungenhafte Lustigkeit um, die jedoch gegen Ende der Stunde etwas echter wirkt als im Beginn. Sexuelle Fragen wurden übrigens auch kurz gestreift. Hans vertrat die Theorie der Selbstbeherrschung, weil man sich, wie er meint, sonst völlig aus der Hand verlöre. Ich verzichte hier auf einen Kommentar und fordere gegen Ende der Stunde den Jungen nur auf, daß er sich in bezug auf seine Stottersymptomatik im Verlauf der nächsten Tage einmal beobachten möchte, bei welchen Gelegenheiten er ins Stottern käme. Als Hans wiederkommt, erzählt er mir, daß er in der letzten Zeit in der Schule nur zweimal gestottert habe. Das einemal sollte er einen Text vorlesen, der mit „Allmächtiger Gott" begann. Wir sprechen in diesem Zusammenhang nochmals sehr ausführlich über die weltanschaulichen Probleme des Jungen, die dieser jedoch offenbar nach unserem letzten Gespräch schon etwas besser verarbeitet. Noch immer ist es so, daß die überspielende Fröhlichkeit des Jungen rasch in die zugrunde liegende Depression umschlägt. Gelegentlich meint er: „Im Grunde ist es so, daß der Mensch doch immer einsam ist", eine Feststellung, die für einen Fünfzehnjährigen doch recht schwerwiegend erscheint und die besonders dadurch so gefährlich ist, als der Junge mit einer Fülle von Scheinkontakten aufwartet, die den Eindruck einer geglückten Gefühlsentwicklung erwecken könnten und mindestens den Jungen selbst oft über seine Schwierigkeiten hinwegtäuschen.

Das weitere Gespräch dreht sich um allgemeine Freundschaftsprobleme, sowie um die Arbeitsmethodik des Jungen, das Auffüllen von Lücken und spätere Berufsplanung. Hans ist ein stoßweiser Arbeiter und er will jetzt Nachhilfestunden in Chemie und Englisch nehmen, weil er dort große Lücken hat. Ich rate ihm sehr von diesen „Stoßgeschäften“ in der Schule ab und sage ihm, daß es für die Sprache ausgesprochen ungünstig sei, wenn man sich dauernd mit Unsicherheitsgefühlen in der Schule auseinandersetzen müsse.

In der dritten Stunde kommt Hans, wie immer, pünktlich und hat zu meiner (relativen) Zufriedenheit die aufgesetzte munter-lustige Fassade etwas abgebaut. Dafür ist er natürlich im Augenblick etwas mehr dem subjektiven Leidensgefühl ausgeliefert. Dies ist auch dadurch intensiviert, daß Hans in seinem Zeugnis in Mathematik und Physik nur ein ausreichend bekommen hat, so daß er im ganzen nur über ein sehr knappes Zeugnis verfügt. Auch Englisch und Chemie sind ausreichend, jedoch ein knappes ausreichend, mit der Tendenz, zur Fünf abzugleiten. Hans erzählt nun heute schwankend zwischen Lächeln und Tränen, wie allein und verlassen er sich fühlt, daß er an der Mutter keinen Halt hat und daß er auch mit seinen Freunden im Grunde keine ernsten Kontakte aufnehmen kann. Im Verlauf dieses Gesprächs stellt sich das eigentliche Schulproblem des Jungen heraus: Es ist zwar richtig, wenn er erklärt, daß er im Augenblick die Schule gern besucht. Aber es zeigt sich, daß die Motive für diese Schulfreude höchst problematisch und sicher neurotisch determiniert sind. Hans ist zu Lebzeiten seines Vaters ein Musterschüler gewesen und hat vom Vater die Gefühlsbestätigung für die guten Leistungen bekommen. Dies hat ihn jedoch seinerzeit in der Jungengruppe der Klasse sehr vereinsamt. Nach dem Tod des Vaters ist für den Jungen diese Vereinsamung in der Klassengemeinschaft unerträglich geworden. Er hat sich nun mit der Lernabwehr seiner Mitschüler identifiziert und es stellt sich das sonderbare Phänomen heraus, daß der Junge deswegen gern in die Schule geht, weil er es so belebend und befriedigend findet, wenn die Jungen sich zusammenschließen, gegen die Lehrer opponieren und sich dann durchsetzen. Mit „Sichdurchsetzen“ meint Hans jene Situationen, in denen es den Schülern gelingt, eine schlechte Note wider besseres Wissen aufzubessern, eine Klassenarbeit zu verhindern oder eine Stunde künstlich zu vertrödeln, so daß das Pensum nicht geschafft wird. Hans, der also in den Augen seiner Umwelt ein schulbegeisterter Junge ist und dem die Mutter mit einiger Mühe das Abitur ermöglichen will, erfreut sich zur Zeit an der Schulsituation nur deshalb, weil es ihm gelingt, seine oppositionelle Einstellung zur Lernsituation auszuleben. Das Risiko, in dem der Patient angesichts dieser affektiven Verfassung steht, ist nicht unbeträchtlich. Die drei Jahre Oberschule bis zum Abitur vertragen oberflächliches Lernen auf keinen Fall und der Junge ist in Gefahr, in Anbetracht der Selbsttäuschung, der er unterliegt (er glaubt daran, daß er gern das Abitur machen möchte) drei Jahre nutzlos zu vergeben, um schließlich doch nicht zum Abitur zugelassen zu werden. Ich spreche mit dem Jungen über das Thema ernst und verhältnismäßig ausführlich, bin aber vielleicht in meinem Ton ein wenig zu moralisierend gewesen, denn der Junge versäumt den nächsten Termin. Die Mutter sagt ab und teilt mit, daß das Stottern so fühlbar gebessert sei, daß neue Rücksprachen sich wohl erübrigten. Diese Entwicklung ist im Augenblick lebhaft zu bedauern. Es bleibt mir jedoch keine andere Wahl, als zunächst eine Weile abzuwarten, bis ich mich eines Tages dazu entschließe, den Jungen zu einer Kontrolluntersuchung einzuladen. Ich schreibe ihm, daß dies eine Gewohnheit unserer Poliklinik sei, daß wir uns nach einer Weile um das Wohlergehen der bei uns entlassenen Patienten kümmerten. Hans kommt zu dem vorgeschlagenen Termin pünktlich und auch willig. Er erzählt, daß die Leistungskrise nun manifest geworden ist und erinnert sich auch sehr genau an den Inhalt unseres diesbezüglichen Gespräches. Ich schlage ihm nun vor, daß er nun doch eine etwas frequentere Therapie versuchen soll und füge gleichzeitig hinzu, daß es für ihn vielleicht besser wäre, wenn er von einem Mann behandelt würde, da er ja doch den Verlust des Vaters noch immer so schmerzlich empfände. Hans scheint über diesen Vorschlag sehr erfreut und besonders erleichtert, daß ich ihm seinen Wunsch nach einem männlichen Therapeuten nicht übelnehme. Es gelingt, den Patienten zu einem Kollegen in Behandlung zu vermitteln, eine Behandlung, die im Augenblick nicht mehr die Aufgabe hat, das weitgehend gebesserte Symptom zu beseitigen, sondern die sich um die tief verankerte depressive Struktur des Jungen bemühen muß.

Ich hoffe nun, daß es mir gelungen ist, mit diesen vier Fallberichten meinen Lesern einen Eindruck von der Variabilität der therapeutischen Ausgangssituationen zu vermitteln, vor denen man im Umgang mit jugendlichen Patienten steht. Ich habe nur die Besorgnis, daß meine Darstellungen den Eindruck erwecken könnten, daß man in der Mehrzahl der Fälle bei den Jugendlichen die Einwilligung zu einer intensiveren Therapie erzielen könne, vorausgesetzt, daß man sich in der Gesprächsführung sachgerecht verhält. Dieser Eindruck würde jedoch leider die wirkliche Arbeitssituation des Therapeuten nicht richtig kennzeichnen. Und um dieses Mißverständnis zu vermeiden, habe ich die nächsten vier Fallberichte so ausgewählt, daß sie jene Konstellationen illustrieren, in denen man sich therapeutisch mit einem *begrenzten Nahziel* zu begnügen hat.

Es ist dabei kein Zufall, daß die ersten drei dieser Fallschilderungen von Patienten berichtet werden, die in sehr ausgeprägter *Oppositionshaltung* gegen die ärztliche Konsultation gekommen waren. Gerade in solchen Fällen kann man häufig nicht sehr viel mehr erreichen, als daß die erste akute Krise überbrückt wird. Nicht immer gelingt es, wie bei unserer Ulcuspatientin, die anfängliche Abwehr und Opposition aufzufangen und in eine Bereitwilligkeit zur intensiveren Behandlung umzuformen.

Bei dem ersten Patienten, von dem die Rede sein wird, hätte ich sicherlich die Fortführung der Therapie sehr begrüßt und im Interesse des Patienten auch für dringlich gehalten. Trotzdem ist es mir nicht gelungen, ihn nach Überwinden des subjektiven Leidensgefühls zu einer langfristigen Behandlung zu gewinnen. Ein gleiches gilt für die drei übrigen Patienten, junge Mädchen, die in bezug auf ihre Berufssituation und sonstige Lebensplanung nicht unerheblich gefährdet waren, denen aber ebenfalls nur mit Hinblick auf die vorliegende akute Krise geholfen werden konnte.

Fall 5: Walter H.

Der 15jährige Patient wurde uns im Anschluß an einen fünfwöchigen Krankenhausaufenthalt auf einer inneren Abteilung überwiesen. Dort war er mit einer Tablettenvergiftung nach einem Selbstmordversuch aufgenommen worden. Abgesehen von den suizidalen Tendenzen des Patienten bestand eine schwere Schlafstörung. Weiter wurde ein Nägelknabbern angegeben, das seit den frühesten Kindertagen bestehen sollte, und außerdem klagte die Mutter über beträchtliche Erziehungsschwierigkeiten und Schulbummeleien. Der Patient schwänzte die Schule und fertigte seine Hausaufgaben gar nicht oder nur unvollkommen an. Es drohte die Gefahr, daß er ein zweites Mal sitzenbleiben werde, obgleich er nach Aussage der Lehrer einer der besten der Klasse sein könnte, sofern es ihm nur gelänge, seine Begabung richtig einzusetzen.

Der Patient hatte den Selbstmordversuch im Lehrlingswohnheim unternommen, wo er für die Dauer einer längeren Kurverschickung der Mutter untergebracht werden mußte. Sein Verhältnis zum Vater war so schlecht, daß die Mutter vorsorglich, bevor sie verschickt wurde, um diese Unterbringung bemüht gewesen war. Sie hätte ihren Mann und ihren Jungen, wie sie sagte, nicht allein zusammen in der Wohnung lassen können.

Der Patient selbst hatte sich weder im Krankenhaus noch zu seinen Angehörigen über das Motiv zum Suizid ausgesprochen, sondern im Gegenteil behauptet, er habe lediglich wegen seiner Schlafstörung zwei Schlaftabletten genommen. Nur das Krankenhaus habe behauptet, es seien 25 Tabletten gewesen, dies sei nicht wahr. Tatsache war jedoch, daß sich der Junge im Namen der Mutter bei der behandelnden Ärztin, die sonst die Mutter betreute, ein Rezept für Schlaftabletten hatte geben lassen und daß er dieses Rezept auch in der Apotheke eingelöst hatte.

Es war klar, daß man diese dissimulative Tendenz des Jungen kaum durch direkte Fragen würde durchbrechen können. Beim ersten Gespräch zeigte sich allerdings, daß die Haltung des Jungen nicht nur depressiv-apathisch und niedergeschlagen war, sondern zugleich auch mürrisch-oppositionell. Die depressive Note überwog allerdings. Der Junge ließ sich sehr hängen, machte keine Schularbeiten mehr und ließ in seine selbstzerstörerischen Tendenzen offenkundig ein Stück Haß gegen den Vater einfließen. Er lebte ganz sichtlich unter dem Motto: „Es ist meinem Vater ganz recht, wenn mir die Hände erfrieren, warum schenkt er mir keine Handschuhe."

Angesichts dieser Situation hielt ich das Gespräch mit dem Jungen meist freundlich neutral. Ich erklärte ihm, daß ich mich nicht berechtigt fühlte, ihn mit zudringlichen Fragen zu belästigen, solange er über seine eigene innere Verfassung keine Auskunft geben wollte. Gleichzeitig bat ich ihn aber um Verständnis dafür, daß ein Arzt einen Patienten, der soeben in Verzweiflung einen Selbstmordversuch unternommen hat, nicht gern ungeschützt nach Hause gehen läßt, sondern wenigstens den Versuch macht, etwas Hilfreiches zu tun. Ich bezog mich dann darauf, daß der Patient den Selbstmordversuch mit Nachdruck geleugnet und zugleich erklärt hatte, daß er auch nie einen machen werde. Ich sagte hierzu, daß ich trotzdem den Eindruck hätte, er sei in seiner inneren Verstimmung im Begriff, sein ganzes weiteres Leben zu verderben, da schließlich die gegenwärtigen Entscheidungen, die er träfe, die Zukunft in weiten Grenzen festlegten.

Dem Patienten war diese Vorstellung, daß seine eigenen Entscheidungen die spätere Zukunft festlegten, offensichtlich neu, da er zu Hause insbesondere vom Vater nur Drohungen, Vorwürfe, Reglementierungen und Anordnungen gewohnt war. Er fühlte wohl gleichzeitig, daß mein Hinweis auf den Jungen, der lieber erfrorene Hände hat, als daß er sie zum Schutz in die Taschen steckt, in gewisser Weise wirklich auf ihn selbst zutraf. Jedenfalls ließ er sich verhältnismäßig bereitwillig in ein oberflächlich gehaltenes Gespräch über seine Schulsituation ein und ich konnte ihm vorschlagen, daß ich ihm bei seinen Schularbeiten helfen würde, sofern er an bestimmten Stellen etwas nicht verstanden hatte.

Gegen Ende des Gespräches war Walter sogar mit einer gewissen Zutraulichkeit bereit, wiederzukommen. Eine Woche später bringt er mir alle seine Hefte und Schulordner mit. Es zeigt sich, daß die Arbeiten, die er vorweist, überwiegend mit befriedigend und gut zensiert sind, so daß sich eigentlich kein Anhaltspunkt für eine irgendwie geartete Lernhilfe bietet. Walter erzählt allerdings, daß er deshalb in einem Fach eine Sechs bekommen habe, weil er in den letzten Wochen 16 Aufgaben nicht angefertigt hat. Der Rektor, der gleichzeitig Walters Klassenlehrer ist, ist für ihn eine große Respektsperson, zugleich aber Projektionsschild für die komplizierte Vaterproblematik, mit der der Junge kämpft. Walter meint, den Rektor interessiere es zur Zeit nicht mehr, ob er die fehlenden Aufgaben nachhole oder nicht, er habe ihn „abgeschrieben". Ich bitte den Jungen, die Aufgaben trotzdem für mich anzufertigen, damit ich einen Überblick über seine Kenntnisse hätte und er selbst wenigstens das Gefühl bekäme, er habe sich bemüht. Walter scheint mich ganz nett zu finden und ist bereit, etwas, was er weder für den Vater noch für den Lehrer täte, mir zuliebe zu unternehmen. Außerdem gewinne ich den Eindruck, daß Walter nun im Grunde doch das Bedürfnis hat, mit mir über bestimmte Probleme zu sprechen, mit denen er sich im Augenblick nur nicht herauswagt. Ich halte es nicht für ausgeschlossen, daß er die vorgeschobene Erörterung über Schulfragen ganz gern benutzt, um wiederzukommen, und daß er froh ist, sich trotzdem nicht schon sofort eröffnen zu müssen.

Walter kommt also wiederum eine Woche später und hat diesmal alle Aufgaben, die noch ausstanden, wirklich sauber und ordentlich angefertigt. Er hat außerdem alle laufenden Aufgaben in der Schule erledigt und in Fleiß schon zweimal eine Zwei bekommen. Er meint aber sehr mit Recht, daß die Lehrer von ihm schon wüßten, daß er ein Saisonarbeiter wäre. Er habe es immer so gemacht, daß er sich nach langen Perioden der Faulheit plötzlich zusammenraffte, um dann gerade eben noch das Klassenziel zu erreichen. Walter hat selber den Gedanken, daß er etwas Zusätzliches tun müsse, um die vergangenen Scharten auszuwetzen. Wir beratschlagen, wie er sich mit seinem Rektor in Verbindung setzen könne und ich biete vorsichtig einen Vermittlungsversuch von meiner Seite an. Ich wäre bereit, den Rektor einmal anzurufen und mich zu orientieren, unter welchen Bedingungen er es vertreten könne, den Jungen doch noch im nächsten Jahr zu versetzen. Ich füge allerdings hinzu, daß ich im Grunde meinte, der Junge könne auch selbst vom Rektor das Wissenswerte erfahren und ich schiebe in diesem Zusammenhang einige Erläuterungen darüber ein, wie das schlechte Verhältnis zum Vater auch die Beziehung zu anderen erwachsenen Männern trübte, insbesondere zu Vorgesetzten oder Lehrern, die ein Erziehungsrecht hätten. Der Patient hört sich diese Erläuterungen aufmerksam an und meint schließlich, es wäre ihm doch lieber, wenn er selbst den Kontakt mit seinem Rektor aufnähme.

Dieser Wunsch des Jungen entspringt wohl noch kaum einer zuversichtlicheren Lebenseinstellung oder neugewonnenem Mut. Er ist eher durch das Unbehagen motiviert, das die meisten Patienten dieser Altersstufe empfinden, wenn sie von Eltern oder Angehörigen in der Schule protegiert werden sollen, indem über ihre Köpfe hinweg etwas verhandelt wird. Die meisten Kinder sehen es nicht besonders gerne, wenn Eltern oder Angehörige für sie zum Lehrer gehen, weil sie es nur allzuoft erleben, daß dieses Gespräch zwischen Eltern und Lehrern dann in der Klasse öffentlich diskutiert wird. Es scheint mir nötig, den Patienten wissen zu lassen, daß ich ihn hier verstehe und nicht falsch einschätze, ohne daß er von sich aus die entsprechenden Bedenken vorgetragen hätte. Ich sage ihm zugleich, er solle sich für dieses Gespräch mit dem Rektor Zeit nehmen.

Eine Woche später kommt der Patient wieder zum verabredeten Termin, jedoch eine halbe Stunde zu früh, was in ähnlich gelagerten Fällen in der Regel ein Signal für den Wunsch nach intensiveren Kontakten ist. Walter hat das Gespräch mit dem Rektor noch nicht riskiert, dafür hat er die oppositionell-mürrische Haltung aufgegeben und sich nun auf etwas konstruktivere eigene Lebensplanung umorientiert. Die depressive Grundstimmung ist allerdings noch unverändert. Da der Patient durch sein zu frühes Kommen und auch durch seine sonstige Haltung ganz offenkundig ein Gesprächsbedürfnis ankündigt, riskiere ich es, von mir aus das sexuelle Thema anzuschlagen. Ich sage dem Jungen, daß in der Behandlung von Jugendlichen seines Alters eigentlich immer ein Problem eine große Rolle spielte, über das ich mich ganz gern auch bei ihm ins Bild setzen wollte, sofern er selbst die entsprechenden Fragen nicht für zudringlich hielte und geneigt wäre, mir Auskunft zu geben. Ich erzähle ihm also von der Tatsache, daß ich eigentlich kein Gespräch mit einem Jungen seines Alters führte, ohne daß nicht früher oder später einmal die Übergangsschwierigkeiten der sexuellen Entwicklung zur Sprache kämen. Ich erzähle ihm weiter, daß die meisten Jugendlichen, die in meine Sprechstunde kämen, sexuell nur brockenweise aufgeklärt wären und ich erzähle ihm auch Einiges über die häufigsten Skrupel und Konflikte, die Jungen durchzumachen hätten. Ich erzähle ihm, daß für die einen der Onanie-Abwehrkampf im Mittelpunkt stünde, für den anderen Grübeleien, daß sein Genitale zu klein geraten sein könnte und für den dritten, daß er vielleicht befürchtet, er neige zu einer homosexuellen Entwicklung.

Ich biete dem Jungen all diese und noch weitere Möglichkeiten an, weil ich weiß, daß er eine längere Zeit in einem Jungenwohnheim gelebt hat und ich mir also vorstellen kann, daß er dort mit einer Fülle von Problemen konfrontiert worden ist, für die er zuvor in seinem häuslichen Milieu keinerlei Rüstzeug erhalten hatte.

Es zeigt sich im Verlauf dieses Gesprächs, daß der Junge, der immerhin schon Bartwuchs und Stimmbruch hat und der im Heim seinen ersten Samenerguß erlebte, völlig ohne sachlich richtige Information war. Ich bemerke aber auch an der Bewegung des Jungen, daß das angeschnittene Thema nahe in jenen Bereich führt, der zum Motiv für den Selbstmordversuch geworden sein mochte. Es ergibt sich zunächst einmal ein ausführliches Gespräch über die biologischen Vorgänge, über Zuneigungsgefühle zwischen Mann und Frau und (im Verlauf der zugehörigen Fragen des Jungen) über Prostitution, Geschlechtskrankheiten, Schwangerschaftsverhütung und ähnliches.

Nach einer Weile bemerke ich, daß Walter offenbar mit Worten ringt, um mich etwas ganz Spezielles zu fragen. Ich helfe ihm ein wenig ein und bitte ihn, sich auszusprechen, und er erzählt schließlich folgendes: Im Heim ist naturgemäß unter den jungen Burschen sehr viel über Sexualität gesprochen worden. Manche haben mit ihren sexuellen Abenteuern sehr geprahlt und Walter, der sich zunächst ratlos fühlte, platzte einmal mit der naiven Frage heraus, was ein Mann wohl davon habe, wenn er sexuell mit einer Frau zusammen wäre. Dies löste in der Jungengruppe zunächst brüllendes Gelächter aus, bis schließlich einer der Jungen in gespielter Empörung ausrief: „Mensch, Du bist wohl schwul?“ Die Vorstellung, daß der Patient homosexuell sein könnte, entsprang vielleicht dem etwas weichen Eindruck, den der Junge machte, zu dem dann die zitierte Äußerung hinzutrat. Der Patient hatte eine dumpfe Vorstellung davon, daß Homosexualität etwas ganz Fürchterliches sein könnte und er lag nun im Heim stundenlang wach und grübelte, ob er wohl homosexuell wäre oder nicht.

Walter fragt mich nun bei diesem Gespräch schließlich rundheraus, ob ich ihn für homosexuell hielte oder nicht. Ich sage dem Jungen, daß ich ihn zunächst ein wenig über das informieren müsse, was Homosexualität überhaupt sei, da es sehr verschiedene Formen sogenannten homosexuellen Verhaltens gäbe und daß er mir nach diesen Erklärungen einige Fragen beantworten sollte. Ich erzähle ihm dann also von aktiver und passiver Homosexualität, von den spezifischen homosexuellen Neigungen, die sich auf halbwüchsige Jungen oder Kinder richteten, von der Möglichkeit zur Bisexualität und schließlich von der verhältnismäßig häufigen Übergangsphase, in der es zwischen Jungen zu gemeinsamen sexuellen Akten käme, ohne daß daraus bereits auf eine homosexuelle Entwicklung geschlossen werden könne.

Ich frage den Jungen dann zur differentialdiagnostischen Klärung nach seinen Onaniephantasien. Als er mir mitteilte, daß er immer lebhaft an entkleidete Frauen denke, um seine sexuelle Erregung zu steigern, kann ich ihm mit gutem Gewissen sagen, daß er kaum in Gefahr sein würde, eine homosexuelle Entwicklung zu nehmen. Ich erkläre ihm noch einmal, daß Jungen seines Alters sehr häufig gemeinsam onanierten, obgleich sie im Grunde den Kontakt zur Frau suchten und auch körperlich von der Frau angesprochen wären. Immerhin hätten sie ja aus naheliegenden Gründen zunächst noch keine Gelegenheit zum ersten heterosexuellen Kontakt. Diese Gefühlssituation unterschiede sich völlig von jener Verfassung, in der der Kontakt zur Frau grundsätzlich nicht gewünscht und nicht gesucht würde und auch in der Phantasie nichts Erstrebenswertes sei.

Der Patient berichtet mir nun unter plötzlich aufkommenden Tränen, daß er sich das Leben habe nehmen wollen, weil er fest der Überzeugung gewesen wäre, er würde ein Homosexueller werden, obgleich er sich unter Homosexualität nichts Genaues vorstellen konnte.

Auch diesmal bat der Patient um einen nahegelegenen neuen Termin, kam jedoch zur nächsten Stunde in einer völlig veränderten, sehr entspannten und gelockerten Verfassung. Er wollte noch einiges Genauere über Schwangerschaft und Entstehung von Kindern wissen, insbesondere wie sich aus der einzelnen Zelle ein vollständiger Mensch entwickelte. Ich erklärte ihm die Einzelheiten, die er wissen wollte. Walter fand alles, wie er sagte, ein großes Wunder und berichtete mir dann während dieses Gesprächs zu meiner Erheiterung eine Szene, die er am Vorabend erlebt hatte. Er war am Abend in der Nähe eines halbdunklen Parks von einer Prostituierten angesprochen worden, die sich offenbar recht zudringlich verhielt. Um sie loszuwerden (und sicherlich auch mit Hinblick auf den vorliegenden Erregungsdruck) hat Walter der Prostituierten, wie er sagt, „eine geschallert", weil dies, wie er mir im Brustton der Überzeugung sagt, die „Verführung Minderjähriger" sei. In der Zwischenzeit hatte sich die Schulsituation des Jungen weiter konsolidiert. Walter war außerdem in einen Boxclub eingetreten und seine Berufspläne gewannen allmählich genauere Gestalt. Walter wollte Steinmetz werden, wofür er als kräftiger und geschickter Bursche sicher die Voraussetzungen mitbrachte. Durch verwandtschaftliche Beziehungen konnte er eine Lehrstelle bekommen, auch wenn er schon etwas vorzeitig aus der Schule abginge und man konnte als Außenstehender gegen diesen Plan nicht sehr viel einwenden.

In bezug auf die Lebensplanung des Jungen mußte man eine solche Entwicklung sicherlich begrüßen. Andererseits war vorauszusehen, daß Walter mit dem Beginn der Lehre kaum mehr Zeit und Lust haben würde, zu häufigeren Gesprächen zu mir zu kommen. Dies war in mancherlei Hinsicht doch recht bedauerlich. Schließlich war klar, daß das äußerst schlechte Verhältnis des Patienten zu seinem Vater nicht mit Hilfe der bisher geführten Gespräche hatte bereinigt werden können. Zwar war der Selbstmordversuch des Jungen Anlaß zu einer Art Burgfrieden zu Hause geworden, aber man konnte kaum sicher sein, daß die innere und äußere Konstellation wirklich krisenfest bleiben würde. Meine Besorgnis nährte sich natürlich auch aus der Vorstellung, daß das vom Jungen schließlich angegebene Motiv für den Selbstmordversuch bestenfalls der *vordergründige Anlaß* für seine Kurzschlußhandlung gewesen war. Ich durfte zwar einigermaßen sicher sein, daß kein zweiter Selbstmordversuch drohte. Trotzdem lag in der weiteren Entwicklung noch ein beträchtliches Risiko.

Als der Junge dann aber tatsächlich mit Beginn der Lehre um eine Pause bzw. um Beendigung der Konsultationen bat, erschien es mir nicht möglich, ihn zu häufigeren Rücksprachen zu drängen. Ich konnte ihm nur meine etwas besorgten Überlegungen in faßlicher Form mitteilen und mich dann auf die Hoffnung verlassen, daß der Patient im Vertrauen auf die einmal erfahrene Hilfe spontan zu uns kommen würde, sofern er erneuten Rat brauchen sollte. Allerdings glaubte ich nicht einmal in dieser Hinsicht sicher sein zu können, da sich im Erleben des Jungen selbst doch die Vorstellung festgesetzt hatte, ich sei ihm wesentlich bei seinen sexuellen Problemen behilflich gewesen und für die übrigen Lebensprobleme benötige er keine ärztliche Behandlung.

Etwas anders lag meine Einstellung und Planung im nächsten Fall, von dem ich nun sprechen will. Zwar hatte ich es auch hier mit einer Ausgangssituation zu tun, in der Arbeitsbummelei, Protest gegen die Mutter und ebenso heftiger Protest gegen die Vorstellung in der Klinik das Hauptproblem bildeten. Andererseits lag (abgesehen von einer allgemeinen neurotischen Persönlichkeitsstruktur) überhaupt *keine leidvoll empfundene Krankheitssymptomatik* vor, so daß ich schon aus diesem Grund gar keinen Ansatzpunkt für eine intensive Behandlung sah.

Fall 6: Hanna P.

Die 15jährige Patientin war in die Klinik überwiesen worden, da sie sich mehr oder weniger weigerte, nach Abschluß der 9. Klasse des praktischen Zweiges irgendeine Berufsausbildung zu versuchen.

Die Patientin kam mit Vater und Mutter gemeinsam. Im Wartezimmer saßen die drei Familienmitglieder jedoch getrennt und an ihrer affektiven Haltung war abzulesen, daß sie alle schwer miteinander verfeindet waren. Der Patientin war zudem anzusehen, mit welchem Protest sie unsere Institution aufgesucht hatte.

Ich schicke vorweg, daß die Gespräche mit den drei Beteiligten zeitraubend und sehr mühselig waren, weil die Eltern sich gegenseitig anzuschwärzen suchten und die Patientin beide gegeneinander ausspielte. Die Eltern selbst lebten nämlich getrennt, die Patientin wohnte bei einer Tante (Schwester des Vaters). Der Vater hatte eine verheiratete Frau zur Freundin, die Mutter ihrerseits einen ebenfalls verheirateten festen Freund. Die Familienverhältnisse waren dementsprechend verworren und ungeordnet.

Angesichts der Situation habe ich natürlich mit der Patientin zuerst gesprochen und mich bemüht, ihre Abwehrhaltung, ähnlich wie bei den früheren

Patienten, aufzufangen. Ich sagte der Patientin sofort, daß auch ich sie nicht für krank hielte und ich sagte ihr weiter, daß ich mir meine Arbeit leicht machen könnte und sie wieder nach Hause schicken, ohne etwas weiteres zu unternehmen. Ich fügte aber hinzu, daß ich mich zu solchem Verhalten doch nicht ganz berechtigt fühlte, denn ich teilte die Sorge der Eltern, daß die Patientin im Begriff sei, sich ihr eigenes Leben zu ruinieren. Auch dieser Patientin erläuterte ich, daß sie sich nach meiner Ansicht in jener Lebensperiode befände, in der alle die lebenswichtigen Entscheidungen gefällt würden, die das ganze spätere Leben beeinflußten und daß sie vielleicht aus diesem Grund bereit sein könnte, mit mir eine Unterhaltung zu führen.

Die Patientin schien von diesem Ton der Gesprächsführung so weit angetan, daß sie mir das Gespräch mit Vater und Mutter zubilligte. Vorher hatte sie mir noch auseinandergesetzt, daß sie sich im Grunde mit dem Vater besser verstünde als mit der Mutter. Die Mutter habe es an wesentlichster Fürsorge für sie fehlen lassen und die ganze Verwandtschaft, besonders natürlich der Vater, sei über das Verhalten der Mutter entsetzt und empört.

Kurz gesagt, war das Endergebnis meiner Unterredung mit allen drei Familienmitgliedern folgendes: Die Patientin selbst fühlte sich nicht krank, wenngleich ihre neurotische Fehlentwicklung offenkundig war. Im besten Fall würde es mir gelingen, sie so lange zur Konsultation zu bewegen, bis ihre Berufsentwicklung angebahnt war und Aussicht bestand, daß die Patientin den eingeschlagenen Weg durchhalten würde.

Die Vorgeschichte der Patientin war durch den Ehekrieg ihrer Eltern beherrscht. Für ihre augenblickliche affektive Situation war eine leidenschaftliche Haßliebe der Mutter gegenüber das zentrale Problem. Die Patientin wurde hier vom Vater ressentimenthaft aufgehetzt. Er ließ sie zwar ebenfalls nicht bei sich wohnen, lud sie aber gelegentlich zum Wochenende ein, um sie mit Geschenken zu überschütten, evtl. sogar übertrieben luxuriös in Lokale zu führen. Er setzte ihr auch auseinander, daß er mit der Mutter nicht habe leben können, daß er aber eine Frau brauche und daß seine jetzige Freundin sich nicht scheiden lassen könne. Die Patientin akzeptierte diese Erläuterungen willig und steigerte sich in das Gefühl der Enttäuschung der Mutter gegenüber immer mehr hinein. Es war ersichtlich, daß ihr eigenes berufliches Versagen sowohl vom Vater als von ihr selbst auf das Schuldkonto der Mutter geschrieben wurde. Dies bedeutete, daß für die Patientin die eigene positive Berufsentwicklung einen Kontaktverlust dem Vater gegenüber mit sich gebracht hätte. Mindestens mußte man mit solcher halbbewußten Befürchtung in der Patientin rechnen.

Hanna hatte inzwischen auch einen halbwüchsigen Freund, den sie stark in ihr Ressentiment der Mutter gegenüber hineinzog. Hauptvorwurf gegen die Mutter war deren Verhältnis mit einem verheirateten Mann. Hanna entwickelte eine aggressive Raffinesse in ihrer Tendenz, mit unvermuteten Besuchen bei der Mutter diese mit dem Freund zu überraschen. Häufig nahm Hanna ihren halbwüchsigen Kameraden zu diesem Zweck mit. Die Erregung und Verstimmung von Hannas Mutter, wenn diese beiden halbwüchsigen Moralpolizisten bei ihr auftauchten, kann man sich ausmalen.

Soweit ein Außenstehender die Lage überhaupt beurteilen konnte, war jedoch die Mutter diejenige gewesen, die für Hanna zuverlässiger und stabiler gesorgt hatte, wenn auch karger und ohne die Möglichkeit, die Patientin (ähnlich wie der Vater) mit plötzlichen Geschenken verwöhnend zu überraschen. Die Mutter lebte zur Zeit noch von der Unterstützung ihres Mannes, von dem sie ja noch nicht geschieden war, jedoch plante sie, eine Hauswartstelle anzunehmen, damit sie sich mit dieser Hauswartstelle und Heimarbeit als Näherin selbst erhalten könne. Die Patientin protestierte gegen diesen Plan leidenschaftlich, denn er bedeutete, daß die Mutter die vertraute Wohnung aufgeben müßte und in eine andere Gegend ziehen. Gleichzeitig beklagte sich die Patientin jedoch, daß die Mutter für sie kein Geld übrig habe, vom Vater schmarotze und ihre Pflichten vernachlässige.

Aus dieser Schilderung ist vielleicht deutlich geworden, daß mich bei der Lage der Patientin als erstes ihre selbstzerstörerische Haßeinstellung der Mutter gegenüber beschäftigen mußte. Mein therapeutisches Anliegen konnte eigentlich nur darin bestehen, daß ich diese Ressentimenthaltung auflöste, daß ich der Patientin ein etwas gerechteres Urteil über beide Eltern vermittelte und sie veranlaßte, sich nicht in ihrem Ressentiment gegen die Mutter zu verzehren und die eigene Lebensentwicklung zu blockieren. Dies versuchte ich auf folgendem Weg zu erreichen:

Ich bemühte mich, durch anteilnehmende Rückfragen von der Patientin eine zunehmend präzisere Darstellung des elterlichen Streits zu erhalten. Dieses Bemühen um Präzision lenkte ich so, daß ich nachdenkliche Rückfragen einschaltete mit beiläufigen vor mich hingesprochenen Überlegungen über das Maß an faktischer Zuverlässigkeit, das der eine oder der andere geboten hatte. Dies tat ich so lange, bis der Patientin eine erste Ahnung dämmerte, daß ihr eigenes Urteil nicht gerecht sein könnte. In diesem Augenblick erschien es mir dann dringlich, der Patientin mein Verständnis dafür zu bekunden, daß sie (ob gerecht oder ungerecht) doch an der Mutter tief enttäuscht sei, so daß ihr die eigene Enttäuschung den Blick vielleicht etwas getrübt hätte. Dies hätte auf keinen Fall versäumt werden dürfen. Wenn man bemerkt, daß eine reale Verkennung der gegebenen Wirklichkeit irrationale Motive hat, dann muß man diese irrationalen Motive emotional zunächst einmal bestätigen, bevor man sie aus ihrer Verknüpfung mit dem rationalisierenden Urteil herauslösen kann. Die Patientin begriff, daß ich für ihre Enttäuschung, ihren Zorn und ihr Leid Verständnis hatte, sie begriff aber gleichzeitig, daß die Schlußfolgerungen und Urteile, die sie selber aus ihrer Enttäuschung bezog, nicht voll der gegebenen Wirklichkeit entsprachen. Um ihr die Last einer nun doch sehr kompliziert werdenden Auseinandersetzung mit sich selbst etwas abzunehmen, erzählte ich ihr bei dieser Gelegenheit die Lebensgeschichte von zwei jugendlichen Patienten, die ebenfalls in einer geschiedenen Ehe großgeworden waren und bei denen der

Vater seine Versorgungspflichten so stark vernachlässigt hatte. Ich erzählte der Patientin, wie diese beiden Jungen aus Enttäuschung, Zorn und Protest unter dem Motto „Es ist meinem Vater ganz recht, wenn mir die Hände erfrieren, warum schenkt er mir keine Handschuhe“ sich weigerten, eine bestimmte angebotene Lehrstelle anzunehmen. Ich erzählte ihr weiter, daß einer der Jungen gern Uhrmacher werden wollte, jedoch die kostspieligen Handwerksutensilien, die für diese Lehre nötig waren, vom Vater nicht bekam. Nun weigerte er sich, irgend etwas anderes zu versuchen, obgleich er ebenso gern Elektrotechniker geworden wäre und auch eine Lehrstelle dafür in Aussicht hatte. Nur aus Zorn auf den Vater und um zu beweisen, daß dessen Versäumnis den Sohn berufslos machte, saß er tatenlos herum, ohne an die bösen Folgen für sich und sein eigenes Leben zu denken.

Man sieht, daß ich auch hier ein Fremdbeispiel gewählt habe, daß zwar der affektiven Konstellation der Patientin verwandt war, das jedoch kein Mädchen, sondern einen Jungen betraf. Dies schien mir auch in diesem Fall zweckmäßig, da es gewissermaßen einen Grad mehr an Distanz vom Erleben der Patientin bot.

Anknüpfend an dieses Beispiel konnte ich mit der Patientin immerhin ihre eigenen Berufswünsche besprechen und erörtern, was wohl in Frage käme, sofern sie sich überhaupt zum Beginn einer Berufsausbildung entschließen würde. Die Patientin war eine rasche Rechnerin gewesen, flink im Umgang mit Menschen und hatte daran gedacht, Verkäuferin in einem Lebensmittelgeschäft zu sein. Eine ihrer Freundinnen war bereits als Verkäuferin beschäftigt und der Patientin hatte dies gefallen. Ich beratschlagte nun mit ihr die Vor- und Nachteile der Ausbildung als Verkäuferin, die lange Arbeitszeit auf der einen Seite, das feste Gehalt andererseits (im Gegensatz etwa zum Stücklohn oder Stundenlohn in einer Fabrik), die Vorzüge, die es hätte, über eigenes Geld zu verfügen usw. Erst etwas später unternahm ich es, der Patientin die Zirkelwirkung aufzuzeigen, die sie mit ihren aggressiven Spionagepraktiken der Mutter gegenüber in Gang brachte. Da sich die Patientin mit ihrem eigenen Freund gelegentlich in der Wohnung der Tante traf, fragte ich sie, was sie wohl dazu sagen würde, wenn die Mutter regelmäßig unvermutet mit ihrem Freund aufgetaucht käme, nur um die Patientin bei ihrer Verabredung zu stören. Die Patientin brauste auf: „Das würde ich mir nicht gefallen lassen.“ Ich lächelte nur und sagte, daß sie hier offenbar mit zweierlei Maßstäben mäße. Später fragte ich sie, ob sie denn eigentlich gerne mit der Mutter wieder zusammenleben würde und ob ich hier vielleicht vermitteln sollte. Dies ergab sich, als die Patientin so heftig gegen den geplanten Umzug der Mutter protestierte. Die Patientin wehrte bei dieser Vorstellung mit gespieltem Entsetzen ab. Mit der Mutter wollte sie auf keinen Fall mehr zusammenleben, die Tante ließe ihr mehr Freiheit, hatte auch mehr Geld zur Verfügung. Jetzt entschloß ich mich zu einer mehr oder weniger ermahnenden Kritik. Ich sagte der Patientin, daß sie eine große Verantwortung auf sich lüde, wenn sie der Mutter verwehrte, ein selbständiges Leben aufzubauen, indem sie die Portierstelle annähme und ihr außerdem die Freundschaft mit dem verheirateten Mann sehr verdächte. Wenn eine Tochter das Leben der Mutter so stark mit Beschlag belege, daß diese sich nicht einmal eine eigene Existenz aufbauen dürfe, habe die Tochter ja in großem Ausmaß die Pflicht, später einmal für das Leben der Mutter zu sorgen und einzustehen. Es sei ja offenbar nicht zu erwarten, daß der Vater noch über die Scheidung hinaus in vollem Umfang für seine geschiedene Frau aufkommen wolle und werde und irgendetwas müsse die Mutter schließlich tun, wenn nicht, wie gesagt, die Patientin ihr eigenes Leben darauf einstellen wollte, daß sie für die Mutter sorgte.

Die Patientin zeigte sich von diesem Argument sehr beeindruckt. Eine Klassenkameradin von ihr lebte in ähnlicher Form mit der Mutter zusammen mit der Zukunftserwartung, daß sie eines Tages voll für die Mutter werde aufkommen müssen oder wollen. Dies als Dank dafür, daß die Mutter im Augenblick eine verhältnismäßig kostspielige Ausbildung für ihr Kind ermöglichte. Ich beratschlagte nun mit der Patientin des längeren und breiteren, wie das Leben einer Frau später einmal aussehe, wenn es zu stark mit Versorgungspflichten für Mutter oder Vater oder gar beide verknüpft ist. Ich machte mir den Gerechtigkeitssinn der Jugendlichen, der ja meist sehr stark ausgeprägt ist, zunutze. Auch meine Patientin hatte einen gewissen eher trotzig gefärbten Gerechtigkeitsfanatismus, den sie benutzt hatte, um ihre eigenen Ansprüche der Mutter gegenüber zu verfechten.

Die Gespräche, die ich mit dieser Patientin hatte, waren nicht zahlreich und verbreiterten sich auch hinsichtlich der angeschnittenen Thematik nicht sehr wesentlich. Die Patientin war zwar bereit, ein zweites, drittes und auch viertes Mal wiederzukommen, jedoch hütete ich mich, sie zu sehr zu intimeren Mitteilungen über sich selbst zu drängen. Ich begnügte mich damit, ihr in ausgedehnten und vielfältigen Varianten mögliche Lebensläufe junger Mädchen und erwachsener Frauen zu schildern und auf diesem Wege von dem großen Risiko zu sprechen, in dem sie selber stand. Dabei war wichtig, daß ich von mir aus die Patientin nicht zu dem Berufsbeginn drängen würde. Ich unterstellte in meinen Gesprächen gewissermaßen als selbstverständlich, daß ich mit der Entscheidung der Patientin, sie wolle überhaupt nichts tun, rechnete und diese Entscheidung respektierte. In solchen Situationen kommt nun auf den Tonfall und die allgemeine Haltung alles an. Erregte, drängende Schwarzmalerei der Zukunft muß auch in den leisesten Andeutungen vermieden werden. Dies tun ja die Angehörigen solcher Patienten schon in ausgedehntem Maß. Genau so wenig darf die Haltung von einem aggressiven „Du wirst schon sehen“ gefärbt sein, eine Reaktion, die ebenfalls die Angehörigen der Patientin dann folgen lassen, wenn sie es gewissermaßen aufgegeben haben, aktiv zu drängen und zu ermahnen. Patienten dieser Art müssen fühlen, daß man sie zwar als selbstverantwortliche Menschen betrachtet und daß man sich in ihre eigenen Entscheidungen nicht einmischen will, daß man diese Zurückhaltung jedoch nur aus Respekt übt und nicht ohne Sorge und Bedauern über die zu erwartenden Folgen.

In allen Fällen von Arbeitsprotest und Arbeitsbummelei ist dies die einzige Chance, allerdings eine, die bei gewohnheitsmäßiger Verwahrlosung sehr gering ist und die nur dann hilft, wenn in der Persönlichkeitsstruktur der Patienten doch noch so viel innere Ordnung erhalten ist, daß sie sich tatsächlich einen eigenen konstruktiven Lebensweg überhaupt vorstellen können.

Dies gilt auch für die nächste Patientin, von der ich berichten will. Ein junges 17jähriges Mädchen, daß ebenfalls wegen Weglaufen und Arbeitsbummelei vorgestellt wurde und bei der diese Weglauferei gleichzeitig mit einer erheblichen sexuellen Gefährdung gekoppelt war. Bei der Fallschilderung werde ich gerade diese Seite des Problems etwas in den Mittelpunkt rücken.

Fall 7: Erika B.

Diese Patientin war, wie gesagt, 17 Jahre alt und kam ebenfalls nur unter heftigem Protest, gewissermaßen überrumpelt und nach heftigstem häuslichen Familienkrach vor der Vorstellung bei mir. Es handelte sich um ein rötlichblondes, sehr modisch gekleidetes junges Mädchen mit feinen Gesichtszügen, das in kniefreiem Rock zu mir hereingetrippelt kam und einen überlangen, hocheleganten Schirm in der Hand schwenkte. Sie kam in der Begleitung der Mutter, die ich bat, das Gespräch mit der Tochter abzuwarten, wobei ich an ihrem besorgten und unruhigen Blick ablesen konnte, daß sie befürchten mußte, die Patientin würde mir nur wenig oder gar nichts über den eigentlichen Anlaß zu ihrer Vorstellung bei mir mitteilen.

Dies war nicht ganz richtig. Wenn auch nicht aus Wahrheitsliebe, so doch aus einer Art Trotz und Opposition heraus schilderte mir die Patientin, daß es zu Hause Streit gegeben habe, daß sie auf die Verbote und Gebote ihrer Eltern pfiffe, daß sie sich in nichts reinreden lasse und daß jeder wissen könne, was ihre Ansicht von dem ganzen sei. Die Patientin erzählte mir demzufolge, daß sie seit längerem sehr zum Ärger ihrer Eltern eine Beziehung zu einem arabischen Medizinstudenten unterhielte, daß sie diesen Mann liebe, von ihm wiedergeliebt werde und daß die Eltern ihr das Zusammentreffen mit diesem Freund untersagt hätten. Die Patientin beschwerte sich dabei, daß die Eltern anfänglich einige Verabredungen gestattet hätten, den Studenten auch zu gelegentlichen Einladungen in die Wohnung gebeten hätten, dann aber plötzlich und unvermutet den Verkehr verboten hätten. Die Mutter sei ohne das Wissen der Patientin zu dem Araber gegangen, habe ihm eine heftige Szene gemacht und ihm ein für allemal untersagt, sich um ihre Tochter zu kümmern. Was die Patientin mir nicht erzählte, war freilich die Tatsache, daß sie ihren Freund allein auf dessen Zimmer besucht hatte, was die Eltern, als sie es erfuhren, zum Einschreiten veranlaßte. Was sie mir außerdem nicht erzählte und was ich ebenfalls erst später von der Mutter hörte, war, daß sie in dieser Zeit unvermutet eines Tages nicht zur Arbeitsstelle gegangen war, um sich mit ihrem Freund zu treffen. Sie hatte sich dann statt dessen längere Zeit auf der Bahnhofsmission des Bahnhofs Zoo aufgehalten unter dem Vorwand, sie sei ein Flüchtling, und war immer erst abends nach Hause zurückgekehrt, um den Eltern vorzuschwindeln, sie sei regulär zu ihrem Arbeitgeber gegangen. Erst als sich der Arbeitgeber nach einer Woche bei den Eltern nach der Patientin erkundigte, kam der Schwindel heraus und die Eltern wandten sich in ihrer Aufregung um Rat an mich.

Ich hörte noch, daß die Patientin von ihrem Arbeitgeber als Schneiderin sehr geschätzt wurde, daß sie ihren Beruf außerdem gern ausübte und plante, die Schneiderinlaufbahn durch eine zusätzliche Ausbildung auf einer Modefachschule zu ergänzen.

Die Patientin war die jüngste nach 3 Geschwistern, einem Bruder und zwei Schwestern und war, wie sie selbst sagte, von allen sehr verwöhnt worden. Andererseits klagte sie (wie mir schien glaubwürdig) über die verlogene und gefühlskarge Atmosphäre ihres Elternhauses. Die Patientin beschwerte sich hauptsächlich darüber, daß die Mutter immer heimlich an ihre Briefe ging, in ihrem Tagebuch nachschnüffelte und laufend Zusagen gäbe, denen kein Mensch vertrauen könne. Der Vater der Patientin war Bankbeamter und wurde als sehr verschlossen, eher kalt und karg geschildert, ohne Bereitschaft oder Fähigkeit, den Gefühlen und emotionalen Bedürfnissen seiner Frau entgegenzukommen. Den Töchtern gegenüber war er äußerst streng gewesen, hatte ihre ersten Jungenfreundschaften mit Mißbilligung registriert, bei der ältesten Tochter sogar noch strikt verboten. Lediglich bei der jüngsten wurden Lockerungen eingeführt, wie etwa die Bereitschaft, den arabischen Freund zunächst einmal in die Familie einzuladen.

Anders als unsere Patientin Hanna hatte Erika an ihrem Vater überhaupt keinen gefühlsmäßigen Rückhalt. Zwar verwöhnt, aber doch einsam, war sie stark auf der Suche nach persönlichen Kontakten, ohne jedoch eine rechte Vorstellung davon zu haben, wie solche Gefühlsverbindungen aussehen konnten. Zudem war sie ein hübsches, in gewisser Weise sogar auffallendes Mädchen, das gelernt hatte, sich modisch zu kleiden. Sie wirkte als Typ eher elegant, wenngleich es sich bei ihr nicht um eine provokatorische Aufmachung handelte.

Bei dieser Situation, die ich vorfand, bin ich therapeutisch gewissermaßen „aufs Ganze gegangen". Die Gefährdung des Mädchens war groß. Sie war zwar auf keinen Fall der Typ der unruhigen Vagabundin, die in laufender Kontaktsuche häufig ihre Bekanntschaften wechselt. Aber sie war auf jeden Fall sehr in Gefahr, dem ersten Mann, der sich ihr intensiv und leidenschaftlich zuwandte, zu vertrauen und die eigenen Gefühle ebenso sehr wie die des Mannes zu überschätzen. Zudem überschätzte sie ihre eigene welterfahrene Lebensgewandtheit. Sie schilderte mir nämlich (als wir später, nach dem Bericht der Mutter, darauf zu sprechen kamen), daß sie wirklich mit ihrem Freund auf dessen Zimmer gewesen sei. Aber sie fände es lächerlich, daß die Eltern ihr mißtrauten, sie wüßte selbst ganz genau, wie weit sie zu gehen habe und sie fände es unerhört, daß jeder an sexuelle Intimitäten dächte, nur weil ein Mann und ein Mädchen allein auf einem Zimmer gewesen wären. Diese oppositionelle Gedankenführung der Patientin war sicher naiv ehrlich gemeint. Sie war auch naiv ehrlich davon überzeugt, daß ihr Freund nicht versuchen würde, sie zu sexuellem Nachgeben zu bewegen. Im übrigen meinte sie, würde er sie unbedingt heiraten, wenn sie tatsächlich ein Kind bekommen sollte. Dies war sicher richtig und meine eigentliche Sorge. Und an dieser Stelle setzte ich mein Gespräch mit der Patientin auch an, in der Hoffnung, daß sie seinen Sinn aufnehmen könnte. Ich sagte ihr, daß ich ihr glaubte, wenn sie uns erzählte, sie habe noch keine sexuelle Beziehung gehabt und ich fügte hinzu, ich glaubte auch, daß sie überhaupt nicht in Gefahr sei, wahllos an Männer zu geraten, die lediglich sexuelle Kontakte suchten. Ich hätte von ihr den Eindruck, daß sie unbedingt ein Mädchen wäre, das an persönlicher Gefühlsbeziehung interessiert sei und daß sie nicht, wie es die Mutter in ihrer Erregung behauptet hatte, mit jedem ersten besten Mann ins Bett ginge. Mit Anspielung auf die einsame Lage der Patientin in ihrer eigenen Familie fügte ich noch hinzu, daß ich allerdings sehr ernste Sorge hätte, sie könne an einen Mann geraten, der sie sehr liebte, ohne daß sie selbst schon ganz im klaren darüber wäre, ob sie diese Gefühle auch wirklich voll erwidere und ob sie die gegenwärtigen Gefühle für dauerhaft genug halten könne, um eine Ehe einzugehen. Nachdrücklich wiederholte ich in mehreren Varianten, daß ich nicht Sorge hätte, die Patientin könne einen Gauner oder rücksichtslosen Verführer nicht von einem liebenswerten Mann unterscheiden, sondern daß ich Sorge hätte, sie würde sich in eine Verbindung verstricken, die sie mehr wegen ihrer vorgegebenen Verlassenheit gesucht hätte als aus wirklicher Zuneigung. Ich begann dann, der schweigend aber aufmerksam zuhörenden Patientin ähnliche Lebensschicksale anderer junger Mädchen zu schildern und erzählte ihr von einer anderen Patientin, die ich gehabt hatte, und die eine Beziehung mit einem Besatzungssoldaten eingegangen war, der ein „Eurasier“ nach den Worten dieser Patientin war, ein Mann, mit einer indischen Mutter und einem englischen Vater. Diese Patientin hatte ihren Freund zwar geliebt, aber doch nicht eigentlich heiraten wollen, schon weil sie nicht vorhatte, eines Tages in England zu leben. Sie hatte dem Mann in seinen sexuellen Wünschen nachgegeben, als er sie einmal sehr bedrängte, im Vertrauen darauf, daß er sie vor einer Schwangerschaft schützen würde. Sie hatte nicht damit gerechnet, daß der Mann an der Schwangerschaft schon deshalb sehr interessiert war, weil er das Mädchen unbedingt heiraten wollte und kein anderes Mittel wußte, um sie fest an sich zu binden.

Ich fügte diesem Bericht hinzu, daß ich befürchtete, auch sie, Erika, könnte in eine ähnliche Gefahr kommen. Ich hielte es für sehr wahrscheinlich, daß ihr Freund sie liebte und daß er sie gern mit in die Heimat nehmen würde und heiraten. Aber es sei nicht ausgeschlossen, daß auch er dies mit Hilfe einer Schwangerschaft zu erreichen versuchte. Ich fügte noch einige versöhnliche Bemerkungen darüber hinzu, daß Männer, auch wenn sie es mit einem Mädchen gut meinen, von sexuellen Wünschen sehr heftig überfallen werden können, so daß man ihnen nicht immer übelnehmen dürfe, wenn sie es gegebenenfalls doch versuchten, das Mädchen zu überreden. Und ich fügte schließlich mit einigem Nachdruck hinzu, daß es die Aufgabe der Frau sei, dies zu wissen, in Rechnung zu stellen und dem Mann nicht unnötige Quälerei zuzumuten, indem sie ihm allein auf sein Zimmer folgte und damit eine starke Versuchungssituation schaffte.

Dieser letzteren Überlegung widmete ich eine gewisse Ausführlichkeit. Die Patientin hatte die Besuche bei ihrem Freund ja im wesentlichen aus Protest gegen die Eltern und die gesamte sie umgebende Gesellschaft unternommen. Es war sicher ausgeschlossen, ihr diesen Protest zu nehmen und sie zu verständigerem Verhalten zu bewegen, es sei denn, man gab ihr ein Motiv, das mit ihrer Zuneigung zu dem Freund in Einklang stand. Insofern fügte ich unter kritischen Aspekten eine Reihe von Fremdschilderungen hinzu über das Gebaren jener Mädchen, die mit Koketterie und halben Ermunterungen einen Mann lange provozieren, um dann schließlich (wenn dieser sich zu sexuellem Verhalten eingeladen fühlte) heftig zu protestieren und abzuwehren, so als trügen sie selbst keine Verantwortung für die Konsequenz ihres Verhaltens. Der Patientin leuchtete diese Überlegung ein. Zu meiner Befriedigung wurde sie auch sehr nachdenklich, als sie sich die Konsequenzen einer möglichen Schwangerschaft einmal genau ausmalte und überlegte, ob sie wirklich mit ihrem Freund in dessen Heimat ziehen wollte, zum islamischen Glauben übertreten und das Risiko auf sich nehmen, das in der rechtlichen Stellung der Frau liegt, die nach islamischen Gesetzen geheiratet hat.

Wie gesagt, habe ich diese Überlegungen, Informationen und Fremdschilderungen mit voller Absicht und aus spontaner Initiative heraus an den Beginn meines Gespräches mit der Patientin gestellt. Vorangegangen war natürlich der Versuch, die affektive Lage des Mädchens möglichst richtig zu erfassen, wobei die Feststellung ihrer starken emotionalen Vereinsamung von besonderer Bedeutung war. Es war weiter wichtig, daß ich mir nicht eigentlich zum Ziel setzte, die gesamte neurotische Fehlentwicklung der Patientin zu beeinflussen. Hierfür hatte ich kaum Chancen, da die Neigung des Mädchens, sich mir gegenüber zu eröffnen, doch nur begrenzt war. Auch ein solcher Entschluß färbt die eigene analytische Einstellung. Man bleibt gewissermaßen vordergründig, bemüht sich um ein Nahziel und dies pflegen die Patienten ihrerseits herauszuspüren. Dies ist günstig, denn sie fühlen sich auf diese Weise nicht zudringlich behandelt.

Für diesen Fall gilt, wie auch für den vorigen, daß es mir immerhin gelang, mein „Nahziel" zu erreichen. Die Situation mit dem Arbeitgeber mußte geklärt werden, die Eltern beschwichtigt und die Patientin so weit affektiv an mich gebunden, daß sie mindestens für die nächsten 6 Monate wieder zu mir kam, ohne zu protestieren. Hierfür war notwendig, daß ich das erste Gespräch zwar intensiv führte, den nächsten Termin jedoch nicht allzu früh ansetzte. Ich schob ihn 4 Wochen hinaus mit der Bitte an die Mutter, mich anzurufen, falls neue Schwierigkeiten auftauchen sollten und der Bitte an die Patientin, spontan zu mir zu kommen, falls sie dies wünschte. Die nächsten drei Gespräche wurden in monatlichem Abstand geführt, dann schob ich eine Pause von 1/4 Jahr ein, als sich zeigte, daß die Patientin offenbar ein Interesse daran gewonnen hatte, ihren Arbeitsplatz zu behalten und außerdem das Verhalten des Freundes selbst etwas kritischer betrachtete. Wie vorhergesagt, hatte er schließlich doch sexuelle Annäherungsversuche gemacht, wiederum mit dem Hinweis auf eine mögliche Ehe. Bei präzisen Rückfragen der Patientin zeigte er sich jedoch nicht sehr aufrichtig in bezug auf die Stellung als Frau, die die Patientin später in seinem Lande erwarten würde. Die Patientin kam nach der Pause nach 1/4 Jahr noch zweimal wieder, um dann einen angebotenen Termin zwar zunächst zu akzeptieren, ihn dann jedoch nicht wahrzunehmen. Nach einem weiteren Vierteljahr orientierte ich mich bei den Eltern, ob ein neuer Zwischenfall vorgekommen sei. Dies wurde verneint. Die Patientin sei am letzten Termin verhindert gewesen, habe dann vergessen, mich zu benachrichtigen, hätte jedoch angeblich eine freundliche Erinnerung an unsere Gespräche bewahrt. Ein Anlaß von meiner Seite, auf eine neue Vorstellung zu drängen, bestand natürlich nicht. Mir war von Anfang an klar gewesen, daß man zufrieden sein mußte, das Mädchen akut vor einer katastrophalen Entwicklung seines Lebens zu schützen.

Das gleiche könnte ich leider nicht in bezug auf die nächste Krankengeschichte sagen. Bei der Patientin, von der im folgenden die Rede sein soll, hätte ich ebenfalls gern nach der Erreichung meines ersten Nahzieles eine intensivere Behandlung gesehen. Wie gleich zu schildern sein wird, gelang es mir jedoch nicht, das Mädchen von der Notwendigkeit und von den Chancen einer solchen intensiveren Behandlung zu überzeugen. Diese Patientin war keineswegs in Opposition gegen die ärztliche Vorstellung bei mir gekommen. Von Oppositionshaltung oder offenkundiger Ambivalenz den Eltern oder der Mutter gegenüber war ebenfalls keine Rede. Ganz im Gegenteil. Die Patientin lebte in Identifikation und starker emotionaler Abhängigkeit von ihrer Mutter und diese Situation machte im Beginn das eigentliche therapeutische Problem aus.

Fall 8: Marion R.

Die Patientin, 17 Jahre alt, wird von ihrem behandelnden Internisten in Übereinstimmung mit dem konsultierten Hals-Nasen-Ohren-Arzt zu uns überwiesen. Sie leidet an einer psychogenen Schluckstörung (Cardiospasmus) und ist außerdem im Verlauf des letzten Jahres fast unaufhörlich wegen langwieriger Erkältungskrankheiten in ihrer Arbeit ausgefallen. Marion hatte zu beiden Ärzten großes Vertrauen und kommt auch zu uns offenbar mit der gleichen naiven Vertrauenshaltung, die sie überhaupt älteren Menschen entgegenbringt. Zur ersten Konsultation wird sie von ihrer Mutter begleitet, die sofort aktiv als erste mit mir zu sprechen wünscht. Und da Marion selber die schüchterne Bitte ausspricht „Mutti zuerst“, gebe ich dem nach und orientiere mich in einem ausgedehnten Gespräch über die Vorgeschichte, den Krankheitszustand und die gegenwärtige Lebenssituation der Patientin, so wie sie sich im

Erleben der Mutter malt. Das Gespräch mit der Patientin schließt sich an die Unterredung mit der Mutter an und es zeigt sich, daß es danach dringend ist, noch einmal mit der Mutter allein zu sprechen. Folgende Faktoren sollen uns im Vergleich mit den beiden bisher geschilderten Krankheitsfällen bevorzugt beschäftigen:

Die Patientin lebte mit ihrer jetzt 51jährigen Mutter in einem ausgesprochenen Isolierkontakt. Der Vater der Patientin war gefallen, als diese zwei Jahre alt war, sie hatte ihn praktisch nicht kennengelernt. Ihre Mutter war selbst in frühen Jahren Mutterwaise geworden, hatte dann ihren Vater verloren und jetzt nur noch einen sehr flüchtigen und sehr zwiespältigen Kontakt zur eigenen Stiefmutter. Wirklich positive Beziehungen zu Mitgliedern der weiteren Verwandtschaft oder sonstigen Freunden bestanden für die beiden Menschen praktisch überhaupt nicht. Sie bewohnten gemeinsam eine winzige Einzimmerwohnung, die nur aus diesem Zimmer (mit Kochnische, einem kleinen Flur und einer Innentoilette) bestand. Die Miete war billig, aber das Zimmer sehr düster und ungemütlich. Witwen- und Waisenrente von insgesamt noch nicht 200 Mark machten für Mutter und Tochter den Lebensunterhalt aus. Sonstige Einnahmequellen bestanden nicht. Die Mutter selbst schilderte sich als äußerst bedürfnislos und ermöglichte es mit sorgfältigster Pfennigrechnerei und Zurückstellung aller eigenen Wünsche, daß ihre Tochter mindestens in bezug auf Kleidung hinter anderen gleichaltrigen Mädchen äußerlich nicht zurückzustehen brauchte. Die Opferhaltung der Mutter ihrer Tochter gegenüber war deutlich und die Patientin selbst hat ihre Mutter immer als sehr fürsorglich und sehr verwöhnend erlebt. Was die Patientin selbst nicht bewußt registrierte, was aber dem Beobachter sehr auffiel, war dabei der stark resignierte, fast nihilistische Zug bei der Mutter, die fast in jedem zweiten Satz Bemerkungen unterbrachte wie „Es hat ja doch keinen Zweck", „das wird ja doch schiefgehen", „man weiß ja doch, daß aus solchen Plänen nichts wird" usw. Dieser resignierten Haltung der Mutter haftete zugleich ein sehr eigensinniger Zug an. Zog man im Gespräch mit ihr die Richtigkeit ihrer Weltauffassung in Zweifel, wurde sie eher ärgerlich und gereizt. Dies bekundete sich besonders alarmierend, als das Gespräch auf die Zukunftsentwicklung der Patientin selber kam. Die Patientin stand nämlich ein halbes Jahr vor ihrem Examen, das die Lehre als kaufmännischer Lehrling abschließen sollte und mit Anschluß an dieses Examen konnte die Patientin auf ein wesentlich höheres Gehalt rechnen. Mein Versuch, der Mutter hier Trost und etwas Mut zuzusprechen, stieß auf ein gereiztes „Na, Sie werden ja sehen, Frau Doktor". Die Mutter äußerte mehrfach, man werde schon sehen, daß die Patientin das Examen nicht bestehen werde. So häufig, wie sie in den letzten Monaten krank gewesen sei, könne man das kaum erhoffen, und wenn sie es bestehen würde, dann würde man außerdem sehen, daß sich die Geldsituation in nichts verbessert hätte, denn dann fiele ja die Waisenrente weg und man hätte auch nicht mehr Geld als zuvor. Im Gespräch mit der Mutter gewann man den Eindruck, daß deren Haltung sich wie Meltau auf jede frischere Lebensäußerung ihrer Tochter legen und in dieser jede Zukunftserwartung ersticken mußte.

Es zeigte sich denn auch, daß die Patientin tatsächlich in der gleichen depressiv-resignierten Verfassung war wie ihre Mutter, jedoch ohne die Note von Eigensinn, die die Mutter zeigte. Sie identifizierte sich voll mit der Grundhaltung, die die Mutter bot und dies um so mehr, als sie ja selbst von der Mutter nichts anderes als Opfer, Fürsorge und eine gewisse Art von Verwöhnung erfahren hatte.

Wir vergleichen jetzt einmal Marions Situation mit der inneren Verfassung unserer Ulcus-Patientin, die ja (wie wir gesehen hatten) ebenfalls wesentliche Grundhaltungen ihrer Mutter dem Leben gegenüber übernommen hatte. Marion lebte, wie ich sagte, mit ihrer Mutter in Isolierkontakt. Zugleich war die Mutter für sie diejenige, die als Haushaltungsvorstand die Geldmittel verwaltete und beschaffte. In Christines Familie war der Vater derjenige, der das Geld verdiente. Zudem existierten mindestens noch zwei andere Frauen (Tante und Großmutter), an denen das Mädchen weibliche Lebensform und Lebensführung kennenlernen konnte. Die Ablösung von der Identifikation mit der Mutter erfolgte in einem *größeren Familienverband,* der gefühlsmäßigen Rückhalt auch in Übergangszeiten bot. Die Beziehung zum Vater konnte zum Tragen kommen, während sich die kritische Auseinandersetzung mit der Mutter abspielte.

Ganz anders für Marion: Sie war vaterlos, hatte keine sonstigen Familienangehörigen, die ihr nahestanden und demzufolge auch niemanden, bei dem sie, mindestens zeitweilig, einigen gefühlsmäßigen Rückhalt hätte finden können. Bei der Betreuung jugendlicher Patienten muß man ja unbedingt berücksichtigen, daß sich die kritische antinomische Auseinandersetzung mit einem Elternteil immer dann leichter vollzieht, wenn der andere Elternteil noch vorhanden ist, so daß sich die affektiven Krisen etwas verteilen. Lebt ein jugendlicher Patient in alleiniger Verbindung mit Mutter oder Vater, so *dramatisiert* sich jede Konfliktkonstellation für beide Teile sehr erheblich. Risiko und Beunruhigung in affektiven Auseinandersetzungen sind für diese jugendlichen Patienten weit größer und man hat dieser Tatsache mit dem entsprechenden therapeutischen Geschick Rechnung zu tragen.

Marions Mutlosigkeit und Resignation war ungewöhnlich. Auch sie war überzeugt, daß sie ihr Examen nicht schaffen werde und die Zeit nach ihrem Examen erschien ihr erst recht grau und trostlos, denn sie glaubte der Mutter, die ihr täglich einredete, auch dann wäre ihrer beider Lage um nichts gebessert. Es war zu sehen, daß meine hauptsächlichste therapeutische Aufgabe darin bestehen würde, daß ich in der Patientin etwas mehr Zuversicht in bezug auf ihr weiteres Leben erweckte. Dies konnte jedoch kaum gelingen, ohne daß ich die Lebensführung der Mutter etwas in Zweifel zog. Die leiseste Kritik an der Mutter hätte jedoch wiederum die Patientin schwer beunruhigt, teils wegen ihrer realen affektiven Abhängigkeit, teils auch aus dem Gefühl heraus, daß die Mutter, die so viel geopfert hatte, allen Dank verdiente und nicht von einem Außenstehenden kritisiert werden dürfte.

Der einfachste Weg wäre natürlich gewesen, die Mutter selbst emotional etwas aufzulockern und zuversichtlicher zu stimmen. Dies scheiterte jedoch an deren Eigensinn und der (später sogleich zu schildernden) stark ambivalenten Haltung der Tochter gegenüber. Die opfervolle Fürsorge, die die Tochter erfahren hatte, rächte sich nämlich unbedingt insofern, als die verdrängten Abwehrimpulse in die allgemein negativistische Welthaltung einflossen. Die Haltung der Mutter war also ihrerseits zäh verankert und nicht mit einfachen Mitteln zu beeinflussen. Insofern blieb mir gar nichts anderes übrig, als daß ich versuchte, mir die bewußt erlebte positive Einstellung der Mutter ihrer Tochter gegenüber zunutze zu machen. Ich appellierte an ihre Fürsorge und verknüpfte diesen Appell mit der Bitte, bestimmte Haltungen von mir zu übernehmen, selbst wenn diese im Moment der Mutter falsch erschienen. Ich sagte der Mutter, daß sie bislang schon fast zuviel für ihre Tochter getan hätte, daß ich natürlich auch Bedenken hätte, wie sich die Zukunft gestalten würde, daß ich aber Anlaß hätte zu der Besorgnis, die Patientin würde durch ihre Mutlosigkeit noch zusätzlich manches verderben. Ob es nicht möglich wäre, ihr für eine Weile (wenn auch wider besseres Wissen) Mut zuzusprechen, so daß sie wenigstens den Versuch zum Examen unternähme. Dieses Gespräch mit der Mutter war sehr kompliziert. Immer wieder mußten Bemerkungen eingeflochten werden, die geeignet waren, die leicht aufwallenden Schuldgefühle der Mutter zu beschwichtigen, da diese selbst nicht ganz ohne Instinkt dafür war, wie sehr sie mit ihrer negativistischen Grundhaltung auf ihrer Umgebung lastete.

Der Patientin gegenüber nahm ich natürlich ebenfalls die Haltung ein, daß ich die Opfer und den Einsatz der Mutter sehr anerkannte. Ich erklärte dann lediglich, daß mein ärztliches Urteil mich doch veranlaßt hätte, die Mutter davon zu überzeugen, daß die Lage nicht völlig hoffnungslos sei. Ich trat auch der Patientin gegenüber hier mit ärztlicher Autorität auf und ließ nur ein- oder zweimal einfließen, daß die Mutter in meinen Augen doch manches im Leben etwas schwärzer sehe als notwendig. Auch dies riskierte ich nur mit einer sofort angeschlossenen nachdrücklichen Versicherung, daß Marions Mutter, wie kaum eine andere Mutter sonst, für ihre Tochter gut gesorgt hätte. Diese beiläufige Bemerkung verankerte ich im Erleben der Patientin dann noch dadurch, daß ich mir von ihr genau vorrechnen ließ, was sie nach ihrem Examen an Gehalt zu erwarten hätte und was sie jetzt an Waisenrente bekam. Die Patientin war selbst verblüfft, als sie feststellte, daß hier ein Unterschied von wenigstens 150 Mark zugunsten der kommenden Situation zu erwarten war. Ich schloß hieran wiederum eine beiläufige Bemerkung, daß zwar Vieles im Leben schief ginge, aber manches doch auch gut und entschloß mich dann zu einer kleinen Scherzerzählung, die für manche dieser sehr resignierten und mutlosen Patienten recht nützlich ist. Ich erzählte ihr von den beiden Fröschen (dem Optimisten und dem Pessimisten), die beide über Nacht in einen Milchkübel gefallen waren. Der

Pessimist erklärt bei dem Unglück: Hier kommen wir doch nie heraus, ließ sich sinken und ertrank. Der Optimist dagegen erklärte: Na, vielleicht doch, paddelte die ganze Nacht, hatte am Morgen die Milch zu Butter geschlagen, saß auf dem Butterkloß und hüpfte hinaus.

Die Patientin, die Sinn für Humor hatte, verstand den Sinn dieser Erzählung, nämlich daß der Pessimist die verborgenen, nicht offenkundig zutage liegenden Chancen im Leben allemal übersähe und daß seine Lebenserfahrungen doch zu einem großen Teil die Konsequenz seines eigenen Verhaltens seien.

Auch diese Patientin bestellte ich mir bereits nach einer Woche zu einem nächsten Gespräch, diesmal mit der Ankündigung, daß ich genau und im einzelnen besprechen wollte, welche fachlichen Lücken ihre langen Krankheiten hinterlassen hätten und ob es eine Möglichkeit gäbe, diese Lücken außerhalb der Lehrlingstätigkeit aufzufüllen. Schon diese Ankündigung beantwortete die Mutter wiederum mit ihrem stereotypen: „Das wird wohl kaum Zweck haben", so daß ich hier etwas autoritativ auftreten mußte und kategorisch erklärte: „Das hat ganz bestimmt Zweck, verlassen Sie sich darauf."

Ich bemerkte nun, daß die Patientin geneigt war, sich meiner lebensfrischeren und optimistischeren Grundhaltung zu überlassen und anzuvertrauen, sofern ich ihr nur erlaubte, die sehr intensive Beziehung zur Mutter weiterhin positiv zu erleben und die Mutter selbst nicht zu kritisieren. Der Mutter sagte ich dann in einem anschließenden Einzelgespräch noch einmal mit einem gewissen Ernst, daß ich ihr zwar glaubte, wenn sie mir die hoffnungslose Düsterkeit ihrer Lebenslage schilderte, daß ich sie aber doch bitten müßte, auch mir mein eigenes ärztliches Urteil zuzugestehen und daß sie meine ärztlichen Anweisungen nicht von Anfang an in Zweifel ziehen dürfe. Die Mutter versicherte mir heilig, daß sie dies nicht vorgehabt habe und daß sie ja schließlich das Beste für ihre Tochter wolle und natürlich einsehe, daß die Tochter im Augenblick mehr Mut als Beunruhigung brauche.

Im nächsten Gespräch, zu dem die Patientin allein kam, fragte ich sie halb scherzhaft einleitend, ob sie sich für den Optimisten oder den Pessimisten unter den Fröschen entschlossen habe, und als die Patientin zweifelnd die Achseln zuckte, sagte ich meinerseits mit einiger Entschiedenheit: „Wir wollten doch einmal gemeinsam die optimistische Linie versuchen und uns um Ihren Kenntnisstand kümmern." Ich glaubte zuversichtlich, daß wir sie nicht erneut krankzuschreiben brauchten.

Die Themen, die dann im Gespräch mit der Patientin zur Bearbeitung kamen, befaßten sich mit dem schlechten „Betriebsklima" auf ihrem Arbeitsplatz, sowie den fachlichen Schwierigkeiten, die Marions Tätigkeit mit sich brachte.

Die Art, wie ich im Beginn diese Konstellation zwischen Mutter und Tochter behandelte, unterschied sich von meinem Verhalten bei unserer Ulcuspatientin sehr wesentlich. Bei der Ulcuspatientin hatte ich immerhin schon recht früh eine gewisse Kritik an der Mutter angemeldet, hatte die Patientin aufgefordert, über bestimmte Reaktionsweisen der Mutter nachzudenken und vielleicht doch einmal zu überprüfen, ob man sich und der Umwelt einen Gefallen täte, wenn man hartnäckig an bestimmten Verhaltensweisen festhielte.

Bei Marions Mutter von alledem keine Spur, obgleich ich an objektiven Maßstäben gemessen sagen würde, daß das Verhalten von Frau R. ihre Tochter bei weitem mehr geschädigt hatte als die Reaktionsweisen von Christines Mutter. Wenn ich tatsächlich zu Marion gelegentlich einmal sagte, daß die Mutter alles etwas zu schwarz sähe, so fügte ich doch immer hinzu, daß die Mutter schwere Schicksalsschläge hatte hinnehmen müssen und daß es kein Wunder sei, daß ihr wenig Zuversicht verblieben wäre. Ich unterstellte also, daß das objektiv schwere Leben der Mutter zu einer Lebensauffassung geführt hatte, die man nicht so ohne weiteres bestreiten könne. Auf diesem Wege schonte ich die Patientin, der ich eine frühzeitige, aktiv kritische Auseinandersetzung mit der Mutter nicht zumuten wollte. Ich versuchte statt dessen, an die Reste des naiven jugendlichen Optimismus zu apellieren und der Patientin mit meiner eigenen Lebensgrundhaltung eine neue Möglichkeit der Orientierung zu bieten. Dies betont unter dem Motto, daß nicht jedem Menschen ein so schweres Schicksal zugeteilt sei, wie der Mutter und daß man mit notorisch depressiver und resignierter Einstellung als junger Mensch selbst sehr viele Chancen ungenutzt ließe. Therapeutisch steckte ich mir auch hier nur ein Nahziel, nämlich die Bewältigung des Examens mit dem Angebot an die Patientin, ihr hier ganz speziell und aktiv behilflich zu sein.

Ohne ins Detail zu gehen, kann ich über den Verlauf der Therapie wenigstens so viel mitteilen, daß es mir glückte, die Patientin bis zum glücklich beendeten Examen zu führen und daß ich an dieses erste halbe Jahr noch ein weiteres halbes Jahr mit sehr lose gehaltenen Gesprächen anschloß, die zunächst einmal nur darauf abzielten, der Patientin eine Neuorientierung in der jetzigen Lebensform mit mehr Geld und abgeschlossener Berufsausbildung zu erlauben. Insgesamt waren 5/4 Jahr nach dem Beginn der Therapie vergangen und es waren nur 20 Behandlungsstunden benötigt worden. Die Patientin war gesund geblieben. Keine Schluckstörung, keine Erkältungskrankheiten mehr. Jedoch war immerhin eine beträchtliche Appetitstörung zurückgeblieben. Diese Anorexie wurde von der Patientin selbst kaum mit Krankheitsgefühl erlebt. Sie hatte zudem so viel expansive Möglichkeiten in ihrer Lebensführung hinzugewonnen, daß ihr subjektives Lebensgefühl ausgesprochen befriedigend war. Nach meiner Kenntnis der Patientin wurzelten ihre derzeitigen (sehr weitgehend verdrängten) Probleme in dem tief verankerten Mißtrauen gegen Männer, ein Mißtrauen, das die Patientin von ihrer Mutter übernommen hatte. Das Mädchen, das hübsch und anziehend aussah, hatte zwar eine Reihe von losen kameradschaftlichen Kontakten mit jungen Männern, sie hatte auch ein- oder zweimal einen festeren Freund gehabt. Aber sie hatte sich emotional nie sehr engagiert. Insofern war zu befürchten, daß sie in späterer Zeit, wenn Verlobungs- und Heiratspläne am Horizont auftauchen sollten, in eine stärkere Krise geraten würde. Trotzdem war im Moment kein Ansatzpunkt, um der Patientin zu der Bemühung einer intensiven psychotherapeutischen Behandlung zuzuraten.

Speziell dieses Problem konnte bei dem Patienten, von dem ich nun im folgenden berichten will, sehr viel günstiger gelöst werden. Hier schien es mir, daß ich trotz der Beendigung der Behandlung in einem bestimmten Zeitpunkt sicher sein durfte, daß sich der Patient erneut um eine psychotherapeutische Behandlung bemühen würde, sofern sich diese als notwendig herausstellen sollte.

Bei dieser Schilderung will ich dabei, wie angekündigt, den Versuch einer etwas genaueren Längsschnittbeschreibung unternehmen. Der Krankheitsfall eignet sich zu diesem Unternehmen besonders deshalb, weil die in Frage stehenden Themen vergleichsweise begrenzt und übersichtlich waren. Den Verzicht auf die Mitteilung des wirklich Gesprochenen mußte ich freilich erbringen, da die protokollarische Schilderung der gegebenen Behandlungsstunden eine eigene Monographie ergeben würde. Die Darstellung wird einmal an den wichtigen Themen orientiert sein, die im Gespräch mit meinem Patienten immer wieder aufgetaucht sind. Daneben werde ich mein zugehöriges *therapeutisches Verhalten* einer etwas genaueren Analyse unterziehen. Es ist klar, daß auch diese Darstellung nur ein Kunstprodukt sein kann, bei dem die Einheit des therapeutischen Verlaufs in Einzelheiten zerlegt wird. Jedoch rechtfertigt sich dieses Vorgehen vielleicht doch durch mein didaktisches Anliegen.

Fall 9: Günther L.

Zunächst die *Anamnese:*

Der Patient ist 17 Jahre alt. Er kommt allein zur Anamnese. Sein behandelnder Arzt hat ihn geschickt, nachdem die sehr hartnäckige und seit zwei Jahren bestehende Obstipation bereits einen dreimonatigen erfolglosen Krankenhausaufenthalt notwendig gemacht hat. Es handelt sich um einen blonden mittelgroßen Jungen, der sich sehr zuvorkommend gibt und der mit einer hohen Kopfstimme spricht, obgleich er den vollen Stimmbruch schon hinter sich hat. Er ist sehr bereit, sich mitzuteilen. Ganz im Mittelpunkt seiner Klagen steht die schon erwähnte Obstipation, um deren Existenz sich ausgedehnte Grübelzwänge herumranken. Die Menge des produzierten Stuhlgangs wird ängstlich besorgt betrachtet, überprüft, das Essen wird eingeschränkt. Grübelnde Ängste erfüllen die Phantasien des Patienten, daß die aufgenommene Nahrung wie ein Stein in „dem ollen Schlauch" (dem Darm) liegen bleibe und dort Unheil stifte Auf Befragen teilt der Patient noch einen flüchtigen Cardiospasmus im vergangenen Jahr mit, der jedoch spontan verschwand. Auf weitere entsprechende Rückfragen ergibt sich noch die Existenz ausgedehnter larvierter Zwänge. Der Patient ist durch Unordnung oder Unsauberkeit tief beunruhigt. Wenn zum Beispiel in seinem Büro von der Reinemachefrau nicht gut genug gebohnert wurde, hat er heftigsten Drang, selbst das Bohnern nachzuholen, und es kostet ihn große Selbstbeherrschung, diesem Impuls nicht nachzugeben, weil man ihn im Büro deswegen doch sehr erstaunt ansehen würde. Zu Hause ist es selbstverständlich, daß er die entsprechenden Arbeiten des Ordnens und Aufräumens übernimmt. Weiterhin stellt sich im gleichen Zusammenhang ein starker Höhenschwindel heraus, kombiniert mit aufsteigenden Zwangsimpulsen, die insbesondere über Brücken oder an reißenden Gewässern auftreten. Der Patient muß in Berlin größere Umwege machen, wenn er eine Brücke oder gar eine Schleuse zu überqueren hätte, da er den heftigen Zwangsimpuls verspürt, sich in das reißende Gewässer hineinzustürzen.

Neurotische Verhaltensweisen ergeben sich im Verlauf der Selbstschilderung des Patienten, als ich ihn gelegentlich direkt nach der Existenz geheimer Verpflichtungsgefühle frage. Der Patient gibt zu, daß er sich unter Menschen eigentlich unaufhörlich von dem Gefühl bedrängt sieht, zu irgend etwas verpflichtet zu sein. Er liegt gewissermaßen immerzu auf der Lauer, irgendeinen Auftrag (der ihm nicht gegeben wurde) zu erfüllen. Demzufolge ist er auch viel zu nachgiebig. Er läßt sich unangenehme Arbeiten aufschwatzen und ist völlig außerstande, einen Einkauf selbständig zu tätigen, da er sich von jedem Verkäufer Gegenstände aufreden läßt, die er gar nicht braucht. Andererseits ist der Patient erfüllt von aufgeblähten Wünschen, die seinen Möglichkeiten nicht entsprechen. Eine teure Musiktruhe, eine Filmkamera mit Vorführgerät, die teuersten Musikplatten werden von ihm erstrebt. Jedoch weiß der Patient, daß der eigentliche Augenblick der Verzweiflung auf ihn wartet, wenn er seinen Wunsch erfüllt bekommen hat. Dann ist er „vollkommen am Boden zerstört", weint und fühlt sich für eine Woche „vollkommen fertig". Der Patient steht gerade dieser Reaktion ratlos gegenüber und ist über sich selbst bereits so unsicher geworden, daß er jedes Wünschen und Planen am liebsten aufgeben möchte.

Die sexuelle Problematik des Jungen stellt sich in der ersten Therapiestunde als ein ganz wesentliches und zentrales Problem heraus, soll jedoch erst etwas später im Zusammenhang mit der therapeutischen Seite des Gesprächs geschildert werden.

Die *auslösende Situation,* in der sich die Symptomatik des Patienten vor zwei Jahren entwickelte, war durch folgende Fakten determiniert: Der Patient hatte vor zwei Jahren, 15jährig, unvermutet seine Großmutter verloren, bei der er als unehelicher Sohn aufgewachsen war. Dem Tod der Großmutter waren dramatische innere (aber auch äußere) Konflikte vorausgegangen. Die Mutter des Jungen hatte es nämlich nach langen Kämpfen erreicht, sich von der Großmutter zu trennen. Ein halbes Jahr vor dem Tod der Großmutter hatten Mutter und Sohn eine eigene Wohnung bezogen, nachdem die Kindheit des Patienten von dem jahrelangen Ambivalenzkampf der beiden Frauen, die ihn betreuten, beherrscht gewesen war. Der Tod der Großmutter erfolgte also in dem Augenblick, in dem der Junge seine erste aktive kritische Absetzung von den Einflüssen dieser Frau, die ihn erzogen hatte, versuchte. Es kam hinzu, daß der Patient in dieser Zeit die Schwierigkeiten der ersten Berufsfindung zu bestehen hatte. Er war als begabter Junge von der 10. Klasse des technischen Zweiges abgegangen, fühlte sich jedoch verlassen und völlig unberaten bei dem Wunsch, einen Arbeitsplatz zu finden. Seine Mutter war eine sehr ängstliche und lebensunerfahrene Frau, die ihn hier nicht unterstützen konnte. Es ergab sich eine Übergangszeit von fast einem halben Jahr, bis der Patient schließlich eine Anstellung als Lehrling in einem Büro fand, in dem er als technischer Zeichner ausgebildet werden sollte. Dies bedeutete für den Patienten zudem die Preisgabe bestimmter Wünsche. Er hätte gern noch weitergelernt, evtl. später eine Fachschule besucht, um Ingenieur zu werden. In die gleiche Zeit fiel nun zusätzlich die Auseinandersetzung mit den ersten aufkommenden sexuellen Impulsen, für die dem Jungen praktisch jede Form der Aufklärung fehlte. Der Patient war von seiner Großmutter besonders streng und prüde erzogen worden. Er befand sich seit zwei Jahren in einem quälenden Onanieabwehrkampf, in den er sichtlich durch die frühere großmütterliche Erziehung hineinverstrickt worden war. Er selbst rationalisierte seine Haltung allerdings mit einem Hinweis auf vermeintliche katholisch-christliche Gebote. Dies, obgleich er selbst nicht besonders streng dogmatisch katholisch erzogen worden war und auch nicht sehr viel Kontakte zum religiösen Leben seiner Kirche aufwies. Er hatte bislang zu niemandem über diese seine Schwierigkeiten gesprochen, weder zu Freunden, zur Mutter oder den früher behandelnden Ärzten und auch mir hätte er sie nicht spontan berichtet, wenn ich nicht mit Hilfe von vorsichtig dosierten Fremdschilderungen nach ihrer Existenz geforscht hätte.

Hinter der Entwicklungsgeschichte des Jungen selbst stand wie so häufig, ein typisches *Generationenschicksal*. Wir müssen es schildern, damit die vergangenen und gegenwärtigen Lebensbedingungen des Jungen richtig verstanden werden können:

Der Patient war, wie schon geschildert, unehelich geboren und bei Mutter und Großmutter aufgewachsen. Die Mutter des Jungen war ihrerseits uneheliches Kind, und zwar die Tochter eines Offiziers aus dem Hochadel und eines jungen 16jährigen Mädchens (der späteren Großmutter des Patienten), das aus begrenzten Verhältnissen einer kleinbürgerlichen Beamtenfamilie stammte. Dieses Mädchen mußte noch vor der Jahrhundertwende die heimatliche Garnisonstadt verlassen, wurde von der Familie verstoßen und brachte ihr uneheliches Kind in Berlin zur Welt, offenbar vom Vater des Kindes nur notdürftig unterstützt und von den eigenen Angehörigen völlig verlassen. Es ist kein Zweifel, daß das Leben dieses Mädchens durch die Schwangerschaft auf nicht wieder gutzumachende Weise verdorben wurde. Die Verzweiflung und die affektiven Spannungen, in der die junge 17jährige Mutter ihre Tochter geboren hatte, mußte die Entwicklung dieses Kindes (der späteren Mutter unseres Patienten) sehr ungünstig beeinflussen. Es gab eine fast 40jährige Entwicklung, in der die Mutter mit ihrer Tochter in einer Art Isolierkontakt lebte, wenig von der Welt sah und beide in einer Art Haßliebe miteinander verknüpft waren. Die Mutter unseres Patienten erhielt eine Ausbildung als Buchhalterin, mit der sie später sich und ihre Mutter ernährte und sie bekam zugleich eine lebensverneinende ängstliche Grundhaltung mitgegeben mit besonderer Abwehr jedes möglichen

Kontaktes mit Männern. Die Mutter unseres Patienten wurde 40 Jahre alt, bevor sie erstmalig eine persönliche und intime Verbindung mit einem Mann aufnahm. Der spätere *Vater* unseres Patienten muß nach der Schilderung ein weicher, gutartiger und recht depressiver Mann gewesen sein, der aus einer akademisch gebildeten Ingenieursfamilie stammte, aber seinerseits in jungen Jahren von der Familie verstoßen worden war. Er hatte den puritanisch strengen Grundsätzen seiner eigenen Eltern aus irgendwelchen Gründen nicht genügt, man hatte ihm das Studium verboten und er war über die Handwerkslaufbahn zum Werkmeister gekommen, ohne den Verlust des Studiums je voll kompensieren zu können. In seiner Verlassenheit hatte er zu früh und falsch geheiratet. Er lebte in Scheidung, als er die Mutter unseres Patienten kennenlernte und hatte vor, diese neugefundene Frau zu heiraten. Es kam zum Sexualverkehr, bevor die neue Ehe geschlossen werden konnte, da der Mann im zweiten Weltkrieg eingezogen wurde. Von der eingetretenen Schwangerschaft wurde er nur brieflich informiert. Er soll sich sehr gefreut haben. Zur endgültigen Scheidung kam es jedoch nicht mehr, da er bereits in den ersten Tagen nach der Einberufung fiel.

Die Mutter des Patienten war also genötigt, weiterzuarbeiten und nun für sich, ihr Kind und ihre Mutter den Lebensunterhalt zu verdienen, während die Großmutter die Betreuung des Jungen übernahm. Sie lebten zu Dritt in einer kleinen Einzimmerwohnung. Zeitweilig war die Großmutter mit dem Jungen evakuiert, so daß in dieser Zeit der Einfluß der Mutter völlig wegfiel.

Der Junge schildert aus seiner Erinnerung heraus die Großmutter als sehr barsch, rauh und heftig, wenngleich sich hinter dieser Heftigkeit doch eine große Gutmütigkeit verborgen habe. Sie sei sehr pedantisch ordentlich gewesen und zudem äußerst ängstlich. Sie habe ihn nie mit anderen Kindern spielen lassen und sich meistens eingemischt, wenn er einmal versucht habe, in der Spielgemeinschaft der Straße Verbindungen zu knüpfen. Die Großmutter neigte dazu, dem Patienten vom Fenster heraus Anordnungen und Verbote zuzurufen, so daß er zum Gespött der anderen Kinder wurde. Sie bestand vor allen Dingen immer darauf, daß er angeflitzt kam, wenn es ihr einfiel, ihn vom Spiel wegzuholen, weil er nach ihrer Ansicht nicht solange untenbleiben durfte. Ein vom Patienten erst später erinnertes Detail sei hier bereits eingefügt: Der Patient hat 11- oder 12jährig ein erstes Mal lebhafteren Gefallen an einem kleinen Mädchen im gleichen Haus gefunden und sie zur Spielgefährtin bevorzugt. Als die Großmutter dies bemerkte, hat sie ihm heftigste Vorwürfe gemacht und ihm (der zunächst bewußt noch keine sexuellen Regungen registrierte) lang und breit auseinandergesetzt, daß „dies" für ihn noch nichts sei. Er habe sich auf keinen Fall um Mädchen zu kümmern, sondern solle erst einmal etwas lernen und ein vernünftiger Junge werden.

Im übrigen konnte der Patient jedoch sicher sein, daß er im Mittelpunkt des Interesses, der Fürsorge und der Aufmerksamkeit seiner Großmutter stand, ebenso wie er der Gefühlszuwendung seiner Mutter sicher sein konnte. Insofern waren auch in ihm selbst Abwehr und Zuneigung der Großmutter gegenüber kaum trennbar miteinander vermischt.

Aus seiner *Frühgenese* weiß er selbst keine Einzelheiten, behauptet, daß seine Entwicklung unauffällig verlaufen sei und erinnert erst später, daß er 6jährig einmal ein halbes Jahr lang an einer Enuresis gelitten hat.

Seine *schulische Entwicklung* ist ohne Komplikationen verlaufen. Er brauchte nicht umgeschult zu werden, blieb nie sitzen und besuchte den technischen Zweig, von dem er mit einem guten Abgangszeugnis abging. Hier zeigt sich allerdings bereits, daß der Patient eine vielschichtige Reaktionsbildung in bezug auf Geltung und Leistung entwickelt hat. Seine Strebsamkeit und sein Bemühen, eine höhere soziale Position zu erreichen, waren bereits gedrosselt von der Ängstlichkeit, er könne durch extravagant gute Leistungen „auffallen". So hatte er sich in seiner Klasse dem Gruppenideal angepaßt und eigentlich nur bedingt seine Kräfte eingesetzt. Dies aber nicht, um anderen spontanen Vergnügen nachzugeben, sondern aus Angst und weil er fürchtete, den mitmenschlichen Kontakt in der Klasse zu verlieren.

Seine *gegenwärtige Lebenssituation* ist dadurch charakterisiert, daß er in einer Einzimmerwohnung mit der Mutter zusammenlebt. Er wird als technischer Zeichner in einem Zeichenbüro ausgebildet und verdient als Lehrling im zweiten Lehrjahr bereits 80 Mark. Davon behält er 22 Mark für sich, 50 Mark verwaltet die Mutter, 8 Mark rechnet er für Fahrgeld. Wie schon beschrieben, hat der Patient in bezug auf Besitzdinge mit der eigentümlichen Reaktion zu kämpfen, daß er bei sehr bescheidener Lebensführung des Alltags gleichzeitig von übertriebenen Wünschen erfüllt ist, die auf jeden Fall größer sind, als daß sie von ihm selbst oder von der Mutter ohne weiteres erfüllt werden könnten. Außerdem löst gerade die Erfüllung dieser hochfliegenden und langgehegten Wünsche heftigste Verzweiflungsreaktionen aus. Diese Verzweiflungsreaktionen sind nicht weit von echten suizidalen Tendenzen entfernt. In Anbetracht ihrer vermeintlichen Ungereimtheit quälen sie den Patienten nicht nur, sondern tragen auch sehr zu seiner Verwirrung bei.

Der therapeutische Verlauf

Alle analytischen Therapien gruppieren sich in ihrem Verlauf allmählich um eine Reihe von wiederkehrenden Themen, die für das Lebensschicksal des jeweiligen Patienten von spezifischer Bedeutung geworden sind und die deshalb in den Mitteilungen und Gesprächen immer wieder auftauchen. Es empfiehlt sich daher für die Schilderung eines therapeutischen Verlaufs, daß man zunächst einmal die wichtigsten Themen, die den Patienten und den Behandler beschäftigt haben, heraushebt, so daß man für den geplanten Bericht ein gewisses Bezugssystem hat. Mein Patient hatte sich im Verlauf der Therapie immer wieder mit folgenden Problemen auseinanderzusetzen:

Religiöse Fragen (insbesondere in ihrer Verknüpfung mit sexuellen Problemen)
Sexualität selbst
Homosexualität
Kontakte mit Mädchen in allgemein freundschaftlicher Beziehung. Tanzstunde.
Freunde, ihre Verhaltensweisen und Lebensformen, der soziale Kreis, aus dem sie stammten und in den der Patient gern hineinwollte.
Die Auseinandersetzung mit der Großmutter und damit mit der eigenen Vergangenheit und Kindheit
Die Auseinandersetzung mit der Mutter, deren Krankheit, Ängstlichkeit und weltabgewandter Lebensführung
Die Auseinandersetzung mit der gegenwärtigen Berufswelt. Kollegen, Vorgesetzte, der Arbeitssituation, der Berufsschule usw.
Auseinandersetzung mit Zukunftsplänen, insbesondere im Beruf, aber auch spätere Frage der Ehe
Die Auseinandersetzung mit der eigenen Krankheitssymptomatik (Obstipation, Höhenschwindel, Zwänge, Grübeleien), sowie den damit verbundenen Reaktionsformen, Gehemmtheiten, Ängsten, Abhängigkeiten usw.

Es ist wohl deutlich, daß die hier aufgeführten Themen in dieser oder jener Abwandlung im Leben jedes einzelnen Menschen eine Rolle spielen. Hätten wir bei der soeben durchgeführten Aufzählung nicht von Großmutter und Mutter gesondert gesprochen, sondern statt dessen das allgemeinere Wort „Familienmitglieder" gewählt, dann hätten wir letzten Endes jene Überschriften zusammengestellt, die uns im ersten großen Abschnitt dieses Buches begegnet sind und die sich nun erst bei der Auseinandersetzung mit einem individuellen Lebensschicksal in individueller und spezifischer Struktur präsentieren.

Es ist wohl außerdem klar, daß man kaum einem der genannten Themen eine irgendwie geartete Vorrangstellung im Leben des Patienten zusprechen kann und daß es kaum möglich ist, von einem zeitlichen Nacheinander im Ablauf der Therapie zu sprechen. Tatsächlich vergeht kaum eine Behandlungsstunde, ohne daß nicht jedes Thema irgendwie einmal anklingt, sei es auch nur in einer halben Bemerkung. Andererseits ist es natürlich doch auch so, daß in manchen Stunden das eine Problem im Mittelpunkt steht und in den nächsten Stunden ein anderes. Soweit sich bei diesem Patienten überhaupt zeitliche Akzentuierungen in bezug auf die gewählten Themen herauskristallisierten lassen, seien sie im folgenden kurz erwähnt:

Im *Beginn* der Behandlung (bevorzugt in den ersten beiden Gesprächsstunden) stand die weltanschaulich religiöse Einstellung des Jungen, die er so stark mit seinen sexuellen Konflikten verknüpfte, im Vordergrund. Ebenso die Krankheitssymptomatik selbst, über deren psychologischen Sinn und Herkunft ich viele Informationen geben mußte. Auch die Auseinandersetzung mit der Großmutter und der vergangenen Kindheitsperiode erfolgte überwiegend im Beginn der Therapie.

Mit der rasch erzielten ersten fühlbaren Besserung des Krankheitsbildes traten diese Gesprächsthemen dann allerdings etwas in den Hintergrund. Danach wurde aktuell, was zum gegenwärtigen Leben gehörte: Die Berufssituation, Zukunftspläne und die Auseinandersetzung mit der Mutter. Weiterhin die Auseinandersetzung mit jenen neurotischen Reaktionsformen, die zwar im Auge des Psychiaters Krankheitswert haben, die jedoch subjektiv zunächst nicht ebenso als eine Krankheit erlebt werden, wie etwa die Obstipation oder der Höhenschwindel: also die neurotischen Verpflichtungsgefühle, die Verzweiflungsreaktionen über die Erfüllung aufgeblähter oraler Wünsche, Gefügigkeiten und Ängste usw.

Eine bestimmte *Phase* im Verlauf der Behandlung war kurzfristig mit einer intensiveren Hilfestellung schulischer Art ausgefüllt (der Patient hatte in der Berufsschule bestimmte Arbeitsschwierigkeiten). Ebenso ergab es sich, daß in einer kurzfristigen Periode mehrere Gespräche über das Thema der Homosexualität notwendig wurden. Sowohl die Lernhilfe, die ich gab, wie die Erläuterungen über Homosexualität waren etwas vorübergehendes und tauchten in den späteren Abschnitten der Therapie nur noch am Rande auf.

Erst sehr *spät* (nach dreijähriger Behandlung) und von mir bewußt vertagt, kam die Kontaktfindung zu Mädchen zur Sprache. Insbesondere das Thema der Tanzstunde hatte einen spezifischen, später zu schildernden Akzent. Dies geschah zu einem Zeitpunkt, als der Patient erstmalig und spontan mit einem Problem herausrückte, das er anfangs noch sehr ängstlich gehütet hatte, nämlich seine Unzufriedenheit mit der eigenen Statur und Körpergröße, seinen Wünschen, größer und männlicher zu erscheinen. Es stellte sich heraus, daß der Patient zeitweilig mit Hilfe von Konzentrationsübungen versucht hatte, das Wachstum zu beschleunigen (er hatte etwas von Yogapraktiken gehört, mit deren Hilfe man organische Funktionsabläufe beeinflussen könne) und er hatte zu diesen Versenkungsübungen gegriffen, als er bemerkte, daß Vitamin D, Calciumpräparate und ähnliches nichts nützten.

Für den Verlauf der Therapie ist dabei wichtig, daß sie sich zwar über mehrere Jahre hin erstreckte, jedoch insgesamt nur vergleichsweise wenige Stunden benötigte, da der Patient nach eigenem Wunsch nicht häufiger als alle 3 bis 4 Wochen zur Konsultation kam. Dies, nachdem die ersten Konsultationen etwas intensiver und häufiger angesetzt worden waren und eine wesentliche Erleichterung in bezug auf die Krankheitssymptomatik selbst erzielt war. Die weitmaschig angesetzten Behandlungsstunden (insgesamt nicht mehr als 40) paßten sich dem Leidensdruck des Patienten an, seiner Gesprächswilligkeit, aber auch seinen zeitlichen Möglichkeiten. Der Patient hatte nämlich nicht nur den Arbeitstag von 8 bis 1/25 Uhr zu bewältigen, sondern er hatte auch bald nach Beginn der Therapie einen Abendkurs zur Fortbildung belegt, so daß ihm nur der arbeitsfreie Sonnabend für die Behandlung verblieb. Und auch diesen freien Sonnabend benötigte er teils für Schularbeiten, teils für die dringend notwendige Entspannung. Die Balance zwischen Opfer und Einsatz des Patienten für die Therapie und dem auf diesem Weg zu erwartenden therapeutischen Gewinn schien mit dieser Form der Stundenverteilung am günstigsten hergestellt. Hätte ich auf häufigeren Behandlungsstunden bestanden, wäre der Patient nach einer Weile sicherlich ganz aus der Behandlung weggeblieben. Er hatte aber andererseits immer das Recht, sich im Bedarfsfall an mich zu wenden und um häufigere Stunden zu bitten. Von diesem Recht hat er zweimal in kritischen Situationen Gebrauch gemacht.

Ich komme nun zu einem etwas detaillierteren Bericht über die *einzelnen therapeutischen Gespräche*, bei dem (unabhängig vom zeitlichen Nacheinander) die Darstellung mehr an den einzelnen therapeutischen Verhaltensweisen orientiert sein soll.

Wie ich schon bei der Mitteilung der Anamnese kurz erwähnt hatte, bestand der *erste therapeutische Akt* im wesentlichen darin, daß ich den Patienten zu einer Mitteilung seiner sexuellen Schwierigkeiten veranlassen konnte. Dies habe ich nun nicht mit einer plumpen und direkten Anfrage riskiert, sondern ich habe mich bei dem Patienten zunächst einmal gewissermaßen entschuldigt, daß ich mich noch über einen weiteren intimen Bereich seines Erlebens orientieren müßte, da ich aus meiner sonstigen Erfahrung mit jungen Patienten wüßte, wie häufig bestimmte Schwierigkeiten im mitgeteilten Krankheitsgeschehen eine Rolle spielten. Sodann hatte ich von zwei anderen männlichen Jugendlichen gesprochen, die (teils mit anderer, teils mit identischer Symptomatik) nach einer Weile von ihrer quälenden sexuellen Problematik gesprochen hatten. Ich hatte im Verlauf dieser Fremdschilderung zu meinem Patienten von den so häufigen Onanieabwehrkämpfen gesprochen und von den häufig zugehörigen Substanzverlustängsten, die bei jungen Männern eine Rolle spielen. Ich hatte ihm weiterhin dargelegt, daß der Onanie-Abwehrkampf häufig mit Ängsten vor möglicher Verdummung, Rückenmarkschwindsucht, Geisteskrankheit und ähnlichem motiviert würde und hatte hinzugefügt, daß diese Phantasien bei jungen Männern zwar häufig wären, aber unter ärztlichen Gesichtspunkten sachlich jeder Grundlage entbehrten.

Diese Mitteilungen hatten meinen Patienten rasch veranlaßt, zunächst zögernd, aber dann offensichtlich mit großer Erleichterung von seinen eigenen Schwierigkeiten zu sprechen.

Er erzählt mir, daß es ihm tatsächlich ähnlich ginge wie den beiden anderen Patienten, von denen ich gesprochen hatte und ich erhalte den Bericht von einer nun seit fast zwei Jahren dauernden ungeheuren Quälerei. Der Patient erzählt, daß er es im Höchstfall 14 Tage lang „schafft“, das heißt, daß er 14 Tage lang die sexuellen Regungen unterdrückt, um dann natürlich mit besonderer Heftigkeit und Angst von den abgedrängten Impulsen überfallen zu werden. Im gleichen Zusammenhang erzählt mir der Patient, daß er sich nach dem Tod seiner Großmutter ganz betont dem katholischen Glauben zugewandt habe, um dort eine Hilfe für seine starken Schuldgefühle zu finden. Er hat aber gleichzeitig damit den Fehler gemacht, daß er seine (aus anderen Quellen stammenden) Sexualängste in Beziehung zur katholischen Sexualmoral setzte und seine neurotischen Gehemmtheiten auf diesem Wege weltanschaulich rationalisierte. Mit einer entsprechenden Zwischenfrage förderte ich dann das hierhergehörige und so häufige Argument zutage, das starke Verdrängungen sexueller Impulse zu begleiten pflegt, wenn sie durch religiöse Rationalisierung stabilisiert werden: Auch dieser Patient meinte, wie so viele andere, daß ein Nachgeben den sexuellen Impulsen gegenüber eine völlige „Triebüberflutung" zur Folge haben würde, so daß sein Alltag dann schließlich von nichts anderem als von sexuellen Erlebnissen erfüllt sein würde.

Dieses Gespräch, das ich mit dem Patienten zu führen hatte, dauerte allerwenigstens 2 Stunden. Wir sprachen über seine irrtümlichen Vorstellungen, über rigoristische Sexualmoral, seine noch falscheren Vorstellungen über biologische Funktionen. Ich konnte dem Patienten mit Nachdruck auseinandersetzen, daß er genau das Umgekehrte von dem erleben würde, was er fürchtete. Da wir nun einmal in einer Gesellschaftsordnung leben, in der nicht mit 16 oder 17 Jahren geheiratet wird, jedoch die sexuellen Impulse so früh aufkämen, wäre die Onanie als Notlösung überhaupt nicht zu umgehen. Der Abwehrkampf gegen die Onanie erzielte gerade das, was vermieden werden sollte, nämlich eine tägliche Beschäftigung mit dem Sexuellen. Umgekehrt würde eine langdauernde Entlastung und Befreiung eintreten, wenn den biologischen Funktionen, so wie sie von der Schöpfung eingerichtet worden seien, auch entsprechend nachgegeben werden würde. Ich erläuterte dem Patienten, daß die sexuelle Bedürftigkeit der Menschen sehr verschieden sei und daß eine rigorose Sexualmoral störungsfrei nur von jenen Menschen eingehalten werden könne, die von Natur nur über eine schwache Potenz verfügten und die sich dann gegebenenfalls auch nicht das Erleben sexuell bedürftiger Menschen vorstellen könnten. Andererseits glaubte ich nach dem Aspekt des Patienten sicher sein zu dürfen, daß auch er selbst nicht mit allzu intensiven und ausgedehnten sexuellen Bedürfnissen ausgestattet war, so daß ich meiner Prognose über das Abklingen der aufgestauten und überhöhten sexuellen Impulse einigermaßen sicher war.

Das Gespräch bewegte sich natürlich gleichzeitig und notwendigerweise um die Auseinandersetzung mit der Großmutter, deren Einflüsse und Erziehung ja den Anlaß zu der jetzigen Entwicklungssituation gegeben hatten.

Dieses erste ausgedehnte Gespräch mit dem Patienten hatte, wie ich betonen möchte, einen stark *informierenden* Charakter. Ich schilderte Lebenslagen von anderen Patienten und korrigierte ganz besonders die Fehlurteile, die mir der Patient vorgetragen hatte. Ich korrigierte auch Fehlurteile, die er nach meiner Ansicht über die katholische Sexualmoral hatte und empfahl ihm, sich gegebenenfalls mit einem Priester in Verbindung zu setzen. Ich vermied jedoch ausdrücklich und absichtlich ein aktives Ermuntern zu verändertem Sexual*verhalten,* sondern ich achtete darauf, daß dem Patienten hier die Wahl und die eigene Entscheidung offenblieb, da ich mir sonst kaum einen wirksamen und befriedigenden therapeutischen Effekt vorstellen konnte.

Diese Vorsicht in meiner therapeutischen Haltung gab ich dann allerdings in bestimmten anderen Situationen auf, und zwar bewußt und absichtlich. Ich tat dies immer dann, wenn ich glaubte, daß ich die *aktiven Ermunterungen,* die ich dem Patienten mit auf den Weg geben wollte, genügend vorbereitet hatte. Mein Ziel war hierbei, die starken Gefügigkeitshaltungen des Patienten und seine Wehrlosigkeit fremden Forderungen und Aufträgen gegenüber etwas umzumodeln.

Ich gebe zunächst einige Beispiele, an denen sich die diesbezüglichen Gespräche entwickelt haben: Wie schon in der Anamnese erwähnt, war der Patient außerstande, einen Kauf nach eigenen Wünschen zu tätigen. Er ließ sich vom Verkäufer minderwertige Ware aufreden oder kaufte überhaupt, ohne daß er selbst die Absicht dazu hatte. So war es im Büro des Patienten zum Beispiel passiert, daß sich einer der ausgebildeten Ingenieure für seine Fotoleidenschaft 2 Lampen gekauft hatte, von denen er nach dem Kauf feststellte, daß er die eine nicht brauchte. Da auch mein Patient fotografierte, hatte der Ingenieur diesen gebeten, ihm doch die eine Lampe abzukaufen. Mein Patient konnte dem Ingenieur den Wunsch nicht abschlagen, obgleich er die Lampe im Augenblick nicht haben wollte und außerdem das Geld dafür gar nicht zur Verfügung hatte. Er kaufte die Lampe, mußte aber bei der Mutter Schulden machen und erlitt einen Rückfall seiner Symptomatik. Bei anderer Gelegenheit ereignete sich in einem Fotogeschäft etwas Analoges: Der Patient hatte einen Fotoapparat gekauft, bei dem er nach dem Kauf entdeckte, daß dieser vor der Linse Staub hatte. Der Patient ging in das Geschäft zurück, um den Staub entfernen zu lassen. Der Verkäufer wies ihn ab und wollte ihm einreden, der Staub machte nichts. Der Patient war zu schüchtern, um zu widersprechen, ließ sich abweisen und versuchte schließlich zu Hause selbst, die kleinen Stäubchen zu entfernen. Beim Herausdrehen der Linse fiel ihm jedoch eine Schraube in den Apparat und er konnte diesen Schaden nicht selbst wieder beseitigen. Er mußte wieder in das Geschäft zurück, um den Apparat jetzt wegzugeben. Nun hatte er jedoch solche Angst vor dem Verkäufer, der ihm gesagt hatte, der Staub mache nichts, daß er sich nicht mehr in das Geschäft hineinwagte, sondern schließlich die Mutter schickte.

Es ist klar, daß der Patient durch diese seine Ängste und Gefügigkeitshaltungen überall ins Hintertreffen geraten mußte und daß für ihn jeder Kauf zu einem riesigen Problem wurde. Nun wäre es allerdings auch hier ganz unvernünftig, einem solchen Jungen zunächst nur naiv zuzureden, daß er doch keine Angst zu haben brauchte und ihm gewissermaßen schulterklopfend Mut zu machen. Damit würde man keinen therapeutischen Effekt erzielen. Ich gab dem Patienten daher zunächst einmal nur eine ganze Reihe von Erläuterungen über sich selbst, über seine Entwicklung zur Nachgiebigkeit und Gefügigkeit und auch über Geschäftspraktiken in der kaufmännischen Welt, die gerade darauf aus seien, solche Hilflosigkeiten auszunutzen.

Ich erläuterte dem Patienten zunächst die Folgen der langjährig gesetzten Verbote und einengenden Erziehung der Großmutter, die deshalb so schwer zu überwinden seien, weil sie dem Kind im Rahmen von Liebe und Fürsorge geboten worden sind. Ich erläuterte gleichzeitig den Sinn der heftigen Verzweiflungsreaktionen, die nach jedem erfüllten Wunsch auftauchten. Ich sagte dem Patienten, daß in allen solchen psychischen Situationen für die erkrankten Menschen eines typisch sei: Der aufgeblähte und überhöhte Wunsch sei in Wahrheit nicht das, worauf die inneren verborgenen Tendenzen wirklich abzielten. Sie seien in der Regel ein *Ersatzwunsch* und die Enttäuschung käme daher, daß nur Ersatzwünsche, aber nicht die wahren Bedürfnisse befriedigt worden wären. Ich erläuterte dem Patienten weiter (diesmal mit Hilfe einer Fremdschilderung), daß die wahren Wünsche in ihm mit Sicherheit auf mehr Selbständigkeit, mehr Freiheit und Unabhängigkeit gerichtet seien, jedoch verdrängt blieben, weil Freiheit, Selbständigkeit und Unabhängigkeit jene Güter wären, an die nicht einmal im Traum gedacht würde. Mit all diesen Erläuterungen bewege ich mich natürlich (wie auch sonst oft) sehr weitgehend im Bereich sogenannter *analytischer Interpretationen,* die nur in entsprechender Weise abgewandelt und dosiert werden.

Darüber hinaus informiere ich den Patienten im Verlauf eines locker und ausführlich gehaltenen Gespräches darüber, daß gerade die Schüchternheit und Hilflosigkeit von Menschen seiner Art von geschickten Verkäufern einkalkuliert würden. Das kaufmännische Leben sei mit einer gewissen Rücksichtslosigkeit darauf eingestellt, die Unkenntnisse und Unsicherheiten des Käufers mit einzukalkulieren. Der geschickte Verkäufer habe im Kundengespräch meist eine große psychologische Fertigkeit entwickelt, um die Unsicherheiten, das Schwanken und die Ratlosigkeit der Kunden zu benutzen, andererseits aber auch rechtzeitig zu registrieren, wie sie mit zu zudringlichen Angeboten den Käufer verstimmten. Der mehr selbständige Käufer werde abwartend behandelt, der ratlose Käufer drängend.

Der Patient, der sehr intelligent ist, nimmt all diese Erläuterungen, die ich ihm zur Verfügung stelle, mit größtem Interesse auf und ist sichtlich bestrebt, sie zu einer Neuorientierung im Leben zu verarbeiten. Als ich bemerke, daß ihm verhältnismäßig rasch erlebnismäßig einleuchtend wird, wie sehr sich verdrängte Impulse an verkehrter Stelle aufgebläht bemerkbar machen, riskiere ich die ersten *aktiven Empfehlungen.* Ich sage direkt, daß sich der Patient doch nicht so ausnutzen lassen solle und eine Sache kaufen, die ihm nicht paßte. Er werde bemerken, daß der andere die Zurückweisung gar nicht so tragisch nehmen würde. Ich empfehle ihm auch, seine nächsten Einkäufe nicht in Einzelhandelsgeschäften zu tätigen, wo es bekanntermaßen schwieriger ist, einem Verkäufer schließlich den Kauf abzuschlagen, sondern in ein größeres Kaufhaus zu gehen, wo den Käufern das anonyme Betrachten und Wählen leichter gemacht würde. Ich sage dem Patienten gleichzeitig, daß er im Befolgen meiner Ermunterungen wahrscheinlich ein Gefühl haben werde wie vor einer schwierigen Schulaufgabe. Er solle jedoch ruhig einmal versuchen, sich zu überwinden. Nach den ersten Probierschritten werde er vermutlich eine fühlbare Erleichterung bemerken.

Ich riskiere dies vergleichsweise aktive therapeutische Verhalten, weil ich zu wissen glaube, daß der Patient rasch ein starkes Befriedigungserlebnis haben wird, wenn ihm ein erstes Mal Selbstbehauptung und Selbstverteidigung gelungen sind. Ich gebe meine Empfehlungen natürlich auch mit ausgedehnten Aufforderungen, sich doch einmal das Verhalten der Freunde und Nachbarn zu betrachten. Der Alltagsumgang der Menschen untereinander wiche doch vom eigenen Verhalten des Patienten wesentlich ab.

Tatsächlich rechtfertigt der schließlich eingetretene Erfolg diese Akzentuierung meiner therapeutischen Bemühung. Dem Patienten gelingt es allmählich, zu seinen eigenen latenten Impulsen besseren Zugang zu gewinnen und sein Verhalten entsprechend abzustimmen.

Sehr viel vorsichtiger muß ich mich freilich bei Gesprächen um analoge Situationen im Arbeits- und Berufskreis des Patienten verhalten. Natürlich ist ein vaterloser Junge mit den geschilderten Gefügigkeitshaltungen nur allzu leicht das Opfer von Vorgesetztenwillkür. Man schiebt ihm gern Überstunden zu, nutzt seine Nachgiebigkeiten aus, führt seinen Arbeitsgang nicht zu seinem eigenen, sondern zum Vorteil des Betriebes. Gerade hier muß man ganz besonders vorsichtig sein im Abwägen dessen, was man dem Patienten rät und wozu man in ermuntern will. Mit einem einfachen „Aufhetzen“ zu mehr Aktivität und Selbstverteidigung ist es nicht getan. Man muß gleichzeitig bei der Überlegung behilflich sein, wieviel gewagt werden kann, welches Risiko ein Protest des Jungen mit sich bringen würde und wie er sich gegen dieses Risiko schützen könnte. Folgende Probleme wurden im Berufsleben des Patienten akut: Für seine Abschlußprüfung benötigte er den Nachweis eines abgeleisteten praktischen Jahres in einer Werkstatt. Als ich ihn kennenlernte, war er Lehrling im Zeichenbüro und dort offenbar sehr gut eingearbeitet. Für den Betrieb war es sehr viel günstiger, daß er so lange wie möglich im Zeichenbüro verblieb, während es für den Patienten selbst dringend notwendig gewesen wäre, daß er rechtzeitig in die Werkstatt überwechselte. Zu einem bestimmten Zeitpunkt bestand sogar das Risiko, daß sich die Lehrzeit des Patienten dadurch verlängern würde, daß er nicht rechtzeitig in die Werkstatt gekommen war. Außerdem passierte es eines Tages, daß der Patient in der Berufsschule einen neuen Stundenplan bekam und nun am (sonst arbeitsfreien) Sonnabend zur Berufsschule gehen mußte. Der Patient verlor damit seinen einzigen freien Tag in der Woche, da der Betrieb keine Anstalten machte, ihm eine andere Freizeit als Ersatz anzubieten.

In beiden Fällen war klar, daß ich mich selbst zunächst einmal über die grundsätzliche Einstellung in dem Betrieb des Jungen orientieren mußte, der mir glaubwürdig versicherte, daß es sich im ganzen um einen Betrieb mit „gutem Betriebsklima“ handelte und daß eine soziale Einstellung der Betriebsleitung den Angestellten und Arbeitern gegenüber vorherrschte. Der Patient machte offenbar in seiner eigenen Gefügigkeitshaltung den häufigen Fehler, daß er Überstunden und Zusatzleistungen selbst anbot und dann von seinem eigenen Angebot nicht wieder frei kam. Ich hatte also mit ihm zunächst diese Seite seiner eigenen Verfassung zu besprechen, orientierte ihn aber gleichzeitig daneben über die rechtlichen Möglichkeiten, die ihm als Jugendlichen zur Verfügung stünden. Dem Patienten war nichts von Lehrlingswart, Betriebsrat und Gewerkschaft bekannt. Obgleich er davon natürlich schon lose hatte sprechen hören, hatte er doch alle entsprechenden Aktionen der Mutter überlassen und war auf diesem Wege unverhältnismäßig weltfremd geblieben. Es genügte aber, daß ich ihm über diese Möglichkeiten des Rechtsschutzes für ihn selbst Auskunft gab, um ihn dann aufzufordern, daß er (bevor er gleich zum Betriebsrat liefe) doch erst einmal seinen Ausbildungsleiter selbst um Verbesserung der Arbeitssituation fragen sollte, sowohl im Hinblick auf den verlorengegangenen freien Sonnabend wie auch im Hinblick auf die langgeplante Versetzung in die Werkstatt.

In beiden Fällen stieß der Patient auf unvermutetes Entgegenkommen. Die äußere Situation war, was die Arbeitssituation selbst anging, tatsächlich verhältnismäßig günstig. Der Patient konnte sich aber auch seinerseits darauf verlassen, daß er als tüchtiger und zuverlässiger Arbeiter sehr geschätzt war und daß der Betrieb selbst ein Interesse daran hatte, ihn nach Beendigung des Examens zu halten.

Es ist klar, daß es für den Patienten eine starke Stütze bedeuten mußte, wenn ich mich in diesen kritischen Fragen seiner Berufssituation als ein Berater erwies, der seine Lebensumstände richtig einschätzte und dessen Erfahrungen er sich zunutze machen konnte. Der Patient äußerte später mehrfach, daß für ihn allein das Gefühl der Möglichkeit, um Rat nachzufragen, einen wesentlichen Schutz und eine wesentliche Hilfe bedeutet hätte. Ein gleiches äußerte er über die gelegentlichen *Lernhilfen,* die ich ihm gegeben hatte. Er war in der Berufsschule mit algebraischen Gleichungen in Konflikt gekommen und ich hatte ihm einiges erklärt. Allerdings hatten meine Erläuterungen gerade in diesem Bereich nur Symbolwert. Die Materie, die der Junge mathematisch zu bewältigen hatte, war mir selbst in mancher Hinsicht unbekannt und ich konnte mich mit ihm zunächst nur gemeinsam mit der Lösung schwieriger Aufgaben befassen und ihn gelegentlich ermuntern, in der Schule selbst den Lehrer noch einmal danach zu fragen. Da es sich um einen sehr begabten Jungen handelte, der eine unproblematische Schulentwicklung durchlaufen hatte, nahm diese Seite meiner therapeutischen Hilfestellung nur den kleineren Raum ein. Tatsächlich war der Patient bei weitem mehr auf die sogenannte Leistungslinie festgelegt, als später für eine volle harmonische und gesunde innere Entwicklung tragbar sein würde. Ich hätte es jedoch für verfehlt gehalten, dem Patienten etwa seinen Wunsch, die Abendschule zu besuchen, auszureden und ihm eine andere Lebensplanung vorzuschreiben, als er sie selber entworfen hatte, nur weil zu sehen war, daß sich die Leistungs- und Ehrgeizentwicklung des Patienten doch auf Kosten seiner mitmenschlichen Beziehungen entwickelte. Hier habe ich therapeutisch zunächst nichts anderes getan, als gelegentlich davon zu sprechen, daß auch körperliche Gesundheit nicht zu erzielen wäre, wenn nicht ein gewisses Gleichgewicht zwischen Lebensfreude und Leistungseinsatz hergestellt würde und daß ich dem

Patienten nach Beendigung seiner Lehrzeit doch einige Monate der Entspannung und Ruhe gönnen würde. Auf diesem Wege wurde die ungewöhnliche aktuelle Anspannung, die der Patient sich im Verlauf des ersten Jahres der Behandlung zumutete, etwas leichter zu tragen, da besserer Verdienst und abgeschlossenes Examen doch in verhältnismäßig naher Zukunft lagen. Ich meldete dann allerdings doch Bedenken an, als der Patient erklärte, er wolle gleich nach dem Examen den nächsten Abendkurs besuchen und die Ausbildung zum Konstrukteur beginnen. Hier neigte ich dann doch dazu, Gespräche über die Liebhabereien des Patienten anzuknüpfen, seine Freude an der Natur, an langen Wanderungen, an frischer Luft, an guter Musik, am Fotografieren und ähnlichem. Der Patient hatte sich all diese Liebhabereien immer nur in einem Wechsel von langer Askese und exzessiven Wünschen gestattet und wir sprachen mehrmals davon, daß ein erfreuliches Mittelmaß sicherlich harmonischere Folgen haben würde.

Auf dem Hintergrund der bereits geschilderten Sexualproblematik und der starken beruflichen Leistungsanspannung entwickelte sich nun die Auseinandersetzung des Patienten mit dem anderen Geschlecht. Gerade dieses Thema gibt noch einmal gute Gelegenheit, um zu erläutern, wie viele Vorüberlegungen man richtig entschieden haben muß, bevor man einem Patienten einen aktiven Rat oder eine aktive Ermunterung mit auf den Weg gibt. Dem Patienten war in diesem Zusammenhang folgendes passiert: Ich hatte seinem überweisenden Arzt einen kurzen Bericht geschickt und unter anderem von der sich vordergründig anbietenden Sexualproblematik geschrieben. Da offenkundig war, daß die Entlastung in diesem Bereich die rasche Symptomheilung zustande gebracht hatte, glaubte der Kollege, daß er dem Patienten auf seine Weise noch ein wenig weiterhelfen könne. Er verwechselte den Bereich der Sexualität mit dem Bereich der ersten allgemein menschlichen heterosexuellen Kontakte und übersah zugleich, daß die sexuellen Impulse des Patienten keineswegs bereits mit heterosexuellen Zielen verknüpft waren. Ganz im Gegenteil. Der Junge konnte einem persönlichen menschlichen freundschaftlichen Kontakt mit Mädchen nicht das Geringste abgewinnen, hatte auch keinerlei sexuelle Erregung im Kontakt mit Mädchen (zum Beispiel auch keine heterosexuellen Onaniephantasien) und war eher in homosexueller Richtung gefährdet, ohne daß es hier zu irgendwie gearteten manifesten Regungen gekommen wäre.

Der Kollege empfahl meinem Patienten nun mit freundlich männlichem Schulterklopfen die erste Tanzstunde und er würde schon sehen, daß Mädchen nicht so zimperlich seien, wie er vielleicht dächte. Diese Empfehlung hatte meinen Patienten nicht schlecht verstört. Er empfand die Aufforderung zur Tanzstunde nicht so, wie sie gemeint war, nämlich die Ermunterung zu einem nicht gewagten Vergnügen, sondern er sah in ihr eine grauenerregende Pflicht, zu der er nicht die geringste Neigung verspürte. Er fragte mich dann auch beunruhigt, ob die Tanzstunde wirklich zu seinen kommenden Pflichten gehöre. Ich konnte ihm also nur humorvoll auseinandersetzen, daß kein Mensch Tanzstunde nehmen müsse, der nicht Lust dazu hätte und daß er nach meiner Erfahrung und Menschenkenntnis an Tanzstunde kein Vergnügen finden werde, solange er nicht erlebt habe, daß es gelegentlich nette Mädchen gäbe, mit denen man sich nett unterhalten könne. Über eine solche Möglichkeit schüttelte der Patient zunächst nur ungläubig den Kopf und ich habe dem Gespräch nur mit Hinweis auf spätere Zukunftsmöglichkeiten seine spezifische Wendung gegeben. Ich sagte nur „Später, wenn Sie nicht mehr soviel arbeiten müssen, werden Sie vielleicht bemerken, daß es doch nicht so schön ist, immer nur allein zu sein oder mit der Mutter zu verreisen."

Sicherlich gibt es eine ganze Reihe von Therapien bei Jugendlichen, in denen es auf seiten der jungen Patienten eine große Rolle spielt, wie sie die ersten Kontakte mit Mädchen ermöglichen können. Was man spricht, wie man sich kleidet, welche Vorschläge man für die ersten Verabredungen machen kann, welche Erwartungen Mädchen haben usw. Viele Jungen sind wirklich nur schüchtern, möchten sehr gerne und wagen es nicht. In solchen Situationen kann man natürlich den Patienten etwas Mut zusprechen und ihnen aktive Anregungen geben. Haben wir es jedoch nicht einfach mit der altersgemäßen Schüchternheit zu tun, sondern mit tief eingeschliffenen Abwehrhaltungen gegen die Frau, dann wäre es völlig sinnlos, die Patienten zu etwas zu ermuntern, was ihren bewußten Wünschen in keiner Weise entspricht.

Wenn ich zum Beispiel meinen Patienten in bezug auf Selbständigkeit und Aktivität etwas ermuntert habe, dann nur deshalb, weil diese Impulse bei weitem bewußtseinsnäher waren, als etwa heterosexuelle Tendenzen. Hier war ich sicher, daß mein Patient die ersten Kontakte mit Mädchen überhaupt erst dann erfreulich finden würde, wenn er eine gewisse Distanzierung und Unabhängigkeit von seiner Mutter gewonnen hatte und außerdem ein gewisses Maß an eigenständiger Aktivität entwickelt.

In bezug auf die *Auseinandersetzung mit der Mutter* habe ich mich zunächst nur so verhalten, daß ich bei den Berichten des Patienten mit meiner Anteilnahme nicht sparte, wenn es um die vielen Ängste der Mutter ging, um ihre weltabgewandte Lebensführung und die Notwendigkeit für den Patienten, den Lebensstil der Mutter mitzumachen. Weil die Mutter starke Dunkelängste hatte, aber auch schon in Wäldern von starken Unruhen überfallen wurde, kam der Patient zum Beispiel nicht zu den ausgedehnten Wanderungen, die er gern gemacht hätte. Halb ärgerlich, halb resigniert erklärte er: „Wir wandern immer nur Betonchaussee." Dies, weil die Mutter bei Dunkelheit oder im Wald irgendwelche Überfälle fürchtete. Die einzigen Besuche, die empfangen wurden, waren ein grämlicher alter Onkel und eine ebenso grämliche Tante, die das Zimmer mit geräuschvollen Klagen erfüllten. Die Mutter des Patienten war, wie der Patient sich ausdrückte, der Abfalleimer für die Klagsamkeit dieser Angehörigen, die niemals Optimismus und Lebensfrische bekundeten. Natürlich nahm ich in meinen Äußerungen Stellung gegen diese depressiv herabgestimmte Lebensform und meldete gelegentlich Zweifel darüber an, ob es wohl für den Patienten gut wäre, wie er es plante, in Zukunft nur mit der Mutter zusammenzuleben. Als ich einmal erwähnte, daß eine spätere Ehefrau wohl mit einem solchen Lebensstil kaum einverstanden sein würde, erkannte der Patient überrascht, daß er sich selbst seine spätere (immer nur sehr theoretisch ventilierte) Ehe nur so vorstellen konnte, daß seine Frau in den gemeinsamen Haushalt mit der Mutter zuzöge und gewissermaßen als Anhängsel zu seiner Gemeinschaft mit der Mutter existierte.

Wie so häufig in ähnlich gelagerten Fällen überwertete der Patient selbst freilich die Abhängigkeit der Mutter von sich selbst. Seine eigene Abhängigkeit von ihr war zweifellos stärker, schon mit Hinblick auf die geschilderten zahlreichen neurotischen Reaktionen, die ihn in der Lebensbewältigung so hilflos machten. Die Mutter wäre, wie ich bei einem gelegentlichen Gespräch mit ihr klärte, sicher eines Tages zu einem selbständigen Leben unabhängig von ihrem Sohn in der Lage. Dies war prognostisch ein ebenso günstiger Faktor wie das gute Betriebsklima auf der Arbeitsstätte des Jungen und seine eigene ungestörte und ungebrochene Leistungswilligkeit. Es war nicht zu befürchten, daß die Ablösung des Jungen von der Mutter bei dieser eine dramatische Existenzkrise auslösen würde, die unter Umständen die Tragfähigkeit des Patienten überstiegen hätte. Man muß ja bedenken, daß für einen jungen Menschen die Notwendigkeit, sich um der eigenen Entwicklung mit einer gewissen Härte von den nächsten Beziehungspersonen abzusetzen, keine Kleinigkeit ist. Sie wird umso konflikthafter, je realer das Unglück ist, das die Ablösung für die Angehörigen bedeutet. Reale und neurotische Schuldgefühle überhöhen sich dann wechselseitig und schaffen unter Umständen eine therapeutische Situation, die niemals mit so seltenen und weitmaschig gehaltenen Gesprächen gemeistert werden kann, wie im vorliegenden Fall.

Für den Patienten gelang die Ablösung von der Mutter tatsächlich in relativ milden Formen. Als er sein Examen bestanden hatte (als Bester seiner Gruppe mit Auszeichnung) und er erlebte, daß sich seine Firma sehr bemühte, ihn zu behalten, obgleich er bereits von anderer Seite ein günstiges Angebot bekam, wuchs sein Selbstgefühl. Das sehr verbesserte Einkommen, das ihm nun die Befriedigung vieler Wünsche gestattete, schuf eine Periode entspannterer Tätigkeit, in der sehr viel realisiert wurde, was zuvor nur in Träumen und Phantasien eine Rolle spielen konnte. Der Patient unternahm unter anderem eine Urlaubsreise, auf der er nun (wie er nach seiner Rückkehr berichtete) ein junges Mädchen kennenlernte, das ihm sehr gut gefiel, mit der er lange Wanderungen unternahm und die er, wie er sagte, „ganz in sein Herz geschlossen" hatte. Er besann sich nun noch darauf, daß ich erzählt hatte, ihm würden Tanzstunde und ähnliche Vergnügungen erst interessant erscheinen, wenn er erste freundschaftliche Gesprächskontakte mit Mädchen aufgenommen hätte. Es ergab sich die Gelegenheit, ein sehr ausführliches Gespräch über Homosexualität, homosexuelle Tendenzen, homosexuelle Verführung und ähnliches zu führen. Der Patient hatte eine erste entsprechende Erfahrung mit einem männlichen Homosexuellen gemacht, der ihn angesprochen hatte. Ich gab ihm daher sehr ausführliche Erklärungen über die Ursachen homosexueller Fehlentwicklungen, sofern sie psychologisch determiniert sein könnten und die Schwierigkeit der Lebensumstände, die ein homosexueller Mann allemal zu bestehen hat. Ich sagte dem Patienten auch, daß seine eigene Entwicklung nicht ganz ungefährdet gewesen wäre, da er so stark von allen freundschaftlichen Kontakten mit kleinen Mädchen abgedrängt worden war und seine Großmutter so eine dominante und herrische Figur in seinem Leben gewesen sei. Der Patient berichtete nun über kurzfristige gemeinsame homosexuelle Spielereien, die er mir bislang nicht mitgeteilt hatte, erklärte aber, daß es sich hier um ein Übergangsstadium für ihn gehandelt habe. Er rückte nun mit den Skrupeln und Schwierigkeiten heraus, die ebenfalls schon in der Anamnese erwähnt wurden: Er erzählte von seiner Sorge, daß er für eine Frau zu klein geraten sein könne und seinem Drang, diesen Mangel dadurch zu kompensieren, daß er sozial sehr viel erreichte. Da diese Grübeleien des Patienten objektiv nicht gerechtfertigt waren (er gehörte mit seinen 1,75 m Größe durchaus nicht zu den kleinen Männern), hätte es vielleicht nahegelegen, ihn einfach tröstend zu beruhigen. Dies wäre jedoch sicherlich ein therapeutischer Fehler gewesen, denn man darf in der Regel annehmen, daß diese Insuffizienzgefühle, die sich an eine objektiv nicht bestehende Tatsache heften, aus anderen Quellen stammen. Sie besitzen insofern doch ihre Realität, wenngleich ihr Ausgangspunkt irreal ist. Dies habe ich dem Patienten erläutert. Ich sagte ihm, ich würde seine Sorgen nicht als Bagatelle nehmen, mich andererseits aber doch darum kümmern, woher die Insuffizienzgefühle faktisch kämen, da sie sich an etwas anheften, das objektiv und real nicht der Anlaß sein könnte.

Dies gab erneut Gelegenheit zu einigen Gesprächen über die Zukunftsentwicklung des Patienten, der nun mit einer vernünftig ausbalanzierten beruflichen Entwicklung rechnen konnte.

In diesem Zeitpunkt war das Lebensgefühl des Patienten schon so weitgehend stabilisiert, daß er sich subjektiv eigentlich beschwerdefrei fühlte. Von der Organsymptomatik war kein Rest geblieben und der Patient traute sich auch zu, spätere Krisen aus eigener Kraft zu meistern. Er bat zwar darum, daß die Behandlung nicht ganz abbrechen sollte, meinte jedoch, daß er eine längere Pause jetzt gut vertragen könnte. Wir besprachen, daß er vermutlich in den nächsten zwei bis drei Jahren nicht vor akute Krisen und Konflikte gestellt werden würde, daß er aber in einem späteren Zeitpunkt, wenn die Trennung von der Mutter und vielleicht eine Ehe akut werden würde, möglicherweise doch noch einmal eine intensivere Periode der Behandlung brauchen würde.

Ich möchte es nun mit dieser Skizze meiner therapeutischen Verhaltensweisen und der therapeutischen Entwicklung genug sein lassen. Zunächst sei noch einmal betont, daß diese Methode des Vorgehens *nur bei günstig gelagerten* Fällen wirksam und erfolgreich sein kann. Andererseits wäre gerade in diesen Situationen die starre Befolgung analytischer Grundsätze mit häufigen Behandlungsstunden im Rahmen der analytischen Situation ganz verkehrt gewesen. Bei der Abfassung meines Berichtes hatte ich vor allen Dingen zum Ziel, daß die verschiedenen Kategorien unseres therapeutischen Verhaltens noch einmal deutlich werden. Im zusammenfassenden Rückblick kann über die Entwicklung des Patienten folgendes gesagt werden: Zunächst hat er eine Reihe von Einsichten darüber gewonnen, daß seine eigene Kindheitsentwicklung die Skrupel und Konflikte der gegenwärtigen Lebenssituation vorbereitet hatte. Er war zu einer kritischen Ablösung von den Erziehungseinflüssen der Vergangenheit gelangt. Er hatte dann darüber hinaus gelernt, mit abgewehrten oder verdrängten Impulsen besser umzugehen und Befriedigungsmöglichkeiten zu finden, die ihm bis dahin unbekannt gewesen waren. Der verbesserte Umgang mit diesen Triebqualitäten brachte es mit sich, daß die aufgeblähten und irrealen Wünsche (deren Befriedigung dann soviel Verzweiflung hervorrief) in sich zusammenfielen. Der Patient lernte außerdem unter meiner Assistenz, seine realen Lebensumstände besser einzuschätzen. Sowohl im Beruf wie im Umgang mit seiner Mutter konnte er die Folgen der eigenen neurotischen Arrangements registrieren und er gelangte zugleich zu einem allmählichen Abändern seines Verhaltens. Im therapeutischen Umgang mit dem Jungen hatte ich mich dabei jedoch immer und sehr bewußt darum bemüht, daß der Abänderung des Verhaltens eine Umstrukturierung des *Erlebens* vorangegangen war. Die Befestigung der Berufssituation und die allmähliche Auseinandersetzung mit der Mutter schuf gegen Ende der Behandlung den Boden dafür, daß der Patient die ersten positiven und freundschaftlichen Kontakte zu jungen Mädchen aufnehmen konnte. In dieser Hinsicht hatte die therapeutische Bemühung berücksichtigen müssen, daß der Patient nicht einfach mit Schüchternheitshaltungen ausgestattet war, sondern daß eine sehr tief verwurzelte Abwehr gegen Frauen überhaupt vorgelegen hatte.

Daß die Therapie in der geschilderten Form mit geringem Stundenaufwand und selten angesetzten Behandlungen gelingen konnte, lag im wesentlichen an drei günstigen Faktoren: Zum einen war die Begabung des Patienten bei weitem überdurchschnittlich und seine Arbeitsmethodik so gut wie ungestört. Zum zweiten boten die realen Lebensumstände günstige Faktoren. Günstig war vor allem das Naturell der Mutter, die dem Jungen seine Verselbständigung nicht ungebührlich erschwerte, da sie in der Lage war, nach einigen Übergangsschwierigkeiten ein eigenes inneres selbständiges Leben aufzubauen. Günstig war auch die Arbeitssituation des Patienten, in der soziale Einstellung und günstiges Betriebsklima die Entwicklung des Jungen förderten. Dies alles muß man berücksichtigen, wenn man diesen Fallbericht in seiner Bedeutung richtig würdigen will. Seine Auswahl erfolgte ja tatsächlich mehr oder weniger wegen der Übersichtlichkeit der behandelten Themen, die eine Darstellung wesentlich erleichterten.

E. NACHWORT

Es ist sicherlich ein fühlbarer Nachteil dieses Buches, daß ich im großen und ganzen auf die ausführliche Darstellung therapeutischer Verläufe verzichten mußte. Eine erste Einführung in technische Verfahren, die sich mit einer Übersicht über emotionale und biographische Konfliktkonstellationen verknüpft, kann nicht außerdem noch die detaillierten Längsschnittbeschreibungen jener Verläufe bringen, die lange Zeiträume und großen Stundenaufwand verlangen. Zum Glück kann diesem Mangel leicht abgeholfen werden, sofern sich ein wirklicher Bedarf herausstellen sollte. Eine Sammlung kasuistischer Berichte, die auf den bisherigen theroretischen Erörterungen und praktischen Illustrationen aufbaut, wäre ohne allzu große Schwierigkeiten zusammenzustellen. Eine solche Sammlung hätte dann freilich unter anderem die vordringliche Aufgabe, daß neben den gelungenen Therapien auch solche Behandlungsberichte mitgeteilt würden, die mit keinem befriedigenden Ergebnis abgeschlossen werden konnten. Die Gründe, die wir für den Mißerfolg eines therapeutischen Verfahrens verantwortlich machen müssen, sind ja wohl in mancher Hinsicht fast noch wichtiger als jene Faktoren, die unsere Bemühung unterstützt und zum Erfolg geführt haben. Die analytische Psychotherapie ist kein Allheilmittel. Von erwachsenen Patienten wissen wir, daß man (indikationslosen Behandlungsbeginn vorausgesetzt) nur in etwa 50% der Fälle mit einem befriedigenden Behandlungsergebnis rechnen kann. Bei Kindern und Jugendlichen liegt der Anteil günstiger Ergebnisse etwas höher. Wir können mit 60 bis 70% befriedigender Ergebnisse rechnen. Dies wenigstens sind die Mitteilungen, die aus den verschiedenen kinderanalytisch orientierten Institutionen stammen. Andererseits muß man sich aber unbedingt klarmachen, daß Psychotherapie *kein Ersatz für die Familie* sein kann. Kinder, die unter sehr desolaten Umweltbedingungen aufwachsen müssen, können vielleicht mit psychotherapeutischen Mitteln etwas gegen allzu große Schäden abgeschirmt werden. Aber man darf sich nicht vorstellen, daß einige Stunden psychotherapeutischer Behandlung ausreichen könnten, um groben Mängeln in den Lebensumständen eines Kindes voll ausgleichend entgegenzuwirken.

Nur wenn man dies im Sinn behält, wird man die Psychotherapie als Behandlungsmethode in ihrem Wert richtig einschätzen können und man wird nicht zu große, aber auch nicht zu kleine Hoffnungen und Erwartungen in sie setzen.

LITERATUR

Achelis-Lehbert, Elli: Du und das Kind. Stuttgart.

Aichhorn, A.: Verwahrloste Jugend. Bern 1951.

Alexander, F.: Psychoanalysis and Psychotherapy. London 1957.

— *and Th. French:* Psychoanalytic therapy. New York 1946.

Allen, F.: Psychotherapy with children. London 1947.

Anderson, N.: Untersuchungen über die Familie. Schriftenreihe des UNESCO-Institutes für Sozialwissenschaft in Köln, Bd. III. Tübingen 1956.

Andreas-Friedrich, Ruth: Woher kommen die kleinen Kinder? Hamburg 1957.

Anthony, E. J.: Die psychotherapeutische Gruppenbehandlung von Kindern in verschiedenen Stadien ihrer Entwicklung. In: Praxis der Kinderpsychologie und Kinderpsychiatrie *VI*, 15 (1957).

Axline, V. M.: Playtherapy, the inner dynamics of childhood. Cambridge, Massachusetts 1947.

Balint, Alice: La vie intime de l'enfant. Paris 1937.

Bally, G.: Vom Ursprung und von den Grenzen der Freiheit. Basel 1945.

— Die eheliche und familiäre Gemeinschaft heute. In: Geistige Hygiene, Forschung und Praxis. Hrsg. Maria Pfister-Ammende. Basel 1955.

Bender, Lauretta: Child psychiatric techniques. Springfield 1952.

Benjamin, Z.: Emotional problems of childhood. University of London Press 1947.

Bertholet, A.: Wörterbuch der Religionen. Stuttgart 1952.

Boenheim, C.: Psychotherapie mit Kindern. Berlin 1932.

— Gruppenpsychotherapie bei Jugendlichen. In: Praxis der Kinderpsychologie und Kinderpsychiatrie *VI*, 21 (1957).

Boon, A. A.: Aspekte des Kinderspiels. In: Praxis der Kinderpsychologie und Kinderpsychiatrie *I*, 217 (1952).

Brandt, G. A. und *Lange, H. H.:* Zum Problem der Schulreife und des Einschulungsalters. In: Praxis der Kinderpsychologie *VII*, 118 (1958).

Buckle, D.: Zur Rolle des Psychologen im Child Guidance Team. In: Praxis der Kinderpsychologie *VI*, 81 (1957).

— et *Lebovici, S.:* Les centres de guidance infantile. Genf 1958.

Bühler, Charlotte: Kindheit und Jugend. Leipzig 1928.

— World test standardization studies. J. of Child Psychiatry Vol. 2, Sect. 1 (1951).

— National differences in world test projection patterns. J. of Projective Techniques, Vol. 16, No. 1 (1952).

Bühler, Karl: Abriß der geistigen Entwicklung des Kindes. Heidelberg 1949.

Burlingham, Dorothy and *Freud A.:* Anstaltskinder. London 1950.

Busemann, A.: Pädagogische Jugendkunde Leipzig 1950.

Buytendijk, F. J. J.: Wesen und Sinn des Spiels. Berlin 1933.

Cameron, H. C.: The nervous child. Oxford 1946.

Despert, J. Louise: Play analysis in research and therapy. In: Modern trends in child psychiatry, p. 210—254. International University Press, New York 1956.

Dolto-Marette, E.: Psychoanalytische Behandlung mit Hilfe der „Blumenpuppe". In. Praxis der Kinderpsychologie und Kinderpsychiatrie *VII*, 40 (1958).

Driesch, von den, J. und *Esterhues, J.:* Geschichte der Erziehung und Bildung. Paderborn 1952.

Dührssen, Annemarie: Die Problematik der Zwangsneurose an Hand von Kinderfällen. In: Praxis der Kinderpsychologie und Kinderpsychiatrie *III,* 1 (1951).
— Welche Bedeutung haben tiefenpsychologische Einsichten für die Rechtsprechung im Jugendstrafrecht. In: Praxis der Kinderpsychologie und Kinderpsychiatrie *II,* 85 (1953).
— Psychogene Erkrankungen bei Kindern und Jugendlichen. Göttingen 1955.
— Soziale und biologische Reifung in ihrer Bedeutung für psychogene Erkrankungen. In: Praxis der Kinderpsychologie und Kinderpsychiatrie *V,* 253 (1956).
— Psychologische Deutungen als therapeutisches Hilfsmittel in der Kinderanalyse. In: Schweiz. Zschr. f. Psychologie und ihre Anwendungen *15,* 278 (1956).
— Zum Problem der sozialen Vererbung. In: Vortr. d. Kongr. d. Allg. Ärztl. Ges. f. Psychotherapie, Freudenstadt 1956. Stuttgart.
— Psychiatrische Aspekte zur Familiensoziologie. In: Kölner Zschr. f. Soziologie u. Sozialpsychologie, Sonderheft 3. Köln 1958.
— Heimkinder und Pflegekinder in ihrer Entwicklung. Göttingen 1958.
Eberhardt, Margarete: Das Werten. Hamburg 1950.
Erikson, Erik H.: Childhood and Society. New York 1950.
Flugel, J. C.: Probleme und Ergebnisse der Psychologie. Stuttgart.
Freud, Anna: Einführung in die Technik der Kinderanalyse. London 1949.
— Das Ich und die Abwehrmechanismen. London 1952.
Einführung in die Psychoanalyse für Pädagogen (Bücher des Werdenden, 2. Reihe, Bd. V). Berlin 1956.
— and *Burlingham, Dorothy:* Infants without family. New York 1944.
— and *Burlingham, Dorothy:* Anstaltskinder. London 1950.
Freud, Sigmund: Gesammelte Werke. London 1952.
Fröbel, Friedrich: Die Menschenerziehung (1826). Hrsg. von Erika Hoffmann, Godesberg 1951.
— Fröbels Theorie des Spiels. I, II und III. Hrsg. von Elisabeth Blochmann und Erika Hoffmann. Langensalza 1937.
Fromm-Reichmann, Frieda: Principles of intensive psychotherapy. Chicago 1950.
Gesell, A.: Säugling und Kleinkind in der Kultur der Gegenwart. Nauheim 1953.
— Das Kind von 5 bis 10. Nauheim 1954.
v. Glasenapp, H.: Die fünf großen Religionen. Düsseldorf 1952.
— Die Religionen der Menschheit, ihre Gegensätze und ihre Übereinstimmungen. Wien 1954.
— Kant und die Religionen des Ostens. Kitzingen/Main 1954.
Haffter, C.: Kinder aus geschiedenen Ehen. Bern 1948.
— und *Gschwind-Gaß, R.:* Das Verhalten der Eltern während der Psychotherapie mit dem Kind. In: Praxis der Kinderpsychologie und Kinderpsychiatrie *VI,* 249 (1957).
Hamilton, S.: Psychotherapy in Child Guidance. New York 1947.
Hapke, E.: Child Guidance in den USA. Jugend, November 1951.
Harms, E.: Essentials of abnormal child psychology. New York 1953.
v. Harnack, G.: Wesen und soziale Bedingtheit frühkindlicher Verhaltensstörungen. Basel 1953.
Hart de Ruyter, Th.: A psychoanalytic approach to adolescence and juvenile neuroses. In: Folia Psychiatrica, Neurologica et Neurochirurgica Neerlandica *58,* 3 (1955).
— Über die Bedeutung konstitutioneller Faktoren bei kindlichen Verhaltensstörungen. In: Folia Psychiatrica, Neurologica et Neurochirurgica Neerlandica *61,* 3 (1958).
— Bemerkungen zum Problem der Psychotherapie bei ich-schwachen Jugendlichen. In: Zschr. f. Kinderpsychiatrie *25,* 52 (1958).
Hartley, E. L. und *Hartley, R. E.:* Die Grundlagen der Sozialpsychologie. Berlin 1955.

Hartmann, H. und *Kris, E.*: The genetic approach in psychoanalysis. In: Psychoanalytic study of the child I. New York 1945.
Hegel, G. F. W.: Sämtliche Werke. Hrsg. von H. Glockner. Stuttgart 1929.
Hellpach, W.: Grundriß der Religionspsychologie. Stuttgart 1951.
Hetzer, H.: Das volkstümliche Kinderspiel. Berlin-Wien-Leipzig-New York 1927.
— Kind und Jugendlicher in der Entwicklung. Hannover 1948.
Hochheimer, W.: Zur psychologischen Problematik von Erziehung in der frühen Kindheit. In: Handb. d. Psychologie X, Pädagogische Psychologie. Göttingen.
— Zur Analyse des therapeutischen Feldes. Psyche *IX* (1953/54).
Höhn, E.: Kind und Gesellschaft. Weinheim 1955.
Hofstaetter, T. R.: Einführung in die Sozialpsychologie. Stuttgart-Wien 1954.
Homburger, A.: Psychopathologie des Kindesalters. Berlin 1926.
Hopmann, W.: Über den Aufbau und die Tätigkeit der Erziehungsberatung der Berliner Jugendämter. In: Praxis der Kinderpsychologie und Kinderpsychiatrie *V*, 1 (1956).
Huizinga, J.: Homo ludens. Amsterdam 1940.
Jackson, L. and *Todd, K.*: Child treatment and the therapy of play. London 1946.
Jaspers, K.: Psychologie der Weltanschauungen. Berlin-Göttingen-Heidelberg 1954.
Jones, E.: Psychoanalysis. London 1938.
Jorswieck, E.: Die psychologischen Bedingungen für das Erlernen der ersten Kulturtechniken (Lesen, Rechnen, Schreiben). In: Praxis der Kinderpsychologie und Kinderpsychiatrie *II*, 169 (1953).
Jünger, S. G.: Die Spiele. Frankfurt a. M. 1953.
Kanner, L.: Child psychiatry. Springfield 3, 1948.
— In defence of mothers. Springfield 1951.
Kant, Immanuel: Werke. Hrsg. v. d. Königl. Preuß. Akademie d. Wiss. Berlin-Leipzig 1923.
Katz, D. und *Katz, R.*: Handbuch der Psychologie. Basel 1959.
Kemper, K. A.: Widerspiegelung einer Kinderkurztherapie in der Scenodarstellung. In: Praxis der Kinderpsychologie und Kinderpsychiatrie *IV*, 85 (1955).
Kinsey, A. C.: Das sexuelle Verhalten der Frau. Berlin und Frankfurt a. M. 1954.
Klein, Melanie: Psychoanalyse des Kindes. Wien 1932.
König, R.: Soziologie der Familie. In: Soziologie (Lehr- u. Handb. zur modernen Gesellschaftskunde. Hrsg. von Arnold Gehlen und Helmut Schelsky).
— Materialien zur Soziologie der Familie. Bern und Zürich 1946.
— Neueste Literatur zur Soziologie der Familie. In: Kölner Zschr. f. Soziologie *VII* (1955).
Kraepelin, E.: Hundert Jahre Psychiatrie. Berlin 1918.
Kretschmer, E.: Psychotherapeutische Studien. Stuttgart 1949.
van Krevelen, D. Arn: Über Schwierigkeiten bei der prognostischen Beurteilung Jugendlicher. In: Jahrb. f. Jugendpsychiatrie und ihre Grenzgebiete. Bern 1956.
Kühn, H.: Die Bedeutung der Familie für das Kind. Handb. d. pädagogischen Milieukunde. (Hrsg. von Adolf Busemann.) Halle/Saale 1932.
Lattke, H.: Psychoanalyse, soziale Arbeit und Erziehung. Freiburg i. Br. 1951.
Lebovici, S.: Der Platz der Psychoanalyse in der Psychotherapie des Kindes. In: Praxis der Kinderpsychologie und Kinderpsychiatrie *VI*, 38 (1957).
Leibniz, G. W.: Neue Abhandlungen über den menschlichen Verstand. Leipzig 1915.
Leiter, Anna: Über die Erziehungsberatungsstelle in Kassel. In: Jahrb. f. Jugendpsychiatrie und ihre Grenzgebiete. Bern 1956.
Lersch, P.: Der Aufbau der Person. München 1951.
Lewin, K.: Untersuchungen zur Handlungs- und Affektpsychologie. Psychologische Forschung 1922.

Löwenfeld, M.: Play in childhood. London 1935.
— Grundzüge einer Kinderpsychotherapie. In: Psyche *VII*, H. 3, S. 208—210 (1953).
Mannheim, K.: Das Problem einer Soziologie des Wissens.
— Mensch und Gesellschaft im Zeitalter des Umbaues. Leyden 1935.
— Ideologie und Utopie. Frankfurt a. M. 1952.
Mead, M.: Mann und Weib. Zürich 1955.
Meili, R.: Lehrbuch der psychologischen Diagnostik. Bern 1955.
Mensching, G.: Soziologie der Religion. Bonn 1947.
Meyer, Henriette H.: Das Weltspiel. Bern 1957.
Montessori, Maria: Montessori-Erziehung für Schulkinder. Stuttgart 1926.
— Kinder sind anders. Stuttgart 1952.
— Das Kind in der Familie. Stuttgart 1954.
Peiper, A.: Die Eigenart der kindlichen Hirntätigkeit. Leipzig 1949.
Pestalozzi, H.: Werke in 8 Bänden. Zürich 1948.
Pfister-Ammende, Maria: Geistige Hygiene, Forschung und Praxis. Basel 1955.
Piaget, J.: La naissance de l'intelligence chez l'enfant. Neuchâtel 1935.
— Psychologie de l'intelligence. Paris 1943.
Rambert, M.: La vie affective et morale de l'enfant. Neuchâtel und Paris 1949.
Redl, F.: Children who hate. Free Press 1951.
Rogers, C. R.: The clinical treatment of the problem child. River child Press.
— Counseling and psychotherapy. Cambridge 1942.
Rogersorn, C. H.: Play therapy in childhood. London 1939.
Rüssel, A.: Das Kinderspiel. München 1953.
Scheler, M.: Wesen und Formen der Sympathie. Bonn 1923.
— Versuche einer Soziologie des Wissens. München und Leipzig 1924.
— Der Formalismus in der Ethik und die materielle Wertethik. Halle 1927.
— Die Formen des Wissens und die Bildung. Frankfurt a. M. 1947.
Schelsky, H.: Wandlungen der deutschen Familie in der Gegenwart. Stuttgart 1954.
Scheuerl, H.: Das Spiel. Weinheim-Berlin 1954.
Schultz-Hencke, H.: Einführung in die Psychoanalyse. Jena 1927.
— Schicksal und Neurose. Jena 1931.
— Der gehemmte Mensch. Stuttgart 1947.
— Lehrbuch der analytischen Psychotherapie. Stuttgart 1951.
Schwidder, W.: Zur Symptomatik und Aetiologie der Enuresis und Enkopresis. In: Analytische Psychotherapie und Erziehung. Berlin 1952.
— Zur poliklinischen Behandlung psychogener Erkrankungen des Kindes- und Jugendalters. In: Praxis der Kinderpsychologie und Kinderpsychiatrie *I*, 33 (1952).
— Depression, Zwangsneurose und Hysterie als Grundformen seelischer Erkrankung. Berlin 1952.
— Die Behandlung psychisch abnormer Kinder und Jugendlicher. In: Praxis der Kinderpsychologie und Kinderpsychiatrie *III*, 81 (1954).
— Sexuelle Fehlentwicklung in der Kindheit und Jugend. In: Heilen statt Strafen. Göttingen 1957.
— Die Bedeutung der Psychoanalyse und der aus ihr hervorgegangenen Behandlungsmethoden für die Psychotherapie im Kindes- und Jugendalter. In: Praxis der Kinderpsychologie und Kinderpsychiatrie *VI*, 41 (1957).
— Neopsychoanalyse. In: Handb. der Neurosenlehre und Psychotherapie. München-Berlin.
Seiff, M.: Elternerziehung. In: Psyche und Leistung. Stuttgart 1941.
Simmel, G.: Philosophie des Geldes. München 1922.
Slavson, S. R.: Analytic grouptherapy with children, adolescents and adults. Columbia 1950.

— Child psychotherapy. Columbia 1952.
Spann, O.: Religionsphilosophie auf geschichtlicher Grundlage. Wien 1947.
Spieler, J.: Bedrohte Jugend, drohende Jugend. Heilpädagogische Schriftenreihe Nr. 1—31. Stuttgart 1953.
v. Staabs, G.: Der Scenotest. Stuttgart 1951.
Sterba, R.: Handwörterbuch der Psychoanalyse. Wien 1936.
Stern, E.: Kind, Krankheit und Tod. München-Basel 1957.
Stutte, H.: Über Erziehungsberatungsstellen in der Schweiz. Unsere Jugend, H. 6 (1954).
Toman, W.: Einführung in die moderne Psychologie. Wien-Stuttgart 1947.
Tramer, M.: Lehrbuch der allgemeinen Kinderpsychiatrie. Basel 1949.
Vierkandt, A.: Kleine Gesellschaftslehre. Stuttgart 1949.
Villinger, W.: Jahrbuch der Kinderpsychiatrie und ihre Grenzgebiete. Bern-Stuttgart 1956.
— Vom anthropologischen Hintergrund der seelisch-geistigen Situation unserer Jugend. In: Jahrb. f. Jugendpsychiatrie und ihre Grenzgebiete. Bern 1956.
— und *Stutte, H.:* Zeitgemäße Aufgaben und Probleme der Jugendfürsorge. Nervenarzt, Juni 1948.
Wall, W. D.: Education and mental health. UNESCO 1955.
Weber, A.: Prinzipien der Geschichts- und Kultursoziologie. München 1951.
Weber, M.: Gesammelte Aufsätze zur Religionssoziologie. Tübingen 1947.
— Gesammelte Aufsätze zur Wissenschaftslehre. Tübingen 1951.
v. Wiese, L.: Homo sum. Jena 1940.
— Ethik. Bern 1947.
— Soziologie, Geschichte und Hauptprobleme. Berlin 1950.
Winnicott, D. W.: The child and the family. London 1957.
Wolffheim, Nelly: Psychologisches zum Kinderspiel. In: Praxis der Kinderpsychologie und Kinderpsychiatrie *II*, 127 (1953).
Zulliger, H.: Schwierige Schüler. Bern 1935.
— Schwierige Kinder. Bern 1951.
— Umgang mit dem kindlichen Gewissen. Stuttgart 1953.
— Heilende Kräfte im kindlichen Spiel. Stuttgart 1954.
— Helfen statt Strafen. Stuttgart 1956.
— Bausteine zur Kinderpsychotherapie und Kindertiefenpsychologie. Bern 1957.

SACHREGISTER